# ALGORITMOS
# E ESTRUTURAS DE DADOS

Universidade Estadual de Campinas

Reitor
Antonio José de Almeida Meirelles

Coordenadora Geral da Universidade
Maria Luiza Moretti

Conselho Editorial

Presidente
Edwiges Maria Morato

Carlos Raul Etulain – Cicero Romão Resende de Araujo
Dirce Djanira Pacheco e Zan – Frederico Augusto Garcia Fernandes
Iara Beleli – Marco Aurélio Cremasco – Pedro Cunha de Holanda
Sávio Machado Cavalcante – Verónica Andrea González-López

Hélio Pedrini

# ALGORITMOS E ESTRUTURAS DE DADOS
## *Conceitos e aplicações*

EDITORA UNICAMP

FICHA CATALOGRÁFICA ELABORADA PELO
SISTEMA DE BIBLIOTECAS DA UNICAMP
DIVISÃO DE TRATAMENTO DA INFORMAÇÃO
Bibliotecária: Maria Lúcia Nery Dutra de Castro – CRB-8ª / 1724

Sa32e    Pedrini, Hélio
       Algoritmos e estruturas de dados : conceitos e aplicações / Hélio Pedrini –
Campinas, SP : Editora da Unicamp, 2024.

       1. Algoritmos. 2. Estruturas de dados (Computação) 3. Linguagem de programação (Computadores) 4. Ciência da computação. I. Título.

CDD – 518.1
– 005.73
– 005.13
– 004

ISBN 978-85-268-1626-8

Copyright © by Hélio Pedrini
Copyright © 2024 by Editora da Unicamp

Opiniões, hipóteses e conclusões ou recomendações expressas
neste livro são de responsabilidade do autor e não
necessariamente refletem a visão da Editora da Unicamp.

Direitos reservados e protegidos pela lei 9.610 de 19.2.1998.
É proibida a reprodução total ou parcial sem autorização,
por escrito, dos detentores dos direitos.

Foi feito o depósito legal.

Direitos reservados à

Editora da Unicamp
Rua Sérgio Buarque de Holanda, 421 – 3º andar
Campus Unicamp
CEP 13083-859 – Campinas – SP – Brasil
Tel./Fax: (19) 3521-7718 / 7728
www.editoraunicamp.com.br – vendas@editora.unicamp.br

# Sumário

**Prefácio**     **13**

**I    Fundamentos de programação**     **15**

**1   Introdução**     **17**
     1.1    Algoritmos e programas . . . . . . . . . . . . . . . . . . . . . . . . . . . . 17
     1.2    Organização básica de computadores . . . . . . . . . . . . . . . . . . . . 17
     1.3    Linguagem de programação C . . . . . . . . . . . . . . . . . . . . . . . . 19
     1.4    Estrutura de um programa em linguagem C . . . . . . . . . . . . . . . . 21
     1.5    Indentação e comentários . . . . . . . . . . . . . . . . . . . . . . . . . . 22
     1.6    Exercícios . . . . . . . . . . . . . . . . . . . . . . . . . . . . . . . . . . . . 23

**2   Variáveis e constantes**     **25**
     2.1    Variáveis . . . . . . . . . . . . . . . . . . . . . . . . . . . . . . . . . . . . 25
         2.1.1    Tipos básicos de variáveis . . . . . . . . . . . . . . . . . . . . . . 25
         2.1.2    Nomes de variáveis . . . . . . . . . . . . . . . . . . . . . . . . . 27
         2.1.3    Variáveis em registradores . . . . . . . . . . . . . . . . . . . . . 28
     2.2    Constantes . . . . . . . . . . . . . . . . . . . . . . . . . . . . . . . . . . . 28
     2.3    Exercícios . . . . . . . . . . . . . . . . . . . . . . . . . . . . . . . . . . . . 29

**3   Entrada e saída**     **31**
     3.1    Escrita de dados . . . . . . . . . . . . . . . . . . . . . . . . . . . . . . . . 31
     3.2    Leitura de dados . . . . . . . . . . . . . . . . . . . . . . . . . . . . . . . . 33
     3.3    Exercícios . . . . . . . . . . . . . . . . . . . . . . . . . . . . . . . . . . . . 37

**4   Operadores**     **39**
     4.1    Operador de atribuição . . . . . . . . . . . . . . . . . . . . . . . . . . . . 39
     4.2    Operadores aritméticos . . . . . . . . . . . . . . . . . . . . . . . . . . . . 40
     4.3    Conversão de valores entre tipos diferentes . . . . . . . . . . . . . . . . . 40
     4.4    Operadores de incremento e decremento . . . . . . . . . . . . . . . . . . 42
     4.5    Atribuições simplificadas . . . . . . . . . . . . . . . . . . . . . . . . . . . 43
     4.6    Operadores relacionais . . . . . . . . . . . . . . . . . . . . . . . . . . . . 44
     4.7    Operadores lógicos . . . . . . . . . . . . . . . . . . . . . . . . . . . . . . 45
     4.8    Operadores bit-a-bit . . . . . . . . . . . . . . . . . . . . . . . . . . . . . . 46
     4.9    Operador ternário ? : . . . . . . . . . . . . . . . . . . . . . . . . . . . . . 47
     4.10   Operadores de ponteiros . . . . . . . . . . . . . . . . . . . . . . . . . . . 48
     4.11   Precedência de operadores . . . . . . . . . . . . . . . . . . . . . . . . . . 48
     4.12   Biblioteca matemática . . . . . . . . . . . . . . . . . . . . . . . . . . . . 48
     4.13   Exercícios . . . . . . . . . . . . . . . . . . . . . . . . . . . . . . . . . . . . 49

## 5 Comandos condicionais — 53
- 5.1 Comando `if` — 53
- 5.2 Comando `if-else` — 54
- 5.3 Comando `switch` — 56
- 5.4 Exercícios — 58

## 6 Comandos de repetição — 61
- 6.1 Comando `while` — 61
- 6.2 Comando `do-while` — 62
- 6.3 Comando `for` — 63
- 6.4 Comandos `break` e `continue` — 66
- 6.5 Comando `exit` — 66
- 6.6 Comando `goto` — 67
- 6.7 Laços aninhados — 68
- 6.8 Exercícios — 69

## 7 Vetores e matrizes — 73
- 7.1 Vetores — 73
- 7.2 Matrizes — 75
- 7.3 Inicialização de vetores e matrizes — 78
- 7.4 Representação de matrizes como vetores — 79
- 7.5 Exercícios — 80

## 8 Cadeias de caracteres — 85
- 8.1 Cadeias de caracteres — 85
- 8.2 Biblioteca para manipulação de cadeias de caracteres — 89
- 8.3 Exercícios — 90

## 9 Funções — 93
- 9.1 Declaração de funções — 93
- 9.2 Função `main` — 94
- 9.3 Tipo `void` — 95
- 9.4 Protótipos de funções — 95
- 9.5 Escopo de variáveis — 96
  - 9.5.1 Modificador `auto` — 98
  - 9.5.2 Modificador `extern` — 99
  - 9.5.3 Modificador `register` — 99
  - 9.5.4 Modificador `static` — 100
  - 9.5.5 Modificador `volatile` — 100
- 9.6 Vetores e funções — 101
- 9.7 Matrizes e funções — 102
- 9.8 Macros — 104
- 9.9 Exercícios — 106

## 10 Ponteiros — 109
- 10.1 Declaração de ponteiros — 109
- 10.2 Passagem de parâmetros para função por valor e por referência — 112
- 10.3 Aritmética de ponteiros — 114
- 10.4 Ponteiros para vetores — 115
- 10.5 Ponteiros para cadeias de caracteres — 118

- 10.6 Vetores de ponteiros .................................................. 120
- 10.7 Ponteiros para funções ............................................... 120
- 10.8 Alocação dinâmica de memória ..................................... 121
- 10.9 Ponteiros de ponteiros ............................................... 123
- 10.10 Exercícios ............................................................. 126

## 11 Tipos enumerados e estruturados  131
- 11.1 Tipos enumerados .................................................... 131
- 11.2 Redefinição de tipos .................................................. 132
- 11.3 Tipo estrutura ........................................................ 132
  - 11.3.1 Vetor de estruturas ........................................... 134
  - 11.3.2 Ponteiros para estruturas .................................... 135
  - 11.3.3 Estruturas aninhadas ......................................... 136
- 11.4 Tipo união ........................................................... 137
- 11.5 Exercícios ............................................................ 139

## 12 Arquivos  143
- 12.1 Tipos de arquivos .................................................... 143
- 12.2 Arquivos textos ...................................................... 143
- 12.3 Arquivos binários .................................................... 148
- 12.4 Remoção de arquivos ................................................ 154
- 12.5 Exercícios ............................................................ 155

## II Técnicas de programação e estruturas de dados avançadas  157

## 13 Recursividade  159
- 13.1 Algoritmos recursivos ............................................... 159
- 13.2 Enumeração exaustiva ............................................... 170
- 13.3 Técnica de retrocesso ............................................... 171
  - 13.3.1 Problema das $n$ damas ...................................... 171
  - 13.3.2 Passeio do cavalo ............................................ 173
  - 13.3.3 Caminho em um labirinto .................................... 176
  - 13.3.4 Soma de subconjuntos ....................................... 178
- 13.4 Exercícios ............................................................ 179

## 14 Análise de complexidade  183
- 14.1 Análise de complexidade ............................................ 183
- 14.2 Comportamento assintótico de funções ............................ 184
  - 14.2.1 Notação O .................................................... 185
  - 14.2.2 Notação $\Omega$ ............................................. 186
  - 14.2.3 Notação $\Theta$ ............................................. 187
  - 14.2.4 Notação $o$ .................................................. 188
  - 14.2.5 Notação $\omega$ ............................................. 188
  - 14.2.6 Análise de algoritmos iterativos e recursivos ............. 189
- 14.3 Exercícios ............................................................ 196

## 15 Listas ligadas  199
- 15.1 Listas ligadas simples ............................................... 199
- 15.2 Listas ligadas simples com nó cabeça .............................. 210

15.3 Listas ligadas simples circulares .................................................. 213
15.4 Listas ligadas simples circulares com nó cabeça ................................. 217
15.5 Listas duplamente ligadas .......................................................... 220
15.6 Listas circulares duplamente ligadas ............................................... 223
15.7 Listas generalizadas ................................................................. 223
15.8 Exercícios ............................................................................. 228

## 16 Pilhas 231
16.1 Fundamentos ......................................................................... 231
16.2 Operações básicas ................................................................... 231
16.3 Implementação de pilha com vetor ................................................ 232
16.4 Implementação de pilha com lista ligada .......................................... 234
16.5 Aplicações de pilhas ................................................................. 235
    16.5.1 Balanceamento de parênteses e colchetes ............................... 235
    16.5.2 Avaliação de expressões em notação posfixa ........................... 236
    16.5.3 Conversão de notação infixa para posfixa .............................. 238
    16.5.4 Controle de execução de um programa ................................. 239
16.6 Exercícios ............................................................................. 240

## 17 Filas 243
17.1 Fundamentos ......................................................................... 243
17.2 Operações básicas ................................................................... 243
17.3 Implementação de fila com vetor ................................................... 243
17.4 Implementação de fila com lista ligada ............................................ 246
17.5 Filas de prioridades ................................................................. 249
17.6 Exercícios ............................................................................. 256

## 18 Ordenação e busca 259
18.1 Algoritmos de ordenação ............................................................ 259
    18.1.1 Ordenação por trocas ..................................................... 259
    18.1.2 Ordenação por seleção .................................................... 261
    18.1.3 Ordenação por inserção ................................................... 262
    18.1.4 *Shellsort* ................................................................... 263
    18.1.5 *Mergesort* .................................................................. 264
    18.1.6 *Quicksort* .................................................................. 266
    18.1.7 *Heapsort* ................................................................... 269
    18.1.8 Ordenação em tempo linear .............................................. 269
18.2 Algoritmos de busca ................................................................. 277
    18.2.1 Busca sequencial .......................................................... 277
    18.2.2 Busca binária .............................................................. 277
18.3 Exercícios ............................................................................. 279

## 19 Tabelas de espalhamento 283
19.1 Problema de busca ................................................................... 283
19.2 Tabelas de espalhamento ............................................................ 283
19.3 Função de espalhamento ............................................................ 283
    19.3.1 Método da divisão ......................................................... 284
    19.3.2 Meio do quadrado ......................................................... 285
    19.3.3 Método da multiplicação ................................................. 285
    19.3.4 Particionamento ........................................................... 286

|       |                                              |     |
|-------|----------------------------------------------|-----|
| 19.4  | Tratamento de colisões                       | 286 |
|       | 19.4.1 Endereçamento aberto                  | 287 |
|       | 19.4.2 Endereçamento fechado                 | 293 |
|       | 19.4.3 Redistribuição de chaves              | 293 |
|       | 19.4.4 Espalhamento perfeito                 | 293 |
| 19.5  | Exercícios                                   | 295 |

## 20 Árvores   299
| | | |
|---|---|---|
| 20.1 | Fundamentos | 299 |
| 20.2 | Árvores binárias | 300 |
| | 20.2.1 Operações básicas em árvores binárias | 300 |
| | 20.2.2 Percursos em árvores binárias | 305 |
| | 20.2.3 Conversão de árvore geral em árvore binária | 309 |
| | 20.2.4 Conversão de floresta em árvore binária | 309 |
| 20.3 | Árvore binária de busca | 309 |
| 20.4 | Árvore de busca AVL | 316 |
| | 20.4.1 Fundamentos | 316 |
| | 20.4.2 Operações básicas | 317 |
| 20.5 | Árvore de busca rubro-negra | 324 |
| | 20.5.1 Fundamentos | 324 |
| | 20.5.2 Operações básicas | 325 |
| 20.6 | Árvore de difusão | 337 |
| | 20.6.1 Fundamentos | 338 |
| | 20.6.2 Operações básicas | 338 |
| 20.7 | Árvore B | 344 |
| | 20.7.1 Fundamentos | 344 |
| | 20.7.2 Operações básicas | 347 |
| 20.8 | Árvore B* | 357 |
| 20.9 | Árvore B+ | 357 |
| 20.10 | Exercícios | 359 |

## 21 Grafos   365
| | | |
|---|---|---|
| 21.1 | Fundamentos | 365 |
| 21.2 | Problema das pontes de Königsberg | 371 |
| 21.3 | Problema da coloração de grafos | 371 |
| 21.4 | Representações de grafos | 373 |
| | 21.4.1 Matriz de adjacências | 373 |
| | 21.4.2 Lista de adjacências | 373 |
| 21.5 | Percursos em grafos | 374 |
| | 21.5.1 Busca em profundidade | 374 |
| | 21.5.2 Busca em largura | 375 |
| 21.6 | Ordenação topológica | 376 |
| 21.7 | Árvore geradora mínima | 377 |
| | 21.7.1 Algoritmo de Kruskal | 377 |
| | 21.7.2 Algoritmo de Prim | 377 |
| 21.8 | Caminhos mínimos | 379 |
| | 21.8.1 Algoritmo de Dijkstra | 379 |
| | 21.8.2 Algoritmo de Bellman-Ford | 381 |
| 21.9 | Implementação de grafos e suas operações | 383 |
| | 21.9.1 Matriz de adjacências | 383 |
| | 21.9.2 Lista de adjacências | 390 |

21.10 Exercícios ....................................................................... 393

# III  Informações suplementares   399

## A  Funções elementares   401
   A.1   Funções piso e teto ........................................................ 401
        A.1.1   Algumas propriedades da função piso .................... 401
        A.1.2   Algumas propriedades da função teto ..................... 401
   A.2   Monotonicidade de funções ............................................. 402
   A.3   Funções pares e ímpares ................................................. 402

## B  Somatórios e produtórios   403
   B.1   Somatórios ..................................................................... 403
        B.1.1   Algumas propriedades de somatórios ...................... 403
        B.1.2   Fórmulas explícitas para alguns somatórios ............. 403
   B.2   Produtórios .................................................................... 404
        B.2.1   Algumas propriedades de produtórios .................... 404

## C  Exponenciação e logaritmos   405
   C.1   Exponenciação ............................................................... 405
   C.2   Logaritmos ..................................................................... 405

## D  Sistemas de numeração   407
   D.1   Notação posicional ......................................................... 407
        D.1.1   Sistema decimal ....................................................... 408
        D.1.2   Sistema binário ........................................................ 408
        D.1.3   Sistema octal ........................................................... 408
        D.1.4   Sistema hexadecimal ............................................... 408
   D.2   Conversão entre bases numéricas .................................... 409
        D.2.1   Conversão de base qualquer para decimal ............... 409
        D.2.2   Conversão de decimal para base qualquer ............... 409
        D.2.3   Conversão entre sistemas binário e octal ................. 411
        D.2.4   Conversão entre sistemas binário e hexadecimal ..... 411

## E  Representação de números   413
   E.1   Representação de números inteiros ................................. 413
        E.1.1   Sinal-magnitude ...................................................... 413
        E.1.2   Complemento de 1 .................................................. 413
        E.1.3   Complemento de 2 .................................................. 414
        E.1.4   Excesso-$N$ ............................................................... 414
        E.1.5   Comparação entre representações ........................... 414
   E.2   Representação de números em ponto flutuante .............. 414
        E.2.1   Padrão IEEE 754 ................................................... 414

## F  Indução matemática   417
   F.1   Princípio da indução matemática ................................... 417
   F.2   Exemplos ........................................................................ 417

## G  Codificação de caracteres   421

G.1 ASCII . . . . . . . . . . . . . . . . . . . . . . . . . . . . . . . . . . . . . . . . . . 421
G.2 EBCDIC . . . . . . . . . . . . . . . . . . . . . . . . . . . . . . . . . . . . . . . . 421
G.3 Unicode . . . . . . . . . . . . . . . . . . . . . . . . . . . . . . . . . . . . . . . . 421

# Referências bibliográficas 425

# Índice remissivo 437

# Prefácio

Os avanços científicos e tecnológicos têm permitido o desenvolvimento de soluções eficazes e eficientes para uma variedade de problemas. Desde a sua concepção, os computadores evoluíram significativamente, auxiliando os seres humanos em suas atividades pessoais e profissionais.

Os desafios associados ao aumento contínuo da complexidade dos sistemas computacionais demandam a proposição de modelos, abordagens e processos capazes de organizar e representar os principais conceitos para a resolução de uma tarefa. Nesse sentido, os algoritmos e as estruturas de dados têm desempenhado um papel fundamental na construção de programas utilizados na solução de problemas e no apoio à tomada de decisões em diferentes domínios de conhecimento.

Este livro tem como objetivo apresentar os fundamentos de algoritmos e de estruturas de dados. Os códigos são descritos de maneira clara e abrangente, buscando-se analisá-los do ponto de vista de custo para sua implementação e ilustrá-los por meio de vários exemplos e exercícios para auxiliar a compreensão de seus aspectos teóricos e práticos. Os tópicos selecionados contemplam as principais características, operações e funcionalidades das estruturas de dados, de modo que os leitores possam elaborar seus próprios algoritmos e adaptá-los a aplicações específicas de interesse.

O texto está organizado em 21 capítulos e 7 apêndices. Os 12 primeiros capítulos, que compõem a primeira parte do livro, apresentam conceitos básicos para a construção de algoritmos e estruturas de dados elementares. Os 9 capítulos seguintes, que formam a segunda parte do livro, abordam princípios de análise de algoritmos e estruturas de dados avançadas. Os apêndices, que compõem a terceira parte do livro, complementam as informações discutidas nos capítulos para facilitar o entendimento dos temas abordados.

A linguagem de programação C é utilizada na implementação dos códigos apresentados. A linguagem provê mecanismos para a construção de programas de forma flexível, versátil e estruturada, permitindo o uso eficiente dos recursos computacionais disponíveis. A primeira parte do livro introduz os principais recursos da linguagem C, com o propósito de fornecer os fundamentos necessários para que o leitor possa inicialmente compreender códigos simples, aprimorar a habilidade de programação e então elaborar códigos avançados e capazes de manipular estruturas de dados mais complexas.

O livro é destinado a estudantes de graduação e pós-graduação, professores, pesquisadores e profissionais interessados em ingressar ou se aprofundar na construção de algoritmos e na aplicação de estruturas de dados. Os conceitos são organizados e apresentados de maneira direta e objetiva para facilitar sua assimilação. Dessa forma, buscou-se adequar o conteúdo do livro para atender não apenas às demandas dos leitores ligados à área de computação, mas também às necessidades de um público mais geral.

Espera-se, a partir da disseminação dos conceitos abordados neste material, contribuir para a ampliação do conhecimento sobre estruturas de dados, incentivar o desenvolvimento de algoritmos para exploração de novas aplicações e apoiar o fortalecimento da ciência e tecnologia no país.

Hélio Pedrini

# Parte I

# Fundamentos de programação

- ☐ Capítulo 1: Introdução
- ☐ Capítulo 2: Variáveis e constantes
- ☐ Capítulo 3: Entrada e saída
- ☐ Capítulo 4: Operadores
- ☐ Capítulo 5: Comandos condicionais
- ☐ Capítulo 6: Comandos de repetição
- ☐ Capítulo 7: Vetores e matrizes
- ☐ Capítulo 8: Cadeias de caracteres
- ☐ Capítulo 9: Funções
- ☐ Capítulo 10: Ponteiros
- ☐ Capítulo 11: Tipos enumerados e estruturados
- ☐ Capítulo 12: Arquivos

# 1
# INTRODUÇÃO

Neste capítulo, os conceitos de algoritmos e programas são introduzidos, os quais são de fundamental importância para a ciência da computação. Os princípios de organização de computadores são apresentados e discutidos. O objetivo é descrever brevemente as unidades básicas de um computador para facilitar a compreensão de seu funcionamento. Para a implementação de um conjunto de instruções, codificado na forma de programas para execução por um computador, optou-se por empregar a linguagem de programação C, que provê mecanismos para a construção de códigos estruturados e que utiliza eficientemente os recursos computacionais para a resolução de problemas.

## 1.1 Algoritmos e programas

A *ciência da computação* pode ser definida como o estudo da teoria, do projeto e da implementação de processos algorítmicos e sistemas computacionais. Dois conceitos importantes em ciência da computação são algoritmos e programas.

Um *algoritmo* é um conjunto de ações ou instruções, estruturadas em uma ordem lógica e sem ambiguidades, para a resolução de um problema. Ele deve ser especificado de forma independente das características da máquina em que será executado, garantindo maior portabilidade e flexibilidade ao ser implementado com uma linguagem de programação em um computador.

Um *programa* é a implementação ou codificação de um algoritmo em uma linguagem específica. Ele está sujeito às limitações físicas da máquina em que será executado, por exemplo, a capacidade de memória, a velocidade do processador e dos periféricos, entre outras.

O desenvolvimento de uma solução computacional envolve um conjunto de ações que devem ser planejadas e executadas. As principais etapas nesse processo são listadas a seguir: (i) compreensão do problema a ser resolvido, (ii) identificação dos dados de entrada e de saída, (iii) especificação dos passos para transformar os dados de entrada em dados de saída, (iv) projeto dos algoritmos, (v) projeto das estruturas de dados, (vi) análise dos algoritmos, (vii) implementação dos algoritmos, (viii) execução dos programas, (ix) avaliação dos resultados e (x) elaboração de documentação.

Uma forma comum de descrição dos passos de um algoritmo é o *pseudocódigo*, cuja representação emprega uma linguagem simples e livre destinada à leitura humana, e não à execução de instruções pelas máquinas. Um pseudocódigo normalmente omite detalhes sintáticos específicos de uma linguagem de programação.

## 1.2 Organização básica de computadores

*Computador* é uma máquina capaz de executar sequências de instruções por meio de programação para gerar determinado resultado. Um computador normalmente é utilizado para executar tarefas extensas e complexas que, caso fossem realizadas manualmente, exigiriam um tempo muito maior.

O conhecimento dos componentes básicos presentes em um computador auxilia a compreensão de como os programas funcionam. Os principais elementos que compõem um computador podem ser organizados em quatro categorias: (i) canal de comunicação, (ii) unidade de processamento, (iii) unidades de armazenamento e (iv) dispositivos de entrada e saída. Esses elementos básicos são ilustrados na Figura 1.1.

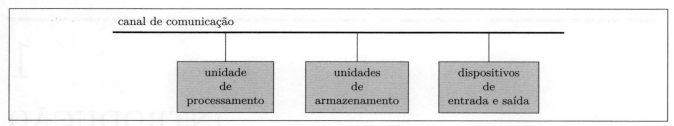

Figura 1.1: Componentes básicos de um computador.

A *unidade de processamento* é responsável pelas operações sobre os dados que trafegam no computador. Ela é composta de duas partes principais: a unidade lógica e aritmética e a unidade de controle. A *unidade lógica e aritmética* é responsável pelas operações lógicas, de deslocamento e aritmética sobre os dados. A *unidade de controle* é responsável por coordenar as operações da unidade de processamento.

As *unidades de armazenamento* são responsáveis por manter os dados manipulados pela unidade de processamento. As unidades de armazenamento são tipicamente divididas nas seguintes categorias: registradores, cache, memória principal e memória secundária. Os *registradores* são conjuntos de circuitos para manter dados temporariamente e permitir a comunicação rápida entre a unidade lógica e aritmética e a unidade de controle. A *memória cache* permite o armazenamento de dados que são acessados mais frequentemente ou mais recentemente, de modo a acelerar certas operações. A *memória principal* ou *memória primária* consiste em dispositivos para o armazenamento temporário de dados. Cada localização de armazenamento é identificada unicamente por um endereço. A *memória secundária* é responsável por armazenar dados de forma permanente e em grandes quantidades. A memória secundária tem custo mais baixo do que a memória principal, entretanto, o acesso aos dados é mais lento. Para que a unidade de processamento utilize dados armazenados na memória secundária, eles são primeiramente transferidos para a memória primária. A memória também pode ser categorizada como lógica e física. A *memória lógica* refere-se às porções de armazenamento que podem ser endereçadas e acessadas pelas instruções do processador, enquanto a *memória física* é implementada pelos circuitos integrados que formam a memória. Endereços lógicos são convertidos em endereços físicos durante a execução dos processos.

Os *dispositivos de entrada e saída* permitem a comunicação entre o computador e o mundo exterior, ou seja, usuários e outros equipamentos. Os dispositivos de entrada recebem dados e instruções, enquanto os dispositivos de saída retornam os dados processados. Alguns dispositivos de entrada comuns são teclado, *mouse* e microfone. Alguns dispositivos de saída comuns são monitor de vídeo, impressora e caixa de som.

O *canal de comunicação* ou *barramento* corresponde ao meio de transferência de dados que interliga as demais unidades do computador. As principais funções do barramento são a comunicação de dados entre as unidades, a comunicação de endereços para selecionar a origem ou o destino dos sinais transmitidos no barramento e a comunicação de controle para sincronizar as atividades do computador.

A menor unidade de informação que pode ser armazenada ou transmitida é denominada *bit*.[1] Dados são transferidos entre a memória principal e o processador em grupos de bits chamados de *palavras* ou *sequências de dígitos binários*. O número de bits em uma palavra, conhecido como *tamanho da palavra*, é uma característica importante da arquitetura de um computador e indica a unidade de transferência entre o processador e a memória principal. Uma palavra é formada tipicamente por 8, 16, 32 ou 64 bits. Se a palavra tiver 8 bits, ela é chamada de *byte*.

Um *endereço* é um identificador único para uma posição de memória do computador. O número total de endereços identificáveis na memória é chamado de *espaço de endereçamento*. Computadores que utilizam sistemas de numeração binária (descritos na Subseção D.1.2 do Apêndice D) expressam os endereços de memória como números binários. A Figura 1.2 ilustra um espaço de endereçamento com $n = 2^m$ posições de memória formadas por células de $m$ bits.

Células são agrupadas em palavras de bits. O tamanho típico de uma célula é de 8 bits. Assim, uma palavra de 32 bits tem 4 células. Um computador que utiliza palavras de 32 bits, por exemplo, para representar endereços de memória pode endereçar um espaço de $2^{32} = 4.294.967.296$ bytes ou 4 gigabytes de memória.

---

[1] O termo *bit* é uma contração da expressão em inglês *binary digit*, em que cada bit é normalmente representado pelo símbolo 0 ou 1. Essa representação é conveniente para manipular dados por meio de circuitos digitais capazes de diferenciar dois estados.

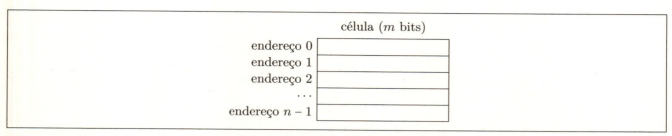

Figura 1.2: Endereços de memória.

A capacidade de armazenamento dos computadores tem aumentado significativamente com o avanço tecnológico. Algumas unidades utilizadas para se referir à capacidade de armazenamento de dados na memória são apresentadas na Tabela 1.1.

Tabela 1.1: Exemplos de unidades de memória.

| Unidade  | Símbolo | Número de Bytes              |
|----------|---------|------------------------------|
| Byte     | B       | $2^0 = 1$                    |
| Kilobyte | KB      | $2^{10} = 1.024$             |
| Megabyte | MB      | $2^{20} = 1.048.576$         |
| Gigabyte | GB      | $2^{30} = 1.073.741.824$     |
| Terabyte | TB      | $2^{40} = 1.099.511.627.776$ |
| Petabyte | PB      | $2^{50} = 1.125.899.906.842.624$ |
| Exabyte  | EB      | $2^{60} = 1.152.921.504.606.846.976$ |

*Sistema operacional* é um conjunto de programas que gerenciam os recursos do computador, como a unidade de processamento, os dispositivos de armazenamento e os dispositivos de entrada e saída. Ele controla a comunicação entre os equipamentos e os programas, facilitando a interação entre o computador e o usuário. O sistema operacional provê mecanismos para compartilhar recursos com múltiplos usuários, de forma eficiente e segura, preservando a integridade dos recursos em decorrência de acessos indevidos e resolvendo eventuais conflitos entre processos concorrentes.

## 1.3 Linguagem de programação C

A escrita de um programa de computador requer a utilização de uma *linguagem de programação*, que consiste em um conjunto de símbolos predefinidos que são combinados de acordo com regras sintáticas estabelecidas. Ao longo dos anos, as linguagens de programação evoluíram em termos de nível de abstração requerido para escrever os códigos.

Em uma linguagem de programação de *baixo nível* de abstração, o programador deve conhecer as características da máquina em que o código será executado, o que não é necessário em uma linguagem de programação de *alto nível* de abstração, mais próxima à linguagem humana. Essa evolução deve-se ao propósito de aumentar a produtividade do programador, em que maior atenção pode ser concentrada ao problema ou à aplicação, e não aos detalhes da máquina. Além disso, as linguagens de alto nível são portáveis para uma variedade de computadores e sistemas operacionais diferentes.

A linguagem de programação C foi criada em 1972 por Dennis Ritchie, na empresa Bell Telephone Laboratories, que era ligada à companhia de telecomunicações American Telephone and Telegraph (AT&T). Trata-se de uma linguagem de alto nível, de grande portabilidade, estruturada e procedural. A linguagem também fornece instruções de baixo nível, permitindo ao programador acesso direto à memória e ao processador da máquina. A linguagem foi revisada e padronizada pelo American National Standards Institute (ANSI) em 1989 e, após algumas modificações, adotada em 1990 pela International Organization for Standardization (ISO).

Um código-fonte escrito em linguagem C deve inicialmente ser compilado, ou seja, convertido em instruções que possam ser executadas por um computador. A Figura 1.3 ilustra as principais etapas do processo de conversão de código-fonte em executável.

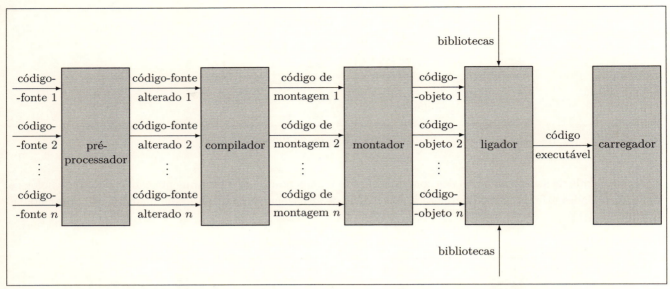

Figura 1.3: Processo de conversão de código-fonte em código executável.

O processo de tradução do código inicia-se com a *análise léxica*, que é responsável pela busca e identificação de determinados símbolos (por exemplo, palavras reservadas, identificadores, operadores, separadores) no código-fonte. Essa etapa é também responsável por algumas alterações no código, como a eliminação de espaços em branco, indentação e comentários do programa.

A *análise sintática* é o processo responsável por verificar se os símbolos contidos no código-fonte formam um programa válido, ou seja, se uma cadeia de símbolos léxicos pode ser gerada por uma gramática. Erros sintáticos são detectados em tempo de compilação, de modo que o programador deve corrigir os problemas para prosseguir com o processo de tradução do código-fonte em executável.

A *análise semântica* é responsável pela verificação da validade das estruturas construídas pelo analisador sintático. Um exemplo é a verificação de tipos de variáveis em expressões. Erros semânticos são manifestados em tempo de execução, produzindo resultado ou comportamento incorreto. O uso de um depurador pode auxiliar o programador a identificar erros sintáticos no código-fonte.

A geração de código é a etapa responsável pela conversão das sentenças válidas criadas pelo analisador semântico em um conjunto de instruções em linguagem de máquina para o computador em que o programa será executado. Dessa forma, o processo de geração de código é dependente da arquitetura da máquina.

O *pré-processador* analisa o código-fonte e efetua certas conversões léxicas baseadas em diretivas de compilação, como expansão de macros, compilação condicional e inclusão de arquivos de cabeçalho. As diretivas de compilação são recursos oferecidos pela linguagem para facilitar a escrita e a manutenção dos códigos. Todas as diretivas do pré-processador C são iniciadas com o símbolo '#'.

O *compilador* é responsável pela tradução das instruções presentes no código-fonte em sequências equivalentes de instruções em linguagem simbólica ou de montagem. Alguns compiladores, entretanto, podem não gerar esse código intermediário, convertendo as instruções do código-fonte diretamente em código executável. Erros detectados durante o processo de compilação são reportados ao programador. Após a correção dos erros, o código-fonte deve ser compilado novamente. O compilador pode aplicar um processo de otimização para transformar trechos do código em porções funcionalmente equivalentes, com a finalidade de melhorar certas características, como tempo de execução ou tamanho do código.

O *montador* converte o código de montagem em código-objeto pela tradução de cada instrução do programa para a sequência de bits que codifica a instrução a ser executada pela máquina. Referências simbólicas são resolvidas pelo montador em endereços reais de memória. Espaços em memória são reservados para o armazenamento de instruções e dados. O código gerado é dependente da arquitetura.

Quando um código-fonte é composto de vários módulos ou contém chamadas a funções de bibliotecas, a etapa de ligação dos códigos-objetos gerados ou das bibliotecas necessárias deve ser ativada para gerar o código executável final. As *bibliotecas* fornecem um conjunto de funções com recursos adicionais e disponíveis para utilização, que facilitam a codificação de programas. Além das funções da biblioteca-padrão da linguagem C, outras bibliotecas podem ser fornecidas ao *ligador*.

Para que um programa possa ser executado, o código resultante do processo de ligação deve estar presente na memória. O programa do sistema operacional responsável por transferir o código executável para a memória do computador e iniciar sua execução é chamado de *carregador*.

## 1.4 Estrutura de um programa em linguagem C

A estrutura básica de um programa escrito em linguagem C é apresentada no Código 1.1. Embora as características essenciais da linguagem sejam apresentadas mais detalhadamente nos próximos capítulos, o objetivo aqui é mostrar como um código é organizado e discutir aspectos gerais sobre sua estrutura.

**Código 1.1.** Estrutura básica de um programa em linguagem C.

```
declaração de bibliotecas

definição de constantes

int main() {
  declaração de variáveis;

  comando;
  ...
  comando;
  return 0;
}
```

Para exemplificar a estrutura de um programa, o Código 1.2 calcula a área de um círculo definido por um valor de raio, fornecido pelo usuário via teclado, e exibe o resultado na tela. A área é o número de unidades quadradas no interior do círculo, expressa como o produto entre a medida do raio ao quadrado e a constante $\pi$.

**Código 1.2.** Programa para calcular a área de um círculo.

```
#include <stdio.h>

#define PI 3.1416

/* função para calcular a área de um círculo */
float area_circulo(float raio) {
  float area;
  area = PI * raio * raio;
  return area;
}

/* programa principal */
int main() {
  float raio;
  /* leitura do raio do círculo */
  printf("Digite o raio do círculo: ");
  scanf("%f", &raio);
  printf("Área do círculo: %.2f\n", area_circulo(raio));
  return 0;
}
```

A linguagem C permite que o código seja formatado de maneira flexível e conveniente para o programador. Embora vários comandos possam ser escritos em uma mesma linha, tipicamente se opta por escrever cada comando em uma linha separada, por questões de clareza do código. Além disso, o uso de comentários (linhas 5, 12 e 15) e indentação auxiliam a leitura e interpretação do código. Esses dois recursos são descritos na Seção 1.5.

No início do programa (linhas 1 e 3), algumas declarações globais são incluídas, ou seja, aquelas acessíveis por todo o programa. No exemplo, a biblioteca stdio.h é adicionada ao programa (comando #include) que contém as funções de leitura do teclado (comando scanf) e escrita na tela (comando printf). Uma constante (linha 3) define o valor de $\pi$, que será utilizado no cálculo da área do círculo.

As declarações de variáveis servem para reservar porções de memória em que serão armazenados os dados. Isso é feito informando-se o nome da variável e seu tipo correspondente, como ocorre nas linhas 6, 7 e 14. Uma função auxiliar (linhas 6 a 10) é utilizada para o cálculo da área do círculo.

Todo programa em linguagem C deve conter a função main, responsável pelo início da execução do programa. Como a função principal (linha 13) é definida com o tipo inteiro, um retorno com valor 0 é adicionado (linha 19) para indicar que o programa chegou corretamente ao seu final. As chaves definem o início ('{' nas linhas 6 e 13) e o fim ('}' nas linhas 10 e 20) de um bloco de comandos. Os parênteses definem o início ('(') e o fim (')') de uma lista de argumentos de uma expressão ou função.

Após a compilação e geração do código executável correspondente ao código-fonte apresentado anteriormente, caso o usuário forneça um valor de raio do círculo igual a 21, por exemplo, o resultado exibido na tela pelo programa será 1385.45. Deve-se observar que, caso não seja empregada uma biblioteca específica para ajustar a formatação de números de acordo com a localidade ou preferência do usuário, a linguagem C adotará o padrão norte-americano, no qual o ponto decimal separa a parte inteira da parte fracionária de um número.

## 1.5 Indentação e comentários

Algumas práticas de programação permitem a geração de códigos mais legíveis, contribuindo significativamente para que o ciclo de desenvolvimento de sistemas possa ocorrer de forma menos árdua. Um desafio associado a esse ciclo é a tarefa de manutenção e reutilização de códigos para resolver problemas complexos.

A *indentação* é um estilo de escrita de código-fonte que visa modificar a estética do programa para facilitar sua leitura e compreensão. A indentação refere-se ao espaçamento ou à tabulação inserida no início das linhas no código-fonte de um programa, cujo objetivo é indicar quais elementos pertencem a um bloco de comandos.

Embora a indentação não seja obrigatória na linguagem C, uma vez que a adição dos espaçamentos ou das tabulações é ignorada pelo compilador, seu uso pode tornar a interpretação dos códigos mais simples não apenas para o próprio programador, mas também para outros usuários interessados em compreender o funcionamento do programa.

Os Códigos 1.3 e 1.4 apresentam exemplos de programas equivalentes, um com indentação e outro sem indentação, para exibir um texto na tela. Como pode ser observado nos exemplos, o código indentado é mais legível, facilitando a identificação de erros e a manutenção do programa.

**Código 1.3.** Exemplo de programa não indentado.

```
#include <stdio.h>
int main() {printf("Programa em linguagem C.\n"); return 0;}
```

**Código 1.4.** Exemplo de programa indentado.

```
#include <stdio.h>

int main() {
  printf("Programa em linguagem C.\n");
  return 0;
}
```

Um *comentário* é um texto adicionado ao programa para descrever o algoritmo utilizado, o objetivo de uma variável ou função, entre várias outras finalidades. Assim como a indentação, os comentários são ignorados pelo compilador.

Comentários são delimitados pelos símbolos '/*' e '*/' e podem se estender por múltiplas linhas. Assim como os comandos, recomenda-se que os comentários sejam indentados para que a documentação fique mais legível. Um exemplo de programa com comentários é mostrado no Código 1.5.

**Código 1.5.** Exemplo de programa com comentários.

```c
#include <stdio.h>

/* este programa imprime uma mensagem na tela */

int main() {
  /* imprime mensagem */
  printf("Programa em linguagem C.\n");
  return 0;
}
```

## 1.6 Exercícios

1. Quais são as principais diferenças entre um compilador e um montador?
2. Qual é a diferença entre erros de compilação e erros de execução?
3. Quais são os principais componentes de um computador?
4. Por que o uso de comentários em códigos-fontes é uma boa prática de programação?
5. Cite algumas características vantajosas no uso da linguagem C para a implementação de códigos.
6. O que é espaço de endereçamento?
7. Cite as principais vantagens do uso de comentários e indentação em um programa.
8. Caracterize as análises léxica, sintática e semântica do processo de tradução do código-fonte em código executável.
9. Qual é a diferença entre memória primária e memória secundária?
10. Qual é a importância da indentação em um código-fonte?
11. Descreva as principais funções de um sistema operacional.
12. Se um computador possui capacidade máxima de armazenamento de 512 mil células, cada célula com 16 bits, qual é o número mínimo de bits que o barramento de endereços deve ter?
13. O que caracteriza uma linguagem de alto nível de abstração?
14. Qual é o papel das bibliotecas na geração de código?
15. Descreva as etapas principais do processo de conversão de código-fonte em código executável.

## Leituras recomendadas

AHO, A. V. *Data Structures and Algorithms*. Addison-Wesley, Reading-MA, Estados Unidos, 1983.

BENTLEY, J. L. *Writing Efficient Programs*. Prentice Hall, Inc., 1982.

BIC, L. & SHAW, A. C. *Operating Systems Principles*. Prentice Hall, 2003.

CORMEN, T. H.; LEISERSON, C. E.; RIVEST, R. L. & STEIN, C. *Introduction to Algorithms*. MIT Press Cambridge, 2009.

CRAGON, H. G. *Computer Architecture and Implementation*. Cambridge University Press, 2000.

HAMACHER, V. C.; VRANESIC, Z. G.; ZAKY, S. G.; VRANSIC, Z. & ZAKAY, S. *Computer Organization*. McGraw-Hill, Inc., 1996.

KERNIGHAN, B. W. & RITCHIE, D. M. *The C Programming Language*. Prentice Hall, Englewood Cliffs, NJ, Estados Unidos, 2006.

MANBER, U. *Introduction to Algorithms: A Creative Approach.* Addison-Wesley Longman Publishing Co., Inc., 1989.

MARTIN, J. J. *Data Types and Data Structures.* Prentice Hall International Ltd., 1986.

MCHOES, A. & FLYNN, I. M. *Understanding Operating Systems.* Cengage Learning, 2013.

PETERSON, J. L. & SILBERSCHATZ, A. *Operating System Concepts.* Addison-Wesley Longman Publishing Co., Inc., 1985.

PRATT, T. W.; ZELKOWITZ, M. V. & GOPAL, T. V. *Programming Languages: Design and Implementation.* Prentice Hall Englewood Cliffs, NJ, 1984.

PREISS, B. R. *Data Structures and Algorithms.* John Wiley & Sons, Inc., 1999.

SCHNEIDER, G. M. & GERSTING, J. *Invitation to Computer Science.* Cengage Learning, 2012.

SEBESTA, R. W. *Concepts of Programming Languages.* Addison-Wesley, Boston, MA, Estados Unidos, 2009.

SEDGEWICK, R. & WAYNE, K. *Algorithms.* Addison-Wesley Professional, 2011.

SMITH, H. F. *Data Structures: Form and Function.* Harcourt Brace & Co., 1987.

STALLINGS, W. *Computer Organization and Architecture.* Prentice Hall, Upper Saddle River, NJ, Estados Unidos, 2002.

WARFORD, J. S. *Computer Systems.* Jones & Bartlett Publishers, 2009.

WIRTH, N. *Algorithms and Data Structures.* Prentice Hall, 1986.

YOURDON, E. *Techniques of Program Structure and Design.* Prentice Hall PTR, 1986.

# 2

# VARIÁVEIS E CONSTANTES

Conforme examinado no capítulo anterior, programas de computador implementam algoritmos para a resolução de um problema, os quais manipulam dados armazenados em memória. Neste capítulo, os conceitos de variáveis e constantes são estudados, cujo papel principal é abstrair a complexidade de uso dos endereços físicos de memória ao escrever programas em uma linguagem de programação. Regras para atribuição de nomes às variáveis e constantes são descritas e exemplificadas. Tipos básicos manipulados pela linguagem C são apresentados.

## 2.1 Variáveis

Uma *variável* é uma abstração do espaço na memória do computador para armazenar determinado tipo de dado durante a execução de um programa. Na linguagem C, todas as variáveis devem ser explicitamente declaradas antes de seu uso.

Para declarar uma variável, dois atributos devem ser especificados: um *nome*, que identifica a variável em um programa, e um *tipo*, que determina os valores que podem ser armazenados naquela variável. A forma geral da declaração de uma variável é mostrada no Código 2.1.

**Código 2.1.** Forma geral de declaração de variável.

```
tipo_variável nome_variável;
```

### 2.1.1 Tipos básicos de variáveis

A linguagem C oferece quatro tipos básicos de dados: `char`, `int`, `float` e `double`. Esses tipos diferem entre si pela capacidade de representação de valores e, por consequência, pelo espaço de armazenamento que ocupam. Além desses tipos básicos, a linguagem possui quatro modificadores de tipos que podem ser aplicados precedendo os tipos básicos: `unsigned`, `signed`, `short` e `long`. A Tabela 2.1 apresenta as combinações válidas dos tipos básicos e dos modificadores de tipos, seus tamanhos em bits necessários para representação e seus intervalos de valores.

Representações de números, inteiros e em ponto flutuante, positivos e negativos, são descritas nas Seções E.1 e E.2 do Apêndice E. A forma mais comum de representar números inteiros positivos é por meio de palavras de bits, utilizando-se o sistema de numeração binário (Subseção D.1.2 do Apêndice D). A precisão do tipo `int` corresponde ao número $n$ de bits de sua representação. Um tipo inteiro com $n$ bits pode codificar $2^n$ números. Por exemplo, um tipo sem sinal (`unsigned`) tipicamente representa valores não negativos no intervalo de 0 a $2^n - 1$. Complemento de 2 (Subseção E.1.3 do Apêndice E) é uma das formas mais comuns de codificar números inteiros negativos, em que um tipo inteiro com sinal (`signed`) de $n$ bits pode representar números de $-2^{n-1}$ a $2^{n-1} - 1$. O intervalo de valores mostrados na Tabela 2.1 assume que os números inteiros com sinal estão codificados em complemento de 2.

Os valores armazenáveis dos tipos inteiros variam de acordo com a arquitetura do computador e o sistema operacional em questão. Os valores exibidos na Tabela 2.1 correspondem a máquinas de 64 bits executando o sistema operacional Linux. Outras implementações de compiladores para a linguagem C podem utilizar uma convenção diferente para representar os tamanhos e os intervalos de valores definidos por esses tipos de dados. Para obter o tamanho de um tipo na linguagem C para uma determinada plataforma, pode-se utilizar o comando `sizeof(tipo)`, que retorna o tamanho, em bits, do tipo especificado.

Tabela 2.1: Tipos básicos e combinações de modificadores de tipos.

| Tipo | Tamanho (em bits) | Intervalo de valores |
|---|---|---|
| char ou signed char | 8 | $-2^{n-1}$ a $2^n - 1 = -128$ a $127$ |
| unsigned char | 8 | $0$ a $2^n - 1 = 0$ a $255$ |
| int ou signed int | 32 | $-2^{n-1}$ a $2^{n-1} - 1 = -2.147.483.648$ a $2.147.483.647$ |
| unsigned int | 32 | $0$ a $2^n - 1 = 0$ a $4.294.967.295$ |
| short int ou signed short int | 16 | $-2^{n-1}$ a $2^{n-1} - 1 = -32.768$ a $32.767$ |
| unsigned short int | 16 | $2^n - 1 = 0$ a $65.535$ |
| long int ou signed long int | 64 | $-2^{n-1}$ a $2^{n-1} - 1 \approx -9,2 \cdot 10^{18}$ a $9,2 \cdot 10^{18}$ |
| unsigned long int | 64 | $0$ a $2^n - 1 \approx 0$ a $1,8 \cdot 10^{18}$ |
| float | 32 | $-2^{n-1}$ a $2^{n-1} - 1 = 2^{-126}$ a $2 \cdot 2^{127} \approx 1,17 \cdot 10^{-38}$ a $3,4 \cdot 10^{38}$ |
| double | 64 | $1 \cdot 2^{-1022}$ a $2 \cdot 2^{1023} \approx 2,2 \cdot 10^{-308}$ a $1,8 \cdot 10^{308}$ |
| long double | 128 | $2^{-16382}$ a $2^{16383} \approx 3,36 \cdot 10^{-4932}$ a $1,2 \cdot 10^{4932}$ |

Números fracionários podem ser armazenados por variáveis do tipo ponto flutuante. Conforme descrito na Subseção E.2.1 do Apêndice E, o padrão IEEE 754 é atualmente a codificação mais empregada em computadores para representar números em ponto flutuante. Três tipos são definidos na linguagem C, de acordo com a necessidade de armazenar valores com menor ou maior precisão e magnitude. O tipo float é utilizado para declarar variáveis de precisão simples, o tipo double para precisão dupla e o tipo long double para precisão quádrupla. Variáveis declaradas como tipo ponto flutuante podem apresentar problemas de precisão numérica, pois há uma quantidade limitada de memória para armazenar um número real. O intervalo de valores mostrados na Tabela 2.1 depende do número de bits do campo de expoente, enquanto a precisão depende do número de bits alocado para a mantissa.

Variáveis que armazenam um caractere são declaradas como tipo char. Uma variável desse tipo ocupa um byte de memória e tipicamente é utilizada para armazenar letras do alfabeto e símbolos de pontuação. Para a manipulação de um caractere, ele deve estar delimitado entre apóstrofos ou aspas simples, por exemplo, 'A', '?' e '2'.

Na linguagem C, caracteres podem também ser representados como números inteiros. A correspondência entre caracteres e números é dada pela codificação ASCII (American Standard Code for Information Interchange), que codifica os números de 0 a 127 em dígitos numéricos ('0' a '9'), letras do alfabeto ('A' a 'Z' e 'a' a 'z'), os sinais de pontuação mais comuns na língua inglesa, alguns sinais matemáticos, além de caracteres de controle. A padronização de codificação de 128 caracteres é mostrada na Tabela 2.2. Para se obter o código (na base decimal) do caractere, o valor do início da linha onde se encontra o caractere desejado deve ser somado com o valor no topo de sua coluna. O código da letra 'A', por exemplo, é $64 + 1 = 65$.

Tabela 2.2: Codificação ASCII.

|   | 0 | 1 | 2 | 3 | 4 | 5 | 6 | 7 | 8 | 9 | 10 | 11 | 12 | 13 | 14 | 15 |
|---|---|---|---|---|---|---|---|---|---|---|---|---|---|---|---|---|
| 0 | NUL | SOH | STX | ETX | EOT | ENQ | ACK | BEL | BS | HT | LF | VT | FF | CR | SO | SI |
| 16 | DLE | DC1 | DC2 | DC3 | DC4 | NAK | SYN | ETB | CAN | EM | SUB | ESC | FS | GS | RS | US |
| 32 |   | ! | " | # | $ | % | & | ' | ( | ) | * | + | , | - | . | / |
| 48 | 0 | 1 | 2 | 3 | 4 | 5 | 6 | 7 | 8 | 9 | : | ; | < | = | > | ? |
| 64 | @ | A | B | C | D | E | F | G | H | I | J | K | L | M | N | O |
| 80 | P | Q | R | S | T | U | V | W | X | Y | Z | [ | \ | ] | ^ | _ |
| 96 | ` | a | b | c | d | e | f | g | h | i | j | k | l | m | n | o |
| 112 | p | q | r | s | t | u | v | w | x | y | z | { | | | } | ~ | DEL |

Do total de 128 caracteres presentes na codificação ASCII, 95 caracteres são passíveis de impressão e 33 são caracteres especiais para controle de comunicação entre computadores ou entre seus periféricos. Os 33 caracteres especiais são os códigos de 0 a 31 e o código 127. O significado dos caracteres especiais é fornecido no Apêndice G.

Embora a ASCII seja uma das principais codificações utilizadas pelos computadores para representar símbolos, outras padronizações foram desenvolvidas para representar textos em equipamentos de comunicação, como EBCDIC (Extended Binary Coded Decimal Interchange Code), UTF (Unicode Transformation Format), UCS (Universal Coded

Character Set), ISO/IEC 8859-1 (International Organization for Standardization/International Electrotechnical Commission) e Unicode.

### 2.1.2 Nomes de variáveis

O *nome* de uma variável serve para identificar, por meio de um rótulo simbólico, a posição física de memória do computador. Idealmente, os nomes das variáveis devem ser escolhidos de forma a auxiliar o programador a lembrar o que se pretende armazenar nessas variáveis. Entretanto, há algumas regras para a escolha de nomes de variáveis na linguagem C:

- o nome de uma variável é um conjunto de caracteres que pode conter letras, números ou sublinhado ('_').
- o nome de uma variável deve sempre iniciar com uma letra ou um sublinhado ('_').

Alguns exemplos válidos de declaração de variáveis são mostrados no Código 2.2. Um tipo deve ser definido para determinar a quantidade de armazenamento em memória requerida pela variável.

**Código 2.2.** Exemplos válidos de declaração de variáveis.

```
1 char letra;
2 int soma;
3 float peso;
4 double salario;
```

Pode-se declarar múltiplas variáveis de um mesmo tipo em uma única linha de código, bastando separar cada uma delas por uma vírgula, como mostrado no Código 2.3. Algumas variáveis declaradas já são inicializadas com valores desejados.

**Código 2.3.** Declaração de múltiplas variáveis em uma mesma linha.

```
1 int idade, matricula, valor = 7;
2 float temperatura = 0.0, peso;
3 double resultado, cotacao;
```

A linguagem C distingue letras minúsculas e maiúsculas, uma característica que, se negligenciada, pode resultar em erros de programação. Alguns exemplos são apresentados no Código 2.4. Essa diferenciação requer especial atenção por parte dos programadores ao lidar com variáveis e demais identificadores do código, a fim de evitar inconsistências que podem impactar a correta execução do programa.

**Código 2.4.** Uso de letras minúsculas e maiúsculas em nomes de variáveis.

```
1 int c, C;
2 double numero, Numero, NUMERO;
```

Na linguagem C, um conjunto de 32 *palavras reservadas* possui propósito específico, portanto, elas não podem ser utilizadas como nomes de variáveis. A Tabela 2.3 apresenta esse conjunto de palavras reservadas, todas as quais devem ser escritas em letras minúsculas.

Tabela 2.3: Palavras reservadas na linguagem C.

| auto | double | int | struct |
|---|---|---|---|
| break | else | long | switch |
| case | enum | register | typedef |
| char | extern | return | union |
| const | float | short | unsigned |
| continue | for | signed | void |
| default | goto | sizeof | volatile |
| do | if | static | while |

### 2.1.3 Variáveis em registradores

A linguagem C provê um modificador que se aplica aos tipos básicos `char` e `int`. O modificador `register` instrui o compilador C a manter o valor das variáveis declaradas com esse modificador em um registrador. Dessa forma, as operações são realizadas com maior velocidade do que com aquelas variáveis armazenadas em memória, pois os valores das variáveis `register` estão na unidade de processamento e não necessitam de acesso à memória. O exemplo do Código 2.5 mostra a declaração de variáveis `register` do tipo `char` e `int`.

**Código 2.5.** Variáveis em registradores.

```
register char c;
register int i;
```

## 2.2 Constantes

*Constantes* são valores previamente determinados e que, diferentemente das variáveis, não se alteram ao longo do programa. O uso de uma constante, em vez de especificar o mesmo valor como uma variável em diferentes porções do código, simplifica a manutenção do programa. Há duas maneiras de declarar constantes na linguagem C, conforme descritas a seguir.

O primeiro modo de declarar uma constante é por meio do comando `const`, que segue a forma geral mostrada no Código 2.6.

**Código 2.6.** Declaração de constante com o comando `const`.

```
const tipo_constante nome_constante = valor_constante;
```

Pode-se notar que a forma geral de declaração de uma constante é muito semelhante à forma de declaração de uma variável. O comando `const` informa ao programa que o valor atribuído não poderá ser alterado. Os nomes de constantes seguem as mesmas regras dos nomes de variáveis. Por exemplo, uma constante para representar o número $\pi$ pode ser declarada conforme o Código 2.7.

**Código 2.7.** Exemplo de declaração de constante com o comando `const`.

```
const float PI = 3.1416;
```

A segunda maneira de declarar uma constante é com o uso do comando `#define`, que segue a forma geral mostrada no Código 2.8.

**Código 2.8.** Declaração de constante com o comando `#define`.

```
#define nome_constante valor_constante
```

Esse comando é uma derivativa de compilação que informa ao compilador para substituir todas as ocorrências da constante pelo `valor_constante` quando o programa for compilado. Dessa forma, ao declarar uma constante com o comando `#define`, espaço de memória não é alocado para ela. O compilador simplesmente substitui o valor da constante em todas as ocorrências em que ela é utilizada no programa.

Por exemplo, uma constante para representar o número $\pi$ pode ser declarada conforme o Código 2.9.

**Código 2.9.** Exemplo de declaração de constante com o comando `#define`.

```
#define PI 3.1416
```

O tipo da constante é implicitamente definido pelo tipo do seu valor. Dessa forma, `PI` é uma constante do tipo ponto flutuante. Exemplos de constantes do tipo inteiro e caractere, respectivamente, são apresentados no Código 2.10.

**Código 2.10.** Exemplo de declarações de constantes.

```
#define DIAS_DA_SEMANA 7
#define PRIMEIRA_LETRA 'A'
```

## 2.3 Exercícios

1. Descreva os tipos básicos de variáveis disponíveis na linguagem C.
2. O que é uma constante na linguagem C? Descreva sua importância na escrita de um programa.
3. Descreva um tipo adequado de variável para armazenar cada uma das seguintes informações:
    (a) área de um objeto.
    (b) altura de uma pessoa.
    (c) distância entre dois locais em uma mesma cidade.
    (d) média mensal da temperatura no mês de julho.
    (e) resultado de uma operação de raiz quadrada.
    (f) nome de uma cidade.
4. Quais das seguintes constantes são inválidas?
    (a) `0666`.
    (b) `76.3F`.
    (c) `-738.32`.
    (d) `+256`.
5. Quais dos seguintes nomes de variáveis são inválidos?
    (a) `_6794`.
    (b) `xz`.
    (c) `C$`.
    (d) `a_b`.
6. Verifique se a seguinte afirmação é falsa ou verdadeira: letras minúsculas e maiúsculas são tratadas diferentemente na linguagem C.
7. Descreva o papel principal da tabela ASCII.
8. Defina o tipo de cada uma das seguintes constantes:
    (a) `257`.
    (b) `257.45`.
    (c) `"257"`.
    (d) `-257`.
9. Declare os seguintes valores como constantes ou variáveis em um programa:
    (a) letra `C`.
    (b) número de Euler `2.71828`.
    (c) número `17`.
    (d) constante de Avogadro $6.022 \times 10^{23}$.
10. Quais das seguintes instruções são corretas?
    (a) `double float a;`
    (b) `int b;`
    (c) `unsigned char c;`
    (d) `long float d;`
11. Um programa deve implementar o cálculo do valor da hipotenusa a partir dos dois catetos de um triângulo retângulo. Declare as variáveis necessárias para a implementação do código.
12. Dê exemplos de definições de constantes na linguagem C por meio da diretiva `#define`.
13. Verifique se as afirmações a seguir são falsas ou verdadeiras:

(a) espaços em branco não podem fazer parte do nome de uma variável.

(b) caracteres são delimitados por apóstrofos (aspas simples).

(c) o valor máximo que uma constante inteira pode assumir varia de um compilador para outro.

14. Qual é a principal vantagem da linguagem C em manter os valores de certas variáveis em registradores?

15. Qual é o problema do código a seguir?

```c
#include <stdio.h>
int main() {
  const int var = 10;
  var = 15;
  return 0;
}
```

16. Escreva um programa para converter uma letra minúscula em letra maiúscula por meio da tabela ASCII.

## Leituras recomendadas

CRAGON, H. G. *Computer Architecture and Implementation.* Cambridge University Press, 2000.

DEITEL, H. M. & DEITEL, P. J. *C: How to Program.* Pearson Education, Inc., 2004.

FOROUZAN, B. & GILBERG, R. *Computer Science: A Structured Programming Approach Using C.* Cengage Learning, 2006.

GILBERG, R. & FOROUZAN, B. *Data Structures: A Pseudocode Approach with C.* Cengage Learning, 2004.

HOROWITZ, E.; SAHNI, S. & ANDERSON-FREED, S. *Fundamentals of Data Structures in C.* W.H. Freeman & Co., 1992.

KELLY, A. & POHL, I. *A Book on C: Programming in C.* Addison-Wesley, 1998.

KERNIGHAN, B. W. & RITCHIE, D. M. *The C Programming Language.* Prentice Hall, Englewood Cliffs, NJ, Estados Unidos, 2006.

KING, K. N. *C Programming: A Modern Approach.* W.W. Norton & Company, 2008.

KOCHAN, S. G. *Programming in C.* Pearson Education, 2014.

KOREN, I. *Computer Arithmetic Algorithms.* AK Peters/CRC Press, 2018.

KRUSE, R. & TONDO, C. *Data Structures and Program Design in C.* Pearson Education, India, 2007.

LOBUR, J. & NULL, L. *The Essentials of Computer Organization and Architecture.* Jones and Bartlett Learning, 2003.

MANO, M. M. *Computer Systems Architecture.* Prentice Hall, 2006.

MARTIN, J. J. *Data Types and Data Structures.* Prentice Hall International Ltd., 1986.

PREISS, B. R. *Data Structures and Algorithms.* John Wiley & Sons, Inc., 1999.

STALLINGS, W. *Computer Organization and Architecture.* Prentice Hall, Upper Saddle River, NJ, Estados Unidos, 2002.

TENENBAUM, A. M. *Data Structures Using C.* Pearson Education, India, 1990.

WEISS, M. A. *Data Structures and Algorithm Analysis in C.* Pearson, Lebanon, IN, Estados Unidos, 1996.

# 3
# ENTRADA E SAÍDA

Uma funcionalidade importante de um programa é a sua capacidade de receber dados e de exibir resultados gerados pelo seu processamento, o que permite a troca de informações com o meio externo. Como brevemente mencionado na Seção 1.3, a biblioteca `stdio.h` é requerida para operações de entrada e saída na linguagem C. Neste capítulo, funções de entrada e saída de dados são apresentadas em detalhes.

## 3.1 Escrita de dados

A *escrita de dados* permite a comunicação de um programa de computador com o usuário, por meio da apresentação de informações. O conteúdo de uma variável, constante ou expressão pode ser escrito na saída padrão (tipicamente, a tela do computador) com o comando `printf`, cuja forma geral é mostrada no Código 3.1.

**Código 3.1.** Escrita de dados com comando `printf`.

```
printf("parâmetro de controle", lista de variáveis, constantes ou expressões);
```

O primeiro argumento, denominado parâmetro de controle, é obrigatório e é formado por um conjunto de caracteres delimitado por aspas duplas que especifica o texto que será escrito na tela e por caracteres para formatação da saída. O segundo argumento é opcional e corresponde à lista de variáveis, constantes ou expressões cujos valores serão escritos na tela. Quando variáveis ou constantes não são fornecidas, o parâmetro de controle não contém caracteres de especificação de saída, de modo que apenas o texto passado como argumento será exibido na tela.

O exemplo do Código 3.2 não contém caracteres de formatação de saída. O texto passado como argumento será impresso na tela.

**Código 3.2.** Exemplo de escrita de texto.

```
printf("exemplo de texto");
```

No exemplo do Código 3.3, o valor de uma variável inteira `x` será escrito na tela. O parâmetro de controle contém um texto associado e uma especificação de conversão do tipo de saída.

**Código 3.3.** Exemplo de escrita de variável inteira.

```
printf("total: %d\n", x);
```

No exemplo do Código 3.4, o parâmetro de controle possui três especificações de conversão. Os valores das variáveis, separadas por vírgulas, são mostrados na saída.

**Código 3.4.** Exemplo de escrita de múltiplas variáveis inteiras.

```
printf("Largura: %d , Altura: %d, Área: %d", largura, altura, area);
```

As especificações de conversão são usadas para determinar o tipo dos dados. Cada especificação de conversão inicia com um símbolo '%s'. A Tabela 3.1 apresenta alguns dos tipos de saída mais comuns providos pela linguagem C.

Alguns exemplos de usos das especificações de conversão são mostrados nos Códigos 3.5 a 3.8. Argumentos dos tipos inteiro, ponto flutuante, caractere e cadeia de caracteres são formatados na tela de acordo com as especificações

Tabela 3.1: Tipos de saída providos pela linguagem C.

| Especificação de Conversão | Descrição |
|---|---|
| %c | caractere (`char`) |
| %d ou %i | número inteiro (`int`) |
| %u | número inteiro sem sinal (`unsigned int`) |
| %f | formato `float` |
| %e ou %E | número em notação científica |
| %ld | número inteiro (`long it`) |
| %lf | formato `double` |
| %s | cadeia de caracteres |
| %o | número octal |
| %x | número hexadecimal |
| %p | endereço de memória |

de conversão.

**Código 3.5.** Escrita de números inteiros.

```
int a = 12, b = 7;

print("%d anos\n", 10);
printf("Soma = %d, Diferença = %d\n", a + b, a - b);
printf("%d\n", 4000000000);
printf("%ld\n", 4000000000);
printf("%u\n", 3000000000 + 3000000000);
printf("%lu\n", 3000000000 + 3000000000);
```

```
10 anos
Soma = 19, Diferença = 5
-294967296
4000000000
1705032704
6000000000
```

**Código 3.6.** Escrita de números em ponto flutuante.

```
printf("Saldo = R$%f\n", 10.50);
printf("Resultado = %f\n", 4 * 0.72);
printf("Saldo = R$%.2f\n", 10.50);
printf("Resultado = %.0f\n", 4 * 0.72);
printf("Valor = %e\n", 100.2545);
printf("Valor = %e\n", 0.000724);
```

```
R$10.500000
2.880000
Saldo = R$10.50
Resultado = 3
1.002545e+02
7.240000e-04
```

**Código 3.7.** Escrita de caracteres.

```
printf("%c = %d\n", 'A', 'A');
printf("%c = %d\n", 'b' + 3, 'b' + 3);
```

```
A = 65
e = 101
```

**Código 3.8.** Escrita de cadeias de caracteres.

```
1 printf("Programa em %s C.\n", "linguagem");
2 printf("%s de %s.\n", "Exemplo", "mensagem");
```

```
Programa em linguagem C.
Exemplo de mensagem.
```

Outra forma de imprimir um único caractere na tela é por meio da função `putchar`. Sua forma geral é mostrada no Código 3.9. A função recebe um único valor inteiro como parâmetro de entrada. Esse valor é convertido em caractere e mostrado na saída.

**Código 3.9.** Função `putchar`.

```
1 int putchar(int caractere);
```

O Código 3.10 mostra alguns exemplos de impressão de caracteres com a função `putchar`. O argumento passado para a função é convertido em caractere e mostrado na tela. O valor 65 é convertido para o caractere ASCII correspondente a 'A'.

**Código 3.10.** Escrita de caractere com o comando `putchar`.

```
1 char c = 'a';
2 int x = 65;
3
4 putchar(c);
5 putchar(x);
6 putchar('z'); putchar('\t'); putchar('Z');
```

```
a
A
z    Z
```

Além dos comandos de escrita de caracteres `printf` e `putchar`, a linguagem C provê a função `puts` para escrever uma cadeia de caracteres. Nenhuma opção de formatação é definida na função `puts`, que recebe a cadeia de caracteres como argumento e a imprime, saltando uma linha em seguida. Cadeias de caracteres são estudadas em mais detalhes no Capítulo 8. Um exemplo de uso da função `puts` é mostrado no Código 3.11.

**Código 3.11.** Escrita de caracteres.

```
1 puts("mensagem");
```

```
mensagem
```

Sequências de controle permitem que o comando `printf` imprima caracteres especiais na tela, como quebras de linha, tabulações, entre outros. A Tabela 3.2 apresenta alguns dos caracteres especiais mais comuns providos pela linguagem C.

## 3.2 Leitura de dados

A *leitura de dados* permite que um programa se comunique com uma fonte externa. Valores podem ser fornecidos pelo usuário via entrada padrão (tipicamente, o teclado) e armazenados em variáveis do programa. A leitura de dados pode ser feita pelo comando `scanf`, cuja forma geral é mostrada no Código 3.12.

**Código 3.12.** Leitura de dados com comando `scanf`.

```
1 scanf("parâmetro de controle", lista de endereços de variáveis);
```

O parâmetro de controle é formado por um conjunto de caracteres delimitado por aspas duplas que especifica

Tabela 3.2: Caracteres especiais para uso com comandos de saída.

| Caractere | Descrição |
|---|---|
| \a | som de alerta |
| \b | retrocesso |
| \n | nova linha |
| \r | retorno de carro |
| \t | tabulação horizontal |
| \v | tabulação vertical |
| \' | apóstrofo |
| \" | aspas |
| \\ | contrabarra |
| \f | alimentação de formulário |
| \? | símbolo de interrogação |
| \0 | caractere nulo |

os tipos das variáveis que serão lidas e o formato dessa leitura. A lista de endereços é formada pelos nomes das variáveis que serão lidas, separadas por vírgula, em que cada nome de variável é precedido pelo operador '&'. Caso a variável a ser lida seja uma cadeia de caracteres (tópico discutido no Capítulo 8), o nome da variável já é um ponteiro (tópico discutido no Capítulo 10) para a primeira posição de memória da cadeia de caracteres, tal que o operador '&' não precisa ser empregado. O uso do operador nessa situação pode causar uma advertência pelo compilador.

A leitura de um ou mais dados é exemplificada nos Códigos 3.13 e 3.14. Como pode ser observado nesses códigos, o operador '&' é usado no comando scanf para indicar que o valor digitado será colocado no endereço de uma variável. Conforme descrito no Capítulo 10, endereços de memória podem ser manipulados por meio de ponteiros.

**Código 3.13.** Leitura de um número via teclado e sua impressão na tela.

```
int n;
printf("Entre com um número: ");
scanf("%d", &n);
printf("O valor fornecido foi %d\n", n);
```

**Código 3.14.** Leitura de múltiplos valores separados por vírgulas.

```
int a, b;
printf("Entre com dois números: ");
scanf("%d %d",&a, &b);
printf("O valores digitados foram %d %d\n", a, b);
```

Um argumento opcional especifica o número máximo de caracteres que serão lidos da entrada. A leitura é interrompida quando esse valor máximo é atingido ou um caractere que não corresponde ao tipo especificado é encontrado. No exemplo mostrado no Código 3.15, caso o valor 123456 seja fornecido, a variável armazenará o valor 1234.

**Código 3.15.** Leitura de valor com argumento que especifica o número máximo de dígitos que serão lidos da entrada.

```
int n;
scanf("%4d", &n);
```

O comando scanf normalmente ignora caracteres como espaço em branco, tabulação e nova linha durante a leitura de dados. A linguagem C permite a especificação de um conjunto de caracteres que podem ou não fazer parte da cadeia de caracteres lida. Por exemplo, os formatos %A-Z e %0-9 especificam que apenas letras maiúsculas e dígitos de 0 a 9, respectivamente, podem ser armazenados na variável. Um hífen é usado para separar o primeiro e o último caracteres do intervalo de símbolos pré-determinados. Os caracteres que podem ser lidos e armazenados na cadeia de caracteres também podem ser especificados após '^'. Por exemplo, ^\n sinaliza que caracteres serão lidos até o término de linha, enquanto ^\t sinaliza que a leitura será interrompida quando o caractere de tabulação for lido. O Código 3.16 ilustra o uso de diferentes especificadores de entrada durante a leitura de uma cadeia de caracteres.

**Código 3.16.** Leitura de uma cadeia de caracteres com diferentes especificadores de entrada.

```
char texto[20];
scanf("%[A-Z0-9]", texto);
scanf("%[a-z]s", texto);
scanf("%[^\n]s", texto);
scanf("%[^\t]s", texto);
```

Outra forma de ler um único caractere do teclado é com a função getchar, cuja forma geral é mostrada no Código 3.17. A função retorna o caractere lido. Uma cadeia de caracteres pode ser lida aplicando-se repetidamente a função getchar.

**Código 3.17.** Função getchar.

```
int getchar(void);
```

A função getchar não recebe parâmetros de entrada para a leitura de dados. No exemplo do Código 3.18, pode-se observar que o valor retornado pela função, mesmo sendo inteiro, é diretamente convertido pela linguagem C e atribuído a uma variável do tipo caractere.

**Código 3.18.** Leitura de caractere com comando getchar.

```
char c;
printf("Entre com um caractere: ");
c = getchar();
printf("Caractere: %c\n", c);
```

Além dos comandos de leitura de caracteres scanf e getchar, a linguagem provê a função gets, que captura todos os caracteres digitados, inclusive espaços em branco. As funções utilizadas com cadeias de caracteres são descritas mais detalhadamente no Capítulo 8.

Os especificadores de formato de leitura utilizados pelo comando scanf são muito semelhantes aos especificadores de formato de escrita utilizados pelo comando printf, os quais descrevem como deve ser convertida a cadeia de caracteres. A Tabela 3.3 mostra alguns especificadores de formato cuja leitura é possível.

Tabela 3.3: Especificadores de formato de leitura.

| Formato de Conversão | Descrição |
| --- | --- |
| "%c" | valor do tipo char |
| "%d" | valor do tipo int |
| "%u" | valor do tipo unsigned int |
| "%hd" | valor do tipo short int |
| "%hu" | valor do tipo unsigned short int |
| "%ld" | valor do tipo long int |
| "%lu" | valor do tipo unsigned long int |
| "%f" | valor do tipo float |
| "%lf" | valor do tipo double |
| "%s" | cadeia de caracteres |

Alguns cuidados são requeridos quando se utiliza a função scanf para a leitura de valores em sequência. O Código 3.19 apresenta um programa que solicita duas entradas de dados ao usuário, um número inteiro e um caractere.

**Código 3.19.** Leitura de um número inteiro e um caractere com a função scanf.

```
1  char c;
2  int i;
3
4  printf("Entre com um número inteiro: ");
5  scanf("%d", &i);
6
7  printf("Entre com um caractere: ");
8  scanf("%c", &c);
9
10 printf("Os valores fornecidos foram '%c' e '%d'.\n", c, i);
```

Entretanto, logo após digitar o número, o programa termina sem solicitar o caractere. Isso ocorre porque, quando o usuário entra com um número, o valor é armazenado em uma memória temporária conhecida como *buffer* de entrada. Dígitos do número são lidos até a quebra da linha. A variável i armazena os dígitos do número. Porém, o caractere de quebra de linha ('\n') é transferido para o segundo comando scanf e armazenado na variável c.

Para que esse problema seja resolvido, duas estratégias podem ser utilizadas para garantir que o especificador de formato "%c" da função scanf não leia um espaço em branco (' '), nem um símbolo de tabulação ('\t') e nem uma quebra de linha ('\n').

A primeira solução, mostrada no Código 3.20, utiliza um espaço em branco antes do especificador de formato "%c" na segunda chamada da função scanf. Dessa forma, a leitura do caractere após a entrada do número inteiro ocorre sem problemas.

**Código 3.20.** Leitura de um número inteiro e um caractere com a função scanf.

```
1  char c;
2  int i;
3
4  printf("Entre com um número inteiro: ");
5  scanf("%d", &i);
6
7  printf("Entre com um caractere: ");
8  scanf(" %c", &c);
9
10 printf("Os valores fornecidos foram '%c' e '%d'.\n", c, i);
```

A segunda solução, mostrada no Código 3.21, descarta o conteúdo do *buffer* de entrada antes da leitura do caractere. O comando fflush(stdin()) remove todos os dados do *buffer*.

**Código 3.21.** Leitura de um número inteiro e um caractere com a função scanf.

```
1  char c;
2  int i;
3
4  printf("Entre com um número inteiro: ");
5  scanf("%d", &i);
6
7  fflush(stdin);
8
9  printf("Entre com um caractere: ");
10 scanf("%c", &c);
11
12 printf("Os valores fornecidos foram '%c' e '%d'.\n", c, i);
```

## 3.3 Exercícios

1. Escreva um programa para ler um valor de temperatura em graus Celsius e apresentar o valor convertido em graus Fahrenheit.
2. Escreva um programa para ler cinco valores reais e imprimir sua média.
3. Escreva um programa para ler um ângulo em radianos e apresentar o valor convertido em graus.
4. Implemente um programa para ler um valor de comprimento em centímetros e apresentar o valor convertido em polegadas.
5. Escreva um programa para ler o raio de um círculo e imprimir a área do círculo correspondente.
6. Implemente um programa para ler o salário de um funcionário e imprimir o novo salário após um aumento de 13%.
7. Implemente um programa para ler um valor inteiro em segundos e imprimir o valor correspondente em horas, minutos e segundos.
8. Escreva um programa para calcular o novo salário de um funcionário a partir da leitura do salário atual do funcionário e do percentual de reajuste do salário.
9. Escreva um programa para ler um nome do teclado e imprimir as letras em maiúsculo na tela.
10. Implemente um programa para ler os coeficientes de uma equação de segundo grau e calcular suas raízes.
11. Escreva um programa para ler o nome, a data de nascimento e a nacionalidade de uma pessoa.
12. Implemente um programa para ler um número inteiro e imprimir o seu antecessor e o seu sucessor.
13. Escreva um programa para ler o preço de um produto e imprimir o novo preço após um reajuste de 2%.
14. Implemente um programa para ler cinco números inteiros e imprimir sua média aritmética.
15. Dado que um veículo faz 12 km por litro de combustível, escreva um programa para calcular o consumo do veículo. O usuário deve fornecer o tempo gasto na viagem e a velocidade média do veículo.
16. Escreva um programa para ler os valores referentes aos dois catetos de um triângulo retângulo e calcular o valor de sua hipotenusa.

**Leituras recomendadas**

BERZTISS, A. T. *Data Structures: Theory and Practice.* Academic Press, 2014.

BURGE, W. H. *Recursive Programming Techniques.* Addison-Wesley, Reading, MA, Estados Unidos, 1975.

CORMEN, T. H.; LEISERSON, C. E.; RIVEST, R. L. & STEIN, C. *Introduction to Algorithms.* MIT Press Cambridge, 2009.

DEITEL, H. M. & DEITEL, P. J. *C: How to Program.* Pearson Education, Inc., 2004.

EARLEY, J. Toward an Understanding of Data Structures. *Communications of the ACM*, vol. 14, n. 10, pp. 617–627, 1971.

FOROUZAN, B. & GILBERG, R. *Computer Science: A Structured Programming Approach Using C.* Cengage Learning, 2006.

GOODMAN, S. E. & HEDETNIEMI, S. T. *Introduction to the Design and Analysis of Algorithms.* McGraw-Hill, Inc., 1977.

KELLY, A. & POHL, I. *A Book on C: Programming in C.* Addison-Wesley, 1998.

KERNIGHAN, B. W. & PLAUGER, P. J. *Elements of Programming Style.* McGraw-Hill, Inc., 1974.

KING, K. N. *C Programming: A Modern Approach.* W.W. Norton & Company, 2008.

KNUTH, D. E. Structured Programming with go to Statements. *ACM Computing Surveys*, vol. 6, n. 4, pp. 261–301, 1974.

KOCHAN, S. G. *Programming in C*. Pearson Education, 2014.

PFALTZ, J. L. *Computer Data Structures*. McGraw-Hill, Inc., 1977.

SHNEIDERMAN, B. & SCHEUERMANN, P. Structured Data Structures. *Communications of the ACM*, vol. 17, n. 10, pp. 566–574, 1974.

WEGNER, P. *Programming Languages, Information Structures, and Machine Organization*. McGraw Hill Text, 1968.

WULF, W. A.; FLON, L.; SHAW, M. & HILFINGER, P. *Fundamental Structures of Computer Science*. Addison-Wesley Longman Publishing Co., Inc., 1981.

# 4
# OPERADORES

A linguagem C provê diversos operadores que podem ser aplicados às variáveis de um programa. Expressões simples e complexas podem ser construídas e manipuladas por meio de operadores aritméticos, relacionais, lógicos, condicionais, entre outros. Este capítulo apresenta os principais operadores existentes na linguagem C para a construção de expressões utilizadas em programas.

## 4.1 Operador de atribuição

O *operador de atribuição* permite que valores sejam armazenados em variáveis. O operador de atribuição é expresso com o símbolo '='. A sintaxe geral do comando é mostrada no Código 4.1.

**Código 4.1.** Sintaxe geral do comando de atribuição.

```
nome_variável = valor ou expressão;
```

em que à esquerda do operador de atribuição deve existir o nome de uma variável, enquanto à direita do operador deve existir um valor ou uma expressão cujo valor será calculado e armazenado na variável.

Exemplos de atribuição de valores em duas variáveis são apresentados no Código 4.2.

**Código 4.2.** Exemplos de atribuição de valores em variáveis.

```
int a;
float x;
a = 5;
x = 67.89505456;
```

Atribuir o valor de uma expressão a uma variável significa calcular o valor da expressão e copiar (armazenar) seu valor em uma determinada posição de memória (variável). O Código 4.3 mostra exemplos de atribuição de expressões em variáveis.

**Código 4.3.** Exemplos de atribuição de expressões em variáveis.

```
int a;
float c;
a = 5 + 5 + 10;
c = 67.89505456 + 18 - 9;
```

Um erro comum em programação é fazer uso de variáveis cujos valores ainda não estão definidos. No exemplo do Código 4.4, o valor da variável d não pode ser garantido após a execução do trecho de programa, já que a variável e não foi inicializada ou atribuída anteriormente. Isso pode levar a um comportamento indefinido ou a valores indesejados.

**Código 4.4.** Exemplo de atribuição com variável não inicializada.

```
int a, b, c;
float d, e;

```

```
4  a = 10;
5  b = -15;
6  c = 90;
7  d = e;
```

Uma variável é dita não inicializada se ela ainda não recebeu um valor, desde que ela foi declarada. É possível declarar e inicializar uma ou mais variáveis em uma única linha de código, como mostrado no Código 4.5.

**Código 4.5.** Exemplos de inicialização de variáveis.

```
1  int dia = 30, mes = 6, ano = 2012;
2  double parcial, total = 0.0;
3  float juros, saldo = 0.00, limite = 1000.00;
```

## 4.2 Operadores aritméticos

Os *operadores aritméticos* são usados para a realização de cálculos em expressões matemáticas. Os operadores aritméticos *binários* são aqueles que operam sobre dois operandos, enquanto os operadores *unários* operam sobre um operando.

Os operadores aritméticos binários são adição ('+'), subtração ('-'), multiplicação ('*'), divisão inteira ('/') e resto da divisão inteira ('%'). Há também o operador unário negativo ('-'), que inverte o sinal do operando. Os operadores aritméticos binários são mostrados na Tabela 4.1.

Tabela 4.1: Operadores aritméticos binários.

| Operador | Ação |
|----------|------|
| + | adição |
| - | subtração |
| * | multiplicação |
| / | divisão |
| % | resto da divisão inteira |

As operações aritméticas dependem da precisão dos operandos. Por exemplo, a expressão 7 / 2 resulta no valor 3, pois a operação de divisão é efetuada com precisão inteira, já que os dois operandos são do tipo inteiro. A parte fracionária é truncada na divisão entre operandos inteiros. Por outro lado, a expressão 7.0 / 2.0 resulta no valor 3.5, já que os operandos são do tipo ponto flutuante. Deve-se notar que, na linguagem C, o separador decimal é o ponto, e não a vírgula.

O operador '%' na linguagem de programação C retorna o resto da divisão inteira com o mesmo sinal do dividendo, não do divisor, como ocorre em outras linguagens. Essa propriedade é particularmente útil quando se lida com números negativos. Dessa forma:

- 7 % 4 = 3.
- -7 % 4 = -3.
- 7 % -4 = 3.
- -7 % -4 = -3.

## 4.3 Conversão de valores entre tipos diferentes

Pode-se converter valores de alguns tipos de variáveis em outros tipos. Há duas formas de converter valores de tipos diferentes, a conversão implícita e a conversão explícita. A conversão implícita é realizada automaticamente pelo compilador, sem uma instrução fornecida pelo usuário, quando o tipo de dado compatível é encontrado. A conversão explícita requer o uso de um operador próprio.

A capacidade de armazenamento da variável destino deve ser maior do que a da variável origem, caso contrário, poderá haver perda de informação. Os exemplos apresentados nos Códigos 4.6 a 4.11 ilustram situações em que há ou não perda de informação no processo de conversão implícita de valores entre tipos diferentes de variáveis.

**Código 4.6.** Exemplo de conversão implícita de valores sem perda de informação.

```
int a;
short int b = 5;
a = b;                  /* a = 5 */
```

**Código 4.7.** Exemplo de conversão implícita de valores sem perda de informação.

```
double a;
float b = 3.2;
a = b;                  /* a = 3.2 */
```

**Código 4.8.** Exemplo de conversão implícita de valores com perda de informação.

```
short int a, b;
int x = 2015, y = 123456;
a = x;                  /* a = 2015 */
b = y;                  /* b = -7616 */
```

**Código 4.9.** Exemplo de conversão implícita de valores com perda de informação.

```
float a, b;
double x = 12.34, y = 2e50;
a = x;                  /* a = 12.34    */
b = y;                  /* b = infinito */
```

**Código 4.10.** Exemplo de conversão implícita de valores com perda de informação.

```
unsigned int a, b;
int x = 100, y = -128;
a = x;                  /* a = 100          */
b = y;                  /* b = 4294967168 */
```

**Código 4.11.** Exemplo de conversão implícita de valores com perda de informação.

```
int a, b;
double x = 3.2, y = -1.95;
a = x;                  /* a = 3 */
b = y;                  /* b = -1 */
```

Pode-se também explicitamente informar o tipo para o qual o valor deve ser convertido, usando a notação mostrada no Código 4.12. Nesse tipo de conversão, o valor da variável ou da expressão é forçado a ser de um tipo específico.

**Código 4.12.** Conversão explícita de tipo de uma variável.

```
(tipo) valor;
```

Um exemplo de conversão explícita é mostrado no Código 4.13.

**Código 4.13.** Exemplo de conversão explícita.

```
float a;
int b = 23, c = 4;
a = (float) b / (float) c;  /* a = 5.75 */
```

Deve-se ressaltar que, na linguagem C, não é possível modificar o tipo de uma variável; pode-se apenas converter o tipo de expressão. Um exemplo de erro que ocorre na conversão explícita é apresentado no Código 4.14.

**Código 4.14.** Exemplo de erro em conversão explícita.

```
int a;
(float) a = 1.5;    /* erro: não é possível converter o tipo de uma variável */
```

Conforme mencionado anteriormente, o resultado da operação de divisão ('/') depende da precisão de seus argumentos, os quais podem ser do tipo inteiro ou ponto flutuante. Se os dois argumentos forem inteiros, então a divisão inteira é realizada. Se um dos dois argumentos for do tipo ponto flutuante, então a divisão em ponto flutuante ocorre. Portanto, quando se deseja obter um resultado com precisão fracionária em uma divisão entre dois números inteiros, deve-se converter explicitamente o valor de pelo menos um deles para ponto flutuante. Exemplos de conversão de tipos na operação de divisão são mostrados no Código 4.15.

**Código 4.15.** Exemplos de conversão na operação de divisão.

```
int x = 9, y = 4;
float z;
z = x / y;                /* z = 2.000000 */
z = x / (float) y;        /* z = 2.250000 */
z = (float) x / y;        /* z = 2.250000 */
z = (float) (x / y);      /* z = 2.000000 */
```

## 4.4 Operadores de incremento e decremento

O *operador de incremento* ('++') tem a função de adicionar uma unidade ao valor da variável à qual está associado. Por outro lado, o *operador de decremento* ('--') tem a função de subtrair uma unidade do valor da variável à qual está associado. Esses operadores também podem ser usados com uma expressão.

Os operadores de incremento e decremento podem ser utilizados antes ou após o nome da variável, como mostrado nos Códigos 4.16 e 4.17.

**Código 4.16.** Exemplos de incremento do valor da variável x em uma unidade.

```
x++;
++x;
```

**Código 4.17.** Exemplos de decremento do valor da variável x em uma unidade.

```
x--;
--x;
```

A posição do operador de incremento ou de decremento em relação à variável influencia a ordem de execução das operações. Quando o operador está à esquerda da variável em uma expressão ou função, a variável é modificada primeiro e, em seguida, a expressão ou função retorna o valor alterado da variável. Um exemplo de incremento do valor de uma variável é mostrado no Código 4.18.

**Código 4.18.** Exemplo de incremento do valor da variável x em uma unidade, em que o operador '++' está posicionado à esquerda da variável.

```
int x = 10;

printf("%d\n", ++x);
printf("%d\n", x);
```

```
11
11
```

Por outro lado, quando o operador está à direita da variável, a expressão ou função retorna primeiramente o valor atual da variável e, em seguida, altera o valor da variável. Um exemplo de incremento do valor de uma variável é mostrado no Código 4.19.

**Código 4.19.** Exemplo de incremento do valor da variável x em uma unidade, em que o operador '++' está posicionado à direita da variável.

```
1  int x = 10;
2
3  printf("%d\n", x++);
4  printf("%d\n", x);
```

```
10
11
```

Em uma expressão, os operadores de incremento e decremento são sempre calculados antes dos demais (maior precedência). Exemplos de incremento do valor de uma variável combinado com o uso do operador de multiplicação são apresentados nos Códigos 4.20 e 4.21.

**Código 4.20.** Exemplo de incremento do valor da variável x em uma unidade.

```
1  int x = 10;
2
3  printf("%d\n", 2 * ++x);
4  printf("%d\n", x);
```

```
22
11
```

**Código 4.21.** Exemplo de incremento do valor da variável x em uma unidade.

```
1  int x = 10;
2
3  printf("%d\n", 2 * x++);
4  printf("%d\n", x);
```

```
20
11
```

## 4.5 Atribuições simplificadas

Expressões matemáticas normalmente envolvem muitos operadores diferentes, em conjunto com o operador de atribuição. A linguagem C permite a simplificação de expressões por meio de operadores de atribuição compostos, que realizam uma operação e, em seguida, atribuem o resultado para a variável que está à esquerda do operador de atribuição.

Por exemplo, a atribuição mostrada no Código 4.22, em que ocorre uma atribuição à primeira das variáveis da expressão, pode ser simplificada conforme o Código 4.23.

**Código 4.22.** Exemplo de atribuição.

```
1  x = x + y;
```

**Código 4.23.** Atribuição simplificada.

```
1  x += y;
```

A Tabela 4.2 mostra operadores de atribuição e suas simplificações correspondentes para cada operação aritmética descrita anteriormente. O resultado do cálculo da operação do valor atual da variável à esquerda com o valor à direita é atribuído à variável que está à esquerda do operador de atribuição.

As atribuições mostradas no Código 4.24 (incremento de uma variável) são equivalentes, ou seja, o valor da variável x é incrementado em 1 após cada uma das atribuições.

Tabela 4.2: Operadores de atribuição simplificada para operações aritméticas.

| Operador | Exemplo   | Equivalente   |
|----------|-----------|---------------|
| +=       | x += y;   | x = x + y;    |
| -=       | x -= y;   | x = x - y;    |
| *=       | x *= y;   | x = x * y;    |
| /=       | x /= y;   | x = x / y;    |
| %=       | x %= y;   | x = x % y;    |

**Código 4.24.** Atribuições equivalentes para incremento do valor da variável x em uma unidade.

```
x = x + 1;
x += 1;
x++;
++x;
```

## 4.6 Operadores relacionais

Um *operador relacional* estabelece uma relação entre dois operandos, um localizado à esquerda do operador e o outro à direita. Os operadores relacionais são usados para comparar os valores de duas expressões, que retornam o seguinte resultado:

- 0, se o resultado for falso.
- 1, ou qualquer outro número diferente de 0, se o resultado for verdadeiro.

Os operadores relacionais, que realizam comparações entre variáveis, disponíveis na linguagem C são mostrados na Tabela 4.3. A partir desses operadores, estruturas lógicas podem ser construídas para obter a relação entre dois operandos.

Tabela 4.3: Operadores relacionais.

| Operador | Ação                |
|----------|---------------------|
| >        | maior que           |
| >=       | maior que ou igual a|
| <        | menor que           |
| <=       | menor que ou igual a|
| ==       | igual a             |
| !=       | diferente de        |

Alguns exemplos de uso de operadores relacionais são mostrados nos Códigos 4.25 e 4.26. Os operadores relacionais possuem precedência menor quando comparados aos operadores aritméticos. Portanto, o resultado da expressão no Código 4.26 é 0.

**Código 4.25.** Exemplo de uso de operadores relacionais.

```
int x = 7, y = 4;
printf("Resultado: %d\n", x < 5);
printf("Resultado: %d\n", y == 4);
printf("Resultado: %d\n", x != y);
printf("Resultado: %d\n", x >= 9);
```

```
Resultado: 0
Resultado: 1
Resultado: 1
Resultado: 0
```

**Código 4.26.** Exemplo de precedência no uso de operadores relacionais.

```
int x = 7 , y = 1 , z = 9;
printf("Resultado: %d\n", x > y + z);
```

```
Resultado: 0
```

## 4.7 Operadores lógicos

Os *operadores lógicos* podem ser usados para, a partir de condições simples, criar expressões lógicas mais complexas. Os operadores lógicos, assim como os operadores relacionais, retornam verdadeiro ou falso como resultado. Em um programa, os operadores lógicos são frequentemente empregados nas tomadas de decisão que envolvam critérios condicionais (discutidos no Capítulo 5) ou de repetição (discutidos no Capítulo 6) para a resolução do problema.

Os operadores lógicos implementados na linguagem C são mostrados na Tabela 4.4. O operador binário '&&' retorna verdadeiro quando ambas as expressões são verdadeiras. O operador binário '||' retorna verdadeiro quando pelo menos uma das expressões é verdadeira. O operador unário '!' retorna verdadeiro quando a expressão é falsa, e vice-versa.

Tabela 4.4: Operadores lógicos.

| Operador | Ação |
|---|---|
| && | E lógico |
| \|\| | Ou lógico |
| ! | Não lógico |

A *tabela verdade* para os operadores lógicos é apresentada na Tabela 4.5, em que os operandos A e B representam o resultado de duas expressões relacionais. Uma tabela verdade é uma representação utilizada para organizar e determinar os valores de expressões lógicas, possibilitando definir o resultado de uma proposição, ou seja, verificar se uma expressão é falsa ou verdadeira. Todas as combinações possíveis de valores para os operandos A e B, juntamente com seus respectivos resultados após a aplicação dos operadores lógicos, são mostradas na tabela.

Tabela 4.5: Tabela verdade para os operadores lógicos '&&', '||' e '!'.

| A | B | A && B | A \|\| B | !A |
|---|---|---|---|---|
| 0 | 0 | 0 | 0 | 1 |
| 0 | 1 | 0 | 1 | 1 |
| 1 | 0 | 0 | 1 | 0 |
| 1 | 1 | 1 | 1 | 0 |

Um exemplo de uso de operadores lógicos disponíveis na linguagem C é mostrado no trecho do Código 4.27. Os operadores podem ser utilizados para combinar duas ou mais expressões, de modo que o resultado da operação depende dos valores gerados pelas expressões e do significado dos operadores.

**Código 4.27.** Exemplo de uso de operadores lógicos.

```
int x = 7, y = 4, z;
z = (x == 1) || (y < 0);
printf("%d\n", z);
z = (x > 3) && (y < x);
printf("%d\n", z);
z = (x > 6) || (y > 3);
printf("%d\n", z);
z = !(x > 9) && !(y < 3);
printf("%d\n", z);
z = !(x > y) && !(y > 3);
```

## 4.8 Operadores bit-a-bit

Valores numéricos são representados na memória do computador em sua forma binária. A representação de números no sistema binário é descrita na Subseção D.1.2. Na programação de computadores, há várias operações que podem ser realizadas diretamente nos números binários.

Os *operadores bit-a-bit* permitem a manipulação de bits que compõem uma palavra binária. Esses operadores podem ser aplicados em variáveis do tipo `char` ou `int`, mas não podem ser utilizados em variáveis do tipo ponto flutuante (`float` e `double`). A linguagem C provê seis operadores bit-a-bit, os quais são mostrados na Tabela 4.6.

Tabela 4.6: Operadores bit-a-bit.

| Operador | Ação |
|---|---|
| & | E bit-a-bit |
| \| | Ou bit-a-bit |
| ^ | Ou Exclusivo bit-a-bit |
| << | deslocamento à esquerda |
| >> | deslocamento à direita |
| ~ | complemento bit-a-bit |

Os operadores bit-a-bit '&', '|' e '^' permitem uma comparação lógica para cada um dos bits da palavra binária. O operador '&' retorna 1 quando ambos os bits são 1. O operador '|' retorna 1 quando pelo menos um dos bits é igual a 1. O operador '^' retorna 1 se apenas um dos bits for igual a 1. Nos demais casos mencionados para esses operadores, o valor retornado é 0.

Os operadores de deslocamento '<<' e '>>' movem bits à esquerda e à direita, respectivamente. À medida que os bits são deslocados em uma das direções, zeros são acrescentados na outra extremidade. Um deslocamento não é uma rotação, ou seja, os bits que desaparecem em uma extremidade não reaparecem na outra.

O operador unário '~' inverte o estado de cada bit da variável associada, ou seja, um bit 0 se transforma em 1, e vice-versa. Por exemplo, o resultado do operador complemento para o número binário 00100011 (equivalente ao número decimal 35) é 11011100. Caso o operador seja aplicado a uma variável do tipo `int`, o resultado dependerá do sistema de representação do computador empregado no processamento. Uma representação comum é o complemento de 2, descrito na Subseção E.1.3. Dado um número inteiro $n$, o resultado do complemento de 2 é $-(n+1)$. Dessa forma, o número decimal resultante da operação bit-a-bit ~35 em complemento de 2 é −36, e não 220 (o valor decimal correspondente ao número binário 11011100).

A tabela verdade para os operadores bit-a-bit '&', '|', '^' e '~' é apresentada na Tabela 4.7. Os operandos A e B representam bits. As combinações de valores para os operandos, juntamente com seus respectivos resultados, são mostradas na tabela.

Tabela 4.7: Tabela verdade para os operadores bit-a-bit '&', '|', '^' e '~'.

| A | B | A & B | A \| B | A ^ B | ~A |
|---|---|---|---|---|---|
| 0 | 0 | 0 | 0 | 0 | 1 |
| 0 | 1 | 0 | 1 | 1 | 1 |
| 1 | 0 | 0 | 1 | 1 | 0 |
| 1 | 1 | 1 | 1 | 0 | 0 |

Os próximos exemplos ilustram o uso de operadores bit-a-bit disponíveis na linguagem C. Bits são manipulados no Código 4.28 para alterar o conteúdo de uma variável. Deslocamentos de bits à esquerda e à direita são aplicados a uma variável no Código 4.29. O teste de paridade de uma variável é mostrado no Código 4.30.

**Código 4.28.** Exemplo de uso de operadores bit-a-bit.

```
x = x & 0177    /* zera todos os bits de x, exceto os 7 bits menos significativos */
x = x & ~077    /* zera os últimos seis bits de x */
```

**Código 4.29.** Exemplo de uso de operadores bit-a-bit de deslocamento. A variável x é do tipo unsigned char. Assume-se que os operadores de deslocamento são executados consecutivamente. A cada passo de execução, o valor de x é apresentado em sua representação binária e decimal.

```
x = 7           /* 00000111      7 */
x = x << 1      /* 00001110     14 */
x = x << 3      /* 01110000    112 */
x = x << 2      /* 11000000    192 */
x = x >> 1      /* 01100000     96 */
x = x >> 2      /* 00011000     24 */
```

**Código 4.30.** Exemplo de uso do operador complemento em uma variável do tipo unsigned char e do tipo int.

```
unsigned char x = 35;
int y = 35;
printf("Resultado de ~x: %d\n", x = ~x);
printf("Resultado de ~y: %d\n", y = ~y);
```

```
Resultado de ~x: 220
Resultado de ~y: -36
```

**Código 4.31.** Exemplo de operador complemento para verificar se um número inteiro é par ou ímpar.

```
int x = 12;
if (!(x & 1))
  printf("x é par\n");
else
  printf("x é ímpar\n");
```

```
x é par
```

## 4.9 Operador ternário ? :

O *operador ternário* '?:' pode ser utilizado para substituir comandos condicionais, os quais são descritos no Capítulo 10. A forma geral do operador ternário é mostrada no Código 4.32.

**Código 4.32.** Forma geral do operador ternário '?:'.

```
expressão_condicional ? expressão 1 : expressão 2;
```

O valor da expressão condicional é falso ou verdadeiro. Caso o valor seja falso, a **expressão 1** é executada; caso seja verdadeiro, a **expressão 2** é executada. Um exemplo de uso do operador ternário '?:' é mostrado no Código 4.33.

**Código 4.33.** Exemplo de uso do operador ternário '?:'. A variável z recebe o maior valor entre x e y.

```
z = (x > y) ? x : y;
```

## 4.10 Operadores de ponteiros

Quando variáveis são criadas em um programa, espaços de memória são reservados pelo computador para armazenar os valores que serão associados às variáveis. O endereço do espaço de memória reservado a uma variável está associado ao nome dado à variável. Conforme descrito no Capítulo 10, ponteiros são um tipo de variável que permitem armazenar endereços de memória. A partir do endereço de memória de uma variável, pode-se ter acesso ao conteúdo da variável.

O operador '&' retorna o endereço de uma variável, enquanto o operador '*' permite a declaração de um ponteiro ou o acesso ao conteúdo associado ao endereço de memória da variável. O Código 4.34 apresenta um exemplo de uso dos operadores de ponteiros '&' e '*'.

**Código 4.34.** Exemplo de uso dos operadores '&' e '*'.

```
int x, *y;
x = 100;
y = &x;
printf("Valor apontado por y: %d\n", *y);
printf("Endereço de y: %p\n", &y);
```

## 4.11 Precedência de operadores

Conforme descrito anteriormente, a linguagem C provê muitos operadores diferentes para manipulação de valores de variáveis e expressões. Como consequência, o uso de múltiplos operadores em uma expressão pode tornar sua interpretação difícil. Um conjunto de regras de precedência de operadores permite que o compilador possa decidir corretamente em qual ordem os operadores devem ser executados em uma expressão.

A Tabela 4.8 mostra algumas regras de precedência de operadores da linguagem C. A precedência dos operadores aritméticos segue as regras da matemática. Por exemplo, as operações de multiplicação e divisão são executadas antes das operações de adição e subtração. Parênteses podem ser usados para alterar a ordem de avaliação. Os operadores com maior nível de precedência são listados mais acima da tabela. Operadores na mesma linha da tabela são avaliados com a mesma precedência. Conforme pode ser observado na tabela, há alguns operadores listados que ainda não foram explicados até o momento. Cada um deles será discutido ao longo dos próximos capítulos.

Um exemplo de uso de algumas regras de precedência de operadores para resolver expressões matemáticas é mostrado no Código 4.35.

**Código 4.35.** Exemplo de uso de regras de precedência de operadores para resolver expressões matemáticas.

```
5 + 10 % 3;            /*  6 */
5 * 10 % 3;            /*  2 */
(5 + 10) % 3;          /*  0 */
(5 + 10) * 3 / 9;      /*  5 */
(5 + 10) * (6 / 2);    /* 45 */
5 + (10 * 6) / 2;      /* 35 */
```

## 4.12 Biblioteca matemática

A biblioteca `math.h` provê um conjunto de funções para realizar operações matemáticas, que complementam os operadores aritméticos descritos anteriormente e possibilitam a construção de expressões que podem ser empregadas na resolução de problemas diversos.

A Tabela 4.9 apresenta algumas funções importantes disponíveis na biblioteca matemática da linguagem C, por exemplo, funções logarítmicas, de potência, trigonométricas, hiperbólicas, de arredondamento e truncamento de números, entre outras.

# Algoritmos e estruturas de dados: conceitos e aplicações

Tabela 4.8: Precedência de operadores.

| Precedência | Operador | Ação |
|---|---|---|
| 1 | ()<br>[]<br>-><br>. | parênteses (chamada de função)<br>elemento de vetor ou matriz<br>conteúdo de elemento de ponteiro para estrutura<br>elemento de estrutura |
| 2 | ++ --<br>+ -<br>! ~<br>(tipo)<br>*<br>&<br>sizeof | incremento e decremento<br>adição e subtração unária<br>Não lógico e complemento bit-a-bit<br>conversão de tipo de dado<br>conteúdo de ponteiro<br>endereço de memória<br>tamanho do elemento |
| 3 | * / % | multiplicação, divisão e resto da divisão inteira |
| 4 | + - | adição e subtração |
| 5 | << >> | deslocamento de bits à esquerda e à direita |
| 6 | < <=<br>> >= | "menor que" e "menor que ou igual a"<br>"maior que" e "maior que ou igual a" |
| 7 | == != | "igual a" e "diferente de" |
| 8 | & | E bit-a-bit |
| 9 | ^ | Ou exclusivo bit-a-bit |
| 10 | \| | Ou bit-a-bit |
| 11 | && | E lógico |
| 12 | \|\| | Ou lógico |
| 13 | ?: | operador ternário |
| 14 | =<br>+= -=<br>*= /= %=<br><<= >>=<br>&= ^= \|= | atribuição<br>atribuição por adição e subtração<br>atribuição por multiplicação, divisão e resto da divisão inteira<br>atribuição por deslocamento de bits<br>atribuição por operações lógicas |
| 15 | , | vírgula |

## 4.13 Exercícios

1. Dada uma equação de segundo grau $f(x) = ax^2 + bx + c$, representada pelos seus coeficientes $a$, $b$ e $c$, escreva um programa para calcular e imprimir o valor de $f(x)$, para um número $x$ também fornecido.

2. Escreva um programa para calcular a média aritmética simples das notas de três avaliações de um aluno e imprimir uma mensagem se ele foi aprovado ou reprovado. Um aluno é considerado aprovado se a média de suas avaliações for maior ou igual a 5. Caso contrário, ele é considerado reprovado.

3. Um vendedor recebe uma comissão de 5% sobre o total de vendas até R$10.000,00 e mais 7% sobre o que exceder esse valor. Escreva um programa para ler o salário-base e o valor de vendas efetuadas por um vendedor e imprimir seu salário total.

4. Escreva um programa para inverter os bits de uma variável. O valor original e o valor invertido devem ser impressos em binário.

5. Escreva um programa para contar o número de bits iguais a 1 contidos em um número inteiro.

6. Sejam as variáveis a = 6, b = 5.3, c = 9, x = 4.0, y = 3 e z = 5.0. Mostre o resultado das expressões a

Tabela 4.9: Funções da biblioteca `math.h`.

| Função | Ação |
|---|---|
| abs(x) | calcula o valor absoluto de um número inteiro x |
| acos(x) | calcula o arco cosseno de x em radianos |
| asin(x) | calcula o arco seno de x em radianos |
| atanh(x) | calcula o arco tangente hiperbólico de x |
| ceil(x) | arredonda para cima a parte decimal de x |
| cos(x) | calcula o cosseno de x em radianos |
| cosh(x) | calcula o cosseno hiperbólico de x |
| exp(x) | calcula o valor de $e^x$ |
| floor(x) | arredonda para baixo a parte decimal de x |
| log(x) | calcula o logaritmo natural de x |
| log10(x) | calcula o logaritmo na base 10 de x |
| pow(x, y) | calcula o valor de $x^y$ |
| sin(x) | calcula o seno de x em radianos |
| sinh(x) | calcula o seno hiperbólico de x |
| sqrt(x) | calcula a raiz quadrada de x |
| tan(x) | calcula a tangente de x em radianos |
| tanh(x) | calcula a tangente hiperbólica de x em radianos |

seguir:

(a) b % z <= x % a.

(b) z != b.

(c) ((x / b) + c * -z).

(d) z - x * -b.

(e) y - x * c > a % z.

7. Dados dois números positivos, escreva um programa para calcular e imprimir as médias aritmética, geométrica e harmônica entre eles.

8. Dadas as coordenadas de dois pontos $(x_1, y_1, z_1)$ e $(x_2, y_2, z_2)$, escreva um programa para calcular e imprimir a distância euclidiana entre eles.

9. Dados dois horários $H_1$ e $H_2$, ambos no mesmo dia e no formato HH:MM, tais que $H_1 \leq H_2$, implemente um programa para calcular e imprimir o número de minutos decorridos entre $H_1$ e $H_2$.

10. Dadas duas retas concorrentes $r_1$ e $r_2$, ambas também concorrentes aos eixos $x$ e $y$ e representadas pelas suas equações de reta no formato $ax + by + c = 0$, escreva um programa para determinar e imprimir o ponto em que $r_1$ e $r_2$ se intersectam.

11. Escreva um programa para ler um número inteiro e exibir o seu complemento bit-a-bit.

12. Escreva expressões aritméticas equivalentes sem utilizar o operador lógico de negação ('!'):

    (a) !(x == y).

    (b) !(x < 1 || y < -1).

    (c) !(x < y && a < 5).

13. Mostre os valores das variáveis a, b e c após a sequência de operações:

```
int a, b, c;
a = b = 5;
c = a++;
a = -a;
b++;
a = a + b - c--;
```

14. Seja a declaração:

```
int a = 1, b = 2, c = 3;
```

Mostre o valor de cada uma das expressões a seguir:

(a) !(c - b).

(b) a && b && c.

(c) a - b >= 2 * c.

15. Escreva expressões equivalentes sem utilizar o operador lógico de negação ('!'):

(a) !(i == j).

(b) !(i = 1 < j - 2).

(c) !(i < j && k < 1).

(d) !(i < 1 || j < 2 && k < 3).

16. Dada a atribuição:

```
a = (b = 1) + (c = 2);
```

Qual é o efeito da remoção dos parênteses na declaração?

17. Quais das seguintes expressões são válidas?

(a) i =< j.

(b) -i =! j.

(c) i =< j.

(d) 10 >= (2 * i + j).

18. Mostre o resultado após a execução de cada uma das seguintes operações:

(a) 3 * 4.57 / 5.

(b) 11.3 - 17 % 5.

(c) (-5 + (int) 4.6) * 7 - 8 / 3.

19. Dadas as variáveis a, b e c, escreva um programa para verificar se elas podem ser os lados de um triângulo retângulo.

**Leituras recomendadas**

AHO, A. V.; SETHI, R. & ULLMAN, J. D. *Compilers: Principles, Techniques, and Tools.* Addison-Wesley, Reading, MA, Estados Unidos, 1986.

BAYER, R. & MCCREIGHT, E. Organization and Maintenance of Large Ordered Indexes. *Acta Informatica*, vol. 1, n. 3, pp. 173–189, 1972.

BENTLEY, J. L. & FRIEDMAN, J. H. Data Structures for Range Searching. *ACM Computing Surveys*, vol. 11, n. 4, pp. 397–409, 1979.

BONDY, J. A. & MURTY, U. S. R. *Graph Theory with Applications*, volume 290. Macmillan, London, United Kingdom, 1976.

CHARTRAND, G. *Introductory Graph Theory.* Courier Corporation, 1977.

DAHL, O.-J.; DIJKSTRA, E. W. & HOARE, C. A. R. *Structured Programming.* Academic Press Ltd., 1972.

DEITEL, H. M. & DEITEL, P. J. *C: How to Program.* Pearson Education, Inc., 2004.

DENARDO, E. V. *Dynamic Programming: Models and Applications.* Courier Corporation, 2012.

DEO, N. *Graph Theory with Applications to Engineering and Computer Science.* Courier Dover Publications, 2017.

DIJKSTRA, E. W. A Note on Two Problems in Connexion with Graphs. *Numerische Mathematik*, vol. 1, n. 1, pp. 269–271, 1959.

DIJKSTRA, E. W. *A Discipline of Programming*. Prentice Hall, Englewood Cliffs, NJ, Estados Unidos, 1976.

FOROUZAN, B. & GILBERG, R. *Computer Science: A Structured Programming Approach Using C*. Cengage Learning, 2006.

GIBBONS, A. *Algorithmic Graph Theory*. Cambridge University Press, 1985.

GROSS, J. L. & YELLEN, J. *Handbook of Graph Theory*. CRC Press, 2003.

GUIBAS, L. J. & SEDGEWICK, R. A Dichromatic Framework for Balanced Trees. *In: 19th Annual Symposium on Foundations of Computer Science*, IEEE, pp. 8–21, 1978.

JOHNSON, D. B. Priority Queues with Update and Finding Minimum Spanning Trees. *Information Processing Letters*, vol. 4, n. 3, pp. 53–57, 1975.

KELLY, A. & POHL, I. *A Book on C: Programming in C*. Addison-Wesley, 1998.

KING, K. N. *C Programming: A Modern Approach*. W.W. Norton & Company, 2008.

KNUTH, D. E. Structured Programming with go to Statements. *ACM Computing Surveys*, vol. 6, n. 4, pp. 261–301, 1974.

KOCHAN, S. G. *Programming in C*. Pearson Education, 2014.

KRUSE, R. & TONDO, C. *Data Structures and Program Design in C*. Pearson Education, India, 2007.

MEHTA, D. P. & SAHNI, S. *Handbook of Data Structures and Applications*. Chapman and Hall/CRC, 2004.

OVERMARS, M. H. *The Design of Dynamic Data Structures*. Springer Science & Business Media, 1987.

PRIM, R. C. Shortest Connection Networks and Some Generalizations. *The Bell System Technical Journal*, vol. 36, n. 6, pp. 1389–1401, 1957.

PURDOM JR., P. W. & BROWN, C. A. *The Analysis of Algorithms*. Holt, Rinehart & Winston, 1985.

ROSEN, K. H. & KRITHIVASAN, K. *Discrete Mathematics and its Applications: With Combinatorics and Graph Theory*. McGraw-Hill Science, 2011.

SAMET, H. *The Design and Analysis of Spatial Data Structures*, volume 85. Addison-Wesley, Reading, MA, Estados Unidos, 1990.

SLEATOR, D. D. & TARJAN, R. E. Self-Adjusting Binary Search Trees. *Journal of the ACM*, vol. 32, n. 3, pp. 652–686, 1985.

STROUSTRUP, B. *The C++ Programming Language*. Addison-Wesley Professional, 2013.

TREMBLAY, J.-P. & SORENSON, P. G. *An Introduction to Data Structures with Applications*. McGraw-Hill, Inc., 1984.

WEISS, M. A. *Data Structures and Algorithm Analysis in C*. Pearson, Lebanon, IN, Estados Unidos, 1996.

WEST, D. B. *Introduction to Graph Theory*, volume 2. Prentice Hall, Upper Saddle River, NJ, Estados Unidos, 2001.

# 5
# COMANDOS CONDICIONAIS

Muitos programas requerem o uso de mecanismos de controle do fluxo de execução dos comandos, em contraste com a execução sequencial dos comandos, na ordem em que eles aparecem no código. Neste capítulo, comandos condicionais de controle de fluxo providos na linguagem C são discutidos.

## 5.1 Comando `if`

Um *comando condicional* permite decidir se determinado bloco ou conjunto de comandos deve ou não ser executado a partir do resultado de uma condição. O comando `if`, ilustrado na Figura 5.1, é utilizado para testar uma condição e tomar uma de duas possíveis ações. Uma primeira forma do comando é mostrada no Código 5.1.

**Código 5.1.** Comando condicional `if`.

```
if (condição) {
  bloco de comandos;
}
```

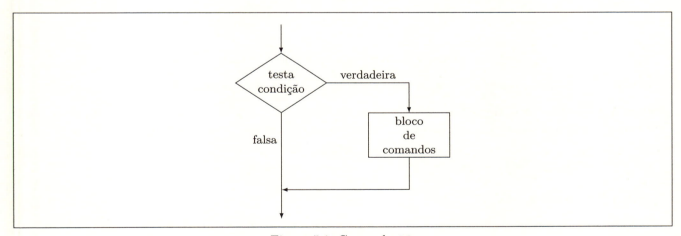

Figura 5.1: Comando `if`.

A condição pode ser uma constante, variável, expressão aritmética, expressão relacional, expressão lógica, entre outros tipos de expressões. Se a condição for verdadeira, o bloco de comandos será executado. Se a condição for falsa, o bloco de comandos não será executado, e o programa continuará a partir do final do comando `if`.

**Código 5.2.** Verifica se uma variável inteira `x` é ímpar. Se o resto da divisão inteira do número `x` por 2 for diferente de 0, o número é ímpar.

```
if (x % 2 != 0)
  printf("O valor é ímpar\n");
```

Pode-se notar no trecho do Código 5.2 que o operador '%' tem precedência sobre o operador '!='. Além disso, a condição `x % 2 != 0` poderia ser substituída por `x % 2`, uma vez que o resultado da expressão será 1 (verdadeiro) quando o número não for divisível por 2, ou seja, um número ímpar. Além disso, quando há apenas um comando a ser executado, não uma sequência de comandos, o uso das chaves ('{' e '}') é opcional.

## 5.2 Comando if-else

O comando if-else, ilustrado na Figura 5.2, é utilizado para permitir que uma sequência de comandos seja executada quando a condição for verdadeira e, alternativamente, uma outra sequência de comandos seja executada quando a condição for falsa. A forma geral do comando é mostrada no Código 5.3.

**Código 5.3.** Comando if-else.

```
if (condição) {
  bloco 1 de comandos;
}
else {
  bloco 2 de comandos;
}
```

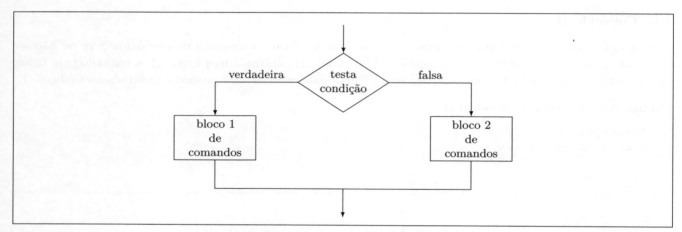

Figura 5.2: Comando condicional if-else.

O Código 5.4 utiliza o comando if-else para verificar se uma variável inteira é par ou ímpar.

**Código 5.4.** Verifica se uma variável inteira x é par ou ímpar. Se o resto da divisão inteira do número x por 2 for diferente de 0, o número é ímpar. Caso contrário, se o resto da divisão for igual a 0, o número é par.

```
if (x % 2 != 0)
  printf("O valor é ímpar\n");
else
  printf("O valor é par\n");
```

Uma construção comum realizada com o comando if-else é o teste de múltiplas condições. Isso pode ser feito pelo *aninhamento* de vários comandos em uma variação denominada if-else-if, cuja forma geral é mostrada no Código 5.5.

**Código 5.5.** Comandos if-else aninhados.

```
if (condição 1) {
  bloco de comandos;
  if (condição 2) {
    bloco de comandos;
    if ...
      bloco de comandos;
  }
  else {
```

```
9      bloco de comandos;
10     if ...
11   }
12 else {
13   bloco de comandos;
14 }
```

Em um aninhamento de comandos condicionais, as condições são testadas até que, eventualmente, uma condição tenha resultado verdadeiro, tal que o programa executará o bloco de comandos associado à condição. Após a execução do bloco de comandos, as outras condições não serão testadas. O último `else` (sem `if`) pode ser utilizado quando nenhuma das condições dos comandos é verdadeira. Os Códigos 5.6 e 5.7 mostram trechos de programas com aninhamento de comandos condicionais.

**Código 5.6.** Identificação de código de produto, imprimindo mensagem correspondente.

```
1  if (codigo == 1)
2    printf("Produto 1\n");
3  else if (codigo == 2)
4        printf("Produto 2\n");
5      else if (codigo == 3)
6            printf("Produto 3\n");
7          else if ...
8              ...
9              else
10                 printf("Produto não encontrado!\n");
```

**Código 5.7.** Comparação entre dois números inteiros, imprimindo mensagem para indicar se os números são iguais, se o primeiro número é maior do que o segundo ou, então, se o segundo número é maior do que o primeiro.

```
1  if (a == b)
2    printf("Os dois números são iguais.\n");
3  else if (a > b)
4        printf("O primeiro número é o maior.\n");
5      else
6        printf("O segundo número é o maior.\n");
```

Deve-se ter cuidado para associar corretamente a cláusula `else` ao comando `if` correspondente em uma estrutura aninhada. Os Códigos 5.8 a 5.11 ilustram algumas situações que requerem atenção com o aninhamento de comandos condicionais.

**Código 5.8.** Quando o `comando2` é executado?

```
1  if (condição1)
2    if (condição2)
3      comando1;
4  else
5    comando2;
```

**Código 5.9.** Quando o `comando2` é executado?

```
1  if (condição1)
2    if (condição2)
3      comando1;
4    else
5      comando2;
```

**Código 5.10.** Quando o `comando2` é executado?

```c
if (condição1) {
  if (condição2)
    comando1;
} else
    comando2;
```

**Código 5.11.** Quando o `comando2` é executado?

```c
if (condição1) {
  if (condição2)
    comando1;
  else
    comando2;
}
```

## 5.3 Comando `switch`

A linguagem C provê um comando condicional para decisão múltipla, semelhante à construção aninhada de comandos `if-else-if`. Entretanto, enquanto o comando `if` pode avaliar expressões relacionais ou lógicas, o comando `switch` testa apenas condições que ocorrem sobre uma expressão do tipo inteiro ou caractere. A forma geral do comando `switch`, ilustrada na Figura 5.3, é mostrada no Código 5.12.

**Código 5.12.** Comando `switch`.

```c
switch (expressão) {
  case valor1:
    bloco de comandos;
    break;
  case valor2:
    bloco de comandos;
    break;
    ...
  default:
    bloco de comandos;
}
```

O valor da expressão é comparado, na ordem especificada, a cada um dos valores definidos pelo comando `case`. Se um desses valores for igual ao valor da expressão, o bloco de comandos associados à condição `case` será executado pelo programa até que se encontre um comando `break` ou se chegue ao final do bloco de comandos do `switch`. O Código 5.13 mostra um exemplo de uso do comando condicional `switch`.

**Código 5.13.** Exemplo de uso do comando `switch`.

```c
switch (codigo) {
 case 1:
   printf("Produto 1\n");
   break;
 case 2:
   printf("Produto 2\n");
   break;
 case 3:
   printf("Produto 3\n");
   break;
 default:
   printf("Produto não encontrado!\n");
```

# Algoritmos e estruturas de dados: conceitos e aplicações

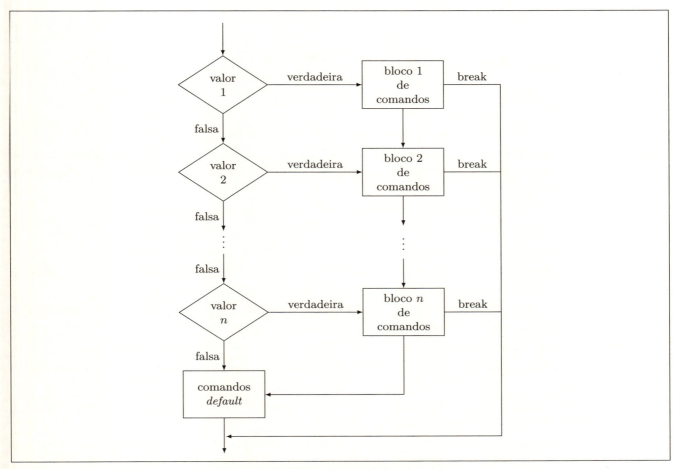

Figura 5.3: Comando condicional `switch`.

```
13 }
```

Uma condição padrão (`default`) pode ser opcionalmente utilizada para executar uma sequência de comandos, se nenhuma outra condição for satisfeita, de forma semelhante ao último `else` do comando condicional aninhado `if-else-if`. O comando `break` causa uma saída imediata do `switch`. Caso ele não seja incluído, após executar uma sequência de comandos de uma condição, a execução prosseguirá para a próxima condição `case`. O Código 5.14 apresenta um exemplo de uso do comando condicional `switch` na ausência do comando `break`.

**Código 5.14.** Ilustração da ausência do comando `break` no comando condicional `switch`.

```
1  switch (x) {
2    case 1:
3      printf("Número 1\n");
4    case 2:
5      printf("Número 2\n");
6    case 3:
7      printf("Número 3\n");
8    case 4:
9      printf("Número 4\n");
10   default:
11     printf("Outro número\n");
12 }
```

Caso o valor de x seja 2, a saída do programa será:

```
Número 2
Número 3
Número 4
Outro número
```

## 5.4 Exercícios

1. Dados três números inteiros, escreva um programa para imprimir o menor deles.

2. Implemente um programa para inicialmente ler um número inteiro $n$. Então, o programa deve ler uma sequência de $n$ números reais e imprimir uma mensagem, indicando se a sequência lida está ordenada de forma decrescente ou não.

3. Dados três números inteiros, escreva um programa para imprimir os números em ordem crescente.

4. Escreva um programa para ler um número e imprimir se ele é divisível por 3 e por 5.

5. Dadas a base e a altura de um triângulo, implemente um programa para calcular sua área.

6. Dadas duas datas, implemente um programa para determinar qual delas ocorreu cronologicamente primeiro. Cada data é composta de 3 números inteiros, um representando o dia, outro, o mês e outro, o ano.

7. Escreva um programa para ler a idade de uma pessoa e classificá-la em uma das seguintes faixas etárias: jovens (até 19 anos), adultos (entre 20 e 59 anos) e idosos (60 anos em diante).

8. Escreva um programa para ler um número e indicar se ele está ou não compreendido entre 15 e 45.

9. Escreva um programa para ler um número e imprimir uma mensagem informando se ele é positivo, negativo ou igual a zero.

10. Implemente um programa para ler os valores correspondentes aos três lados de um triângulo e determinar se o triângulo é escaleno, isósceles ou equilátero.

11. Escreva um programa para ler um número inteiro entre 1 e 12 e imprimir o mês correspondente por extenso. Por exemplo, dado o número 9, o programa deve imprimir o mês de setembro.

12. Implemente um programa para ler o ano de nascimento de uma pessoa e o ano atual. O programa deve imprimir a idade da pessoa.

13. Escreva um programa para ler um valor inteiro que representa um ano e imprimir se ele é bissexto ou não. Um ano é bissexto se ele for divisível por 400 ou se ele for divisível por 4 e não por 100.

14. Implemente um programa para converter as notas de determinado aluno, que variam de 0 a 10, para o sistema de conceitos A, B, C, D ou F. Estabeleça a seguinte equivalência entre os sistemas de avaliação: de 9,0 a 10,0 = A, de 8,0 a 8,9 = B, de 7,0 a 7,9 = C, de 5,0 a 6,9 = D e abaixo de 5,0 = F.

15. Qual é a saída do seguinte trecho de programa?

```
int a = 3, b = 5;

if (a == 5)
   if (b == 5)
      print("%d\n", a = a - b);
else
   print("%d\n", a = a + b);
printf("\%d", a);
```

## Leituras recomendadas

BERZTISS, A. T. *Data Structures: Theory and Practice*. Academic Press, 2014.

BURGE, W. H. *Recursive Programming Techniques*. Addison-Wesley, Reading, MA, Estados Unidos, 1975.

CORMEN, T. H.; LEISERSON, C. E.; RIVEST, R. L. & STEIN, C. *Introduction to Algorithms*. MIT Press Cambridge, 2009.

DEITEL, H. M. & DEITEL, P. J. *C: How to Program*. Pearson Education, Inc., 2004.

EARLEY, J. Toward an Understanding of Data Structures. *Communications of the ACM*, vol. 14, n. 10, pp. 617–627, 1971.

FOROUZAN, B. & GILBERG, R. *Computer Science: A Structured Programming Approach Using C*. Cengage Learning, 2006.

GOODMAN, S. E. & HEDETNIEMI, S. T. *Introduction to the Design and Analysis of Algorithms*. McGraw-Hill, Inc., 1977.

HOROWITZ, E.; SAHNI, S. & ANDERSON-FREED, S. *Fundamentals of Data Structures in C*. W.H. Freeman & Co., 1992.

KELLY, A. & POHL, I. *A Book on C: Programming in C*. Addison-Wesley, 1998.

KERNIGHAN, B. W. & PLAUGER, P. J. *Elements of Programming Style*. McGraw-Hill, Inc., 1974.

KERNIGHAN, B. W. & RITCHIE, D. M. *The C Programming Language*. Prentice Hall, Englewood Cliffs, NJ, Estados Unidos, 2006.

KING, K. N. *C Programming: A Modern Approach*. W.W. Norton & Company, 2008.

KNUTH, D. E. Structured Programming with go to Statements. *ACM Computing Surveys*, vol. 6, n. 4, pp. 261–301, 1974.

KOCHAN, S. G. *Programming in C*. Pearson Education, 2014.

KRUSE, R. & TONDO, C. *Data Structures and Program Design in C*. Pearson Education, India, 2007.

LANGSAM, Y.; AUGENSTEIN, M. J. & TENENBAUM, A. M. *Data Structures using C and C++*. Prentice Hall, India, 2000.

PFALTZ, J. L. *Computer Data Structures*. McGraw-Hill, Inc., 1977.

SHNEIDERMAN, B. & SCHEUERMANN, P. Structured Data Structures. *Communications of the ACM*, vol. 17, n. 10, pp. 566–574, 1974.

STROUSTRUP, B. *The C++ Programming Language*. Addison-Wesley Professional, 2013.

TENENBAUM, A. M. *Data Structures Using C*. Pearson Education, India, 1990.

WEGNER, P. *Programming Languages, Information Structures, and Machine Organization*. McGraw Hill Text, 1968.

WEISS, M. A. *Data Structures and Algorithm Analysis in C*. Pearson, Lebanon, IN, Estados Unidos, 1996.

WULF, W. A.; FLON, L.; SHAW, M. & HILFINGER, P. *Fundamental Structures of Computer Science*. Addison-Wesley Longman Publishing Co., Inc., 1981.

# 6
# COMANDOS DE REPETIÇÃO

Nos capítulos anteriores, mecanismos da linguagem C permitiram a execução de comandos de forma sequencial e, se necessário, condições foram incorporadas para executar ou não um bloco de comandos. Entretanto, há muitas situações em que é preciso executar um bloco de comandos várias vezes para obter o resultado desejado. Neste capítulo, estruturas de repetição para permitir a execução de um conjunto de comandos iterativamente são analisadas.

## 6.1 Comando while

O comando while, ilustrado na Figura 6.1, permite que um bloco de comandos seja executado repetidamente, de acordo com uma condição de parada. A forma geral do comando é mostrada no Código 6.1.

**Código 6.1.** Comando while.

```
while (condição) {
  bloco de comandos;
}
```

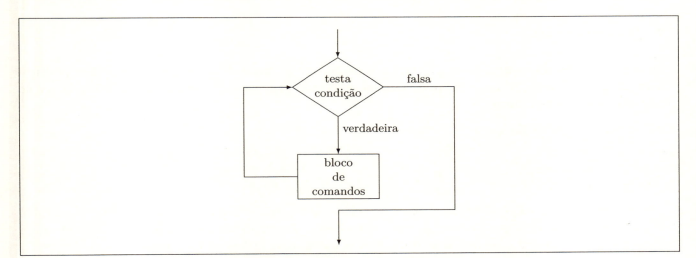

Figura 6.1: Comando de repetição while.

Na execução do comando while, a condição é avaliada e, se for verdadeira, a sequência de comandos será executada. Ao final do bloco de comandos, o fluxo do programa é desviado novamente para o teste da condição. Se a condição for falsa, a sequência de comandos não será executada.

Os Códigos 6.2 e 6.3 mostram exemplos de uso do comando while.

**Código 6.2.** Impressão dos 100 primeiros números inteiros positivos.

```
int i = 1;

while (i <= 100) {
```

```
4    printf("%d\n", i);
5    i++
6  }
```

**Código 6.3.** Impressão das $n$ primeiras potências de 2 ($n \geqslant 1$).

```
1  int i = 1, pot = 2, n;
2
3  scanf("%d", &n);
4  while (i <= n) {
5    printf("2^%d = %d\n", i, pot);
6    i++;
7    pot *= 2;
8  }
```

Se a condição for falsa na primeira vez que ela for testada, o programa nunca entrará no bloco de repetição. Um exemplo é ilustrado no Código 6.4.

**Código 6.4.** A condição é falsa inicialmente.

```
1  while (a != a)
2    a++;
```

Caso a condição seja sempre verdadeira, o laço será executado infinitamente. Um exemplo é ilustrado no Código 6.5.

**Código 6.5.** A condição é sempre verdadeira.

```
1  while (a == a)
2    a++;
```

## 6.2  Comando do-while

O comando `do-while`, ilustrado na Figura 6.2, é semelhante ao comando de repetição `while`. Sua principal diferença é que um bloco de comandos é primeiramente executado, para então avaliar a condição. A forma geral do comando é mostrada no Código 6.6.

**Código 6.6.** Comando do-while.

```
1  do {
2    bloco de comandos;
3  } while (condição);
```

Na execução do comando `do-while`, o bloco de comandos é primeiramente executado. A condição é então avaliada. Caso ela seja verdadeira, o fluxo do programa é desviado novamente para o comando `do`, de modo que a sequência de comandos seja executada novamente. Caso a condição seja falsa, o laço termina.

Os Códigos 6.7 a 6.9 mostram alguns exemplos de problemas resolvidos por meio do comando de repetição `do-while`.

**Código 6.7.** Impressão dos 100 primeiros números inteiros positivos.

```
1  int i = 1;
2
3  do {
4    printf("%d\n", i);
5    i++;
6  } while (i <= 100);
```

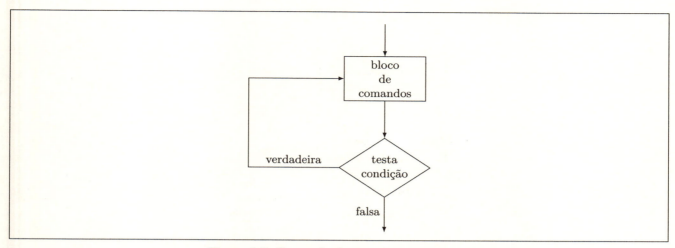

Figura 6.2: Comando de repetição `do-while`.

**Código 6.8.** Impressão das $n$ primeiras potências de 2 ($n \geq 1$).

```c
int i = 1, pot = 2, n;

scanf("%d", &n);
do {
  printf("2^%d = %d\n", i, pot);
  i++;
  pot *= 2;
} while (i <= n);
```

**Código 6.9.** Cálculo da soma de parcelas.

```c
int total = 0, parcela;

do {
  printf("Entre com o valor da parcela: ");
  scanf("%d", &parcela);
  total += parcela;
} while (parcela);

printf("Valor total = %d\n", total);
```

## 6.3 Comando `for`

O comando `for`, ilustrado na Figura 6.3, é semelhante aos comandos `while` e `do-while` descritos anteriormente. Sua forma geral é mostrada no Código 6.10.

**Código 6.10.** Comando `for`.

```c
for (inicialização; condição; expressão de iteração) {
  bloco de comandos;
}
```

O campo de inicialização é formado por zero ou mais atribuições, separadas por vírgula. Um bloco de comandos é executado enquanto a condição for verdadeira. A expressão de iteração é formada por zero ou mais comandos, separados por vírgula.

Na execução do comando `for`, a inicialização é executada uma única vez e é geralmente utilizada para atribuir

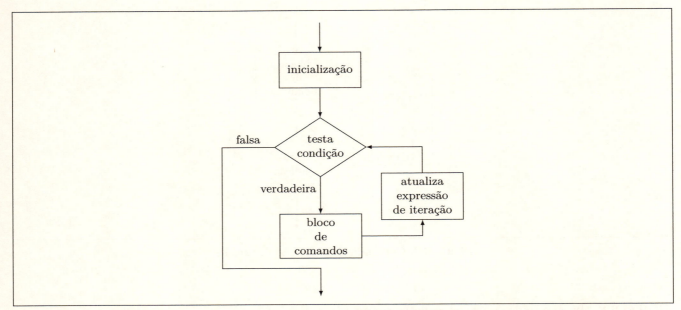

Figura 6.3: Comando de repetição for.

valores iniciais às variáveis de controle. A condição é uma expressão que determina se o laço deve continuar a ser executado ou não. Enquanto essa condição for verdadeira, o laço continuará a ser executado. Após a execução de cada bloco de comandos, o fluxo do programa é desviado para a condição. Se a condição for falsa, a sequência de comandos não será mais executada. A expressão de iteração geralmente é empregada para modificar as variáveis de controle, avançando ou retrocedendo em direção à condição de término.

Os comandos for e while são equivalentes em termos de funcionalidade. O comando for normalmente é utilizado quando a condição de término é conhecida, enquanto o comando while é mais adequado para situações em que a condição de término é mais complexa ou desconhecida antecipadamente. O comando for é equivalente à construção mostrada no Código 6.11, utilizando o comando while.

**Código 6.11.** Equivalência entre comandos for e while.

```
inicialização;
while (condição) {
  bloco de comandos;
  expressão de iteração;
}
```

Os Códigos 6.12 a 6.14 mostram exemplos de problemas implementados com o comando de repetição for.

**Código 6.12.** Impressão dos 100 primeiros números inteiros positivos.

```
int i;

for (i = 1; i <= 100; i++)
  printf("%d\n", i);
```

**Código 6.13.** Impressão das $n$ primeiras potências de 2 ($n \geqslant 1$).

```
int i, n, pot = 2;

scanf("%d", &n);
for (i = 1; i <= n; i++) {
  printf("2^%d = %d\n", i, pot);
  pot *= 2;
```

```
7 }
```

**Código 6.14.** Impressão das $n$ primeiras potências de 2 ($n \geq 1$).

```
1 int i, n, pot;
2
3 scanf("%d", &n);
4 for (i = 1, pot = 2; i <= n; i++, pot *= 2)
5   printf("2^%d = %d\n", i, pot);
```

Cada um dos campos do comando `for` pode ser omitido, dependendo da situação em que ele for utilizado. Apesar da omissão de algum campo, deve-se inserir os dois operadores de ponto e vírgula (';') para separar os três campos. Alguns exemplos de omissão dos campos são apresentados a seguir.

O campo de inicialização pode ser omitido quando não é necessário definir um valor inicial para a variável. Um exemplo, ilustrado no Código 6.15, ocorre quando o valor é lido do teclado.

**Código 6.15.** Omissão do campo de inicialização.

```
1 scanf("%d, &n);
2 for (; n < 100; n++)
3   printf("%d\n", n);
```

A ausência do campo de condição é interpretada como condição sempre verdadeira, ou seja, fará com que a sequência de comandos seja executada infinitamente, conforme exemplificado no Código 6.16.

**Código 6.16.** Omissão do campo de condição.

```
1 for (i = 1; ; i++)
2   printf("%d\n", i);
```

O comando de atualização da expressão de iteração pode ser inserido no interior do laço, como mostrado no Código 6.17. De forma semelhante ao comando `while`, a posição do comando de incremento ou decremento pode ser arbitrária, não apenas no final de cada iteração.

**Código 6.17.** Omissão do campo de expressão de iteração.

```
1 for (i = 1; i < 100; ) {
2   printf("%d\n", i);
3   i = i + 1;
4   j = 2 * i;
5   printf("%d\n", j);
6 }
```

Os campos de inicialização, condição e expressão de iteração no comando `for` podem ser simultaneamente omitidos. Nesse caso, o bloco de comandos interno ao laço será executado infinitamente, conforme ilustrado no Código 6.18.

**Código 6.18.** Omissão dos campos de inicialização, condição e expressão de iteração no comando `for`.

```
1 for (; ;) {
2   /* bloco de comandos */
3 }
```

O operador vírgula (',') pode ser utilizado para separar diferentes expressões nos campos do comando `for`. No exemplo do Código 6.19, duas variáveis, `i` e `j`, são inicializadas com seus respectivos valores. Cada comando na inicialização é separado pelo operador vírgula. O campo de incremento também modifica os valores das variáveis, e cada comando também é separado pelo operador vírgula.

**Código 6.19.** Uso do operador vírgula no comando `for`.

```c
for (i = 0, j = 10; i < j; i++, j--)
  printf("%d %d\n", i, j);
```

## 6.4 Comandos break e continue

O comando `break` faz com que a execução de um laço de repetição seja finalizada, passando a execução para o próximo comando após o laço. O comando é útil para interromper imediatamente a execução do bloco de comandos, evitando a avaliação da condição. O exemplo do Código 6.20 ilustra o uso do comando `break`.

**Código 6.20.** Uso do comando `break`.

```c
for (i = 1; i <= 10; i++) {
  if (i > 4)
    break;
  printf("%d\n", i);
}
printf("Fim do programa\n");
```

```
1
1
2
3
4
Fim do programa
```

O comando `continue` faz com que a execução da iteração corrente do laço de repetição seja finalizada, passando a execução para a próxima iteração do laço. Dessa forma, a condição do laço é novamente testada. O comando é útil para interromper imediatamente a execução do bloco de comandos, iniciando uma nova iteração. O Código 6.21 ilustra o uso do comando `continue`.

**Código 6.21.** Uso do comando `continue`.

```c
for (i = 1; i <= 5; i++) {
  if (i == 3)
    continue;
  printf("%d\n", i);
}
printf("Fim do programa\n");
```

```
1
2
4
5
Fim do programa
```

## 6.5 Comando exit

A função `exit` termina a execução de um programa. Se o argumento da função for 0, o sistema operacional será informado de que o programa terminou com sucesso. Caso contrário, o sistema operacional será informado de que o programa terminou de maneira excepcional.

O exemplo mostrado no Código 6.22 ilustra o uso do comando `exit`, em que o programa calcula a soma de valores digitados pelo usuário até que seja inserido um número negativo.

**Código 6.22.** Uso do comando `exit`.

```c
#include <stdio.h>
#include <stdlib.h>

int main() {
  float val, soma = 0.0;

  do {
      printf("Valor: ");
      scanf("%f", &val);
      if (val < 0.0) {
        printf("Soma: %f\n", soma);
        exit(0);
      }
      soma += val;
  } while(1);
  return 0;
}
```

## 6.6 Comando goto

O comando `goto`, ilustrado na Figura 6.4, permite que o fluxo de execução de comandos seja desviado para um local especificado por um rótulo no código. Sua forma geral é mostrada no Código 6.23.

**Código 6.23.** Comando goto.

```c
goto rótulo;
...
rótulo: bloco de comandos;
```

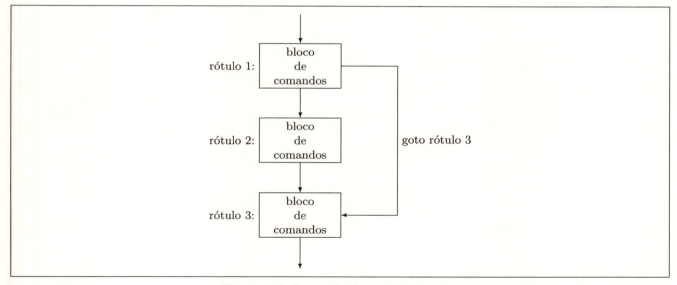

Figura 6.4: Comando de repetição `goto`.

O rótulo refere-se ao local para o qual o fluxo do programa será desviado. Esse local pode ser definido em qualquer posição do código. Embora o comando `goto` possa facilitar a alteração do fluxo do programa de forma flexível, seu uso normalmente é evitado, pois pode comprometer a clareza do código e sua consequente manutenção. O uso dos comandos de repetição `while`, `do-while` e `for`, descritos anteriormente, é no geral suficiente e pode tornar o código mais bem estruturado. O Código 6.24 ilustra o uso do comando `goto`.

**Código 6.24.** Uso do comando goto.

```c
if (y == 0)
  goto erro;
printf("Resultado da divisão : %d\n", x / y);

erro: printf("Divisão por zero\n");
```

## 6.7 Laços aninhados

Há muitas situações em que um laço (bloco de repetição) deve ser implementado dentro de outro laço. Esses blocos de comandos são conhecidos como laços aninhados. Um exemplo é mostrado no Código 6.25, que calcula e imprime as tabuadas de todos os números entre 1 e 10.

**Código 6.25.** Impressão das tabuadas de todos os números entre 1 e 10.

```c
for (i = 1; i <= 10; i++) {
  printf("Tabuada do %d:\n", i);
  for (j = 1; j <= 10; j++)
    printf("%d x %d = %d\n", i, j, i * j);
  printf("\n");
}
```

Os comandos `continue` e `break` podem ser empregados para interromper a execução de laços aninhados. Eles afetam apenas o laço de repetição em cujo escopo os comandos estão declarados. Os exemplos apresentados nos Códigos 6.26 e 6.27 ilustram a utilização dos comandos `continue` e `break`, respectivamente, em laços aninhados.

**Código 6.26.** Uso do comando `continue` em laços aninhados.

```c
for (i = 0; i < 5; i++) {
  printf("%d: ", i);
  for (j = 0; j < 5; j++) {
    if (j == 3)
      continue;
    printf("%d ", j);
  }
  printf("\n");
}
```

```
0: 0 1 2 4
1: 0 1 2 4
2: 0 1 2 4
3: 0 1 2 4
4: 0 1 2 4
```

**Código 6.27.** Uso do comando `break` em laços aninhados.

```c
for (i = 0; i < 5; i++) {
  printf("%d: ", i);
  for (j = 0; j < 5; j++) {
    if (j == 3)
      break;
    printf("%d ", j);
  }
  printf("\n");
}
```

```
0: 0 1 2
1: 0 1 2
2: 0 1 2
3: 0 1 2
4: 0 1 2
```

## 6.8 Exercícios

1. Escreva um programa para ler um número inteiro positivo $n$ e imprimir seus divisores.

2. Implemente um programa para imprimir os 100 primeiros números pares.

3. Escreva um programa para ler uma sequência de $n$ valores, um de cada vez, e imprimir a quantidade de valores negativos.

4. Escreva um programa para calcular a divisão inteira usando apenas somas e subtrações.

5. Implemente um programa para ler informações sobre $n$ alunos. Em seguida, o programa deve ler a nota de cada um dos $n$ alunos e calcular a média aritmética das notas. Contar quantos alunos estão com nota inferior a 5,0.

6. Escreva um programa para imprimir os números entre 100 e 500 que, divididos por 11, fornecem resto igual a 5.

7. Um material radioativo perde metade de sua massa a cada 40 segundos. Dada a massa inicial do material em gramas, escreva um programa para calcular o tempo necessário para que a massa se torne menor do que 1 grama.

8. O número harmônico é definido como a soma da série harmônica $H(n) = 1 + 1/2 + 1/3 + \ldots + 1/n$. Escreva um programa para ler um valor inteiro positivo $n$ e apresentar o valor de $H(n)$.

9. Um número perfeito é um número natural para o qual a soma de todos os seus divisores naturais é igual ao próprio número. Por exemplo, o número 28 é perfeito, pois $1 + 2 + 4 + 7 + 14 = 28$. Escreva um programa para verificar se determinado número é perfeito ou não.

10. Escreva um programa para gerar a saída a seguir:
    ```
    5 5 5 5 5
    4 4 4 4
    3 3 3
    2 2
    1
    ```

11. Escreva um programa para gerar a saída a seguir:
    ```
    E
    ED
    EDC
    EDCB
    EDCBA
    ```

12. Reescreva o trecho de código a seguir, convertendo o comando `for` para `while`:

    ```
    for (i = 0, j = 0; i < 20 && j < 100; j += i, i++) {
      j--;
    }
    ```

13. Escreva um programa que receba como entrada o valor do saque bancário a ser realizado por um cliente e retorne quantas notas de cada valor serão necessárias para corresponder ao saque, com a menor quantidade possível de notas. Apenas notas de 1, 2, 5, 10, 20, 50 e 100 devem ser consideradas.

14. Escreva um programa para ler um número inteiro positivo $n$ e imprimir $n$ linhas do triângulo de Floyd. Para

$n = 6$, o triângulo de Floyd é:

```
1
2 3
4 5 6
7 8 9 10
11 12 13 14 15
16 17 18 19 20 21
```

15. Implemente a função `float seno(float x, int n)`, que retorna o valor da função trigonométrica seno pela soma dos $n$ primeiros termos da série:

$$\text{seno}(x) = x - \frac{x^3}{3!} + \frac{x^5}{5!} - \frac{x^7}{7!} + \ldots$$

16. Implemente a função `float exponencial(float x, int n)`, que retorna o valor da função exponencial pela soma dos $n$ primeiros termos da série:

$$e^x = x + \frac{x^2}{2!} + \frac{x^3}{3!} + \frac{x^4}{4!} + \ldots$$

17. Escreva um programa para encontrar todos os pares de números amigáveis entre 1 e 50000. Um par de números é amigável se cada um deles é igual à soma dos divisores do outro. Os números 220 e 284 são amigáveis. Os divisores de 220 são 1, 2, 4, 5, 10, 11, 20, 22, 44, 55 e 110, cuja soma é 284. Os divisores de 284 são 1, 2, 4, 71 e 142, cuja soma é 220.

18. Dado o código a seguir, converta o comando `do-while` para `while` e `for`:

```
i = 5;
do
  i = i + 1;
while (i <= 15)
```

19. Dada uma sequência com dois ou mais valores inteiros positivos, escreva um programa para contar o número de pares formados por valores consecutivos iguais. Por exemplo, a sequência 3 1 8 8 2 5 5 5 4 possui 3 pares.

20. Escreva um programa para converter um número inteiro positivo da notação decimal para a notação de algarismos romanos.

21. Escreva um programa para ler uma sequência de números e contar quantos deles estão nos seguintes intervalos: $[0, 25]$, $[26, 50]$, $[51, 75]$ e $[76, 100]$. A entrada de dados deve terminar quando um número negativo for lido.

22. Um país $P_1$ com 10 milhões de habitantes tem taxa de natalidade de 2% ao ano, enquanto um país $P_2$ com 15 milhões de habitantes tem taxa de natalidade de 1% ao ano. Escreva um programa para imprimir o tempo necessário para que a população do país $P_1$ ultrapasse a população do país $P_2$.

23. O número 2205 possui a seguinte característica: $20 + 25 = 45$ e $45 \times 45 = 2025$. Escreva um programa para determinar todos os números de quatro algarismos que apresentam essa característica.

24. Escreva um programa para ler um par de valores inteiros e positivos $m$ e $n$, calcular e imprimir a soma dos $n$ inteiros consecutivos a partir de $m$. Por exemplo, se o par for 5 e 3, o programa imprime o valor 18, que é a soma dos valores 5, 6 e 7.

## Leituras recomendadas

BERZTISS, A. T. *Data Structures: Theory and Practice*. Academic Press, 2014.

BURGE, W. H. *Recursive Programming Techniques*. Addison-Wesley, Reading, MA, Estados Unidos, 1975.

CORMEN, T. H.; LEISERSON, C. E.; RIVEST, R. L. & STEIN, C. *Introduction to Algorithms*. MIT Press Cambridge, 2009.

DEITEL, H. M. & DEITEL, P. J. *C: How to Program*. Pearson Education, Inc., 2004.

EARLEY, J. Toward an Understanding of Data Structures. *Communications of the ACM*, vol. 14, n. 10, pp. 617–627, 1971.

FOROUZAN, B. & GILBERG, R. *Computer Science: A Structured Programming Approach Using C*. Cengage Learning, 2006.

GOODMAN, S. E. & HEDETNIEMI, S. T. *Introduction to the Design and Analysis of Algorithms*. McGraw-Hill, Inc., 1977.

HOROWITZ, E.; SAHNI, S. & ANDERSON-FREED, S. *Fundamentals of Data Structures in C*. W.H. Freeman & Co., 1992.

KELLY, A. & POHL, I. *A Book on C: Programming in C*. Addison-Wesley, 1998.

KERNIGHAN, B. W. & PLAUGER, P. J. *Elements of Programming Style*. McGraw-Hill, Inc., 1974.

KERNIGHAN, B. W. & RITCHIE, D. M. *The C Programming Language*. Prentice Hall, Englewood Cliffs, NJ, Estados Unidos, 2006.

KING, K. N. *C Programming: A Modern Approach*. W.W. Norton & Company, 2008.

KNUTH, D. E. Structured Programming with go to Statements. *ACM Computing Surveys*, vol. 6, n. 4, pp. 261–301, 1974.

KOCHAN, S. G. *Programming in C*. Pearson Education, 2014.

KRUSE, R. & TONDO, C. *Data Structures and Program Design in C*. Pearson Education, India, 2007.

LANGSAM, Y.; AUGENSTEIN, M. J. & TENENBAUM, A. M. *Data Structures using C and C++*. Prentice Hall, India, 2000.

PFALTZ, J. L. *Computer Data Structures*. McGraw-Hill, Inc., 1977.

SHNEIDERMAN, B. & SCHEUERMANN, P. Structured Data Structures. *Communications of the ACM*, vol. 17, n. 10, pp. 566–574, 1974.

STROUSTRUP, B. *The C++ Programming Language*. Addison-Wesley Professional, 2013.

TENENBAUM, A. M. *Data Structures Using C*. Pearson Education, India, 1990.

WEGNER, P. *Programming Languages, Information Structures, and Machine Organization*. McGraw Hill Text, 1968.

WEISS, M. A. *Data Structures and Algorithm Analysis in C*. Pearson, Lebanon, IN, Estados Unidos, 1996.

WULF, W. A.; FLON, L.; SHAW, M. & HILFINGER, P. *Fundamental Structures of Computer Science*. Addison-Wesley Longman Publishing Co., Inc., 1981.

# 7

# VETORES E MATRIZES

As variáveis declaradas até o momento são capazes de armazenar um único valor. Em muitas situações, deseja-se manipular uma grande quantidade de valores do mesmo tipo. Neste capítulo, duas estruturas são discutidas para armazenar dados de forma indexada.

## 7.1 Vetores

*Vetor* é uma coleção de variáveis do mesmo tipo referenciada por um nome comum. O acesso a cada elemento é realizado por meio de um índice inteiro. Na linguagem C, um vetor tem tamanho fixo. A declaração de um vetor segue a sintaxe mostrada no Código 7.1.

**Código 7.1.** Sintaxe geral para declaração de vetor.

```
tipo_dados nome_vetor[tamanho_do_vetor];
```

Portanto, vetores podem ser declarados de forma similar à declaração de variáveis simples. A diferença é que a quantidade de elementos do vetor também é informada. Por exemplo, um vetor composto de 10 valores inteiros, declarado como `int vetor[10]`, é mostrado na Figura 7.1. O índice do primeiro elemento é 0.

| 0 | 1 | 2 | 3 | 4 | 5 | 6 | 7 | 8 | 9 |
|---|---|---|---|---|---|---|---|---|---|
| 23 | 17 | 11 | 26 | 32 | 51 | 14 | 10 | 13 | 41 |

Figura 7.1: Vetor que armazena números inteiros.

Quando um vetor de tamanho $n$ é declarado, posições contíguas de memória são reservadas para armazenar os $n$ elementos do vetor, caso haja espaço de memória suficiente. Supondo o cálculo da média aritmética de 100 valores fornecidos pelo usuário, uma forma de resolver o problema com as estruturas conhecidas até o momento seria declarar 100 variáveis diferentes, uma para cada valor. Essa abordagem traria diversas dificuldades para manipular e gerenciar as variáveis com diferentes nomes. Com o uso de um vetor, o conjunto de valores pode ser declarado como no trecho do Código 7.2.

**Código 7.2.** Declaração de um conjunto de valores.

```
#define n 100
...
float valores[n];
```

Uma boa prática de programação é utilizar constantes, como no exemplo anterior, para indicar o tamanho dos vetores. A manutenção do código é simplificada, pois a atualização de valores das constantes é realizada em um local específico do programa.

Após declarada uma variável do tipo vetor, pode-se acessar determinada posição do vetor utilizando um valor inteiro como índice delimitado por colchetes ('[' e ']'). Na linguagem C, a primeira posição de um vetor de tamanho $n$ tem índice 0, enquanto a última posição do vetor tem índice $n-1$. Dessa forma, o acesso ao primeiro elemento do vetor no exemplo do Código 7.2 pode ser realizado utilizando-se `valores[0]`, o segundo elemento como `valores[1]`, e assim sucessivamente.

No exemplo mostrado no Código 7.3, um conjunto de números inteiros é fornecido via teclado ao programa. Um comando de repetição é utilizado para executar a leitura de cada um dos 100 valores e armazená-los em um vetor declarado como no Código 7.2.

**Código 7.3.** Uso de vetor para armazenar 100 valores digitados pelo usuário.

```
int i, n;
...
for (i = 0; i < n; i++)
  printf("Digite o valor: %d", i);
  scanf("%d", valores[i]);
}
```

A média dos valores pode ser calculada utilizando-se um laço de repetição. Após somar todos os elementos do vetor, a soma obtida é dividida pelo número de elementos para produzir o resultado final. No Código 7.4, supõe-se que os elementos já estejam armazenados no vetor.

**Código 7.4.** Cálculo da média dos valores armazenados em um vetor.

```
int i, n, soma = 0;
...
for (i = 0; i < n; i++)
  soma += valores[i];

printf("Média: %.1f\n", (float) soma / n);
```

O produto escalar entre dois vetores (Código 7.5) é obtido multiplicando-se cada componente de um vetor pelo componente correspondente do outro vetor, seguido pela soma desses produtos.

**Código 7.5.** Produto escalar de dois vetores.

```
int i;
double vetor1[10], vetor2[10], resultado = 0.0;
...
for (i = 0; i < 10; i++)
  resultado = resultado + (vetor1[i] * vetor2[i]);

printf("Produto interno: %f\n", resultado);
```

No exemplo mostrado no Código 7.6, os elementos comuns em dois vetores que armazenam 10 números inteiros são identificados e impressos.

**Código 7.6.** Elementos iguais em dois vetores de tamanho 10.

```
int i, j, vetor1[10], vetor2[10];
...
for (i = 0; i < 10 ; i++)
  for (j = 0; j < 10; j++)
    if (vetor1[i] == vetor2[j])
      printf("vetor1[%d] = vetor2[%d] = %d\n", i, j, vetor1[i]);
```

O uso de índices fora dos limites do vetor pode causar sérios problemas, fazendo com que o programa apresente comportamento inesperado. A linguagem C não verifica se os índices são válidos, tarefa esta que é responsabilidade do programador. Um exemplo que mostra o uso de acessos válidos e inválidos em um vetor é ilustrado no Código 7.7.

**Código 7.7.** Exemplo de acessos válidos e inválidos em um vetor.

```
int a;
int vetor[5];
int b;

/* acessos válidos */
a = 3;
vetor[a] = 2;
vetor[1] = vetor[a] + 5;

/* acessos inválidos */
vetor[5] = 4;    /* erro: alterou o valor de b */
vetor[-1] = 6;   /* erro: alterou o valor de a */
vetor[10] = 8;   /* erro: falha de segmentação */
```

## 7.2 Matrizes

Os vetores declarados até o momento possuem apenas uma dimensão, podendo ser considerados uma lista linear de valores. Há situações em que se deseja armazenar dados do mesmo tipo em uma estrutura organizada em linhas e colunas, como uma tabela. Uma *matriz* pode ser considerada uma extensão de vetores. Uma matriz bidimensional pode ser declarada conforme o Código 7.8.

**Código 7.8.** Declaração de matriz bidimensional.

```
tipo_dados nome_matriz[num_linhas, num_colunas];
```

Por exemplo, uma matriz formada por 5 linhas e 6 colunas, preenchida com valores inteiros e declarada como `int matriz[5][6]`, é mostrada na Figura 7.2.

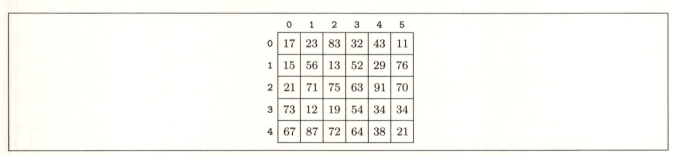

Figura 7.2: Matriz que armazena números inteiros.

Uma matriz bidimensional possui `num_linhas` × `num_colunas` variáveis do tipo especificado. As linhas são numeradas de 0 a `num_linhas` − 1. As colunas são numeradas de 0 a `num_colunas` − 1. Alguns exemplos de matrizes bidimensionais são mostrados no Código 7.9.

**Código 7.9.** Exemplos de matrizes bidimensionais.

```
int matriz1[20][10];    /* matriz com 20 linhas e 10 colunas de inteiros */
float matriz2[15][12];  /* matriz com 15 linhas e 12 colunas de números reais */
char matriz3[10][50];   /* matriz com 10 linhas e 50 colunas de caracteres */
```

O acesso a um elemento da matriz bidimensional pode ser feito com o uso de índices inteiros delimitados por colchetes ('[' e ']'). Assim como vetores, a primeira posição em determinada dimensão começa no índice 0. Dessa forma, `matriz[1][3]` refere-se ao elemento na 2ª linha e na 4ª coluna da matriz. Do mesmo modo como ocorre com os vetores, o compilador não verifica se o programador utiliza inteiros válidos como índices para a linha ou para a coluna.

No Código 7.10, valores lidos do teclado são armazenados em uma matriz com $n$ linhas e $m$ colunas.

**Código 7.10.** Leitura de uma matriz $n \times m$ a partir da entrada padrão.

```
for (i = 0; i < n; i++)
  for (j = 0; j < m; j++) {
    printf("Matriz[%d][%d]: ", i, j);
    scanf("%d", &matriz[i][j]);
  }
```

No Código 7.11, os valores armazenados na matriz são exibidos na saída padrão.

**Código 7.11.** Escrita de uma matriz $n \times m$ na saída padrão.

```
for (i = 0; i < n; i++) {
  for (j = 0; j < m; j++)
    printf("%d ", matriz[i][j]);
  printf("\n");
}
```

A adição de duas matrizes $A$ e $B$, ambas de dimensões $n \times m$, é calculada somando-se, respectivamente, os seus elementos $a_{ij}$ e $b_{ij}$ correspondentes na $i$-ésima linha e $j$-ésima coluna. O resultado é atribuído a uma matriz $C$, em que cada elemento $c_{ij}$ é dado por:

$$c_{ij} = a_{ij} + b_{ij},$$

para $0 \leqslant i \leqslant n-1$ e $0 \leqslant j \leqslant m-1$.

O Código 7.12 ilustra um trecho de programa para somar duas matrizes.

**Código 7.12.** Adição de duas matrizes.

```
#define n 5
#define m 4
...
int i, j;
double A[n][m], B[n][m], C[n][m];
...
for (i = 0; i < n; i++)
  for (j = 0; j < m; j++) {
    C[i][j] = A[i][j] + B[i][j];
  }
```

A multiplicação de duas matrizes é definida quando o número de colunas da primeira matriz é igual ao número de linhas da segunda matriz. Dessa forma, se $A$ é uma matriz $n \times m$ e $B$ uma matriz $m \times p$, o produto $C = A \cdot B$ é uma matriz $n \times p$. Cada elemento $c_{ij}$ da matriz resultante é obtido pelo somatório dos produtos dos elementos $a_{ik}$ e $b_{kj}$, correspondentes da $i$-ésima linha de $A$ com a $j$-ésima coluna de $B$, em que $k$ representa as posições nas linhas de $A$ e nas colunas de $B$:

$$c_{ij} = a_{i0}b_{0j} + a_{i1}b_{1j} + \ldots + a_{im-1}b_{m-1j} = \sum_{k=0}^{m-1} a_{ik}b_{kj},$$

para cada par $i$ e $j$ com $0 \leqslant i \leqslant n-1$ e $0 \leqslant j \leqslant p-1$.

O Código 7.13 ilustra um trecho de programa para multiplicar duas matrizes.

**Código 7.13.** Multiplicação de duas matrizes.

```
#define n 5
#define m 4
#define p 6
...
int i, j, k;
double A[n][m], B[m][p], C[n][p];
```

```
    ...
for (i = 0; i < n; i++)
  for (j = 0; j < p; j++) {
    C[i][j] = 0.0;
    for (k = 0; k < m; k++)
      C[i][j] += A[i][k] * B[k][j];
  }
```

Em uma matriz bidimensional, pode-se considerar cada uma das linhas um vetor, ou seja, uma matriz bidimensional é um vetor de vetores. Então, pode-se considerar uma matriz bidimensional de caracteres (`char`) um vetor de palavras. Sendo assim, pode-se, por exemplo, ler ou escrever uma linha inteira de uma matriz bidimensional de caracteres com os comandos `scanf` ou `printf`, respectivamente. Nesse caso, é importante lembrar que o caractere '\0' deve ser adequadamente armazenado na matriz. Cadeias de caracteres são apresentadas em detalhes no Capítulo 8.

No Código 7.14, uma lista de palavras é lida do teclado, armazenada na matriz e exibida na tela. O tamanho de cada palavra é também mostrado.

**Código 7.14.** Matriz de caracteres para armazenar uma lista de palavras.

```
#include <stdio.h>

#define NUM_MAX 50
#define TAM_MAX 20

int main() {
  char palavras[NUM_MAX][TAM_MAX + 1];
  int i, tamanho, n;

  do {
    printf("Entre com o número de palavras: ");
    scanf("%d", &n);
  } while ((n < 1) || (n > NUM_MAX));

  printf("Entre com as %d palavras:\n", n);
  for (i = 0; i < n; i++)
    scanf("%s", palavras[i]);

  printf("Lista de palavras fornecidas:\n");
  for (i = 0; i < n; i++) {
    tamanho = 0;
    while (palavras[i][tamanho])
      tamanho++;

    printf("%s (tamanho: %d)\n", palavras[i], tamanho);
  }

  return 0;
}
```

Uma matriz pode ter múltiplas dimensões, declarada conforme o Código 7.15.

**Código 7.15.** Matriz com múltiplas dimensões.

```
tipo_dados nome_matriz[dim_1][dim_2]...[dim_n];
```

Essa matriz possui `dim_1` × `dim_2` ... × `dim_n` variáveis do tipo especificado. Cada dimensão é indexada de 0 a `dim_i`−1.

Uma matriz tridimensional, por exemplo, pode ser usada para armazenar a quantidade de chuva em um dado dia, mês e ano. O Código 7.16 indica que no dia 24 de abril de 1980 choveu 6 mm.

**Código 7.16.** Matriz para armazenar a quantidade de chuva em um dado dia, mês e ano.

```
double chuva[31][12][3000];

chuva[23][3][1979] = 6.0;
```

## 7.3 Inicialização de vetores e matrizes

Em determinadas situações, ao se criar um vetor ou uma matriz, pode ser útil atribuir valores já na sua declaração. No caso de vetores e matrizes cujos elementos são numéricos, a inicialização é realizada atribuindo-se uma lista de valores constantes, de tipos correspondentes, separados por vírgula. Cada dimensão da estrutura é representada por uma lista de elementos entre chaves. Matrizes multidimensionais são inicializadas com listas aninhadas de elementos.

O exemplo apresentado no Código 7.17 mostra a inicialização de um vetor, uma matriz bidimensional e uma matriz tridimensional.

**Código 7.17.** Inicialização de vetor, matriz bidimensional e matriz tridimensional.

```
int vet1[4] = {10, 20, 30, 40};

int vet2[2][4] = { {10, 20, 30, 40}, {10, 20, 30, 40} };

int vet3[2][3][4] = { { {10, 20, 30, 40}, {10, 20, 30, 40}, {10, 20, 30, 40} },
                      { {10, 20, 30, 40}, {10, 20, 30, 40}, {10, 20, 30, 40} } };
```

No caso de matrizes compostas de caracteres, pode-se atribuir diretamente à estrutura uma constante (entre aspas duplas). Um exemplo de inicialização de um vetor de caracteres é mostrado no Código 7.18.

**Código 7.18.** Inicialização de um vetor de caracteres.

```
char str[100] = "exemplo de texto";
```

Dada uma matriz quadrada, o Código 7.19 troca os elementos posicionados abaixo da diagonal com os elementos acima da diagonal principal da matriz.

**Código 7.19.** Troca de elementos posicionados abaixo e acima da diagonal principal de uma matriz.

```
#include <stdio.h>

int main() {
  int i, j, aux;
  int m[4][4] = { { 3, 1, 6, 2 },
                  { 2, 7, 9, 3 },
                  { 4, 6, 4, 0 },
                  { 5, 7, 8, 7 } };

  for (i = 0; i < 4; i++)
    for (j = i + 1; j < 4; j++) {
      aux = m[i][j];
      m[i][j] = m[j][i];
      m[j][i] = aux;
    }

  return 0;
}
```

```
3 2 4 5
1 7 6 7
6 9 4 8
2 3 0 7
```

## 7.4 Representação de matrizes como vetores

Vetores (unidimensionais) podem ser utilizados para representar matrizes. Ao declarar uma matriz como `int matriz[5][6]`, por exemplo, 30 posições de memória contíguas são alocadas, conforme mostrado na Figura 7.3(a). De forma alternativa, um vetor com 30 posições de memória pode ser criado como `int vetor[30]`, entretanto, isso compromete a simplicidade do uso dos índices na forma matricial para acessar um determinado elemento, por exemplo, `matriz[2][4]`, como se destaca na Figura 7.3(b).

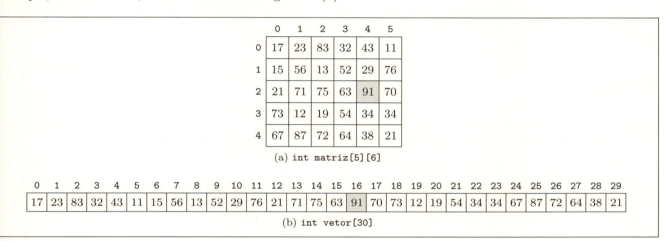

Figura 7.3: Representação vetorial de uma matriz. (a) representação matricial; (b) representação vetorial.

As posições do vetor podem ser convenientemente indexadas, como se a estrutura fosse uma matriz. Para o exemplo da matriz declarada como `int matriz[5][6]`, as posições de `vetor[0]` até `vetor[5]` correspondem à primeira linha, as posições de `vetor[6]` até `vetor[11]` correspondem à segunda linha, e assim por diante, até a quinta linha representada pelas posições de `vetor[24]` até `vetor[29]`. O elemento `matriz[i][j]` pode ser acessado como `vetor[i*6+j]`, em que $0 \leq i \leq 4$ e $0 \leq j \leq 5$.

Portanto, dada a matriz bidimensional denotada por `matriz[n][m]` e sua representação vetorial denotada por `vetor[n*m]`, um elemento da matriz pode ser associado ao elemento correspondente do vetor como

$$\texttt{vetor[i*m+j]} = \texttt{matriz[i][j]},$$

em que $0 \leq i \leq \texttt{n-1}$ e $0 \leq j \leq \texttt{m-1}$.

Dessa forma, o índice `i` percorre blocos de tamanho `m` (correspondente a uma linha), enquanto `j` indexa a posição dentro de um bloco (linha). Devido à forma como uma matriz é organizada na memória, torna-se mais eficiente percorrer uma matriz linha a linha do que coluna a coluna.

Por outro lado, a associação de um elemento `k` do vetor na representação matricial pode ser expressa como

$$\texttt{matriz[k/c][k\%c]} = \texttt{vetor[k]}.$$

A representação vetorial de matrizes pode ser estendida para mais dimensões. Seja o `vetor[n*m*q]` a representação da `matriz[n][m][q]`. A matriz pode ser subdividida em matrizes bidimensionais (m × q) da seguinte forma: as posições de `vetor[0]` até `vetor[m*q-1]` correspondem à primeira matriz bidimensional, as posições de `vetor[m*q]` até `vetor[2*m*q-1]` correspondem à segunda matriz bidimensional, e assim sucessivamente. O elemento correspondente à posição `matriz[i][j][k]` pode ser acessado como `vetor[i*m*q+j*q+k]`, tal que $0 \leq i \leq \texttt{n-1}$, $0 \leq j \leq \texttt{m-1}$ e $0 \leq k \leq \texttt{q-1}$.

O exemplo do Código 7.20 ilustra o armazenamento de elementos por meio de representação vetorial equivalente a uma matriz composta de cinco linhas e seis colunas.

**Código 7.20.** Representação de uma matriz bidimensional por meio de um vetor unidimensional.

```
int vetor[30]; /* vetor para representar matriz[5][6] */
int i, j, num = 0;

for (i = 0; i < 5; i++)
  for (j = 0; j < 6; j++)
    vetor[i * 6 + j] = num++;

for (i = 0; i < 5; i++) {
  for (j = 0; j < 6; j++)
    printf("%d, ", vetor[i * 6 + j]);
  printf("\n");
}
```

## 7.5 Exercícios

1. Escreva um programa para ler 10 números reais, armazenando-os em um vetor. Calcular o quadrado de cada elemento do vetor, armazenando o resultado em outro vetor. Imprimir os dois vetores.

2. Implemente um programa para preencher um vetor com 10 números reais, calcular e imprimir a quantidade de números negativos.

3. Escreva um programa para contar a quantidade de números reais repetidos em um vetor de 10 posições.

4. Dado um vetor formado por números reais, verifique se os elementos estão ordenados de forma crescente.

5. Dados $n$ números reais ($1 \leqslant n \leqslant 100$), implemente um programa para determinar os números que diferem de mais de um desvio padrão da média desse conjunto.

6. Dados dois vetores $A$ e $B$ que representam conjuntos formados por $n$ e $m$ números inteiros, respectivamente, escreva um programa para calcular:
    (a) $C = A \cup B$.
    (b) $C = A \cap B$.
    (c) $C = A - B$.

7. Dados dois vetores $u$ e $v$, escreva um programa para retornar 1 se os vetores são ortogonais e 0 caso contrário.

8. Dados dois vetores $u$ e $v$, escreva um programa para retornar a distância euclidiana entre os vetores.

9. Escreva um programa para percorrer um vetor com 30 números inteiros e armazenar a raiz quadrada dos valores em um segundo vetor.

10. Dada uma sequência de $n$ números reais ($1 \leqslant n \leqslant 100$), implemente um programa para determinar os máximos e mínimos locais. Um número é dito máximo (mínimo) local de uma sequência se ele for maior (menor) em relação tanto ao elemento que o precede quanto ao que o sucede na sequência. Por definição, não existem máximos ou mínimos locais nos extremos das sequências.

11. Escreva um programa para ler um vetor de números inteiros e retornar a mediana dos números no vetor.

12. Escreva um programa para ler um vetor de números inteiros e retornar a moda dos números, ou seja, o valor que aparece mais frequentemente. Se existirem múltiplas modas, o programa deve retornar a última delas.

13. Dada uma matriz quadrada de $10 \times 10$ posições, escreva um programa para calcular a transposta da matriz.

14. Uma matriz quadrada $n \times n$ é denominada diagonal se todos os elementos com $i \neq j$ são nulos. Um exemplo é:
$$\begin{bmatrix} 7 & 0 & 0 \\ 0 & 2 & 0 \\ 0 & 0 & 3 \end{bmatrix}.$$

Escreva um programa para somar e multiplicar matrizes diagonais $A$ e $B$.

15. Escreva um programa para ler uma matriz quadrada de $10 \times 10$ posições e verificar se ela é uma matriz triangular inferior, uma matriz triangular superior ou uma matriz diagonal. Uma matriz $M$ é denominada triangular inferior se $M_{i,j} = 0$ para $i < j$, triangular superior se $M_{i,j} = 0$ para $i > j$ e diagonal se $M_{i,j} = 0$ para $i \neq j$.

16. Dada uma matriz, implemente um programa para determinar a linha que possui a maior soma de seus elementos.

17. Implemente um programa para verificar se uma matriz quadrada $A$ é idempotente, ou seja, se $A \cdot A = A$.

18. Escreva um programa para ler uma matriz de $15 \times 15$ números inteiros e calcular a soma dos elementos que estão na diagonal principal.

19. Escreva um programa para ler uma matriz de $15 \times 15$ números inteiros e calcular a soma dos elementos que estão abaixo da diagonal principal.

20. Escreva um programa para armazenar os elementos de uma matriz quadrada ($7 \times 7$) de números inteiros e imprimir a matriz com a diagonal primária trocada pela diagonal secundária.

21. Uma matriz quadrada ($n \times n$) de números inteiros é denominada quadrado mágico se as somas dos elementos de cada linha, de cada coluna, da diagonal principal e da diagonal secundária são todas iguais. Além disso, todos os elementos da matriz devem estar no intervalo $[1 \ldots n^2]$. A matriz a seguir é um quadrado mágico, cujas somas dos elementos em cada direção são iguais a 65:

$$\begin{bmatrix} 15 & 8 & 1 & 24 & 17 \\ 16 & 14 & 7 & 5 & 23 \\ 22 & 20 & 13 & 6 & 4 \\ 3 & 21 & 19 & 12 & 10 \\ 9 & 2 & 25 & 18 & 11 \end{bmatrix}.$$

Dada uma matriz quadrada, escreva um programa para verificar se ela é um quadrado mágico.

22. Uma matriz de permutações é uma matriz quadrada cujos elementos são iguais a 0 ou 1, tal que em cada linha e em cada coluna exista exatamente um elemento igual a 1. Um exemplo é:

$$\begin{bmatrix} 0 & 0 & 1 & 0 & 0 \\ 0 & 1 & 0 & 0 & 0 \\ 0 & 0 & 0 & 0 & 1 \\ 1 & 0 & 0 & 0 & 0 \\ 0 & 0 & 0 & 1 & 0 \end{bmatrix}.$$

Dada uma matriz quadrada, implemente um programa para verificar se ela é uma matriz de permutações.

23. Verifique se uma matriz quadrada $M$ é simétrica, ou seja, se $M = M^T$, em que $M^T$ é a transposta da matriz $M$. A matriz $M$ a seguir é simétrica:

$$\begin{bmatrix} 4 & 3 & 6 \\ 3 & 1 & 5 \\ 6 & 5 & 8 \end{bmatrix}.$$

24. Escreva um programa para ler uma matriz de $7 \times 10$ que corresponde a respostas de 10 questões de múltipla escolha para 7 alunos e ler um vetor de 10 posições contendo o gabarito de respostas que podem ser 'a', 'b', 'c' ou 'd'. O programa deve comparar as respostas de cada aluno com o gabarito e imprimir a pontuação correspondente a cada aluno.

25. Escreva um programa para gerar a seguinte matriz quadrada:

$$\begin{bmatrix} 1 & 1 & 1 & 1 & 1 & 1 & 1 & 1 & 1 \\ 1 & 2 & 2 & 2 & 2 & 2 & 2 & 2 & 1 \\ 1 & 2 & 3 & 3 & 3 & 3 & 3 & 2 & 1 \\ 1 & 2 & 3 & 4 & 4 & 4 & 3 & 2 & 1 \\ 1 & 2 & 3 & 4 & 5 & 4 & 3 & 2 & 1 \\ 1 & 2 & 3 & 4 & 4 & 4 & 3 & 2 & 1 \\ 1 & 2 & 3 & 3 & 3 & 3 & 3 & 2 & 1 \\ 1 & 2 & 2 & 2 & 2 & 2 & 2 & 2 & 1 \\ 1 & 1 & 1 & 1 & 1 & 1 & 1 & 1 & 1 \end{bmatrix}.$$

26. Mostre o conteúdo da matriz B após a execução do seguinte trecho de código:

```
A[0][0] = 1; A[0][1] = 0; A[0][2] = 2;
A[1][0] = 2; A[1][1] = 2; A[1][2] = 0;
A[2][0] = 0; A[2][1] = 1; A[2][2] = 0;

for (i = 0; i < 3; i++)
  for (j = 0; j < 3; j++)
    B[i][j] = A[A[i][j]][A[j][i]];
```

27. Dada uma matriz quadrada, escreva um programa para retornar 1 se a matriz é identidade e 0 caso contrário. Todos os elementos que compõem a diagonal principal de uma matriz identidade são 1, enquanto os demais elementos são 0. Um exemplo de matriz identidade com 3 linhas e 3 colunas é dado a seguir:

$$\begin{bmatrix} 1 & 0 & 0 \\ 0 & 1 & 0 \\ 0 & 0 & 1 \end{bmatrix}.$$

## Leituras recomendadas

AHO, A. V.; SETHI, R. & ULLMAN, J. D. *Compilers: Principles, Techniques, and Tools*. Addison-Wesley, Reading, MA, Estados Unidos, 1986.

BAYER, R. & MCCREIGHT, E. Organization and Maintenance of Large Ordered Indexes. *Acta Informatica*, vol. 1, n. 3, pp. 173–189, 1972.

BENTLEY, J. L. & FRIEDMAN, J. H. Data Structures for Range Searching. *ACM Computing Surveys*, vol. 11, n. 4, pp. 397–409, 1979.

BONDY, J. A. & MURTY, U. S. R. *Graph Theory with Applications*, volume 290. Macmillan, London, United Kingdom, 1976.

CHARTRAND, G. *Introductory Graph Theory*. Courier Corporation, 1977.

DAHL, O.-J.; DIJKSTRA, E. W. & HOARE, C. A. R. *Structured Programming*. Academic Press Ltd., 1972.

DEITEL, H. M. & DEITEL, P. J. *C: How to Program*. Pearson Education, Inc., 2004.

DENARDO, E. V. *Dynamic Programming: Models and Applications*. Courier Corporation, 2012.

DEO, N. *Graph Theory with Applications to Engineering and Computer Science*. Courier Dover Publications, 2017.

DIJKSTRA, E. W. A Note on Two Problems in Connexion with Graphs. *Numerische Mathematik*, vol. 1, n. 1, pp. 269–271, 1959.

DIJKSTRA, E. W. *A Discipline of Programming*. Prentice Hall, Englewood Cliffs, NJ, Estados Unidos, 1976.

GIBBONS, A. *Algorithmic Graph Theory*. Cambridge University Press, 1985.

GROSS, J. L. & YELLEN, J. *Handbook of Graph Theory*. CRC Press, 2003.

GUIBAS, L. J. & SEDGEWICK, R. A Dichromatic Framework for Balanced Trees. *In: 19th Annual Symposium on Foundations of Computer Science*, IEEE, pp. 8–21, 1978.

JOHNSON, D. B. Priority Queues with Update and Finding Minimum Spanning Trees. *Information Processing Letters*, vol. 4, n. 3, pp. 53–57, 1975.

KELLY, A. & POHL, I. *A Book on C: Programming in C*. Addison-Wesley, 1998.

KING, K. N. *C Programming: A Modern Approach*. W.W. Norton & Company, 2008.

KNUTH, D. E. Structured Programming with go to Statements. *ACM Computing Surveys*, vol. 6, n. 4, pp. 261–301, 1974.

KOCHAN, S. G. *Programming in C*. Pearson Education, 2014.

KRUSE, R. & TONDO, C. *Data Structures and Program Design in C*. Pearson Education, India, 2007.

KRUSE, R. L. & RYBA, A. J. *Data Structures and Program Design in C++*. Prentice Hall, Inc., 2000.

MEHTA, D. P. & SAHNI, S. *Handbook of Data Structures and Applications*. Chapman and Hall/CRC, 2004.

OVERMARS, M. H. *The Design of Dynamic Data Structures*. Springer Science & Business Media, 1987.

PRIM, R. C. Shortest Connection Networks and Some Generalizations. *The Bell System Technical Journal*, vol. 36, n. 6, pp. 1389–1401, 1957.

PURDOM JR., P. W. & BROWN, C. A. *The Analysis of Algorithms*. Holt, Rinehart & Winston, 1985.

ROSEN, K. H. & KRITHIVASAN, K. *Discrete Mathematics and its Applications: With Combinatorics and Graph Theory*. McGraw-Hill Science, 2011.

SAMET, H. *The Design and Analysis of Spatial Data Structures*, volume 85. Addison-Wesley, Reading, MA, Estados Unidos, 1990.

SLEATOR, D. D. & TARJAN, R. E. Self-Adjusting Binary Search Trees. *Journal of the ACM*, vol. 32, n. 3, pp. 652–686, 1985.

STROUSTRUP, B. *The C++ Programming Language*. Addison-Wesley Professional, 2013.

TREMBLAY, J.-P. & SORENSON, P. G. *An Introduction to Data Structures with Applications*. McGraw-Hill, Inc., 1984.

WEISS, M. A. *Data Structures and Algorithm Analysis in C*. Pearson, Lebanon, IN, Estados Unidos, 1996.

WEST, D. B. *Introduction to Graph Theory*, volume 2. Prentice Hall, Upper Saddle River, NJ, Estados Unidos, 2001.

# 8

# CADEIAS DE CARACTERES

As cadeias de caracteres são uma das representações de dados mais importantes na linguagem C, utilizadas para armazenar e manipular textos como palavras, nomes e sentenças. Este capítulo apresenta os conceitos relacionados a cadeias de caracteres e as operações associadas a essa representação.

## 8.1 Cadeias de caracteres

Uma *cadeia de caracteres* é uma sequência de símbolos tipográficos utilizada para representar texto. Na linguagem C, uma cadeia de caracteres é representada por um vetor de caracteres, cuja declaração pode ser realizada conforme o Código 8.1.

**Código 8.1.** Sintaxe geral para declaração de cadeia de caracteres.

```
char nome_variável[tamanho];
```

Uma cadeia de caracteres deve ser sempre terminada pelo caractere especial '\0', que é equivalente ao número zero. Portanto, deve-se declarar uma cadeia de caracteres com um caractere a mais do que se pretende usar. Por exemplo, caso seja necessário armazenar uma sequência de 10 caracteres, uma declaração possível é mostrada no Código 8.2.

**Código 8.2.** Exemplo de declaração de sequência de caracteres.

```
char palavra[11];
```

Uma cadeia de caracteres pode ser definida com tamanho maior do que a palavra armazenada. Por isso, torna-se necessário indicar o término da sequência com o caractere '\0', conforme ilustrado na Figura 8.1.

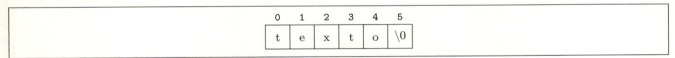

Figura 8.1: Cadeia de caracteres.

Uma cadeia de caracteres pode ser definida com um valor inicial ao ser declarada. Para isso, pode-se usar uma forma semelhante à inicialização de vetores e matrizes, entretanto, por meio de aspas duplas, como exemplificado no Código 8.3.

**Código 8.3.** Atribuição de valor à cadeia de caracteres.

```
char str[10] = "texto";
```

Nessa forma de inicialização, o caractere '\0' é automaticamente inserido no final da sequência. Se o tamanho especificado da cadeia de caracteres for menor do que o texto a ser armazenado, os caracteres adicionais serão ignorados.

De forma semelhante aos vetores e às matrizes, um determinado caractere pode ser acessado individualmente por meio de índices inteiros. Dessa forma, o elemento `str[2]` corresponde ao caractere 'x' na sequência de caracteres mostrada no Código 8.3.

Para ler ou escrever uma cadeia de caracteres com os comandos `scanf` ou `printf`, respectivamente, utiliza-se o formato `"%s"`. Um ponto importante é que o símbolo '&' não é empregado no comando `scanf`. Um exemplo de leitura de uma cadeia de caracteres com o comando `scanf` é mostrado no Código 8.4.

**Código 8.4.** Leitura e escrita de uma cadeia de caracteres.

```
char palavra[81];
int numero;

printf("Entre com uma palavra: ");
scanf("%s", palavra);
printf("Palavra = %s\n", palavra);
```

Outra forma de ler uma cadeia de caracteres é com o comando `gets`, que faz a leitura do teclado considerando todos os caracteres digitados, inclusive os espaços em branco. Um exemplo de leitura de uma cadeia de caracteres com o comando `gets` é mostrado no Código 8.5.

**Código 8.5.** Leitura de uma cadeia de caracteres.

```
char str[30];
gets(str);
```

A biblioteca padrão `string.h` da linguagem C possui várias funções especialmente desenvolvidas para manipular cadeias de caracteres. Alguns exemplos incluem a determinação do tamanho de uma cadeia de caracteres, bem como cópia, concatenação e comparação de cadeias de caracteres.

O exemplo do Código 8.6 determina e exibe o tamanho de uma cadeia de caracteres que pode armazenar até 80 caracteres.

**Código 8.6.** Determinação do tamanho de uma cadeia de caracteres.

```
char texto[81];
int n = 0;

while (texto[n] != '\0')
   n++;
printf("Tamanho: %d\n", n);
```

Na linguagem C, uma cadeia de caracteres não pode ser diretamente atribuída à outra. O Código 8.7 apresenta a atribuição inválida de uma cadeia de caracteres à outra, acarretando um erro de sintaxe.

**Código 8.7.** Atribuição de uma cadeia de caracteres à outra.

```
char texto1[81] = "primeiro texto";
char texto2[81];

str2 = str1;    /* Erro: atribuição inválida */
```

Para realizar a atribuição corretamente, deve-se copiar, caractere a caractere, o conteúdo de uma cadeia para outra, como mostrado no Código 8.8.

**Código 8.8.** Cópia de uma cadeia de caracteres.

```
char str1[81], str2[81];
int i = 0;

do {
   str2[i] = str1[i];
} while (str1[i++]);

printf("%s", str2);
```

Duas cadeias de caracteres podem ser comparadas, caractere a caractere, para verificar se seus conteúdos são iguais. No exemplo do Código 8.9, o valor 0 será impresso se as duas cadeias str1 e str2 forem iguais, um valor maior do que zero se str1 for maior do que str2 e um valor menor do que zero se str1 for menor do que str2.

**Código 8.9.** Comparação de cadeias de caracteres.

```c
char str1[81], str2[81];
int i = 0, igual = 0;

while (str1[i] == str2[i])
  if (str1[i++] == '\0')
    igual = 1;

if (igual)
  printf("0\n");
else
  printf("%d\n", (str1[i] - str2[i]));
```

A operação de concatenação é bastante comum ao se manipular cadeias de caracteres. Ela consiste em justapor as duas sequências, uma no final da outra. Dessa forma, o caractere '\0' da sequência à esquerda deve ser substituído pelo primeiro caractere da sequência à direita. O Código 8.10 mostra um exemplo de concatenação de duas cadeias de caracteres.

**Código 8.10.** Concatenação de duas cadeias de caracteres (caracteres de str1 são adicionados ao final da cadeia str2).

```c
char str1[81], str2[161];
int i = 0, j = 0;

while (str2[i])
  i++;

do {
  str2[i++] = str1[j];
} while (str1[j++]);

printf("%s", str2);
```

No exemplo do Código 8.11, uma cadeia de caracteres de até 80 caracteres é invertida com o uso de outra cadeia como estrutura auxiliar.

**Código 8.11.** Inversão de uma cadeia de caracteres com o auxílio de outra cadeia.

```c
char palavra[81], inversa[81];
int i, tam = 0;

printf("Digite uma palavra: ");
scanf("%s", palavra);

while (palavra[tam])
  tam++;

inversa[tam] = '\0';
for (i = 0; i < tam; i++)
  inversa[tam - i - 1] = palavra[i];

printf("Inversa: %s\n", inversa);
```

No exemplo do Código 8.12, uma cadeia de caracteres com no máximo 80 caracteres é invertida, entretanto, agora sem o uso de outra cadeia como estrutura auxiliar.

**Código 8.12.** Inversão de uma cadeia de caracteres sem o auxílio de outra cadeia.

```
char palavra[81], temp;
int i, tam = 0;

printf("Digite uma palavra: ");
scanf("%s", palavra);

while (palavra[tam])
  tam++;

for (i = 0; i < tam/2; i++) {
  temp = palavra[tam - i - 1];
  palavra[tam - i - 1] = palavra[i];
  palavra[i] = temp;
}

printf("Inversa: %s\n", palavra);
```

Um anagrama é o resultado do rearranjo dos caracteres de uma palavra ou frase para produzir outras palavras, utilizando todos os caracteres originais exatamente uma vez. Alguns exemplos de anagramas são: "america" e "iracema", "porta" e "tropa", "celia" e "alice", "missa" e "assim", "pedro" e "poder", "argentino" e "ignorante", "alergia" e "galeria".

O exemplo do Código 8.13 lê duas palavras e verifica se elas são anagramas (uma em relação à outra).

**Código 8.13.** Verificação de anagrama.

```
char palavra1[21], palavra2[21];
int i, anagramas = 1, caracteres[128];

printf("Entre com duas palavras: ");
scanf("%s %s", palavra1, palavra2);

/* inicializa o vetor de frequência de caracteres */
for (i = 0; i < 128; i++)
  caracteres[i] = 0;

/* conta os caracteres encontrados na palavra1 */
for (i = 0; palavra1[i]; i++)
  caracteres[(int) palavra1[i]]++;

/* conta os caracteres encontrados na palavra2 */
for (i = 0; palavra2[i]; i++)
  caracteres[(int) palavra2[i]]--;

/* verifica se as palavras têm a mesma frequência de caracteres */
for (i = 0; i < 128; i++)
  if (caracteres[i] != 0)
    anagramas = 0;

if (anagramas)
  printf("As duas palavras são anagramas\n");
else
  printf("As duas palavras não são anagramas\n");
```

Um palíndromo é uma palavra ou frase que pode ser lida da mesma forma da esquerda para a direita ou da direita para a esquerda, desconsiderando-se os espaços em branco. Exemplos de palíndromos: "radar", "reviver", "mirim", "a sacada da casa", "a mala nada na lama", "anotaram a data da maratona", "a torre da derrota", "o galo ama o lago" e "a cara rajada da jararaca".

O exemplo do Código 8.14 lê uma cadeia de caracteres de até 80 caracteres e verifica se ela é um palíndromo.

**Código 8.14.** Verificação de palíndromo.

```c
char texto[81];
int i = 0, j, tam = 0, palindromo = 1;

printf("Digite texto: ");
fgets(texto, 81, stdin);

while (texto[tam] && (texto[tam] != '\n')) tam++;

for (i = 0, j = tam - 1; palindromo && (i < j); i++, j--) {
  while ((texto[i] == ' ') && (i < j)) i++; /* ignora espaços à esquerda */
  while ((texto[j] == ' ') && (i < j)) j--; /* ignora espaços à direita  */

  palindromo = (texto[i] == textp[j]);
}

if (palindromo)
  printf("Palíndromo\n");
```

## 8.2 Biblioteca para manipulação de cadeias de caracteres

A biblioteca `string.h` da linguagem C contém funções para manipular cadeias de caracteres, como comparar, copiar e concatenar cadeias de caracteres e identificar o comprimento de uma cadeia de caracteres. A Tabela 8.1 apresenta algumas funções importantes disponíveis na biblioteca.

Tabela 8.1: Funções da biblioteca `string.h`.

| Função | Ação |
|---|---|
| strlen(str) | retorna o comprimento, ou seja, o número de caracteres de str (não inclui o término '\0' da cadeia) |
| strcpy(str1, str2) | copia a cadeia de caracteres str2 em str1 |
| strncpy(str1, str2, n) | copia os primeiros n caracteres da cadeia de caracteres str2 em str1 |
| strcat(str1, str2) | concatena a cadeia de caracteres str2 no final de str1 |
| strcmp(str1, str2) | compara duas cadeias de caracteres str1 e str2, retornando o valor zero se as duas cadeias forem iguais, valor maior do que zero se str1 for maior do que str2 e valor menor do que zero se str1 for menor do que str2 |
| strcmp(str1, str2, n) | similar à função strcmp, mas compara apenas os n primeiros caracteres |
| strchr(str, c) | localiza a primeira ocorrência do caractere c na cadeia de caracteres str |
| strrchr(str, c) | localiza a última ocorrência do caractere c na cadeia de caracteres str |
| strpbrk(str1, str2) | retorna o primeiro caractere que está em ambas as cadeias de caracteres str1 e str2, ou NULL se não existir caractere comum |
| strstr(str1, str2) | localiza a primeira ocorrência da cadeia de caracteres str2 na cadeia de caracteres str1 |
| strspn(str1, str2) | retorna o comprimento do primeiro segmento da cadeia de caracteres str2 que consiste em elementos da cadeia de caracteres str1 |
| strcspn(str1, str2) | retorna o comprimento do primeiro segmento da cadeia de caracteres str2 que consiste em elementos que não estão na cadeia de caracteres str1 |

## 8.3 Exercícios

1. Escreva um programa para contar o número de dígitos iguais a 1 que aparecem em uma cadeia de caracteres. Por exemplo, a saída do programa é 5 para a cadeia de caracteres "10101110".
2. Escreva um programa para ler uma palavra e calcular o número de vogais da palavra.
3. Implemente um programa para ler uma palavra e a imprimir sem suas vogais.
4. Implemente um programa para contar o número de espaços em branco em uma cadeia de caracteres.
5. Escreva um programa para receber como entrada uma lista de nomes de cidades em ordem aleatória e retornar a lista em ordem alfabética.
6. Escreva um programa para retornar todas as posições de dado caractere em uma cadeia de caracteres, caso ele esteja presente.
7. Implemente um programa para converter uma cadeia de caracteres de letras minúsculas em letras maiúsculas.
8. Dadas duas cadeias de caracteres A e B, escreva um programa para verificar se A é um anagrama de B, sem usar vetores auxiliares (além daqueles usados para armazenar A e B).
9. Escreva uma função para ler um caractere e uma cadeia de caracteres. A função deve remover da cadeia de caracteres todas as ocorrências desse caractere. Por exemplo, se o caractere é 'o' e a cadeia de caracteres é "leopardo", então o resultado será "lepard".
10. Dadas duas cadeias de caracteres A e B, implemente um programa para encontrar o primeiro caractere em A que também pertence a B. Caso não exista tal caractere, o programa deve imprimir uma mensagem de erro. Por exemplo, o primeiro caractere de "carro" que também é um caractere de "mesa" é a letra 'a'. Não use a função **strpbrk** da biblioteca **string.h**.
11. Dadas duas palavras, escreva um programa para verificar qual é a menor em termos lexicográficos, ou seja, qual deveria aparecer primeiro em um dicionário. Por exemplo, "cadeia" é menor do que "cadeira", mas é maior do que "cadeado". Não use a função **strcmp** da biblioteca **string.h**.
12. Dadas duas cadeias de caracteres A e B, escreva um programa para verificar se uma delas é subcadeia da outra. Por exemplo, "ela" é uma subcadeia de "janela". Não use a função **strstr** da biblioteca **string.h**.
13. Implemente um programa para calcular o número de letras minúsculas e maiúsculas de uma cadeia de caracteres.
14. Escreva um programa para remover todos os caracteres repetidos de uma cadeia de caracteres.
15. Escreva um programa para ler uma cadeia de caracteres e um número inteiro que indica a base em que o número está representado. O programa deve imprimir o valor em decimal. Por exemplo, dadas as entradas "2653" e 7, o número decimal correspondente é 1018.
16. Implemente um programa que recebe o nome de um mês abreviado com três letras e imprime o nome por extenso. Por exemplo, dada a cadeia de caracteres "Set", o programa deve imprimir Setembro.
17. Dada uma palavra de entrada, escreva um programa para imprimir seus caracteres em uma forma triangular. Por exemplo, a palavra "TESTE" deve ser impressa como:

    ```
    T
    TE
    TES
    TEST
    TESTE
    ```

18. Escreva um programa para receber uma data com o nome do mês por extenso e retornar a data na forma abreviada. Por exemplo, dada a cadeia de caracteres "27 de Julho de 1938", o programa deve imprimir "27/07/1938".
19. Duas cadeias de caracteres devem ser lidas por um programa, a primeira com no máximo 80 caracteres e a segunda com no máximo 10 caracteres. O programa deve imprimir quantas vezes a segunda cadeia de caracteres está contida na primeira.

20. Escreva um programa para trocar todas as ocorrências do caractere '+' pelo caractere '*' em uma cadeia de caracteres.

## Leituras recomendadas

AHO, A. V.; SETHI, R. & ULLMAN, J. D. *Compilers: Principles, Techniques, and Tools*. Addison-Wesley, Reading, MA, Estados Unidos, 1986.

BAYER, R. & MCCREIGHT, E. Organization and Maintenance of Large Ordered Indexes. *Acta Informatica*, vol. 1, n. 3, pp. 173–189, 1972.

BENTLEY, J. L. & FRIEDMAN, J. H. Data Structures for Range Searching. *ACM Computing Surveys*, vol. 11, n. 4, pp. 397–409, 1979.

BONDY, J. A. & MURTY, U. S. R. *Graph Theory with Applications*, volume 290. Macmillan, London, United Kingdom, 1976.

CHARTRAND, G. *Introductory Graph Theory*. Courier Corporation, 1977.

DAHL, O.-J.; DIJKSTRA, E. W. & HOARE, C. A. R. *Structured Programming*. Academic Press Ltd., 1972.

DEITEL, H. M. & DEITEL, P. J. *C: How to Program*. Pearson Education, Inc., 2004.

DENARDO, E. V. *Dynamic Programming: Models and Applications*. Courier Corporation, 2012.

DEO, N. *Graph Theory with Applications to Engineering and Computer Science*. Courier Dover Publications, 2017.

DIJKSTRA, E. W. A Note on Two Problems in Connexion with Graphs. *Numerische Mathematik*, vol. 1, n. 1, pp. 269–271, 1959.

DIJKSTRA, E. W. *A Discipline of Programming*. Prentice Hall, Englewood Cliffs, NJ, Estados Unidos, 1976.

FOROUZAN, B. & GILBERG, R. *Computer Science: A Structured Programming Approach Using C*. Cengage Learning, 2006.

GIBBONS, A. *Algorithmic Graph Theory*. Cambridge University Press, 1985.

GROSS, J. L. & YELLEN, J. *Handbook of Graph Theory*. CRC Press, 2003.

GUIBAS, L. J. & SEDGEWICK, R. A Dichromatic Framework for Balanced Trees. *In: 19th Annual Symposium on Foundations of Computer Science*, IEEE, pp. 8–21, 1978.

JOHNSON, D. B. Priority Queues with Update and Finding Minimum Spanning Trees. *Information Processing Letters*, vol. 4, n. 3, pp. 53–57, 1975.

KELLY, A. & POHL, I. *A Book on C: Programming in C*. Addison-Wesley, 1998.

KING, K. N. *C Programming: A Modern Approach*. W.W. Norton & Company, 2008.

KNUTH, D. E. Structured Programming with go to Statements. *ACM Computing Surveys*, vol. 6, n. 4, pp. 261–301, 1974.

KOCHAN, S. G. *Programming in C*. Pearson Education, 2014.

KRUSE, R. & TONDO, C. *Data Structures and Program Design in C*. Pearson Education, India, 2007.

KRUSE, R. L. & RYBA, A. J. *Data Structures and Program Design in C++*. Prentice Hall, Inc., 2000.

MEHTA, D. P. & SAHNI, S. *Handbook of Data Structures and Applications*. Chapman and Hall/CRC, 2004.

OVERMARS, M. H. *The Design of Dynamic Data Structures*. Springer Science & Business Media, 1987.

PRIM, R. C. Shortest Connection Networks and Some Generalizations. *The Bell System Technical Journal*, vol. 36, n. 6, pp. 1389–1401, 1957.

PURDOM JR., P. W. & BROWN, C. A. *The Analysis of Algorithms*. Holt, Rinehart & Winston, 1985.

ROSEN, K. H. & KRITHIVASAN, K. *Discrete Mathematics and its Applications: With Combinatorics and Graph Theory*. McGraw-Hill Science, 2011.

SAMET, H. *The Design and Analysis of Spatial Data Structures*, volume 85. Addison-Wesley, Reading, MA, Estados Unidos, 1990.

SLEATOR, D. D. & TARJAN, R. E. Self-Adjusting Binary Search Trees. *Journal of the ACM*, vol. 32, n. 3, pp. 652–686, 1985.

STROUSTRUP, B. *The C++ Programming Language*. Addison-Wesley Professional, 2013.

TREMBLAY, J.-P. & SORENSON, P. G. *An Introduction to Data Structures with Applications*. McGraw-Hill, Inc., 1984.

WEISS, M. A. *Data Structures and Algorithm Analysis in C*. Pearson, Lebanon, IN, Estados Unidos, 1996.

WEST, D. B. *Introduction to Graph Theory*, volume 2. Prentice Hall, Upper Saddle River, NJ, Estados Unidos, 2001.

# 9
# FUNÇÕES

Um mecanismo para melhorar a legibilidade de um programa é a sua divisão em trechos de códigos menores, de modo que os resultados parciais possam ser integrados para compor a solução final do problema. Uma função é um conjunto de instruções agrupadas em um bloco de código para resolver tarefas específicas. O uso de funções traz diversas vantagens no processo de codificação e manutenção dos programas. Trechos curtos de códigos são normalmente mais simples de entender do que códigos muito longos. Funções permitem o reaproveitamento de código por um ou mais programadores, facilitando as atividades de implementação. Funções evitam que um trecho de código seja repetido várias vezes em um mesmo programa. Por consequência, a manutenção dos códigos torna-se mais rápida e simples. Neste capítulo, os principais conceitos relacionados a funções são discutidos, permitindo que um programador possa criar suas próprias funções.

## 9.1 Declaração de funções

*Funções* são estruturas da linguagem C que agrupam um conjunto de comandos, os quais são executados quando a função é chamada. Exemplos de funções já implementadas e disponíveis para entrada e saída de dados são `scanf()` e `printf()`. A forma geral para declarar uma função é mostrada no Código 9.1.

**Código 9.1.** Sintaxe geral para declaração de função.

```
tipo nome_função(lista de parâmetros) {
    sequência de comandos;
}
```

Para definir os nomes das funções e de seus parâmetros, as mesmas regras discutidas no Capítulo 2 para declarar nomes a variáveis podem ser empregadas. Funções devem ter nomes diferentes em um mesmo programa. Toda função deve ter um tipo, o qual determina o seu valor de retorno. Os parâmetros são variáveis que serão utilizadas pela função, as quais são inicializadas com valores na chamada da função.

No Código 9.2, uma função é criada para multiplicar dois números inteiros.

**Código 9.2.** Função para multiplicar dois números inteiros.

```
int multiplicacao(int a, int b) {
    int c;

    c = a * b;
    return c;
}
```

Quando o comando `return` é executado, a função termina sua execução e retorna o valor indicado para quem fez a chamada da função. O valor de retorno (se existir algum) deve ser do mesmo tipo definido para a função. Uma boa prática de programação é sempre especificar um tipo de retorno para a função. Se um valor de retorno não for requerido, o tipo `void` (descrito na Seção 9.3) de retorno deveria ser declarado para a função.

A execução de um programa na linguagem C inicia-se pela função `main`. Um exemplo é mostrado no Código 9.3, em que uma função de multiplicação de números inteiros é chamada na função `main`.

**Código 9.3.** Exemplo de chamada de função.

```c
#include <stdio.h>

int multiplicacao(int a, int b) {
  int c;

  c = a * b;
  return c;
}

int main() {
  int res, x1 = 4, x2 = -10;

  printf("Mutiplicação: %d\n", multiplicacao(x1, x2));
  return 0;
}
```

Uma função pode não ter parâmetros, e, nesse caso, basta não informá-los. Na linguagem C, funções podem ser definidas apenas fora de outras funções. A expressão contida no comando `return` é chamada de valor de retorno. Após a execução do comando `return`, nenhum outro comando da função será executado. O Código 9.4 mostra um exemplo de chamada de funções com e sem parâmetros.

**Código 9.4.** Exemplo de chamada de funções.

```c
#include <stdio.h>

int ler_numero() {
  int n;

  printf("Digite um número: ");
  scanf("%d", &n);
  return n;
}

int multiplicacao(int a, int b) {
  return (a * b);
}

int main() {
  int x1, x2;

  x1 = ler_numero();
  x2 = ler_numero();
  printf("Valor da multiplicação: %d\n", multiplicacao(x1, x2));
  return 0;
}
```

Para cada um dos parâmetros da função, um valor deve ser fornecido, de mesmo tipo, na chamada da função. Quando uma função é chamada passando-se variáveis como parâmetros, seus valores serão apenas copiados para os parâmetros da função. Os valores das variáveis usadas na chamada da função não são afetados por alterações no interior da função.

## 9.2 Função main

O *programa principal* é uma função especial (`main`), que possui um tipo fixo (`int`) e é chamada automaticamente pelo sistema operacional quando este inicia a execução do programa. A função `main` pode chamar outras funções para executar tarefas específicas. Ao chamar outra função, a função `main` passa o controle da execução para ela, que, após sua execução, retorna o controle para o programa principal.

O comando `return` da função `main` informa ao sistema operacional se o programa funcionou corretamente ou não. O padrão é que um programa retorne zero, caso tenha funcionado corretamente, ou qualquer outro valor, caso contrário. Um exemplo de chamada da função `main` é mostrado no Código 9.5. Assim como outras funções de um programa, a função `main` pode ter parâmetros, conforme descrito na Seção 10.2, de modo que ela possa receber argumentos da linha de comando.

**Código 9.5.** Exemplo de chamada da função `main`.

```
#include <stdio.h>

int main() {
  printf("Imprime texto\n");
  return 0;
}
```

## 9.3 Tipo void

O tipo `void` é um tipo especial utilizado para indicar que uma função não retorna nenhum valor. Por exemplo, a função no Código 9.6 verifica se um número inteiro fornecido como parâmetro é par ou ímpar, e imprime uma mensagem correspondente.

**Código 9.6.** Exemplo de chamada de função que não retorna valor.

```
void par_impar(int numero) {
  if (numero % 2)
    printf("Ímpar\n");
  else
    printf("Par\n");
}
```

O comando `return`, não acompanhado de qualquer valor, pode ser utilizado para indicar explicitamente o fim da execução de uma função do tipo `void`. Um exemplo é mostrado no Código 9.7.

**Código 9.7.** Exemplo de chamada de função que não retorna valor.

```
void par_impar(int numero) {
  if (numero % 2)
    printf("Ímpar\n");
  else
    printf("Par\n");
  return;
}
```

## 9.4 Protótipos de funções

Até o momento, todas as funções foram definidas antes do programa principal (função `main`). Um erro de compilação ocorrerá se a função for definida após a função `main`, conforme exemplificado no Código 9.8.

**Código 9.8.** Exemplo de definição de função após `main`.

```
#include <stdio.h>

int main() {
  float a = 8, b = 5;

  printf("%f\n", adicao(a, b)); /* erro: função desconhecida */
```

```
7    return 0;
8  }
9
10 float adicao(float op1, float op2) {
11   return (op1 + op2);
12 }
```

Um *protótipo de função* na linguagem C é uma declaração que omite o corpo da função, entretanto, contém o tipo de retorno, o nome da função, os parâmetros e um ponto e vírgula. Protótipos de funções podem ser utilizados para informar ao compilador sobre a existência de uma função, fornecendo uma declaração antecipada do nome, tipo de retorno e tipos de parâmetros da função. Esse mecanismo é particularmente útil quando o programa é fragmentado em vários arquivos. A forma geral para uso de protótipo de função é mostrada no Código 9.9.

**Código 9.9.** Protótipo de função.

```
1  tipo nome_função(lista de parâmetros);
```

O protótipo de uma função deve vir sempre antes do seu uso. Uma prática comum é inserir os protótipos de funções no início do arquivo do programa. Um exemplo de uso de protótipo de função é mostrado no Código 9.10.

**Código 9.10.** Uso de protótipo de função.

```
1  #include <stdio.h>
2
3  float adicao(float op1, float op2);
4  float subtracao(float op1, float op2);
5
6  int main() {
7    float a = 8, b = 5;
8
9    printf("%f\n %f\n", adicao(a, b), subtracao(a, b));
10   return 0;
11 }
12
13 float adicao(float op1, float op2) {
14   return (op1 + op2);
15 }
16
17 float subtracao(float op1, float op2) {
18   return (op1 - op2);
19 }
```

## 9.5 Escopo de variáveis

O *escopo* de uma variável determina em quais partes do código pode-se ter acesso a ela. A regra de escopo na linguagem C estabelece que as variáveis globais são visíveis por todas as funções, enquanto as variáveis locais são visíveis apenas na função onde foram declaradas.

A estrutura básica de um programa em linguagem de programação C foi apresentada na Seção 1.4. A estrutura geral de um programa contendo funções é mostrada no Código 9.11.

**Código 9.11.** Estrutura geral de programa com funções.

```
1  declaração de bibliotecas
2
3  definição de constantes
4
5  protótipos de funções;
6
```

```
 7 declaração de variáveis globais;
 8
 9 int main() {
10   declaração de variáveis locais;
11   comandos;
12 }
13
14 int funcao1(parâmetros) {
15   declaração de variáveis locais;
16   comandos;
17 }
18
19 int funcao2(parâmetros) {
20   declaração de variáveis locais;
21   comandos;
22 }
```

Uma variável é chamada *local* se ela for declarada dentro do bloco de uma função. Nesse caso, ela é visível apenas no interior do bloco de comandos da função e, após o término da sua execução, a variável deixa de existir. Variáveis utilizadas como parâmetros de funções também são locais.

Uma variável é chamada *global* se ela for declarada fora de qualquer função do programa, acima do comando `main()`. Esse tipo de variável é visível em todas as funções, de maneira que qualquer função pode alterá-la e ela existe durante toda a execução do programa.

Um exemplo de trecho de programa que declara variáveis locais e globais é apresentado no Código 9.12. O escopo das variáveis é mostrado em diferentes partes do programa.

**Código 9.12.** Variáveis locais e globais em um programa.

```
 1 #include <stdio.h>
 2
 3 void funcao1();
 4 int funcao2(int w);
 5
 6 int v; /* variável global */
 7
 8 int main() {
 9   int x; /* variável local */
10   /* neste ponto, as variáveis v e x são visíveis */
11   ...
12 }
13
14 void funcao1() {
15   int y;
16   /* neste ponto, as variáveis v e y são visíveis */
17   ...
18 }
19
20 int funcao2(int w) {
21   int z;
22   /* neste ponto, as variáveis visíveis são v, w e z */
23   ...
24 }
```

Como as variáveis globais podem ter seus valores alterados em qualquer parte do programa, elas dificultam a legibilidade e a manutenção do código. Além disso, elas ocupam espaço de memória durante todo o tempo de execução do programa. Por essas razões, as variáveis globais devem ser evitadas.

Podem-se declarar variáveis locais com o mesmo nome de variáveis globais. Nessa situação, a variável local oculta a variável global. Dois exemplos são ilustrados nos Códigos 9.13 e 9.14.

**Código 9.13.** Variáveis local e global com mesmo nome.

```c
int nota = 10;

void a() {
  int nota;
  ...
  nota = 5; /* altera o valor da variável local, sem afetar a variável global */
}
```

**Código 9.14.** Variáveis local e global com mesmo nome.

```c
#include <stdio.h>

int x = 1;

void funcao1() {
  x = 3;
  printf("%d\n", x); /* 3 */
}

void funcao2() {
  int x = 4;
  printf("%d\n", x); /* 4 */
}

int main() {
  x = 2;
  funcao1();
  funcao2();
  printf("%d\n", x); /* 3 */
  return 0;
}
```

A linguagem C provê mecanismos para modificar a maneira como o compilador armazena uma variável. Esses modificadores são utilizados para definir o escopo de variáveis em um programa.

### 9.5.1 Modificador auto

O modificador de armazenamento `auto` define variáveis locais no interior de uma função ou de um bloco de comandos. Uma variável declarada com o modificador `auto` pode ser acessada apenas dentro da função ou do bloco de comandos em que foi declarada. Espaço de memória é alocado automaticamente para a variável quando a função inicia e é liberado quando a função termina.

Como essa declaração é a maneira padrão de definição de variáveis locais, o modificador `auto` raramente é empregado nos programas. As declarações das duas variáveis locais no Código 9.15 são equivalentes em termos de comportamento no programa.

**Código 9.15.** Variável declarada com modificador `auto`.

```c
int a;
auto int b;
```

### 9.5.2 Modificador `extern`

O modificador `extern` define variáveis globais que podem ser acessadas em mais de um arquivo de programa. Um programa pode ser dividido em vários arquivos, que podem ser compilados separadamente. Uma variável declarada em um arquivo pode se tornar visível em outro arquivo de programa adicionando-se a palavra reservada `extern` na declaração da variável. Dessa forma, o compilador entenderá que a variável já foi definida em outro arquivo.

O exemplo mostrado no Código 9.16 ilustra como a palavra `extern` é usada para declarar uma variável global. A variável agora pode ser utilizada por outros programas. Assume-se que o código está armazenado no arquivo `programa1.c`.

**Código 9.16.** Declaração de variável global.

```c
float total = 32.5;
```

Para utilizar a variável `total` presente no arquivo `programa1.c` a partir do programa principal (`main.c`), a variável deve ser declarada com a palavra `extern`, indicando ao compilador que ela está previamente definida em outro arquivo. Dessa forma, a variável não pode ser inicializada. Assume-se que o Código 9.17 está armazenado no arquivo `programa2.c`.

**Código 9.17.** Uso da variável global declarada com modificador `extern`.

```c
#include <stdio.h>

extern float total;

int main() {
  printf("valor da variável externa: %f\n", total);
  return 0;
}
```

### 9.5.3 Modificador `register`

Conforme introduzido na Subseção 2.1.3, o modificador `register` é útil para declarar uma variável cujo uso é muito frequente no programa, sendo interessante armazená-la em um registrador, caso algum esteja disponível na unidade de processamento do computador. A razão é que o tempo de acesso aos registradores é muito menor do que o tempo de acesso à memória primária, local em que normalmente as variáveis estão armazenadas durante a execução do programa.

O endereço de uma variável armazenada em um registrador não pode ser obtido com ponteiros (Capítulo 10) na linguagem C. Outra consideração que deve ser levada em conta quando utilizar o modificador `register` é que o tamanho da variável é limitado pelo tamanho do registrador.

O Código 9.18 mostra a declaração de uma variável com o modificador `register` em um trecho de programa. Um uso comum do modificador `register` é com uma variável inteira que controla o número de iterações em um laço de repetição.

**Código 9.18.** Uso de variável declarada com modificador `register` em um laço de repetição.

```c
#include <stdio.h>

int main() {
  register int i;

  for (i = 1; i <= 100; i++) {
    ...
  }
  return 0;
}
```

### 9.5.4 Modificador static

Uma forma de alterar o tipo de armazenamento de uma variável local é declará-la como static. Uma variável declarada como static preserva seu valor entre chamadas de uma função, o que requer cuidado com sua utilização. Isso não significa que a variável pode ser acessada de fora da função, pois o escopo ainda é mantido. Portanto, uma variável static difere de uma variável global, pois, apesar de não ser visível fora de sua função, mantém seu valor entre diferentes chamadas da função.

Um exemplo de declaração de variável static é mostrado a seguir. O valor da variável n é inicializado com zero no início da função. No exemplo do Código 9.19, o valor de n será diferente a cada chamada da função conta.

**Código 9.19.** Variável declarada com modificador static.

```c
#include <stdio.h>

int conta() {
  static int n = 0;

  return n++;
}

int main() {
  printf("%d ", conta());
  printf("%d ", conta());
  printf("%d ", conta());
  return 0;
}
```

```
0 1 2
```

### 9.5.5 Modificador volatile

O modificador volatile informa ao compilador que a variável em questão não deve ser otimizada, pois seu valor poderá ser modificado externamente ao escopo em que a variável foi definida. Um mecanismo de otimização realizado pelo compilador é copiar o valor da variável e evitar, por exemplo, a execução de múltiplas operações de leitura, reduzindo o tempo de processamento do programa.

Um uso comum do modificador volatile ocorre quando um sinal de dispositivo, denominado interrupção, instrui o sistema a cumprir um requisito de entrada de dados, alterando o valor armazenado pela variável na memória principal, entretanto, sem interromper o fluxo de controle do programa. Outra aplicação é quando a resolução do problema envolve programação concorrente, em que programas separados executam simultaneamente várias tarefas computacionais.

A declaração de qualquer tipo de variável pode ser modificada com volatile, incluindo ponteiros (Capítulo 10), estruturas (Capítulo 11) e uniões (Capítulo 11). O Código 9.20 mostra um exemplo em que o programa principal utiliza uma variável global para controlar um laço de repetição. Sem o modificador volatile na declaração da variável, o compilador otimizaria o código e assumiria que o valor armazenado na variável valor permaneceria sempre igual a 0. Portanto, o compilador substituiria a condição do comando while por 1, tornando-se assim um laço infinito. Assumindo que a variável valor possa ser modificada, por exemplo, por um dispositivo mapeado na memória principal, o uso do modificador volatile permitirá que programa detecte a alteração na variável quando ocorrer, finalizando o laço de repetição.

**Código 9.20.** Variável declarada com modificador volatile.

```c
volatile int valor = 0;

int main() {
  while (!valor) {
    /* bloco de comandos */
```

```
6    }
7    return 0;
8  }
```

## 9.6 Vetores e funções

Quando uma variável simples é passada como parâmetro, seu valor é atribuído para uma nova variável local da função. Ao contrário dos tipos simples, vetores têm um comportamento diferente quando usados como parâmetros de funções.

Um novo vetor não é criado quando um vetor é passado como parâmetro. Isso significa que os valores de um vetor podem ser alterados dentro de uma função. Para indicar que um parâmetro é um vetor, usamos [] no final do nome do parâmetro, conforme ilustrado no exemplo do Código 9.21.

**Código 9.21.** Exemplo de vetor como parâmetro de função.

```c
int max(int vetor[], int tam) {
  ...
}
```

Ao chamar uma função que possui um vetor como parâmetro, deve-se apenas indicar o nome do vetor a ser fornecido para a função (sem usar [] no final do nome do vetor). O fragmento do Código 9.22 ilustra essa situação.

**Código 9.22.** Exemplo de chamada de função com vetor como parâmetro.

```c
int elementos[10], n;
...
x = max(elementos, n);
```

O Código 9.23 apresenta um exemplo de chamada de função em que um vetor é passado como parâmetro. Após a alteração de alguns elementos do vetor, o programa imprime o resultado.

**Código 9.23.** Exemplo de chamada de função.

```c
#include <stdio.h>

void funcao(int vet[], int tam) {
  int i;

  for (i = 0; i < tam; i++)
    vet[i] = 5;
}

int main() {
  int x[10], i;

  for (i = 0; i < 10; i++)
    x[i] = 8;
  funcao(x, 6);
  for (i = 0; i < 10; i++)
    printf("%d ", x[i]);   /* 5 5 5 5 5 5 8 8 8 8 */
  return 0;
}
```

Vetores não podem ser usados como retorno de uma função. O exemplo do Código 9.24 mostra um erro de compilação quando se tenta retornar um vetor como resultado de uma função.

**Código 9.24.** Erro ao se tentar retornar o valor de uma função como vetor.

```c
int[] ler_vetor(int tam) { /* erro */
  int i, vet[100];

  for (i = 0; i < tam; i++) {
    printf("Digite um número: ");
    scanf("%d", &vet[i]);
  }
  return vet;
}
```

Entretanto, pode-se fazer algo semelhante usando o fato de que vetores são alterados dentro de funções, como ilustrado no Código 9.25.

**Código 9.25.** Exemplo de alteração de vetor no interior de uma função.

```c
#include <stdio.h>

void ler_vetor(int vet[], int tam) {
  int i;

  for (i = 0; i < tam; i++) {
    printf("Digite número: ");
    scanf("%d", &vet[i]);
  }
}

void imprimir_vetor(int vet[], int tam) {
  int i;

  for (i = 0; i < tam; i++)
    printf("vet[%d] = %d\n", i, vet[i]);
}

int main() {
  int vet1[10], vet2[20];

  printf("vetor 1:\n");
  ler_vetor(vet1, 10);
  printf("vetor 2:\n");
  ler_vetor(vet2, 20);

  printf("vetor 1:\n");
  imprimir_vetor(vet1, 10);
  printf("vetor 2:\n");
  imprimir_vetor(vet2, 20);
  return 0;
}
```

## 9.7 Matrizes e funções

Ao passar um vetor como parâmetro, não é necessário fornecer o seu tamanho na declaração da função. Quando se utiliza uma matriz, a possibilidade de não informar o tamanho na declaração se restringe apenas à primeira dimensão.

Como visto anteriormente, matrizes são alocadas pelo compilador como vetores. Por isso, torna-se necessário

**Algoritmos e estruturas de dados: conceitos e aplicações**

informar todas as dimensões (com exceção, eventualmente, da primeira) para que o compilador seja capaz de determinar corretamente os elementos de uma matriz passada como parâmetro para uma função. Assim como vetores, matrizes passadas como parâmetros podem ser modificadas no interior das funções.

Pode-se criar uma função deixando de indicar a primeira dimensão, conforme mostrado no fragmento do Código 9.26.

**Código 9.26.** Matriz sem definição da primeira dimensão.

```
void mostrar_matriz(int mat[][10], int linhas) {
  ...
}
```

Pode-se também criar uma função indicando todas as dimensões da matriz, como apresentado no trecho do Código 9.27.

**Código 9.27.** Matriz com todas as dimensões definidas.

```
void mostrar_matriz(int mat[5][10], int linhas) {
  ...
}
```

É importante observar que, ao contrário da primeira dimensão da matriz, as demais dimensões devem ser especificadas. O Código 9.28 ilustra a ocorrência de um erro de compilação devido à ausência da definição da primeira dimensão da matriz.

**Código 9.28.** Erro ao deixar de definir a primeira dimensão da matriz.

```
void mostrar_matriz(int mat[5][], int linhas) {
  /* erro na compilação da função */
  ...
}
```

Os dois exemplos mostrados nos Códigos 9.29 e 9.30 utilizam matrizes como parâmetros de funções. No primeiro exemplo, uma função é utilizada para imprimir a matriz.

**Código 9.29.** Função para imprimir matriz.

```
#include <stdio.h>

void imprimir_matriz(int linhas, int colunas, int matriz[][10]) {
  int i, j;

  for (i = 0; i < linhas; i++) {
    for (j = 0; j < colunas; j++)
      printf("%2d ", matriz[i][j]);
    printf("\n");
  }
}

int main() {
  int matriz[8][10] = { { 0,  1,  2,  3,  4,  5,  6,  7,  8,  9},
                        {10, 11, 12, 13, 14, 15, 16, 17, 18, 19},
                        {20, 21, 22, 23, 24, 25, 26, 27, 28, 29},
                        {30, 31, 32, 33, 34, 35, 36, 37, 38, 39},
                        {40, 41, 42, 43, 44, 45, 46, 47, 48, 49},
                        {50, 51, 52, 53, 54, 55, 56, 57, 58, 59},
                        {60, 61, 62, 63, 64, 65, 66, 67, 68, 69},
                        {70, 71, 72, 73, 74, 75, 76, 77, 78, 79} };
```

```
23    imprimir_matriz(8, 10, matriz);
24    return 0;
25 }
```

No segundo exemplo, uma função verifica se uma matriz quadrada é simétrica, ou seja, se a matriz é igual à sua transposta.

**Código 9.30.** Função para verificar se uma matriz quadrada é simétrica.

```
1  #define MAXCOL 10
2
3  int simetrica(double mat[][MAXCOL], int n) {
4    int i, j;
5
6    for (i = 0; i < n; i++)
7      for (j = 0; j < n; j++)
8        if (mat[i][j] != mat[j][i])
9          return 0;  /* matriz não é simétrica */
10   return 1; /* matriz é simétrica */
```

## 9.8 Macros

Conforme mencionado na Seção 1.3, a linguagem C provê diretivas de compilação que são tratadas pelo pré-processador C. As diretivas de compilação são substituídas (expandidas) no código-fonte e têm o objetivo de simplificar a compreensão do código pelo uso de nomes simbólicos.

Há dois tipos principais de diretivas: objeto e função. Diretivas do tipo *objeto* são basicamente nomes dados às constantes nos programas. Um exemplo é apresentado no Código 9.31.

**Código 9.31.** Diretivas do tipo objeto.

```
1  #define PI 3.1415926
2  #define MAX 100
```

Diretivas do tipo *função* permitem a construção de instruções, chamadas *macros*. Embora macros não sejam efetivamente funções, sua sintaxe é muito similar à chamada de uma função. Entretanto, o código da macro é substituído no código-fonte durante o pré-processamento. A forma geral para declarar uma macro do tipo função é mostrada no Código 9.32.

**Código 9.32.** Declaração de macro.

```
1  #define nome_macro(lista de parâmetros) (sequência de comandos)
```

As macros devem ser definidas cuidadosamente para evitar efeitos colaterais devido à precedência de operadores. Alguns exemplos de comportamento não desejado no uso de macros são mostrados no Código 9.33.

**Código 9.33.** Exemplos de comportamento não desejado no uso de macros.

```
1  #define SOMA(a, b) a + b
2  #define PRODUTO(a, b) (a * b)
3  #define ABSOLUTO(a)  a < 0 ? -a : a
4  #define QUADRADO(a) a*a
5
6  printf("%d\n", 4 * SOMA(6, 5));
7  printf("%d\n", PRODUTO(4 + 5, 3));
8  printf("%d\n", ABSOLUTO(-10) + 1);
9  printf("%d\n", QUADRADO(10 + 20));
```

Os resultados das substituições das macros nos exemplos do Código 9.33 são:

**Algoritmos e estruturas de dados: conceitos e aplicações** 105

```
29
19
10
230
```

Quando as macros são expandidas pelo pré-processador, os cálculos serão realizados da forma apresentada no Código 9.34.

**Código 9.34.** Exemplos de expansão de macros.

```
4 * 6 + 5 = 29
(4 + 5 * 3) = 4 + 15 = 19
-10 < 0 ? 10 : -10 + 1 = 10
10 + 20 * 10 + 20 = 10 + 200 + 20 = 230
```

O uso de parênteses no corpo da macro pode resolver alguns dos problemas, gerando os resultados esperados, conforme mostrado no Código 9.35.

**Código 9.35.** Uso de parênteses para resolver problemas de substituição das macros.

```
#define SOMA(a, b) ((a) + (b))
#define PRODUTO(a, b) ((a) * (b))
#define ABSOLUTO(a) ((a) < 0 ? (-a) : (a))
#define QUADRADO(a) ((a)*(a))

printf("%d\n", 4 * SOMA(6, 5));
printf("%d\n", PRODUTO(4+5, 3));
printf("%d\n", ABSOLUTO(-10)+1);
printf("%d\n", QUADRADO(10+20));
```

```
44
27
11
900
```

As expansões de macros são realizadas da forma mostrada no Código 9.36.

**Código 9.36.** Expansões de macros.

```
4 * ((6) + (5)) = 4 * 11 = 44
((4 + 5) * (3)) = 9 * 3 = 27
((-10) < 0 ? (10) : (-10)) + 1 = 10 + 1 = 11
((10) + (20)) * ((10) + (20)) = 30 * 30 = 900
```

Entretanto, há situações em que o uso de parênteses envolvendo cada parâmetro da macro não resolve adequadamente o problema. Exemplos são apresentados no Código 9.37 para encontrar o mínimo e o máximo entre dois argumentos.

**Código 9.37.** Problemas no uso de parênteses em macros.

```
#define MINIMO(a, b) (((a) < (b)) ? (a) : (b))
#define MAXIMO(a, b) (((a) > (b)) ? (a) : (b))
...
x = 5; y = 7;
printf("%d\n", MINIMO(++x, ++y));

x = 7; y = 5;
printf("%d\n", MAXIMO(++x, ++y));
```

Um efeito colateral ao se chamar a macro MINIMO é que a variável x será incrementada duas vezes, passando a ter o valor 7. Do mesmo modo, a variável y será incrementada duas vezes ao se chamar a macro MAXIMO, passando a ter o valor 9. Esses não seriam provavelmente os resultados pretendidos pelo usuário.

A partir dos exemplos apresentados, conclui-se que o uso de macros deve ser evitado sempre que possível, pois a tarefa de depuração torna-se mais complexa. Além disso, as macros não podem ser chamadas recursivamente (tópico discutido no Capítulo 13), ou seja, dentro do corpo da própria macro. Nesses casos, a flexibilidade das funções é um aspecto vantajoso que deve ser explorado nos códigos.

## 9.9 Exercícios

1. Dados dois números inteiros positivos, escreva uma função para calcular e retornar o máximo divisor comum entre eles.
2. Dados dois números inteiros positivos, implemente uma função para calcular e retornar o mínimo múltiplo comum entre eles.
3. Dados um número real $x$ e um número inteiro $y$, escreva uma função para calcular e retornar o valor de $x^y$.
4. Dado um número inteiro positivo, escreva uma função para imprimir o número na ordem inversa. Por exemplo, se o número 3248700 for fornecido para a função, ela deve imprimir 0078423.
5. Dado um número inteiro $n > 1$, implemente uma função para imprimir a fatoração em números primos de $n$. Por exemplo, se o número 936936 for fornecido para a função, ela deve imprimir: 936936 = 1 x $2^3$ x $3^2$ x 7 x 11 x $13^2$.
6. Escreva uma função para somar dois números que representam horas. Se a entrada estiver no formato:
   14 35
   8 29
   a saída deve ter o seguinte formato: 14:35 + 8:29 = 23:04.
7. Dados um número inteiro positivo $n$ e um vetor de $n$ números inteiros, implemente uma função para verificar se o vetor está ordenado de forma crescente.
8. Escreva uma função para inverter a ordem dos caracteres de dada cadeia de caracteres.
9. Dadas duas cadeias de caracteres s1 e s2, implemente uma função para determinar quantas vezes s1 ocorre em s2.
10. Escreva uma função para contar o número de espaços em branco em uma cadeia de caracteres.
11. Implemente uma função para calcular o número de consoantes presentes em uma palavra.
12. Escreva uma função para receber um inteiro $n$ e retornar o fatorial de $n$.
13. Implemente uma função para receber um ângulo em graus e retornar o valor em radianos.
14. Implemente uma função para receber os lados $l_1$, $l_2$ e $l_3$ de um paralelepípedo e retornar o seu volume.
15. Escreva uma função para receber como parâmetro um valor inteiro e positivo $n$ e retornar o valor de $F$:
$$F = 1 + \frac{1}{2} + \frac{1}{3} + \frac{1}{4} + \ldots + \frac{1}{n}.$$
16. Escreva uma função para receber dois vetores de valores inteiros e imprimir a intersecção dos conjuntos, ou seja, os elementos em comum aos dois vetores.
17. Escreva uma função para ler um valor inteiro $n \geq 1$ e imprimir as $n$ primeiras linhas do triângulo de Pascal. O triângulo de Pascal para $n = 5$ é mostrado a seguir:

```
1
1 1
1 2 1
1 3 3 1
1 4 6 4 1
```

18. Implemente uma função para verificar se duas matrizes são iguais.
19. Dados três valores positivos, escreva uma função para determinar se eles formam um triângulo. A função deve retornar 1 se os valores formarem um triângulo e 0 caso contrário.

20. Escreva uma função para calcular as raízes de uma equação do segundo grau, expressa como $ax^2 + bx + c = 0$. Se existirem raízes reais, a função deve retornar seus valores nos argumentos da função.

21. Escreva uma função para calcular a área e o volume de uma esfera de raio $r$. Os valores referentes à área e ao volume devem ser retornados nos argumentos da função.

## Leituras recomendadas

AHO, A. V.; SETHI, R. & ULLMAN, J. D. *Compilers: Principles, Techniques, and Tools*. Addison-Wesley, Reading, MA, Estados Unidos, 1986.

BAYER, R. & MCCREIGHT, E. Organization and Maintenance of Large Ordered Indexes. *Acta Informatica*, vol. 1, n. 3, pp. 173–189, 1972.

BENTLEY, J. L. & FRIEDMAN, J. H. Data Structures for Range Searching. *ACM Computing Surveys*, vol. 11, n. 4, pp. 397–409, 1979.

BONDY, J. A. & MURTY, U. S. R. *Graph Theory with Applications*, volume 290. Macmillan, London, United Kingdom, 1976.

CHARTRAND, G. *Introductory Graph Theory*. Courier Corporation, 1977.

DAHL, O.-J.; DIJKSTRA, E. W. & HOARE, C. A. R. *Structured Programming*. Academic Press Ltd., 1972.

DEITEL, H. M. & DEITEL, P. J. *C: How to Program*. Pearson Education, Inc., 2004.

DENARDO, E. V. *Dynamic Programming: Models and Applications*. Courier Corporation, 2012.

DEO, N. *Graph Theory with Applications to Engineering and Computer Science*. Courier Dover Publications, 2017.

DIJKSTRA, E. W. A Note on Two Problems in Connexion with Graphs. *Numerische Mathematik*, vol. 1, n. 1, pp. 269–271, 1959.

DIJKSTRA, E. W. *A Discipline of Programming*. Prentice Hall, Englewood Cliffs, NJ, Estados Unidos, 1976.

FOROUZAN, B. & GILBERG, R. *Computer Science: A Structured Programming Approach Using C*. Cengage Learning, 2006.

GIBBONS, A. *Algorithmic Graph Theory*. Cambridge University Press, 1985.

GROSS, J. L. & YELLEN, J. *Handbook of Graph Theory*. CRC Press, 2003.

GUIBAS, L. J. & SEDGEWICK, R. A Dichromatic Framework for Balanced Trees. *In: 19th Annual Symposium on Foundations of Computer Science*, IEEE, pp. 8–21, 1978.

JOHNSON, D. B. Priority Queues with Update and Finding Minimum Spanning Trees. *Information Processing Letters*, vol. 4, n. 3, pp. 53–57, 1975.

KELLY, A. & POHL, I. *A Book on C: Programming in C*. Addison-Wesley, 1998.

KING, K. N. *C Programming: A Modern Approach*. W.W. Norton & Company, 2008.

KNUTH, D. E. Structured Programming with go to Statements. *ACM Computing Surveys*, vol. 6, n. 4, pp. 261–301, 1974.

KOCHAN, S. G. *Programming in C*. Pearson Education, 2014.

KRUSE, R. & TONDO, C. *Data Structures and Program Design in C*. Pearson Education, India, 2007.

KRUSE, R. L. & RYBA, A. J. *Data Structures and Program Design in C++*. Prentice Hall, Inc., 2000.

MEHTA, D. P. & SAHNI, S. *Handbook of Data Structures and Applications*. Chapman and Hall/CRC, 2004.

OVERMARS, M. H. *The Design of Dynamic Data Structures*. Springer Science & Business Media, 1987.

PRIM, R. C. Shortest Connection Networks and Some Generalizations. *The Bell System Technical Journal*, vol. 36, n. 6, pp. 1389–1401, 1957.

PURDOM JR., P. W. & BROWN, C. A. *The Analysis of Algorithms*. Holt, Rinehart & Winston, 1985.

ROSEN, K. H. & KRITHIVASAN, K. *Discrete Mathematics and its Applications: With Combinatorics and Graph Theory*. McGraw-Hill Science, 2011.

SAMET, H. *The Design and Analysis of Spatial Data Structures*, volume 85. Addison-Wesley, Reading, MA, Estados Unidos, 1990.

SLEATOR, D. D. & TARJAN, R. E. Self-Adjusting Binary Search Trees. *Journal of the ACM*, vol. 32, n. 3, pp. 652–686, 1985.

STROUSTRUP, B. *The C++ Programming Language*. Addison-Wesley Professional, 2013.

TREMBLAY, J.-P. & SORENSON, P. G. *An Introduction to Data Structures with Applications*. McGraw-Hill, Inc., 1984.

WEISS, M. A. *Data Structures and Algorithm Analysis in C*. Pearson, Lebanon, IN, Estados Unidos, 1996.

WEST, D. B. *Introduction to Graph Theory*, volume 2. Prentice Hall, Upper Saddle River, NJ, Estados Unidos, 2001.

# 10 PONTEIROS

A linguagem C possui mecanismos para manipular endereços de memória. Ponteiros são variáveis que armazenam endereços de outras variáveis, ou seja, indicam as localizações dessas variáveis na memória. Há diversas situações em que ponteiros são úteis em programas, como alocação dinâmica de memória, passagem de parâmetros por referência em funções, manipulação de estruturas de dados, entre várias outras. Neste capítulo, conceitos e exemplos sobre ponteiros são apresentados e discutidos.

## 10.1 Declaração de ponteiros

Uma variável do tipo *ponteiro* deve ser declarada da forma mostrada no Código 10.1.

**Código 10.1.** Sintaxe geral para declaração de ponteiro.

```
tipo *nome_variável;
```

A variável ponteiro armazena um endereço de memória de outra variável do tipo especificado. No exemplo mostrado no Código 10.2, ponteiros de diferentes tipos (`int`, `float` e `double`) são declarados.

**Código 10.2.** Ponteiros para armazenar endereços de variáveis de diferentes tipos.

```
int *p;
float *q;
double *r;
```

Há dois operadores relacionados a ponteiros. O operador '&' retorna o endereço de memória de uma variável. O operador '*' retorna o conteúdo do endereço armazenado no ponteiro. Os três exemplos apresentados nos Códigos 10.3 a 10.5 ilustram o uso dos operadores '&' e '*'.

**Código 10.3.** Uso dos operadores '&' e '*' em ponteiros.

```
int *p;
int n = 10;

p = &n;
printf("%d", *p);
```

```
10
```

A Figura 10.1 ilustra um ponteiro p que contém o endereço de uma variável inteira. A linha 4 no Código 10.3 atribui o endereço da variável n à variável p.

**Código 10.4.** Uso dos operadores '&' e '*' em ponteiros.

```
int b, *c;

b = 10;
c = &b;
*c = 11;
```

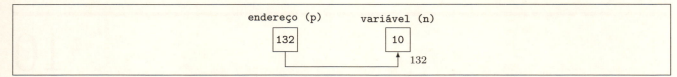

Figura 10.1: Conteúdo e endereço de variável.

```
6 printf("%d\n", b);
```

```
11
```

**Código 10.5.** Uso dos operadores '&' e '*' em ponteiros.

```
1 int a = 3, b = 2;
2 int *p, *q;
3
4 p = &a;
5 q = p;
6 *q = *q + 1;
7 q = &b;
8 b = b + 1;
9 printf("%d, %d\n", *q, *p);
```

```
3, 4
```

Um cuidado com o uso de ponteiros é que não se deve atribuir um valor ao endereço armazenado em um ponteiro sem antes se certificar de que o endereço é válido. Os dois exemplos mostrados nos Códigos 10.6 e 10.7 ilustram situações inválidas e válidas de atribuição de valores a ponteiros.

**Código 10.6.** Atribuição inválida.

```
1 int a, b, *c;
2
3 b = 10;
4 *c = 13;   /* erro: onde o valor 13 será armazenado? */
```

**Código 10.7.** Atribuição válida.

```
1 int a, b, *c;
2
3 b = 10;
4 c = &a;
5 *c = 13;
```

Como o símbolo adotado no operador '*' de ponteiros é igual ao símbolo '*' utilizado na operação de multiplicação, deve-se ter cuidado no uso desses operadores. Os Códigos 10.8 e 10.9 ilustram outros exemplos de atribuições inválidas e válidas de valores a ponteiros.

**Código 10.8.** Atribuição inválida.

```
1 int a, b, *c;
2
3 b = 10;
4 c = &a;
5 *c = 11;
6 a = b * c; /* erro: operação inválida */
7 printf("%d\n", a);
```

**Código 10.9.** Atribuição válida.

```
int a, b, *c;

b = 10;
c = &a;
*c = 11;
a = b * (*c);
printf("%d\n", a);
```

110

O exemplo do Código 10.10 mostra um caso de incompatibilidade de tipos na atribuição do endereço de uma variável do tipo `double` para um ponteiro do tipo `int`.

**Código 10.10.** Incompatibilidade de tipos de variáveis.

```
double a;
int *b, c;

a = 10.89;
b = &a; /* erro: tipos incompatíveis */
c = *b;
printf("%d\n", c);
```

343597384

Os dois exemplos mostrados nos Códigos 10.11 e 10.12 ilustram, respectivamente, a comparação de valores e endereços com o uso de ponteiros.

**Código 10.11.** Comparação de valores.

```
double *a, *b, c, d;

a = &d;
b = &c;
scanf("%lf %lf", &c, &d);

if (*a < *b)
  printf("Valor: %lf < %lf\n", *a, *b);
else
  if (*b < *a)
    printf("Valor: %lf < %lf\n", *b, *a);
  else if (*a == *b)
    printf("Mesmo valor: %lf\n", *a);
```

**Código 10.12.** Comparação de endereços.

```
double *a, *b, c, d;

a = &d;
b = &c;
scanf("%lf %lf", &c, &d);

if (a < b)
  printf("Endereço: %p < %p\n", a, b);
else
  if (b < a)
    printf("Endereço: %p < %p\n", b, a);
```

```c
12    else if (a == b)
13      printf("Mesmo endereço\n"); /* impossível neste exemplo */
```

Quando um ponteiro não está associado a nenhum endereço válido, o valor NULL normalmente é atribuído ao ponteiro (Código 10.13). O valor NULL é definido como zero nas bibliotecas stdio.h e stdlib.h, entre outras. O valor NULL é usado em comparações com ponteiros para descobrir se determinado ponteiro possui um endereço válido ou não. Deve-se observar que um ponteiro que não recebeu um valor inicial não necessariamente possui valor NULL (zero).

**Código 10.13.** Ponteiro nulo.

```c
1  int numero, *ponteiro = NULL;
2
3  scanf("%d", &numero);
4
5  if (numero > 0)
6    ponteiro = &numero;
7
8  if (ponteiro != NULL)
9    printf("Número: %d\n", *ponteiro);
10 else
11   printf("Erro: ponteiro nulo.\n");
```

## 10.2 Passagem de parâmetros para função por valor e por referência

Passagem de parâmetros é o mecanismo utilizado para fornecer informações para uma função. Os valores atribuídos aos parâmetros são utilizados pela função para alterar o seu comportamento durante a execução. Na linguagem C, há dois tipos de passagem de parâmetros: passagem por valor e passagem por referência.

Na *passagem por valor*, os valores dos argumentos são copiados nos parâmetros formais da função. Esse processo é idêntico a uma atribuição. As alterações realizadas nos parâmetros da função não causarão efeito nas variáveis utilizadas na chamada da função. No Código 10.14, parâmetros são passados por valor para uma função.

**Código 10.14.** Passagem de parâmetros por valor.

```c
1  #include <stdio.h>
2
3  void nao_troca(int a, int b) {
4    int aux = a;
5
6    a = b;
7    b = aux;
8  }
9
10 int main() {
11   int x = 4, y = 5;
12
13   nao_troca(x, y);
14   printf("x = %d, y = %d\n", x, y);   /* x = 4, y = 5 */
15   return 0;
16 }
```

Há situações em que a alteração realizada nos valores dos parâmetros da função é repassada para a função que a chamou. Para isso ser possível, o endereço de cada argumento é fornecido para a função, em vez de seu valor. Esse processo é chamado de *passagem por referência*, e, na linguagem C, ponteiros são utilizados para fornecer os endereços das variáveis. No exemplo anterior (Código 10.14), se x e y fossem passados por referência, seus conteúdos seriam trocados. Essa situação é mostrada no Código 10.15.

**Código 10.15.** Passagem de parâmetros por referência.

```c
#include <stdio.h>

void troca(int *a, int *b) {
  int aux = *a;

  *a = *b;
  *b = aux;
}

int main() {
  int x = 4, y = 5;

  troca(&x, &y);
  printf("x = %d, y = %d\n", x, y); /* x = 5, y = 4 */
  return 0;
}
```

A passagem de ponteiros por referência é útil quando se deve retornar mais do que um valor em uma função, por exemplo, uma função que recebe um vetor como parâmetro e retorna o menor e o maior elemento do vetor. Como visto até o momento, uma função pode retornar no máximo um valor. Para contornar essa limitação, pode-se passar ponteiros para variáveis que armazenarão o menor e o maior elementos, simulando assim o retorno de dois valores. Essa situação é exemplificada no Código 10.16.

**Código 10.16.** Retorno de múltiplos valores em uma função.

```c
#include <stdio.h>

void minimo_maximo(int vet[], int tam, int *min, int *max) {
  int i;

  *min = vet[0];
  *max = vet[0];
  for (i = 1; i < tam; i++)
    if (vet[i] < *min)
      *min = vet[i];
    else if (vet[i] > *max)
      *max = vet[i];
}

int main() {
  int v[10] = {10, 80, 5, -10, 45, -20, 100, 125, 200, 10};
  int min, max;

  minimo_maximo(v, 10, &min, &max);
  printf("Menor valor: %d\n", min);  /* -20 */
  printf("Maior valor: %d\n", max);  /* 200 */
  return 0;
}
```

Na linguagem C, argumentos podem ser passados para a função principal `main()` do programa. A passagem de parâmetros para essa função via linha de comando é útil para, por exemplo, passar nomes de arquivos que contêm os dados do programa. Os parâmetros são passados para a função principal conforme a sintaxe mostrada no Código 10.17.

**Código 10.17.** Passagem de parâmetros para a função principal.

```
int main(int argc, char *argv[])
```

O argumento `argc` é um valor inteiro que indica a quantidade de argumentos passados ao chamar o programa, enquanto o argumento `argv` é um ponteiro para uma cadeia de caracteres que contém os argumentos passados na linha de comando. O nome do programa chamado na linha de comando é armazenado em `argv[0]`. Dessa forma, `argc` é no mínimo igual a 1. O Código 10.18 mostra um exemplo de uso dos argumentos do programa principal.

**Código 10.18.** Argumentos do programa principal.

```
#include <stdio.h>

int main(int argc, char *argv[]) {
  int i;

  printf("Número de argumentos: %d\n", argc);
  for (i=0; i < argc; i++)
    printf("Argumento %d: %s\n", i, argv[i]);
  return 0;
}
```

## 10.3 Aritmética de ponteiros

Os operadores '+' e '-', assim como os operadores '++' e '--', podem ser utilizados com ponteiros para facilitar o acesso às posições de memória do computador. Um aspecto importante da *aritmética de ponteiros* é que as operações de incremento e decremento independerão da máquina nas quais elas estão sendo executadas, ou seja, permitirão avançar ou retroceder nas posições de memória, respectivamente, de acordo com o tipo da variável sendo apontada.

Seja p um ponteiro para um inteiro (em um computador de 32 bits) com um valor atual (endereço) igual a 3000. A instrução mostrada no Código 10.19 faz com que o conteúdo de p seja alterado para 3004 (e não 3001).

**Código 10.19.** Exemplo de instrução para incremento de variável ponteiro.

```
p++;
```

A cada incremento de p, ele apontará para o próximo endereço de um tipo inteiro, cujo tamanho é de 4 bytes para o computador desse exemplo. A mesma situação é válida para decrementos. Por exemplo, a instrução mostrada no Código 10.20 faz com que p assuma o valor 2996 (considerando que o endereço anterior era 3000 e o tamanho de um inteiro é de 4 bytes).

**Código 10.20.** Exemplo de instrução para decremento de variável ponteiro.

```
p--;
```

O exemplo do Código 10.21 mostra o uso de aritmética de ponteiros para imprimir os endereços acessados por uma variável ponteiro.

**Código 10.21.** Aritmética de ponteiros.

```
#include <stdio.h>

int main() {
    int valor = 7, *p;

    p = &valor;
    printf("%p: \n", p);
    printf("%p: \n", p+1);
    printf("%p: \n", p+2);
```

```
    printf("%p: \n", p+3);
    return 0;
}
```

Operadores relacionais podem ser utilizados para comparar endereços de memória. O exemplo do Código 10.22 compara duas posições de memória apontadas por variáveis ponteiros.

**Código 10.22.** Comparação de endereços.

```c
#include <stdio.h>

int main() {
  int a = 1, b = 2, *p1, *p2;

  p1 = &a;
  p2 = &b;
  if (p2 > p1)
    printf("p1 é maior do que p2\n");
  return(0);
}
```

## 10.4 Ponteiros para vetores

Quando uma variável do tipo vetor é declarada, aloca-se uma quantidade de memória contígua cujo tamanho é especificado na declaração (e também depende do tipo do vetor).

**Código 10.23.** Alocação de vetor.

```c
int v[5];   /* aloca 5 * 4 = 20 bytes de memória,
               supondo que cada inteiro ocupe 4 bytes */
```

Uma variável vetor, assim como um ponteiro, armazena um endereço de memória, que é o endereço do início do vetor. No exemplo do Código 10.23, a variável v armazena o endereço de memória do início do vetor. Portanto, v e &v[0] possuem o mesmo valor.

Por esse motivo, quando um vetor é passado como parâmetro para uma função, seu conteúdo pode ser alterado dentro da função, porque, na realidade, o que está sendo passado é o endereço do início do espaço alocado para o vetor. Os Códigos 10.24 e 10.25 exemplificam a passagem de vetores para funções.

**Código 10.24.** Chamada de função com variável vetor.

```c
#include <stdio.h>

void zerar_vetor(int vet[], int tam) {
  int i;

  for (i = 0; i < tam; i++)
    vet[i] = 0;
}

int main() {
  int vetor[] = {1, 2, 3, 4, 5}, i;

  zerar_vetor(vetor, 5);
  for (i = 0; i < 5; i++)
    printf("%d\n", vetor[i]);
  return 0;
}
```

**Código 10.25.** Chamada de função com variável ponteiro.

```c
#include <stdio.h>

void zerar_vetor(int *vet, int tam) {
  int i;

  for (i = 0; i < tam; i++)
    vet[i] = 0;
}

int main() {
  int vetor[] = {1, 2, 3, 4, 5}, i;

  zerar_vetor(&vetor[0], 5);
  for (i = 0; i < 5; i++)
    printf("%d\n", vetor[i]);
  return 0;
}
```

De fato, como uma variável vetor possui um endereço, ela pode ser atribuída a uma variável ponteiro, como mostrado no Código 10.26 e ilustrado na Figura 10.2.

**Código 10.26.** Atribuição de vetor a uma variável ponteiro.

```c
int a[] = {1, 2, 3, 4, 5}, *p;
p = a;
```

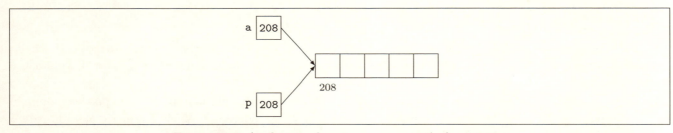

Figura 10.2: Atribuição de vetor a uma variável ponteiro.

Pode-se então usar p como se fosse um vetor, conforme mostrado no Código 10.27.

**Código 10.27.** Uso de ponteiro como vetor.

```c
for (i = 0; i < 5; i++)
  p[i] = i * i;
```

Uma variável vetor, diferentemente de um ponteiro, possui um endereço fixo (o do início do vetor). Dessa forma, não se pode alterar o endereço de uma variável vetor. Essa situação é ilustrada no Código 10.28.

**Código 10.28.** Erro ao tentar alterar o endereço de um vetor.

```c
#include <stdio.h>

int main() {
  int a[] = {1, 2, 3, 4, 5}, b[5], i;

  b = a; /* erro: atribuição inválida */
  for (i = 0; i < 5; i++)
    printf("%d ", b[i]);
  printf("\n");
```

```
    return 0;
}
```

No exemplo do Código 10.29, o endereço de um vetor é atribuído a uma variável ponteiro.

**Código 10.29.** Atribuição válida de vetor a uma variável ponteiro.

```
#include <stdio.h>

int main() {
  int a[] = {1, 2, 3, 4, 5}, *b, i;

  b = a; /* atribuição válida */
  for (i = 0; i < 5; i++)
    printf("%d ", b[i]);
  printf("\n");
  return 0;
}
```

A aritmética de ponteiros pode ser utilizada com vetores. No exemplo do Código 10.30, o ponteiro p recebe o endereço do primeiro elemento do vetor de inteiros v.

**Código 10.30.** Aritmética de ponteiros com vetores.

```
char v[80], *p, c;
p = v;
```

Para acessar o quinto elemento do vetor v, o comando do Código 10.31 pode ser executado.

**Código 10.31.** Acesso a um elemento do vetor.

```
c = p[4];
```

O comando do Código 10.32 tem exatamente o mesmo efeito que o do Código 10.31.

**Código 10.32.** Acesso a um elemento do vetor com aritmética de ponteiros.

```
c = *(p + 4);
```

Os resultados dos próximos quatro programas, mostrados nos Códigos 10.33 a 10.36, são idênticos. Apesar das diferenças nas notações utilizadas para percorrer e imprimir os elementos do vetor, as abordagens são equivalentes em termos de resultado.

**Código 10.33.** Ponteiros e vetores.

```
#include <stdio.h>

int main() {
  int a[] = {1, 2, 3, 4, 5};
  int *b, i;

  b = a;
  for (i = 0; i < 5; i++)
    printf("%d ", a[i]);
  printf("\n");
  return 0;
}
```

**Código 10.34.** Ponteiros e vetores.

```
#include <stdio.h>

```

```
3  int main() {
4    int a[] = {1, 2, 3, 4, 5};
5    int *b, i;
6
7    b = a;
8    for (i = 0; i < 5; i++)
9      printf("%d ", *(a + i));
10   printf("\n");
11   return 0;
12 }
```

**Código 10.35.** Ponteiros e vetores.

```
1  #include <stdio.h>
2
3  int main() {
4    int a[] = {1, 2, 3, 4, 5};
5    int *b, i;
6
7    b = a;
8    for (i = 0; i < 5; i++)
9      printf("%d ", *(b + i));
10   printf("\n");
11   return 0;
12 }
```

**Código 10.36.** Ponteiros e vetores.

```
1  #include <stdio.h>
2
3  int main() {
4    int a[] = {1, 2, 3, 4, 5};
5    int *b, i;
6
7    b = a;
8    for (i = 0; i < 5; i++)
9      printf("%d ", b[i]);
10   printf("\n");
11   return 0;
12 }
```

## 10.5 Ponteiros para cadeias de caracteres

De forma similar aos vetores, um ponteiro pode ser utilizado para armazenar o endereço do primeiro elemento de uma cadeia de caracteres, bem como facilitar o acesso aos demais elementos.

Um exemplo de ponteiro para referenciar uma cadeia de caracteres é mostrado no Código 10.37. Alguns valores iniciais são atribuídos à variável. Deve-se observar que o tamanho da cadeia de caracteres não é declarado explicitamente, sendo determinado de modo automático pelo compilador.

**Código 10.37.** Ponteiro para cadeia de caracteres.

```
1  char *cores[] = {"vermelha", "azul", "amarela", "verde"};
```

Alguns exemplos de operações envolvendo ponteiros para cadeias de caracteres, em contraste com as operações descritas no Capítulo 8, são apresentados a seguir. O operador '*' denota que os argumentos das funções são variáveis do tipo ponteiro para cadeia de caracteres. No corpo das funções, o operador '*' denota o valor da posição de memória referenciada pelo ponteiro.

A função no Código 10.38 retorna o comprimento de uma cadeia de caracteres, ou seja, o seu número de caracteres, sem incluir o término '\0' da cadeia.

**Código 10.38.** Comprimento de cadeia de caracteres.

```
int comprimento(char *s) {
  int n = 0;

  while (*s != '\0') {
    n++;
    s++;
  }
  return n;
}
```

A função no Código 10.39 recebe duas cadeias de caracteres e copia a segunda cadeia (inclusive o término '\0') para o espaço de memória ocupado pela primeira cadeia de caracteres.

**Código 10.39.** Cópia de uma cadeia de caracteres em outra.

```
void copia(char *s, char *t) {
  do {
    *(s++) = *t;
  } while (*(t++));
}
```

A função no Código 10.40 recebe duas cadeias de caracteres e retorna o valor zero se elas forem iguais, valor maior do que zero se a primeira for maior do que a segunda e valor menor do que zero se a primeira for menor do que a segunda cadeia.

**Código 10.40.** Comparação de duas cadeias de caracteres.

```
int comparacao(char *s, char *t) {
  while (*s == *t) {
    if (*s == '\0')
      return 0;
    s++;
    t++;
  }
  return (*s - *t);
}
```

A função no Código 10.41 recebe duas cadeias de caracteres e retorna a concatenação da segunda cadeia no final da primeira cadeia.

**Código 10.41.** Concatenação de duas cadeias de caracteres.

```
void concatenacao(char *s, char *t) {
  while (*s)
    s++;
  while (*t)
    *(s++) = *(t++);
  *s = '\0';
}
```

## 10.6 Vetores de ponteiros

Um vetor de ponteiros pode ser declarado para armazenar múltiplos endereços de variáveis ou o endereço da posição inicial de outro vetor. A forma geral de declaração de um vetor de ponteiros é mostrada no Código 10.42.

**Código 10.42.** Declaração de vetor de ponteiros.

```
tipo *nome_vetor[tamanho];
```

O comando declara um vetor que contém elementos localizados consecutivamente na memória. Cada elemento do vetor é especificado por um `tipo`. A declaração de um vetor de ponteiros para inteiros de tamanho 100 é mostrada no Código 10.43.

**Código 10.43.** Declaração de vetor de ponteiros.

```
int *p[100];
```

O uso de um vetor de ponteiros é similar ao de um ponteiro para variável simples. Dessa forma, o endereço de uma variável `a` pode ser atribuído a uma posição `i` do vetor de ponteiros, como apresentado no exemplo do Código 10.44.

**Código 10.44.** Atribuição de endereço a uma posição do vetor de ponteiros.

```
p[i] = &x;
```

O comando do Código 10.45 retorna o conteúdo armazenado na posição `i` de memória.

**Código 10.45.** Retorno de posição do vetor de ponteiros.

```
*p[i];
```

Uma utilização comum do vetor de ponteiros é o armazenamento de diferentes mensagens de erro que podem ser exibidas ao usuário. Uma função poderia ser utilizada para apresentar um mensagem indexada pelo número inteiro correspondente à mensagem. Um exemplo é mostrado no Código 10.46.

**Código 10.46.** Mensagens de erro com o uso de um vetor de ponteiros.

```c
#include <stdio.h>

int main() {
  char *erro[4];

  erro[0] = "variável indefinida";
  erro[1] = "índice inválido";
  erro[2] = "endereço inválido";
  erro[3] = "parâmetro incorreto";
  ...
  printf("%s\n", erro[1]);
  return 0;
}
```

## 10.7 Ponteiros para funções

Além de apontar para endereços de memória onde se localizam variáveis, ponteiros podem ser utilizados para referenciar funções, ou seja, apontar para o endereço de memória em que se encontra o início das instruções de uma função.

A declaração de ponteiro para uma função inclui o tipo de retorno da função apontada, o nome do ponteiro para a função e a lista de argumentos da função. Tanto o ponteiro quanto a função devem retornar o mesmo tipo de dado e ter argumentos compatíveis.

O Código 10.47 mostra um exemplo de ponteiro para uma função que soma dois números inteiros. Pode-se observar que o ponteiro é declarado entre parênteses e o endereço da função é atribuído para o ponteiro com o operador '&'.

**Código 10.47.** Ponteiro para função.

```c
#include<stdio.h>

int soma(int x, int y) {
  return x + y;
}

int main() {
  int aux;
  int (*p)(int, int) = &soma;

  aux = (*p)(15, 17);
  printf("Soma: %d\n", aux);
  return 0;
}
```

## 10.8 Alocação dinâmica de memória

As variáveis declaradas nos exemplos apresentados até o momento são alocadas de *forma estática*, em que as posições de memória são designadas a cada variável antes que o programa seja executado, ou seja, em tempo de compilação.

A alocação estática traz certas desvantagens ao declarar, por exemplo, um vetor ou uma matriz, em que os espaços de memória ocupados por essas variáveis devem ter suas dimensões conhecidas antecipadamente à execução do programa. O espaço previsto pode ser insuficiente para armazenar os dados requeridos ou pode haver desperdício de memória se o espaço reservado for maior do que o necessário.

Em certas situações, a quantidade de memória necessária se torna conhecida apenas durante a execução do programa. Nesses casos, a *alocação dinâmica* permite que espaços de memória sejam alocados conforme a necessidade, em tempo de execução. Além disso, as posições de memória não precisam estar dispostas em porções contíguas.

Ponteiros são empregados na linguagem C para a alocação dinâmica de variáveis. A biblioteca `stdlib.h` possui funções que permitem manipular a memória dinamicamente. A função `malloc` aloca uma região de memória, com o número de bytes recebido como parâmetro, retornando um ponteiro para a primeira posição da região de memória alocada. Caso ocorra um erro na alocação de memória, a função `malloc` retornará um ponteiro nulo (`NULL`). A declaração da função `malloc` é mostrada no Código 10.48.

**Código 10.48.** Sintaxe geral da função `malloc`.

```c
void *malloc(size_t tamanho)
```

O parâmetro `tamanho` refere-se ao número de bytes do bloco de memória a ser alocado. Os exemplos mostrados nos Códigos 10.49 e 10.50 ilustram a alocação de memória para armazenar 100 números inteiros e 80 caracteres, respectivamente. O operador unário `sizeof` retorna o tamanho da variável em bytes do tipo especificado.

**Código 10.49.** Alocação de memória para 100 números inteiros.

```c
int *p;
p = (int*) malloc(100 * sizeof(int));
```

**Código 10.50.** Alocação de memória para 80 caracteres.

```c
char *p;
p = (char*) malloc(80 * sizeof(char));
```

A função `realloc` permite a realocação de memória alocada previamente e possui a declaração geral, conforme mostrado no Código 10.51.

**Código 10.51.** Sintaxe geral da função `realloc`.

```
void *realloc (void *ptr, unsigned int tamanho);
```

O parâmetro `tamanho` refere-se ao novo número de bytes do bloco de memória, apontado por `ptr`, que será redimensionado. Caso ocorra um erro na realocação de memória, a função `malloc` retornará um ponteiro nulo (`NULL`) e o bloco de memória original será preservado. O exemplo do Código 10.52 ilustra a realocação de um vetor de números inteiros, preservando válidos os elementos previamente alocados.

**Código 10.52.** Realocação de bloco de memória.

```
int* v;
...
/* aloca espaço para vetor com dimensão n */
v = (int*) malloc(n * sizeof(int));
...
/* realoca espaço para vetor com nova dimensão m */
v = (int*) realloc(v, m * sizeof(int));
```

Um ponto importante é que toda memória alocada dinamicamente durante a execução de um programa (com `malloc`) deve ser desalocada quando não for mais necessária. A função `free`, ilustrada no Código 10.53, libera o espaço de memória alocado dinamicamente indicado pelo ponteiro p.

**Código 10.53.** Liberação de memória previamente alocada.

```
free(p);
```

O exemplo no Código 10.54 apresenta um código completo para calcular o produto interno entre dois vetores.

**Código 10.54.** Produto interno de vetores.

```
#include <stdio.h>
#include <stdlib.h>

int main() {
  int i, n;
  double *v1, *v2, produto;

  printf("Qual o tamanho dos vetores?\n");
  scanf("%d", &n);

  v1 = (double*) malloc(n * sizeof(double));
  v2 = (double*) malloc(n * sizeof(double));

  printf("Entre com os valores do primeiro vetor: ");
  for (i = 0; i < n; i++)
    scanf("%lf", &v1[i]);

  printf("Entre com os valores do segundo vetor: ");
  for (i = 0; i < n; i++)
    scanf("%lf", &v2[i]);

  produto = 0;
  for (i = 0; i < n; i++)
    produto = produto + (v1[i] * v2[i]);
  printf("Produto interno dos dois vetores: %f\n", produto);

  free(v1);
```

```
28    free(v2);
29    return 0;
30 }
```

Pode-se fazer com que ponteiros distintos apontem para uma mesma região de memória. Nesse caso, cuidado deve ser tomado para não acessar uma região de memória (por meio de um ponteiro) que foi previamente desalocada.

**Código 10.55.** Erro de acesso à região de memória desalocada.

```
1 double *v1, *v2;
2
3 v1 = (double*) malloc(100 * sizeof(double));
4 v2 = v1;
5 free(v1);
6
7 for (i = 0; i < n; i++)
8    v2[i] = i;
```

O Código 10.55 está incorreto e causará um erro de execução, já que a variável v2 está acessando posições de memória que não estão mais reservadas para o programa.

## 10.9 Ponteiros de ponteiros

Conforme mencionado na Seção 10.8, idealmente se deve alocar apenas memória suficiente para armazenar os dados a serem tratados, sem usar nem mais nem menos memória do que o necessário. Uma questão que surge é como alocar vetores multidimensionais dinamicamente.

Uma variável ponteiro é alocada na memória do computador como qualquer outra variável. Portanto, pode-se criar um ponteiro que contém o endereço de memória de outro ponteiro. O ponteiro de um ponteiro é uma forma de endereçamento encadeado.

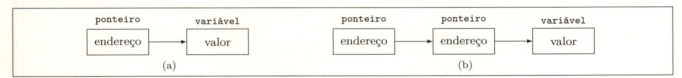

Figura 10.3: Ponteiros de ponteiros.

Na Figura 10.3(a), o valor do ponteiro é o endereço da variável que contém o valor desejado. Na Figura 10.3(b), o primeiro ponteiro contém o endereço de um segundo ponteiro, que, por sua vez, aponta para a variável que tem o valor desejado.

No exemplo de uso de ponteiro para ponteiro mostrado no Código 10.56, o programa imprimirá o valor de a, ou seja, 5. A Figura 10.4 ilustra o encadeamento de ponteiros.

**Código 10.56.** Uso de ponteiro para ponteiro.

```
1  #include <stdio.h>
2
3  int main() {
4    int a, *b, **c;
5
6    a = 5;
7    b = &a;
8    c = &b;
9    printf("%d\n", *(*c));
10   return 0;
11 }
```

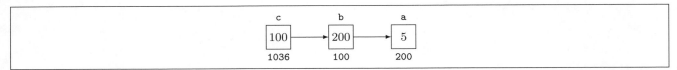

Figura 10.4: Ponteiros de ponteiros.

Um ponteiro pode ser usado para referenciar um vetor alocado dinamicamente, conforme mostrado no exemplo do Código 10.57 e ilustrado na Figura 10.5.

**Código 10.57.** Ponteiro para vetor alocado dinamicamente.

```c
int *p;
p = (int*) malloc(5 * sizeof(int));
```

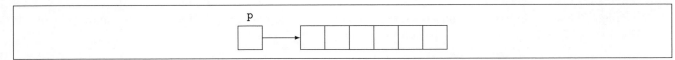

Figura 10.5: Alocação de ponteiro para vetor.

Da mesma forma, pode-se usar um ponteiro de ponteiro para referenciar um vetor de ponteiros alocado dinamicamente, conforme mostrado no exemplo do Código 10.58 e ilustrado na Figura 10.6.

**Código 10.58.** Ponteiro para vetor de ponteiros alocado dinamicamente.

```c
int **p;
p = (int**) malloc(5 * sizeof(int*));
```

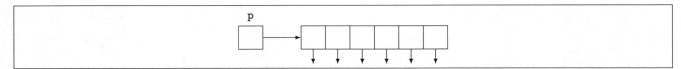

Figura 10.6: Alocação de ponteiro para vetor de ponteiros.

Cada posição do vetor no exemplo anterior é do tipo `int *`, ou seja, um ponteiro para inteiro. Como cada posição do vetor é um ponteiro para inteiro, pode-se associar cada posição dinamicamente com um vetor de inteiros. O Código 10.59 utiliza um vetor de inteiros para associar regiões de memória. A Figura 10.7 ilustra essa associação entre um vetor de ponteiros e porções de memória.

**Código 10.59.** Vetor de inteiros para associar regiões de memória.

```c
int **p, i;

p = (int**) malloc(5 * sizeof(int*));
for (i = 0; i < 5; i++)
  p[i] = (int*) malloc(3 * sizeof(int));
```

Para alocar uma matriz dinamicamente, um ponteiro para ponteiro é inicialmente criado. Um vetor de ponteiros é dinamicamente associado com esse ponteiro de ponteiro. O tamanho desse vetor será o número de linhas da matriz. Cada posição do vetor deve ser associada com outro vetor do tipo a ser armazenado. Cada um desses vetores será uma linha da matriz (portanto, possuirá tamanho igual ao número de colunas). Toda a memória alocada por esse processo deve ser desalocada assim que não for mais necessária. O Código 10.60 apresenta um exemplo de alocação dinâmica de matriz.

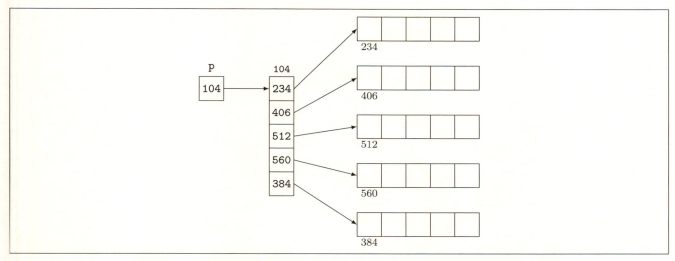

Figura 10.7: Associação entre vetor de ponteiros e porções de memória.

**Código 10.60.** Alocação dinâmica de matriz.

```
#include <stdio.h>
#include <stdlib.h>

int **alocar_matriz(int linhas, int colunas) {
  int i, **matriz;

  matriz = (int**) malloc(linhas * sizeof(int*));
  for (i = 0; i < linhas; i++)
    matriz[i] = (int*) malloc(colunas * sizeof(int));
  return matriz;
}

void desalocar_matriz(int **matriz, int linhas) {
  int i;

  for (i = 0; i < linhas; i++)
    free(matriz[i]);
  free(matriz);
}

void obter_matriz(int **matriz, int linhas, int colunas) {
  int i, j;

  for (i = 0; i < linhas; i++)
    for (j = 0; j < colunas; j++)
      scanf("%d", &matriz[i][j]);
}

void imprimir_matriz(int **matriz, int linhas, int colunas) {
  int i, j;

  for (i = 0; i < linhas; i++) {
    for (j = 0; j < colunas; j++)
      printf("%d ", matriz[i][j]);
    printf("\n");
```

```c
36     }
37 }
38
39 int main() {
40   int **matriz, linhas, colunas;
41
42   printf("Entre com o número de linhas: ");
43   scanf("%d", &linhas);
44
45   printf("Entre com o número de colunas: ");
46   scanf("%d", &colunas);
47
48   printf("Alocando a matriz...\n");
49   matriz = alocar_matriz(linhas, colunas);
50
51   printf("Obtendo os valores da matriz...\n");
52   obter_matriz(matriz, linhas, colunas);
53
54   printf("Imprimindo a matriz...\n");
55   imprimir_matriz(matriz, linhas, colunas);
56
57   printf("Desalocando a matriz...\n");
58   desalocar_matriz(matriz, linhas);
59   return 0;
60 }
```

## 10.10 Exercícios

1. Explique a diferença entre os operadores '&' e '*'.
2. Explique o funcionamento dos comandos a seguir:
   (a) ++p;
   (b) p++;
   (c) (*p)++;
   (d) *(p++);
3. Assumindo que i e j são variáveis inteiras e que p e q são ponteiros para inteiros, verifique se as seguintes atribuições são válidas:
   (a) p = &i;
   (b) *q = &j;
   (c) j = (*&)j;
   (d) p = &q;
   (e) j = *p + (*q)++;
4. Apresente as saídas do programa a seguir:

```c
1 int main() {
2   int i, *p;
3
4   p = &i;
5   *p = 3;
6   i = 10;
7
8   printf("Endereço de i: %u\n", &i);
9   printf("Conteúdo de i: %d\n", i);
```

```
10    printf("Conteúdo de p: %u\n", p);
11    printf("Valor apontado por p: %d\n", *p);
12    printf("Endereço de p: %u\n", &p);
13    return 0;
14 }
```

5. Dadas duas matrizes $A$ e $B$ de números inteiros, de dimensões $n \times m$ e $m \times p$, respectivamente, escreva um programa para calcular a matriz produto $C = A \cdot B$, de dimensões $n \times p$. As três matrizes devem ser alocadas dinamicamente.

6. Mostre o resultado da chamada de `imprimir(1, 1)`, cuja função é mostrada a seguir:

```
1 void imprimir(int a, int b) {
2   int *p;
3
4   a = 0;
5   p = &a;
6   b = *p;
7   *p = 1;
8   printf("%d %d", a, b);
9 }
```

7. Escreva uma função para verificar se determinada cadeia de caracteres está contida em uma segunda cadeia de caracteres. O acesso aos caracteres deve ser realizado com aritmética de ponteiros.

8. Implemente uma função para receber dois argumentos (números inteiros) $x$ e $y$, calcular o produto entre as duas variáveis e retornar o resultado na própria variável $y$.

9. Escreva uma função para encontrar o maior entre dois números inteiros utilizando ponteiros.

10. Implemente uma função para receber dois argumentos (números inteiros) $x$ e $y$ e imprimir o menor endereço entre as duas variáveis.

11. Mostre o resultado do trecho de código a seguir:

```
1 int q = 5, *p1, **p2;
2
3 p1 = &q;
4 p2 = &p1;
5 printf("Valor de p2: %d\n", **p2);
```

12. Mostre o valor da variável k após a execução do seguinte trecho de código:

```
1 int i, *j, k;
2
3 i = 5;
4 k= 10;
5 j = &i;
6 k = *j;
```

13. Escreva uma função para retornar 1 se um valor estiver presente em uma matriz alocada dinamicamente ou 0 se o valor não estiver presente.

14. Implemente um programa para ler cinco números reais e apresentar o maior endereço entre essas variáveis.

15. Escreva uma função para imprimir todas as letras maiúsculas (de 'A' a 'Z') com o uso de ponteiros.

16. Implemente uma função `int contar_pares(int *v, int n)` para receber um vetor de inteiros e seu tamanho, então retornar a quantidade de números pares do vetor.

## Leituras recomendadas

AHO, A. V.; SETHI, R. & ULLMAN, J. D. *Compilers: Principles, Techniques, and Tools.* Addison-Wesley, Reading, MA, Estados Unidos, 1986.

BAYER, R. & MCCREIGHT, E. Organization and Maintenance of Large Ordered Indexes. *Acta Informatica*, vol. 1, n. 3, pp. 173–189, 1972.

BENTLEY, J. L. & FRIEDMAN, J. H. Data Structures for Range Searching. *ACM Computing Surveys*, vol. 11, n. 4, pp. 397–409, 1979.

BONDY, J. A. & MURTY, U. S. R. *Graph Theory with Applications*, volume 290. Macmillan, London, United Kingdom, 1976.

CHARTRAND, G. *Introductory Graph Theory*. Courier Corporation, 1977.

DAHL, O.-J.; DIJKSTRA, E. W. & HOARE, C. A. R. *Structured Programming*. Academic Press Ltd., 1972.

DEITEL, H. M. & DEITEL, P. J. *C: How to Program*. Pearson Education, Inc., 2004.

DENARDO, E. V. *Dynamic Programming: Models and Applications*. Courier Corporation, 2012.

DEO, N. *Graph Theory with Applications to Engineering and Computer Science*. Courier Dover Publications, 2017.

DIJKSTRA, E. W. A Note on Two Problems in Connexion with Graphs. *Numerische Mathematik*, vol. 1, n. 1, pp. 269–271, 1959.

DIJKSTRA, E. W. *A Discipline of Programming*. Prentice Hall, Englewood Cliffs, NJ, Estados Unidos, 1976.

FOROUZAN, B. & GILBERG, R. *Computer Science: A Structured Programming Approach Using C*. Cengage Learning, 2006.

GIBBONS, A. *Algorithmic Graph Theory*. Cambridge University Press, 1985.

GROSS, J. L. & YELLEN, J. *Handbook of Graph Theory*. CRC Press, 2003.

GUIBAS, L. J. & SEDGEWICK, R. A Dichromatic Framework for Balanced Trees. *In: 19th Annual Symposium on Foundations of Computer Science*, IEEE, pp. 8–21, 1978.

JOHNSON, D. B. Priority Queues with Update and Finding Minimum Spanning Trees. *Information Processing Letters*, vol. 4, n. 3, pp. 53–57, 1975.

KELLY, A. & POHL, I. *A Book on C: Programming in C*. Addison-Wesley, 1998.

KING, K. N. *C Programming: A Modern Approach*. W.W. Norton & Company, 2008.

KNUTH, D. E. Structured Programming with go to Statements. *ACM Computing Surveys*, vol. 6, n. 4, pp. 261–301, 1974.

KOCHAN, S. G. *Programming in C*. Pearson Education, 2014.

KRUSE, R. & TONDO, C. *Data Structures and Program Design in C*. Pearson Education, India, 2007.

KRUSE, R. L. & RYBA, A. J. *Data Structures and Program Design in C++*. Prentice Hall, Inc., 2000.

MEHTA, D. P. & SAHNI, S. *Handbook of Data Structures and Applications*. Chapman and Hall/CRC, 2004.

OVERMARS, M. H. *The Design of Dynamic Data Structures*. Springer Science & Business Media, 1987.

PRIM, R. C. Shortest Connection Networks and Some Generalizations. *The Bell System Technical Journal*, vol. 36, n. 6, pp. 1389–1401, 1957.

PURDOM JR., P. W. & BROWN, C. A. *The Analysis of Algorithms*. Holt, Rinehart & Winston, 1985.

ROSEN, K. H. & KRITHIVASAN, K. *Discrete Mathematics and its Applications: With Combinatorics and Graph Theory*. McGraw-Hill Science, 2011.

SAMET, H. *The Design and Analysis of Spatial Data Structures*, volume 85. Addison-Wesley, Reading, MA, Estados Unidos, 1990.

SLEATOR, D. D. & TARJAN, R. E. Self-Adjusting Binary Search Trees. *Journal of the ACM*, vol. 32, n. 3, pp. 652–686, 1985.

STROUSTRUP, B. *The C++ Programming Language*. Addison-Wesley Professional, 2013.

TRAISTER, R. J. *Mastering C Pointers: Tools for Programming Power*. Academic Press, 2014.

TREMBLAY, J.-P. & SORENSON, P. G. *An Introduction to Data Structures with Applications*. McGraw-Hill, Inc., 1984.

WEISS, M. A. *Data Structures and Algorithm Analysis in C*. Pearson, Lebanon, IN, Estados Unidos, 1996.

WEST, D. B. *Introduction to Graph Theory*, volume 2. Prentice Hall, Upper Saddle River, NJ, Estados Unidos, 2001.

# 11
# TIPOS ENUMERADOS E ESTRUTURADOS

A linguagem C provê mecanismos para criar novos tipos de dados a partir dos tipos básicos descritos anteriormente. A finalidade deste capítulo é apresentar como variáveis podem ser declaradas a partir da composição de tipos de dados preexistentes para facilitar a implementação de códigos.

## 11.1 Tipos enumerados

Os *tipos enumerados* consistem em um conjunto de valores inteiros, em que cada valor é associado a um nome. Tipos enumerados são usados para tornar o código mais legível. Um tipo enumerado pode ser criado com o comando `enum`. Dessa forma, identificadores podem ser usados para um conjunto finito de valores inteiros.

A sintaxe do comando `enum` é mostrada no Código 11.1.

**Código 11.1.** Sintaxe geral do comando `enum`.

```
enum nome_tipo {identificador_1, ..., identificador_n};
```

Alguns exemplos de tipos enumerados são mostrados nas declarações do Código 11.2.

**Código 11.2.** Variáveis com declaração de tipos enumerados.

```
enum direcao {norte, sul, leste, oeste};
enum cor {amarela, azul, vermelha, verde, preta, branca};
enum mes {jan, fev, mar, abr, mai, jun, jul, ago, set, out, nov, dez};
enum semana {domingo, segunda, terca, quarta, quinta, sexta, sabado};
enum resposta {falsa, verdadeira};
enum estacao {primavera, verao, outono, inverno};
enum naipe {ouros, espadas, copas, paus};
```

O compilador associa o valor 0 ao primeiro identificador, o valor 1 ao segundo identificador, e assim por diante. Variáveis do novo tipo criado são, na realidade, variáveis inteiras. Pode-se alterar o valor do primeiro identificador e, assim, os valores de todos os demais identificadores.

No exemplo do Código 11.3, o tipo enumerado é usado para declarar os meses do ano. O valor 1 é atribuído ao mês de janeiro, sendo os valores para os meses seguintes automaticamente incrementados de uma unidade.

**Código 11.3.** Uso de tipos enumerados.

```
enum mes {jan = 1, fev, mar, abr, mai, jun, jul, ago, set, out, nov, dez};
...
enum mes a = fev, b = jun;
printf("a = %d\n", a);   /* a = 2 */
printf("b = %d\n", b);   /* b = 6 */
```

A variável de iteração em um laço de repetição pode ser inicializada, por exemplo, como o mês de janeiro (`jan`) e variar até o mês de dezembro (`dez`). O Código 11.4 ilustra o uso de tipos enumerados em um laço de repetição.

**Código 11.4.** Uso de tipos enumerados em laço de repetição.

```
enum mes {jan = 1, fev, mar, abr, mai, jun, jul, ago, set, out, nov, dez};
...
enum mes x;
for (x = jan; x <= dez; x++)
  printf("Mês %d\n", x);
```

## 11.2 Redefinição de tipos

Para facilitar a compreensão e melhorar a organização dos códigos, pode-se declarar um tipo próprio, que possui a mesma função de outro tipo já existente. Em um programa que processa preços de produtos, por exemplo, pode-se declarar as variáveis relacionadas com o campo preço do produto como do tipo `custo`, e não `double`.

A forma de redefinir um tipo é por meio do comando `typedef`, seguindo a sintaxe apresentada no Código 11.5.

**Código 11.5.** Sintaxe para redefinição de tipos.

```
typedef tipo_existente tipo_novo;
```

Essa redefinição normalmente é declarada fora da função `main()`, embora também seja permitido declarar um novo tipo no interior de uma função. Um novo tipo, chamado `custo`, é criado no exemplo do Código 11.6, cujas variáveis desse tipo serão valores em ponto flutuante (`double`).

**Código 11.6.** Redefinição de tipo de uma variável.

```
#include <stdio.h>

typedef double custo;

int main() {
  custo valor_unitario;

  printf("Digite o custo do produto: ");
  scanf("%lf", &valor_unitario);
  printf("Custo do produto: %f\n", valor_unitario);
  return 0;
}
```

Um uso comum para o comando `typedef` é a redefinição de tipos enumerados. Pode-se redefinir o tipo `enum mes` como simplesmente `mes`, ilustrado no Código 11.7.

**Código 11.7.** Redefinição de tipo enumerado.

```
enum mes {jan = 1, fev, mar, abr, mai, jun, jul, ago, set, out, nov, dez};
typedef enum mes mes;
...
mes a = fev, b = jun;
```

## 11.3 Tipo estrutura

Uma *estrutura* ou um *registro* é um tipo estruturado composto, ou seja, que agrupa uma coleção de variáveis, as quais podem ser de tipos diferentes. Variáveis normalmente são agrupadas quando, em determinado contexto, tratá-las em conjunto facilitará sua manipulação no programa.

Exemplos de usos de estruturas incluem (i) o cadastro de alunos para manter informações como nome de cada aluno, registro acadêmico e médias de provas, (ii) uma lista de pacientes contendo nome do paciente, endereço e histórico de doenças, (iii) uma relação de clientes com informações sobre nome do cliente, endereço e telefone, entre muitas aplicações possíveis.

# Algoritmos e estruturas de dados: conceitos e aplicações

A forma geral para declarar uma estrutura com o comando `struct` segue a sintaxe mostrada no Código 11.8.

**Código 11.8.** Sintaxe geral para declaração de estrutura.

```
struct nome_tipo {
  tipo_1 nome_campo_1;
  tipo_2 nome_campo_2;
  ...
  tipo_n nome_campo_n;
};
```

Cada `nome_campo_i` é um identificador de um campo da estrutura, que será do `tipo_i`. Um exemplo de estrutura é apresentado no Código 11.9 e ilustrado na Figura 11.1.

**Código 11.9.** Estrutura formada por diferentes campos.

```
struct produto {
  char descricao[81];
  int codigo;
  float preco;
  char categoria;
};
```

Figura 11.1: Ilustração de estrutura para representar dados de um produto.

O tamanho ocupado por um variável do tipo `struct` é dado pela soma dos tamanhos reservados para todos os campos da variável. No exemplo anterior, uma variável do tipo `produto` ocupará 94 bytes, ou seja, a soma formada pelos números 81, 4, 8 e 1. O tamanho ocupado por uma variável pode ser determinado pelo comando `sizeof`, descrito na Seção 2.1.

A definição de um tipo estrutura pode ser feita no interior de uma função (como `main`) ou fora dela. Normalmente, ela é declarada fora de qualquer função. O próximo passo é declarar uma variável estrutura do tipo definido, que será usada no programa.

Após a definição de uma variável do tipo estrutura, pode-se acessar individualmente os campos de determinada variável estrutura como se fossem variáveis comuns. O operador ponto ('.') é usado para acessar os campos da estrutura. A sintaxe geral para acessar um campo individual de uma estrutura é apresentada no Código 11.10.

**Código 11.10.** Sintaxe geral para acesso de um campo de estrutura.

```
variavel_estrutura.nome_campo;
```

Os campos de uma estrutura são manipulados de forma análoga às variáveis simples. Um exemplo de atribuição de valores a campos da estrutura é mostrado no Código 11.11.

**Código 11.11.** Atribuição de valores a campos da estrutura.

```
struct produto a;
...
strcpy(a.descricao, "Vaso");
a.codigo = 21;
```

```
5  a.preco = 75.32;
6  a.categoria = 'R';
```

Pode-se atribuir diretamente uma estrutura à outra. Dessa forma, todos os campos de uma estrutura são copiados para a outra estrutura. Um exemplo é mostrado no Código 11.12.

**Código 11.12.** Cópia de uma estrutura em outra.

```
1  struct produto a, b;
2  ...
3  b = a;
```

A leitura e a escrita dos campos de uma estrutura devem ser feitas campo a campo, como se fossem variáveis independentes. Um exemplo de leitura e escrita de campos de uma estrutura é mostrado no Código 11.13.

**Código 11.13.** Leitura e escrita de campos de um produto.

```
1  #include <stdio.h>
2
3  struct produto {
4    char descricao[81];
5    int codigo;
6    float preco;
7    char categoria;
8  };
9
10 int main() {
11   struct produto a;
12
13   printf("Digite a descrição: ");
14   fgets(a.descricao, 81, stdin);
15   printf("Digite o código: ");
16   scanf("%d ", &a.codigo);
17   printf("Digite o preço: ");
18   scanf("%d ", &a.preco);
19   printf("Digite a categoria: ");
20   scanf("%c", &a.categoria);
21
22   printf("Produto: %s, %d, %f, %c\n", a.descricao, a.codigo, a.preco, a.categoria);
23   return 0;
24 }
```

### 11.3.1 Vetor de estruturas

Um *vetor de estruturas* pode ser declarado quando se necessita de uma coleção de elementos, em que cada item do vetor é do tipo estrutura. Por exemplo, um vetor de estruturas poderia ser utilizado para armazenar e recuperar informações de produtos em um cadastro para controle de estoque.

Um vetor de estruturas pode ser declarado conforme mostrado no Código 11.14.

**Código 11.14.** Sintaxe geral para declaração de vetor de estruturas.

```
1  struct tipo_registro nome_vetor[MAX];
```

O campo de um vetor de estruturas pode ser acessado como mostrado no Código 11.15.

**Código 11.15.** Acesso a campo de vetor de estruturas.

```
1  nome_vetor[indice].campo;
```

Um exemplo de uso de vetor de estruturas é apresentado no Código 11.16. O programa permite ao usuário inserir informações sobre cada produto e armazenar esses dados em uma estrutura chamada `produto`. As estruturas são organizadas em um vetor de estruturas chamado `estoque`. O programa também calcula o preço médio do estoque e imprime o resultado.

**Código 11.16.** Uso de vetor de estruturas.

```c
#include <stdio.h>

struct produto {
  int codigo;
  float preco;
};

int main () {
  struct produto estoque[10];
  int i;
  double media = 0.0;

  for (i = 0; i < 10; i++) {
    printf("Digite o código do produto: ");
    scanf("%d", &estoque[i].codigo);
    printf("Digite o preço do produto: ");
    scanf("%lf", &estoque[i].preco);
  }

  /* calcula o preço médio do estoque */
  for (i = 0; i < 10; i++)
    media = media + estoque[i].preco;
  printf("Preço médio do estoque: %f\n", media / 10);
  return 0;
}
```

### 11.3.2 Ponteiros para estruturas

Uma variável do tipo estrutura armazenada em memória possui um endereço como qualquer outra variável. Dessa forma, pode-se criar um ponteiro para uma variável de um tipo `struct`. O exemplo no Código 11.17 mostra um trecho de programa que declara um ponteiro para estrutura.

**Código 11.17.** Ponteiro para estrutura.

```c
typedef struct {
  float x, y;
} coordenadas;

...
coordenadas c1, *c2;
c2 = &c1;
...
```

Para ter acesso aos campos de uma estrutura por meio de um ponteiro, pode-se utilizar o operador '*' juntamente com o operador '.', como ocorre usualmente. Isso é mostrado no Código 11.18.

**Código 11.18.** Ponteiros para estruturas.

```c
coordenadas c1, *c2;

c2 = &c1;
(*c2).x = 2.7;
```

```
5  (*c2).y = 4.1;
```

Também se pode usar o operador '->', que permite acesso aos campos de uma estrutura por meio de um ponteiro. O exemplo anterior pode ser reescrito como indicado no Código 11.19.

**Código 11.19.** Ponteiros para estruturas.

```
1  coordenadas c1, *c2;
2
3  c2 = &c1;
4  c2->x = 2.5;
5  c2->y = 4.1;
```

Portanto, o acesso ao campo de uma estrutura com um ponteiro pode ser realizado por meio de uma dessas duas formas equivalentes, utilizando os operadores '*' e '.', como mostrado no Código 11.20, ou então com o operador '->', como mostrado no Código 11.21.

**Código 11.20.** Acesso de campo de estrutura com os operadores '*' e '.'.

```
1  (*ponteiro_estrutura).campo;
```

**Código 11.21.** Acesso de campo de estrutura com o operador '->'.

```
1  ponteiro_estrutura->campo;
```

O Código 11.22 exemplifica o uso de ponteiros para estruturas e dos operadores de acesso aos campos da estrutura para manipular dados relacionados a coordenadas bidimensionais.

**Código 11.22.** Uso de ponteiros para estruturas.

```
1  #include <stdio.h>
2
3  typedef struct {
4    float x, y;
5  } coordenadas;
6
7  int main() {
8    coordenadas c1, c2, *c3, *c4;
9
10   c3 = &c1;
11   c4 = &c2;
12   c1.x = 1.7; c1.y = -1.5;
13   c2.x = 2.5; c2.y = -5.3;
14   (*c3).x = 1.5; (*c3).y = 1.5;
15   c4->x = 2; c4->y = 3;
16
17   printf("Coordenadas: (%0.1f, %0.1f)\n", c1.x, c1.y);
18   printf("Coordenadas: (%0.1f, %0.1f)\n", c2.x, c2.y);
19   return 0;
20 }
```

```
(1.5, 1.5)
(2.0, 3.0)
```

### 11.3.3 Estruturas aninhadas

Uma estrutura pode ser declarada dentro de outra estrutura, situação em que ocorre um aninhamento de estruturas. Por exemplo, um endereço a ser armazenado pode ser composto das seguintes informações: nome da rua ou avenida, do bairro, da cidade, do estado e do país. Os campos da estrutura podem ser formados por variáveis comuns ou variáveis do tipo ponteiro para acessar os dados da estrutura. Há duas formas de declarar estruturas aninhadas.

Na primeira forma, uma estrutura é declarada diretamente dentro da outra. Um exemplo é mostrado no Código 11.23, em que a data de nascimento é subdividida nos campos dia, mês e ano.

**Código 11.23.** Estruturas aninhadas.

```
typedef struct {
  int registro;
  char nome[100];
  struct {
    int dia;
    int mes;
    int ano;
  } nascimento;
} cadastro;
```

Na outra forma, as estruturas são declaradas separadamente. As estruturas que são utilizadas dentro de outras devem ser declaradas anteriormente. Um exemplo é mostrado no Código 11.24.

**Código 11.24.** Estruturas aninhadas.

```
typedef struct {
  int dia;
  int mes;
  int ano;
} data;

typedef struct {
  int registro;
  char nome[100];
  data nascimento;
} cadastro;
```

O acesso aos campos das estruturas pode ser realizado com o operador '.'. O trecho do Código 11.25 mostra um exemplo de acesso aos campos das estruturas.

**Código 11.25.** Acesso aos campos de estruturas aninhadas.

```
cadastro cliente;
...
cliente.nascimento.dia = 17;
cliente.nascimento.mes = 11;
cliente.nascimento.ano = 2017;
```

De forma similar ao uso de vetores de estruturas, descritos anteriormente, vetores podem empregar estruturas aninhadas. Um exemplo é mostrado no Código 11.26.

**Código 11.26.** Vetor de estruturas aninhadas.

```
cadastro cliente[5];
```

## 11.4 Tipo união

O tipo estruturado *união* (`union`) permite armazenar diferentes tipos de dados em uma mesma posição de memória. Ao contrário de uma estrutura, onde todos os campos ocupam simultaneamente espaço na memória, uma variável do tipo `union` pode ser definida com vários campos diferentes, mas apenas um desses campos poderá conter um valor específico em um determinado momento.

De forma semelhante à estrutura (`struct`), uma variável do tipo `union` pode ser definida como mostrado no

Código 11.27.

**Código 11.27.** Declaração de variável do tipo union.

```
union nome_tipo {
  tipo_1 nome_campo_1;
  tipo_2 nome_campo_2;
  ...
  tipo_n nome_campo_n;
};
```

Uma variável do tipo union com três campos é declarada no exemplo a seguir. A variável dados pode armazenar um número inteiro, um número em ponto flutuante ou uma cadeia de caracteres. Isso significa que a mesma posição de memória pode ser empregada para armazenar múltiplos tipos de dados.

**Código 11.28.** Variável do tipo union.

```
union dados {
  int i;
  float f;
  char s[30];
};
```

A memória ocupada por uma variável do tipo union deve ser suficiente para armazenar o maior campo da variável. No exemplo do Código 11.28, a variável dados do tipo union ocupará 30 bytes de memória, já que este é o espaço ocupado pela cadeia de caracteres, que possui o maior tamanho entre os campos da variável. O tamanho ocupado por uma variável pode ser determinado pelo comando sizeof, descrito na Seção 2.1 e ilustrado no Código 11.29.

**Código 11.29.** Espaço ocupado por uma variável do tipo dados.

```
union dados v;
printf(Memória ocupada: %d\n", sizeof(v));
```

Assim como no caso de estruturas, o comando typedef pode ser utilizado para redefinir um tipo union e simplificar a declaração de variáveis desse tipo, conforme exemplificado no Código 11.30.

**Código 11.30.** Espaço ocupado por uma variável do tipo dados.

```
typedef union dados {
  int i;
  float f;
  char s[30];
} v1, v2, v3;
```

O acesso a qualquer campo de uma variável do tipo union pode ser realizado de forma semelhante às estruturas, ou seja, com o operador '.' ou com o operador '->' quando se tem um ponteiro para a variável union.

O exemplo no Código 11.31 ilustra o uso de acesso aos campos da variável do tipo dados com o operador '.'.

**Código 11.31.** Acesso aos campos da variável dados.

```
union dados v;

v.i = 9;
v.f = 83.5;
strcpy(v.s, "tipo estruturado");

printf("v.i: %d\n", v.i);
printf("v.f: %f\n", v.f);
printf("v.s: %s\n", v.s);
```

```
v.i: 1917853763
v.f: 4122360580327794860452759994368.000000
v.s: tipo estruturado
```

Pode-se observar a partir do exemplo anterior que os valores dos campos i e f da variável v ficaram corrompidos, uma vez que o valor do campo s, atribuído por último à variável, ocupou a posição de memória.

No exemplo do Código 11.32, um campo da variável é utilizado a cada vez, o que produz os resultados desejados.

**Código 11.32.** Uso de cada campo da variável dados com o operador '.'.

```c
union dados v;

v.i = 9;
printf("v.i: %d\n", v.i);

v.f = 83.5;
printf("v.f: %f\n", v.f);

strcpy(v.s, "tipo estruturado");
printf("v.str: %s\n", v.str);
```

```
v.i: 9
v.f: 83.500000
v.str: tipo estruturado
```

No exemplo do Código 11.33, o acesso aos campos da variável do tipo dados é feito com o operador '->'.

**Código 11.33.** Uso de cada campo da variável dados com o operador '->'.

```c
union dados *v;

v->i = 9;
printf("v.i: %d\n", v->i);

v->f = 83.5;
printf("v.f: %f\n", v->f);

strcpy(v->s, "tipo estruturado");
printf("v.s: %s\n", v->s);
```

## 11.5 Exercícios

1. Implemente um programa para ler o nome, o endereço, a idade e a profissão de uma pessoa, armazenando os dados em uma estrutura.

2. Declare uma estrutura para representar as seguintes informações de alunos de determinado curso: registro acadêmico, nome e notas de três provas.

3. Dada a estrutura:

```c
struct vetor {
    float x;
    float y;
    float z;
};
```

para representar um vetor no espaço tridimensional, implemente uma função para somar dois vetores.

4. Dada a estrutura:

```c
struct racional {
    int numerador;
```

```
3    int denominador;
4  };
```

implemente operações de soma e multiplicação sobre dois números racionais.

5. Escreva um programa para representar números complexos e aplicar operações de soma, subtração e produto sobre dois números complexos.

6. Escreva um programa para armazenar os dados de produtos em uma estrutura composta pelos campos código, descrição e preço. O programa deve imprimir os produtos em ordem alfabética, utilizando o campo de descrição como critério de ordenação.

7. Seja uma estrutura para representar informações sobre carros que contém os seguintes campos: marca (cadeia de 15 caracteres), cor (cadeia de 10 caracteres), ano (número inteiro) e preço (número real). Escreva uma função para imprimir os carros (marca, cor e ano) que tenham preço menor ou igual ao valor fornecido.

8. Implemente um programa para armazenar, em um registro de dados, informações sobre funcionários de uma empresa: número de identidade, nome, endereço, telefone, sexo, data de nascimento, cargo de ocupação e salário.

9. Declare uma estrutura para armazenar as coordenadas $x$ e $y$ dos três vértices de um triângulo.

10. Declare um tipo enumerado para representar livros de uma biblioteca. Escreva um programa para ler dados sobre título do livro, autores e ano de publicação.

11. Dados um valor $x$ e um polinômio de segundo grau $P(x)$ representado por meio de uma estrutura, escreva uma função para retornar o valor do polinômio para o dado $x$.

12. Dada a estrutura para representar as coordenadas de um ponto no espaço bidimensional:

```
1  typedef struct ponto2D {
2    float x;
3    float y;
4  };
```

escreva uma função para calcular a distância euclidiana entre dois pontos.

13. Imprima o tamanho do espaço de memória ocupado pela declaração a seguir:

```
1  union funcionario {
2    int matricula;
3    char nome[35];
4    float salario;
5  };
```

14. Escreva um programa para ler um vetor com dados de 10 produtos. Informações sobre código, marca, ano de fabricação e preço dos produtos devem ser armazenadas.

15. Escreva um programa para armazenar informações bancárias de clientes por meio de um vetor de estruturas que contém os seguintes campos: nome do cliente, número da agência bancária, número da conta-corrente e saldo da conta-corrente.

## Leituras recomendadas

AHO, A. V.; SETHI, R. & ULLMAN, J. D. *Compilers: Principles, Techniques, and Tools*. Addison-Wesley, Reading, MA, Estados Unidos, 1986.

BAYER, R. & MCCREIGHT, E. Organization and Maintenance of Large Ordered Indexes. *Acta Informatica*, vol. 1, n. 3, pp. 173–189, 1972.

BENTLEY, J. L. & FRIEDMAN, J. H. Data Structures for Range Searching. *ACM Computing Surveys*, vol. 11, n. 4, pp. 397–409, 1979.

BONDY, J. A. & MURTY, U. S. R. *Graph Theory with Applications*, volume 290. Macmillan, London, United Kingdom, 1976.

CHARTRAND, G. *Introductory Graph Theory*. Courier Corporation, 1977.

DAHL, O.-J.; DIJKSTRA, E. W. & HOARE, C. A. R. *Structured Programming*. Academic Press Ltd., 1972.

DEITEL, H. M. & DEITEL, P. J. *C: How to Program*. Pearson Education, Inc., 2004.

DENARDO, E. V. *Dynamic Programming: Models and Applications*. Courier Corporation, 2012.

DEO, N. *Graph Theory with Applications to Engineering and Computer Science*. Courier Dover Publications, 2017.

DIJKSTRA, E. W. A Note on Two Problems in Connexion with Graphs. *Numerische Mathematik*, vol. 1, n. 1, pp. 269–271, 1959.

DIJKSTRA, E. W. *A Discipline of Programming*. Prentice Hall, Englewood Cliffs, NJ, Estados Unidos, 1976.

FOROUZAN, B. & GILBERG, R. *Computer Science: A Structured Programming Approach Using C*. Cengage Learning, 2006.

GIBBONS, A. *Algorithmic Graph Theory*. Cambridge University Press, 1985.

GROSS, J. L. & YELLEN, J. *Handbook of Graph Theory*. CRC Press, 2003.

GUIBAS, L. J. & SEDGEWICK, R. A Dichromatic Framework for Balanced Trees. *In: 19th Annual Symposium on Foundations of Computer Science*, IEEE, pp. 8–21, 1978.

JOHNSON, D. B. Priority Queues with Update and Finding Minimum Spanning Trees. *Information Processing Letters*, vol. 4, n. 3, pp. 53–57, 1975.

KELLY, A. & POHL, I. *A Book on C: Programming in C*. Addison-Wesley, 1998.

KING, K. N. *C Programming: A Modern Approach*. W.W. Norton & Company, 2008.

KNUTH, D. E. Structured Programming with go to Statements. *ACM Computing Surveys*, vol. 6, n. 4, pp. 261–301, 1974.

KRUSE, R. & TONDO, C. *Data Structures and Program Design in C*. Pearson Education, India, 2007.

MEHTA, D. P. & SAHNI, S. *Handbook of Data Structures and Applications*. Chapman and Hall/CRC, 2004.

OVERMARS, M. H. *The Design of Dynamic Data Structures*. Springer Science & Business Media, 1987.

PRIM, R. C. Shortest Connection Networks and Some Generalizations. *The Bell System Technical Journal*, vol. 36, n. 6, pp. 1389–1401, 1957.

PURDOM JR., P. W. & BROWN, C. A. *The Analysis of Algorithms*. Holt, Rinehart & Winston, 1985.

ROSEN, K. H. & KRITHIVASAN, K. *Discrete Mathematics and its Applications: With Combinatorics and Graph Theory*. McGraw-Hill Science, 2011.

SAMET, H. *The Design and Analysis of Spatial Data Structures*, volume 85. Addison-Wesley, Reading, MA, Estados Unidos, 1990.

SLEATOR, D. D. & TARJAN, R. E. Self-Adjusting Binary Search Trees. *Journal of the ACM*, vol. 32, n. 3, pp. 652–686, 1985.

STROUSTRUP, B. *The C++ Programming Language*. Addison-Wesley Professional, 2013.

TREMBLAY, J.-P. & SORENSON, P. G. *An Introduction to Data Structures with Applications*. McGraw-Hill, Inc., 1984.

WEISS, M. A. *Data Structures and Algorithm Analysis in C*. Pearson, Lebanon, IN, Estados Unidos, 1996.

WEST, D. B. *Introduction to Graph Theory*, volume 2. Prentice Hall, Upper Saddle River, NJ, Estados Unidos, 2001.

# 12
# ARQUIVOS

Quando a organização básica de um sistema computacional foi descrita na Seção 1.2, comentou-se que há dois tipos de memória, a primária e a secundária. A memória principal utilizada na maioria dos computadores emprega uma tecnologia que requer alimentação constante de energia para que informações sejam preservadas. Por outro lado, a memória secundária permite o armazenamento persistente de informações, de modo que sejam posteriormente recuperadas. Neste capítulo, conceitos básicos sobre arquivos são apresentados, com a finalidade de implementar códigos para armazenar e recuperar informações.

## 12.1 Tipos de arquivos

Um *arquivo* é uma coleção de informações armazenada em memória secundária, por exemplo, um disco. Arquivos são identificados por um nome. O nome de um arquivo pode conter uma extensão para indicar o conteúdo do arquivo. Vários recursos são providos pelos sistemas operacionais para facilitar o uso de arquivos. A linguagem C disponibiliza um conjunto desses recursos para manipular arquivos, como abertura e fechamento, leitura e escrita de dados, remoção de arquivo, entre outras funções.

Embora arquivos possam ter conteúdos bem distintos, há dois tipos principais de arquivos: arquivo texto e arquivo binário. Um *arquivo texto* armazena caracteres que podem ser mostrados diretamente na tela ou modificados por um editor de textos. Um exemplo de arquivo texto é o próprio código-fonte escrito na linguagem C. Um *arquivo binário* é uma sequência de bits sujeita às convenções do programa que a gerou, não legíveis diretamente. Arquivos binários permitem o armazenamento mais compacto de informações. Um exemplo de arquivo binário é o arquivo executável gerado após o processo de compilação da linguagem C.

## 12.2 Arquivos textos

A declaração de um *arquivo texto* é realizada na linguagem C por meio de um tipo especial de ponteiro. A declaração geral de um ponteiro de arquivo é mostrada no Código 12.1.

**Código 12.1.** Sintaxe geral de ponteiro de arquivo texto.

```c
FILE *nome_arquivo;
```

O comando anterior cria uma variável ponteiro para arquivo (tipo `FILE`). Após ser criado um ponteiro para arquivo, pode-se associá-lo com um arquivo real do computador e permitir sua abertura. Para abrir um arquivo texto, usa-se a função `fopen`, cujo protótipo é apresentado no Código 12.2.

**Código 12.2.** Protótipo para abertura de arquivo texto.

```c
FILE *fopen(const char *nome_arquivo, const char *modo);
```

O primeiro parâmetro do comando `fopen` é uma cadeia de caracteres que contém o nome do arquivo, incluindo seu caminho no diretório. O caminho de um arquivo pode ser definido de forma absoluta ou relativa. Um caminho absoluto é formado pela sequência completa de diretórios para a localização do arquivo. Um caminho relativo é formado a partir do diretório corrente. O segundo parâmetro é uma cadeia de caracteres que corresponde ao modo de abertura do arquivo, que serve para indicar o tipo de uso que será feito na abertura do arquivo.

A Tabela 12.1 mostra os modos de abertura de um arquivo texto. Um arquivo texto pode ser aberto de vários modos diferentes. Ao se tentar abrir um arquivo inexistente para leitura ('r') ou leitura e escrita ('r+'), `fopen` retorna NULL. Caso o arquivo exista, o arquivo é aberto e seu conteúdo é preservado. Ao se tentar abrir um arquivo inexistente para escrita ('w') ou escrita e leitura ('w+'), um novo arquivo é criado e então aberto pelo `fopen`. Caso o arquivo exista, seu conteúdo é primeiramente apagado e então aberto para escrita. Ao se tentar abrir um arquivo inexistente para escrita/adição ('a'), um novo arquivo é criado e então aberto pelo `fopen`. Caso o arquivo exista, o arquivo é aberto e seu conteúdo é preservado. Ao se tentar abrir um arquivo inexistente para leitura e escrita/adição ('a+'), um novo arquivo é criado. O indicador para leitura é posicionado no início do arquivo, mas a saída é sempre adicionada ao final do arquivo.

Tabela 12.1: Modos de abertura de um arquivo texto.

| Modo | Operações | Indicador de posição |
|------|-----------|----------------------|
| r    | leitura   | início do arquivo    |
| w    | escrita   | início do arquivo    |
| r+   | leitura e escrita | início do arquivo |
| w+   | escrita e leitura | início do arquivo |
| a    | escrita/adição | final do arquivo |
| a+   | leitura e escrita/adição | final do arquivo |

Antes de acessar um arquivo, devemos abri-lo com a função `fopen`. Em caso de sucesso, a função retorna um ponteiro para o arquivo aberto. Em caso de erro, a função retorna NULL.

Um exemplo de abertura de arquivo texto é mostrado no Código 12.3. A variável ponteiro `arq` aponta para o arquivo "teste.txt". O parâmetro 'r' significa que um arquivo texto foi aberto para leitura (outras formas de abrir arquivos serão vistas a seguir).

**Código 12.3.** Abertura de arquivo texto para leitura.

```
FILE *arq = fopen("teste.txt", "r");

if (arq == NULL)
  printf("Erro ao tentar abrir o arquivo.\n");
else
  printf("Arquivo aberto para leitura.\n");
```

A leitura de dados de um arquivo texto, aberto de forma adequada, é realizada com a função `fscanf`, que é semelhante à função `scanf`. A única diferença em relação ao comando `scanf` é que um ponteiro para o arquivo de onde será feita a leitura deve ser passado como primeiro parâmetro. A declaração geral de abertura de arquivo texto para leitura é mostrada no Código 12.4.

**Código 12.4.** Declaração geral de abertura de arquivo texto para leitura.

```
int fscanf(ponteiro_para_arquivo, "parâmetro de controle", variáveis);
```

Um exemplo de leitura de um caractere em arquivo texto é dado no Código 12.5.

**Código 12.5.** Leitura de caractere de arquivo texto.

```
char aux;
FILE *f = fopen("teste.txt", "r");

fscanf(f, "%c", &aux);
printf("%c", aux);
```

Quando um arquivo é aberto, um indicador de posição no arquivo é criado, o qual recebe a posição do início do arquivo (a menos que o arquivo seja aberto como *adição*, como será visto em breve). Para cada dado lido do arquivo, esse indicador de posição é automaticamente incrementado para o próximo dado não lido. Eventualmente, o indicador de posição chega ao fim do arquivo. A função `fscanf` retorna um valor especial (EOF) caso se tente ler dados e o indicador de posição esteja no fim do arquivo.

Para ler todos os dados de um arquivo texto, basta usar um laço que será executado enquanto a leitura não chegar ao final do arquivo, como mostrado no exemplo do Código 12.6.

**Código 12.6.** Leitura de todos os dados de um arquivo texto.

```
char aux, nome_arq[101];
FILE *arq;

printf("Entre com nome do arquivo: ");
scanf("%s", nome_arq);
arq = fopen(nome_arq, "r");

if (arq == NULL)
  printf("Erro ao abrir o arquivo: %s\n", nome_arq);
else {
  while (fscanf(f, "%c", &aux) != EOF)
    printf("%c", aux);
  fclose(f);
}
```

O comando `fclose` deve sempre ser usado para fechar um arquivo que foi aberto com sucesso, de forma que o arquivo possa ser posteriormente aberto por outros programas. Quando se escrevem dados em um arquivo, o comando `fclose` garante que os dados serão efetivamente escritos no arquivo. Um cuidado a ser tomado é que, antes de fechar um arquivo, deve-se verificar se ele foi aberto com sucesso, ou seja, se o ponteiro para o arquivo não é nulo.

Ao realizar a leitura de um caractere, o indicador de posição do arquivo se move automaticamente para o próximo caractere. Ao atingir o fim do arquivo, a função `fscanf` retorna o valor especial `EOF`. Para retornar o indicador de posição ao início do arquivo, pode-se fechá-lo e abri-lo novamente ou usar o comando `rewind`. O Código 12.7 mostra um exemplo de reposicionamento de cursor para o início de um arquivo texto.

**Código 12.7.** Reposicionamento de cursor para o início do arquivo.

```
while (fscanf(arq, "%c", &aux) != EOF)
  printf("%c", aux);

rewind(arq);
printf{"Imprime novamente\n");

while (fscanf(arq, "%c", &aux) != EOF)
  printf("%c", aux);
```

Para escrever dados em um arquivo (aberto de forma adequada), usa-se a função `fprintf`, que é semelhante à função `printf`. A única diferença em relação ao `printf` é que, como primeiro parâmetro, deve-se passar um ponteiro para o arquivo para onde será feita a escrita. A declaração geral para escrita em um arquivo texto é mostrada no Código 12.8.

**Código 12.8.** Declaração geral para escrita de arquivo texto.

```
int fprintf(ponteiro_para_arquivo, "parâmetro de controle", variáveis);
```

O exemplo do Código 12.9 mostra uma cópia do conteúdo de um arquivo texto para outro.

**Código 12.9.** Cópia de arquivo texto em outro arquivo texto.

```
#include <stdio.h>

int main() {
  FILE *arq_in, *arq_out;
```

```c
5   char aux, nome_arq_in[101], nome_arq_out[101];
6
7   printf("Entre com nome do arquivo de entrada: ");
8   scanf("%s", nome_arq_in);
9   arq_in = fopen(nome_arq_in, "r");
10  if (arq_in == NULL) {
11    printf("Erro ao abrir o arquivo de entrada: %s\n", nome_arq_in);
12    return 0;
13  }
14
15  printf("Entre com nome do arquivo de saída: ");
16  scanf("%s", nome_arq_out);
17  arq_out = fopen(nome_arq_out, "w");
18  if (arq_out == NULL) {
19    printf("Erro ao abrir o arquivo de saída: %s\n", nome_arq_out);
20    fclose(arq_in);
21    return 0;
22  }
23
24  while (fscanf(arq_in, "%c", &aux) != EOF)
25    fprintf(arq_out, "%c", aux);
26  fclose(arq_in);
27  fclose(arq_out);
28  return 0;
29 }
```

O exemplo do Código 12.10 mostra as operações de leitura e escrita de diferentes tipos de dados realizadas sobre arquivos textos.

**Código 12.10.** Leitura e escrita de diferentes tipos de dados em um arquivo texto.

```c
1  int i;
2  float f;
3  char s[81];
4
5  FILE *arq = fopen("teste.txt", "r+");
6
7  fscanf(arq, "%d %f %s", &i, &f, s);
8  fprintf(arq, "%d %f %s", 64, 3.1416, "Linguagem C");
```

Ao usar o comando `fscanf` para ler uma sequência de caracteres, deve-se garantir que foi alocada uma cadeia de caracteres de tamanho suficiente para armazenar todos os caracteres. Caso o programa leia mais caracteres do que o tamanho alocado, um erro ocorrerá durante a execução do programa.

O comando `fscanf` não é adequado para ler cadeias de caracteres contendo espaços em branco. Uma alternativa para ler sequências de caracteres é o comando `fgets`, cuja declaração geral é mostrada no Código 12.11.

**Código 12.11.** Sintaxe do comando `fscanf`.

```c
1  char *fgets(char *str, int tamanho, FILE *arq);
```

O parâmetro `str` é o nome da variável usada para armazenar a sequência de caracteres, `tamanho` é um inteiro indicando até quantos caracteres devem ser lidos (serão lidos `tamanho-1` caracteres e um caractere extra será reservado para o caractere '\0') e `arq` é o ponteiro para o arquivo (previamente aberto). O Código 12.12 ilustra um exemplo de uso do comando `fgets` em um arquivo texto.

**Código 12.12.** Uso de comando `fgets` em um arquivo texto.

```c
1  #include <stdio.h>
```

```c
int main() {
  char nome_arq[101], str[81];
  FILE *arq;
  int i = 0;

  printf("Entre com nome do arquivo a ser lido: ");
  scanf("%s", nome_arq);

  /* abre arquivo para leitura */
  arq = fopen(nome_arq, "r");
  if (arq == NULL) {
    printf("Erro ao abrir o arquivo '%s' para leitura.\n", nome_arq);
    return 0;
  }

  /* enquanto for possível ler linhas do arquivo (limitadas a 80 caracteres) */
  while (fgets(str, 81, arq))
    printf("%3d: %s", ++i, str);
  fclose(arq);
  return 0;
}
```

O exemplo mostrado no Código 12.13 lê dois arquivos textos formados por sequências de números inteiros ordenados crescentemente. Um único arquivo ordenado de saída é gerado a partir da intercalação dos números dos arquivos de entrada, sem o uso de vetor auxiliar para armazenar os números. Caso um número apareça em ambos os arquivos de entrada, ele será incluído apenas uma vez no arquivo de saída.

**Código 12.13.** Intercalação de números inteiros em arquivo texto.

```c
#include <stdio.h>

int main() {
  FILE *arq1, *arq2, *arq3;
  char nome1[101], nome2[101], nome3[101];
  int x1, x2, f1, f2;

  printf("Entre com nome do primeiro arquivo de entrada: ");
  scanf("%s", nome1);
  arq1 = fopen(nome1, "r");

  printf("Entre com nome do segundo arquivo de entrada: ");
  scanf("%s", nome2);
  arq2 = fopen(nome2, "r");

  printf("Entre com nome do arquivo de saída: ");
  scanf("%s", nome3);
  arq3 = fopen(nome3, "w");

  if (arq1 && arq2 && arq3) {
    f1 = fscanf(arq1, "%d", &x1);
    f2 = fscanf(arq2, "%d", &x2);

    while ((f1 != EOF) && (f2 != EOF))
      if (x1 < x2) {
        fprintf(arq3, "%d\n", x1);
        f1 = fscanf(arq1, "%d", &x1);
```

```
28       } else {
29         fprintf(arq3, "%d\n", x2);
30         f2 = fscanf(arq2, "%d", &x2);
31       }
32
33     while (f1 != EOF) {
34       fprintf(arq3, "%d\n", x1);
35       f1 = fscanf(arq1, "%d", &x1);
36     }
37
38     while (f2 != EOF) {
39       fprintf(arq3, "%d\n", x2);
40       f2 = fscanf(arq2, "%d", &x2);
41     }
42   } else {
43     printf("Erro ao abrir os arquivos.\n");
44   }
45
46   if (arq1)
47     fclose(arq1);
48   if (arq2)
49     fclose(arq2);
50   if (arq3)
51     fclose(arq3);
52   return 0;
53 }
```

Se os arquivos de entrada no Código 12.13 tiverem os valores:
arquivo 1: 5, 7, 10, 12, 21
arquivo 2: 2, 4, 8, 10, 11, 21, 25

o resultado da intercalação será:
arquivo 3: 2, 4, 5, 7, 8, 10, 11, 12, 21, 25

## 12.3 Arquivos binários

A vantagem dos *arquivos binários* é que podem armazenar e recuperar uma grande quantidade de dados de forma mais compacta e eficiente. Assim como em arquivos textos, deve-se criar um ponteiro especial para arquivos, conforme a sintaxe mostrada no Código 12.14.

**Código 12.14.** Sintaxe geral de ponteiro de arquivo binário.

```
1 FILE *nome_arquivo;
```

A função `fopen` também é usada para abrir um arquivo binário, cuja declaração geral é apresentada no Código 12.15.

**Código 12.15.** Protótipo para abertura de arquivo binário.

```
1 FILE *fopen(const char *nome_arquivo, const char *modo);
```

Pode-se então associar o ponteiro com um arquivo real do computador usando o comando `fopen`. O Código 12.16 exemplifica a abertura de um arquivo binário para leitura.

**Código 12.16.** Abertura de arquivo binário para leitura.

```
1 FILE *arq1;
2 arq1 = fopen("teste.bin", "rb");
```

Um arquivo binário pode ser aberto de vários modos diferentes, conforme a Tabela 12.2. Ao se tentar abrir um arquivo inexistente para leitura ('rb') ou leitura e escrita ('r+b'), fopen retorna NULL. Caso o arquivo exista, o arquivo é aberto e seu conteúdo é preservado. Ao se tentar abrir um arquivo inexistente para escrita ('wb') ou escrita e leitura ('w+b'), um novo arquivo é criado e então aberto pelo fopen. Caso o arquivo exista, seu conteúdo é primeiramente removido e então aberto para escrita. Ao se tentar abrir um arquivo inexistente para escrita/adição ('ab'), um novo arquivo é criado e então aberto pelo fopen. Caso o arquivo exista, o arquivo é aberto e seu conteúdo é preservado. Ao se tentar abrir um arquivo inexistente para leitura e escrita/adição ('a+b'), um novo arquivo é criado. O indicador para leitura é posicionado no início do arquivo, mas a saída é sempre adicionada ao final do arquivo.

Tabela 12.2: Modos de abertura de um arquivo binário.

| Modo | Operações | Indicador de posição |
|------|-----------|----------------------|
| rb   | leitura   | início do arquivo    |
| wb   | escrita   | início do arquivo    |
| ab   | escrita/adição | final do arquivo |
| r+b  | leitura e escrita | início do arquivo |
| w+b  | escrita e leitura | início do arquivo |
| a+b  | escrita/adição | final do arquivo |

As funções fread e fwrite permitem a leitura e escrita de blocos de dados, respectivamente. Deve-se determinar o número de elementos a serem lidos ou gravados e o tamanho de cada um dos elementos.

Para ler dados de um arquivo binário, usa-se a função fread, cuja declaração geral é mostrada no Código 12.17.

**Código 12.17.** Função fread para arquivo binário.

```
int fread(void *pt, int tam, int num, FILE *arq);
```

O parâmetro pt é um ponteiro para a região da memória (já alocada) de onde os dados serão lidos, tam é o número de bytes de um item a ser lido, num é o número de itens que serão lidos e arq é um ponteiro para o arquivo do qual os dados serão lidos.

A função fread retorna o número de itens lidos corretamente. Pode-se, por exemplo, ler um número do tipo double de um arquivo binário, conforme Código 12.18.

**Código 12.18.** Leitura de número em ponto flutuante em arquivo binário.

```
FILE *arq;
double aux;

arq = fopen("teste.bin", "rb");
fread(&aux, sizeof(double), 1, arq);
fclose(arq);
```

A leitura de vários números do tipo int de um arquivo binário é apresentada no exemplo do Código 12.19.

**Código 12.19.** Leitura de múltiplos números inteiros em arquivo binário.

```
FILE *arq;
int aux[10];

arq = fopen("teste.bin", "rb");
fread(aux, sizeof(int), 10, arq);
fclose(arq);
```

Para escrever em um arquivo binário, usa-se a função fwrite, em que a declaração geral segue a sintaxe mostrada no Código 12.20.

**Código 12.20.** Função `fwrite` para arquivo binário.

```
int fwrite(void *pt, int tam, int num, FILE *arq);
```

em que `pt` é um ponteiro para a região da memória contendo os itens que serão gravados, `tam` é o número de bytes de um item, `num` é o número de itens que serão gravados e `arq` é um ponteiro para o arquivo no qual os dados serão escritos.

A função `fwrite` retorna o número de itens escritos corretamente. O Código 12.21 grava um número do tipo `double` em um arquivo binário.

**Código 12.21.** Escrita de número em arquivo binário.

```
FILE *arq;
double aux = 2.5;

arq = fopen("teste.bin", "wb");
fwrite(&aux, sizeof(double), 1, arq);
fclose(arq);
```

A escrita de vários números do tipo `int` em um arquivo binário é exemplificada no Código 12.22.

**Código 12.22.** Escrita de múltiplos números em arquivo binário.

```
FILE *arq;
int aux[] = {2, 1, 8, 5, 4, 6, 5, 9, 3, 5};

arq = fopen("teste.bin", "wb");
fwrite(aux, sizeof(int), 10, arq);
fclose(arq);
```

Quando um arquivo é aberto, o indicador de posição do arquivo aponta para o início do arquivo, exceto se ele for aberto para *adição*. Quando se lê uma determinada quantidade de itens, o indicador de posição automaticamente avança para o próximo item não lido. Quando se escreve um item, o indicador de posição automaticamente avança para a posição seguinte ao item escrito. O comando `rewind` posiciona o cursor para o início do arquivo. O Código 12.23 mostra um exemplo de reposicionamento do cursor para o início de um arquivo binário.

**Código 12.23.** Reposicionamento de cursor para o início de um arquivo binário.

```
#include <stdio.h>

int main() {
  FILE *arq;
  double aux1 = 2.5, aux2 = 0;

  arq = fopen("teste.bin", "w+b");
  if (arq != NULL) {
    fwrite(&aux1, sizeof(double), 1, arq);
    rewind(arq); /* move cursor para início do arquivo */
    fread(&aux2, sizeof(double), 1, arq);
    printf("Conteúdo de aux2: %f\n", aux2);
    fclose(arq);
  }
  return 0;
}
```

O acesso a um arquivo é normalmente realizado sequencialmente. Entretanto, a linguagem C permite a realização de operações de leitura e escrita de forma não sequencial. A função `fseek` move a posição do cursor de leitura e escrita para um byte específico. A declaração geral do comando é mostrada no Código 12.24, em que `pt` é um ponteiro para o arquivo, `num` é a quantidade de bytes de deslocamento e `origem` é a posição de início do deslocamento

# Algoritmos e estruturas de dados: conceitos e aplicações 151

(SEEK_SET, SEEK_CUR, SEEK_END). O deslocamento pode ser relativo ao início do arquivo (SEEK_SET), ao ponto atual (SEEK_CUR) ou ao final do arquivo (SEEK_END).

**Código 12.24.** Declaração geral do comando fseek.

```
int fseek(FILE *pt, long num, int origem);
```

A função fseek retorna o valor 0 se a operação for bem-sucedida ou, caso falhe, retorna um valor não nulo. Um exemplo de uso da função fseek é mostrado no Código 12.25.

**Código 12.25.** Uso de comando fseek.

```
#include <stdio.h>

int main() {
  FILE *arq;
  int vetor[] = {1, 2, 3, 4, 5, 6, 7, 8, 9, 10}, x;

  arq = fopen("teste.bin", "w+b");

  if (arq != NULL) {
    fwrite(vetor, sizeof(int), 10, arq);

    fseek(arq, 2 * sizeof(int), SEEK_SET);
    fread(&x, sizeof(int), 1, arq);
    printf("1: %d\n", x);

    fseek(arq, 4 * sizeof(int), SEEK_CUR);
    fread(&x, sizeof(int), 1, arq);
    printf("2: %d\n", x);

    fseek(arq, -3 * sizeof(int), SEEK_CUR);
    fread(&x, sizeof(int), 1, arq);
    printf("3: %d\n", x);

    fseek(arq, -1 * sizeof(int), SEEK_END);
    fread(&x, sizeof(int), 1, arq);
    printf("4: %d\n", x);

    fseek(arq, -4 * sizeof(int), SEEK_END);
    fread(&x, sizeof(int), 1, arq);
    printf("5: %d\n", x);

    fclose(arq);
  }
  return 0;
}
```

```
1: 3
2: 8
3: 6
4: 10
5: 7
```

Um arquivo texto pode ser convertido em um arquivo binário, e vice-versa. Dessa forma, números armazenados em um arquivo binário podem ser convertidos para texto para facilitar a exibição do resultado produzido por um programa. Os exemplos nos Códigos 12.26 e 12.27 convertem um arquivo texto para binário e um arquivo binário para texto, respectivamente.

**Código 12.26.** Conversão de arquivo texto para binário.

```c
#include <stdio.h>

int main() {
  FILE *txt, *bin;
  int x;

  txt = fopen("teste.txt", "r");
  bin = fopen("teste.bin", "wb");
  if ((txt != NULL) && (bin != NULL))
    while (fscanf(txt, "%d", &x) != EOF)
      fwrite(&x, sizeof(int), 1, bin);

  if (txt)
    fclose(txt);
  if (bin)
    fclose(bin);
  return 0;
}
```

**Código 12.27.** Conversão de arquivo binário para texto.

```c
#include <stdio.h>

int main() {
  FILE *bin, *txt;
  int x;

  bin = fopen("teste.bin", "rb");
  txt = fopen("teste.txt", "w");
  if ((bin != NULL) && (txt != NULL))
    while (fread(&x, sizeof(int), 1, bin))
      fprintf(txt, "%d\n", x);

  if (bin)
    fclose(bin);
  if (txt)
    fclose(txt);
  return 0;
}
```

Um arquivo binário pode armazenar registros formados por diversos campos diferentes. O acesso a cada registro pode ser direto, usando-se a função **fseek**. A leitura ou escrita do registro pode ser feita usando as funções **fread** e **fwrite**.

Um exemplo de uso de registros (estruturas) com arquivos binários é a manutenção de um cadastro de produtos, em que cada produto possui um código e um nome. O Código 12.28 implementa funções para imprimir um cadastro de produtos e para alterar o nome de um produto, dado o seu código.

**Código 12.28.** Uso de registros (estruturas) para ler e armazenar um cadastro de produtos.

```c
#include <stdio.h>
#include <string.h>

#define TAM 6 /* tamanho do vetor usado como cadastro */

```

```c
typedef struct {
  int codigo;
  char nome[100];
} produto;

void imprimir_cadastro(char nome_arq[]) {
  produto p;

  /* abre o arquivo para leitura */
  FILE *arq = fopen(nome_arq, "rb");

  if (arq == NULL) {
    printf("Erro ao abrir o arquivo de cadastro de produtos.\n");
    return;
  }

  printf("Imprime Produtos\n");

  while (fread(&p, sizeof(produto), 1, arq))
    printf("%06d %s\n", p.codigo, p.nome);

  printf("\n");

  fclose(arq);
}

void alterar_nome(int codigo, char nome[], char nome_arq[]) {
  produto p;
  int OK = 0;

  /* abre o arquivo para leitura e escrita */
  FILE *arq = fopen(nome_arq, "r+b");

  if (arq == NULL) {
    printf("Erro ao abrir o arquivo de cadastro de produtos.\n");
    return;
  }

  while ((!OK) && fread(&p, sizeof(produto), 1, arq))
    if (p.codigo == codigo) {
      strcpy(p.nome, nome); /* altera o nome no registro */
      fseek(arq, -1 * sizeof(produto), SEEK_CUR); /* retorna uma posição */
      fwrite(&p, sizeof(produto), 1, arq); /* sobrescreve o registro */
      OK = 1;
    }

  fclose(arq);
}

int main() {
  char nome_arq[] = "produtos.bin"; /* nome do arquivo do cadastro de produtos */
  produto cadastro[TAM] = { {11, "Vaso"}, {12, "Caneta"}, {13, "Livro"},
                            {14, "Espelho"}, {15, "Bolsa"}, {16, "Prato"} };

  /* abre o arquivo para escrita */
```

```c
61    FILE *arq = fopen(nome_arq, "w+b");
62
63    if (arq == NULL) {
64      printf("Erro ao abrir o arquivo de cadastro de produtos.\n");
65      return 0;
66    }
67
68    fwrite(cadastro, sizeof(produto), TAM, arq);
69    fclose(arq);
70
71    imprimir_cadastro(nome_arq);
72    alterar_nome(12, "Caneca", nome_arq);
73    imprimir_cadastro(nome_arq);
74
75    return 0;
76 }
```

```
Imprime Produtos
11 Vaso
12 Caneta
13 Livro
14 Espelho
15 Bolsa
16 Prato

Imprime Produtos
11 Vaso
12 Caneca
13 Livro
14 Espelho
15 Bolsa
16 Prato
```

## 12.4 Remoção de arquivos

Além de permitir a manipulação de arquivos por meio das operações anteriores, a linguagem C permite a exclusão de arquivos da memória secundária de um computador. A declaração geral da função **remove**, utilizada para remover um arquivo, é mostrada no Código 12.29.

**Código 12.29.** Declaração geral para remoção de arquivo.

```c
int remove(const char *nome_arquivo);
```

Deve-se notar que excluir um arquivo é diferente de remover o conteúdo de um arquivo, ou seja, deixá-lo vazio. No parâmetro `nome_arquivo`, pode-se incluir um caminho absoluto ou relativo para indicar o local onde o arquivo se encontra.

A função **remove** retorna um valor inteiro igual a 0 em caso de sucesso na exclusão do arquivo. Caso contrário, um valor diferente de 0 é retornado pela função. O exemplo apresentado no Código 12.30 ilustra a solicitação do nome do arquivo ao usuário e exibe uma mensagem correspondente indicando se o arquivo foi removido com sucesso ou não.

**Código 12.30.** Remoção de arquivo.

```c
#include <stdio.h>

int main() {
  char nome_arq[101];
```

```
    printf("Entre com nome do arquivo a ser removido: ");
    scanf("%s", nome_arq);

    if (remove(nome_arq) == 0)
      printf("Arquivo removido com sucesso.\n");
    else
      printf("Não foi possível remover o arquivo.\n");
    return 0;
}
```

## 12.5 Exercícios

1. Implemente um programa para converter as letras minúsculas de um arquivo texto em letras maiúsculas correspondentes.

2. Escreva uma função para ler o nome de um arquivo texto e apresentar na tela o número de linhas do arquivo.

3. Escreva uma função para imprimir o número de vogais presentes em um arquivo texto.

4. Implemente um programa para ler nomes de clientes e números de telefone, armazenando as informações em um arquivo texto.

5. Implemente um programa para ler 50 números inteiros e armazenar esses números em um arquivo binário.

6. Escreva uma função para contar o número de ocorrências de cada letra em um arquivo texto.

7. Escreva um programa para criar um cadastro de alunos (composto de registro acadêmico, nome e duas notas), calcular a média aritmética das notas e armazenar os dados de cada aluno em um arquivo texto.

8. Implemente um programa para ler um conjunto de números inteiros de um arquivo binário e gravar sua média no final do arquivo.

9. Escreva uma função para ler um arquivo binário que contém uma sequência de números inteiros e apresentar na tela o menor e o maior valores do arquivo.

10. Escreva uma função para receber um arquivo texto e retornar o número de palavras do arquivo.

11. Escreva uma função para ler uma sequência de números na base hexadecimal de um arquivo binário e imprimir os números correspondentes na base decimal.

12. Implemente um programa para ler um código escrito em linguagem de programação C e listar todas as palavras reservadas utilizadas e os números das linhas em que aparecem no código.

13. Implemente uma função para ler um arquivo texto e remover todos os caracteres de pontuação.

14. Dada uma palavra-chave fornecida pelo usuário, implemente uma função para buscar por todas as linhas em um arquivo texto que contenham essa palavra e removê-las do arquivo.

15. Dadas duas palavras fornecidas pelo usuário, escreva um programa para buscar por todas as ocorrências da primeira palavra em um arquivo texto e trocá-las pela segunda palavra.

16. Escreva uma função para ler uma sequência de números inteiros de um arquivo binário e determinar se cada número é primo.

17. Declare uma estrutura para representar um cadastro de pacientes composto das seguintes informações: nome da pessoa, sexo, idade e altura. O programa deve ler e armazenar os dados em um arquivo binário.

**Leituras recomendadas**

AHO, A. V.; SETHI, R. & ULLMAN, J. D. *Compilers: Principles, Techniques, and Tools.* Addison-Wesley, Reading, MA, Estados Unidos, 1986.

BAYER, R. & MCCREIGHT, E. Organization and Maintenance of Large Ordered Indexes. *Acta Informatica*, vol. 1, n. 3, pp. 173–189, 1972.

BENTLEY, J. L. & FRIEDMAN, J. H. Data Structures for Range Searching. *ACM Computing Surveys*, vol. 11, n. 4, pp. 397–409, 1979.

BONDY, J. A. & MURTY, U. S. R. *Graph Theory with Applications*, volume 290. Macmillan, London, United Kingdom, 1976.

CHARTRAND, G. *Introductory Graph Theory*. Courier Corporation, 1977.

DAHL, O.-J.; DIJKSTRA, E. W. & HOARE, C. A. R. *Structured Programming*. Academic Press Ltd., 1972.

DEITEL, H. M. & DEITEL, P. J. *C: How to Program*. Pearson Education, Inc., 2004.

DENARDO, E. V. *Dynamic Programming: Models and Applications*. Courier Corporation, 2012.

DEO, N. *Graph Theory with Applications to Engineering and Computer Science*. Courier Dover Publications, 2017.

DIJKSTRA, E. W. A Note on Two Problems in Connexion with Graphs. *Numerische Mathematik*, vol. 1, n. 1, pp. 269–271, 1959.

DIJKSTRA, E. W. *A Discipline of Programming*. Prentice Hall, Englewood Cliffs, NJ, Estados Unidos, 1976.

FOROUZAN, B. & GILBERG, R. *Computer Science: A Structured Programming Approach Using C*. Cengage Learning, 2006.

GIBBONS, A. *Algorithmic Graph Theory*. Cambridge University Press, 1985.

GROSS, J. L. & YELLEN, J. *Handbook of Graph Theory*. CRC Press, 2003.

GUIBAS, L. J. & SEDGEWICK, R. A Dichromatic Framework for Balanced Trees. *In: 19th Annual Symposium on Foundations of Computer Science*, IEEE, pp. 8–21, 1978.

JOHNSON, D. B. Priority Queues with Update and Finding Minimum Spanning Trees. *Information Processing Letters*, vol. 4, n. 3, pp. 53–57, 1975.

KING, K. N. *C Programming: A Modern Approach*. W.W. Norton & Company, 2008.

KNUTH, D. E. Structured Programming with go to Statements. *ACM Computing Surveys*, vol. 6, n. 4, pp. 261–301, 1974.

KRUSE, R. & TONDO, C. *Data Structures and Program Design in C*. Pearson Education, India, 2007.

MEHTA, D. P. & SAHNI, S. *Handbook of Data Structures and Applications*. Chapman and Hall/CRC, 2004.

OVERMARS, M. H. *The Design of Dynamic Data Structures*. Springer Science & Business Media, 1987.

PRIM, R. C. Shortest Connection Networks and Some Generalizations. *The Bell System Technical Journal*, vol. 36, n. 6, pp. 1389–1401, 1957.

PURDOM JR., P. W. & BROWN, C. A. *The Analysis of Algorithms*. Holt, Rinehart & Winston, 1985.

ROSEN, K. H. & KRITHIVASAN, K. *Discrete Mathematics and its Applications: With Combinatorics and Graph Theory*. McGraw-Hill Science, 2011.

SAMET, H. *The Design and Analysis of Spatial Data Structures*, volume 85. Addison-Wesley, Reading, MA, Estados Unidos, 1990.

SLEATOR, D. D. & TARJAN, R. E. Self-Adjusting Binary Search Trees. *Journal of the ACM*, vol. 32, n. 3, pp. 652–686, 1985.

STROUSTRUP, B. *The C++ Programming Language*. Addison-Wesley Professional, 2013.

TREMBLAY, J.-P. & SORENSON, P. G. *An Introduction to Data Structures with Applications*. McGraw-Hill, Inc., 1984.

WEISS, M. A. *Data Structures and Algorithm Analysis in C*. Pearson, Lebanon, IN, Estados Unidos, 1996.

WEST, D. B. *Introduction to Graph Theory*, volume 2. Prentice Hall, Upper Saddle River, NJ, Estados Unidos, 2001.

# Parte II

# Técnicas de programação e estruturas de dados avançadas

☐ Capítulo 13:  Recursividade

☐ Capítulo 14:  Análise de algoritmos

☐ Capítulo 15:  Listas ligadas

☐ Capítulo 16:  Pilhas

☐ Capítulo 17:  Filas

☐ Capítulo 18:  Ordenação e busca

☐ Capítulo 19:  Tabelas de espalhamento

☐ Capítulo 20:  Árvores

☐ Capítulo 21:  Grafos

# 13
# RECURSIVIDADE

Uma técnica comum utilizada na resolução de tarefas complexas consiste em subdividir o problema original em subproblemas mais simples. Um algoritmo é recursivo se ele reduz o problema original em versões simplificadas do problema, utilizando o mesmo algoritmo para resolver cada um dos subproblemas. A execução de um algoritmo recursivo consiste em uma sequência de chamadas a si próprio, as quais terminam quando o problema original tiver sido simplificado a um ou mais casos triviais que podem ser resolvidos em chamadas recursivas adicionais. Este capítulo apresenta o conceito de recursividade e mostra como a técnica pode ser empregada para resolver vários problemas.

## 13.1 Algoritmos recursivos

A solução de um problema que envolve a repetição de uma ou mais operações normalmente pode ser expressa por meio de comandos *iterativos* (descritos no Capítulo 6) ou de funções *recursivas*.

Um exemplo de problema que envolve a repetição de operações é o cálculo de fatorial de $n$, denotado por $n!$, que é o produto de todos os inteiros entre 1 e $n$. Por exemplo, $5! = 1 \cdot 2 \cdot 3 \cdot 4 \cdot 5 = 120$. A função fatorial é definida para todos inteiros positivos. Por definição, $0! = 1$. Um exemplo de função iterativa para calcular o fatorial de um número inteiro positivo é mostrado no Código 13.1.

**Código 13.1.** Função iterativa para calcular o fatorial de um número inteiro positivo.

```
int fatorial(in n) {
  int produto = 1;

  for (i=1; i <= n; i++)
    produto = produto*i;
  return produto;
}
```

A solução de um problema expressa por meio de uma função recursiva é baseada no princípio de indução matemática (descrito no Apêndice F). Inicialmente, a solução do problema é definida para os casos bases ou triviais. Em seguida, os demais casos são resolvidos em termos da solução para os casos mais simples do que o problema original. O fatorial de 5!, por exemplo, equivale a avaliar $5 \cdot 4!$. Por sua vez, o fatorial de 4! é igual a $4 \cdot 3!$. Esse processo é repetido até chegar a um caso base, ou seja, 1! ou 0!, conhecendo-se que 1! e 0! são iguais a 1. Cada vez que o algoritmo é executado recursivamente, seu argumento de entrada será decrementado, até chegar ao caso trivial. O Código 13.2 implementa uma função recursiva para o cálculo de fatorial de um número inteiro positivo.

**Código 13.2.** Função recursiva para calcular o fatorial de um número inteiro positivo.

```
int fatorial(int n) {
  if (n == 0 || n == 1)
    return 1;
  else return n * fatorial(n-1);
}
```

A Figura 13.1 ilustra as sucessivas execuções da função para o cálculo de `fatorial(5)`. Quando o caso base ($n = 1$) é atingido, o valor é retornado à função que solicitou a sua avaliação, ou seja, `fatorial(2)`. Esse resultado é multiplicado pelo argumento atual ($n = 2$) da função. Essa sequência de multiplicações e retornos de resultados em cada instância da função é repetida até que o valor original 5! seja avaliado.

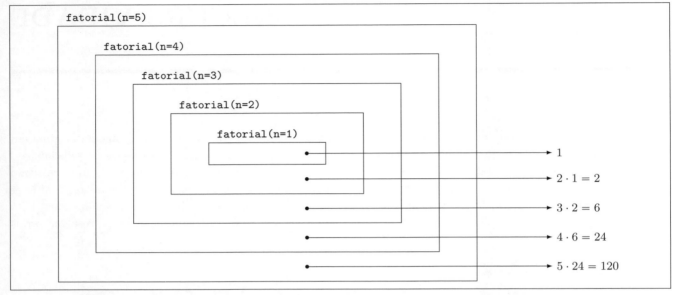

Figura 13.1: Diagrama de execução da função recursiva para o cálculo de `fatorial(5)`.

Em muitos casos, a versão recursiva de um algoritmo é o método mais natural de resolver um problema, tornando o código mais simples e conciso. Entretanto, versões iterativas, que requerem a repetição explícita de um conjunto de operações até completar a tarefa desejada, tendem a ser mais rápidas e eficientes em relação às soluções recursivas correspondentes.

Quando uma função recursiva é executada, uma nova área de dados, contendo todos os parâmetros formais, variáveis locais e um endereço de retorno, deve ser armazenada para cada instância da função. Consequentemente, pode haver uma grande demanda de memória durante a execução de algoritmos recursivos. Vários exemplos serão apresentados neste capítulo para ilustrar a construção de algoritmos recursivos para a resolução de problemas.

A sequência de Fibonacci é uma sequência de números inteiros, normalmente iniciando por 0 e 1, em que cada termo subsequente corresponde à soma dos dois anteriores. Os números de Fibonacci são os números que compõem a sequência: $0, 1, 1, 2, 3, 5, 8, 13, 21, 34, 55, \ldots$

Os Códigos 13.3 e 13.4 mostram uma função iterativa e uma função recursiva, respectivamente, para calcular a sequência de Fibonacci.

**Código 13.3.** Função iterativa para calcular a sequência de Fibonacci.

```c
int fibonacci(int n) {
  int i, anterior = 1, atual = 1, proximo;

  for (i = 3; i <= n; i++) {
    proximo = anterior + atual;
    anterior = atual;
    atual = proximo;
  }
  return atual;
}
```

**Código 13.4.** Função recursiva para calcular a sequência de Fibonacci.

```
int fibonacci(int n) {
  if (n == 0 || n == 1)
    return n;
  return fibonacci(n-1) + fibonacci(n-2);
}
```

Para calcular `fibonacci(5)` pela versão recursiva, chamadas para `fibonacci(4)` e `fibonacci(3)` são realizadas. Por sua vez, para avaliar `fibonacci(4)`, `fibonacci(2)` é calculada duas vezes. A existência dessas chamadas redundantes torna a versão recursiva bastante ineficiente para o cálculo da sequência de Fibonacci. A Figura 13.2 ilustra a representação da árvore de recursão para o cálculo de `fibonacci(5)`.

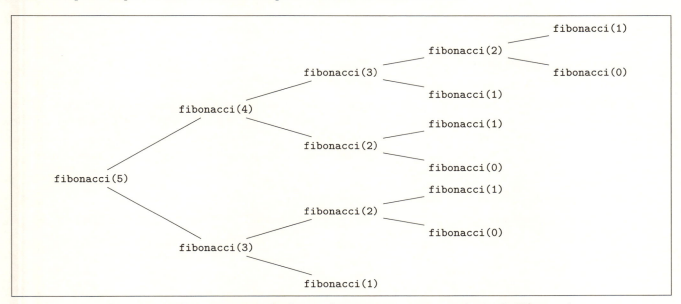

Figura 13.2: Representação da árvore de recursão para a sequência de Fibonacci.

O Código 13.5 implementa uma função recursiva para calcular a adição de dois números inteiros não negativos, $x$ e $y$, utilizando apenas os operadores de decremento (--) e incremento (++) unitários. Por exemplo, para avaliar $5 + 2$, a soma equivalente $6 + 1$ é avaliada. Para avaliar $6 + 1$, a soma equivalente $7 + 0$ é avaliada. O caso base $7 + 0$ é igual a 7. Dessa forma, $5 + 2 = 6 + 1 = 7 + 0 = 7$.

**Código 13.5.** Adição de dois números inteiros não negativos utilizando apenas decremento e incremento.

```
int soma(int x, int y) {
  if (y == 0)
    return x;
  else
    return soma(++x, --y);
}
```

O Código 13.6 apresenta uma função recursiva para calcular a multiplicação de dois números inteiros positivos, $x$ e $y$, utilizando apenas os operadores de subtração e adição. Por exemplo, para avaliar $5 \cdot 3$, o produto $5 \cdot 2$ é inicialmente avaliado, e então o resultado é somado com 5. Para avaliar $5 \cdot 2$, o produto $5 \cdot 1$ é avaliado, e o resultado é então somado com 5. O caso base $5 \cdot 1$ é igual a 5. Dessa forma, $5 \cdot 3 = 5 \cdot 2 + 5 = 5 \cdot 1 + 5 + 5 = 5 + 5 + 5 = 15$.

**Código 13.6.** Multiplicação de dois números inteiros positivos utilizando apenas subtração e adição.

```
int multiplicacao(int x, int y) {
  if (y == 1)
    return x;
```

```
4    else
5      return multiplicacao(x, y - 1) + x;
6  }
```

O somatório dos números de 1 a $n$, ou seja, $\sum_{i=1}^{n} i$, corresponde à adição dos números naturais entre 1 e $n$. O caso base ocorre quando $n = 1$. Para os demais casos, deve-se somar o valor atual com o número subtraído de 1, até que se chegue ao caso base. Uma função recursiva para calcular o somatório dos números de 1 a $n$ é apresentada no Código 13.7.

**Código 13.7.** Somatório dos números de 1 a $n$.

```
1  int somatorio(int n) {
2    if (n <= 1)
3      return n;
4    else
5      return n + somatorio(n-1);
6  }
```

O quociente $q$ da divisão inteira entre dois números naturais $x$ e $y$ é o maior número inteiro tal que $y \cdot q \leq x$. De outra forma, o quociente de uma divisão inteira é a quantidade de vezes que se pode subtrair o dividendo do divisor. Por exemplo, o quociente entre $x = 19$ e $y = 5$ é igual a 3. O caso base ocorre quando $x < y$, ou seja, quando a subtração não pode ser efetuada. Uma função recursiva para calcular o quociente da divisão inteira entre dois números naturais é apresentada no Código 13.8.

**Código 13.8.** Quociente da divisão inteira entre dois números.

```
1  int quociente(int x, int y) {
2    if (x < y)
3      return 0;
4    return 1 + quociente(x-y, y);
5  }
```

O resto da divisão inteira entre dois números naturais $x$ e $y$ corresponde ao valor remanescente da divisão para que o quociente permaneça um número inteiro. De outra forma, o resto de uma divisão inteira pode ser obtido pela subtração sucessiva entre $x$ e $y$, até que $x < y$. Por exemplo, o resto entre $x = 19$ e $y = 5$ é igual a 4. Uma função recursiva para calcular o resto da divisão inteira entre dois números naturais é apresentada no Código 13.9.

**Código 13.9.** Resto da divisão inteira entre dois números.

```
1  int resto(int x, int y) {
2    if (x < y)
3      return x;
4    return resto(x - y, y);
5  }
```

A potenciação é a operação matemática em que um número $x$ é multiplicado por ele mesmo, uma quantidade $n$ de vezes, denotada por $x^n$. Por exemplo, para avaliar $5^3$, pode-se calcular $5 \cdot 5^2 = 5 \cdot 5 \cdot 5^1 = 125$. Uma função recursiva para calcular $x^n$, sendo $x$ um número real e $n$ um inteiro não negativo, é apresentada no Código 13.10.

**Código 13.10.** Potência de um número.

```
1  double potencia(double x, int n) {
2    if (n == 0)
3      return 1.0;
4    else
5      return x * potencia(x, n-1);
6  }
```

A função recursiva implementada no Código 13.11 retorna a soma de todos os números inteiros positivos pares menores ou iguais a um valor inteiro $n$. O caso base ocorre quando $n = 0$. Quando o número é par e maior do que 0, pode-se acumular a soma com o número subtraído de 2, até que se chegue ao caso base. Se o número for ímpar, pode-se decrementar o valor de 1 e proceder com as chamadas recursivas como um número par. Por exemplo, se $n = 11$, o resultado é igual a $10 + 8 + 6 + 4 + 2 = 30$.

**Código 13.11.** Soma de números pares.

```
int soma_pares(int n) {
  if (n <= 0)
    return 0;
  else
    if (n % 2 == 0)
      return soma_pares(n-2) + n;
    else
      return soma_pares(n-1);
}
```

O $n$-ésimo número harmônico, denotado por $H_n$, é definido como:

$$H_n = \sum_{i=1}^{n} \frac{1}{n} = 1 + \frac{1}{2} + \frac{1}{3} + \ldots + \frac{1}{n}.$$

O exemplo do Código 13.12 apresenta uma função recursiva para calcular o $n$-ésimo número harmônico.

**Código 13.12.** Número harmônico.

```
double harmonico(int n) {
  if (n < 2)
    return 1.0;
  else
    return 1.0 / n + harmonico(n-1);
}
```

A função recursiva do Código 13.13 calcula a soma dos dígitos de um número inteiro positivo $n$. Por exemplo, se $n = 15$, então o resultado é igual a $1 + 2 + 3 + 4 + 5 = 15$. O resto da divisão inteira de um número por 10 fornece o dígito menos significativo (unidade) do número.

**Código 13.13.** Soma dos dígitos de um número.

```
int soma_digitos(int n) {
  if (n < 10)
    return n;
  else
    return soma_digitos(n / 10) + (n % 10);
}
```

Uma função recursiva para contar o número de ocorrências do dígito 7 na representação decimal de um número inteiro positivo $n$ é apresentada no Código 13.14. O resto da divisão inteira do número por 10 (ou seja, seu dígito menos significativo) é comparado com o dígito 7. Por exemplo, se o argumento da função for o número 2751707, a função deve retornar 3.

**Código 13.14.** Número de ocorrências do dígito 7.

```
int conta_7(int n) {
  if (n == 0)
    return 0;
  else
    return ((n % 10 == 7) + conta_7(n / 10));
}
```

O máximo divisor comum entre dois números inteiros não negativos $x$ e $y$ é o maior número inteiro que divide ambos sem deixar resto. Por exemplo, se $x = 18$ e $y = 12$, então o máximo divisor comum é igual a 6. O algoritmo de Euclides é baseado no princípio de que o máximo divisor comum não se altera se o menor número for subtraído do maior. Esse processo de subtração é repetido para gerar números menores, até convergir em zero. Quando isso ocorrer, o máximo divisor comum é o outro número inteiro, maior que zero. Uma função recursiva para calcular o máximo divisor comum por meio do algoritmo de Euclides é apresentada no Código 13.15.

**Código 13.15.** Máximo divisor comum entre dois números.

```
int mdc(int x, int y) {
  if (y == 0)
    return x;
  else
    return mdc(y, x % y);
}
```

Uma função recursiva para calcular e retornar a soma dos $n$ números inteiros de um vetor é apresentada no Código 13.16. O caso base pode ser definido quando $n = 0$, ou seja, o vetor é vazio. Caso o vetor seja formado pelos elementos $\{5, -3, 6, 2\}$, o resultado será igual a 10.

**Código 13.16.** Soma de elementos de um vetor.

```
int soma_vetor(int v[], int n) {
  if (n == 0)
    return 0;
  else
    return soma_vetor(v, n-1) + v[n-1];
}
```

Uma função recursiva para calcular o maior elemento de um vetor de números inteiros é mostrada no Código 13.17. O caso base ocorre quando $n = 1$, ou seja, o vetor possui um único elemento. Nos demais casos, o maior valor atual é encontrado e comparado com o valor máximo anteriormente obtido. A cada chamada recursiva, o tamanho do vetor é reduzido em uma unidade. Caso o vetor seja formado pelos elementos $\{5, -3, 6, 2\}$, o resultado será igual a 6.

**Código 13.17.** Maior elemento em um vetor.

```
int maior_elemento(int v[], int n) {
  if (n == 1)
    return v[0];
  else {
    if (maior_elemento(v, n-1) > v[n-1])
      return maior_elemento(v, n-1);
    else
      return v[n-1];
  }
}
```

O Código 13.18 apresenta uma função recursiva para verificar se um vetor formado por $n$ números inteiros está ordenado crescentemente. Se o vetor estiver ordenado, a função retorna 1; caso contrário, retorna 0. O caso base ocorre quando $n = 0$ ou $n = 1$. Nos demais casos, a ordem dos dois últimos elementos do vetor é verificada recursivamente. A cada chamada recursiva, o tamanho do vetor é reduzido em uma unidade. Caso o vetor seja formado pelos elementos $\{-5, -3, 1, 2, 6\}$, o resultado será igual a 1.

**Código 13.18.** Verificação de ordenação de um vetor.

```
int vetor_ordenado(int v[], int n) {
  if (n == 0 || n == 1)
    return 1;
  if (v[n-2] > v[n-1])
```

```
5       return 0;
6     else
7       return vetor_ordenado(v, n-1);
8 }
```

O Código 13.19 apresenta uma função recursiva para verificar se um número inteiro $x$ pertence a um vetor $v$ de tamanho $n$, não ordenado. Caso o elemento $x$ pertença ao vetor, a função deve retornar a posição de $x$ no vetor; caso contrário, deve retornar −1. Caso $v$ seja formado pelos elementos $\{4, 6, 5, 2, 9\}$ e $x = 2$, o resultado será igual a 3.

**Código 13.19.** Busca de elemento em um vetor.

```
1 int busca_vetor(int v[], int n, int x) {
2   if (n <= 0)
3     return -1;
4   if (v[n-1] == x)
5     return n-1;
6   return busca_vetor(v, n-1, x);
7 }
```

A conversão de um número no sistema decimal para o sistema binário, conforme descrito no Apêndice D, pode ser realizada por meio da divisão sucessiva do número por 2, em que o resto da $i$-ésima divisão se torna o dígito $i$ do número binário (da direita para a esquerda). Por exemplo, o número decimal 91 corresponde ao número binário 1011011. O Código 13.20 implementa uma função para a conversão de um número no sistema decimal para o binário.

**Código 13.20.** Conversão de número decimal para binário.

```
1 int converter_decimal_binario(int decimal) {
2   if (decimal == 0)
3     return 0;
4   else
5     return (decimal % 2 + 10 * converter_decimal_binario(decimal / 2));
6 }
```

O triângulo de Pascal é um triângulo numérico infinito formado pelos coeficientes das expansões binomiais. O coeficiente binomial, que representa o número de maneiras distintas de escolher $k$ elementos de um conjunto de $n$ elementos (sem considerar a ordem), é calculado pela relação:

$$\binom{n}{k} = \frac{n!}{k!(n-k)!}.$$

Cada número do triângulo de Pascal é igual à soma do número imediatamente acima e do antecessor do número acima, expresso como:

$$\binom{n-1}{k-1} + \binom{n-1}{k} = \binom{n}{k},$$

em que $n$ representa o número da linha e $k$ representa o número da coluna, iniciando a contagem a partir de zero. O triângulo de Pascal para as cinco primeiras linhas é mostrado a seguir:

|   | 0 | 1 | 2 | 3 | 4 | ... |
|---|---|---|---|---|---|-----|
| 0 | 1 |   |   |   |   |     |
| 1 | 1 | 1 |   |   |   |     |
| 2 | 1 | 2 | 1 |   |   |     |
| 3 | 1 | 3 | 3 | 1 |   |     |
| 4 | 1 | 4 | 6 | 4 | 1 |     |
| ... |   | ... |   |   |   |     |

Uma função recursiva para calcular um elemento do triângulo de Pascal, dadas as linhas e colunas em que se encontra o elemento, é apresentada no Código 13.21.

**Código 13.21.** Elemento do triângulo de Pascal.

```c
int triangulo_pascal(int linha, int coluna) {
  if (linha == coluna) || (coluna == 0)
    return 1;
  return triangulo_pascal(linha-1, coluna-1) + triangulo_pascal(linha-1, coluna);
}
```

Um número natural é primo se ele for maior do que 1 e divisível apenas por 1 e por ele mesmo. Para acelerar o processo de verificação, apenas os divisores até a raiz quadrada do número precisam ser testados. A função recursiva do Código 13.22 retorna 1 se o número for primo e 0 caso não seja primo.

**Código 13.22.** Número primo.

```c
int primo(int n) {
  static int i = 2;

  if (n <= 2)
    return (n == 2) ? 1 : 0;
  if (n % i == 0)
    return 0;
  else
    if (i < sqrt(n)) {
      i++;
      return primo(n);
    }
  return 1;
}
```

Um palíndromo, conforme descrito no Capítulo 8, é uma palavra ou frase que pode ser lida da mesma forma da esquerda para a direita ou da direita para a esquerda. Por exemplo, a palavra "anilina" é um palíndromo. Espaços em branco e pontuação não devem ser considerados. Uma função recursiva para verificar se uma cadeia de caracteres é um palíndromo ou não é apresentada no Código 13.23.

**Código 13.23.** Palíndromo.

```c
int palindromo(char *s, int n) {
  if (n <= 1)
    return 1;
  if (s[0] == s[n-1])
    return palindromo(s+1, n-2);
  else
    return 0;
}
```

A função implementada no Código 13.24 imprime recursivamente uma cadeia de caracteres em ordem inversa. Cada caractere da cadeia é visitado, e a recursão continua até que o ponteiro encontre o caractere especial '\0'. Assim, se a palavra de entrada for "abcd", a saída exibida na tela será "dcba".

**Código 13.24.** Impressão de cadeia de caracteres em ordem inversa.

```c
void imprimir_inversa(char *s) {
  if (*s) {
    imprimir_inversa(s+1);
    printf("%c", *s);
  }
}
```

A função recursiva do Código 13.25 calcula o tamanho de uma cadeia de caracteres. O número de caracteres da cadeia não inclui o delimitador '\0'. O caso base ocorre quando $n = 0$, ou seja, uma cadeia de caracteres vazia.

Para os demais casos, adiciona-se 1 ao resultado obtido recursivamente com a função para contar cada caractere.

**Código 13.25.** Comprimento de uma cadeia de caracteres.

```
int strlen(char *s) {
  if (*s == '\0')
    return 0;
  else
    return strlen(s+1) + 1;
}
```

A função recursiva do Código 13.26 compara duas cadeias de caracteres e retorna 0 se elas forem iguais, um valor negativo se a primeira cadeia for lexicograficamente menor do que a segunda cadeia ou um valor positivo se a primeira cadeia for lexicograficamente maior do que a segunda cadeia de caracteres.

**Código 13.26.** Comparação de cadeias de caracteres.

```
int strcmp(char *s, char *t) {
  if (*s != *t)
    return *s - *t;
  if ((*s == '\0') && (*t == '\0'))
    return 0;
  else
    return strcmp(s+1, t+1);
}
```

A função recursiva do Código 13.27 busca a primeira ocorrência de um caractere c em uma cadeia de caracteres s e, caso encontre, retorna um ponteiro para a posição da cadeia de caracteres onde o caractere especificado é encontrado pela primeira vez. Caso contrário, retorna o valor NULL.

**Código 13.27.** Busca de caractere em uma cadeia de caracteres.

```
char *strchr(char *s, char c) {
  if (*s == c)
    return s;
  else
    if (*s == '\0')
      return NULL;
    else
      return strchr(s+1, c);
}
```

Na linguagem C, uma cadeia de caracteres não pode ser atribuída diretamente à outra, conforme descrito no Capítulo 8. A função recursiva do Código 13.28 copia o conteúdo de uma cadeia para outra, caractere a caractere. A cadeia destino s deve ser longa o suficiente para conter a sequência de caracteres contida na cadeia origem t.

**Código 13.28.** Cópia de cadeia de caracteres.

```
char *strcpy(char *s, char *t) {
  if ((*s = *t) != '\0')
    strcpy(s+1, t+1);
  return s;
}
```

A operação de concatenação copia uma cadeia de caracteres origem t, incluindo o delimitador '\0', no final da cadeia de caracteres destino s. A cadeia s deve ser longa o suficiente para conter a sequência de caracteres contida na cadeia t. Na função recursiva do Código 13.29, o final da cadeia s é encontrado por meio de chamadas recursivas. Em seguida, a cadeia t é copiada, caractere a caractere, no final da cadeia s.

**Código 13.29.** Concatenação de cadeias de caracteres.

```c
void strcat(char *s, char *t) {
  if (*s)
    strcat(++s, t);
  else
    if (*s = *t)
      strcat(++s, ++t);
    else return;
}
```

A função recursiva do Código 13.30 conta o número de espaços em branco em uma cadeia de caracteres. O caso base ocorre quando a cadeia de caracteres é nula. Cada caractere da cadeia é analisado e, caso seja igual a um espaço em branco, adiciona-se 1 ao resultado obtido recursivamente com a função.

**Código 13.30.** Número de espaços em branco em uma cadeia de caracteres.

```c
int contar_espacos(char *s) {
  if (*s == '\0')
    return 0;
  else
    if (*s == ' ')
      return 1 + contar_espacos(s+1);
    else
      return contar_espacos(s+1);
}
```

Uma bola é solta de uma altura de $x$ metros. Após cada batida no solo, ela consegue atingir apenas 70% da altura anteriormente alcançada. Por exemplo, se a bola for solta de uma altura de 100 metros, a distância vertical percorrida na terceira batida no solo será de 338 metros. Uma função recursiva para calcular a distância total percorrida verticalmente (movimentos de subida e descida) até o instante da $n$-ésima ($n \geqslant 1$) batida no solo é apresentada no Código 13.31.

**Código 13.31.** Distância vertical percorrida por uma bola.

```c
float distancia(float x, int n) {
  if (n == 1)
    return x;
  return (x + 0.7*x + distancia(0.7*x, n-1));
}
```

O problema de geração de permutações consiste em imprimir todas as permutações possíveis dos caracteres que formam uma palavra. Para a cadeia de caracteres "abc", por exemplo, as permutações são "abc", "acb", "bac", "bca", "cab" e "cba". Se a palavra tiver $n$ caracteres, há $n!$ permutações distintas. O caso trivial ocorre quando $n = 1$. Para $n \geqslant 1$, cada caractere da palavra é impresso seguido por todas as permutações da palavra sem aquele caractere. Dessa forma, permutações das palavras podem ser obtidas resolvendo recursivamente os subproblemas mais simples até que apenas palavras de tamanho 1 sejam obtidas.

O Código 13.32 imprime permutações de uma cadeia de caracteres. Uma função auxiliar chamada troca é empregada para intercambiar a posição dos caracteres na palavra. Por exemplo, para gerar as permutações da cadeia de caracteres str com valor igual a "abc", o programa principal deve fazer a chamada permutacao(str, 0, strlen(str)).

**Código 13.32.** Geração de permutações.

```c
void troca(char *x, char *y) {
  char aux;

  aux = *x;
```

```c
5    *x = *y;
6    *y = aux;
7  }
8
9  void permutacao(char *str, int k, int n) {
10   int i;
11
12   if (k == n-1)
13     printf( "%s\n", str);
14   else
15     for (i = k; i < n; i++) {
16       troca((str+k), (str+i));
17       permutacao(str, k+1, n);
18       troca((str+k), (str+i));
19     }
20 }
```

O problema da Torre de Hanói[1] consiste em mover $n$ discos de diâmetros diferentes colocados em uma base contendo três pinos. Os discos devem ser movidos de um pino A (inicial) para o pino C (final), usando um pino B como auxiliar. As seguintes regras devem ser respeitadas: (i) apenas o disco do topo de um pino pode ser movido e (ii) um disco de diâmetro maior não pode ficar sobre um disco de diâmetro menor. O número de discos pode variar. A Figura 13.3 ilustra um exemplo do problema para 5 discos.

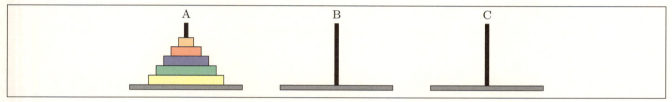

Figura 13.3: Problema da Torre de Hanói para 5 discos.

Uma maneira de resolver o problema da Torre de Hanói é subdividi-lo recursivamente em subproblemas mais simples da seguinte forma: se $n = 1$, mover o disco do pino A para o pino C; caso contrário, deve-se mover recursivamente os $n - 1$ primeiros discos do pino A para o pino B, usando o pino C como auxiliar. O último disco do pino A deve ser movido para o pino C. Finalmente, os $n - 1$ discos devem ser movidos do pino B para o pino C, usando A como auxiliar. A Figura 13.4 ilustra os principais passos para resolução do problema da Torre de Hanói para 5 discos. O Código 13.33 implementa um programa para resolver o problema da Torre de Hanói, apresentando a solução para 3 discos.

**Código 13.33.** Problema da Torre de Hanói.

```c
1  #include <stdio.h>
2
3  void hanoi(int n, char a, char c, char b) {
4    if (n == 1)
5      printf("mover o disco %d do pino %c para o pino %c\n", n, a, c);
6    else {
7      hanoi(n-1, a, b, c);
8      printf("mover o disco %d do pino %c para o pino %c\n", n, a, c);
9      hanoi(n-1, b, c, a);
10   }
11 }
12
```

---

[1]O problema foi criado pelo matemático francês Édouard Lucas em 1883, inspirado em uma lenda hindu segundo a qual Brahma supostamente havia ordenado que os monges do templo de Kashi Vishwanath movessem 64 discos de ouro, de acordo com as regras mencionadas. Segundo a lenda, o mundo acabaria quando todos os discos tivessem sido movidos.

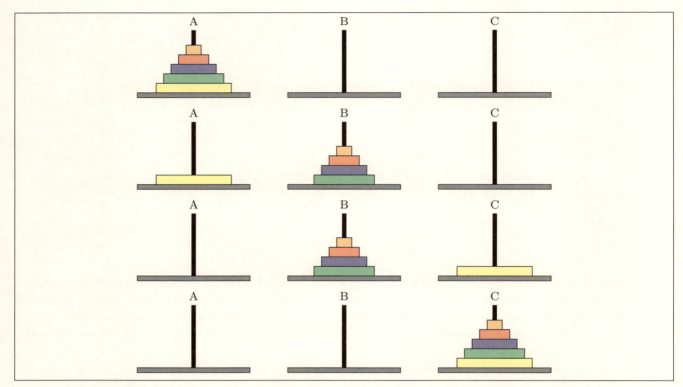

Figura 13.4: Principais passos para resolução do problema da Torre de Hanói para 5 discos.

```
13  int main() {
14    int n;
15
16    printf("Entre com o número de discos: ");
17    scanf("%d", &n);
18    hanoi(n, 'A', 'C', 'B');
19    return 0;
20  }
```

A saída do programa para $n = 3$ discos é:

```
mover o disco 1 do pino A para o pino C
mover o disco 2 do pino A para o pino B
mover o disco 1 do pino C para o pino B
mover o disco 3 do pino A para o pino C
mover o disco 1 do pino B para o pino A
mover o disco 2 do pino B para o pino C
mover o disco 1 do pino A para o pino C
```

Pode-se mostrar que o algoritmo requer $2^n - 1$ movimentos de disco para resolver o problema da Torre de Hanoi. A análise do algoritmo será realizada detalhadamente no Capítulo 14. Devido ao crescimento exponencial do algoritmo em relação ao número de discos, 18.446.744.073.709.551.615 movimentos seriam necessários no caso de 64 discos, o que corresponderia a aproximadamente 585 bilhões de anos, se cada movimento pudesse ser realizado em 1 segundo.

## 13.2 Enumeração exaustiva

*Enumeração exaustiva* ou *busca por força bruta* é uma técnica de solução de problemas que consiste em enumerar todas as possíveis soluções candidatas e verificar se cada uma satisfaz o problema. Embora esse tipo de abordagem normalmente possua uma implementação simples, seu custo computacional é proporcional ao número de candidatas à solução, tendendo a crescer rapidamente em muitos problemas práticos. Dessa forma, a busca por força bruta é tipicamente utilizada quando o tamanho do problema é limitado ou quando não se conhece um algoritmo mais eficiente.

Um exemplo de enumeração exaustiva em criptografia é a verificação sistemática de todas as possíveis senhas (chaves) até que a senha correta seja encontrada. Em otimização combinatória, o problema da mochila consiste em preencher uma mochila com itens de diferentes pesos e valores, de maneira que a mochila seja preenchida com o maior valor possível, mas não ultrapassando o peso máximo. Outro problema conhecido é o do caixeiro-viajante, em que se procura determinar a menor rota para percorrer um conjunto de cidades, visitando uma única vez cada uma delas, retornando à cidade de origem.

Uma variedade de problemas envolve a determinação de sequências de tamanho $k$ de números entre 1 e $n$ sem repetições. Por exemplo, selecionando-se 4 elementos em um conjunto de 6 elementos, as 15 combinações possíveis são listadas a seguir:

```
1 2 3 4     1 2 4 5     1 3 4 5     1 4 5 6     2 3 5 6
1 2 3 5     1 2 4 6     1 3 4 6     2 3 4 5     2 4 5 6
1 2 3 6     1 2 5 6     1 3 5 6     2 3 4 6     3 4 5 6
```

O problema pode ser resolvido utilizando um algoritmo recursivo, em que os prefixos das sequências sendo construídas são armazenados, enquanto todos os possíveis sufixos são recursivamente preenchidos. Estratégias têm sido desenvolvidas para reduzir o espaço de busca dos algoritmos de força bruta. Uma delas é a técnica de retrocesso, descrita a seguir.

## 13.3 Técnica de retrocesso

A *técnica de retrocesso* (*backtracking*) consiste em refinar um algoritmo de busca por força bruta ou enumeração exaustiva para reduzir o espaço de busca para o problema, em que algumas das soluções podem ser eliminadas sem serem explicitamente examinadas. A técnica é aplicável quando soluções candidatas podem ser construídas incrementalmente, e, quando determinado que não podem gerar uma solução válida, são descartadas. Essa eliminação de uma solução parcial inválida descartará também outras soluções candidatas inviáveis que derivarem da solução parcial. Quando um caminho não conduz a uma solução válida, o algoritmo retrocede e busca outros caminhos que possam resolver o problema. Em geral, os algoritmos de retrocesso utilizam recursão, pois esse mecanismo facilita o processo de retorno em busca de soluções candidatas.

Vários problemas diferentes podem ser resolvidos com a técnica de retrocesso, conforme discutido a seguir.

### 13.3.1 Problema das $n$ damas

O problema das $n$ damas consiste em tentar posicionar $n$ damas em um tabuleiro de xadrez de $n \times n$ células de modo que nenhuma dama esteja sob ataque de outra. Portanto, duas damas não podem ser colocadas em uma mesma linha, coluna ou diagonal. A Figura 13.5 apresenta soluções para o problema das quatro e das oito damas.

O objetivo é posicionar as damas, uma a uma, em diferentes colunas, iniciando pela coluna mais à esquerda. Ao colocar uma dama em uma coluna, possíveis confrontos com damas já posicionadas são verificados. Caso seja encontrada uma linha para a qual não há conflito (ou seja, situação que não leva a ataque) com a coluna atual, então a linha e a coluna são marcadas como parte da solução. Repete-se esse processo até que todas as colunas do tabuleiro sejam preenchidas. Caso não seja possível encontrar uma linha válida devido a conflitos, retorna-se à coluna anterior procurando pela próxima posição válida. Caso seja possível posicionar uma dama, retorna-se o valor 1. Se todas as linhas tiverem sido tentadas para cada coluna e não houver posições válidas, retorna-se o valor 0.

Um vetor v com $n$ posições pode ser usado para representar a solução do problema das $n$ damas. Cada posição v[j] armazena a linha da $j$-ésima dama. A Figura 13.6 ilustra os vetores correspondentes às soluções mostradas na Figura 13.5 para os problemas de quatro e oito damas. Para o problema de quatro damas, por exemplo, a dama da coluna 1 está posicionada na linha 2, a dama da coluna 2 na linha 4, a dama da coluna 3 na linha 1 e a dama da coluna 4 na linha 3. Ou seja, v[j] = i indica que a dama da coluna j está posicionada na linha i.

Um programa que busca soluções para o problema das $n$ damas é mostrado no Código 13.34. A função posicao_valida verifica se é possível posicionar uma dama em uma determinada coluna. Se v[s] ≠ v[t], então

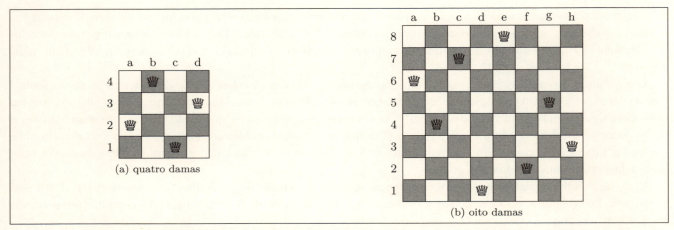

Figura 13.5: Possíveis soluções para o problema de (a) quatro damas e (b) oito damas.

| a | b | c | d |
|---|---|---|---|
| 2 | 4 | 1 | 3 |

(a) quatro damas

| a | b | c | d | e | f | g | h |
|---|---|---|---|---|---|---|---|
| 6 | 4 | 7 | 1 | 8 | 2 | 5 | 3 |

(b) oito damas

Figura 13.6: Vetores que representam soluções para o problema de (a) quatro damas e (b) oito damas.

as damas das colunas `s` e `t` não estão na mesma linha. Duas damas `v[s]` e `v[t]` posicionadas nas colunas `s` e `t`, respectivamente, com `t > s`, estarão na mesma diagonal se (`v[s]` - `v[t]`) for igual a (`t` - `s`) ou se (-`v[s]` + `v[t]`) for igual a (`t` - `s`). Portanto, se (|`v[s]` - `v[t]`|) ≠ (`t` - `s`), então as damas não estarão na mesma diagonal. A função `posicao_valida` retorna 1 se é possível posicionar uma dama em uma coluna; caso contrário, retorna 0.

**Código 13.34.** Problema das $n$ damas. Todas as soluções válidas para posicionar as $n$ damas no tabuleiro são apresentadas; caso contrário, uma mensagem é exibida.

```c
#include <stdio.h>
#include <stdlib.h>
#include <math.h>

void imprimir_solucao(int v[], int n) {
  int i;

  for (i = 0; i < n-1; i++)
    printf("%d ", v[i]);
  printf("\n");
}

int posicao_valida(int v[], int k) {
  int i;

  for (i = 0; i < k; i++)
    if ((v[i] == v[k]) || (abs(v[i] - v[k]) == (k - i)))
      return 0;
  return 1;
}

void damas(int v[], int k, int n) {
  int i;

  if (k == n)
```

```c
26      imprimir_solucao(v, n);
27    else
28      for (i = 1; i <= n; i++) {
29        v[k] = i;
30        if (posicao_valida(v, k))
31          damas(v, k+1, n);
32      }
33 }
34
35 int main() {
36   int n, *v;
37
38   printf("Número de damas: ");
39   scanf("%d", &n);
40
41   v = (int*) malloc(n * sizeof(int));
42   damas(v, 0, n);
43   free(v);
44   return 0;
45 }
```

O problema das quatro damas possui 2 soluções válidas. O problema das oito damas possui 92 soluções, e algumas delas podem ser derivadas de outras soluções por meio de simetria (rotações e reflexões).

### 13.3.2 Passeio do cavalo

O problema do passeio do cavalo consiste em posicionar um cavalo em um tabuleiro de $n \times n$ posições e encontrar, se existir, um caminho da posição inicial até que todas as posições do tabuleiro sejam visitadas uma única vez. O cavalo deve se movimentar segundo as regras do jogo de xadrez, conforme ilustrado na Figura 13.7. As posições indicadas com × são os movimentos possíveis para o cavalo que se encontra na posição d5 do tabuleiro.

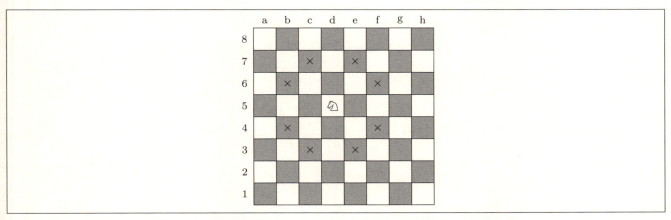

Figura 13.7: Possíveis movimentos de um cavalo no tabuleiro.

A partir de uma posição inicial, um movimento válido do cavalo é adicionado à matriz de solução e, recursivamente, busca-se por movimentos bem-sucedidos. Cada posição válida por onde o cavalo se movimenta é registrada. Se não for possível realizar um movimento válido, o algoritmo retrocede e tenta outros caminhos possíveis. Se o cavalo visitar todas as casas do tabuleiro, a solução retornada é apresentada. Se não houver solução válida, uma mensagem correspondente é exibida.

O tabuleiro pode ser representado por uma matriz $M$ de tamanho $n \times n$. A situação de cada posição do tabuleiro é representada por um número inteiro $p$ para registrar a evolução das posições visitadas pelo cavalo:

$$M[i][j] = \begin{cases} 0, & \text{se posição } (i,j) \text{ não visitada} \\ 1 \leq p \leq n^2, & \text{se posição } (i,j) \text{ visitada no } p\text{-ésimo movimento.} \end{cases}$$

Uma solução para o problema do passeio do cavalo em um tabuleiro de dimensões $8 \times 8$ é mostrada na Figura 13.8. A posição inicial do passeio é marcada pelo valor 1, enquanto movimentos subsequentes no tabuleiro são indicados por números em sequência.

|   | a | b | c | d | e | f | g | h |
|---|---|---|---|---|---|---|---|---|
| 8 | 1 | 50 | 45 | 62 | 31 | 18 | 9 | 64 |
| 7 | 46 | 61 | 32 | 49 | 10 | 63 | 30 | 17 |
| 6 | 51 | 2 | 47 | 44 | 33 | 28 | 19 | 8 |
| 5 | 60 | 35 | 42 | 27 | 48 | 11 | 16 | 29 |
| 4 | 41 | 52 | 3 | 34 | 43 | 24 | 7 | 20 |
| 3 | 36 | 59 | 38 | 55 | 26 | 21 | 12 | 15 |
| 2 | 53 | 40 | 57 | 4 | 23 | 14 | 25 | 6 |
| 1 | 58 | 37 | 54 | 39 | 56 | 5 | 22 | 13 |

Figura 13.8: Possível solução para o problema do passeio do cavalo.

Um programa que busca soluções para o problema do passeio do cavalo é mostrado no Código 13.35. A técnica de recursão é empregada para explorar os movimentos possíveis do cavalo no tabuleiro. Quando um movimento é considerado válido, a função `passeio` marca a posição correspondente no tabuleiro e chama-se recursivamente para continuar o passeio. Se a recursão atingir a condição de base (todas as células do tabuleiro foram visitadas), a função retorna 1, indicando o sucesso do passeio. Caso contrário, ela desfaz o movimento e continua a busca por outros caminhos. O programa principal solicita ao usuário as dimensões do tabuleiro e as coordenadas iniciais do cavalo. Se um caminho é encontrado, o tabuleiro final é apresentado; caso contrário, uma mensagem é exibida para indicar a ausência de solução.

**Código 13.35.** Problema do passeio do cavalo.

```c
#include <stdio.h>

/* tamanho do tabuleiro */
#define MAX 8

void imprimir_matriz(int M[MAX][MAX], int n) {
  int x, y;

  for (x = 0; x < n; x++) {
    for (y = 0; y < n; y++)
      printf(" %3d ", M[x][y]);
    printf("\n");
  }
}

int movimento_valido(int M[MAX][MAX], int novoX, int novoY, int n) {
  if ((novoX >= 0) && (novoX < n) && (novoY >= 0) && (novoY < n) &&
      (M[novoX][novoY] == 0))
    return 1;
  else
    return 0;
```

```c
22 }
23
24 int passeio(int n, int x, int y, int passos, int M[MAX][MAX],
25              int moveX[], int moveY[]) {
26   int k, novoX, novoY;
27
28   if (passos == n * n)
29     return 1;
30   else {
31     /* testa todos os movimentos a partir da posição atual (x,y) do cavalo */
32     for (k = 0; k < 8; k++) {
33       novoX = x + moveX[k];
34       novoY = y + moveY[k];
35
36       /* verifica se o movimento é válido e registra solução */
37       if (movimento_valido(M, novoX, novoY, n)) {
38         M[novoX][novoY] = passos+1;
39
40         if (passeio(n, novoX, novoY, passos+1, M, moveX, moveY))
41           return 1;
42         else
43           M[novoX][novoY] = 0; /* apaga registro na posição do tabuleiro */
44       }
45     }
46   }
47   return 0;
48 }
49
50 int main() {
51   int M[MAX][MAX], x, y, n, Xi, Yi;
52
53   /* movimentos do cavalo */
54   int moveX[8] = {-2, -1, 1, 2, 2, 1, -1, -2 };
55   int moveY[8] = {-1, -2, -2, -1, 1, 2, 2, 1};
56
57   printf("Entre com o tamanho do tabuleiro: ");
58   scanf("%d", &n);
59
60   printf("Entre com a linha inicial do cavalo: ");
61   scanf("%d", &Xi);
62   printf("Entre com a coluna inicial do cavalo: ");
63   scanf("%d", &Yi);
64
65   /* inicializa tabuleiro */
66   for (x = 0; x < n; x++)
67     for (y = 0; y < n; y++)
68       M[x][y] = 0;
69
70   /* define posição inicial do cavalo */
71   M[Xi-1][Yi-1] = 1;
72
73   /* verifica se há solução válida */
74   if (passeio(n, Xi-1, Yi-1, 1, M, moveX, moveY))
75     imprimir_matriz(M, n);
76   else
```

```
    printf("Não existe solução.\n");
  return 0;
}
```

### 13.3.3 Caminho em um labirinto

O problema do caminho em um labirinto consiste em, dadas uma posição inicial (origem) e uma posição final (destino), determinar se existe um caminho entre elas. O labirinto é formado por células marcadas como livres ou fechadas por um obstáculo. O percurso é realizado movendo-se pelas células livres do labirinto. Quando um obstáculo é encontrado, outra direção deve ser tentada.

A partir da posição atual, há quatro movimentos possíveis para alcançar a próxima célula do labirinto: para esquerda, para direita, para baixo e para cima. A ordem com que os movimentos são executados pode influenciar a resposta, eventualmente gerando caminhos diferentes no labirinto.

O labirinto pode ser representado por uma matriz $M$ de tamanho $n \times m$. A situação de cada posição do labirinto é representada por um número inteiro para indicar uma célula livre, uma célula fechada (obstáculo) ou uma célula que pertence ao caminho:

$$M[i][j] = \begin{cases} -1, & \text{se a posição } (i,j) \text{ representa um obstáculo} \\ 0, & \text{se a posição } (i,j) \text{ não pertence ao caminho} \\ p \geqslant 1, & \text{se a posição } (i,j) \text{ pertence ao caminho.} \end{cases}$$

Quando o labirinto é criado, as bordas da matriz são marcadas como obstáculos, exceto a posição de saída do labirinto. As células internas podem ter seus valores marcados como livres ou obstáculos de forma aleatória, definidos pelo usuário via teclado ou lidos de um arquivo. As posições inicial $(x_i, y_i)$ e final $(x_f, y_f)$ são marcadas como livres.

Um exemplo de labirinto de dimensões 8×8 é mostrado na Figura 13.9(b). As informações do labirinto (dimensões, coordenadas de entrada e coordenadas de saída) são fornecidas ao programa por meio de um arquivo. A Figura 13.9(a) mostra o arquivo correspondente ao labirinto da Figura 13.9(b). A posição inicial do caminho do labirinto é indicada pelo valor 1 na Figura 13.9(c), enquanto movimentos consecutivos são representados pelos números em sequência. Se não houver um caminho possível entre a entrada e a saída, uma mensagem correspondente é exibida.

```
8 8
2 2
7 8
1 1 1 1 1 1 1 1
1 0 0 0 0 1 0 1
1 0 0 0 1 0 0 1
1 0 1 1 0 0 0 1
1 0 0 1 0 1 0 1
1 0 0 1 0 0 0 1
1 0 0 0 0 1 0 0
1 1 1 1 1 1 1 1
```

(a) entrada

| | 1 | 2 | 3 | 4 | 5 | 6 | 7 | 8 |
|---|---|---|---|---|---|---|---|---|
| 1 | −1 | −1 | −1 | −1 | −1 | −1 | −1 | −1 |
| 2 | −1 | 0 | 0 | 0 | 0 | −1 | 0 | −1 |
| 3 | −1 | 0 | 0 | 0 | −1 | 0 | 0 | −1 |
| 4 | −1 | 0 | −1 | −1 | 0 | 0 | 0 | −1 |
| 5 | −1 | 0 | 0 | −1 | 0 | −1 | 0 | −1 |
| 6 | −1 | 0 | 0 | −1 | 0 | 0 | 0 | −1 |
| 7 | −1 | 0 | 0 | 0 | 0 | −1 | 0 | 0 |
| 8 | −1 | −1 | −1 | −1 | −1 | −1 | −1 | −1 |

(b) labirinto correspondente

| | 1 | 2 | 3 | 4 | 5 | 6 | 7 | 8 |
|---|---|---|---|---|---|---|---|---|
| 1 | −1 | −1 | −1 | −1 | −1 | −1 | −1 | −1 |
| 2 | −1 | 1 | 2 | 3 | 4 | −1 | 0 | −1 |
| 3 | −1 | 6 | 5 | 4 | −1 | 0 | 0 | −1 |
| 4 | −1 | 7 | −1 | −1 | 0 | 0 | 0 | −1 |
| 5 | −1 | 8 | 9 | −1 | 0 | −1 | 0 | −1 |
| 6 | −1 | 0 | 10 | −1 | 14 | 15 | 16 | −1 |
| 7 | −1 | 0 | 11 | 12 | 13 | −1 | 17 | 18 |
| 8 | −1 | −1 | −1 | −1 | −1 | −1 | −1 | −1 |

(c) possível solução

Figura 13.9: Problema do caminho em um labirinto.

Um programa para buscar um caminho em um labirinto é mostrado no Código 13.36. Inicialmente, o labirinto é criado a partir das informações definidas em um arquivo. Recursão é utilizada para explorar os caminhos possíveis a partir de uma posição inicial até a posição de saída. Se um caminho é encontrado, o programa retorna a ordem de passagem nas células do labirinto, indicando o percurso até a saída. Em caso de sucesso, a configuração final do labirinto é exibida; caso contrário, uma mensagem indicando a ausência de solução é apresentada.

**Código 13.36.** Problema do caminho em um labirinto.

```c
#include <stdio.h>

#define MAX 20

void imprime_labirinto(int M[MAX][MAX], int n, int m) {
  int i, j;

  for (i = 0; i < n; i++) {
    for (j = 0; j < m; j++) {
      if (M[i][j] == -1) printf(" -1");
        else if (M[i][j] == 0) printf("  0");
          else if (M[i][j] > 0) printf(" %2d", M[i][j]);
    }
    printf("\n");
  }
}

void *cria_labirinto(int M[MAX][MAX], int *n, int *m,
                    int *Ei, int *Ej, int *Si, int *Sj) {
  int i, j, v;
  FILE *fp = fopen("labirinto.txt", "r");

  fscanf(fp,"%d %d", n, m);     /* dimensões do labirinto */
  fscanf(fp,"%d %d", Ei, Ej);   /* coordenadas da entrada */
  fscanf(fp,"%d %d", Si, Sj);   /* coordenadas da saída */

  /* labirinto: 0 = posição livre; 1 = obstáculo */
  for (i = 0; i < *n; i++)
    for (j = 0; j < *m; j++) {
      fscanf(fp, "%d", &v);
      if (v == 1)
        M[i][j] = -1;
      else
        M[i][j] = 0;
    }

  fclose(fp);
}

int labirinto(int M[MAX][MAX], int moveX[], int moveY[],
              int Ei, int Ej, int Si, int Sj) {
  int i, j, k;

  if ((Ei == Si) && (Ej == Sj))
    return M[Ei][Ej];

  /* testa movimentos */
  for (k = 0; k < 4; k++) {
    i = Ei + moveY[k];
    j = Ej + moveX[k];

    /* registra solução se movimento é válido */
    if (M[i][j] == 0) {
      M[i][j] = M[Ei][Ej] + 1;
```

```
55
56            if (labirinto(M, moveX, moveY, i, j, Si, Sj))
57              return M[i][j];
58        }
59    }
60
61    return 0;
62 }
63
64 int main() {
65    int M[MAX][MAX], n, m, Ei, Ej, Si, Sj;
66
67    /* movimentos no labirinto: direita, baixo, esquerda, cima */
68    int moveX[4] = {1, 0, -1, 0};
69    int moveY[4] = {0, 1, 0, -1};
70
71    /* cria labirinto */
72    cria_labirinto(M, &n, &m, &Ei, &Ej, &Si, &Sj);
73
74    /* posição inicial no tabuleiro */
75    M[Ei-1][Ej-1] = 1;
76
77    /* busca caminho no labirinto */
78    if (labirinto(M, moveX, moveY, Ei-1, Ej-1, Si-1, Sj-1))
79      imprime_labirinto(M, n, m);
80    else
81      printf("Não existe solução.\n");
82
83    return 0;
84 }
```

### 13.3.4 Soma de subconjuntos

Dado um conjunto $U$ de números inteiros e um número inteiro $w$, o problema da soma de subconjuntos consiste em encontrar, se existir, um subconjunto $S$ cuja soma é igual a $w$. Por exemplo, se $U = \{5, 10, 12, 13, 15, 18\}$ e $w = 30$, o subconjunto $S = \{5, 10, 15\}$ é uma solução para o problema.

Um algoritmo recursivo é usado para tentar selecionar um subconjunto válido. Quando um elemento não é válido, o algoritmo retrocede para retornar ao subconjunto anterior e adicionar outro elemento para obter a solução. O Código 13.37 tenta encontrar todos os possíveis subconjuntos válidos.

**Código 13.37.** Soma de subconjuntos.

```
1  # include <stdio.h>
2  # include <stdlib.h>
3
4  void imprimir_subconjunto(int subconjunto[], int n) {
5    int i;
6
7    for (i = 0; i < n; i++)
8      printf("%d ", subconjunto[i]);
9    printf("\n");
10 }
11
12 void somar_subconjunto(int conjunto[], int subconjunto[], int n, int m, int total,
13                       int num_elem, int soma) {
14   int i;
```

```
15
16   if (total == soma) {
17     imprimir_subconjunto(subconjunto, m); /* imprime subconjunto */
18     somar_subconjunto(conjunto, subconjunto, n, m-1, total-conjunto[num_elem],
19                       num_elem+1, soma); /* testa outros subconjuntos */
20     return;
21   }
22   else
23     for (i = num_elem; i < n; i++ ) {
24       subconjunto[m] = conjunto[i];
25       somar_subconjunto(conjunto, subconjunto, n, m+1, total+conjunto[i],
26                         i+1, soma); /* testa próximo elemento */
27     }
28 }
29
30 void achar_subconjunto(int conjunto[], int n, int soma) {
31   int *subconjunto = (int*) malloc(n * sizeof(int)); /* cria subconjunto */
32
33   somar_subconjunto(conjunto, subconjunto, n, 0, 0, 0, soma);
34   free(subconjunto);
35 }
36
37 int main() {
38   int n = 7;
39   int conjunto[] = {10, 7, 5, 18, 12, 20, 15};
40
41   achar_subconjunto(conjunto, n, 35);
42 }
```

## 13.4 Exercícios

1. Escreva uma função recursiva para retornar o índice da primeira letra maiúscula de uma cadeia de caracteres.

2. Mostre o resultado para a chamada da função recursiva imprimir(5).

```
1 void imprimir(int n) {
2   if ((n == 0) || (n == 1))
3     return;
4   else {
5     imprimir(n-2);
6     printf("%d ", n);
7     imprimir(n-1);
8   }
9 }
```

3. Apresente a saída para a chamada da função F(3).

```
1 void F(int n) {
2   int i;
3
4   if (n == 0)
5     return;
6   for (i = 0; i < n; i++) {
7     printf("%d ", n);
8     F(n-1);
9   }
10  printf("\n");
11 }
```

4. Escreva uma função recursiva para imprimir os primeiros 30 números naturais.

5. Mostre as saídas para as chamadas G(3) e G(7).

```
int G(int n) {
  if (n < 4)
    return 3 * n;
  else
    return 2 * G(n-4) + 5;
}
```

6. Escreva uma função recursiva para imprimir os números ímpares em um dado intervalo. Por exemplo, os números ímpares no intervalo entre 1 e 10 são 1, 3, 5, 7 e 9.

7. Escreva uma função para resolver o problema das $n$ torres por meio da técnica de retrocesso, de forma que $n$ torres sejam posicionadas em um tabuleiro de xadrez de dimensões $n \times n$.

8. Mostre a saída para a chamada da função imprimir(5).

```
void imprimir(int i) {
  int j;

  if (i > 0) {
    imprimir(i-1);
    for (j = 1; j <= i; j++)
      printf("*");
    printf("*\n");
  }
}
```

9. Escreva uma função recursiva para contar o número de consoantes em uma cadeia de caracteres.

10. Dado um número inteiro $n$, implemente uma função recursiva para imprimir todas as palavras binárias de tamanho $n$. Por exemplo, se $n = 3$, então a saída da função é: 000, 001, 010, 100 e 101.

11. Quantos asteriscos são exibidos pela chamada de imprimir(5)?

```
int imprimir(int i) {
  if (i > 1) {
    imprimir(i/2);
    imprimir(i/2);
  }
  printf("*");
}
```

12. Escreva uma função recursiva para contar o número de vezes que um determinado dígito ocorre em um número natural. Por exemplo, o dígito 4 aparece 2 vezes no número 5413724.

13. Escreva uma função recursiva para gerar o padrão de asteriscos a seguir:

```
      *
     * *
    * * *
   * * * *
    * * *
     * *
      *
```

14. Determine o que faz a função recursiva a seguir:

```
int f(int x) {
  if (x <= 0)
    return 0;
  else
```

```
5      return x + f(x-1);
6  }
```

15. Escreva uma versão recursiva para a função a seguir:

```
1  void cubos(int n) {
2    int i;
3
4    for (i = 1; i <= n; i++)
5      print("%d\n", i * i * i);
6  }
```

16. Escreva uma função recursiva para receber dois vetores de números inteiros e retornar 1 se o número de elementos negativos e positivos dos vetores for igual, ou, caso contrário, retornar 0.

17. Dadas duas cadeias de caracteres c1 e c2, escreva uma função recursiva para contar o número de vezes que c2 ocorre em c1. Por exemplo, se c1 = "banana" e c2 = "na", a função retorna 2.

## Leituras recomendadas

AUSLANDER, M. A. & STRONG, H. R. Systematic Recursion Removal. *Communications of the ACM*, vol. 21, n. 2, pp. 127–134, 1978.

BARRON, D. W. *Recursive Techniques in Programming*. American Elsevier Publishing Company, 1968.

BELL, J. & STEVENS, B. A Survey of Known Results and Research Areas for $n$-Queens. *Discrete Mathematics*, vol. 309, n. 1, pp. 1–31, 2009.

BIERE, A.; HEULE, M. & VAN MAAREN, H. *Handbook of Satisfiability*, volume 185. IOS Press, 2009.

BIRD, R. S. Notes on Recursion Elimination. *Communications of the ACM*, vol. 20, n. 6, pp. 434–439, 1977.

BOWMAN, C. F. *Algorithms and Data Structures: An Approach in C*. Oxford University Press, 1994.

CIVICIOGLU, P. Backtracking Search Optimization Algorithm for Numerical Optimization Problems. *Applied Mathematics and Computation*, vol. 219, n. 15, pp. 8121–8144, 2013.

COOPER, S. B.; SLAMAN, T. A. & WAINER, S. S. *Computability, Enumerability, Unsolvability: Directions in Recursion Theory*, volume 224. Cambridge University Press, 1996.

CUTLAND, N. *Computability: An Introduction to Recursive Function Theory*. Cambridge University Press, 1980.

DAHL, O.-J.; DIJKSTRA, E. W. & HOARE, C. A. R. *Structured Programming*. Academic Press Ltd., 1972.

FOROUZAN, B. & GILBERG, R. *Computer Science: A Structured Programming Approach Using C*. Cengage Learning, 2006.

FOROUZAN, B. A. & GILBERG, R. F. *Foundations of Computer Science: From Data Manipulation to Theory of Computation*. Brooks/Cole Publishing Co., 2002.

HEADINGTON, M. R. & RILEY, D. D. *Data Abstraction and Structures Using C++*. Jones & Bartlett Learning, 1994.

HINZ, A. M.; KLAVŽAR, S.; MILUTINOVIĆ, U. & PETR, C. *The Tower of Hanoi-Myths and Maths*. Springer, 2013.

KING, K. N. *C Programming: A Modern Approach*. W.W. Norton & Company, 2008.

LEWIS, H. R. & DENENBERG, L. *Data Structures and their Algorithms*. Addison-Wesley Longman Publishing Co., Inc., 1997.

LORENTZ, R. *Recursive Algorithms*. Intellect Books, 1994.

MANNA, Z. & SHAMIR, A. The Optimal Approach to Recursive Programs. *Communications of the ACM*, vol. 20, n. 11, pp. 824–831, 1977.

NIELSON, F.; NIELSON, H. R. & HANKIN, C. *Principles of Program Analysis*. Springer, 2015.

POTHERING, G. J. & NAPS, T. L. *Introduction to Data Structures and Algorithm Analysis with C++*. West Publishing Company, 1995.

PRATT, T. W.; ZELKOWITZ, M. V. & GOPAL, T. V. *Programming Languages: Design and Implementation*. Prentice Hall Englewood Cliffs, NJ, 1984.

ROBERTS, E. & ROBERTS, E. *Thinking Recursively*. John Wiley & Sons, 1986.

ROGERS JR., H. *Theory of Recursive Functions and Effective Computability*. MIT Press, 1987.

RUBIO-SÁNCHEZ, M. *Introduction to Recursive Programming*. CRC Press, 2017.

SEBESTA, R. W. *Concepts of Programming Languages*. Addison-Wesley, Boston, MA, Estados Unidos, 2009.

SIMON, H. A. The Functional Equivalence of Problem Solving Skills. *Cognitive Psychology*, vol. 7, n. 2, pp. 268–288, 1975.

SOARE, R. I. Computability and Recursion. *Bulletin of Symbolic Logic*, vol. 2, n. 3, pp. 284–321, 1996.

SPITZNAGEL, E. L. *Selected Topics in Mathematics*. Holt McDougal, 1971.

STANDISH, T. A. *Data Structure Techniques*. Addison-Wesley Longman Publishing Co., Inc., 1980.

WATKINS, J. J. & BENJAMIN, A. T. Across the Board: The Mathematics of Chessboard Problems. *The Mathematical Intelligencer*, vol. 27, n. 3, pp. 76–77, 2005.

WIRTH, N. Program Development by Stepwise Refinement. *Communications of the ACM*, vol. 26, n. 1, pp. 70–74, 1983.

# 14
# ANÁLISE DE COMPLEXIDADE

A análise de complexidade é uma tarefa fundamental para fornecer uma estimativa do desempenho de um algoritmo baseada em uma medida objetiva. Normalmente, a medida é baseada em termos de tempo de execução ou espaço de armazenamento requerido para a resolução do problema. Para evitar que a análise seja dependente de características específicas do ambiente computacional em que o algoritmo será executado, a análise é efetuada com base no número de operações executadas. Este capítulo apresenta os princípios da análise de complexidade de algoritmos.

## 14.1 Análise de complexidade

A *complexidade* de uma solução pode ser analisada por meio de duas técnicas principais. Na *análise empírica*, o comportamento da solução é baseado na execução propriamente dita do programa, sendo dependente da máquina utilizada, da linguagem de programação selecionada, do interpretador ou compilador empregado, das condições locais de processamento, entre outros fatores. Na *análise baseada em modelos matemáticos*, a eficiência dos algoritmos é avaliada de acordo com o número de operações que são executadas, produzindo resultados independentes das características da máquina, da linguagem ou do compilador utilizados.

A análise de complexidade pode ser utilizada para avaliar a eficiência de um algoritmo particular ou de uma classe de algoritmos. No primeiro caso, deseja-se conhecer o custo de determinado algoritmo para resolver um problema específico. No segundo caso, deseja-se identificar os algoritmos de menor custo possível para resolver um mesmo tipo de problema, ou seja, estabelecer limites para a complexidade computacional dos algoritmos pertencentes à classe. Por exemplo, a classe de algoritmos de ordenação abrange uma variedade de estratégias para resolver o problema de ordenar uma lista de elementos.

Um algoritmo será considerado *ótimo* se apresentar o menor custo computacional entre todos os possíveis algoritmos existentes para resolver um determinado problema dentro de uma classe de algoritmos. O conceito de otimalidade pode variar dependendo do critério de avaliação escolhido. Por exemplo, um algoritmo pode ser considerado ótimo em termos de tempo de execução, mas pode não ser o mais eficiente em termos de uso de memória.

A análise de complexidade possibilita a determinação da eficiência computacional de algoritmos, de modo a prever os recursos necessários para executá-los. Além disso, a análise de custo computacional pode auxiliar o projeto e a implementação dos códigos, melhorar a eficiência dos programas (com entradas de dados muito grandes ou programas executados muitas vezes), avaliar o tempo de execução ou o consumo de memória dos algoritmos, bem como comparar diversos algoritmos que resolvem o mesmo tipo de problema.

Na análise empírica, um programa deve ser implementado para resolver o problema e então executado com conjuntos de dados de vários tamanhos diferentes. Uma estratégia para a medição do tempo de execução deve ser realizada. Esse tipo de análise possui diversas limitações, como a necessidade de implementar o algoritmo para determinar o tempo de execução, a experimentação de conjuntos limitados de dados de entrada e a utilização do mesmo ambiente computacional para a comparação dos diferentes algoritmos.

Na análise baseada em modelos matemáticos, o custo dos algoritmos é efetuado de forma mais geral, sendo estimado em função do tamanho da entrada de dados do problema. Algumas hipóteses normalmente estabelecidas são: (i) a análise é sempre realizada em relação a um modelo computacional, ou seja, um computador abstrato com um processador, (ii) todos os acessos à memória têm o mesmo custo, (iii) as instruções são executadas sequencialmente, ou seja, não há operações concorrentes ou paralelas e (iv) todas as instruções têm custo similar (uma unidade de tempo).

Dessa forma, um algoritmo pode ser analisado pela contagem do número de operações realizadas para uma dada entrada. Esse número é expresso em função do tamanho da entrada. O custo de execução de um algoritmo para um problema cuja entrada possui tamanho $n$ é representado pela função $f(n)$, denominada função de complexidade do algoritmo.

**Exemplo 14.1.** Seja um computador de 1GHz, o qual executa aproximadamente $10^9$ operações por segundo, com um custo médio de 1ns por operação. Dessa forma:

a) para um algoritmo com custo $f_1(n) = n$ e entrada $n = 10^9$, o computador gastará 1 segundo.

b) para um algoritmo com custo $f_2(n) = 100n$ e entrada $n = 10^9$, o computador gastará 100 segundos.

c) para um algoritmo com custo $f_3(n) = n^2$ e entrada $n = 10^9$, o computador gastará 32,5 anos.

Em geral, a formulação de uma expressão matemática para avaliar o custo de um algoritmo não é uma tarefa simples. De modo a simplificar esse processo, apenas os custos das operações mais representativas para o problema são considerados, ignorando-se o custo de operações básicas como atribuições, manipulações de índices e operações aritméticas.

A comparação entre algoritmos normalmente é conduzida sob a premissa de que a quantidade de dados manipulados é suficientemente grande. Em geral, a análise de complexidade é realizada considerando três cenários distintos, cada um dependente do tamanho da entrada:

- melhor caso: corresponde ao menor custo computacional sobre todas as possíveis entradas de tamanho $n$.
- pior caso: corresponde ao maior custo computacional sobre todas as entradas de tamanho $n$.
- caso médio: corresponde à média dos custos computacionais de todas as entradas de tamanho $n$. A obtenção dessa medida é baseada em uma distribuição de probabilidades sobre o conjunto de entrada.

**Exemplo 14.2.** Dado um conjunto de itens armazenados, em ordem aleatória, em um vetor, deseja-se buscar determinado item. Uma solução é realizar uma busca sequencial no vetor. Seja $f$ uma função de complexidade tal que $f(n)$ corresponde ao número de vezes que o item de consulta é comparado com os demais itens do vetor. Dessa forma:

- melhor caso: o item procurado é o primeiro consultado. Portanto, $f(n) = 1$.
- pior caso: o item procurado é o último consultado ou não está presente no vetor. Portanto, $f(n) = n$.
- caso médio: se $p_i$ for a probabilidade de que o $i$-ésimo item seja procurado e considerando que são necessárias $i$ comparações para recuperar o $i$-ésimo item, então:

$$f(n) = 1p_1 + 2p_2 + 3p_3 + \cdots + np_n.$$

Para calcular $f(n)$, basta conhecer a distribuição de probabilidades $p_i$. Se cada item tiver a mesma probabilidade de ser recuperado em relação aos outros (ou seja, a distribuição de probabilidades é uniforme), então $p_i = 1/n$, em que $1 \leqslant i \leqslant n$. Portanto,

$$f(n) = \frac{1}{n}(1 + 2 + 3 + \cdots + n) = \frac{1}{n}\left(\frac{n(n+1)}{2}\right) = \frac{n+1}{2}.$$

## 14.2 Comportamento assintótico de funções

Como mencionado anteriormente, o custo de um algoritmo para solucionar determinado problema é uma função do tamanho da entrada $n$. Portanto, a escolha do algoritmo não é crítica para problemas de tamanho pequeno, uma vez que, para valores suficientemente pequenos de $n$, praticamente qualquer algoritmo apresentará um custo considerado baixo.

Para exemplificar, suponha que há dois algoritmos, $A$ e $B$, para solucionar um mesmo problema, cujas complexidades são expressas por $f_A(n) = n^2$ e por $f_B(n) = 100n$, respectivamente. Se esses algoritmos forem usados para um conjunto de 30 elementos, o algoritmo $B$ com $f_B = 3000$ será pior do que o algoritmo $A$ com $f_A = 900$. Entretanto, se um conjunto de 3000 elementos for utilizado, o algoritmo $A$ apresentará um custo muito maior ($f_A = 9000000$) do que o custo de $B$ ($f_B = 300000$). Portanto, o comportamento assintótico das funções de custos dos algoritmos, ou seja, tamanhos de entrada $n$ suficientemente grandes, deve ser considerado na análise de complexidade.

Na *análise assintótica*, os termos de mais baixa ordem podem ser ignorados, já que eles são pouco significativos para valores altos de $n$. Em particular, coeficientes constantes nos termos podem ser ignorados, uma vez que eles não são importantes para a taxa de crescimento do custo computacional para valores altos de $n$. Assim, funções de mais alta ordem de $n$ são consideradas tipicamente menos eficientes.

### 14.2.1 Notação O

Sejam $f$ e $g$ duas funções do tamanho da entrada $n$, $n \geq 0$. Uma função $f(n)$ é $O(g(n))$ se existirem duas constantes positivas $c$ e $n_0$, tal que $0 \leq f(n) \leq cg(n)$, $\forall n \geq n_0$.

A notação $O$ é utilizada para estabelecer um limite superior sobre uma função, de acordo com um fator constante. Denota-se $f(n) = O(g(n))$ para dizer que $g(n)$ domina assintoticamente $f(n)$. Uma representação gráfica dessa definição é ilustrada na Figura 14.1.

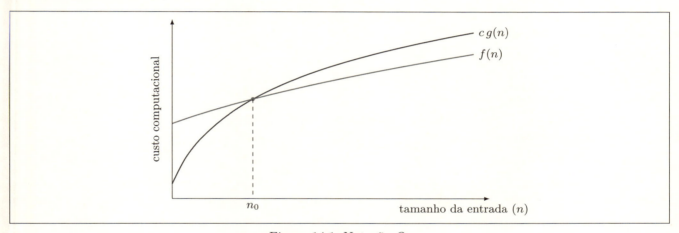

Figura 14.1: Notação $O$.

**Exemplo 14.3.** Sejam $f(n) = n$ e $g(n) = n^2$. Temos que $n \leq n^2$ para todo $n \in N$. Fazendo $c = 1$ e $n_0 = 0$, a definição acima é satisfeita. Logo, $g(n)$ domina assintoticamente $f(n)$.

**Exemplo 14.4.** Seja $f(n) = (n+1)^2$. Logo, $f(n) = O(n^2)$, quando $n_0 = 1$ e $c = 4$. Isso porque $(n+1)^2 \leq 4n^2$, para $n \geq 1$.

**Exemplo 14.5.** Seja $f(n) = 3n^3 + 2n^2 + n$. A função $f(n)$ é $O(n^3)$, pois $3n^3 + 2n^2 + n \leq 6n^3$, para $n \geq 0$. A função $f(n)$ também é $(n^4)$, entretanto, essa afirmação é mais fraca do que dizer que $f(n)$ é $O(n^3)$.

**Exemplo 14.6.** $f(n) = 20n^3 + 10n \log n + 5$ é $O(n^3)$. Prova: $20n^3 + 10n \log n + 5 \leq 35n^3$, para $n \geq 1$.

**Exemplo 14.7.** $f(n) = 3 \log n + \log \log n$ é $O(\log n)$. Prova: $3 \log n + \log \log n \leq 4 \log n$, para $n \geq 2$. Deve-se notar que $\log \log n$ não é definido para $n = 1$, por isso, $n \geq 2$.

**Exemplo 14.8.** $f(n) = 2^{100}$ é $O(1)$. Prova: $2^{100} \leq 2^{100} \cdot 1$, para $n \geq 1$.

**Exemplo 14.9.** $f(n) = 3n^3 + 2n^2$ é $O(n^3)$. Prova: para $n_0 = 0$ e $c = 5$, então $3n^3 + 2n^2 \leq 5n^3$. Poderia ser dito que $3n^3 + 2n^2$ é $O(n^4)$, mas essa afirmação é mais fraca do que dizer que é $O(n^3)$.

**Exemplo 14.10.** $f(n) = 3^n$ não é $O(2^n)$. Prova: assumindo que existissem constantes $n_0$ e $c$ tal que $n \geq n_0$, então $3^n \leq c2^n$, ou seja, $c \geq (3/2)^n$ para $\forall n \geq n_0$. Entretanto, $(3/2)^n$ torna-se arbitrariamente elevado quando $n$ for alto, então nenhuma constante $c$ pode exceder $(3/2)^n$, para todo $n$.

**Exemplo 14.11.** $f(n) = (n+1)^2$ é $O(n^2)$. Prova: $(n+1)^2 \leq 4n^2$, para $n \geq 1$.

**Exemplo 14.12.** Outros exemplos:
(a) $f(n) = n^3 - 1 \Rightarrow f(n) = O(n^3)$.
(b) $f(n) = 3 + 5\log n + 7n \Rightarrow f(n) = O(n)$.
(c) $f(n) = 207 \Rightarrow f(n) = O(1)$.
(d) $f(n) = 2^n + 5n^2 \Rightarrow f(n) = O(2^n)$.
(e) $f(n) = 2^n + 5n^{10} \Rightarrow f(n) = O(2^n)$.
(f) $f(n) = 2\log^2 n + \log n + 3 \Rightarrow f(n) = O(\log^2 n)$.

Algumas propriedades úteis para manipular expressões em notação $O$ são listadas a seguir, em que $f$ e $g$ são duas funções de $n$ e $c$ é uma constante:
- $cO(f(n)) = O(f(n))$.
- $O(f(n)) + O((f(n)) = O(f(n))$.
- $O(O(f(n))) = O(f(n))$.
- $O(f(n)) + O(g(n)) = O(f(n) + g(n)) = O(\max(f(n), g(n)))$.
- $O(f(n))O(g(n)) = O(f(n)g(n))$.
- $f(n)O(g(n)) = O(f(n)g(n))$.

A relação de dominação assintótica possibilita a comparação entre funções de complexidade. Algumas classes de funções de complexidade comumente encontradas ao analisar o tempo computacional de um algoritmo como medida de custo são:
- tempo constante: $f(n) = O(1)$.
- tempo logarítmico: $f(n) = O(\log n)$.
- tempo linear: $f(n) = O(n)$.
- tempo linearítmico: $f(n) = O(n \log n)$.
- tempo quadrático: $f(n) = O(n^2)$.
- tempo polinomial: $f(n) = O(n^c)$, em que $c$ é uma constante $> 1$.
- tempo exponencial: $f(n) = O(c^n)$, em que $c$ é uma constante $> 1$.
- tempo fatorial: $f(n) = O(n!)$.

### 14.2.2 Notação $\Omega$

A notação $\Omega$ define um limite assintótico inferior para a função de acordo com um fator constante. Uma função $f(n)$ é $\Omega(g(n))$ se existirem duas constantes positivas $c$ e $n_0$ tal que $0 \leq cg(n) \leq f(n)$, $\forall n \geq n_0$. Uma representação gráfica dessa definição é ilustrada na Figura 14.2.

**Exemplo 14.13.** Para mostrar que $f(n) = 3n^3 + 2n^2$ é $\Omega(n^3)$, basta fazer $c = 1$ e $3n^3 + 2n^2 \geq n^3$, $\forall n \geq 0$.

**Exemplo 14.14.** $f(n) = 3\log n + \log \log n$ é $\Omega(\log n)$. Prova: $3\log n + \log \log n \geq 3\log n$, para $n \geq 2$. Os termos de menor ordem não são dominantes quando limites inferiores são estabelecidos com a notação $\Omega$.

**Exemplo 14.15.** $f(n) = n^3 + 2n^2$ é $\Omega(n^3)$. Prova: para $c = 1$, então $f(n) \geq cn^3$, para $n = 0, 1, \ldots$

# Algoritmos e estruturas de dados: conceitos e aplicações

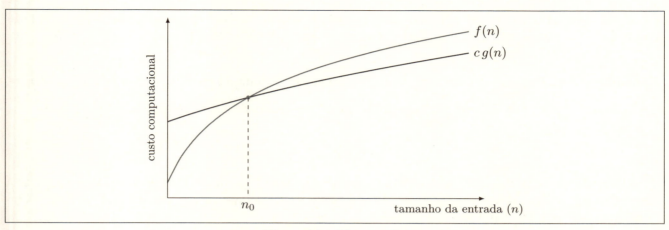

Figura 14.2: Notação $\Omega$.

**Exemplo 14.16.** $f(n) = \begin{cases} n, & \text{para } n \text{ ímpar e } n \geq 1 \\ n^2/100, & \text{para } n \text{ par e } n \geq 0 \end{cases}$ é $\Omega(n^2)$.

Prova: $f(n)$ é $\Omega(n^2)$ para $c = 1/100$ e o conjunto infinito $n = 0, 2, 4, 6, \ldots$

### 14.2.3 Notação $\Theta$

Uma função $f(n)$ é $\Theta(g(n))$ se existirem constantes positivas $c_1$, $c_2$ e $n_0$ tal que $0 \leq c_1 g(n) \leq f(n) \leq c_2 g(n)$, $\forall n \geq n_0$. De forma equivalente, uma função $f(n)$ é $\Theta(g(n))$ se $f(n) = O(g(n))$ e $f(n) = \Omega(g(n))$.

Uma representação gráfica dessa definição é ilustrada na Figura 14.3. Em outras palavras, para todo $n \geq n_0$, a notação $\Theta$ limita a função por fatores constantes. Nesse caso, $g(n)$ é um limite assintótico firme ou justo.

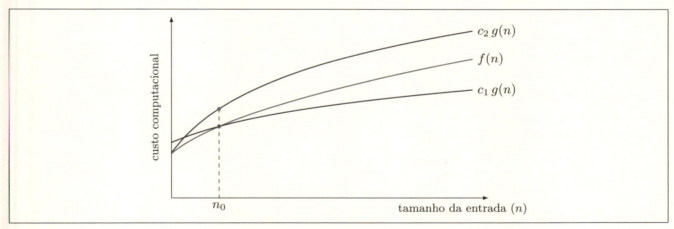

Figura 14.3: Notação $\Theta$.

**Exemplo 14.17.** Seja $f(n) = n^2/3 - 2n$. Mostrar que $f(n) = \Theta(n^2)$. Para isso, deve-se obter constantes $c_1$, $c_2$ e $n_0$, tal que

$$c_1 n^2 \leq \frac{1}{3} n^2 - 2n \leq c_2 n^2, \qquad \text{para todo } n \geq n_0.$$

Dividindo os termos da desigualdade por $n^2$, tem-se que

$$c_1 \leq \frac{1}{3} - \frac{2}{n} \leq c_2.$$

O lado direito da desigualdade será válido para qualquer valor de $n \geq 1$ quando $c_2 \geq 1/3$. Da mesma forma, escolhendo-se $c_1 \leq 1/21$, o lado esquerdo da desigualdade será válido para qualquer valor de $n_0 \geq 7$. Logo, escolhendo $c_1 = 1/21$, $c_2 = 1/3$ e $n_0 = 7$, pode-se verificar que $n^2/3 - 2n = \Theta(n^2)$.

**Exemplo 14.18.** $f(n) = \dfrac{1}{2}n^2 - 3n$ é $\Theta(n^2)$. Prova: definindo constantes positivas $c_1$, $c_2$ e $n_0$ tais que $c_1 n^2 \leq \dfrac{1}{2}n^2 - 3n \leq c_2 n^2$ para todo $n \geq n_0$, a divisão dos termos da desigualdade por $n^2$ resulta em

$$c_1 \leq \frac{1}{2} - \frac{3}{n} \leq c_2.$$

A desigualdade à direita pode ser considerada válida para qualquer valor de $n \geq 1$, escolhendo-se $c_2 \geq 1/2$. A desigualdade à esquerda pode ser considerada válida para qualquer valor de $n \geq 7$, escolhendo-se $c_1 \leq 1/14$. Assim, escolhendo-se $c_1 = 1/14$, $c_2 = 1/2$ e $n_0 = 7$, então $f(n)$ é $\Theta(n^2)$.

### 14.2.4 Notação $o$

Uma função $f(n)$ é $o(g(n))$ se existem duas constantes positivas $c$ e $n_0$, tal que $0 \leq f(n) < cg(n)$, $\forall n \geq n_0$.

**Exemplo 14.19.** $2n = o(n^2)$, entretanto, $2n^2 \neq o(n^2)$.

A principal diferença entre as notações $o$ e $O$ é que $f(n) = O(g(n))$ se existem constantes $c > 0$ e $n_0 \geq 1$ tal que $f(n) \leq cg(n)$ para $n \geq n_0$, enquanto $f(n) = o(g(n))$ se, para todas as constantes $c > 0$, existe $n_0$ tal que $f(n) < cg(n)$ para $n \geq n_0$.

Em uma relação matemática, $f(n) = o(g(n))$ implica que

$$\lim_{n \to \infty} \frac{f(n)}{g(n)} = 0.$$

### 14.2.5 Notação $\omega$

Uma função $f(n)$ é $\omega(g(n))$ se, para qualquer constante positiva $c$, existe uma constante inteira $n_0$ tal que $0 \leq cg(n) < f(n)$, $\forall n \geq n_0$.

**Exemplo 14.20.** $\dfrac{n^2}{2} = \omega(n)$, entretanto, $\dfrac{n^2}{2} \neq \omega(n^2)$.

Em uma relação matemática, $f(n) = \omega(g(n))$ implica que

$$\lim_{n \to \infty} \frac{f(n)}{g(n)} = \infty.$$

#### 14.2.5.1 Comparação entre classes de comportamento assintótico

Para ilustrar a diferença entre as classes de comportamento assintótico, a Tabela 14.1 mostra a razão de crescimento de várias funções de complexidade para tamanhos diferentes de $n$. Assume-se que 1 bilhão ($10^9$) de operações são executadas por segundo.

A Figura 14.4 ilustra o comportamento de diferentes funções comumente utilizadas na análise de algoritmos. Devido às diferenças entre as funções, o eixo vertical do gráfico é exibido em escala logarítmica para permitir a visualização das curvas, cujos intervalos de valores não seriam facilmente expressos em uma escala linear.

As notações assintóticas $O$, $\Omega$, $\Theta$, $o$ e $\omega$, descritas anteriormente, fornecem uma representação conveniente para a análise de algoritmos, uma vez que o crescimento de uma função é controlado pelo fator dominante, enquanto os fatores de mais baixa ordem podem ser ignorados no cálculo do custo computacional.

Uma distinção entre algoritmos eficientes e ineficientes pode ser estabelecida considerando-se tempos de execução polinomial e exponencial, ou seja, algoritmos com tempo de execução $O(n^c)$ para alguma constante $c \geq 1$ e aqueles cujo tempo de execução é $\Theta(c^n)$ para alguma constante $c > 1$, respectivamente. Essa distinção é considerada uma

Tabela 14.1: Comparação entre diferentes funções de crescimento.

| Função de Custo | \multicolumn{4}{c}{Entrada: tamanho $n$} | | | |
|---|---|---|---|---|
| | 10 | 100 | 1.000 | 10.000 |
| $f(n) = 1$ | $1 \cdot 10^{-9}$ s | $1 \cdot 10^{-9}$ s | $1 \cdot 10^{-9}$ s | $1 \cdot 10^{-9}$ s |
| $f(n) = \log_2 n$ | $3,3 \cdot 10^{-9}$ s | $6,6 \cdot 10^{-9}$ s | $9,9 \cdot 10^{-9}$ s | $1,3 \cdot 10^{-8}$ s |
| $f(n) = n$ | $1 \cdot 10^{-8}$ s | $1 \cdot 10^{-7}$ s | $1 \cdot 10^{-6}$ s | $1 \cdot 10^{-5}$ s |
| $f(n) = n \log_2 n$ | $3,3 \cdot 10^{-8}$ s | $6,6 \cdot 10^{-7}$ s | $9,9 \cdot 10^{-6}$ s | $1,3 \cdot 10^{-4}$ s |
| $f(n) = n^2$ | $1 \cdot 10^{-7}$ s | $1 \cdot 10^{-5}$ s | $1 \cdot 10^{-3}$ s | $1 \cdot 10^{-1}$ s |
| $f(n) = n^3$ | $1 \cdot 10^{-6}$ s | $1 \cdot 10^{-3}$ s | $1$ s | $1 \cdot 10^3$ s |
| $f(n) = 2^n$ | $1 \cdot 10^{-6}$ s | $1,2 \cdot 10^{21}$ s | $1 \cdot 10^{292}$ s | $1 \cdot 10^{3001}$ s |
| $f(n) = n!$ | $3,6 \cdot 10^6$ s | $9,3 \cdot 10^{157}$ s | $4,0 \cdot 10^{2567}$ s | $2,8 \cdot 10^{35659}$ s |

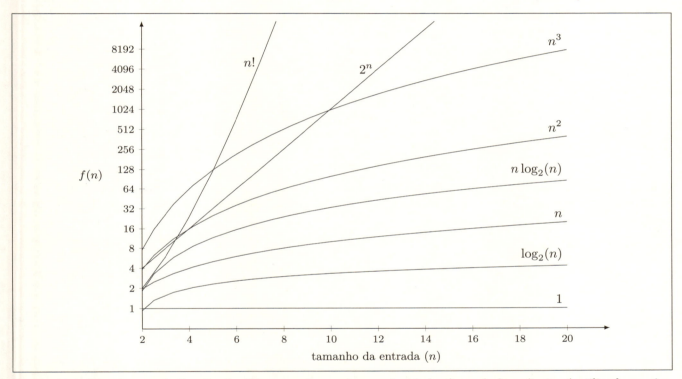

Figura 14.4: Crescimento de funções de diferentes classes de complexidade. A escala logarítmica é utilizada no eixo vertical para facilitar a visualização do comportamento das curvas.

medida de tratabilidade, em que problemas que podem ser resolvidos por um algoritmo polinomial são denominados *tratáveis*, enquanto aqueles que possuem complexidade exponencial são denominados *intratáveis*.

Conforme ilustrado na Figura 14.4, uma entrada de tamanho razoável, tal como $n = 1000$, demandaria um bilhão de operações em um algoritmo com função de complexidade $n^3$, enquanto demandaria $2^{1000}$ operações em um algoritmo com função de complexidade $2^n$.

### 14.2.6 Análise de algoritmos iterativos e recursivos

Como mencionado anteriormente, a complexidade de um algoritmo é normalmente analisada para estimar os recursos necessários para a sua execução. Tais recursos podem ser expressos em termos de tempo computacional ou consumo de memória. Os algoritmos desenvolvidos para resolução de um problema geralmente adotam procedimentos iterativos ou recursivos.

Um processo iterativo consiste na repetição de um conjunto de operações por um determinado número de vezes (iterações), até que um objetivo específico seja alcançado. Um laço de repetição é utilizado em um algoritmo iterativo para executar as operações.

Por outro lado, um processo recursivo repete um conjunto de operações com o intuito de decompor um problema em versões mais simples, até que um caso base seja atingido. Enquanto houver a necessidade de subdividir o problema geral em problemas menores, a função recursiva continuará chamando a si mesma.

Nos exemplos apresentados a seguir, a análise de complexidade é empregada com o propósito de estimar o custo associado a algoritmos iterativos e recursivos.

### 14.2.6.1 Algoritmos iterativos

Uma função é executada em tempo $O(1)$ se ela não contém laços, possui laços com número constante de passos ou consiste apenas em instruções que requerem tempo constante. Os trechos dos Códigos 14.1 e 14.2 demandam tempo constante.

**Código 14.1.** A função a seguir realiza a troca de valores entre duas variáveis, sendo composta de um número fixo de instruções que não dependem do tamanho dos dados de entrada. Portanto, ela é executada em tempo $O(1)$. Três operações de atribuição são consideradas no cálculo de custo do algoritmo, tal que $f(n) = 3$.

```
void troca(int *a, int *b) {
  int aux;

  aux = *a;
  *a = *b;
  *b = aux;
}
```

**Código 14.2.** O laço a seguir repete um número constante de vezes, denotado por $c$, requerendo tempo $O(1)$. O número de iterações não depende do tamanho dos dados de entrada, e cada iteração envolve um número fixo de operações.

```
for (i = 0; i < c; i++) {
  p = q + r;
  s = 2 * i;
}
```

Um laço é executado em tempo $O(n)$ se as variáveis de controle do laço são incrementadas ou decrementadas por um valor constante. O Código 14.3 mostra um exemplo de laço que demanda tempo linear.

**Código 14.3.** O laço a seguir é utilizado para inicializar um vetor. Como o laço é executado $n$ vezes, ele requer $O(n)$. A atribuição `a[i] = 0` é a operação relevante para o cálculo de custo, tal que $f(n) = n$.

```
for (i = 0; i < n; i++)
  a[i] = 0;
```

Um laço aninhado é executado em tempo polinomial, ou seja, $O(n^c)$, se o número de vezes que o laço interno é executado for proporcional a um polinômio de grau inteiro positivo $c$ em relação ao tamanho $n$ dos dados de entrada do problema. O Código 14.4 mostra um exemplo com três laços aninhados, em que cada laço demanda tempo polinomial.

**Código 14.4.** Três conjuntos de laços aninhados. Cada laço aninhado é executado em tempo polinomial.

```
for (i = 1; i <= n; i += c) {
  for (j = 1; j <= n; j += c) {
    /* operações em O(1) */
  }
}
```

```
for (i = n; i > 0; i -= c) {
  for (j = i+1; j <= n; j += c) {
```

```
3    /* operações em O(1) */
4  }
5 }
```

```
1 for (i = 0; i < n; i++) {
2   for (j = 0; j < n; j++) {
3     for (k = 0; k < n; k++) {
4       /* operações em O(1) */
5     }
6   }
7 }
```

Um laço é executado em tempo $O(\log n)$ se as variáveis de controle do laço forem divididas ou multiplicadas por um valor constante. O Código 14.5 mostra um exemplo com dois laços, em que cada um deles demanda tempo logarítmico.

**Código 14.5.** Cada um dos dois laços é executado em tempo logarítmico.

```
1 for (i = 1; i <= n; i *= c) {
2   /* operações em O(1) */
3 }
```

```
1 for (i = n; i > 0; i /= c) {
2   /* operações em O(1) */
3 }
```

Na análise de complexidade de um algoritmo, frequentemente se busca identificar a operação que contribui de maneira mais significativa para o custo total do algoritmo. Em muitos casos, uma única operação ou um conjunto pequeno de operações no interior do laço de repetição é responsável pela maior parte do tempo de execução. Essa operação dominante é a que terá o maior impacto no desempenho global do algoritmo.

A representação dos laços de repetição em um algoritmo iterativo por meio de somatórios simplifica o cálculo do número de operações e auxilia na compreensão do custo computacional do algoritmo em relação ao tamanho da entrada.

A operação dominante no cálculo de fatorial no Código 14.6 é a multiplicação dos valores (linha 3), tal que a função de custo é $f(n) = \sum_{i=2}^{n} 1 = n - 1$.

**Código 14.6.** Cálculo de $n!$, em que $n \geqslant 0$.

```
1 fatorial = 1;
2 for (i = 2; i <= n; i++)
3   fatorial = fatorial * i;
```

A operação dominante na impressão de números pares no Código 14.7 é o comando `printf` (linha 2), tal que a função de custo é $f(n) = \sum_{i=0}^{\lfloor n/2 \rfloor} 1 = \lfloor n/2 \rfloor + 1$.

**Código 14.7.** Impressão de números pares, em que $n \geqslant 0$.

```
1 for (i = 0; i <= n; i = i + 2)
2   printf("%d ", i);
```

A operação dominante na adição de matrizes no Código 14.8 é a soma dos elementos (linha 3), cuja função de custo é $f(n) = \sum_{i=0}^{n-1} \sum_{j=0}^{n-1} 1 = \sum_{i=0}^{n-1} n = n^2$.

**Código 14.8.** Adição de duas matrizes $A_{n \times n}$ e $B_{n \times n}$, gerando uma matriz $C_{n \times n}$.

```
for (i = 0; i < n; i++)
  for (j = 0; j < n; j++)
    c[i][j] = a[i][j] + b[i][j];
```

A operação dominante na multiplicação de matrizes no Código 14.9 é o produto dos elementos (linha 5), cuja função de custo é $f(n) = \sum_{i=0}^{n-1} \sum_{j=0}^{n-1} \sum_{k=0}^{n-1} 1 = n^3$.

**Código 14.9.** Multiplicação de duas matrizes $A_{n \times n}$ e $B_{n \times n}$, gerando uma matriz $C_{n \times n}$.

```
for (i = 0; i < n; i++)
  for (j = 0; j < n; j++) {
    c[i][j] = 0;
    for (k = 0; k < n; k++)
      c[i][j] = c[i][j] + a[i][k] * b[k][j];
```

A operação dominante na inversão da ordem dos elementos de um vetor (a[0] = a[n-1]; a[1] = a[n-2], ...) no Código 14.10 é a chamada da função troca (linha 2), cuja função de custo é $f(n) = \sum_{i=0}^{\lfloor n/2 \rfloor - 1} 1 = \lfloor n/2 \rfloor$.

**Código 14.10.** Inversão da ordem dos elementos de um vetor de tamanho $n \geqslant 2$.

```
for (i = 0; i < n/2; i++)
  troca(a[i], a[n-i-1]);
```

Considerando-se o comando soma++ como a operação dominante nos Códigos 14.11 a 14.16, a função de custo é calculada para cada fragmento de programa. Assim como realizado na análise dos códigos anteriores, a representação dos laços de repetição na forma de somatórios facilita o cálculo do número total de operações em termos do tamanho da entrada e, consequentemente, a compreensão do comportamento assintótico de cada algoritmo apresentado.

**Código 14.11.** $f(n) = \sum_{i=0}^{n-1} 1 = n$.

```
soma = 0;
for (i = 0; i < n; i++)
  soma++;
```

**Código 14.12.** $f(n) = \sum_{i=0}^{n-1} \sum_{j=0}^{n-1} 1 = n^2$.

```
soma = 0;
for (i = 0; i < n; i++)
  for (j = 0; j < n; j++)
    soma++;
```

**Código 14.13.** $f(n) = \sum_{i=0}^{n-1} \sum_{i=0}^{n^2-1} 1 = \sum_{i=0}^{n-1} n^2 = n^3$.

```
soma = 0;
for (i = 0; i < n; i++)
  for (j = 0; j < n*n; j++)
    soma++;
```

**Código 14.14.** $f(n) = \sum_{i=0}^{n-1} \sum_{j=0}^{i-1} 1 = \sum_{i=0}^{n-1} 1(i-1+1) = \sum_{i=0}^{n-1} i = \frac{n(n-1)}{2}.$

```
soma = 0;
for (i = 0; i < n; i++)
  for (j = 0; j < i; j++)
    soma++;
```

**Código 14.15.** $f(n) = \sum_{i=1}^{n-1} \sum_{j=1}^{i^2-1} \frac{1}{i} \sum_{k=0}^{j-1} 1.$

```
soma = 0;
for (i = 1; i < n; i++)
  for (j = 1; j < i*i; j++)
    if (j % i == 0)
      for (k = 0; k < j; k++)
        soma++;
```

**Código 14.16.** $f(n) = \sum_{i=1}^{\lfloor \log_2 n \rfloor} 1 = \lfloor \log_2 n \rfloor.$

```
i = n;
while (i > 1) {
  soma++;
  i = i / 2;
}
```

### 14.2.6.2 Algoritmos recursivos

A análise de complexidade de um algoritmo recursivo pode ser realizada por meio da resolução de uma *relação de recorrência*, que pode ser definida como uma expressão que, a partir de condições iniciais, permite o cálculo dos próximos termos em função de seus antecessores. Um exemplo de problema que pode ser representado por uma relação de recorrência é o cálculo de fatorial.

Resolver uma relação de recorrência significa encontrar uma fórmula fechada, ou seja, uma equação ou expressão definida por meio de um conjunto delimitado de funções conhecidas, como constantes, polinômios, logaritmos, exponenciais, entre outras.

Embora existam várias técnicas para a resolução de relações de recorrência,[1] os exemplos ilustrados a seguir aplicam o método da substituição, também chamado de expansão sucessiva ou refinamento iterativo. O método da substituição é baseado em indução matemática (Apêndice F) para estabelecer um limite assintótico da expressão.

**Exemplo 14.21.** $\begin{cases} T(n) = T(n-1) + c & n > 0 \text{ e } c \text{ é uma constante} \\ T(0) = 1 & n = 0 \end{cases}$

$T(n) = T(n-1) + c$
$\phantom{T(n)} = [T(n-2) + c] + c = [T(n-2)] + 2c$
$\phantom{T(n)} = [T(n-3) + c] + 2c = [T(n-3)] + 3c$
$\phantom{T(n)} = \cdots$

---

[1] Método da substituição, método da árvore de recursão e teorema mestre são algumas abordagens existentes para a resolução de relações de recorrência.

$$= [T(n-i) + c] + (i-1)c$$
$$= \cdots$$
$$= [T(n-n) + c] + (n-1)c = T(0) + nc$$
$$= cn + 1.$$

**Exemplo 14.22.** $\begin{cases} T(n) = T(n-1) + 2^n & n > 0 \\ T(0) = 1 & n = 0 \end{cases}$

$$T(n) = T(n-1) + 2^n$$
$$= [T(n-2) + 2^{n-1}] + 2^n = T(n-2) + 2^{n-1} + 2^n$$
$$= [T(n-3) + 2^{n-2}] + 2^{n-1} = T(n-2) + 2^{n-2} + 2^{n-1} + 2^n$$
$$= \cdots$$
$$= [T(n-i) + 2^{n-i+1}] + 2^{n-i} + \ldots + 2^{n-2} + 2^{n-1} + 2^n = T(n-i) + 2^{n-i+1} + \ldots + 2^{n-1} + 2^n$$
$$= \cdots$$
$$= [T(n-n) + 2^{n-n+1}] + 2^{n-n+1} + \ldots + 2^{n-2} + 2^{n-1} + 2^n = T(0) + 2^1 + 2^2 + \ldots + 2^{n-1} + 2^n$$
$$= \sum_{i=0}^{n} 2^i = \frac{2^{n+1} - 1}{2 - 1} = 2^{n+1} - 1.$$

**Exemplo 14.23.** $\begin{cases} T(n) = cT(n-1) & n > 0 \text{ e } c \text{ é uma constante} \\ T(0) = k & n = 0 \text{ e } k \text{ é uma constante} \end{cases}$

$$T(n) = cT(n-1)$$
$$= c[cT(n-2)] = c^2 T(n-2)$$
$$= c^2[cT(n-3) = c^3 T(n-3)$$
$$= \cdots$$
$$= c^n T(n-n) = c^n T(0)$$
$$= kc^n.$$

**Exemplo 14.24.** $\begin{cases} T(n) = T(n-1) + n & n > 1 \\ T(1) = 1 & n = 1 \end{cases}$

$$T(n) = T(n-1) + n$$
$$= [T(n-2) + (n-1)] + n = T(n-2) + (n-1) + n$$
$$= [T(n-3) + (n-2)] + (n-1) + n = T(n-3) + (n-2) + (n-1) + n$$
$$= \cdots$$
$$= [T(n-i) + (n-i+1)] + (n-i+2) + \ldots + (n-2) + (n-1) + n = T(n-i) + (n-i+1) + \ldots + (n-1) + n$$
$$= \cdots$$
$$= [T(n-n+1) + (n-n+2)] + \ldots + (n-1) + n = T(1) + 2 + 3 + \ldots + (n-1) + n$$
$$= 1 + 2 + 3 + \ldots + (n-1) + n$$
$$= \frac{n(n+1)}{2}.$$

**Exemplo 14.25.** $\begin{cases} T(n) = T(n/2) + 1 & n > 1 \\ T(1) = 0 & n = 1 \end{cases}$

Assume-se que $n$ é uma potência de 2 para que os tamanhos dos subproblemas sejam inteiros, ou seja, $n = 2^m$.

$$\begin{aligned}
T(2^m) &= T(2^{m-1}) + 1 \\
&= T(2^{m-2}) + 1 + 1 \\
&= T(2^{m-3}) + 1 + 1 + 1 \\
&= \ldots \\
&= T(2^{m-m}) + 1 + \ldots + 1 \\
&= T(1) + m \\
&= m.
\end{aligned}$$

Como $\log_2 n = \log_2 2^m$, então $m = \log_2 n$. Assim, $T(n) = \log_2 n$.

**Exemplo 14.26.** $\begin{cases} T(n) = 4T(n/2) + n^2 & n > 1 \\ T(1) = 1 & n = 1 \end{cases}$

$$\begin{aligned}
T(n) &= 4T(n/2) + n^2 \\
&= 4[4T(n/4) + (n/2)^2] + n^2 = 4^2 T(n/4) + 2n^2 \\
&= 4^2[4T(n/8) + (n/4)^2] + 2n^2 = 4^3 T(n/8) + 3n^2 \\
&= \ldots \\
&= 4^k T(n/2^k) + kn^2.
\end{aligned}$$

Assumindo $\dfrac{n}{2^k} = 1$, então $n = 2^k$, $k = \log_2 n$ e $n^2 = 4^k$. Portanto, $T(n) = n^2 T(1) + n^2 \log_2 n = n^2 + n^2 \log_2 n$.

**Exemplo 14.27.** $\begin{cases} T(n) = 2T(n/2) + (n-1) & n > 1 \\ T(1) = 0 & n = 1 \end{cases}$

$$\begin{aligned}
T(n) &= 2T(n/2) + (n-1) \\
&= 2[2T(n/2^2) + (n/2 - 1)] + (n-1) = 2^2 T(n/2^2) + (n-2) + (n-1) \\
&= 2^2[2T(n/2^3) + (n/2^2 - 1)] + (n-2) + (n-1) = 2^3 T(n/2^3) + (n-2^2) + (n-2) + (n-1) \\
&= \ldots \\
&= 2^{m-1} T(n/2^{m-1}) = 2^m T(n/2^m) + (n - 2^{m-1}) \\
&= 2^m T(n/2^m) + \sum_{k=0}^{m-1} (n - 2^k) \\
&= 2^m T(n/2^m) + \sum_{k=0}^{m-1} n - \sum_{k=0}^{m-1} 2^k \\
&= 2^m T(n/2^m) + nm - \left( \frac{2^m - 1}{2 - 1} \right).
\end{aligned}$$

Assumindo $n = 2^m$, tem-se que $T(n) = n \log_2 n - (n-1) = n \log_2 n - n + 1$.

## 14.3 Exercícios

1. Um algoritmo leva 30 segundos para resolver um problema com entrada de tamanho 1000. Se o algoritmo é quadrático, qual é o tamanho da entrada para que o problema seja resolvido em dois minutos?

2. Um algoritmo leva 6 segundos para resolver um problema com entrada de tamanho 100 e 10 minutos para resolver um problema com entrada de tamanho 1000. Qual é aproximadamente a complexidade de execução do algoritmo?

3. Um algoritmo leva 10 segundos para resolver um problema cuja entrada possui tamanho 50. Considerando que o algoritmo possui ordem de complexidade quadrática, quanto tempo aproximadamente ele levará para resolver um problema de tamanho 100?

4. Mostre que $f(n) = 2n + 1$ é $\Theta(n)$.

5. O que significa dizer que uma função $g(n)$ é $O(f(n))$?

6. Verifique se as afirmativas a seguir são verdadeiras ou falsas:

    (a) $2^{n+1} = O(2^n)$.

    (b) $2^{2n} = O(2^n)$.

    (c) $f(n) = O(u(n))$ e $g(n) = O(v(n))$, então $f(n) + g(n) = O(u(n) + v(n))$.

7. Qual é a diferença entre as notações $\Omega$ e $\omega$?

8. Mostre a relação de recorrência para o número $T(n)$ de asteriscos ('*') impressos pela função recursiva imprimir a seguir, assumindo $n \geq 4$.

```
void imprimir(int n) {
  if (n >= 4) {
    print "****";
    imprimir(n-2);
    print "**";
    imprimir(n-2);
    print "***";
  }
}
```

9. Qual é a complexidade do trecho de código a seguir?

```
int i, j, soma = 0;
for (i = 1; i <= n; i = i*3)
  for (j = 1; j <= i; j++)
    soma++;
```

10. Verifique se as afirmativas a seguir são verdadeiras ou falsas:

    (a) $7 + 6n = o(n^2)$.

    (b) $\sqrt{n} = o(n)$.

    (c) $5 + 3n = \omega(2)$.

11. Determine a ordem de complexidade da função recursiva a seguir:

```
void f(int n) {
  if (n > 0) {
    printf("%d ", n);
    f(n-1);
  }
}
```

12. Descreva dois problemas que apresentam ordem de complexidade exponencial.

13. Verifique se as afirmativas a seguir são verdadeiras ou falsas:

    (a) $4n^2 + 9n \log n = O(n \log n)$.

(b) $4n^2 + 9n \log n = \Omega(n \log n)$.

(c) $4n^2 + 9n \log n = \Theta(n \log n)$.

(d) $9\sqrt{n} + \log n = O(n)$.

14. Verifique se as afirmativas a seguir são verdadeiras ou falsas:

    (a) Um algoritmo $\Theta(n)$ é $O(n)$.

    (b) Um algoritmo $\Theta(n)$ é $O(n^2)$.

    (c) Um algoritmo $\Theta(n)$ é $O(1)$.

    (d) Um algoritmo $\Theta(n^2)$ é $O(n^3)$.

    (e) Um algoritmo $O(1)$ é $\Theta(1)$.

    (f) Um algoritmo $O(n)$ é $\Theta(1)$.

15. Determine a ordem de complexidade da função a seguir:

```
void f(int n) {
  int i, j, k, soma = 0;

  for (i = n/2; i <= n; i++)
    for (j = 1; j + n/2 <= n; j = j++)
      for (k = 1; k <= n; k = k * 2)
        soma++;
}
```

## Leituras recomendadas

ALAGIC, S. & ARBIB, M. A. *The Design of Well-Structured and Correct Programs*. Springer Science & Business Media, 2013.

ARORA, S. & BARAK, B. *Computational Complexity: A Modern Approach*. Cambridge University Press, 2009.

BAASE, S. *Computer Algorithms: Introduction to Design and Analysis*. Pearson Education, India, 2009.

BENTLEY, J. L.; HAKEN, D. & SAXE, J. B. A General Method for Solving Divide-and-Conquer Recurrences. *ACM Special Interest Group on Algorithms and Computation Theory News*, vol. 12, n. 3, pp. 36–44, 1980.

BERLIOUX, P. & BIZARD, P. *Algorithms: the Construction, Proof, and Analysis of Programs*. John Wiley & Sons, Inc., 1986.

BERRY, R. & MEEKINGS, B. A Style Analysis of C Programs. *Communications of the ACM*, vol. 28, n. 1, pp. 80–88, 1985.

BRASSARD, G. & BRATLEY, P. *Algorithmics: Theory & Practice*. Prentice Hall, Inc., 1988.

DE BRUIJN, N. G. *Asymptotic Methods in Analysis*. North-Holland Publishing Company, 1970.

DU, D.-Z. & KO, K.-I. *Theory of Computational Complexity*, volume 58. John Wiley & Sons, 2011.

ELSPAS, B.; LEVITT, K. N.; WALDINGER, R. J. & WAKSMAN, A. An Assessment of Techniques for Proving Program Correctness. *ACM Computing Surveys*, vol. 4, n. 2, pp. 97–147, 1972.

GAREY, M. R. & JOHNSON, D. S. *Computers and Intractability*, volume 174. W.H. Freeman, San Francisco, CA, Estados Unidos, 1979.

GARNIER, R. & TAYLOR, J. *Discrete Mathematics: Proofs, Structures and Applications*. CRC Press, 2009.

GREENE, D. H. & KNUTH, D. E. *Mathematics for the Analysis of Algorithms*, volume 504. Springer, 1990.

HARTMANIS, J. & STEARNS, R. E. On the Computational Complexity of Algorithms. *Transactions of the American Mathematical Society*, 117, pp. 285–306, 1965.

HENNIE, F. C. *Introduction to Computability*. Addison-Wesley Longman Publishing Co., Inc., 1977.

HOFRI, M. *Analysis of Algorithms: Computational Methods and Mathematical Tools*. Oxford University Press, Inc., 1995.

HOPCROFT, J. E.; MOTWANI, R. & ULLMAN, J. D. Introduction to Automata Theory, Languages, and Computation. *ACM Sigact News*, vol. 32, n. 1, pp. 60–65, 2001.

KNUTH, D. E. *The Art of Computer Programming, Volume 1: Fundamental Algorithms*. Addison-Wesley, Reading, MA, Estados Unidos, 1968.

KNUTH, D. E. *The Art of Computer Programming, Volume 2: Seminumerical Algorithms*. Addison-Wesley Professional, 1997.

KNUTH, D. E. *The Art of Computer Programming: Volume 3: Sorting and Searching*. Addison-Wesley Professional, 1998.

KRONSJÖ, L. *Algorithms: Their Complexity and Efficiency*. John Wiley & Sons, Inc., 1987.

LEVITIN, A. *Introduction to Design and Analysis of Algorithms*. Pearson Education, 2008.

MEHLHORN, K. *Data Structures and Algorithms 1: Sorting and Searching*, volume 1. Springer Science & Business Media, 2013.

MOTWANI, R. & RAGHAVAN, P. *Randomized Algorithms*. Cambridge University Press, 1995.

NIVEN, I.; ZUCKERMAN, H. S. & MONTGOMERY, H. L. *An Introduction to the Theory of Numbers*. John Wiley & Sons, 1991.

PURDOM JR., P. W. & BROWN, C. A. *The Analysis of Algorithms*. Holt, Rinehart & Winston, 1985.

SAVAGE, J. E. *The Complexity of Computing*. Krieger Publishing Co., Inc., 1987.

SEDGEWICK, R. & FLAJOLET, P. *An Introduction to the Analysis of Algorithms*. Addison-Wesley, 1996.

SEDGEWICK, R. & WAYNE, K. *Algorithms*. Addison-Wesley Professional, 2011.

SHAFFER, C. A. *A Practical Introduction to Data Structures and Algorithm Analysis*. Prentice Hall Upper Saddle River, NJ, Estados Unidos, 1997.

SIPSER, M. *Introduction to the Theory of Computation*. Course Technology Inc., 2005.

TARJAN, R. E. Amortized Computational Complexity. *SIAM Journal on Algebraic Discrete Methods*, vol. 6, n. 2, pp. 306–318, 1985.

WILF, H. S. *Algorithms and Complexity*. AK Peters/CRC Press, 2002.

# 15
# LISTAS LIGADAS

Os vetores, descritos no Capítulo 7, são estruturas de dados capazes de armazenar uma coleção de valores, entretanto, apresentam certas limitações. As listas ligadas permitem o armazenamento de elementos em posições de memória que não são contíguas e que são criadas dinamicamente, conforme a necessidade. Neste capítulo, diferentes estratégias de implementação de listas ligadas são apresentadas e discutidas.

## 15.1 Listas ligadas simples

Uma *lista ligada* ou *lista encadeada* é uma estrutura de dados formada por um conjunto de elementos, denominados nós, os quais são dinamicamente alocados para armazenar informações e não ficam necessariamente em posições consecutivas de memória. Em uma *lista ligada simples*, cada nó pode armazenar um ou vários dados e um ponteiro para o próximo nó, o qual permite o encadeamento dos elementos e mantém a estrutura linear.

Uma desvantagem dos vetores, descritos no Capítulo 7, para armazenar uma coleção de dados ocorre quando essas estruturas são declaradas de forma estática, ou seja, um espaço de memória contíguo de tamanho conhecido deve ser reservado, em tempo de compilação. Devido ao tamanho fixo da estrutura, o espaço previsto pode ser insuficiente para armazenar os dados requeridos ou pode haver desperdício de memória se o espaço previsto for maior do que o necessário.

Com as listas ligadas, espaços de memória para os nós são reservados conforme a necessidade, em tempo de execução. Essa flexibilidade permite que listas ligadas sejam declaradas sem se conhecer antecipadamente o número máximo de elementos a ser armazenado na estrutura. Além disso, algumas operações realizadas em uma lista ligada, como inserção ou remoção de elementos, não requerem a alteração da posição (ou o deslocamento) de outros elementos já existentes na estrutura, tornando-se computacionalmente mais eficientes.

O conjunto de operações que podem ser realizadas utilizando as listas ligadas depende das características de cada aplicação. No entanto, há algumas que ocorrem frequentemente em muitos problemas, por exemplo, criação de uma lista vazia, inserção e remoção de elementos, localização de determinado elemento, comparação de duas listas, ordenação dos elementos da lista, entre outras.

A Figura 15.1 ilustra uma lista ligada simples formada por uma sequência de nós ou elementos. Cada nó da lista é conceitualmente formado por dois campos, a informação a ser armazenada e o ponteiro, ou seja, o endereço do próximo elemento da lista. A partir do primeiro elemento, pode-se alcançar os demais nós da lista, seguindo o encadeamento. O último elemento da lista aponta para NULL, indicando que ele não possui um sucessor.

Figura 15.1: Representação de uma lista ligada simples.

Para exemplificar a declaração de listas ligadas na linguagem C, considera-se inicialmente que a informação a ser armazenada em um nó é um número inteiro. Elementos com tipo mais complexo podem ser definidos de acordo com a necessidade da aplicação. A estrutura de um nó pode ser definida conforme o Código 15.1. Uma representação gráfica do nó é mostrada à direita do código.

**Código 15.1.** Estrutura de um nó de lista ligada simples.

```
typedef struct No {
  int info;
  struct No *prox;
} No;
```

O uso de `typedef`, conforme descrito na Seção 11.2, facilita a declaração de variáveis. Um nó p pode ser declarado como mostrado no Código 15.2.

**Código 15.2.** Declaração de nó de lista ligada simples.

```
No *p;
```

Pode-se notar que a estrutura possui um campo para armazenar a informação (número inteiro) e um ponteiro para a próxima estrutura de mesmo tipo. Dessa forma, se p é o endereço de um nó, então p->info é o conteúdo do nó, enquanto p->prox é o endereço do próximo nó. Em particular, se p é o endereço do último nó da lista, então p->prox é igual a NULL.

Uma função para criar uma lista ligada simples vazia utilizando alocação dinâmica é mostrada no Código 15.3, que retorna uma lista sem nenhum elemento. A lista vazia é representada pelo ponteiro NULL.

**Código 15.3.** Criação de lista ligada simples vazia.

```
No *criar_lista_vazia() {
  return NULL;
}
```

Uma implementação para verificar se a lista ligada simples está vazia é apresentada no Código 15.4.

**Código 15.4.** Verificação se lista ligada simples é vazia.

```
int lista_vazia(No *lista) {
  if (lista == NULL)
    return 1;
  else
    return 0;
}
```

Após a criação de uma lista vazia, novos elementos podem ser inseridos na lista. Espaço de memória é alocado dinamicamente para cada novo nó, permitindo o armazenamento das informações necessárias. Uma implementação para criação de um nó da lista é apresentada no Código 15.5, a qual recebe a informação do novo elemento como parâmetro de entrada.

**Código 15.5.** Criação de nó de lista ligada simples.

```
No *criar_no(int val) {
  No *no = (No*) malloc(sizeof(No));

  if (no == NULL)
    exit(1);
  no->info = val;
  no->prox = NULL;
  return no;
}
```

O uso de ponteiros na implementação de listas requer cuidado, já que erros em sua manipulação podem causar perda de elementos. Normalmente, um ponteiro auxiliar é utilizado para percorrer a lista, enquanto um ponteiro é posicionado fixo no início da lista.

A inserção de novos elementos em uma lista pode ocorrer em qualquer posição, ou seja, no início, no meio ou no final da lista. A operação de inserção pode também ser realizada em diferentes situações, por exemplo, em uma lista vazia ou para preservar uma determinada ordem da lista.

Para inserir um elemento no início da lista (Código 15.6), o novo nó é criado e o campo de informação preenchido. Se a lista estiver vazia, o novo elemento passará a ser o primeiro elemento. Caso contrário, o ponteiro do elemento sendo inserido deve apontar para o primeiro nó da lista. Além disso, o ponteiro usado para manter o primeiro elemento da lista deve ser atualizado com o novo elemento. A Figura 15.2 ilustra a inserção de um nó no início de uma lista ligada simples.

**Código 15.6.** Inserção de elemento no início de lista ligada simples.

```
No *inserir_inicio(No *lista, int val) {
  No *no = criar_no(val);

  no->prox = lista;
  return no;
}
```

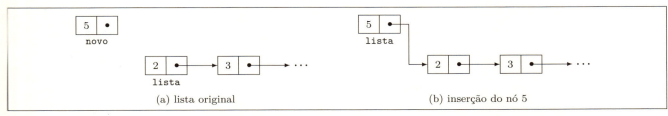

Figura 15.2: Operação de inserção de elemento no início de uma lista ligada simples.

Para a inserção de um elemento no final da lista (Código 15.7), deve-se usar um ponteiro para percorrer a lista desde o início e avançar para o próximo elemento até alcançar o último nó, ou seja, até o ponteiro prox apontar para NULL. Esse último ponteiro apontará para o novo nó alocado. A Figura 15.3 ilustra a inserção de um nó no final de uma lista ligada simples.

**Código 15.7.** Inserção de elemento no final de lista ligada simples.

```
No *inserir_final(No *lista, int val) {
  No *no = criar_no(val);
  No *p = lista;

  if (lista == NULL)
    lista = no;
  else {
    while (p->prox != NULL)
      p = p->prox;
    p->prox = no;
  }
  return lista;
}
```

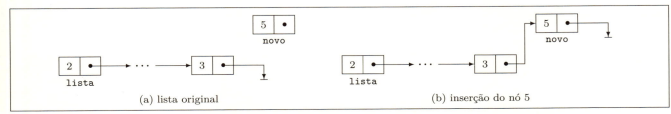

Figura 15.3: Operação de inserção de elemento no final de uma lista ligada simples.

Para inserir um elemento no meio da lista, deve-se encontrar a posição na qual o nó deve ser inserido. A função do Código 15.8 insere um novo elemento após um dado nó q. O ponteiro do novo nó deve apontar para o nó apontado pelo nó q e o ponteiro do nó q deve apontar para o novo nó. Caso a lista seja vazia ou o nó q não pertença à lista, a função retorna a própria lista, sem alterações. A Figura 15.4 ilustra a inserção de um nó no meio de uma lista ligada simples.

**Código 15.8.** Inserção de elemento no meio de lista ligada simples.

```c
No *inserir_meio(No *lista, int val, No *q) {
  No *no, *p = lista;

  while ((p != NULL) && (p != q))
    p = p->prox;

  if (p != NULL) {
    no = criar_no(val);
    no->prox = p->prox;
    p->prox = no;
  }
  return lista;
}
```

Figura 15.4: Operação de inserção de elemento no meio de uma lista ligada simples.

Uma função para verificar se um determinado elemento está presente na lista é apresentada no Código 15.9. A função recebe a informação referente ao elemento que se deseja buscar e retorna o ponteiro do nó da lista que aponta para o elemento. Caso o elemento não esteja presente na lista, o valor retornado é NULL.

**Código 15.9.** Verificação de presença de elemento em uma lista ligada simples.

```c
No *buscar_elemento_lista(No *lista, int val) {
  No *p = lista;

  while (p != NULL) {
    if (p->info == val)
      return p;
    p = p->prox;
  }
  return NULL;
}
```

A função no Código 15.10 imprime, de forma iterativa, o campo de informação de cada nó de uma lista ligada simples à medida que avança na lista, continuando até que o ponteiro atinja o final da lista.

**Código 15.10.** Impressão iterativa de lista ligada simples.

```c
void imprimir_lista_iterativa(No *lista) {
  No *p = lista;

  while (p != NULL) {
    printf("%d ", p->info);
    p = p->prox;
  }
}
```

# Algoritmos e estruturas de dados: conceitos e aplicações

```
8    printf("\n");
9  }
```

Uma versão recursiva da função de impressão é mostrada no Código 15.11.

**Código 15.11.** Impressão recursiva de lista ligada simples.

```c
void imprimir_lista_recursiva(No *lista) {
  if (lista == NULL)
    printf("\n");
  else {
    printf("%d ", lista->info);
    imprimir_lista_recursiva(lista->prox);
  }
}
```

Elementos posicionados no início, no meio ou no final da lista podem ser removidos de uma lista ligada. A função no Código 15.12 recebe a lista e o valor do elemento a ser removido. A lista é percorrida até alcançar o nó em questão. Caso o elemento não pertença à lista, a função retorna a lista original de entrada. O nó predecessor ao elemento a ser removido é mantido para facilitar a operação de remoção. O espaço ocupado pelo elemento deve ser liberado, caso ele pertença à lista. Caso o valor a ser removido apareça mais de uma vez na lista, apenas a primeira ocorrência do elemento será eliminada. A Figura 15.5 ilustra a operação de remoção de elemento em uma lista ligada simples.

**Código 15.12.** Remoção iterativa de elemento de lista ligada simples.

```c
No *remover_elemento_iterativa(No *lista, int x) {
  No *ant = NULL, *q = lista;

  while ((q != NULL) && (q->info != x )) { /* procura elemento na lista */
    ant = q;
    q = q->prox;
  }

  if (q == NULL) /* verifica se encontrou elemento */
    return lista;

  if (ant == NULL)
    lista = q->prox; /* remove elemento do início da lista*/
  else
    ant->prox = q->prox; /* remove elemento do meio ou do final da lista */
  free(q);

  return lista;
}
```

Figura 15.5: Operação de remoção de elemento em lista ligada simples.

Uma versão recursiva para remover um elemento da lista ligada simples é apresentado no Código 15.13. A função remove o primeiro nó cujo valor é igual a um elemento específico a ser removido, ajustando os ponteiros para manter a integridade da lista, liberando o nó removido da memória e retornando o novo início da lista.

**Código 15.13.** Remoção recursiva de elemento de lista ligada simples.

```
No *remover_elemento_recursiva(No *lista, int x) {
  No* aux;
  if (lista == NULL)
    return NULL;
  if (lista->info == x) {
    aux = lista->prox;
    free(lista);
    return aux;
  }
  lista->prox = remover_elemento_recursiva(lista->prox, x);
  return lista;
}
```

Após o uso de uma lista ligada, os espaços de memória alocados para os nós da lista podem ser liberados. A função deve percorrer a lista do início ao fim, desalocando cada nó da lista. Para que um ponteiro não faça referência a uma posição inválida, o endereço do próximo elemento deve ser guardado antes de liberar o elemento atual. Uma versão iterativa da função de liberação dos nós de uma lista ligada simples é apresentada no Código 15.14.

**Código 15.14.** Liberação iterativa de nós de lista ligada simples.

```
No *liberar_lista_iterativa(No *lista) {
  No *p;

  while (lista != NULL) {
    p = lista;
    lista = lista->prox;
    free(p);
  }
  return NULL;
}
```

Uma versão recursiva da função de liberação dos nós de uma lista ligada simples é apresentada no Código 15.15. A função desaloca cada nó da lista, percorrendo-a do início ao fim.

**Código 15.15.** Liberação recursiva de nós de lista ligada simples.

```
No *liberar_lista_recursiva(No *lista) {
  if (lista != NULL) {
    lista->prox = liberar_lista_recursiva(lista->prox);
    free(lista);
  }
  return NULL;
}
```

A função no Código 15.16 conta o número de elementos de uma lista. A função recebe um ponteiro para a lista, que é percorrida do início ao fim, e retorna a quantidade de nós. Se a lista for vazia, a função retorna 0.

**Código 15.16.** Contagem de número de elementos de lista ligada simples.

```
int contar_elementos(No *lista) {
  No *p = lista;
  int num = 0;

  while (p != NULL) {
    num++;
    p = p->prox;
  }
```

```
9    return num;
10 }
```

A função no Código 15.17 inverte a ordem dos elementos de uma lista ligada, ou seja, o primeiro elemento passa a ser o último, o segundo passa a ser o penúltimo, e assim por diante. A função não deve alocar espaço auxiliar de memória, apenas alterar ponteiros.

**Código 15.17.** Inversão de ordem de elementos de lista ligada simples.

```
1  No *inverter_lista(No *lista) {
2    No *p, *q, *r;
3    p = lista;
4    q = NULL;
5
6    while (p != NULL) {
7      r = q;
8      q = p;
9      p = p->prox;
10     q->prox = r;
11   }
12   lista = q;
13   return lista;
14 }
```

Dada uma lista ligada, a função no Código 15.18 ordena crescentemente seus elementos. Os elementos devem ser rearranjados sem a alocação de espaço auxiliar de memória.

**Código 15.18.** Ordenação de elementos de lista ligada simples.

```
1  No *ordenar_lista(No *lista) {
2    No *p = lista, *q = lista->prox;
3    int tmp;
4    while (q != NULL) {
5      while (q != p) {
6        if (q->info < p->info) {
7          tmp = p->info;
8          p->info = q->info;
9          q->info = tmp;
10       }
11       p = p->prox;
12     }
13     p = lista;
14     q = q->prox;
15   }
16   return p;
17 }
```

Duas listas ligadas são idênticas se possuem os mesmos elementos e eles estão dispostos na mesma ordem. Ambas as listas são percorridas simultaneamente e a comparação é realizada elemento por elemento. A função retorna 1 se as listas são iguais e 0 caso contrário. Uma versão iterativa é apresentada no Código 15.19.

**Código 15.19.** Comparação iterativa de duas listas ligadas simples.

```
1  int comparar_listas_iterativa(No *lista1, No *lista2) {
2    No *p1 = lista1, *p2 = lista2;
3
4    while ((p1 != NULL) && (p2 != NULL)) {
5      if (p1->info != p2->info)
6        return 0;
```

```c
      else {
        p1 = p1->prox;
        p2 = p2->prox;
      }
    }
    return (p1 == p2);
}
```

Uma versão recursiva da função de comparação de elementos de duas listas ligadas simples é mostrada no Código 15.20. A função retorna 1 se as listas forem iguais e 0 caso contrário.

**Código 15.20.** Comparação recursiva de duas listas ligadas simples.

```c
int comparar_listas_recursiva(No *lista1, No *lista2) {
  if ((lista1 == NULL) && (lista2 == NULL))
    return 1;
  else
    if ((lista1 == NULL) || (lista2 == NULL))
      return 0;
    else
      return (lista1->info == lista2->info) &&
             (comparar_listas_recursiva(lista1->prox, lista2->prox));
}
```

A operação de concatenação entre duas listas ligadas une a segunda lista no final da primeira. Uma versão iterativa é apresentada no Código 15.21. O último nó da primeira lista é conectado ao primeiro nó da segunda lista, retornando a lista resultante. Se a primeira lista estiver vazia, a função retorna a segunda lista.

**Código 15.21.** Concatenação iterativa de duas listas ligadas simples.

```c
No *concatenar_listas_iterativa(No *lista1, No *lista2) {
  No *p;

  if (lista1 == NULL)
    return lista2;
  else {
    if (lista2 != NULL) {
      p = lista1;
      while (p->prox != NULL)
        p = p->prox;
      p->prox = lista2;
    }
    return lista1;
  }
}
```

Uma versão recursiva para concatenar duas listas ligadas simples é mostrada no Código 15.22. A função mantém a estrutura original das listas, enquanto os elementos da segunda lista são adicionados ao final da primeira.

**Código 15.22.** Concatenação recursiva de duas listas ligadas simples.

```c
No *concatenar_listas_recursiva(No *lista1, No *lista2) {
  if (lista1 == NULL)
    return lista2;
  lista1->prox = concatenar_listas_recursiva(lista1->prox, lista2);
  return lista1;
}
```

Uma lista ligada pode ser copiada em outra por meio da criação de novos nós e da cópia dos campos de informação da lista original. Uma versão iterativa da função é apresentada no Código 15.23. A função retorna a nova lista resultante da cópia.

**Código 15.23.** Cópia iterativa de elementos de uma lista ligada simples em outra lista.

```c
No *copiar_lista_iterativa(No *lista) {
  No *p = lista, *ant = NULL, *nova_lista = NULL, *no;

  while (p != NULL) {
    no = (No*) malloc(sizeof(No));
    no->info = p->info;
    no->prox = NULL;
    if (nova_lista == NULL) {
      nova_lista = no;
      ant = no;
    }
    else {
      ant->prox = no;
      ant = no;
    }
    p = p->prox;
  }
  return nova_lista;
}
```

Uma versão recursiva para copiar duas listas ligadas simples é mostrada no Código 15.24. A função cria um novo nó para cada elemento da lista original, preservando a estrutura e os valores dos nós.

**Código 15.24.** Cópia recursiva de elementos de uma lista ligada simples em outra lista.

```c
No *copiar_lista_recursiva(No *lista) {
  No *no;

  if (lista == NULL)
    return NULL;
  no = (No*) malloc(sizeof(No));
  no->info = lista->info;
  no->prox = copiar_lista_recursiva(lista->prox);
  return no;
}
```

Uma versão recursiva para intercalar duas listas ordenadas crescentemente é apresentada no Código 15.25. Os nós correntes de ambas as listas são comparados, e o nó com o menor valor é adicionado à lista de saída. O restante da lista é intercalado recursivamente. Deve-se notar que as duas listas serão modificadas após a chamada da função, pois as variáveis (ponteiros) são passadas como argumentos para a função, ou seja, os endereços de memória referentes aos inícios das duas listas ligadas.

**Código 15.25.** Intercalação recursiva de duas listas ligadas simples ordenadas crescentemente.

```c
No *intercalar_listas_recursiva(No *lista1, No *lista2) {
  if (lista1 == NULL)
    return lista2;
  else if (lista2 == NULL)
      return lista1;

  if (lista1->info <= lista2->info) {
    lista1->prox = intercalar_listas_recursiva(lista1->prox, lista2);
    return lista1;
```

```
10    }
11    else {
12      lista2->prox = intercalar_listas_recursiva(lista1, lista2->prox);
13      return lista2;
14    }
15 }
```

O Código 15.26 apresenta um exemplo de utilização de listas ligadas simples e algumas de suas principais operações. Elementos são inseridos em duas listas inicialmente vazias. Em seguida, várias operações descritas anteriormente são aplicadas às listas, incluindo inserção, remoção, cópia, inversão, concatenação, ordenação, intercalação e contagem de elementos. O programa também imprime informações sobre as listas, verifica a igualdade entre elas, busca um elemento específico e, no final, libera a memória alocada para as listas.

**Código 15.26.** Exemplo de utilização de listas ligadas simples.

```
1  int main() {
2    No *aux, *p1 = NULL, *p2 = NULL, *q1, *q2;
3
4    p1 = inserir_inicio(p1, 1);
5    p1 = inserir_inicio(p1, 2);
6    p1 = inserir_inicio(p1, 3);
7    p1 = inserir_inicio(p1, 4);
8    p1 = remover_elemento_iterativa(p1, 3);
9    p1 = inserir_final(p1, 5);
10
11   p2 = inserir_inicio(p2, 6);
12   p2 = inserir_inicio(p2, 7);
13   p2 = inserir_inicio(p2, 8);
14   p2 = inserir_inicio(p2, 9);
15
16   imprimir_lista_recursiva(p1);
17   imprimir_lista_recursiva(p2);
18
19   q1 = copiar_lista_iterativa(p1);
20   q2 = copiar_lista_iterativa(p2);
21
22   if (comparar_listas_iterativa(p1, p2) == 0)
23     printf("listas diferentes\n\n");
24   else
25     printf("Listas iguais\n\n");
26
27   p1 = inverter_lista(p1);
28
29   if (buscar_elemento_lista(p1, 2) != NULL)
30     printf("Elemento encontrado na lista\n\n");
31   else
32     printf("Elemento não encontrado na lista\n\n");
33
34   aux = concatenar_listas_iterativa(p1, p2);
35   imprimir_lista_recursiva(aux);
36
37   q1 = ordenar_lista(q1);
38   q2 = ordenar_lista(q2);
39
40   aux = intercalar_listas_recursiva(q1, q2);
41   imprimir_lista_recursiva(aux);
```

```
42
43    printf("Número de elementos da lista: %d\n\n", contar_elementos(aux));
44
45    aux = liberar_lista_iterativa(aux);
46    return 0;
47 }
```

Listas ligadas podem ser empregadas para representar polinômios da forma $P(x) = a_n x^n + a_{n-1} x^{n-1} + \ldots + a_1 x^1 + a_0 x^0$, em que $n$ é um número inteiro não negativo, denominado *expoente*, enquanto os números $a_0, \ldots, a_n$ são constantes que representam os *coeficientes* do polinômio.

Cada termo do polinômio é armazenado em um nó da lista, que possui três campos para representar o coeficiente e o expoente de cada termo, além de um ponteiro para o próximo termo, conforme mostrado no Código 15.27. Uma representação gráfica do nó é apresentada à direita do código.

**Código 15.27.** Estrutura de um termo de polinômio como um nó de lista ligada simples.

```
1 typedef struct No {
2   int coeficiente;
3   int expoente;
4   struct No *prox;
5 } No;
```

| coeficiente | expoente | prox |

O polinômio $P(x) = 2x^{15} + 3x^6 + 5x^3 + 1$ pode ser representado pela lista ligada mostrada na Figura 15.6. Cada nó da lista é alocado dinamicamente e representa um termo do polinômio. Os termos estão ordenados decrescentemente pelos seus expoentes.

Figura 15.6: Polinômio representado com uma lista ligada.

A função no Código 15.28 imprime um polinômio p, em que são apresentados o coeficiente e o expoente de cada termo.

**Código 15.28.** Impressão de polinômio.

```
1  void imprimir_polinomio(No *p) {
2    if (p == NULL) {
3      printf("Polinômio nulo\n");
4      return;
5    }
6    while (p->prox != NULL) {
7      printf("%5.1f, %2d ", p->coeficiente, p->expoente);
8      p = p->prox;
9    }
10   printf("\n");
11 }
```

Os termos que compõem o polinômio podem ser formados por múltiplas variáveis, por exemplo, $P(x, y, z) = x^9 y^3 z^2 + 2x^8 y^2 z^2 + x^4 y^4 z + 6x^3 y^4 z + 2yz$. Nesse caso, o nó que representa cada termo do polinômio pode ser declarado por meio da estrutura mostrada no Código 15.29.

**Código 15.29.** Representação de termo de polinômio formado por múltiplas variáveis.

```
typedef struct No {
  int coeficiente;
  int exp_x, exp_y, exp_z;
  struct No *prox;
} No;
```

| exp_x | exp_y | exp_z |
|-------|-------|-------|
| coeficiente | | prox |

O polinômio $P(x, y, z)$ do exemplo anterior pode ser representado pela lista ligada mostrada na Figura 15.7. Como pode ser observado, nem todo termo do polinômio é expresso com todas as variáveis. Os termos estão ordenados decrescentemente pelos expoentes da variável $x$.

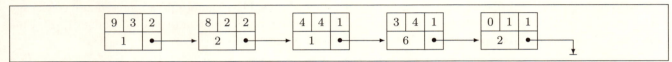

Figura 15.7: Polinômio com múltiplas variáveis.

Algumas operações que podem ser aplicadas são adição, subtração, multiplicação e divisão de dois polinômios, verificação de igualdade de polinômios e impressão dos coeficientes e expoentes de cada termo do polinômio, a derivada de primeira ordem de um polinômio, entre outras.

## 15.2 Listas ligadas simples com nó cabeça

Em algumas situações, um nó extra, denominado *nó cabeça*, é usado para referenciar o início de uma lista ligada. O propósito do nó cabeça é simplificar ou acelerar algumas operações, garantindo que a lista nunca seja vazia e que todo nó da lista apresente um predecessor. Com isso, operações de inserção e de remoção de elemento no início da lista, por exemplo, tornam-se mais simples de implementar.

Uma maneira de aproveitar o campo de informação do nó cabeça é utilizá-lo para manter a quantidade de nós da lista ou a descrição dos dados contidos nos nós. Um exemplo de lista ligada com nó cabeça, em que o campo de informação indica a quantidade de nós existentes na lista, é apresentado na Figura 15.8, evitando-se percorrer toda a lista para contar seus elementos.

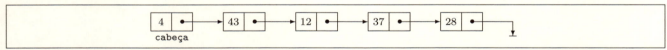

Figura 15.8: Lista ligada simples com nó cabeça. O campo de informação do nó cabeça mantém o número de nós da lista.

A função no Código 15.30 implementa a criação de uma lista ligada simples que contém apenas o nó cabeça. Uma representação gráfica da estrutura do nó cabeça após sua criação é mostrada à direita do código.

**Código 15.30.** Criação de lista ligada simples com apenas o nó cabeça.

```
No *criar_lista_vazia() {
  No *cabeca = (No*) malloc(sizeof(struct No));

  if (no == NULL)
    exit(1);
  cabeca->info = 0;
  cabeca->prox = NULL;
  return cabeca;
}
```

Uma implementação para verificar se uma lista ligada simples com nó cabeça está vazia é apresentada no Código 15.31.

**Código 15.31.** Verificação se lista ligada simples com nó cabeça é vazia.

```c
int verificar_lista_vazia(No *lista) {
  return !lista->prox;
}
```

A função no Código 15.32 imprime, de forma iterativa, o conteúdo de uma lista ligada simples com nó cabeça.

**Código 15.32.** Impressão iterativa de lista ligada simples com nó cabeça.

```c
void imprimir(No *lista) {
  No *p;

  for (p = lista->prox; p != NULL; p = p->prox)
    printf("%d ", p->info);
  printf("\n");
}
```

Uma função para verificar se um determinado elemento está presente em uma lista ligada com nó cabeça é apresentada no Código 15.33.

**Código 15.33.** Verificação de presença de elemento em uma lista ligada simples com nó cabeça.

```c
No *buscar_elemento_lista(No *lista, int val) {
  No* p = lista->prox;

  while (p != NULL) {
    if (p->info == val)
      return p;
    p = p->prox;
  }
  return NULL;
}
```

O nó cabeça simplifica a operação de remoção quando o elemento está no início da lista. A função no Código 15.34 remove um elemento da lista e libera o espaço ocupado por ele, caso o elemento pertença à lista.

**Código 15.34.** Remoção de elemento de início de lista ligada simples com nó cabeça.

```c
No *remover_elemento_iterativa(No *lista, int x) {
  No *ant, *q;

  ant = lista;
  q = lista->prox;
  while (q != NULL && q->info != x) {
    ant = q;
    q = q->prox;
  }
  if (q != NULL) {
    ant->prox = q->prox;
    free(q);
  }
  return lista;
}
```

A função no Código 15.35 insere um elemento em uma lista ligada simples ordenada com nó cabeça, preservando a ordem crescente dos elementos.

**Código 15.35.** Inserção de elemento em lista ligada simples ordenada com nó cabeça.

```
No *inserir_ordem(No *lista, int x) {
  No *q, *p = lista->prox;

  while ((p != NULL) && (p->info < x)) {
    q = p;
    p = p->prox;
  }
  r = criar_no(x);
  q->prox = r;
  r->prox = p;
  return lista;
}
```

Uma função para concatenação de duas listas ligadas com nós cabeças é apresentada no Código 15.36, em que a segunda lista é unida no final da primeira.

**Código 15.36.** Concatenação de duas listas ligadas simples com nós cabeças.

```
No *concatenar_listas(No *lista1, No *lista2) {
  No p = *lista1;

  while (p->prox != NULL)
    p = p->prox;
  p->prox = lista2->prox;
  free(lista2);
  return lista1;
}
```

Uma função para liberar os nós de uma lista ligada simples com nó cabeça é mostrada no Código 15.37. A memória de todos os nós da lista, exceto a do nó cabeça, é liberada.

**Código 15.37.** Liberação de lista ligada simples com nó cabeça.

```
void liberar_lista(No *lista) {
  No *p = lista->prox;

  while (lista->prox != NULL) {
    p = lista;
    lista = lista->prox;
    free(p);
  }
  lista->info = 0;
}
```

A implementação de uma função para imprimir a intersecção entre duas listas não ordenadas com nós cabeças é apresentada no Código 15.38.

**Código 15.38.** Impressão de elementos comuns entre duas listas ligadas simples não ordenadas com nós cabeças.

```
void intersecao(No *lista1, No* lista2) {
  No *p1, *p2;

  p1 = lista1->prox;
  while (p1 != NULL) {
    p2 = lista2->prox;
    while (p2 != NULL) {
      if (p1->info == p2->info)
```

# Algoritmos e estruturas de dados: conceitos e aplicações

```
9            printf("Elemento comum : %d\n", p1->info);
10        p2 = p2->prox;
11      }
12      p1 = p1->prox;
13    }
14  }
```

## 15.3 Listas ligadas simples circulares

Em uma *lista ligada circular*, os ponteiros que interligam os nós da lista formam um ciclo. Não há a noção de primeiro ou último nó da lista. Algumas aplicações se beneficiam dessa estrutura para representar conjuntos de dados cíclicos, por exemplo, a simulação de um anel de rede de comunicação. A Figura 15.9 ilustra uma lista ligada simples circular.

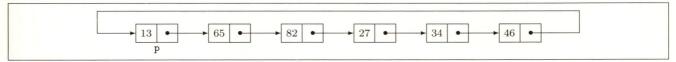

Figura 15.9: Representação de uma lista ligada simples circular.

Os elementos de uma lista circular são visitados a partir de um ponteiro que aponta para um elemento qualquer da lista. Para percorrer toda a lista, o ponteiro deve alcançar novamente o mesmo elemento inicial. A função no Código 15.39 imprime os elementos de uma lista ligada simples circular.

**Código 15.39.** Impressão de elementos de lista ligada simples circular.

```c
void imprimir_lista_circular(No *lista) {
  No *p = lista;

  if (p != NULL)
    do {
      printf("%d\n", p->info);
      p = p->prox;
    } while (p != lista);
}
```

Em uma lista circular não ordenada, um nó pode ser inserido em qualquer posição, já que não há a noção de início e fim de lista. A função no Código 15.40 implementa a inserção de um novo elemento em uma lista ligada simples circular.

**Código 15.40.** Inserção de elemento em lista ligada simples circular.

```c
No *inserir_lista_circular(No *lista, int val) {
  No *novo = (No*) malloc(sizeof(No));

  novo->info = val;
  if (lista == NULL)
    novo->prox = novo;
  else {
    novo->prox = lista->prox;
    lista->prox = novo;
  }
  return novo;
}
```

Para remover um nó de uma lista ligada simples circular, a função no Código 15.41 recebe a lista e o valor do elemento a ser removido. Caso não seja vazia, a lista é percorrida até alcançar o nó. Caso o elemento não pertença à lista, a função retorna a lista inalterada. Para facilitar a remoção, o nó predecessor ao elemento a ser removido é mantido durante o percurso. O espaço ocupado pelo elemento em questão é então liberado.

**Código 15.41.** Remoção de elemento de lista ligada simples circular.

```
No *remover_elemento(No *lista, int x) {
  No *p = lista, *prev;

  if (lista == NULL)
    return NULL;

  /* busca elemento */
  while (p->info != x) {
    if (p->prox == lista) /* elemento não encontrado */
      return NULL;
    prev = p;
    p = p->prox;
  }

  if (p->prox == lista) { /* verifica se nó é único */
    lista = NULL;
    free(p);
    return NULL;
  }

  if (p == lista) { /* verifica se nó é o primeiro */
    prev = lista;
    while (prev->prox != lista)
      prev = prev->prox
    lista = p->prox;
    prev->prox = lista;
    free(p);
  }
  else
    if (p->prox == lista && p == lista) { /* verifica se nó é o último */
      prev->prox = lista;
      free(p);
    }
    else {
      prev->prox = p->prox;
      free(p);
    }
  return lista;
}
```

Os espaços de memória alocados para os nós de uma lista circular são liberados iterativamente na função mostrada no Código 15.42.

**Código 15.42.** Liberação de lista ligada simples circular.

```
No *liberar_lista_circular(No *lista) {
  No *p;

  while (lista != NULL) {
    p = lista;
    lista = lista->prox;
    free(p);
  }
  return NULL;
```

A função no Código 15.43 conta o número de elementos de uma lista ligada simples circular. A função recebe um ponteiro para a lista, que é percorrida do início ao fim, e retorna a quantidade de nós. Se a lista for vazia, a função retorna 0.

**Código 15.43.** Contagem de número de elementos de lista ligada simples circular.

```
int *contar_elementos(No *lista) {
  No *p = lista;
  int n = 0;

  if (p != NULL)
    do {
        n++;
        p = p->prox;
    } while (p != lista);
  return n;
}
```

A ordem dos elementos em uma lista ligada simples circular pode ser revertida por meio da inversão dos ponteiros da lista. A lista no Código 15.44 é percorrida a partir do nó inicial até que seja encontrado um nó cujo ponteiro aponte para o nó inicial (ou seja, o último nó da lista). Ponteiros para o nó atual e para o nó anterior são mantidos durante o percurso. Um ponteiro auxiliar apontando para o nó atual também deve ser mantido. A cada iteração, os ponteiros são convenientemente ajustados para inverter a ordem dos elementos.

**Código 15.44.** Inversão de lista ligada simples circular.

```
No *inverter_lista_circular(No *lista) {
  No *aux, *atual, *anterior = NULL;

  if (lista != NULL) {
    atual = lista;
    aux = atual;
    while (atual->prox != lista) {
      atual = atual->prox;
      aux->prox = anterior;
      anterior = aux;
      aux = atual;
    }
    aux->prox = anterior;
    lista->prox = aux;
    lista = aux;
  }
  return(lista);
}
```

O problema de Josephus ilustra a aplicação de uma lista ligada circular na busca por uma solução. O problema leva o nome do historiador Flavius Josephus, o qual relatou que ele e 40 rebeldes foram encurralados pelos romanos em uma caverna. Os prisioneiros escolheram o suicídio em vez da captura e estabeleceram um método de suicídio por sorteio.

As pessoas são dispostas em um círculo, e a contagem tem início a partir de uma posição específica, continuando ao redor do círculo em uma mesma direção. A cada passo, uma pessoa é eliminada do círculo. Conforme esse processo de eliminação prossegue, o círculo gradativamente se torna menor, até restar a última pessoa, que é a única a sobreviver.

Dado o número total $n$ de pessoas e um valor $m$ que indica a posição da $m$-ésima pessoa ao redor do círculo a ser removida em cada iteração, a contagem é iniciada a partir da primeira pessoa no sentido horário. Após a seleção e a eliminação da pessoa do círculo, a contagem continua a partir da próxima pessoa. A tarefa consiste em escolher a posição inicial no círculo para que uma determinada pessoa seja a última remanescente no círculo, ou seja, aquela que sobreviverá.

O Código 15.45 implementa uma solução para o problema de Josephus, utilizando uma lista ligada circular. A função recebe os parâmetros de entrada (o número total de pessoas $n$ e o valor $m$) e imprime a ordem na qual as pessoas são eliminadas do círculo, bem como a posição da pessoa que permanece no círculo.

**Código 15.45.** Problema de Josephus com $n = 7$ e $m = 3$.

```c
#include <stdio.h>
#include <stdlib.h>

typedef struct No { /* estrutura do nó da lista circular */
  int info;
  struct No *prox;
} No;

No *criar_no(int x) {
  No *aux = (No*) malloc(sizeof(No));
  aux->prox = aux;
  aux->info = x;
}

void josephus(int n, int m) {
  int i = 1, k;
  No *p, *q, *prev, *lista;

  /* cria lista circular */
  lista = criar_no(i);
  prev = lista;
  for (i = 2; i <= n; i++) {
    prev->prox = criar_no(i);
    prev = prev->prox;
  }
  prev->prox = lista;

  /* procede com a eliminação sucessiva na lista circular */
  p = lista;
  q = lista;
  while (p->prox != p) {
    k = 1;
    while (k != m) { /* encontra m-ésimo nó */
      q = p;
      p = p->prox;
      k++;
    }
    q->prox = p->prox;
    printf("%d  ", p->info);
    free(p); /* remove o m-ésimo nó */
    p = q->prox;
  }
  printf("\nPosição da pessoa que sobrevive: %d\n", p->info);
}

int main() {
  int n = 7, m = 3;
```

```
48
49      josephus(n, m);
50      return 0;
51  }
```

```
3 6 2 7 5 1
Posição da pessoa que sobrevive: 4
```

A Figura 15.10 ilustra os passos da execução do código para a resolução do problema de Josephus para $n = 7$ pessoas e $m = 3$. As posições correspondentes às pessoas que são eliminadas do círculo são hachuradas. A posição de início em cada passo do processo é indicada por uma seta.

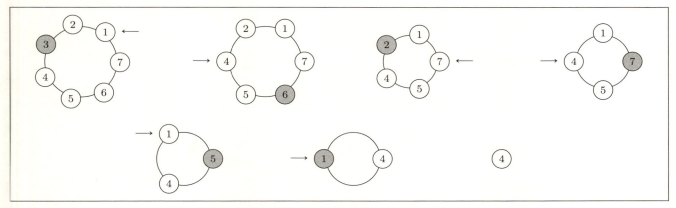

Figura 15.10: Problema de Josephus com $n = 7$ e $m = 3$.

## 15.4 Listas ligadas simples circulares com nó cabeça

As listas circulares podem ter um nó cabeça para simplificar algumas operações, como inserção e remoção. O nó cabeça indica o início da lista, enquanto o último nó aponta para o nó cabeça. Ao percorrer a lista, pode-se determinar seu final se o ponteiro do nó possui o endereço do nó cabeça. A Figura 15.11 ilustra um exemplo de lista ligada circular com nó cabeça, em que o campo de informação indica a quantidade de nós existentes na lista.

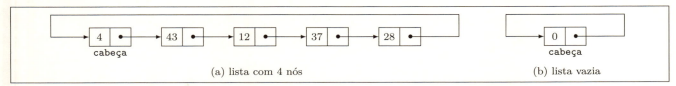

Figura 15.11: Listas ligadas simples circulares com nó cabeça.

Uma função para verificar se um determinado elemento está presente em uma lista circular com nó cabeça é apresentada no Código 15.46.

**Código 15.46.** Verificação de presença de elemento em lista ligada simples circular com nó cabeça.

```
1  No *buscar_elemento_lista(No *lista, int val) {
2    No* p = lista->prox;
3
4    while (p != lista) {
5      if (p->info == val)
6        return p;
7      p = p->prox;
8    }
9    return NULL;
10 }
```

A função no Código 15.47 libera os espaços de memória alocados para os nós de uma lista circular com nó cabeça. Após a liberação dos nós, o campo de informação do nó cabeça recebe o valor 0. Caso a lista seja vazia, a função retorna o nó cabeça.

**Código 15.47.** Liberação de lista ligada simples circular com nó cabeça.

```c
void liberar_lista(No *lista) {
  No *q, *p = lista->prox;

  while (p != lista) {
    q = p;
    p = p->prox;
    lista->prox = p;
    free(q);
  }
  lista->info = 0;
}
```

A função no Código 15.48 imprime, de forma iterativa, o conteúdo de uma lista ligada simples circular com nó cabeça.

**Código 15.48.** Impressão iterativa de lista ligada simples circular com nó cabeça.

```c
void imprimir(No *lista) {
  No *p = lista->prox;

  while (p != lista) {
    printf("%d\n", p->info);
    p = p->prox ;
  }
}
```

Listas circulares com nó cabeça podem ser utilizadas para representar *matrizes esparsas*. Uma matriz é denominada esparsa quando possui uma grande quantidade de elementos com valor zero. Espaço significativo de memória pode ser economizado se apenas os elementos com valores diferentes de zero forem armazenados, o que pode ser implementado por meio de um conjunto de listas ligadas. Algumas operações sobre essas matrizes também podem ser realizadas com menor tempo computacional caso os elementos com valor zero não sejam armazenados.

Cada coluna da matriz esparsa é representada por uma lista ligada circular com um nó cabeça. Analogamente, cada linha da matriz também é representada por uma lista ligada circular com um nó cabeça. Cada nó da lista, exceto os nós cabeças, representa um termo não nulo da matriz, composto de cinco campos: o número da linha i, o número da coluna j, o ponteiro para a `linha`, o ponteiro para a `coluna` e o coeficiente da matriz. A estrutura de um nó para representar uma matriz esparsa é definida conforme o Código 15.49. Uma representação gráfica do nó é mostrada à direita do código.

**Código 15.49.** Estrutura de nó para representar elemento de matriz esparsa.

```c
typedef struct No {
  int i, j;
  float valor;
  struct No *linha, *coluna;
} No;
```

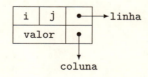

# Algoritmos e estruturas de dados: conceitos e aplicações

Dada a matriz esparsa formada por 6 linhas e 5 colunas a seguir:

$$M = \begin{array}{c} \phantom{\begin{bmatrix}0\end{bmatrix}} \begin{array}{ccccc} 1 & 2 & 3 & 4 & 5 \end{array} \\ \begin{bmatrix} 0 & 0 & 8 & 0 & 0 \\ 0 & 3 & 0 & 0 & 5 \\ 0 & 0 & 0 & 0 & 0 \\ 2 & 0 & 0 & 0 & 6 \\ 0 & 0 & 4 & 0 & 0 \\ 1 & 7 & 0 & 0 & 9 \end{bmatrix} \begin{array}{c} 1 \\ 2 \\ 3 \\ 4 \\ 5 \\ 6 \end{array} \end{array}$$

cada termo não nulo de M será armazenado em um nó composto de cinco campos. Conforme ilustrado na Figura 15.12, o nó cabeça para a lista de nós cabeças das linhas e das colunas contém as dimensões da matriz. Assim, o campo i de M corresponde ao número de linhas da matriz, enquanto j corresponde ao número de colunas da matriz M.

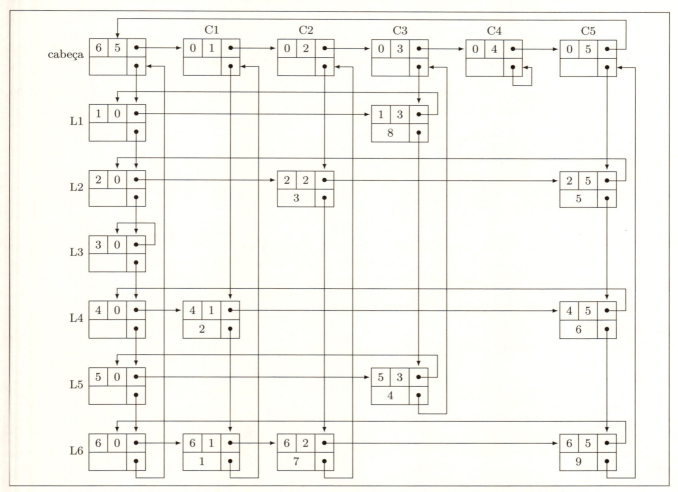

Figura 15.12: Matriz esparsa representada por listas ligadas circulares com nós cabeças.

Os nós cabeças da lista de linhas são marcados de L1 a L6, enquanto os nós cabeças da lista de colunas são marcados de C1 a C5. Os próprios nós cabeças das linhas e colunas formam uma lista ligada circular. O campo linha dos nós cabeças das listas de colunas é usado para associar o próximo nó cabeça, enquanto o campo coluna é usado para associar o primeiro termo não nulo nessa coluna (ou a si mesmo, caso não haja termo não nulo nessa coluna). Analogamente, o campo coluna dos nós cabeças das listas de linhas é usado para associar o próximo nó cabeça, enquanto o campo linha é usado para associar o primeiro termo não nulo nessa linha (ou a si mesmo, caso não haja termo não nulo nessa linha).

Cada termo não nulo da matriz M pertence a uma lista de linhas e uma lista de colunas. Para cada nó dos termos não nulos, o campo valor indica o coeficiente da matriz M. Os campos i e j indicam, respectivamente, a linha e a coluna em que o termo não nulo está localizado na matriz.

## 15.5 Listas duplamente ligadas

Nas *listas duplamente ligadas*, cada nó tem um ponteiro para o elemento predecessor (ou nulo se for o primeiro nó) e um ponteiro para o elemento sucessor (ou nulo se for o último nó da lista). Embora esse tipo de estrutura demande espaço de memória extra, em comparação com uma lista ligada simples, para armazenar os ponteiros para os nós predecessores de cada nó, ela permite que os elementos sejam visitados eficientemente em ordem inversa, ou seja, do final para o início, o que não ocorre nas listas ligadas simples descritas anteriormente.

Em geral, nós cabeças não são empregados em listas duplamente ligadas, pois cada nó pode ser acessado em ambas as direções, o que facilita a implementação de operações como inserção e remoção de elementos. A Figura 15.13 ilustra um exemplo de lista duplamente ligada.

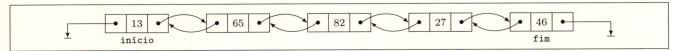

Figura 15.13: Representação de uma lista duplamente ligada.

A estrutura de um nó de lista duplamente ligada pode ser declarada conforme apresentado no Código 15.50. Uma representação gráfica do nó é mostrada à direita do código.

**Código 15.50.** Estrutura de nó de lista duplamente ligada.

```
typedef struct No {
  int info;
  struct No *ant;
  struct No *prox;
} No;
```

Uma função para criar um nó, ou seja, alocar dinamicamente espaço de memória para um elemento da lista duplamente ligada, é apresentada no Código 15.51. Ela recebe a informação do novo elemento como parâmetro de entrada e atribui o valor NULL para os dois ponteiros.

**Código 15.51.** Criação de nó de lista duplamente ligada.

```
No *criar_no(int val) {
  No *no = (No*) malloc(sizeof(No));

  if (no == NULL)
    exit(1);
  no->info = val;
  no->ant = NULL;
  no->prox = NULL;
  return no;
}
```

A função no Código 15.52 busca um elemento em uma lista duplamente ligada. A função recebe a informação associada ao elemento procurado e, em caso de sucesso, retorna o ponteiro do nó correspondente na lista. Caso o elemento não seja encontrado na lista, a função retorna o valor NULL. Pode-se observar que a implementação é idêntica à função de busca em uma lista ligada simples, pois apenas o ponteiro para o próximo elemento é utilizado no processo de busca.

**Código 15.52.** Verificação de presença de elemento em lista duplamente ligada.

```
No *buscar_lista_dupla(No *lista, int val) {
  No *p = lista;

  while (p != NULL) {
```

```
5      if (p->info == val)
6        return p;
7      p = p->prox
8    }
9    return NULL;
10 }
```

A inserção de um elemento pode ser realizada no início, no meio ou no final de uma lista. A função apresentada no Código 15.53 implementa a operação de inserção de nó no início de uma lista duplamente ligada. A função aloca espaço de memória para armazenar o elemento. O ponteiro que representa a lista deve ser atualizado para que a lista passe a ser representada pelo ponteiro para o novo elemento. Caso a lista seja vazia, o novo elemento passa a ser o único dela.

**Código 15.53.** Inserção de elemento no início de lista duplamente ligada.

```
1  No *inserir_inicio(No *lista, int val) {
2    No *no = criar_no(val);
3
4    no->prox = lista;
5
6    if (lista != NULL)
7      lista->ant = no;
8
9    return no;
10 }
```

A operação de inserção de um elemento no final da lista é mostrada no Código 15.54. Se a lista estiver vazia, o ponteiro para o nó predecessor do novo nó deve apontar para NULL. A lista retornada é formada pelo nó criado. Se a lista não estiver inicialmente vazia, ela é percorrida até o ponteiro prox apontar para NULL. Esse último ponteiro é então ajustado para apontar para o nó criado, e o ponteiro para o nó predecessor do novo nó deve apontar para o último nó da lista.

**Código 15.54.** Inserção de elemento no final de lista duplamente ligada.

```
1  No *inserir_final(No *lista, int val) {
2    No* no = criar_no(val);
3    No* p = lista;
4
5    if (lista == NULL) {
6      no->ant = NULL;
7      lista = no;
8    }
9    else {
10     while (p->prox != NULL)
11       p = p->prox;
12
13     p->prox = no;
14     no->ant = p;
15   }
16   return lista;
17 }
```

A operação de inserção de um elemento no meio da lista deve encontrar a posição na qual o nó deve ser adicionado. A função mostrada no Código 15.55 insere um novo elemento após um dado nó q. O ponteiro do novo nó deve apontar para o nó apontado pelo nó q, o ponteiro do nó q deve apontar para o novo nó e o ponteiro para o nó predecessor do novo nó deve apontar para q. Caso a lista seja vazia ou o nó q não pertença à lista, a função retorna a própria lista, sem alterações. A Figura 15.14 ilustra a inserção de um nó no meio de uma lista duplamente ligada.

**Código 15.55.** Inserção de elemento no meio de lista duplamente ligada.

```
No *inserir_meio(No *lista, int val, No *q) {
  No *no, *p = lista;

  while ((p != NULL) && (p != q))
    p = p->prox;

  if (p != NULL) {
    no = criar_no(val);
    no->prox = q->prox;
    q->prox = no;
    no->ant = q;

    if (no->prox != NULL)
      no->prox->ant = no;
  }
  return lista;
}
```

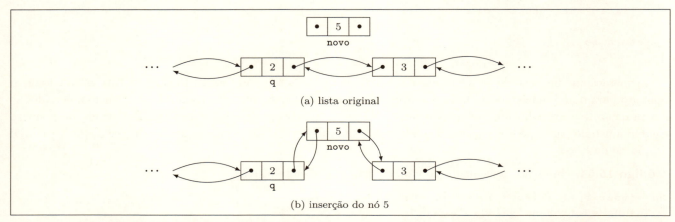

Figura 15.14: Operação de inserção de elemento no meio de uma lista duplamente ligada.

O encadeamento duplo de ponteiros facilita a remoção de um elemento em uma lista duplamente ligada, pois os elementos antecessor e sucessor de cada nó podem ser acessados diretamente. Após encontrar o elemento a ser removido (Código 15.56), ajustes nos ponteiros são realizados para liberar o espaço de memória ocupado pelo nó. A Figura 15.15 ilustra a operação de remoção em uma lista duplamente ligada.

**Código 15.56.** Remoção de elemento de lista duplamente ligada.

```
No *remover_lista_dupla(No *lista, int val) {
  No *p = lista;

  while (p != NULL) { /* busca elemento */
    if (p->info == val)
      return p;
    p = p->prox
  }

  if (p == NULL) /* não achou o elemento */
    return lista;

  if (p == lista) { /* elemento é o primeiro da lista */
    lista = p->prox;
```

```
15      lista->ant = NULL;
16    }
17    else
18      p->ant->prox = p->prox;
19
20    if (p->prox != NULL) /* elemento não é o último da lista */
21      p->prox->ant = p->ant;
22
23    free(p);
24    return lista;
25  }
```

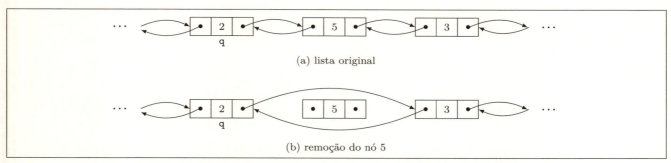

Figura 15.15: Operação de remoção de elemento de uma lista duplamente ligada.

## 15.6 Listas circulares duplamente ligadas

Uma lista circular pode ser criada com encadeamento duplo para formar um ciclo. O primeiro elemento passa a ter o último como anterior, enquanto o último elemento da lista passa a ter o primeiro como próximo da lista. Uma *lista circular duplamente ligada* pode ser percorrida nos dois sentidos, a partir de um ponteiro posicionado em um elemento qualquer.

A função no Código 15.57 imprime os elementos de uma lista circular duplamente ligada no sentido reverso, ou seja, o percurso na lista é realizado por meio dos ponteiros para os elementos predecessores.

**Código 15.57.** Impressão, em ordem reversa, de elementos de uma lista circular duplamente ligada.

```
1  void imprimir_ordem_reversa(No *lista) {
2    No *p = lista;
3
4    if (p != NULL)
5      do {
6        printf("%d\n", p->info);
7        p = p->ant;
8      } while (p != lista);
9  }
```

## 15.7 Listas generalizadas

Nas listas ligadas descritas anteriormente, os elementos eram formados apenas por *átomos*, ou seja, elementos de tipos de dados primitivos, como números inteiros, números em ponto flutuante, caracteres, entre outros. O encadeamento dos elementos assumiu formas diferentes, por exemplo, ligações simples, duplas e circulares.

Uma *lista generalizada* $L = (e_1, e_2, \ldots e_n)$ é uma sequência de elementos $e_i$, os quais podem ser átomos ou listas generalizadas. Nessa definição recursiva, os elementos que não são átomos são chamados de sublistas de L. O tamanho da lista é definido pelo valor $n$. Se $n = 0$, a lista é vazia. O número máximo de níveis aninhados de parênteses na lista L é chamado de profundidade.

Uma notação conveniente para representar listas generalizadas utiliza uma enumeração com parênteses de seus elementos separados por vírgulas. Por exemplo, uma lista L = ((A, B, C), ((D, E), F), G) possui três elementos: (i) a sublista (A, B, C), (ii) a sublista ((D, E), F) e (iii) o átomo G. Por sua vez, a sublista ((D, E), F) é formada por dois elementos: a sublista (D, E) e o átomo F.

Para representar uma lista generalizada, dois tipos de nós são necessários. Um nó *terminal* armazena átomos da lista generalizada. Um nó *não terminal* define a estrutura hierárquica em que os átomos da lista estão organizados. A estrutura de um nó de uma lista generalizada pode ser definida conforme mostrado no Código 15.58. Uma representação gráfica dos diferentes tipos de nós é mostrada à direita do código.

**Código 15.58.** Estrutura de nó de uma lista generalizada.

```
typedef struct No {
  int tipo;
  union {
    char atomo;
    struct No *sublista;
  } info;
  struct No *prox;
} No;

No *lista;
```

Na definição do nó, a variável `tipo` igual a 0 indica um átomo, enquanto `tipo` igual a 1 indica uma sublista. O tipo estruturado `union`, descrito na Seção 11.4, permite que os dois tipos de dados sejam armazenados na mesma posição de memória. Alguns exemplos de listas generalizadas são ilustrados na Figura 15.16.

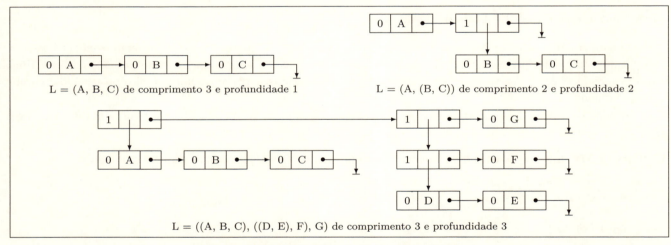

Figura 15.16: Exemplos de listas generalizadas.

A função iterativa no Código 15.59 busca um átomo x em uma lista generalizada apontada por `lista`, considerando apenas a lista principal. A função retorna 1 se x estiver presente na lista ou 0 em caso contrário.

**Código 15.59.** Busca iterativa de átomo em lista generalizada.

```
int buscar_lista_generalizada_iterativa(No *lista, int x) {
  No *p = lista;
  int achou = 0;

  while ((p != NULL) && (!achou)) {
    if ((p->tipo == 0) && (p->info.atomo == x))
      achou=1;
    else
      p = p->prox;
```

```
10    }
11    return(achou);
12 }
```

A função recursiva no Código 15.60 busca um átomo x em uma lista generalizada, de modo que o átomo pode estar em qualquer sublista. A função retorna 1 se x estiver presente na lista ou 0 em caso contrário.

**Código 15.60.** Busca recursiva de átomo em lista generalizada.

```
1  int buscar_lista_generalizada_recursiva(No *lista, int x) {
2    if (lista == NULL)
3      return 0;
4    else
5      if (lista->tipo == 0) {
6        if (lista->info.atomo == x)
7          return 1;
8        else
9          return buscar_lista_generalizada_recursiva(lista->prox, x);
10     }
11     else
12       if (lista->tipo == 1) {
13         if (buscar_lista_generalizada_recursiva(lista->info.sublista, x) != NULL)
14           return 1
15         else
16           return buscar_lista_generalizada_recursiva(lista->prox, x);
17       }
18 }
```

A função no Código 15.61 verifica se duas listas generalizadas são iguais. A igualdade das listas ocorre quando suas estruturas e seus átomos correspondentes forem idênticos. Essas informações são comparadas enquanto as duas listas são percorridas simultaneamente.

**Código 15.61.** Comparação de duas listas generalizadas.

```
1  int igual(No *lista1, No *lista2) {
2    if ((lista1 == NULL) && (lista2 == NULL))
3      return 1;
4    else
5      if ((lista1 == NULL) || (lista2 == NULL))
6        return 0;
7      else
8        if (((lista1->tipo == 0) && (lista2->tipo == 0)) &&
9            (lista1->info.atomo == lista2->info.atomo))
10         return igual(lista1->prox, lista2->prox);
11       else
12         if (((lista1->tipo == 1) && (lista2->tipo == 1)) &&
13             igual(lista1->info.sublista, lista2->info.sublista)))
14           return igual(lista1->prox, lista2->prox));
15         else
16           return 0;
17 }
```

A função no Código 15.62 calcula a profundidade máxima de uma lista generalizada. Por exemplo, as listas $L_1$= (), $L_2$= (A, B, C) e $L_3$= (A, (B)) têm profundidades iguais a 0, 1 e 2, respectivamente. Nos nós não terminais, as sublistas são percorridas recursivamente.

**Código 15.62.** Cálculo de profundidade máxima de lista generalizada.

```
int profundidade(No *lista) {
  int prof, aux;

  if (lista == NULL)
    prof = 0;
  else
    if (lista->tipo == 0) {
      prof = 1;
      aux = profundidade(lista->prox);
      if (aux > prof)
        prof = aux;
    }
    else
      if (lista->tipo == 1) {
        prof = 1 + profundidade(lista->info.sublista);
        aux = profundidade(lista->prox);
        if (aux > prof)
          prof = aux;
      }
  return prof;
}
```

A função no Código 15.63 conta o número de átomos em uma lista generalizada. A função recebe um ponteiro para a lista generalizada e retorna a quantidade de átomos. Se a lista for vazia, a função retorna 0.

**Código 15.63.** Contagem de número de átomos em uma lista generalizada.

```
int contar_atomos (No* lista) {
  if (lista == NULL)
    return 0;
  else
    if (lista->tipo == 0)
      return 1 + contar_atomos(lista->prox);
    else
      return contar_atomos(lista->info.sublista) + contar_atomos(lista->prox);
}
```

A função no Código 15.64 imprime uma lista generalizada utilizando parênteses aninhados, por exemplo, (A, (B, C)). O valor do átomo de cada nó terminal é impresso. Para um nó não terminal, a sublista é recursivamente percorrida até encontrar um nó terminal. Todos os nós da lista generalizada são visitados.

**Código 15.64.** Impressão de lista generalizada.

```
void imprimir(No* lista) {
  printf("(");
  while (lista != NULL) {
    if (lista->tipo == 0)
      printf("%c", lista->info.c);
    else
      imprimir(lista->info.sublista);

    lista = lista->prox;
    if (lista != NULL)
      printf(", ");
  }
  printf(")");
```

A função no Código 15.65 cria um átomo c e o concatena à lista. Um ponteiro é retornado para a nova lista.

**Código 15.65.** Criação de átomo e sua concatenação à lista generalizada.

```
No* atomo(char c, No *lista) {
  No* novo = (No*) malloc(sizeof(No));
  novo->tipo = 0;
  novo->info.atomo = c;
  novo->prox = lista;
  return novo;
}
```

A função no Código 15.66 cria um nó com ponteiro para a sublista s e o concatena à lista. Um ponteiro é retornado para a nova lista.

**Código 15.66.** Criação de nó com ponteiro para sublista de lista generalizada.

```
No* sublista(No* s, No *lista) {
  No* novo = (No*) malloc(sizeof(No));
  novo->tipo = 1;
  novo->info.sublista = s;
  novo->prox = lista;
  return novo;
}
```

A função no Código 15.67 cria a lista ((A, B, (C)), (), D) a partir das funções anteriores que criam os nós terminais e não terminais. Cada nó é concatenado à lista conforme a ordem especificada de seus elementos.

**Código 15.67.** Criação de lista generalizada.

```
No *criar_lista() {
  return sublista(atomo('A', atomo('B', sublista(atomo('C', NULL), NULL))),
                  sublista(NULL, atomo('D', NULL)));
}
```

A representação de polinômios descrita anteriormente com listas ligadas simples não é adequada quando o número de variáveis torna-se muito grande. Uma alternativa é representar polinômios com listas generalizadas, de modo que o tamanho do nó pode ser mantido fixo para um polinômio com qualquer número de variáveis e qualquer grau. Um exemplo de polinômio com termos na forma $xyz$ é mostrado na Figura 15.17.

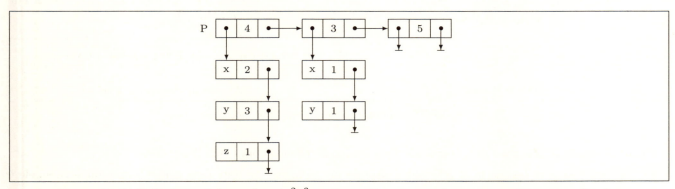

Figura 15.17: Polinômio $P_1(x, y, z) = 4x^2y^3z + 3xy + 5$ representado com uma lista generalizada.

Um nó do polinômio pode ser representado como mostrado no Código 15.68. Cada nó contém informações sobre o tipo do termo (átomo ou sublista), dados específicos do termo, valor associado ao termo, coeficiente e expoente para os átomos, bem como um ponteiro para o próximo nó na lista ligada.

**Código 15.68.** Estrutura de elemento de polinômio representado como nó de lista generalizada.

```
typedef struct No {
  int tipo;
  union {
    char atomo;
    struct No *sublista;
  } info;
  int valor;
  union {
    float coeficiente;
    int expoente;
  }
  struct No *prox;
} No;

No *lista;
```

## 15.8 Exercícios

1. Escreva uma função para retornar a média de valores inteiros em uma lista ligada simples.
2. Escreva uma função para mover o elemento de maior valor para o final de uma lista ligada simples.
3. Implemente uma função para contar o número de ocorrências dos elementos armazenados em uma lista ligada simples.
4. Implemente uma função para rearranjar uma lista ligada para colocar os nós em posições pares após os nós em posições ímpares na lista, preservando a ordem relativa dos nós pares e ímpares.
5. Escreva uma função para somar os polinômios $A$ e $B$, em que $A(x) = 3x^9 + 2x^7 + 5x^2 + 3$ e $B(x) = 3x^8 - 7x^2 + 4x$ representados por listas ligadas.
6. Escreva uma função para criar uma lista duplamente ligada e imprimir seus elementos na ordem inversa.
7. Escreva uma função para remover todos os elementos duplicados consecutivos em uma lista ligada simples.
8. Dada uma lista ligada simples com nó cabeça, escreva uma função para remover todas as ocorrências do elemento com valor 5.
9. Escreva uma função para receber como parâmetro o ponteiro para o primeiro nó da lista ligada L e um número $n$ e retornar uma nova lista resultante da movimentação do $n$-ésimo elemento para a primeira posição da lista. Para o exemplo mostrado na Figura 15.18, o valor de $n$ é igual a 3. Caso $n$ seja maior do que o número de nós da lista ou se $n$ for menor ou igual a 0, a lista deve ser retornada inalterada.

Figura 15.18: Movimentação de nó em lista ligada simples.

10. Implemente uma função para inicializar uma lista generalizada como uma lista vazia.
11. Implemente uma função para retornar o tipo de um elemento de uma lista generalizada, ou seja, se ele é sublista ou átomo.
12. Escreva uma função para inserir um átomo no início de uma lista generalizada.
13. Descreva três aplicações práticas de listas ligadas generalizadas.
14. Escreva uma função para retornar a lista obtida removendo-se o primeiro elemento de uma lista generalizada.
15. Implemente uma função para somar o valor dos átomos de uma lista generalizada.

16. Implemente uma função para liberar todos os nós de uma lista generalizada.

**Leituras recomendadas**

AHO, A. V. *Data Structures and Algorithms*. Addison-Wesley, Reading-MA, Estados Unidos, 1983.

CELES, W.; CERQUEIRA, R. & RANGEL, J. L. *Introdução a Estruturas de Dados*. Elsevier, 2004.

CHERKASSKY, B. V.; GOLDBERG, A. V. & SILVERSTEIN, C. Buckets, Heaps, Lists, and Monotone Priority Queues. *SIAM Journal on Computing*, vol. 28, n. 4, pp. 1326–1346, 1999.

CORMEN, T. H.; LEISERSON, C. E.; RIVEST, R. L. & STEIN, C. *Introduction to Algorithms*. MIT Press Cambridge, 2009.

DECKER, R. *Data Structures*. Prentice Hall, Inc., 1989.

DEITEL, H. M. & DEITEL, P. J. *C: How to Program*. Pearson Education, Inc., 2004.

FEOFILOFF, P. *Algoritmos em Linguagem C*. Elsevier Brasil, 2009.

FOROUZAN, B. & GILBERG, R. *Computer Science: A Structured Programming Approach Using C*. Cengage Learning, 2006.

HEADINGTON, M. R. & RILEY, D. D. *Data Abstraction and Structures Using C++*. Jones & Bartlett Learning, 1994.

HOROWITZ, E.; SAHNI, S. & ANDERSON-FREED, S. *Fundamentals of Data Structures in C*. W.H. Freeman & Co., 1992.

JOSEPHUS, F. *The Works of Flavius Josephus*. Richard Sare, London Holborn, 1709.

KING, K. N. *C Programming: A Modern Approach*. W.W. Norton & Company, 2008.

KNUTH, D. E. *The Art of Computer Programming, Volume 1: Fundamental Algorithms*. Addison-Wesley, Reading, MA, Estados Unidos, 1968.

KRUSE, R. & TONDO, C. *Data Structures and Program Design in C*. Pearson Education, India, 2007.

KRUSE, R. L. & RYBA, A. J. *Data Structures and Program Design in C++*. Prentice Hall, Inc., 2000.

LANGSAM, Y.; AUGENSTEIN, M. J. & TENENBAUM, A. M. *Data Structures using C and C++*. Prentice Hall, India, 2000.

MEHLHORN, K. *Data Structures and Algorithms 1: Sorting and Searching*, volume 1. Springer Science & Business Media, 2013.

MEHTA, D. P. & SAHNI, S. *Handbook of Data Structures and Applications*. Chapman and Hall/CRC, 2004.

PREISS, B. R. *Data Structures and Algorithms*. John Wiley & Sons, Inc., 1999.

SEDGEWICK, R. & FLAJOLET, P. *An Introduction to the Analysis of Algorithms*. Addison-Wesley, 1996.

SZWARCFITER, J. L. & MARKENZON, L. *Estruturas de Dados e seus Algoritmos*. Livros Técnicos e Científicos, 1994.

TENENBAUM, A. M. *Data Structures Using C*. Pearson Education, India, 1990.

TREMBLAY, J.-P. & SORENSON, P. G. *An Introduction to Data Structures with Applications*. McGraw-Hill, Inc., 1984.

WEISS, M. A. *Data Structures and Algorithm Analysis in C*. Pearson, Lebanon, IN, Estados Unidos, 1996.

ZIVIANI, N. *Projeto de Algoritmos*. Pioneira Thomson Learning Ltda, 2004.

# 16
# PILHAS

Uma das estruturas de dados mais simples e úteis em computação é a pilha, que pode ser empregada na resolução de vários problemas. Neste capítulo, o tipo de dados pilha é descrito, e as principais operações associadas a ele são definidas e implementadas. Algumas aplicações de uso de pilhas são exemplificadas.

## 16.1 Fundamentos

Uma *pilha* é um tipo de lista linear em que as operações de busca, inserção e remoção de elementos são realizadas em apenas um dos extremos da lista, denominado *topo*. Dessa forma, quando um novo elemento é introduzido na pilha, ele passa a ser o elemento do topo. Analogamente, o único item que pode ser removido da pilha é o elemento do topo. Devido a essa estratégia de funcionamento, os elementos são removidos na ordem inversa em que foram inseridos, de modo que o último elemento inserido na pilha é o primeiro a ser removido.[1]

## 16.2 Operações básicas

As principais operações implementadas com uma pilha são resumidas a seguir:

- criar uma pilha vazia.
- verificar se uma pilha está vazia ou não.
- inserir um elemento no topo da pilha.
- remover o elemento do topo da pilha.
- liberar a estrutura alocada para a pilha.

A Figura 16.1 ilustra o funcionamento de uma pilha por meio de operações sucessivas de inserção e remoção de elementos. Ambas as operações fazem acesso ao topo da pilha.

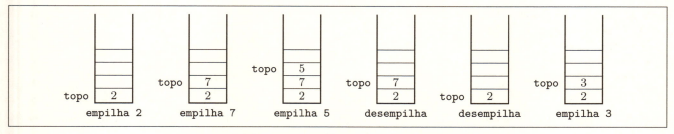

Figura 16.1: Ilustração do funcionamento de uma pilha.

As duas representações mais utilizadas para implementar pilhas são os vetores (descritos no Capítulo 7) e as listas ligadas (descritas no Capítulo 15). Para simplificar a apresentação das operações, considera-se que a pilha armazenará valores inteiros nos exemplos a seguir.

---

[1] Essa estratégia é conhecida como LIFO (*last in, first out*), acrônimo em inglês que significa *último a entrar, primeiro a sair*.

## 16.3 Implementação de pilha com vetor

Uma pilha pode ser declarada como um vetor para armazenar os elementos da pilha e um inteiro para indicar a posição atual do topo da pilha. Esse tipo de implementação é simples e adequado quando se conhece antecipadamente o número máximo de elementos que podem ser armazenados na pilha.

A estrutura que representa o tipo pilha é composta do vetor e do índice que indica a posição do elemento no topo da pilha. O número máximo de elementos que a pilha pode armazenar é definido como uma constante no programa. O vetor é alocado de forma estática, conforme mostrado no Código 16.1.

**Código 16.1.** Estrutura de pilha implementada com vetor.

```
# define MAXPILHA 100

typedef struct {
  int topo;
  int info[MAXPILHA];
} Pilha;
```

Uma vez definido o tipo `Pilha`, uma variável desse tipo pode ser declarada para criar a pilha. Por exemplo, a declaração do Código 16.2 cria duas pilhas `p1` e `p2`.

**Código 16.2.** Declaração de duas variáveis do tipo pilha.

```
Pilha *p1, *p2;
```

Quando uma pilha é criada, ela está inicialmente vazia, ou seja, nenhum elemento ocupa seu topo. Nesse caso, o campo `topo` pode ser inicializado com o valor −1 para indicar que não corresponde a uma posição válida do vetor (Código 16.3). As posições válidas do vetor são indexadas de 0 a MAXPILHA−1.

**Código 16.3.** Criação de pilha vazia.

```
Pilha *criar_pilha() {
  Pilha *pilha = (Pilha*) malloc(sizeof(Pilha));

  pilha->topo = -1;
  return pilha;
}
```

Antes de remover um elemento da pilha, deve-se verificar se ela não está vazia. Como a inicialização da pilha atribui o valor −1 ao campo `topo`, a função (Código 16.4) que verifica se a pilha está vazia deve testar o valor desse campo.

**Código 16.4.** Teste de pilha vazia.

```
int pilha_vazia(Pilha *pilha) {
  if (pilha->topo == -1)
    return 1;
  else
    return 0;
}
```

Antes de inserir um elemento na pilha, deve-se verificar se ela não está cheia (Código 16.5). A pilha estará cheia se o elemento no seu topo estiver armazenado na última posição do vetor.

**Código 16.5.** Teste de pilha cheia.

```
int pilha_cheia(Pilha *pilha) {
  if (pilha->topo == MAXPILHA-1)
    return 1;
  else
```

```
5    return 0;
6  }
```

O elemento a ser inserido na pilha, caso haja espaço, é armazenado na próxima posição livre do vetor. A função no Código 16.6 recebe o valor a ser inserido na pilha. Havendo espaço disponível, o novo item é armazenado no topo da pilha. Uma mensagem de erro é exibida e o programa é interrompido se a pilha estiver cheia.

**Código 16.6.** Inserção de elemento na pilha.

```
1  void empilhar(Pilha *pilha, int x) {
2    if (pilha_cheia(pilha)) {
3      printf("pilha cheia\n");
4      exit(1);
5    }
6    else {
7      pilha->topo++;
8      pilha->info[pilha->topo] = x;
9    }
10 }
```

Ao remover um elemento da pilha, deve-se inicialmente verificar se ainda há itens na pilha. Se a pilha estiver vazia, uma mensagem de erro é exibida e o programa é interrompido (Código 16.7). Caso contrário, o elemento a ser removido encontra-se no topo da pilha. Quando o elemento é removido da pilha, seu valor é retornado pela função. Pode-se notar que a remoção é apenas lógica, de maneira que o elemento se torna inacessível, embora continue armazenado no vetor.

**Código 16.7.** Remoção de elemento da pilha.

```
1  int desempilhar(Pilha *pilha) {
2    int x;
3
4    if (pilha_vazia(pilha)) {
5      printf("pilha vazia\n");
6      exit(1);
7    }
8    else {
9      x = pilha->info[pilha->topo];
10     pilha->topo--;
11     return x;
12   }
13 }
```

A função no Código 16.8 libera a memória associada aos elementos da pilha e retorna um ponteiro nulo para indicar que a pilha foi completamente liberada.

**Código 16.8.** Liberação de elementos da pilha.

```
1  Pilha *liberar(Pilha *pilha) {
2    free(pilha);
3    return NULL;
4  }
```

Um exemplo de uso da estrutura de pilha com vetor e suas operações é apresentado no Código 16.9. Após a criação de uma pilha vazia, elementos são inseridos e removidos sequencialmente. Antes de terminar a execução do programa, a memória alocada para a pilha é liberada.

**Código 16.9.** Utilização de pilha com vetor.

```
1  int main() {
2    Pilha *pilha = criar_pilha(100);
```

```c
3
4    empilhar(pilha, 10);
5    empilhar(pilha, 20);
6    empilhar(pilha, 30);
7
8    printf("valor %d desempilhado\n", desempilhar(pilha));
9    printf("valor %d desempilhado\n", desempilhar(pilha));
10
11   pilha = liberar(pilha);
12   return 0;
13 }
```

## 16.4 Implementação de pilha com lista ligada

Uma pilha pode ser implementada com uma lista ligada quando o número máximo de elementos que serão armazenados não é conhecido antecipadamente. Dessa forma, a estrutura de dados é alocada dinamicamente e os nós formam uma lista ligada. O primeiro nó da lista é o topo da pilha. Tanto a inserção quanto a remoção devem ser realizadas nesse único nó acessível da lista.

A estrutura do nó para armazenar elementos na pilha pode ser representada conforme mostrado no Código 16.10.

**Código 16.10.** Estrutura de nó de pilha com lista ligada.

```c
1 typedef struct No_pilha {
2   int info;
3   struct No_pilha *prox;
4 } Pilha;
```

A função no Código 16.11 para criar a pilha aloca dinamicamente a estrutura da pilha e inicializa a lista como vazia.

**Código 16.11.** Criação de pilha vazia.

```c
1 Pilha *criar_pilha() {
2   return NULL;
3 }
```

A pilha estará vazia se a lista ligada for nula. O Código 16.12 implementa uma função para verificar se uma pilha está vazia.

**Código 16.12.** Teste de pilha vazia.

```c
1 int pilha_vazia(Pilha *pilha) {
2   if (pilha == NULL)
3     return 1;
4   else
5     return 0;
6 }
```

O primeiro elemento da lista representa o topo da pilha. Cada novo elemento é inserido no início da lista. A função no Código 16.13 recebe o valor a ser inserido e a pilha. Caso não haja espaço de memória disponível para alocar novos nós, uma mensagem de erro é exibida e o programa é interrompido.

**Código 16.13.** Inserção de elemento na pilha.

```c
1 void empilhar(Pilha *pilha, int x) {
2   Pilha *p = (Pilha*) malloc(sizeof(Pilha));
3
4   if (p != NULL) {
5     p->info = x;
```

```
6      p->prox = pilha;
7    }
8    else
9      exit(1);
10 }
```

A operação de remoção, mostrada na função do Código 16.14, elimina o primeiro nó da lista, caso a pilha não esteja vazia. Quando o elemento é removido da pilha, seu valor é retornado pela função. O espaço de memória correspondente ao elemento removido é liberado.

**Código 16.14.** Remoção de elemento da pilha.

```
1  int desempilhar(Pilha *pilha) {
2    int v;
3    Pilha *p;
4
5    if (pilha_vazia(pilha)) {
6      printf("pilha vazia");
7      exit(1);
8    }
9    else {
10     p = pilha;
11     v = p->info;
12     pilha = pilha->prox;
13     free(p);
14     return v;
15   }
16 }
```

A função no Código 16.15 libera a memória associada a cada elemento da pilha e retorna um ponteiro nulo para indicar que a pilha foi completamente liberada.

**Código 16.15.** Liberação de elementos da pilha.

```
1  Pilha *liberar(Pilha *pilha) {
2    Pilha *p;
3
4    while (pilha != NULL) {
5      p = pilha;
6      pilha = pilha->prox;
7      free(p);
8    }
9    return NULL;
10 }
```

## 16.5 Aplicações de pilhas

As pilhas podem ser utilizadas na solução de vários problemas. Nas aplicações descritas a seguir, uma pilha é empregada na verificação de sequências formadas por parênteses e colchetes, na avaliação de expressões em notação posfixa, na conversão de notação infixa para posfixa e no controle de fluxo de execução de um programa.

### 16.5.1 Balanceamento de parênteses e colchetes

O problema de balanceamento de parênteses e colchetes refere-se à verificação de uma dada sequência de caracteres formada por esses símbolos para determinar se ela está construída adequadamente, ou seja, corretamente balanceada. Exemplos de sequências balanceadas são "[[]()]" e "[[()[()]]]". As sequências "[()" e "[(])" não são balanceadas.

O problema pode ser resolvido por meio de uma pilha. A sequência de caracteres é examinada da esquerda para a direita, empilhando-se os parênteses e colchetes abertos, ou seja, '(' e '[', que aguardam os caracteres correspondentes aos parênteses e colchetes fechados, ou seja, ')' e ']'. Caracteres fechados correspondentes aos caracteres abertos são desempilhados. No final do processo, a pilha estará vazia se a sequência for balanceada.

A função no Código 16.16 utiliza a implementação de pilha com um vetor e recebe como entrada uma sequência de caracteres formada por parênteses e colchetes. A função retorna 1 se a sequência de caracteres é balanceada e retorna 0 se ela não é balanceada.

**Código 16.16.** Balanceamento de parênteses e colchetes.

```
int balanceada(char str[]) {
  int i;
  char c;
  Pilha *pilha = criar_pilha();

  for (i = 0; str[i] != '\0'; i++) {
    switch(str[i]) {
      case ')':
        if (pilha_vazia(pilha))
          return 0;
        c = desempilhar(pilha);
        if (c !='(')
          return 0;
        break;

      case ']':
        if (pilha_vazia(pilha))
          return 0;
        c = desempilhar(pilha);
        if (c !='[')
          return 0;
        break;

      default:
        empilhar(pilha, str[i]);
    }
  }
  return pilha_vazia(pilha);
}
```

### 16.5.2 Avaliação de expressões em notação posfixa

Expressões aritméticas, na notação matemática usual, são escritas na forma *infixa*, ou seja, os operadores aparecem entre seus operandos. Exemplos de expressões na forma infixa são 2 * 7 + 3 e (6 + 4) * 3. Nessas expressões, as operações são efetuadas com base na prioridade dos operadores, em que multiplicação e divisão têm precedência sobre adição e subtração. Operadores com a mesma prioridade são processados na ordem em que aparecem na expressão, da esquerda para a direita. O uso de parênteses possibilita a modificação da sequência de avaliação dos operadores.

A avaliação de expressões na notação infixa é dificultada devido a dois aspectos principais: (i) as prioridades que impedem que os operadores sejam processados na ordem em que aparecem na expressão e (ii) os parênteses que modificam as prioridades dos operadores. Na notação *posfixa*, também conhecida como notação *polonesa reversa*, os operadores são colocados após seus operandos. Por exemplo, a forma posfixa da expressão 2 * 5 + 7 / 4 é 2 5 * 7 4 / +.

Na forma posfixa, não há necessidade de indicar a precedência dos operadores e nem usar parênteses. Na expressão 2 + 5 * 7, por exemplo, a multiplicação é efetuada antes da adição. A notação posfixa correspondente a essa expressão é 2 5 7 * +. Por outro lado, a multiplicação é efetuada após a adição na expressão (2 + 5) * 7, cuja notação posfixa correspondente é 2 5 + 7 *. Conforme pode ser observado, a ordem em que os operadores aparecem na notação posfixa corresponde à ordem em que eles devem ser avaliados, o que torna o uso de parênteses desnecessário.

Uma pilha pode ser utilizada para avaliar uma expressão na notação posfixa. Percorrendo a expressão da esquerda para a direita, cada operando lido é armazenado na pilha. Quando um operador é lido, os dois últimos operandos empilhados são removidos da pilha, a operação correspondente é aplicada e seu resultado é inserido na pilha para que possa ser utilizado com um operando do próximo operador. Após a leitura de toda a expressão, o valor que se encontra no topo da pilha é o resultado da avaliação da expressão. Uma função para avaliar uma expressão em notação posfixa é mostrada no Código 16.17. A pilha é implementada com um vetor.

**Código 16.17.** Avaliação de expressões em notação posfixa.

```c
float avaliar_posfixa(char *exp) {
  int i;
  float valor, val1, val2;
  Pilha *pilha = criar_pilha();

  for (i = 0; exp[i]; i++) {
    valor = (float) exp[i] - '0';

    if (isdigit(exp[i]))
      empilhar(pilha, (float) exp[i] - '0');
    else {
      val1 = desempilhar(pilha);
      val2 = desempilhar(pilha);
      switch (exp[i]) {
        case '+': valor = val2 + val1; break;
        case '-': valor = val2 - val1; break;
        case '*': valor = val2 * val1; break;
        case '/': valor = val2 / val1; break;
      }
      empilhar(pilha, valor);
    }
  }
  valor = desempilhar(pilha);
  return valor;
}
```

O processo de avaliação da expressão posfixa 1 3 2 * + 9 - é ilustrado na Figura 16.2. À medida que a expressão é avaliada da esquerda para a direita, os operandos são empilhados. Os operadores fazem com que dois operandos sejam desempilhados, o cálculo seja efetuado e o resultado empilhado.

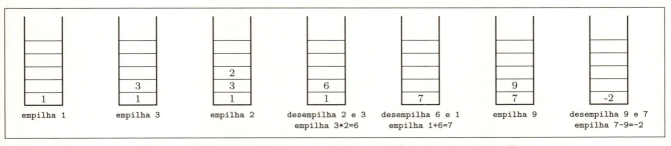

Figura 16.2: Avaliação de uma expressão posfixa usando uma pilha.

### 16.5.3 Conversão de notação infixa para posfixa

Conforme descrito na seção anterior, um operador aparece entre dois operandos na notação infixa. Por outro lado, um operador é colocado após seus operandos na notação posfixa. Como vantagens da notação posfixa, pode-se observar que os parênteses não são necessários, e a precedência dos operadores é indicada pela ordem em que eles serão executados, da esquerda para a direita. A Tabela 16.1 apresenta alguns exemplos de expressões na notação infixa e suas correspondentes na notação posfixa.

Tabela 16.1: Exemplos de expressões na notação infixa e posfixa.

| Notação infixa | Notação posfixa |
|---|---|
| A + B * C | A B C * + |
| (A + B) * C | A B + C * |
| (A + B) / (C − D) | A B + C D − / |
| (A − B) ^ C * D | A B − C ^ D * |
| (A − B) ^ C * D | A B − C ^ D * |
| ((A + B) * (C − D) + E) / (F + G) | A B + C D − * E + F G + / |

A conversão de uma expressão na notação infixa para posfixa pode ser realizada por meio de uma pilha. Cada símbolo da expressão é processado da esquerda para a direita. Operandos são transferidos diretamente para a saída. Operadores com maior prioridade são empilhados, permanecendo na pilha até aparecer na entrada um operador de prioridade menor. Dessa forma, se o topo da pilha for um operador com prioridade inferior ao operador corrente, então o operador corrente é inserido na pilha. Se o topo da pilha for um operador com prioridade superior ou igual ao operador corrente, então o operador no topo da pilha é desempilhado e transferido para a saída.

Quando um parêntese de abertura é encontrado, ele é inserido na pilha. Quando um parêntese de fechamento é encontrado, os símbolos da pilha são removidos e transferidos para a saída até que seja desempilhado o parêntese de abertura correspondente. Ao final da leitura da expressão, a pilha é esvaziada, transferindo-se os símbolos desempilhados para a saída.

A função no Código 16.18 obtém a precedência de um operador em uma expressão na notação infixa. Ela atribui valores numéricos às operações matemáticas, retornando 1 para adição e subtração, 2 para multiplicação e divisão, 3 para exponenciação, bem com 0 para caracteres que não representam operadores, auxiliando na ordenação e na avaliação de precedência durante a conversão de uma expressão infixa para posfixa.

**Código 16.18.** Precedência de operador em expressão na notação infixa.

```
int precedencia(char c) {
  if (c == '+' || c == '-')
    return 1;
  if (c == '*' || c == '/')
    return 2;
  if (c == '^')
    return 3;
  return 0;
}
```

Uma função para conversão de uma expressão da notação infixa para posfixa utilizando uma pilha é apresentada no Código 16.19. Ela percorre a expressão caractere por caractere, empilhando operadores e desempilhando-os conforme a precedência, além de imprimir operandos diretamente. Ao encontrar um parêntese de fechamento, a função desempilha os operadores até encontrar o parêntese de abertura correspondente. O resultado é a expressão posfixa correspondente à entrada original.

**Código 16.19.** Conversão de expressão da notação infixa para posfixa.

```
void converter_posfixa(char *exp) {
  int i;
  char c;
```

```
4    Pilha *pilha = criar_pilha();
5
6    for (i = 0; exp[i]; i++) {
7      if (isalnum(exp[i]))   /* caractere é um operando */
8        printf("%c ", exp[i]);
9      else
10       if (exp[i] == '(')   /* caractere é '(' */
11         empilhar(pilha, exp[i]);
12       else
13         if (exp[i] == ')') {   /* caractere é ')' */
14           while (!vazia(pilha) && pilha->info[pilha->topo] != '(')  {
15             c = desempilhar(pilha);
16             printf("%c ", c);
17           }
18           if (!vazia(pilha) && pilha->info[pilha->topo] == '(')
19             desempilhar(pilha);
20         }
21         else {   /* caractere é um operador */
22           while (!vazia(pilha) && precedencia(exp[i]) <=
23                                   precedencia(pilha->info[pilha->topo]))
24             printf("%c ", desempilhar(pilha));
25           empilhar(pilha, exp[i]);
26         }
27   }
28
29   /* imprime caracteres que sobraram na pilha */
30   while (!vazia(pilha))
31     printf("%c ", desempilhar(pilha));
32 }
```

### 16.5.4 Controle de execução de um programa

A estrutura de dados do tipo pilha é utilizada para armazenar informações a respeito das funções ativas em um programa. Os endereços de retorno das funções são armazenados em uma pilha, de forma a permitir que o programa continue sua execução após as chamadas das funções. Quando uma função é chamada, a localização da instrução a ser retornada é salva na pilha.

Uma utilização de pilha é o armazenamento das variáveis locais e dos parâmetros de uma função. Os parâmetros que são passados por valor são copiados para a pilha. Dessa forma, quando o valor de uma variável é modificado pela função, o valor original fora da função não é alterado. De maneira análoga, as variáveis locais criadas pela função são armazenadas na pilha e, quando a função termina, esses espaços de memória são liberados, de modo que as variáveis locais ficam inacessíveis de fora da função em que foram chamadas.

O funcionamento da pilha é importante para a compreensão de chamadas recursivas de funções. Endereços de retorno do fluxo de controle são armazenados na pilha, o fluxo do programa é desviado para o início da função e a execução é retomada a partir do endereço que é removido da pilha. A Figura 16.3 ilustra a chamada da função recursiva que calcula o fatorial de um número por meio do Código 16.20. Cada chamada insere o parâmetro da função na pilha. Quando uma instância da chamada é finalizada, os valores são desempilhados até que a pilha fique vazia. Para o exemplo, assume-se a chamada `fatorial(3)` feita no programa principal.

**Código 16.20.** Função recursiva para cálculo de fatorial.

```
1 int fatorial(int n) {
2   if (n == 0)
3     return 1;
4   else return n * fatorial(n-1);
5 }
```

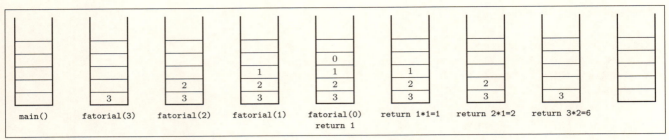

Figura 16.3: Pilha de execução para a função recursiva `fatorial(3)`.

## 16.6 Exercícios

1. Escreva uma função para inverter a ordem dos elementos de um vetor de números inteiros por meio de uma pilha.
2. Utilize uma pilha para verificar se uma expressão matemática possui parênteses duplicados.
3. Converta as expressões a seguir em notação posfixa:

    (a) `A - B * C`.
    (b) `A * (B - C)`.
    (c) `(A - B) / (C + D)`.
    (d) `(A - B) / ((C + D) * E)`.
    (e) `A ^ B * C - D + E / F * (G - H)`.
    (f) `((A + B) * C - (D - E)) ^ (F - G)`.
    (g) `A + B / (C * D ^ E)`.

4. Mostre a expressão posfixa equivalente à expressão infixa `A + (B / C) * ((D - E) / F)`.
5. Escreva um programa para ler 20 valores inteiros e empilhar cada valor, dependendo se for par ou ímpar, em uma `pilha_par` ou `pilha_impar`. Desempilhe os valores de cada pilha, apresentando-os na tela.
6. Implemente uma versão iterativa do problema da Torre de Hanói que utiliza uma pilha.
7. Escreva uma função para transferir (copiar) os elementos de uma pilha `P1` para uma pilha `P2`.
8. Escreva uma função para inverter os elementos de uma pilha utilizando recursão.
9. Dada uma pilha composta de números inteiros, escreva uma função para verificar se os números inseridos na pilha são pares consecutivos ou não, retornando valor 1 ou 0, respectivamente. Assuma que o número de elementos na pilha seja par. Os pares de elementos podem ser crescentes ou decrescentes. Por exemplo, a função retorna 1 para a pilha formada pelos elementos 8, 9, −1, −2, 17, 16, 2, 3.
10. Dada uma pilha que armazena caracteres, escreva uma função para verificar se uma palavra é ou não um palíndromo.
11. Escreva uma função para remover parênteses supérfluos de uma expressão infixa.
12. Um número decimal $n$ pode ser convertido para uma base $b$ por meio do seguinte processo: (i) divide-se $n$ por $b$ (por meio de uma divisão inteira), (ii) o quociente e o resto da divisão são mantidos, (iii) o quociente torna-se o novo valor de $n$ e (iv) os passos anteriores são repetidos até que o quociente seja zero. O número convertido é formado pelos restos da divisão encontrados na ordem inversa.
13. Assumindo que os elementos A, B, C, D e E devem ser empilhados nessa ordem (alfabética), entretanto, um elemento pode ser desempilhado em qualquer instante, mostre a sequência de operações `empilhar` e `desempilhar` de forma que os elementos desempilhados estejam na seguinte ordem: B D E C A.
14. Os elementos de A a J devem ser empilhados em ordem alfabética. Cada elemento desempilhado é exibido na tela. Assumindo que uma combinação de operações `empilhar` e `desempilhar` seja executada, verifique se as seguintes saídas podem ou não ocorrer:

    (i) C F G H E I J D B A.

(ii) E D C B A J I H G F.

(iii) E D C B A F G H I J.

(iv) E G I H F D C J A B.

15. Escreva uma função para verificar se duas pilhas P1 e P2 são iguais.

16. Dada uma pilha formada por números inteiros, ordene os elementos decrescentemente com o uso de uma pilha auxiliar.

17. Implemente uma função para remover todos os comentários de um programa escrito na linguagem C por meio de uma pilha.

## Leituras recomendadas

AHO, A. V. *Data Structures and Algorithms*. Addison-Wesley, Reading-MA, Estados Unidos, 1983.

BOWMAN, C. F. *Algorithms and Data Structures: An Approach in C*. Oxford University Press, 1994.

CELES, W.; CERQUEIRA, R. & RANGEL, J. L. *Introdução a Estruturas de Dados*. Elsevier, 2004.

CORMEN, T. H.; LEISERSON, C. E.; RIVEST, R. L. & STEIN, C. *Introduction to Algorithms*. MIT Press Cambridge, 2009.

DECKER, R. *Data Structures*. Prentice Hall, Inc., 1989.

DROZDEK, A. *Data Structures and Algorithms in C++*. Cengage Learning, 2012.

EVEN, S. & ITAI, A. Queues, Stacks and Graphs. *In*: Z. Kohavi & A. Paz (Editores).*Theory of Machines and Computations* pp. 71–86. Academic Press, 1971.

FEOFILOFF, P. *Algoritmos em Linguagem C*. Elsevier Brasil, 2009.

HEADINGTON, M. R. & RILEY, D. D. *Data Abstraction and Structures Using C++*. Jones & Bartlett Learning, 1994.

HOROWITZ, E.; SAHNI, S. & ANDERSON-FREED, S. *Fundamentals of Data Structures in C*. W.H. Freeman & Co., 1992.

JACOB, R.; LARSEN, K. G. & NIELSEN, J. B. Lower Bounds for Oblivious Data Structures. *In: Annual ACM-SIAM Symposium on Discrete Algorithms*, San Diego, CA, Estados Unidos, SIAM, pp. 2439–2447, 2019.

KNUTH, D. E. *The Art of Computer Programming, Volume 1: Fundamental Algorithms*. Addison-Wesley, Reading, MA, Estados Unidos, 1968.

KRUSE, R. & TONDO, C. *Data Structures and Program Design in C*. Pearson Education, India, 2007.

KRUSE, R. L. & RYBA, A. J. *Data Structures and Program Design in C++*. Prentice Hall, Inc., 2000.

LANGSAM, Y.; AUGENSTEIN, M. J. & TENENBAUM, A. M. *Data Structures using C and C++*. Prentice Hall, India, 2000.

MEHLHORN, K. *Data Structures and Algorithms 1: Sorting and Searching*, volume 1. Springer Science & Business Media, 2013.

MEHTA, D. P. & SAHNI, S. *Handbook of Data Structures and Applications*. Chapman and Hall/CRC, 2004.

POTHERING, G. J. & NAPS, T. L. *Introduction to Data Structures and Algorithm Analysis with C++*. West Publishing Company, 1995.

PREISS, B. R. *Data Structures and Algorithms*. John Wiley & Sons, Inc., 1999.

SEDGEWICK, R. & FLAJOLET, P. *An Introduction to the Analysis of Algorithms*. Addison-Wesley, 1996.

SZWARCFITER, J. L. & MARKENZON, L. *Estruturas de Dados e seus Algoritmos*. Livros Técnicos e Científicos, 1994.

TENENBAUM, A. M. *Data Structures Using C*. Pearson Education, India, 1990.

TREMBLAY, J.-P. & SORENSON, P. G. *An Introduction to Data Structures with Applications*. McGraw-Hill, Inc., 1984.

WEISS, M. A. *Data Structures and Algorithm Analysis in C*. Pearson, Lebanon, IN, Estados Unidos, 1996.

ZIVIANI, N. *Projeto de Algoritmos*. Pioneira Thomson Learning Ltda, 2004.

# 17
# FILAS

As filas são estruturas de dados usadas frequentemente para modelar problemas em vários domínios de conhecimento. Neste capítulo, o tipo de dados fila é descrito, e as principais operações associadas a ele são definidas e implementadas por meio de diferentes representações. Algumas aplicações de uso de filas são exemplificadas.

## 17.1 Fundamentos

O conceito de *fila* pode ser compreendido por meio da analogia com uma fila de pessoas que aguardam atendimento no guichê de um banco, por exemplo, em que a primeira pessoa a ser atendida é aquela que chega primeiro. Seguindo esse critério, outras pessoas que chegarem devem permanecer na fila e aguardar o atendimento.

Uma fila é uma estrutura de dados em que as operações de inserção são realizadas em um extremo da lista e as operações de remoção são realizadas no outro extremo da lista. Os elementos inseridos há mais tempo são removidos primeiro ou, de maneira similar, os elementos que estão no início da fila são removidos primeiro.[1] Uma especialização de filas, denominada fila de prioridades, é também descrita neste capítulo, em que as operações dependem de um valor de prioridade associado a cada elemento da fila.

As filas podem ser aplicadas em vários problemas da área de computação. Uma impressora conectada a uma rede de comunicação e compartilhada por múltiplos usuários pode receber vários arquivos para impressão. Os arquivos podem ser mantidos em uma fila enquanto aguardam a disponibilidade da impressora. De modo semelhante, o sistema operacional deve gerenciar a fila de processos que aguardam a disponibilidade de uma unidade de processamento. Requisições de acesso a discos compartilhados entre usuários são gerenciadas por um controlador por meio de uma fila. Algumas estruturas de dados (por exemplo, grafos, que são descritos no Capítulo 21) têm seu percurso simplificado com o uso de filas.

## 17.2 Operações básicas

As principais operações implementadas com uma fila são resumidas a seguir:

- criar uma fila vazia.
- verificar se uma fila está vazia ou não.
- inserir um elemento no final da fila.
- remover o elemento do início da fila.
- liberar a estrutura alocada para a fila.

As duas representações mais utilizadas para implementar filas são os vetores (descritos no Capítulo 7) e as listas ligadas (descritas no Capítulo 15). Para simplificar a apresentação das operações, considera-se que a fila armazenará valores inteiros nos exemplos a seguir.

## 17.3 Implementação de fila com vetor

Uma fila pode ser declarada como uma estrutura composta de um vetor para armazenar seus elementos e dois índices para indicar o início e o final da fila. Assumindo um vetor de $n$ posições, uma primeira solução é armazenar

---

[1] Essa estratégia é conhecida como FIFO (*first in, first out*), acrônimo em inglês que significa *primeiro a entrar, primeiro a sair*.

os elementos sequencialmente no vetor. A Figura 17.1 ilustra a estrutura de armazenamento de uma fila. O índice `início` indica a posição do próximo elemento a ser retirado da fila, enquanto o índice `fim` indica a posição (livre) em que será inserido o próximo elemento. No exemplo, os elementos 42, 57, 13, 27, 32, 51, 14 e 10 são inseridos nessa ordem e três elementos são removidos do início da fila.

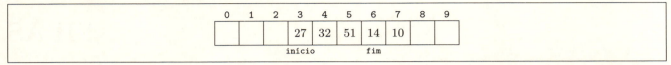

Figura 17.1: Representação de uma fila com um vetor.

Um problema que surge na implementação sequencial é que, após a inserção e a remoção de alguns elementos, a porção ocupada do vetor pode chegar à última posição, embora possam ainda existir posições livres no vetor. Essa situação é ilustrada na Figura 17.1. Para evitar o desperdício de memória que ocorre se houver espaço à esquerda do índice `início`, uma solução seria mover os elementos da fila para o começo do vetor, entretanto, esse processo demanda custo computacional proporcional ao tamanho do vetor, ou seja, $O(n)$.

Uma alternativa é implementar a fila com um vetor de tamanho $n$ de maneira circular, em que as manipulações de índices podem ser realizadas por meio de aritmética módulo $n$. Dessa forma, quando o índice atingir o valor máximo, ele passará a indicar a primeira posição do vetor. A Figura 17.2 ilustra uma fila implementada com uma representação circular.

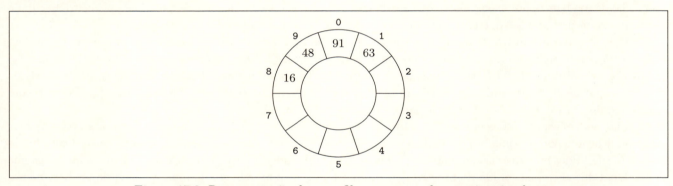

Figura 17.2: Representação de uma fila com vetor de maneira circular.

A estrutura que representa o tipo fila é composta do vetor `info` que armazena os elementos, dos índices `inicio` e `fim`, que indicam, respectivamente, o início e o fim da fila, além do número `n` de elementos correntemente armazenados na fila (Código 17.1).

**Código 17.1.** Estrutura de fila representada com um vetor.

```
#define MAXFILA 100

typedef struct {
  int *info;
  int inicio, fim, n;
} Fila;

typedef Fila *fila;
```

A função para criar a fila aloca dinamicamente a estrutura e inicializa a fila como vazia (Código 17.2). Conforme declaração do vetor na estrutura da fila, deve-se alocar dinamicamente o espaço de memória para o vetor.

**Código 17.2.** Criação de fila.

```
Fila *criar_fila() {
  Fila *fila = (Fila*) malloc(sizeof(Fila));
```

```
4    fila->info = (int*) malloc(MAXFILA * sizeof(int));
5    fila->inicio = 0,
6    fila->fim = -1;
7    fila->n = 0;
8    return fila;
9  }
```

Para inserir um elemento na fila, a próxima posição livre do vetor é utilizada, indicada pelo índice `fim`. Deve-se verificar se a fila não está cheia, ou seja, se ainda há espaço disponível para inserir novos elementos (Código 17.3).

**Código 17.3.** Inserção de elemento na fila.

```
1  void enfileirar(Fila *fila, int x) {
2    if (fila_cheia(fila)) {
3      printf("Fila cheia\n");
4      exit(1);
5    }
6    fila->fim = (fila->fim + 1) % MAXFILA;
7    fila->info[fila->fim] = x;
8    fila->n++;
9  }
```

A função que remove o elemento do início da fila retorna o valor do item a ser eliminado. Deve-se verificar se a fila não está vazia (Código 17.4).

**Código 17.4.** Remoção de elemento da fila.

```
1  int desenfileirar(Fila *fila) {
2    int v;
3
4    if (fila_vazia(fila)) {
5      printf("Fila vazia\n");
6      exit(1);
7    }
8    v = fila->info[fila->inicio];
9    fila->inicio = (fila->inicio + 1) % MAXFILA;
10   fila->n--;
11   return v;
12 }
```

O número de elementos armazenados na fila pode ser empregado para indicar se uma fila está vazia ou não. A função no Código 17.5 implementa a verificação de fila vazia.

**Código 17.5.** Teste de fila vazia.

```
1  int fila_vazia(Fila *fila) {
2    return (fila->n == 0);
3  }
```

A função no Código 17.6 identifica se uma fila está cheia, ou seja, se o número de elementos armazenados atingiu a capacidade máxima do vetor.

**Código 17.6.** Teste de fila cheia.

```
1  int fila_cheia(Fila *fila) {
2    return fila->n == MAXFILA;
3  }
```

Como o vetor que armazena os elementos foi alocado dinamicamente, deve-se liberar a memória reservada para a fila após seu uso. A função no Código 17.7 implementa a desalocação da memória destinada à fila.

**Código 17.7.** Liberação de elementos da fila.

```
void liberar_fila(Fila *fila) {
  free(fila);
}
```

Um exemplo de utilização da estrutura de fila com vetor de maneira circular e suas operações é apresentado no Código 17.8. Após a criação de uma fila vazia, elementos são inseridos e removidos sequencialmente. No final do processo, a memória alocada para a fila é liberada.

**Código 17.8.** Exemplo de utilização de fila com vetor.

```
int main() {
  Fila *fila = criar_fila();

  enfileirar(fila, 1);
  enfileirar(fila, 2);
  enfileirar(fila, 3);

  printf("Remove %d\n", desenfileirar(fila));
  printf("Remove %d\n", desenfileirar(fila));
  printf("Remove %d\n", desenfileirar(fila));

  enfileirar(fila, 5);

  printf("Número de elementos na fila: %d\n", fila->n);

  if (fila_vazia(fila))
    printf("Fila vazia\n");
  else
    printf("Fila não vazia\n");

  liberar_fila(fila);
  return 0;
}
```

## 17.4 Implementação de fila com lista ligada

Uma limitação da representação de uma fila com vetor é a necessidade de conhecer antecipadamente o número máximo de elementos que pode ser armazenado no vetor. Se o espaço reservado for maior do que o necessário, haverá desperdício de memória. Por outro lado, o espaço de memória pode ser insuficiente para armazenar os dados requeridos, caso o dimensionamento seja inferior ao necessário.

A implementação de uma fila com lista ligada permite que o espaço de memória para armazenar os elementos seja alocado conforme a necessidade. A Figura 17.3 ilustra uma fila representada com uma lista ligada simples, em que cada nó armazena o elemento e um ponteiro para o próximo nó da lista.

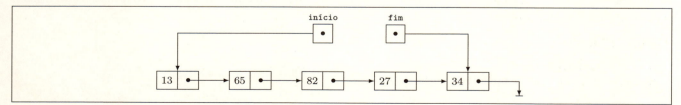

Figura 17.3: Representação de uma fila com lista ligada.

A estrutura de um nó da lista ligada para armazenar valores inteiros é apresentada no Código 17.9.

**Código 17.9.** Estrutura de nó da fila implementada com lista ligada.

```
typedef struct No_fila {
  int info;
  struct No_fila *prox;
} No_fila;
```

A estrutura da fila é composta de um ponteiro para o início da lista e um ponteiro para o fim da lista, conforme mostrado no Código 17.10.

**Código 17.10.** Estrutura da fila.

```
typedef struct Fila {
  No_fila *inicio;
  No_fila *fim;
} Fila;
```

A função de criação da fila aloca a estrutura e inicializa a lista como vazia (Código 17.11). Os ponteiros `inicio` e `fim` apontam para NULL.

**Código 17.11.** Criação de fila vazia.

```
Fila *criar_fila() {
  Fila *fila = (Fila*) malloc(sizeof(Fila));

  fila->inicio = NULL;
  fila->fim = NULL;
  return fila;
}
```

Uma fila é considerada vazia quando o ponteiro `inicio` (ou `fim`) aponta para NULL. O Código 17.12 verifica se uma fila está vazia.

**Código 17.12.** Teste de fila vazia.

```
int fila_vazia(Fila *fila) {
  return (fila->inicio == NULL);
}
```

A operação de inserção de um elemento na fila é simples, pois um ponteiro é mantido no final da lista. Memória é alocada para o nó, e o novo elemento é adicionado como o último elemento da fila. Se a fila estiver vazia, tanto o ponteiro `inicio` quanto o ponteiro `fim` devem ser atualizados (Código 17.13).

**Código 17.13.** Inserção de elemento na fila.

```
void enfileirar(Fila *fila, int x) {
  No_fila *novo = (No_fila*) malloc(sizeof(No_fila));   /* aloca novo nó */

  if (novo == NULL)
     exit(1);
  else {
    novo->info = x;
    novo->prox = NULL;
    if (fila_vazia(fila))
       fila->inicio = novo;
    else
       fila->fim->prox = novo;
    fila->fim = novo;
  }
}
```

A operação de remoção do elemento do início da fila verifica inicialmente se a fila está vazia (Código 17.14). Se a condição for verdadeira, uma mensagem adequada é exibida. Caso contrário, o nó é liberado, os ponteiros atualizados e o valor retornado.

**Código 17.14.** Remoção de elemento da fila.

```
int desenfileirar(Fila *fila) {
  No_fila *aux;
  int x;

  if (fila_vazia(fila)) {
    printf("Fila vazia\n");
    exit(1);
  }
  aux = fila->inicio;
  x = aux->info;
  fila->inicio = aux->prox;
  if (fila->inicio == NULL)
    fila->fim = NULL;
  free(aux);
  return x;
}
```

Após o uso da fila, todos os nós da lista ligada devem ser liberados. O Código 17.15 implementa a liberação de todos os nós da fila.

**Código 17.15.** Liberação de elementos da fila.

```
void liberar_fila(Fila *fila) {
   No_fila *p, *q = fila->inicio;

  while (q != NULL) {
    p = q->prox;
    free(q);
    q = p;
  }
  free(fila);
}
```

O Código 17.16 apresenta um exemplo de utilização da estrutura de fila com uma lista ligada e suas principais operações. Após a criação de uma fila vazia, alguns elementos são inseridos e removidos. Antes de terminar a execução do programa, a memória alocada para a fila é liberada.

**Código 17.16.** Exemplo de utilização de fila com lista ligada.

```
int main() {
  Fila *fila = criar_fila();

  enfileirar(fila, 1);
  enfileirar(fila, 2);
  enfileirar(fila, 3);
  enfileirar(fila, 4);

  printf("Remove %d\n", desenfileirar(fila));
  printf("Remove %d\n", desenfileirar(fila));
  printf("Remove %d\n", desenfileirar(fila));
  printf("Remove %d\n", desenfileirar(fila));

  if (fila_vazia(fila))
```

```
15      printf("Fila vazia\n");
16   else
17      printf("Fila não vazia\n");
18
19   liberar_fila(fila);
20   return 0;
21 }
```

## 17.5  Filas de prioridades

Uma *fila de prioridades* é uma especialização da estrutura de dados do tipo fila, em que cada elemento possui um valor extra associado a ele, denominado *prioridade*. Alguns exemplos de prioridades associadas a um elemento são custo, tempo ou temperatura. Há muitas aplicações que fazem uso de filas de prioridades, como escalonamento de processos que serão concorrentemente executados por uma unidade de processamento, algoritmos de ordenação de dados, algoritmos de percurso em grafos e algoritmos de compressão de dados.

Diferentemente de uma fila tradicional, as operações de inserção e remoção de elementos são realizadas em função do valor de prioridade. A fila de prioridades pode processar os elementos tanto em ordem crescente de prioridade quanto em ordem decrescente. As principais operações que podem ser executadas sobre uma fila de prioridades são:

- seleção do elemento de maior (menor) prioridade.
- inserção de um novo elemento na fila.
- extração do elemento de maior (menor) prioridade.
- alteração do valor de prioridade de um elemento da fila.

Diferentes representações podem ser utilizadas na implementação de uma fila de prioridades, como um vetor ou uma lista ligada. Em uma lista ligada não ordenada, por exemplo, as operações de inserção e de remoção podem ser realizadas com custos $O(1)$ e $O(n)$, respectivamente. Por outro lado, em uma lista ordenada decrescentemente por suas prioridades, as operações de inserção e de remoção do elemento de maior prioridade podem ser realizadas com custos $O(1)$ e $O(n)$, respectivamente. A Tabela 17.1 resume os custos associados às principais operações realizadas sobre uma fila de prioridades com diferentes representações.

Tabela 17.1: Representações de filas de prioridades.

| Operação | Lista não ordenada | Lista ordenada | Heap |
|---|---|---|---|
| Seleção | $O(n)$ | $O(1)$ | $O(1)$ |
| Inserção | $O(1)$ | $O(n)$ | $O(\log_2 n)$ |
| Remoção | $O(n)$ | $O(1)$ | $O(\log_2 n)$ |
| Alteração | $O(n)$ | $O(n)$ | $O(\log_2 n)$ |
| Construção | $O(n)$ | $O(n \log_2 n)$ | $O(n)$ |

Outra representação possível para implementar uma fila de prioridades é um *heap* binário, que é uma lista linear de elementos, organizada como uma estrutura hierárquica denominada árvore binária. As estruturas de dados do tipo árvore são descritas em detalhes no Capítulo 20. A Figura 17.4 ilustra um *heap* binário implementado com um vetor, com a vantagem de não ser necessário armazenar os ponteiros, como seria o caso de uma lista ligada.

A árvore binária representada pelo *heap* é denominada semicompleta ou completa, em que todo nó folha (ou seja, uma subárvore vazia) está no penúltimo ou no último nível da árvore. O penúltimo nível é totalmente preenchido de nós. Além disso, as folhas do último nível estão todas dispostas mais à esquerda.

De acordo com a Figura 17.4, os seguintes cálculos podem ser realizados no *heap* representado com o vetor `v[0...n-1]`:

- o pai do elemento `v[i]` é `v[⌊(i-1)/2⌋]`.
- o filho esquerdo do elemento `v[i]` é `v[2*i+1]`.
- o filho direito do elemento `v[i]` é `v[2*i+2]`.

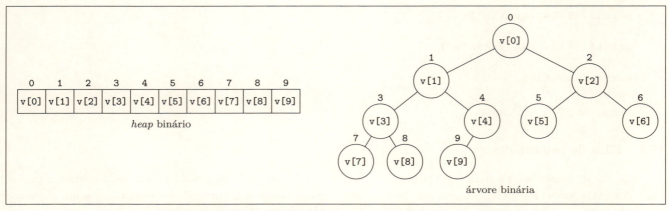

Figura 17.4: Representação de um *heap* binário com um vetor.

Nesses cálculos, deve-se levar em conta que o nó v[0] não tem pai, v[i] tem filho esquerdo apenas se 2*i+1 ≤ n-1, o nó v[i] tem filho direito apenas se 2*i+2 ≤ n-1, um nó v[i] é folha se 2*i+1 > n-1 e as folhas são v[(n-2)/2+1], ..., v[n-2], v[n-1].

Como mencionado anteriormente, os elementos podem ser removidos da fila em ordem crescente ou decrescente de prioridade. Para isso, dois tipos de *heaps* são definidos. Em um *heap* de máximo, os valores de prioridade de todos os nós filhos são menores ou iguais aos de seus respectivos pais, ou seja, v[i] ≤ v[(i-1)/2], para i=0, ..., n-1. Em um *heap* de mínimo, os valores de prioridade de todos os nós filhos são maiores ou iguais aos de seus respectivos pais, ou seja, v[i] ≥ v[(i-1)/2], para i=0, ..., n-1. Assim, em um *heap* de máximo, o elemento de maior prioridade está armazenado no nó raiz da árvore, enquanto no *heap* de mínimo o nó raiz armazena o elemento de menor prioridade. A Figura 17.5 ilustra os dois tipos de *heaps*.

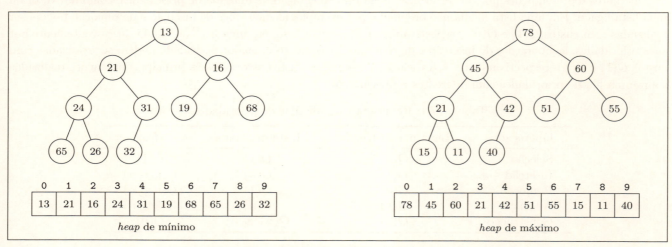

Figura 17.5: Exemplos de *heaps* de mínimo e de máximo.

A estrutura que representa o tipo fila de prioridades é composta do vetor que armazena os elementos e de seus valores de prioridade. Na declaração a seguir, uma cadeia de caracteres armazena uma descrição do processo associado a cada elemento da fila de prioridades. A capacidade máxima de elementos que a fila pode armazenar é definida como uma constante no programa. Uma variável é mantida na fila para indicar o número de elementos já armazenados. O vetor é alocado de forma dinâmica, conforme mostrado no Código 17.17.

**Código 17.17.** Declaração de estrutura de fila de prioridades.

```
#define MAXFILA 100

typedef struct {
  char nome[20];
```

```
5    int valor;
6  } No;
7
8  typedef struct {
9    No *v;
10   int n;
11 } Fila_Prioridade;
12
13 typedef Fila_Prioridade *fila;
```

Na operação de inserção, o novo elemento é adicionado ao final do *heap*. Em seguida, basta trocar o elemento inserido com o pai, se necessário, enquanto ele for maior do que o pai (ou menor, se for um *heap* de mínimo). Como o irmão já é menor do que o pai, nenhuma alteração é efetuada nele. A Figura 17.6 ilustra os passos requeridos na inserção do nó 27 em um *heap* de máximo. Trocas sucessivas são realizadas até que a propriedade de *heap* seja preservada.

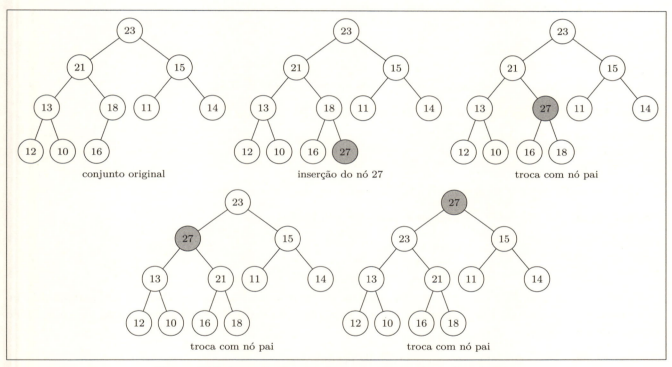

Figura 17.6: Inserção de um elemento em um *heap* de máximo.

Na criação da fila de prioridades, espaço de memória para a estrutura pode ser alocado dinamicamente e a fila é inicializada como vazia. Portanto, a variável que indica o número de elementos na fila é inicialmente igual a 0 (Código 17.18).

**Código 17.18.** Criação de fila de prioridades.

```
1  Fila_Prioridade *criar_fila_prioridade() {
2    Fila_Prioridade *fila = (Fila_Prioridade*) malloc(sizeof(Fila_Prioridade));
3
4    fila->v = (No*) malloc(MAXFILA * sizeof(No*));
5    fila->n = 0;
6    return fila;
7  }
```

A função que verifica se a fila está vazia ou não pode consultar o número de elementos armazenados na fila (Código 17.19).

**Código 17.19.** Teste de fila de prioridades vazia.

```
int fila_vazia(Fila_Prioridade *fila) {
  return (fila->n == 0);
}
```

A fila está cheia se o número de elementos armazenados atingiu a capacidade máxima do vetor alocado (Código 17.20).

**Código 17.20.** Teste de fila de prioridades cheia.

```
int fila_cheia(Fila_Prioridade *fila) {
  return (fila->n == MAXFILA);
}
```

A função no Código 17.21 encontra o nó pai de um elemento de índice i no *heap*.

**Código 17.21.** Pai de um elemento da fila de prioridades.

```
int pai(int i) {
  return (i-1)/2;
}
```

A função no Código 17.22 encontra o nó esquerdo de um elemento de índice i no *heap*.

**Código 17.22.** Nó esquerdo de um elemento da fila de prioridades.

```
int filho_esquerdo(int i) {
  return (2*i+1);
}
```

A função no Código 17.23 encontra o filho direito de um elemento de índice i no *heap*.

**Código 17.23.** Nó direito de um elemento da fila de prioridades.

```
int filho_direito(int i) {
  return (2*i+2);
}
```

No processo de inserção e extração de elementos da fila de prioridades, a propriedade de um *heap* de mínimo ou de máximo é preservada rearranjando-se o vetor pela troca do elemento armazenado no nó pai com o filho correspondente (Código 17.24).

**Código 17.24.** Troca de elementos em uma fila de prioridades.

```
void trocar(No *x, No *y) {
  No aux = *x;
  *x = *y;
  *y = aux;
}
```

A função no Código 17.25 rearranja o vetor para manter a propriedade de um *heap* de máximo, ou seja, troca um nó com o maior de seus filhos (movendo-o para baixo), quando necessário, até que ele seja pelo menos igual aos seus filhos.

**Código 17.25.** Descida no *heap*.

```
void descida_heap(Fila_Prioridade *fila, int i) {
  int esquerdo = filho_esquerdo(i);
  int direito = filho_direito(i);
  int maior_filho = i;

```

```
6    if (esquerdo < fila->n) {
7      maior_filho = esquerdo;
8    if (direito < fila->n && fila->v[direito].valor > fila->v[esquerdo].valor)
9      maior_filho = direito;
10   if (fila->v[maior_filho].valor > fila->v[i].valor) {
11     trocar(&fila->v[i], &fila->v[maior_filho]);
12     descida_heap(fila, maior_filho);
13   }
14  }
15 }
```

A função no Código 17.26 troca um nó que é maior do que seu pai, em um *heap* de máximo, movendo-o para cima, até que ele não seja maior do que o nó pai.

**Código 17.26.** Subida no *heap*.

```
1 void subida_heap(Fila_Prioridade *fila, int i) {
2   if (i > 0 && fila->v[pai(i)].valor < fila->v[i].valor) {
3     trocar(&fila->v[i], &fila->v[pai(i)]);
4     subida_heap(fila, pai(i));
5   }
6 }
```

Um novo elemento é inserido no final do vetor (Código 17.27). Para manter a propriedade de um *heap* de máximo, caso a prioridade do novo nó seja maior do que a de seu pai, trocas sucessivas são realizadas entre o nó pai e o nó em questão. O custo computacional para inserir um elemento em uma fila de prioridades com $n$ elementos é $O(\log_2 n)$, já que a subida do elemento ocorre, no máximo, até a raiz.

**Código 17.27.** Inserção de elemento na fila de prioridades.

```
1 void inserir(Fila_Prioridade *fila, No p) {
2   fila->v[fila->n] = p;
3   fila->n++;
4   subida_heap(fila, fila->n-1);
5 }
```

Em um *heap* de máximo, o elemento com maior prioridade está localizado na raiz. A extração do nó é feita trocando-se o nó raiz com o último elemento do vetor (Código 17.28). Em seguida, a função `descida_heap` é chamada para preservar a propriedade do *heap*. O nó pai, caso necessário, é trocado com o maior dos dois filhos. O custo computacional para remover um elemento de uma fila de prioridades com $n$ elementos é $O(\log_2 n)$. A Figura 17.7 ilustra os passos da extração do nó com maior prioridade de um *heap* de máximo.

**Código 17.28.** Remoção de elemento da fila de prioridades.

```
1 No extrair_maximo(Fila_Prioridade *fila) {
2   No p = fila->v[0];
3
4   trocar(&fila->v[0], &fila->v[fila->n-1]);
5   fila->n--;
6   descida_heap(fila, 0);
7   return p;
8 }
```

O espaço de memória alocado para a fila de prioridades é liberado após seu uso. A função no Código 17.29 implementa a liberação de espaço de memória que foi alocado para a fila de prioridades.

**Código 17.29.** Liberação de elementos da fila de prioridades.

```
1 void liberar_fila(Fila_Prioridade *fila) {
```

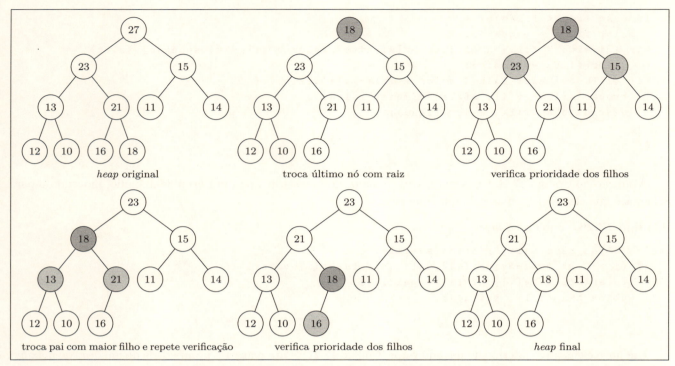

Figura 17.7: Extração de elemento de um *heap* de máximo.

```
2    free(fila);
3  }
```

Um exemplo de utilização de uma fila de prioridades implementada com um *heap* de máximo é mostrado no Código 17.30. Após a criação de uma fila vazia, algumas operações de inserção e extração de elementos são realizadas na fila de prioridades. Antes de finalizar a execução do programa, a memória alocada para a fila é liberada.

**Código 17.30.** Exemplo de utilização de fila de prioridades.

```
1  int main() {
2    int n = 10;
3    No item;
4    Fila_Prioridade *fila = criar_fila_prioridade();
5
6    item.valor = 10; strcpy(item.nome, "p1");
7    inserir(fila, item);
8    item.valor = 5; strcpy(item.nome, "p2");
9    inserir(fila, item);
10   item.valor = 3; strcpy(item.nome, "p3");
11   inserir(fila, item);
12   item.valor = 2; strcpy(item.nome, "p4");
13   inserir(fila, item);
14   item.valor = 4; strcpy(item.nome, "p5");
15   inserir(fila, item);
16   item.valor = 15; strcpy(item.nome, "p6");
17   inserir(fila, item);
18
19   printf("Número de elementos: %d\n", fila->n);
20   while (!fila_vazia(fila)) {
21     item = extrair_maximo(fila);
22     printf("%d %s\n", item.valor, item.nome);
```

```
23    }
24    return 0;
25 }
```

A partir das operações descritas anteriormente, torna-se simples alterar a prioridade de um elemento da fila (Código 17.31). Em um *heap* de máximo, caso a prioridade de um determinado nó seja aumentada, a propriedade do *heap* é preservada chamando-se a função `subida_heap` para o nó em questão. Por outro lado, caso a prioridade do nó seja diminuída, a propriedade do *heap* é preservada chamando-se a função `descida_heap`. A posição do elemento cuja prioridade será alterada deve ser conhecida.

**Código 17.31.** Alteração de prioridade de um elemento.
```
1  void alterar_prioridade(Fila_Prioridade *fila, int i, int x) {
2    if (fila->v[i].valor < x) {
3      fila->v[k].valor = x;
4      subida_heap(fila, i);
5    }
6    else {
7      fila->v[i].valor = x;
8      descida_heap(fila, i);
9    }
10 }
```

Conforme mencionado nas funções de inserção e extração de elementos, o custo computacional para alterar a prioridade de um elemento da fila é $O(\log_2 n)$. A Figura 17.8 ilustra um exemplo de redução da prioridade do nó raiz de 87 para 25. A operação de troca do elemento com seu filho de maior prioridade, se houver, é repetidamente realizada até que o nó considerado seja uma folha ou que sua prioridade seja maior ou igual a de seus filhos.

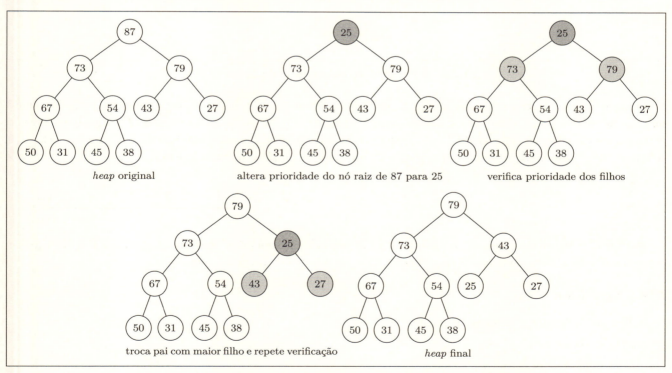

Figura 17.8: Alteração de prioridade de elemento em um *heap* de máximo.

Um *heap* pode ser eficientemente construído a partir de um vetor de elementos não ordenados, iniciando do último elemento do vetor e chamando a função `descida_heap` até que todos os elementos estejam nas posições corretas. Esse procedimento é mais eficiente do que construir um *heap* de $n$ elementos por meio da inserção, um a um, dos $n$ elementos em um *heap* inicialmente vazio, o que requereria um custo $O(n \log_2 n)$, uma vez que $n$ operações de inserção seriam executadas com um custo $O(\log_2 n)$ cada.

Um *heap* pode ser construído com custo $O(n)$ observando-se que os nós folhas, por não terem filhos, já estão em seus devidos lugares de acordo com a propriedade de *heap*. Os nós folhas em um *heap* representado pelo vetor v são os elementos de v[⌊n/2⌋] até v[n-1]. Dessa forma, apenas os nós internos devem ser rearranjados em relação a seus filhos, utilizando a função `descida_heap`. Os nós internos são os elementos de v[0] até v[⌊n/2⌋-1]. O Código 17.32 mostra uma função para construir um *heap* de máximo que rearranja os elementos de trás para frente.

**Código 17.32.** Construção de *heap* de máximo.

```
void construir_heap(int *v, int n) {
  int i;

  for (i = n/2; i >= 0; i--)
    descida_heap(v, n, i);
}
```

Conforme ilustrado na Figura 17.9, o número de nós em um *heap* com altura $h$ é no mínimo $h+1$ e no máximo $2^{h+1}-1$, assumindo que a altura do nó raiz é 0. O número máximo de nós no nível $h$ é $2^h$. A relação entre a altura do *heap* e o número total de nós é $h = \lfloor \log_2 n \rfloor$.

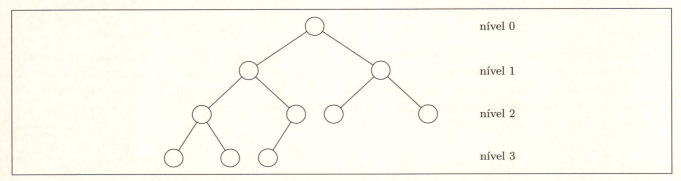

Figura 17.9: Construção de um *heap* de altura $h = 3$.

O algoritmo de construção do *heap* inicia no nível $h-1$. Nesse nível, cada chamada de `descida_heap` consome 1 unidade de tempo, pois cada nó precisa se movimentar apenas 1 nível. Como há no máximo $2^{h-1}$ nós nesse nível, o custo para o nível não ultrapassa $1 \cdot 2^{h-1}$. O mesmo procedimento deve ser realizado para os níveis $h-2, h-3, \ldots, 0$. Assim, o custo total do algoritmo de construção de um *heap* de máximo não ultrapassa:

$$\sum_{k=0}^{h-1}(k+1) \cdot 2^{h-k-1} = 1 \cdot 2^{h-1} + 2 \cdot 2^{h-2} + 3 \cdot 2^{h-3} + \ldots + h \cdot 2^0 = 2^h \underbrace{\left(1 \cdot 2^{-1} + 2 \cdot 2^{-2} + 3 \cdot 2^{-3} + \ldots + 1\right)}_{<2}.$$

Portanto, o algoritmo consome, no máximo, $2 \cdot 2^h$ unidades de tempo. Como $h = \lfloor \log_2 n \rfloor$, ou seja, $h \leqslant \log_2 n$, então o custo total para construir o *heap* de máximo não ultrapassa $2n$, que é $O(n)$.

## 17.6 Exercícios

1. Em um *heap* com $n$ vértices, existem:

    (a) exatamente $\lfloor n/5 \rfloor$ folhas.

    (b) aproximadamente $\log_2 n$ folhas.

    (c) não mais que $\lfloor n/5 \rfloor$ folhas.

    (d) exatamente $\lceil n/2 \rceil$ folhas.

    (e) não menos que $2n/3$ folhas.

2. Qual é o número mínimo e máximo de elementos que podem ser armazenados em um *heap* cuja profundidade é igual a $d$?

3. Suponha uma sequência dada pelas prioridades 18, 25, 41, 34, 14, 10, 52, 50 e 48. (a) Encontre o *heap* de mínimo correspondente a essa lista de prioridades. (b) Mostre como ficará a estrutura após a inserção dos nós com prioridades 76, 27 e 7. (c) Mostre como ficará a estrutura após a remoção dos nós com prioridades 14 e 27.

4. Comente a relação existente entre um vetor ordenado e um *heap* de mínimo.

5. Descreva como uma fila pode ser implementada por meio de uma fila de prioridades.

6. Escreva uma função para inverter os elementos de uma fila por meio de uma pilha.

7. Dada uma fila, escreva uma função recursiva para inverter a ordem dos elementos da fila.

8. Mostre como implementar uma fila por meio de duas pilhas.

9. Comente as vantagens e desvantagens em relação à criação de dois tipos de filas: (a) estática, em que há uma quantidade máxima de elementos que podem ser armazenados na fila, e (b) dinâmica, em que o tamanho da fila pode variar.

10. Escreva uma função que utiliza uma fila para encontrar o primeiro número inteiro negativo no interior de uma janela deslizante de tamanho $k$. Caso a janela não contenha um número negativo, o valor 0 deve ser retornado para aquela janela. Por exemplo, dado o valor $k = 3$ e o vetor formado pelos números 10, −2, −5, 6, −11, 8, 13 e 6, a saída da função é −2, −2, −5, −11, −11 e 0.

11. Dada uma fila composta de números inteiros de comprimento par, escreva uma função para intercalar a primeira metade da fila com a segunda metade. Por exemplo, se a entrada for a sequência 1, 2, 3, 4, 5, 6, 7 e 8, a saída será 1, 5, 2, 6, 3, 7, 4 e 8. Apenas uma pilha deve ser usada como espaço auxiliar de memória.

12. Qual é a localização do menor elemento em um *heap* de máximo?

13. Em uma companhia aérea, os clientes podem ser categorizados nas classes executiva e econômica. Escreva um programa para simular a eficiência do atendimento dos clientes durante o processo de embarque, por meio de três estratégias: (a) todos os clientes aguardam em uma mesma fila, (b) os passageiros de cada classe são atendidos alternadamente e (c) a cada dois clientes da classe executiva, um cliente da classe econômica é atendido. Na simulação, considere um total de 400 clientes. Utilize diferentes proporções de clientes de cada classe e diferentes tempos de atendimento para fornecer o tempo médio e máximo de espera de um cliente.

14. Qual é o número mínimo de elementos em um *heap* com altura $h$?

15. Dado um vetor formado por números negativos e positivos, escreva uma função para imprimir a soma dos elementos mínimo e máximo de todos os subvetores de tamanho $k$. Por exemplo, considerando um valor $k = 4$ e um vetor formado pelos números 3, 4, −2, 6, −1, −2 e −3, a saída da função será igual a 15, ou seja, $(-2 + 6) + (-2 + 6) + (-2 + 6) + (-3 + 6) = 15$.

## Leituras recomendadas

AHO, A. V. *Data Structures and Algorithms*. Addison-Wesley, Reading-MA, Estados Unidos, 1983.

AMSBURY, W. *Data Structures: From Arrays to Priority Queues*. Brooks/Cole, 1985.

BOWMAN, C. F. *Algorithms and Data Structures: An Approach in C*. Oxford University Press, 1994.

CELES, W.; CERQUEIRA, R. & RANGEL, J. L. *Introdução a Estruturas de Dados*. Elsevier, 2004.

CHERKASSKY, B. V.; GOLDBERG, A. V. & SILVERSTEIN, C. Buckets, Heaps, Lists, and Monotone Priority Queues. *SIAM Journal on Computing*, vol. 28, n. 4, pp. 1326–1346, 1999.

CORMEN, T. H.; LEISERSON, C. E.; RIVEST, R. L. & STEIN, C. *Introduction to Algorithms*. MIT Press Cambridge, 2009.

DECKER, R. *Data Structures*. Prentice Hall, Inc., 1989.

DROZDEK, A. *Data Structures and Algorithms in C++*. Cengage Learning, 2012.

EVEN, S. & ITAI, A. Queues, Stacks and Graphs. *In:* Z. Kohavi & A. Paz (Editores).*Theory of Machines and Computations* pp. 71–86. Academic Press, 1971.

FEOFILOFF, P. *Algoritmos em Linguagem C.* Elsevier Brasil, 2009.

FISCHER, M. J. & PATERSON, M. S. Fishspear: A Priority Queue Algorithm. *Journal of the ACM*, vol. 41, n. 1, pp. 3–30, 1994.

HEADINGTON, M. R. & RILEY, D. D. *Data Abstraction and Structures Using C++.* Jones & Bartlett Learning, 1994.

HOROWITZ, E.; SAHNI, S. & ANDERSON-FREED, S. *Fundamentals of Data Structures in C.* W.H. Freeman & Co., 1992.

JACOB, R.; LARSEN, K. G. & NIELSEN, J. B. Lower Bounds for Oblivious Data Structures. *In: Annual ACM-SIAM Symposium on Discrete Algorithms*, San Diego, CA, Estados Unidos, SIAM, pp. 2439–2447, 2019.

JOHNSON, D. B. Priority Queues with Update and Finding Minimum Spanning Trees. *Information Processing Letters*, vol. 4, n. 3, pp. 53–57, 1975.

KNUTH, D. E. *The Art of Computer Programming, Volume 1: Fundamental Algorithms.* Addison-Wesley, Reading, MA, Estados Unidos, 1968.

KRUSE, R. & TONDO, C. *Data Structures and Program Design in C.* Pearson Education, India, 2007.

KRUSE, R. L. & RYBA, A. J. *Data Structures and Program Design in C++.* Prentice Hall, Inc., 2000.

LANGSAM, Y.; AUGENSTEIN, M. J. & TENENBAUM, A. M. *Data Structures using C and C++.* Prentice Hall, India, 2000.

MEHLHORN, K. *Data Structures and Algorithms 1: Sorting and Searching*, volume 1. Springer Science & Business Media, 2013.

MEHTA, D. P. & SAHNI, S. *Handbook of Data Structures and Applications.* Chapman and Hall/CRC, 2004.

POTHERING, G. J. & NAPS, T. L. *Introduction to Data Structures and Algorithm Analysis with C++.* West Publishing Company, 1995.

PREISS, B. R. *Data Structures and Algorithms.* John Wiley & Sons, Inc., 1999.

SEDGEWICK, R. & FLAJOLET, P. *An Introduction to the Analysis of Algorithms.* Addison-Wesley, 1996.

SZWARCFITER, J. L. & MARKENZON, L. *Estruturas de Dados e seus Algoritmos.* Livros Técnicos e Científicos, 1994.

TENENBAUM, A. M. *Data Structures Using C.* Pearson Education, India, 1990.

TREMBLAY, J.-P. & SORENSON, P. G. *An Introduction to Data Structures with Applications.* McGraw-Hill, Inc., 1984.

WEISS, M. A. *Data Structures and Algorithm Analysis in C.* Pearson, Lebanon, IN, Estados Unidos, 1996.

ZIVIANI, N. *Projeto de Algoritmos.* Pioneira Thomson Learning Ltda, 2004.

# 18
# ORDENAÇÃO E BUSCA

Algoritmos de ordenação e busca de elementos armazenados em estruturas de dados são apresentados e analisados neste capítulo. Na resolução de determinados problemas, alguns algoritmos podem explorar a ordenação dos elementos na estrutura de dados para funcionar de forma mais eficiente computacionalmente.

## 18.1 Algoritmos de ordenação

*Algoritmos de ordenação* visam colocar os elementos de uma sequência em uma determinada ordem. Por exemplo, elementos numéricos podem ser ordenados crescente ou decrescentemente. Elementos formados por cadeias de caracteres podem ser ordenados lexicograficamente. Para facilitar a apresentação dos algoritmos de ordenação, assume-se que a sequência de elementos é formada por números inteiros armazenados em um vetor. Em uma forma mais geral, os algoritmos podem ser aplicados para ordenar coleções de elementos que possam ser comparados entre si, ou seja, há uma ordem definida entre os elementos.

A ordenação é denominada *interna* se a sequência de elementos a ser ordenada é armazenada na memória principal, tipicamente em um vetor. Na ordenação *externa*, os elementos estão armazenados em disco e assume-se que a sequência a ser ordenada não cabe na memória principal.

Várias aplicações podem ser beneficiadas pelos algoritmos de ordenação, por exemplo, a recuperação de registros em um cadastro de produtos, a busca de palavras em um dicionário, a definição de preferências em atendimentos de acordo com um critério de prioridade, o cálculo da média de uma sequência de valores, entre muitas outras.

Um aspecto relevante na escolha de um algoritmo de ordenação é o tempo requerido para ordenar uma sequência de elementos. A análise de complexidade é tipicamente baseada no número de comparações entre os elementos e no número de trocas de elementos na sequência. Outro aspecto importante é a quantidade de memória utilizada no processo de ordenação. Alguns métodos de ordenação executam a permutação dos elementos no próprio vetor. Entretanto, outros métodos demandam o uso de vetores auxiliares para armazenar uma cópia dos elementos.

Um método de ordenação é *estável* se a ordem relativa dos elementos de mesmo valor mantém-se inalterada durante o processo de ordenação, ou seja, se os elementos iguais na sequência ordenada aparecem na mesma ordem em que estão na sequência original. Essa propriedade é útil quando, por exemplo, registros ou dados estão associados aos elementos do vetor sendo ordenado.

### 18.1.1 Ordenação por trocas

Uma forma simples de ordenar um vetor é comparar pares de elementos consecutivos e efetuar uma troca de posição entre eles, caso estejam fora de ordem, até que toda a sequência se torne ordenada. A partir desse procedimento, após a primeira passagem pelo vetor, da esquerda para a direita, garante-se que a última posição do vetor armazenará o elemento de maior valor.

Dado um vetor v contendo $n$ números inteiros dispostos em ordem aleatória, deseja-se ordenar os elementos crescentemente. A cada passagem pelo vetor, um elemento é deslocado para a sua posição correta. Portanto, restarão $n-1$ elementos para ordenar, após a primeira iteração de trocas. Após a segunda iteração, restarão $n-2$ elementos e assim sucessivamente, até que reste apenas um elemento.

Para exemplificar a ordenação por trocas, a Figura 18.1 ilustra o processo de ordenação por trocas do vetor v = 35, 28, 14, 59, 93, 45. Como o vetor possui 6 elementos, 5 iterações devem ser realizadas. Após a primeira iteração, a última posição do vetor não precisa mais ser avaliada.

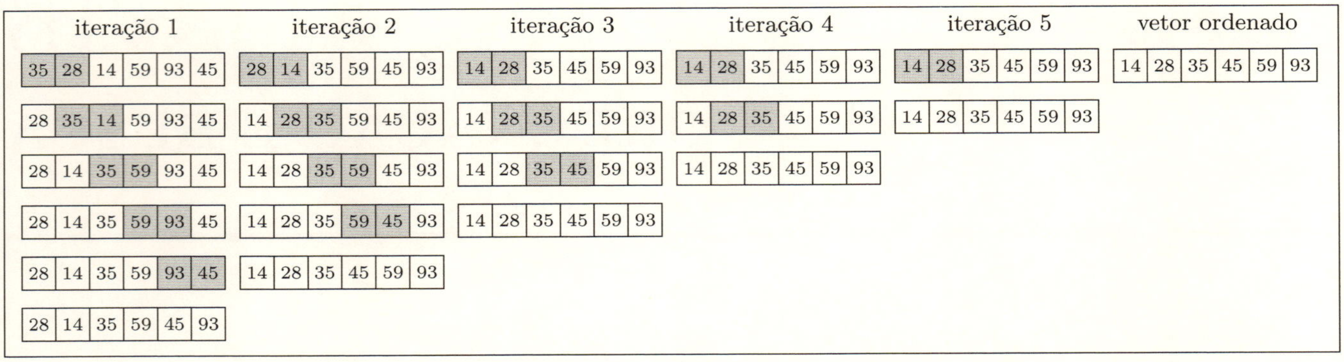

| iteração 1 | iteração 2 | iteração 3 | iteração 4 | iteração 5 | vetor ordenado |
|---|---|---|---|---|---|
| 35 28 14 59 93 45 | 28 14 35 59 45 93 | 14 28 35 45 59 93 | 14 28 35 45 59 93 | 14 28 35 45 59 93 | 14 28 35 45 59 93 |
| 28 35 14 59 93 45 | 14 28 35 59 45 93 | 14 28 35 45 59 93 | 14 28 35 45 59 93 | 14 28 35 45 59 93 | |
| 28 14 35 59 93 45 | 14 28 35 59 45 93 | 14 28 35 45 59 93 | 14 28 35 45 59 93 | | |
| 28 14 35 59 93 45 | 14 28 35 45 59 93 | 14 28 35 45 59 93 | | | |
| 28 14 35 59 93 45 | 14 28 35 45 59 93 | | | | |
| 28 14 35 59 45 93 | | | | | |

Figura 18.1: Iterações realizadas na ordenação por trocas.

Uma implementação do procedimento de comparações e trocas é conhecida como método de ordenação da bolha, em analogia ao fato de que os menores elementos são mais leves e movem-se para cima (como bolhas). O Código 18.1 realiza as trocas de uma iteração do algoritmo. Os pares de elementos das posições 0 e 1, 1 e 2, ..., i-1 e i são comparados e, eventualmente, trocados. Assume-se que, das posições i+1 até n-1, o vetor já possui os maiores elementos ordenados.

**Código 18.1.** Ordenação de elementos pelo método da bolha.

```
void bolha(int v[], int n) {
  int i, j, aux;

  for (i = n-1; i > 0; i--)
    for (j = 0; j < i; j++)
      if (v[j] > v[j+1]) {
        aux = v[j];
        v[j] = v[j+1];
        v[j+1] = aux;
      }
}
```

A análise de custo computacional requerido pelo método de ordenação da bolha pode ser efetuada com base no número de comparações realizadas pelo algoritmo, permitindo também estimar o número de trocas possíveis de realizar. A função de complexidade do algoritmo pode ser determinada pela análise de pior caso, caso médio e melhor caso.

No pior caso, o vetor de entrada está ordenado decrescentemente, ou seja, em ordem inversa à desejada. No melhor caso, o vetor de entrada já está ordenado crescentemente. No caso médio, os elementos do vetor estão dispostos aleatoriamente.

Nessa primeira versão do algoritmo, as comparações entre elementos do vetor ocorrem até a última posição do vetor na primeira iteração, até a penúltima posição na segunda iteração, e assim de maneira sucessiva, independentemente da disposição dos elementos no vetor. Dessa forma, o número mínimo (melhor caso), número médio (caso médio) e número máximo (pior caso) de comparações em um vetor com $n$ elementos é igual a:

$$f(n) = \sum_{i=1}^{n-1} \sum_{j=0}^{i-1} 1 = \sum_{i=1}^{n-1} i = (n-1)\frac{n}{2} = \frac{n^2 - n}{2}.$$

Portanto, a complexidade do algoritmo é quadrática, ou seja, $O(n^2)$. Em relação às trocas efetuadas entre elementos do vetor, o número mínimo ocorre quando o vetor de entrada já estiver ordenado crescentemente (melhor caso), tal que a função de custo é expressa como:

$$f(n) = \sum_{i=1}^{n-1} \sum_{j=0}^{i-1} 0 = 0.$$

Por outro lado, o número máximo de trocas entre elementos do vetor ocorre quando o vetor estiver ordenado crescentemente, em que a função de custo é:

$$f(n) = \sum_{i=1}^{n-1} \sum_{j=0}^{i-1} 1 = \sum_{i=1}^{n-1} i = (n-1)\frac{n}{2} = \frac{n^2 - n}{2}.$$

No caso médio, assume-se que a disposição dos elementos no vetor é aleatória, tal que o número de operações de trocas ocorrerá metade das vezes do que no pior caso. Dessa forma, a função de custo é:

$$f(n) = \sum_{i=1}^{n-1} \sum_{j=0}^{i-1} \frac{1}{2} = \frac{n^2 - n}{4}.$$

Para evitar que as operações de comparação sejam realizadas mesmo após o vetor já estar ordenado, o processo pode ser interrompido quando não houver nenhuma troca em uma iteração do vetor. O Código 18.2 implementa essa variação do método da bolha.

**Código 18.2.** Ordenação de elementos pelo método da bolha modificado.

```
void bolha(int v[], int n) {
  int i, j, aux, troca;

  for (i = n-1; i > 0; i--) {
    troca = 0;
    for (j = 0; j < i; j++)
      if (v[j] > v[j+1]) {
        aux = v[j-1];
        A[j-1] = v[j];
        v[j] = aux;
        troca = 1;
      }
    if (troca == 0)
      return;
  }
}
```

O método da bolha ordena os elementos no próprio vetor, sem requerer memória auxiliar para copiar os elementos. O método é estável, ou seja, preserva a ordem relativa dos elementos iguais no vetor ordenado em relação à sequência inicial.

### 18.1.2 Ordenação por seleção

O método de ordenação por seleção consiste em escolher o menor elemento a partir da posição 0 e trocá-lo com o elemento da posição 0 do vetor. Após essa primeira iteração, garante-se que o elemento já está em sua posição correta. O processo é repetido, assumindo que o vetor possui um elemento a menos. Assim, o menor elemento a partir da posição 1 é selecionado e trocado com o elemento da posição 1 do vetor. A cada passo, o número de elementos a ser ordenado diminui, de forma que, após $n-1$ passos, apenas um elemento resta a ser ordenado. A Figura 18.2 ilustra o processo de ordenação por seleção do vetor v = 35, 28, 14, 59, 93, 45. Como o vetor possui 6 elementos, temos que realizar 5 iterações. Após a primeira iteração, a primeira posição do vetor não precisa mais ser avaliada. No exemplo, os elementos destacados indicam aqueles que são trocados na i-ésima iteração do método de seleção.

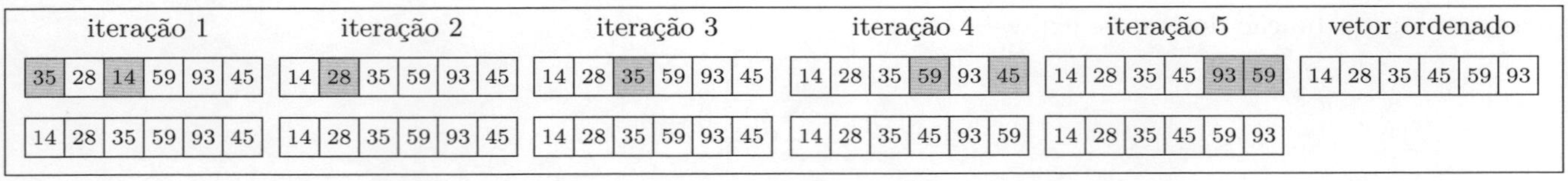

| iteração 1 | iteração 2 | iteração 3 | iteração 4 | iteração 5 | vetor ordenado |
|---|---|---|---|---|---|
| 35 28 14 59 93 45 | 14 28 35 59 93 45 | 14 28 35 59 93 45 | 14 28 35 59 93 45 | 14 28 35 45 93 59 | 14 28 35 45 59 93 |
| 14 28 35 59 93 45 | 14 28 35 59 93 45 | 14 28 35 59 93 45 | 14 28 35 45 93 59 | 14 28 35 45 59 93 | |

Figura 18.2: Iterações realizadas na ordenação por seleção.

O Código 18.3 implementa o método de ordenação por seleção. O índice do menor elemento do vetor v é encontrado a partir de uma determinada posição e trocado com o elemento dessa posição. O laço principal da função não precisa chegar até o último elemento do vetor.

**Código 18.3.** Ordenação de elementos pelo método da seleção.

```
void selecao(int v[], int n) {
  int i, j, min, aux;

  for (i = 0; i < n-1; i++) {
    min = i;
    for (j = i+1; j < n; j++)
      if (v[j] < v[min])
        min = j;
    aux = v[i];
    v[i] = v[min];
    v[min] = aux;
  }
}
```

O número de comparações no pior caso, no caso médio e no melhor caso é:

$$f(n) = \sum_{i=0}^{n-2} \sum_{j=i-1}^{n-1} 1 = \sum_{i=0}^{n-2} n - i - 1 = \sum_{i=1}^{n-1} i = (n-1)\frac{n}{2} = \frac{n^2 - n}{2}.$$

O número mínimo (melhor caso) e máximo (pior caso) de trocas entre elementos do vetor é:

$$f(n) = \sum_{i=0}^{n-2} 1 = n - 1.$$

O método de ordenação por seleção não requer espaço de armazenamento extra para copiar os elementos do vetor. O método não é estável, pois nem sempre mantém os elementos iguais na mesma ordem relativa. Se a sequência já estiver ordenada, o custo computacional continua sendo quadrático. O método de ordenação por seleção pode ser uma escolha adequada quando os elementos a serem armazenados ocupam uma grande porção de memória, por exemplo, registros em um cadastro de produtos, já que ele efetuará, no pior caso, menos trocas do que outros algoritmos de ordenação.

### 18.1.3 Ordenação por inserção

A ordenação por inserção divide o vetor em duas partes, em que os elementos ordenados são mantidos no início do vetor e os elementos não ordenados são dispostos no final. Dessa forma, a cada iteração i, os elementos das posições 0 até i-1 do vetor estão ordenados. Deve-se então inserir o elemento da posição i entre as posições 0 e i, de modo a manter o vetor ordenado até a posição i. Na iteração seguinte, considera-se que o vetor está ordenado até a posição i, e o processo é repetido até que o vetor esteja completamente ordenado. Esse algoritmo é normalmente utilizado por um jogador para ordenar cartas de baralho nas mãos.

A Figura 18.3 ilustra o processo de ordenação por seleção do vetor v = 35, 28, 14, 59, 93, 45. Como o vetor possui 6 elementos, temos que realizar 5 iterações. Após a primeira iteração, a primeira posição do vetor não precisa mais ser avaliada. No exemplo, os elementos destacados indicam aqueles que são trocados na i-ésima iteração do método de seleção.

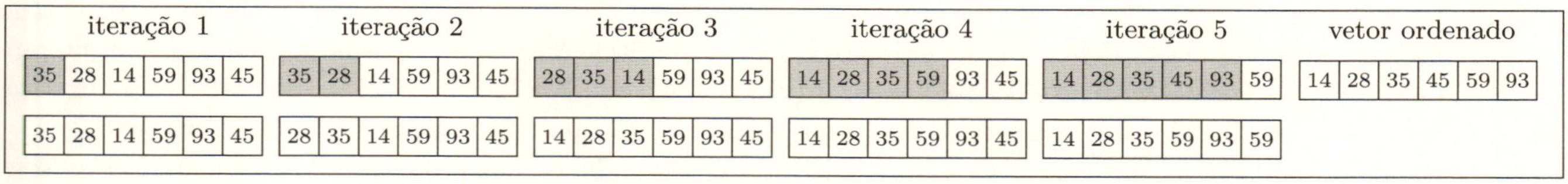

| iteração 1 | iteração 2 | iteração 3 | iteração 4 | iteração 5 | vetor ordenado |
|---|---|---|---|---|---|
| 35 28 14 59 93 45 | 35 28 14 59 93 45 | 28 35 14 59 93 45 | 14 28 35 59 93 45 | 14 28 35 45 93 59 | 14 28 35 45 59 93 |
| 35 28 14 59 93 45 | 28 35 14 59 93 45 | 14 28 35 59 93 45 | 14 28 35 59 93 45 | 14 28 35 59 93 59 | |

Figura 18.3: Iterações realizadas na ordenação por inserção.

A função no Código 18.4 recebe um vetor e um índice `i`, então insere o elemento de índice `i` entre os elementos das posições 0 e `i-1` (ordenados), de forma que todos os elementos entre as posições 0 e `i` fiquem ordenados.

**Código 18.4.** Ordenação de elementos pelo método da inserção.

```c
void insercao(int v[], int n) {
  int i, j, aux;

  for (i = 1; i < n; i++) {
    aux = v[i];
    for (j = i-1; (j >= 0) && (v[j] > aux); j--)
      v[j+1] = v[j];
    v[j+1] = aux;
  }
}
```

No pior caso, quando os elementos estão ordenados em ordem decrescente, o número de comparações entre elementos do vetor é expresso como:

$$f(n) = \sum_{i=1}^{n-1} \sum_{j=0}^{i-1} 1 = \sum_{i=1}^{n-1} i = (n-1)\frac{n}{2} = \frac{n^2 - n}{2}.$$

No melhor caso, quando os elementos já estão ordenados crescentemente, o número de comparações entre elementos do vetor é expresso como:

$$f(n) = \sum_{i=1}^{n-1} 1 = n - 1.$$

No caso médio, assume-se que a disposição dos elementos no vetor é aleatória, tal que o número de operações de trocas ocorrerá metade das vezes do que no pior caso. Dessa forma, a função de custo é:

$$f(n) = \sum_{i=1}^{n-1} \sum_{j=0}^{i-1} \frac{1}{2} = \frac{n^2 - n}{4}.$$

O método de ordenação por inserção não requer espaço de armazenamento extra para copiar os elementos do vetor. O método é estável, preservando a ordem relativa dos elementos iguais. Se os elementos do vetor já estiverem ordenados, o método de ordenação por inserção é rápido, sendo executado em tempo linear.

### 18.1.4 *Shellsort*

O método de ordenação por inserção descrito anteriormente é lento, pois troca apenas elementos adjacentes quando o algoritmo procura a posição de inserção no vetor. Caso o menor elemento esteja na posição mais à direita no vetor, o número de comparações e movimentações é igual a $n - 1$ para encontrar a posição de inserção.

O método *shellsort* permite que trocas de elementos mais distantes uns dos outros sejam realizadas. Os elementos que estão separados $h$ posições (lacunas) são rearranjados de tal forma que todo $h$-ésimo item leva a uma sequência ordenada, denominada $h$-ordenada.

A escolha da sequência de lacunas é um problema complexo. Uma distância ou lacuna de 1 elemento faz com que o algoritmo *shellsort* funcione como o algoritmo por inserção comum. Poucas lacunas reduzem a velocidade das movimentações, enquanto muitas lacunas produzem uma sobrecarga no processo de ordenação.

A Figura 18.4 ilustra um exemplo de ordenação pelo algoritmo *shellsort* com lacunas 5, 3 e 1. O primeiro passo realiza a ordenação por inserção em cinco subvetores separados para gerar a sequência 5-ordenada: (v[0], v[5], v[10]), (v[1], v[6], v[11]), (v[2], v[7]), (v[3], v[8]) e (v[4], v[9]). A próxima iteração realiza a ordenação por inserção nos três subvetores (v[0], v[3], v[6], v[9]), (v[1], v[4], v[7], v[10]), (v[2], v[5], v[8], v[11]) para gerar a sequência 3-ordenada. A última iteração é uma ordenação por inserção comum de todo o vetor (v[0], ..., v[11]), gerando a sequência 1-ordenada. Conforme ilustrado no exemplo, os subvetores nos quais o método *shellsort* opera são inicialmente menores, e, posteriormente, os subvetores tornam-se mais longos, mas quase ordenados. Nessas situações, o método de inserção funciona de forma eficiente.

O método *shellsort* ordena os elementos no próprio vetor, sem copiar os elementos em uma estrutura extra. O método não é estável, pois pode alterar a ordem relativa dos elementos com valores iguais. Além disso, a execução do método *shellsort* é mais rápida quando o vetor de entrada está parcialmente ordenado.

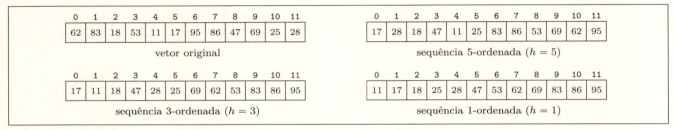

Figura 18.4: Iterações realizadas no método *shellsort*.

O Código 18.5 implementa o método de ordenação *shellsort*. A sequência de lacunas usada na implementação é $h = 1, 4, 13, 40, 121, 364, 1093, 3280, 9841, \ldots$ O primeiro laço de repetição (linha 4) calcula o primeiro valor de $h$ para encontrar as sequências ordenadas. Após as iterações do método, o vetor resultante torna-se crescentemente ordenado.

**Código 18.5.** Ordenação de elementos pelo método *shellsort*.

```
void shellsort(int v[], int n) {
  int i, j, h, aux;

  for (h = 1; h <= (n / 9); h = 3 * h + 1);
  for ( ; h > 0; h /= 3)
    for (i = h - 1; i < n; i++) {
      j = i;
      aux = v[i];
      while (j >= h && aux < v[j-h]) {
        v[j] = v[j-h];
        j -= h;
      }
      v[j] = aux;
    }
}
```

A complexidade do método *shellsort* não é totalmente conhecida e depende da escolha da sequência de lacunas entre os elementos. Por exemplo, para a sequência de lacunas $1, 3, 7, 15, 31, 63, \ldots$, o tempo de ordenação no pior caso, estimado experimentalmente, é $\Theta(n^{3/2})$. Para a sequência de lacunas $1, 2, 3, 4, 6, 8, 9, 12, \ldots$, o tempo de ordenação é $\theta(n \log_2^2 n)$ no pior caso.

### 18.1.5 *Mergesort*

O algoritmo de ordenação *mergesort* consiste em dividir o vetor em dois subvetores de tamanhos aproximadamente iguais e ordenar cada subvetor recursivamente. No processo de subdivisão, o vetor é dividido em dois subvetores até obter $n$ vetores de um único elemento. Os dois subvetores ordenados são intercalados para obter um vetor ordenado. Esse processo é repetido para formar vetores ordenados cada vez maiores até que todo o vetor esteja ordenado.

A Figura 18.5 ilustra o funcionamento do algoritmo *mergesort* aplicado a um vetor de oito elementos. O processo inicia-se com a subdivisão do vetor em subvetores. Em seguida, os subvetores ordenados são intercalados para gerar o vetor final ordenado.

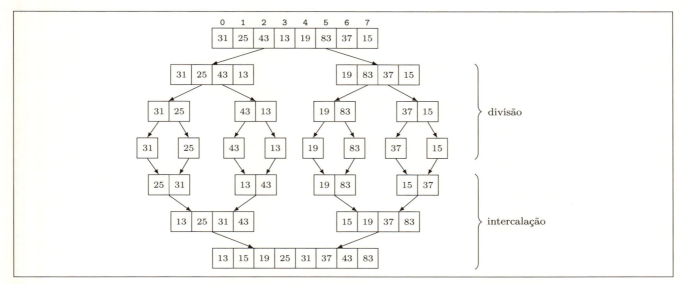

Figura 18.5: Ilustração da ordenação de um vetor pelo algoritmo *mergesort*.

A função no Código 18.6 implementa o algoritmo *mergesort*. A primeira chamada recursiva ordena a primeira metade do vetor, enquanto a segunda chamada ordena a segunda metade do vetor. A intercalação também é chamada para combinar os subvetores ordenados. O programa principal ordena um vetor por meio da chamada `mergesort(v, aux, 0, n-1)`.

**Código 18.6.** Ordenação de elementos pelo método *mergesort*.

```
void mergesort(int v[], int aux[], int inicio, int fim) {
  int meio = (inicio + fim) / 2;

  if (inicio < fim) {
    mergesort(v, aux, inicio, meio);
    mergesort(v, aux, meio + 1, fim);
    merge(v, aux, inicio, meio + 1, fim);
  }
}
```

O Código 18.7 intercala dois subvetores ordenados por meio de um vetor auxiliar.

**Código 18.7.** Intercalação de dois subvetores ordenados.

```
void merge(int v[], int aux[], int inicio1, int inicio2, int fim2) {
  int k = 0, i = inicio1, j = inicio2, fim1 = inicio2 - 1;

  while ((i <= fim1) && (j <= fim2))
    if (v[i] < v[j])
      aux[k++] = v[i++];
    else
      aux[k++] = v[j++];

  while (i <= fim1)
    aux[k++] = v[i++];

  while (j <= fim2)
```

```
14      aux[k++] = v[j++];
15
16    for (i = 0; i < k; i++)
17      v[i + inicio1] = aux[i];
18  }
```

A análise de complexidade do algoritmo *mergesort* no pior caso, no caso médio e no melhor caso pode ser realizada pela seguinte relação de recorrência:

$$T(n) = \begin{cases} c_1 & \text{se } n = 1 \\ 2 \cdot T(n/2) + c_2 \cdot n & \text{se } n > 1, \end{cases}$$

ou seja, o custo para ordenar um vetor de tamanho 1 é igual a uma constante. Por outro lado, se $n > 1$, o custo para ordenar o vetor é igual à soma dos custos para ordenar cada uma de suas metades, mais o custo para intercalá-las após terem sido ordenadas. Resolvendo a recorrência por meio de substituições sucessivas (método descrito na Subseção 14.2.6.2), assumindo que $n$ é uma potência de 2, tem-se que:

$$\begin{aligned} T(n) &= 2T(n/2) + c_2 n = \\ &= 2(2T(n/2^2) + c_2 n/2) + c_2 n = 2^2 T(n/2^2) + 2 c_2 n = \\ &= 2^2(2T(n/2^3) + c_2 n/2^2) + c_2 2n = 2^3 T(n/2^3) + 3 c_2 n = \\ &= \cdots = \\ &= 2^{\log_2 n} T(n/2^{\log_2 n}) + c_2 n \log_2 n = \\ &= c_1 n + c_2 n \log_2 n. \end{aligned}$$

Portanto, o custo do algoritmo *mergesort* é $O(n \log_2 n)$. O método utiliza um espaço extra proporcional a $n$ para intercalar os subvetores. Muitas implementações do algoritmo são estáveis, preservando a ordem relativa de elementos iguais presentes no vetor. A estabilidade depende do tipo de particionamento realizado no vetor.

### 18.1.6 *Quicksort*

O método *quicksort* ordena uma sequência de elementos por meio da divisão sucessiva do vetor em subsequências, que são ordenadas e combinadas. A etapa de particionamento divide a sequência em relação a um elemento denominado *pivô*, tal que elementos menores do que o pivô são colocados antes do pivô no vetor, enquanto valores maiores são colocados após o pivô. Conforme descrito a seguir, a escolha da posição do pivô é crucial no desempenho do algoritmo de ordenação.

O Código 18.8 implementa o método *quicksort*. Para ordenar um vetor v de n elementos, o programa principal deve chamar a função `quicksort(v, 0, n-1)`. A primeira chamada recursiva ordena a primeira metade do vetor, enquanto a segunda chamada ordena a segunda metade do vetor. A operação de particionamento também é chamada para dividir o vetor em sequências menores.

**Código 18.8.** Ordenação de elementos pelo método *quicksort*.

```
1  void quicksort(int v[], int inicio, int fim) {
2    int pivo;
3
4    if (inicio < fim) {
5      pivo = particionamento(v, inicio, fim);
6      quicksort(v, inicio, pivo - 1);
7      quicksort(v, pivo + 1, fim);
8    }
9  }
```

Na etapa de particionamento, a sequência `v[r...t]` é dividida em duas subsequências, `v[r...s-1]` e `v[s+1...t]`, por meio de um pivô de índice s, tal que cada elemento de `v[r...s-1]` é menor ou igual a `v[s]`, que, por sua vez, é menor ou igual a cada elemento de v[s+1...t]. O Código 18.9 realiza o particionamento do vetor e retorna a posição final do pivô.

**Código 18.9.** Particionamento de vetor.

```
int particionamento(int v[], int inicio, int fim) {
  int i = inicio, j;

  for (j = inicio + 1; j <= fim; j++)
    if (v[j] <= v[inicio])
      troca(&v[++i], &v[j]);

  troca(&v[inicio], &v[i]);
  return i;
}
```

O Código 18.10 troca um par de elementos do vetor na etapa de particionamento, de forma a manter os elementos menores do que o pivô à esquerda e os maiores à direita.

**Código 18.10.** Troca par de elementos do vetor.

```
void troca(int *a, int *b) {
  int tmp = *a;
  *a = *b;
  *b = tmp;
}
```

A Figura 18.6 ilustra o funcionamento do algoritmo *quicksort*. No exemplo, o pivô escolhido para dividir o vetor em dois subvetores é o primeiro dos elementos que restam para ser ordenados. Após o ajuste dos índices i e j, o pivô é posicionado adequadamente e retornado. As duas chamadas recursivas do método *quicksort* ordenam as porções à esquerda e à direita do pivô.

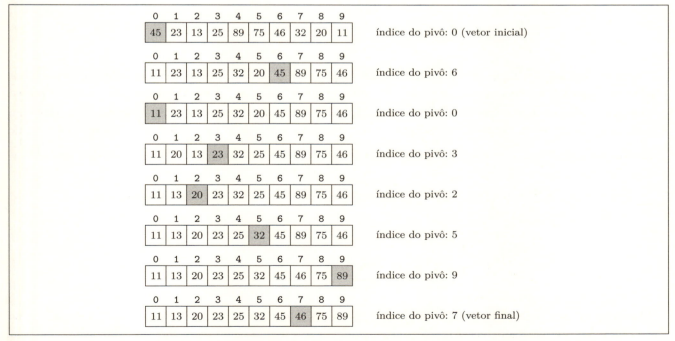

Figura 18.6: Ilustração da ordenação de um vetor pelo algoritmo *quicksort*.

O melhor caso ocorre quando a operação de particionamento divide sucessivamente o vetor em duas partições de tamanhos aproximadamente iguais, ou seja, o pivô é escolhido como a mediana do vetor. A função de custo para o melhor caso pode ser expressa pela relação de recorrência:

$$T(n) = \begin{cases} c_1 & \text{se } n = 1 \\ 2 \cdot T(n/2) + c_2 \cdot n & \text{se } n > 1, \end{cases}$$

ou seja, o custo para ordenar um vetor de tamanho 1 é igual a uma constante. Por outro lado, se $n > 1$, o custo para ordenar o vetor é igual à soma dos custos para ordenar cada uma de suas metades, mais o custo para particionar o vetor. De forma similar ao cálculo da recorrência para o algoritmo *mergesort*, o custo do algoritmo *quicksort* no melhor caso é $O(n \log_2 n)$.

O pior caso do particionamento ocorre quando o pivô divide o vetor em duas partições de tamanhos bastante distintos, uma com tamanho 0 e outra com tamanho $n - 1$. Essa situação pode ocorrer quando o pivô é o menor ou o maior elemento do vetor, ou seja, quando o vetor já está em ordem crescente ou decrescente. Caso todas as chamadas da operação de particionamento apresentem esse comportamento, a função recursiva para ordenar o vetor levará em conta subvetores de tamanho reduzido de uma unidade em relação ao tamanho anterior em cada chamada. A função de custo para o pior caso pode ser expressa pela relação de recorrência:

$$T(n) = \begin{cases} c_1 & \text{se } n = 0 \text{ ou } n = 1 \\ T(n-1) + c_2 \cdot n + c_1 & \text{se } n > 1. \end{cases}$$

Resolvendo a recorrência por meio de substituições sucessivas (método descrito na Subseção 14.2.6.2), assumindo que $n$ é uma potência de 2, tem-se que:

$$\begin{aligned} T(n) &= T(n-1) + c_2 \cdot n + c_1 = \\ &= T(n-2) + c_2 \cdot (n-1) + c_1 = \\ &= T(n-3) + c_2 \cdot (n-2) + c_2 \cdot (n-1) + c_1 = \\ &= \cdots = \\ &= T(1) + c_2 \sum_{i=2}^{n} i + c_1 n = \\ &= c_1 + c_2 \frac{(n-1)(n+2)}{2} + c_1 n. \end{aligned}$$

Portanto, o custo do algoritmo *quicksort* no pior caso é $O(n^2)$, ou seja, um desempenho comparável aos dos algoritmos básicos de ordenação, como o método da bolha ou por inserção, que também têm complexidade quadrática.

No caso médio, assume-se que os elementos estão dispostos aleatoriamente no vetor, de modo que cada elemento é igualmente provável de ser selecionado como pivô. Dado um vetor de $n$ elementos, caso $i$ seja o número de elementos menores do que o pivô, o valor médio de $T(i) = \frac{1}{n} \sum_{j=0}^{n-1} T(j)$. Analogamente, o valor médio de $T(n-i-1) = \frac{1}{n} \sum_{j=0}^{n-1} T(n-j-1)$. A função de custo para o caso médio é expressa pela relação de recorrência:

$$T(n) = \begin{cases} c_1 & \text{se } n \leqslant 2 \\ \dfrac{1}{n} \sum_{j=0}^{n-1} T(j) + \dfrac{1}{n} \sum_{j=0}^{n-1} T(n-1-j) + n + c_2 & \text{se } n > 2. \end{cases}$$

A resolução da relação de recorrência demonstra, portanto, que o custo do algoritmo *quicksort* é $O(n \log_2 n)$ no caso médio. Assintoticamente, o custo do algoritmo *quicksort* se aproxima mais do melhor caso do que do pior caso, indicando que muitas partições, na média, são bem equilibradas.

O algoritmo *quicksort* não utiliza um vetor auxiliar para a operação de particionamento, requerendo apenas espaço para armazenar as variáveis locais na pilha de recursão. O método não é estável, ou seja, não preserva a ordem relativa entre elementos iguais no vetor. Há várias estratégias para evitar o custo quadrático no pior caso.

Uma opção é escolher um pivô aleatoriamente a cada iteração. Outra solução é utilizar como pivô a mediana de três elementos selecionados aleatoriamente do vetor.

### 18.1.7 Heapsort

O algoritmo de ordenação *heapsort* utiliza uma estrutura de dados chamada *heap*, descrita na Seção 17.5, para ordenar os elementos. Operações de inserção podem ser aplicadas incrementalmente a um conjunto de elementos e, no final do processo, cada elemento pode ser sucessivamente removido da raiz do *heap*, preservando a propriedade da estrutura.

Para ordenar os elementos crescentemente, um *heap* de mínimo deve ser construído, enquanto um *heap* de máximo deve ser construído para ordenar os elementos decrescentemente. Conforme apresentado anteriormente, um *heap* pode ser construído em tempo $O(n)$. Além disso, as operações de inserção de um elemento e de extração do elemento da raiz do *heap* requerem tempo $O(\log_2 n)$ quando realizadas sobre uma sequência de $n$ elementos.

O Código 18.11 implementa o método de ordenação *heapsort* a partir das funções relacionadas às filas de prioridades, descritas na Seção 17.5. À medida que cada elemento do nó raiz é extraído (colocando-o no final do vetor), a propriedade de *heap* de máximo é restabelecida por meio da operação de subida no *heap*. O processo é repetido para todos os elementos do vetor.

**Código 18.11.** Ordenação de elementos pelo método *heapsort*.

```
void heapsort(Fila_Prioridade *fila) {
  No item;

  while (!fila_vazia(fila)) {
    item = extrair_maximo(fila);
    printf("%d %s\n", item.valor, item.nome);
  }
}
```

A Figura 18.7 ilustra o processo de ordenação com o algoritmo *heapsort*. Em um *heap* de máximo, cada elemento é maior ou igual aos elementos de seus nós filhos, se eles existirem. Consequentemente, o elemento armazenado no nó raiz corresponde ao maior elemento do vetor, que é sucessivamente extraído do *heap*. No final do processo, os elementos são mostrados em ordem decrescente.

O custo do método *heapsort* é $O(n \log_2 n)$, pois a construção do *heap* demanda tempo $O(n)$ e cada uma das $n-1$ chamadas à operação de descida requer tempo $O(\log_2 n)$. O método não utiliza memória extra para ordenar os elementos. Além disso, o método não é estável, pois o processo de manutenção da propriedade de *heap* altera a ordem relativa dos elementos iguais.

### 18.1.8 Ordenação em tempo linear

Os algoritmos de ordenação descritos anteriormente compartilham a propriedade de que o processo de ordenação é baseado em operações de comparação entre os elementos da sequência. Uma árvore de decisão pode ser utilizada para estabelecer um limite inferior, no pior caso, do número de comparações requerido para ordenar uma sequência de $n$ elementos. A Figura 18.8 ilustra uma árvore de decisão para um algoritmo de ordenação aplicado a uma sequência de três elementos v[0], v[1] e v[2].

O limite inferior da ordenação de qualquer algoritmo baseado em comparação é a menor altura de todas as árvores de decisão em que cada permutação é uma folha dessa árvore. O número de nós folhas (nós sem descendentes) corresponde ao número de permutações dos elementos da sequência, ou seja, $n!$. A altura $h$ da árvore de decisão tem, no máximo, $2^h$ folhas. Analogamente, a altura da árvore binária de decisão é, no mínimo, $\log_2 n!$. Portanto, como $2^h \geqslant n!$, tem-se que:

$$2^h \geqslant n!$$
$$h \geqslant \log_2 n! = \log_2(1 \cdot 2 \cdot \ldots \cdot n) = \log_2 1 + \log_2 2 + \ldots + \log_2 n > \frac{n}{2} \log_2 \frac{n}{2},$$

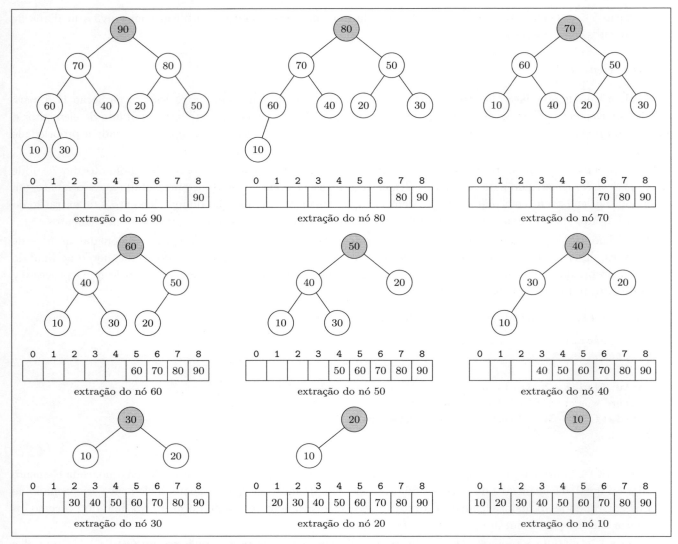

Figura 18.7: Ilustração do processo de ordenação com o algoritmo *heapsort*.

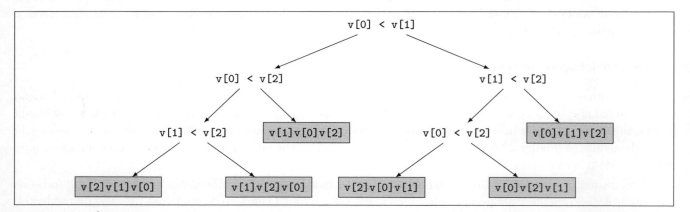

Figura 18.8: Árvore de decisão para ilustrar o estabelecimento de um limite inferior para a ordenação de três elementos baseada em comparação.

que é $\Omega(n \log_2 n)$.

Portanto, o tempo de execução de qualquer algoritmo de ordenação baseado em comparação é $\Omega(n \log_2 n)$ para uma sequência de $n$ elementos, no pior caso. Consequentemente, os processos de ordenação realizados pelos algoritmos *mergesort* e *heapsort* são assintoticamente ótimos no pior caso.

Três algoritmos de ordenação que não são baseados em comparações são discutidos nas próximas seções. Em decorrência desse fato, o limite inferior $\Omega(n \log_2 n)$ não se aplica a esses algoritmos, que, de fato, podem ser executados em tempo linear. Para isso ocorrer, a sequência de entrada deve possuir algumas características especiais e algumas condições devem ser respeitadas.

### 18.1.8.1 Ordenação por contagem

A ordenação por contagem assume que cada um dos $n$ elementos da sequência de entrada A é um número inteiro no intervalo de 0 a $k$. O algoritmo é capaz de ordenar os elementos sem utilizar comparação por meio do mapeamento de um valor presente na sequência para a posição de mesmo valor em um vetor auxiliar, ou seja, C[i] = i. Se houver elementos com o mesmo valor, essa estratégia deve ser alterada para evitar que esses elementos sejam inseridos na mesma posição.

O Código 18.12 implementa o algoritmo de ordenação por contagem. Os elementos de entrada são armazenados no vetor A[0, ..., n-1]. Os elementos após ordenação são armazenados no vetor B[0, ..., n-1]. O processo de ordenação utiliza o vetor auxiliar C[0, ..., k]. O primeiro laço de repetição (linhas 4 e 5) inicializa o vetor auxiliar com valores iguais a zero. O segundo laço (linhas 7 e 8) é responsável pela contagem e pelo armazenamento da frequência de cada elemento. O terceiro laço (linhas 10 e 11) armazena a soma cumulativa da frequência dos elementos. O quarto laço (linhas 13 a 16) identifica o índice de cada elemento no vetor auxiliar e armazena os elementos no vetor de saída B.

**Código 18.12.** Ordenação de elementos pelo método da contagem.

```
void contagem(int A[], int B[], int n, int k) {
  int i, C[k];

  for (i = 0; i <= k; i++)
    C[i] = 0;

  for (i = 0; i < n; i++)
    C[A[i]]++;

  for (i = 1; i <= k; i++)
    C[i] += C[i - 1];

  for (i = n - 1; i >= 0; i--) {
    B[C[A[i]] - 1] = A[i];
    C[A[i]]--;
  }
}
```

A chamada da função de ordenação por contagem pode ser realizada por meio do Código 18.13. O maior elemento presente no vetor de entrada é encontrado para limitar o tamanho do vetor auxiliar.

**Código 18.13.** Chamada da função de ordenação pelo método da contagem.

```
int main() {
  int i, k, n = 10;
  int B[10], A[10] = {4, 0, 1, 4, 1, 5, 6, 5, 4, 0};

  /* encontra o maior elemento do vetor */
  k = A[0];
  for (i = 1; i < n; i++) {
    if (A[i] > k)
      k = A[i];
  }

```

```
12    /* ordena elementos */
13    contagem(A, B, n, k);
14
15    /* imprime o vetor ordenado */
16    for (i = 0; i < n; i++)
17      printf("%d ", B[i]);
18    printf("\n");
19    return 0;
20  }
```

A Figura 18.9 ilustra dois exemplos do método de ordenação por contagem. No primeiro exemplo, o vetor inicial não apresenta valores repetidos, que variam de 0 a 9. No segundo exemplo, o vetor inicial tem valores repetidos entre 0 e 6. Após o cálculo da frequência de cada elemento e da soma de elementos que são menores ou iguais a cada elemento, a posição correta de cada elemento ordenado é atualizada no vetor de saída. Se todos os $n$ elementos forem distintos entre si, o valor C[A[j]] corresponderá à posição final do elemento A[j]. Para elementos não distintos, o valor C[A[j]] é decrementado quando um elemento A[j] é inserido no vetor de saída B, para que o próximo elemento de entrada com um valor igual a A[j], se houver algum, seja inserido na posição anterior ao elemento A[j] no vetor de saída.

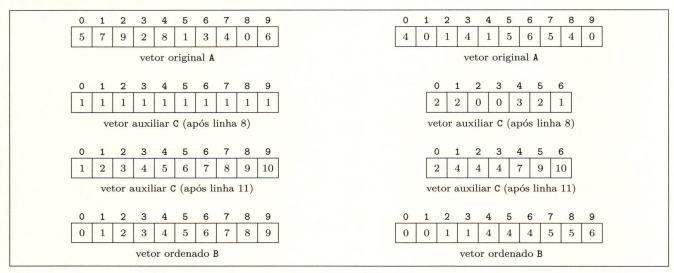

Figura 18.9: Ilustração do processo de ordenação por contagem.

O primeiro e o terceiro laços de repetição do algoritmo de ordenação por contagem requerem tempo $\Theta(k)$, enquanto o segundo e o quarto laços demandam tempo $\Theta(n)$. Portanto, o tempo total requerido pelo algoritmo é $\Theta(k+n)$. Quando $k = O(n)$, a ordenação é executada em tempo linear, ou seja, $\Theta(n)$.

Nenhuma operação de comparação entre os elementos ocorre no algoritmo, que é constituído essencialmente de operações de atribuição para ordenar o vetor. O método é estável, pois os elementos repetidos aparecem no conjunto de saída na mesma ordem em que se encontram no conjunto de entrada. Um vetor auxiliar é utilizado no processo de ordenação dos elementos.

### 18.1.8.2 *Bucketsort*

O algoritmo de ordenação *bucketsort* particiona um vetor de elementos em um número finito de recipientes (*buckets*). Assume-se que a sequência formada por $n$ elementos seja uniformemente distribuída em um determinado intervalo. Dessa forma, cada recipiente é preenchido com valores em um intervalo específico de elementos. Como os elementos são uniformemente distribuídos entre os recipientes, espera-se que o número de elementos em cada recipiente não seja alto. A sequência de saída é gerada pela ordenação dos elementos em cada recipiente e, em seguida, pela exibição ou concatenação dos elementos dos recipientes na ordem correta.

A Figura 18.10 ilustra o funcionamento do algoritmo *bucketsort* para um vetor A de 12 elementos inteiros, cujos valores variam no intervalo de 0 a 99. No exemplo, os elementos são distribuídos em 10 recipientes. O primeiro recipiente recebe valores no intervalo [0...9], o segundo no intervalo [10...19], e assim sucessivamente, até o décimo recipiente no intervalo [90...99]. Os recipientes são representados por um vetor B de ponteiros. Os elementos em cada recipiente são armazenados em uma lista ligada.

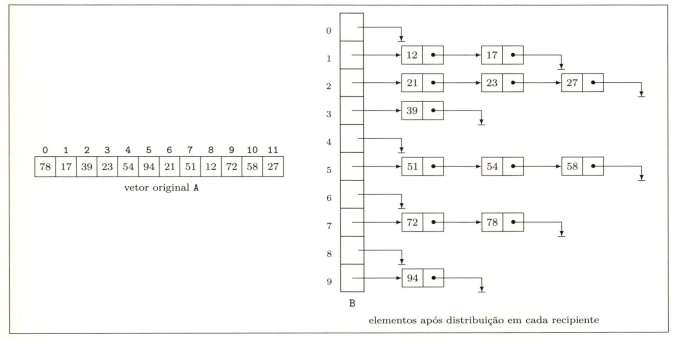

Figura 18.10: Ilustração do processo de ordenação pelo método *bucketsort*.

As declarações das estruturas de dados associadas ao vetor de entrada, ao vetor de ponteiros e à lista ligada de elementos em cada recipiente são apresentadas no Código 18.14. Assume-se que há $m$ recipientes para armazenar os elementos.

**Código 18.14.** Estrutura para representação de elementos no método *bucketsort*.

```
typedef struct No {
  int info;
  struct No* prox;
} No;

typedef struct Bucket {
  struct No *cabeca;
} Bucket;

typedef struct Lista_Buckets {
  int m;
  struct Bucket *v;
} Lista_Buckets;
```

O Código 18.15 aloca dinamicamente o espaço de memória necessário para um nó da lista ligada armazenar o valor do elemento e um ponteiro para o próximo nó.

**Código 18.15.** Alocação de espaço para armazenamento de nó.

```
No *criar_novo_no(int val) {
  No *novo = (No*) malloc(sizeof(No));

  if (novo == NULL)
```

```
5    exit(1);
6  novo->info = val;
7  novo->prox = NULL;
8  return novo;
9 }
```

A lista B de recipientes é criada inicialmente vazia, atribuindo-se NULL ao nó cabeça. O Código 18.16 cria a lista de recipientes para manter as listas de elementos.

**Código 18.16.** Criação de lista de recipientes.

```
1 Lista_Buckets *criar_buckets(int m) {
2   int i;
3   Lista_Buckets *B = (Lista_Buckets*) malloc(sizeof(Lista_Buckets));
4
5   B->m = m;
6   B->v = (Bucket*) malloc(sizeof(Bucket[m]));
7
8   for (i = 0; i < m; i++)
9     B->v[i].cabeca = NULL;
10  return B;
11 }
```

A inserção de elementos presentes no vetor de entrada A para a lista de recipientes é realizada com base no intervalo dos valores dos elementos (Código 18.17). Após a identificação do recipiente correto, o nó alocado dinamicamente é adicionado à lista ligada em ordem crescente.

**Código 18.17.** Inserção de elementos na lista de recipientes.

```
1 void inserir_elemento(Lista_Buckets *B, int k, int val) {
2   No *novo = criar_novo_no(val);
3   No *aux = (No*) malloc(sizeof(No));
4
5   if (B->v[k].cabeca != NULL) {
6     aux = B->v[k].cabeca;
7
8     if (aux->info > novo->info) {
9       novo->prox = B->v[k].cabeca;
10      B->v[k].cabeca = novo;
11    }
12    else {
13      while (aux->prox != NULL) {
14        if ((aux->prox)->info > novo->info)
15          break;
16        aux = aux->prox;
17      }
18      novo->prox = aux->prox;
19      aux->prox = novo;
20    }
21  }
22  else
23    B->v[k].cabeca = novo;
24
25 }
```

O Código 18.18 imprime os elementos em ordem crescente. À medida que a lista de recipientes é percorrida, os elementos da lista ligada que forma cada recipiente são impressos.

**Código 18.18.** Impressão de elementos da lista de recipientes.

```
void imprimir(Lista_Buckets *B) {
  int i;
  No *p = (No*) malloc(sizeof(No));

  for (i = 0; i < B->m; i++) {
    p = B->v[i].cabeca;
    while (p != NULL) {
      printf("%d ", p->info);
      p = p->prox;
    }
  }
}
```

O método *bucketsort* para ordenar 12 elementos com valores no intervalo de 0 a 100 pode ser executado conforme o Código 18.19. Os elementos são inseridos em 10 possíveis recipientes. No final do processo, o vetor ordenado é exibido.

**Código 18.19.** Utilização de método de ordenação *bucketsort*.

```
int main() {
  int i, n = 12, m = 10, intervalo = 100;
  int A[12] = {78, 17, 39, 23, 54, 94, 21, 51, 12, 72, 58, 27};
  Lista_Buckets* buckets = criar_buckets(m);

  intervalo = intervalo / m;
  for (i = 0; i < n; i++)
    inserir_elemento(buckets, A[i] / intervalo, A[i]);

  printf("vetor ordenado\n");
  imprimir(buckets);
  return 0;
}
```

A inserção de um elemento em um recipiente requer tempo $O(1)$ com o uso de listas ligadas. A ordenação dos elementos nos recipientes demanda tempo $O(n)$, considerando que os elementos são uniformemente distribuídos. O pior caso ocorre quando todos os elementos são inseridos em um mesmo recipiente, de modo que a ordenação dos elementos torna-se $O(n^2)$. A concatenação das listas ligadas em ordem demanda tempo $O(n)$, pois há $n$ elementos no total dos recipientes. Portanto, o custo computacional do método *bucketsort* é $\Theta(n)$ no caso médio e no melhor caso.

A estabilidade do método, ou seja, a preservação da ordem relativa dos elementos que são repetidos no vetor, depende da implementação do algoritmo de ordenação dos elementos nos recipientes, entretanto, há estratégias que permitem a estabilidade. O método *bucketsort* utiliza estruturas auxiliares, por exemplo, outro vetor e listas ligadas, no processo de ordenação.

### 18.1.8.3 *Radixsort*

O algoritmo *radixsort* ordena números ou palavras de caracteres examinando cada dígito ou caractere individualmente. Assumindo uma sequência formada por números inteiros, o conjunto é inicialmente ordenado levando-se em conta o dígito menos significativo dos números. O conjunto resultante é novamente ordenado em relação ao segundo dígito menos significativo. Esse processo continua até que o conjunto seja ordenado em relação a todos os $d$ dígitos. A partir da ordenação consecutiva de cada dígito dos números, o conjunto estará completamente ordenado.

A Figura 18.11 ilustra o funcionamento do algoritmo *radixsort* sobre um conjunto de oito números, sendo cada um composto de três dígitos. Cada dígito é analisado separadamente e os números ordenados progressivamente, até a ordenação total do conjunto.

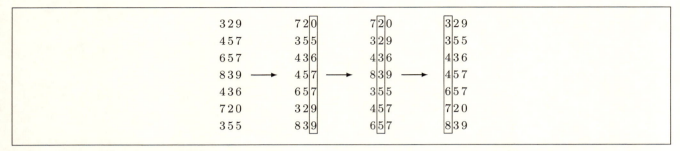

Figura 18.11: Ilustração do processo de ordenação pelo método *radixsort*.

A função no Código 18.20 encontra o maior valor no vetor de entrada A, o qual é utilizado pelo algoritmo de ordenação *radixsort*.

**Código 18.20.** Valor máximo do vetor de entrada.

```
int maximo(int A[], int n) {
  int i, max = A[0];

  for (i = 1; i < n; i++)
    if (A[i] > max)
      max = A[i];
  return max;
}
```

O método *radixsort* é implementado no Código 18.21. A ordenação dos dígitos de cada elemento do vetor é efetuada pelo algoritmo de ordenação por contagem, que é estável. O resultado é armazenado no vetor B.

**Código 18.21.** Utilização do método de ordenação *radixsort*.

```
void radixsort(int A[], int n) {
  int i, digito = 1, B[n], max = maximo(A, n), C[10];

  while (max / digito > 0) {
    for (i = 0; i < 10; i++)
      C[i] = 0;
    for (i = 0; i < n; i++)
      C[(A[i] / digito) % 10]++;
    for (i = 1; i < 10; i++)
      C[i] += C[i - 1];
    for (i = n - 1; i >= 0; i--) {
      B[C[(A[i] / digito) % 10] - 1] = A[i];
      C[(A[i] / digito) % 10]--;
    }
    for (i = 0; i < n; i++)
      A[i] = B[i];

    digito *= 10;
  }
}
```

Seja um conjunto de $n$ números compostos de $d$ dígitos representados na base $b$. O algoritmo de ordenação por contagem, descrito anteriormente, pode ser empregado como um método intermediário no processo de ordenação dos dígitos. Cada passagem sobre os $n$ números de $d$ dígitos requer tempo $\Theta(n + b)$. Como há $d$ passagens, o tempo total para a ordenação é $\Theta(d(n + b))$. Quando $d$ é constante e $b = O(n)$, o método *radixsort* é executado em tempo linear. O algoritmo *radixsort* é estável, já que a ordem relativa dos elementos repetidos é mantida. O algoritmo requer espaço de memória adicional para manter os elementos durante a ordenação.

## 18.2 Algoritmos de busca

A *busca* é o processo que visa determinar se um elemento está ou não presente em uma estrutura de dados. Nesta seção, considera-se que a coleção de elementos é representada por um vetor de números inteiros. Dependendo da necessidade da aplicação, outros tipos mais complexos podem ser definidos.

Dois algoritmos de busca são apresentados nesta seção. O primeiro não faz nenhuma suposição a respeito da ordem em que se encontram os elementos no vetor. O segundo assume que os elementos estejam ordenados.

### 18.2.1 Busca sequencial

A *busca sequencial* é o algoritmo mais simples para determinar se um dado elemento está ou não presente em um vetor. Cada um dos elementos do vetor é examinado para verificar se o elemento procurado é igual a um dos elementos do vetor.

O Código 18.22 implementa a busca sequencial em um vetor. A função retorna o índice do vetor que contém o elemento procurado ou −1, caso o elemento não esteja no vetor. No exemplo mostrado na Figura 18.12, o algoritmo retorna os valores 4 e −1, caso os elementos procurados sejam 33 e 51, respectivamente.

**Código 18.22.** Busca sequencial de elemento em um vetor.

```c
int busca_sequencial(int vet[], int n, int x) {
  int i;

  for (i = 0; i < n; i++)
    if (vet[i] == x)
      return i;
  return -1;
}
```

| 0 | 1 | 2 | 3 | 4 | 5 | 6 | 7 | 8 | 9 |
|---|---|---|---|---|---|---|---|---|---|
| 18 | 37 | 21 | 26 | 33 | 49 | 14 | 67 | 53 | 42 |

Figura 18.12: Exemplo de vetor usado na busca sequencial.

Apesar da simplicidade do algoritmo de busca sequencial, em casos nos quais o número de elementos no vetor é elevado, sua eficiência pode ser comprometida, uma vez que muitos elementos terão que ser examinados para verificar se o item procurado está ou não presente no vetor.

A complexidade do algoritmo pode ser analisada por meio do número de acessos ao vetor. No melhor caso, o item desejado estará na primeira posição (v[0]) do vetor, requerendo apenas um único acesso ao vetor. No pior caso, o item procurado estará na última posição do vetor ou ele não pertence ao vetor, de modo que todas as $n$ posições do vetor terão que ser examinadas. No caso médio, assumindo que todos os elementos possuem a mesma probabilidade de serem requisitados, o número médio de comparações é $(n+1)/2$. Portanto, considerando um vetor de $n$ elementos, a complexidade da busca sequencial é $O(1)$ no melhor caso, $O(n)$ no caso médio e $O(n)$ no pior caso.

### 18.2.2 Busca binária

A *busca binária* é um algoritmo mais eficiente do que a busca sequencial, entretanto, requer que os elementos do vetor estejam ordenados. O processo de busca binária realiza divisões sucessivas do vetor comparando o item procurado com o elemento posicionado na metade do vetor. Caso eles sejam iguais, essa posição é retornada. Caso o item procurado seja menor do que o elemento posicionado na metade do vetor, o processo é repetido, mas considerando a primeira metade do vetor. Caso o item procurado seja maior do que o elemento posicionado na metade do vetor, o processo é repetido, mas considerando a segunda metade do vetor.

O algoritmo de busca binária é implementado no Código 18.23. Na primeira iteração, dado um vetor com 10 posições, as variáveis `inicio`, `meio` e `fim` são, respectivamente, iguais a 0, 4 e 9. Quando o item procurado x for maior do que v[5], a busca deve continuar na segunda metade do vetor. Quando o item procurado for menor do que v[5], a busca deve continuar na primeira metade do vetor. O processo termina quando o item for encontrado ou então for identificado que ele não está presente no vetor.

**Código 18.23.** Busca binária de elemento em um vetor.

```
int busca_binaria(int v[], int n, int x) {
  int inicio = 0, fim = n - 1, meio;

  while (inicio <= fim) {
    meio = (inicio + fim) / 2;
    if (v[meio] == x)
      return meio;
    else if (v[meio] > x)
        fim = meio - 1;
      else
        inicio = meio + 1;
  }
  return -1;
}
```

No exemplo mostrado na Figura 18.13, o elemento 21 é procurado em um vetor ordenado, composto de 10 elementos. A cada iteração do algoritmo, o vetor é subdividido na metade e os índices inicio e fim são atualizados. A função retorna o valor 2, que é a posição em que se encontra o elemento 21.

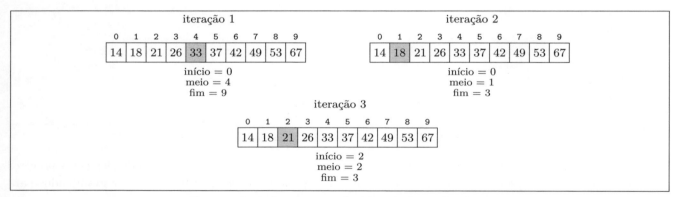

Figura 18.13: Iterações realizadas na busca binária.

O custo computacional do algoritmo de busca binária depende do número de acessos realizados aos elementos do vetor, caracterizado pelo procedimento de subdivisão do vetor. No melhor caso, o item procurado estará na posição correspondente à metade do vetor. Portanto, um único acesso será necessário para encontrar o elemento, de maneira que o algoritmo tem complexidade constante, ou seja, $O(1)$.

No pior caso, a busca é repetida até que o vetor tenha tamanho 1, isto é, o elemento procurado é o último a ser encontrado ou o elemento não está presente no vetor. Na primeira iteração, o tamanho do vetor é $n$. Na segunda iteração, o tamanho do vetor é $\lfloor n/2 \rfloor$. Na terceira iteração, o tamanho é $\lfloor n/4 \rfloor$. Na $m$-ésima iteração, o tamanho do vetor é 1. Assim, o número de iterações (acessos ao vetor) é, no máximo, $1 + \lfloor \log_2 n \rfloor$.

No caso médio, pode-se considerar que os elementos possuem a mesma probabilidade de ser requisitados em um vetor de tamanho $n$. Para o caso de 1 acesso, a posição deveria estar na metade do vetor, cuja probabilidade é $1/n$. Para o caso de 2 acessos, um estará na metade do vetor e o outro na metade de um dos dois subvetores, cuja probabilidade é $2/n$. Para o caso de 3 acessos, há $2 \cdot 2$ posições dos 4 subvetores, com probabilidade igual a $2^2/n$. Para o caso de $m$ acessos, a probabilidade é $2^{m-1}/n$. Portanto, o número médio de acessos é:

$$f(n) = \sum_{i=1}^{\log_2 n} \frac{i\,2^{i-1}}{n} = \frac{1}{n} \sum_{i=1}^{\log_2 n} i\,2^{i-1} \approx \log_2 n.$$

Assim, considerando um vetor de $n$ elementos, a complexidade da busca binária é $O(1)$ no melhor caso, $O(\log_2 n)$ no caso médio e $O(\log_2 n)$ no pior caso. A diferença de eficiência entre os algoritmos de busca sequencial e busca binária pode ser ilustrada para um vetor contendo um milhão ($10^6$) de itens. Com a busca sequencial, o número médio de acessos requeridos para determinar se um elemento está presente no vetor é $(10^6 + 1)/2 \approx 500000$. Com a busca binária, o número médio de acessos é $\log_2(10^6) - 1 \approx 19$.

## 18.3 Exercícios

1. Apresente uma sequência de elementos em que o método de ordenação por seleção não é estável.

2. Considerando os métodos de ordenação da bolha, por inserção e por seleção, qual deles executa menos comparações para um vetor de entrada contendo elementos repetidos?

3. Implemente uma função para ordenar uma lista ligada, em que cada nó é composto dos seguintes campos: código do produto (chave de ordenação), descrição e preço.

4. Escreva uma função que, dado um vetor com $n$ elementos e um inteiro $k$ (tal que $1 \leq k \leq n$), determine o $k$-ésimo maior elemento do vetor.

5. Implemente uma função de partição que use o método da mediana de três elementos do vetor para definir o pivô no algoritmo *quicksort*.

6. Dado um vetor de números inteiros, escreva uma função para encontrar um pico na sequência, ou seja, um elemento que não é menor do que seus vizinhos (predecessor e sucessor). Se o elemento estiver em uma das extremidades do vetor, apenas um vizinho deve ser considerado. Por exemplo, os valores 21 e 63 são picos no vetor formado pelos elementos 3, 12, 21, 16, 4, 7, 11, 63 e 9.

7. Implemente uma função de partição que use um elemento do vetor escolhido aleatoriamente como pivô no algoritmo *quicksort*.

8. Dado um vetor ordenado crescentemente com valores inteiros, escreva uma função para retornar o índice de um ponto fixo no vetor, ou seja, se um índice i é igual ao `vetor[i]`. A função deve retornar −1, caso contrário.

9. Uma lista é formada por $n-1$ números inteiros no intervalo de 1 a $n$, sem a ocorrência de valores repetidos. Escreva uma função para encontrar o número faltante na lista. Por exemplo, dado o vetor $[2, 1, 4, 6, 7, 5]$, o elemento 3 está ausente na lista.

10. Implemente uma função para encontrar os $k$ maiores elementos de um vetor. Por exemplo, dados o vetor $[1, 13, 12, 9, 20, 5, 42]$ e o valor $k = 3$, a função deve retornar 13, 20 e 42.

11. Implemente uma função para encontrar a soma do maior par de elementos em um vetor não ordenado. Por exemplo, dado o vetor $[11, 25, 13, 7, 41]$, a função deve retornar 66.

12. Um vetor de estruturas é utilizado para armazenar e recuperar dados de produtos fabricados por uma empresa. Os produtos são mantidos em ordem crescente de acordo com um código numérico. Ordene o vetor em relação a um segundo campo que corresponde ao preço do produto.

13. Escreva uma função baseada em ordenação para remover todos os elementos repetidos de um vetor de números inteiros.

14. Dado um vetor de números inteiros, escreva uma função para determinar quantos números distintos há no vetor.

15. Dado um vetor $v$ ordenado, formado por números inteiros e um número inteiro $k$, escreva uma função para contar o número de ocorrências de $k$ no vetor. Dado o vetor $v = [1, 1, 1, 2, 2, 2, 2, 3, 3]$ e $k = 2$, a função deve retornar o valor 4.

16. Escreva uma função para encontrar a mediana da concatenação de dois vetores ordenados de mesmo tamanho. Como o número de elementos do vetor após a concatenação é par, considere a mediana como a média dos dois valores centrais. Por exemplo, dados os vetores $A = [3, 11, 16, 23, 31]$ e $B = [5, 14, 18, 27, 39]$, a mediana é igual a $(16 + 18)/2 = 17$.

17. Escreva uma função para encontrar o primeiro elemento repetido em um vetor de números inteiros. Evite o uso de laços aninhados para resolver o problema. Dado o vetor $[9, 4, 2, 6, 5, 6, 2, 7]$, a função deve retornar o

elemento 2.

18. Dado um vetor formado por números negativos e positivos, escreva uma função para retornar o par de elementos do vetor cujo produto é máximo. Dado o vetor $[-2, -3, -6, 2, 0, -4]$, a função deve retornar os valores $-6$ e $-4$.

## Leituras recomendadas

AGGARWAL, A. & VITTER, J. S. The Input/Output Complexity of Sorting and Related Problems. *Communications of the ACM*, vol. 31, n. 9, pp. 1116–1127, 1988.

AIGNER, M. *Combinatorial Search*. John Wiley & Sons, Inc., 1988.

AJTAI, M.; KOMLÓS, J. & SZEMERÉDI, E. An $O(n \log n)$ Sorting Network. *In: Fifteenth Annual ACM Symposium on Theory of Computing*, ACM New York, NY, Estados Unidos, pp. 1–9, 1983.

ARORA, S. & DENT, W. Randomized Binary Search Technique. *Communications of the ACM*, vol. 12, n. 2, pp. 77–80, 1969.

BENTLEY, J. L. & FRIEDMAN, J. H. Data Structures for Range Searching. *ACM Computing Surveys*, vol. 11, n. 4, pp. 397–409, 1979.

BING-CHAO, H. & KNUTH, D. E. A One-Way, Stackless Quicksort Algorithm. *BIT Numerical Mathematics*, vol. 26, n. 1, pp. 127–130, 1986.

BOOTHROYD, J. Algorithm 201: Shellsort. *Communications of the ACM*, vol. 6, n. 8, pp. 445, 1963.

CARLSSON, S. Average-Case Results on Heapsort. *BIT Numerical Mathematics*, 27, pp. 2–17, 1987.

COLE, R. Parallel Merge Sort. *SIAM Journal on Computing*, vol. 17, n. 4, pp. 770–785, 1988.

COOK, C. R. & KIM, D. J. Best Sorting Algorithm for Nearly Sorted Lists. *Communications of the ACM*, vol. 23, n. 11, pp. 620–624, 1980.

DATE, C. J. *An Introduction to Database Systems*. Pearson Education, 1975.

DEVROYE, L. A Note on the Height of Binary Search Trees. *Journal of the ACM*, vol. 33, n. 3, pp. 489–498, 1986.

DING, Y. & WEISS, M. A. Best Case Lower Bounds for Heapsort. *Computing*, vol. 49, n. 1, pp. 1–9, 1993.

GALE, D. & KARP, R. M. A Phenomenon in the Theory of Sorting. *In: 11th Annual Symposium on Switching and Automata Theory*, IEEE Computer Society, pp. 51–59, 1970.

GARNIER, R. & TAYLOR, J. *Discrete Mathematics: Proofs, Structures and Applications*. CRC Press, 2009.

GONNET, G. H. & BAEZA-YATES, R. *Handbook of Algorithms and Data Structures: in Pascal and C*. Addison-Wesley Longman Publishing Co., Inc., 1991.

GRAEFE, G. Implementing Sorting in Database Systems. *ACM Computing Surveys*, vol. 38, n. 3, pp. 1–37, 2006.

HOARE, C. A. Quicksort. *The Computer Journal*, vol. 5, n. 1, pp. 10–16, 1962.

HUANG, B.-C. & LANGSTON, M. A. Practical In-Place Merging. *Communications of the ACM*, vol. 31, n. 3, pp. 348–352, 1988.

INCERPI, J. & SEDGEWICK, R. Practical Variations of Shellsort. *Information Processing Letters*, vol. 26, n. 1, pp. 37–43, 1987.

KNUTH, D. E. *The Art of Computer Programming: Volume 3: Sorting and Searching*. Addison-Wesley Professional, 1998.

KRUSE, R. L. & RYBA, A. J. *Data Structures and Program Design in C++*. Prentice Hall, Inc., 2000.

LORIN, H. A Guided Bibliography to Sorting. *IBM Systems Journal*, vol. 10, n. 3, pp. 244–254, 1971.

LORIN, H. *Sorting and Sort Systems*. Addison-Wesley Longman Publishing Co., Inc., 1975.

MAHMOUD, H. M. *Sorting: A Distribution Theory*, volume 54. John Wiley & Sons, 2000.

MANBER, U. & MYERS, G. Suffix Arrays: A New Method for On-Line String Searches. *SIAM Journal on Computing*, vol. 22, n. 5, pp. 935–948, 1993.

MARTIN, W. A. Sorting. *ACM Computing Surveys*, vol. 3, n. 4, pp. 147–174, 1971.

MARTIN, W. A. & NESS, D. N. Optimizing Binary Trees Grown with a Sorting Algorithm. *Communications of the ACM*, vol. 15, n. 2, pp. 88–93, 1972.

MEHLHORN, K. Dynamic Binary Search. *SIAM Journal on Computing*, vol. 8, n. 2, pp. 175–198, 1979.

MEHLHORN, K. *Data Structures and Algorithms 1: Sorting and Searching*, volume 1. Springer Science & Business Media, 2013.

MERRITT, S. M. An Inverted Taxonomy of Sorting Algorithms. *Communications of the ACM*, vol. 28, n. 1, pp. 96–99, 1985.

MORET, B. M. Decision Trees and Diagrams. *ACM Computing Surveys*, vol. 14, n. 4, pp. 593–623, 1982.

POHL, I. A Sorting Problem and its Complexity. *Communications of the ACM*, vol. 15, n. 6, pp. 462–464, 1972.

POONEN, B. The Worst Case in Shellsort and Related Algorithms. *Journal of Algorithms*, vol. 15, n. 1, pp. 101–124, 1993.

PRATT, V. R. *Shellsort and Sorting Networks*. Garland, New York, NY, Estados Unidos, 1979.

RAHMAN, N. & RAMAN, R. Adapting Radix Sort to the Memory Hierarchy. *Journal of Experimental Algorithmics*, 6, pp. 1–30, 2001.

RIVEST, R. L. On Self-Organizing Sequential Search Heuristics. *Communications of the ACM*, vol. 19, n. 2, pp. 63–67, 1976.

SEDGEWICK, R. Implementing Quicksort Programs. *Communications of the ACM*, vol. 21, n. 10, pp. 847–857, 1978.

SEDGEWICK, R. & WAYNE, K. *Algorithms*. Addison-Wesley Professional, 2011.

SHELL, D. L. A High-Speed Sorting Procedure. *Communications of the ACM*, vol. 2, n. 7, pp. 30–32, 1959.

SINGLETON, R. C. An Efficient Algorithm for Sorting with Minimal Storage: Algorithm 347. *Communications of the ACM*, vol. 12, n. 3, pp. 185–187, 1969.

STEPHEN, G. A. *String Searching Algorithms*. World Scientific, 1994.

VAN EMDEN, M. H. Increasing the Efficiency of Quicksort. *Communications of the ACM*, vol. 13, n. 9, pp. 563–567, 1970.

VITTER, J. S. External Memory Algorithms and Data Structures: Dealing with Massive Data. *ACM Computing Surveys*, vol. 33, n. 2, pp. 209–271, 2001.

WAINWRIGHT, R. L. A Class of Sorting Algorithms based on Quicksort. *Communications of the ACM*, vol. 28, n. 4, pp. 396–402, 1985.

WILLIAMS, J. W. J. Algorithm 232: Heapsort. *Communications of the ACM*, 7, pp. 347–348, 1964.

# 19
# TABELAS DE ESPALHAMENTO

Algumas das estruturas de dados descritas anteriormente requerem que seus elementos sejam examinados sequencialmente até que o item buscado seja ou não encontrado. A tabela de espalhamento, discutida neste capítulo, é uma estrutura de dados que associa chaves de busca aos seus elementos para tornar mais rápido o processo de armazenamento e recuperação dos itens.

## 19.1  Problema de busca

Conforme descrita na Seção 18.2, a busca de um elemento em um vetor de tamanho $n$ não ordenado requer custo $O(n)$, no pior caso, para determinar se ele está ou não presente no vetor. A busca binária em um vetor ordenado requer custo $O(\log_2 n)$.

Um objetivo de interesse é encontrar uma estrutura de dados em que as operações de inserção, remoção e busca de elementos sejam realizadas em tempo $O(1)$ no caso médio e que a operação de busca seja realizada em tempo $\Theta(n)$ no pior caso. Uma estratégia é realizar as operações sem efetuar explicitamente uma busca, ou seja, determinar diretamente a localização de armazenamento do elemento no vetor.

## 19.2  Tabelas de espalhamento

Uma *tabela de espalhamento* ou *tabela de dispersão* é uma estrutura de dados que associa chaves de busca a um ou mais valores, cujo objetivo é permitir o armazenamento e a recuperação de elementos de forma rápida. Inserção, remoção e busca de elementos são algumas operações que podem ser aplicadas às tabelas de espalhamento.

Várias aplicações podem se beneficiar do uso de tabelas de espalhamento para armazenar e recuperar elementos em um vetor, como a identificação de símbolos por um compilador para diferenciar entre as palavras reservadas de uma linguagem de programação e as variáveis declaradas pelos usuários em um programa, a autenticação de senhas em sistemas de computação e a implementação de um dicionário de palavras.

Uma função de espalhamento é utilizada para mapear as chaves para as possíveis posições da tabela. Idealmente, deseja-se que posições únicas sejam encontradas para as chaves de entrada. Caso contrário, *colisões* que ocorrem quando duas chaves diferentes são mapeadas para a mesma posição devem ser resolvidas. Diferentes funções de mapeamento e estratégias para tratamento de colisões são descritas a seguir.

## 19.3  Função de espalhamento

Uma *função de espalhamento* ou *função de dispersão* visa gerar um índice a partir de uma determinada chave. O desempenho das operações associadas à estrutura de dados dependerá da escolha da função de espalhamento. Idealmente, deseja-se que os índices fornecidos pela função de mapeamento sejam únicos para as chaves de entrada.

Dado um conjunto de chaves, diz-se que um espalhamento é *perfeito* se os índices gerados pela função a partir das chaves de entrada forem diferentes entre si. Caso os índices sejam iguais, uma situação de colisão ocorre. Na prática, espalhamento perfeito é difícil de ser obtido e, assim, o problema de colisões deve ser tratado adequadamente. Como características desejáveis, uma função de espalhamento deve distribuir os elementos uniformemente entre todas as posições da tabela, ser eficientemente calculada para fornecer rápido acesso aos elementos da tabela e minimizar a ocorrência de colisões.

Seja $K$ o conjunto das chaves que podem ser indexadas em um vetor. Espera-se que o número $n$ de itens armazenados no vetor seja significativamente menor do que o tamanho $|K|$ do conjunto das chaves, ou seja, $n \ll |K|$. Portanto, torna-se conveniente declarar um vetor de comprimento $m$ que seja suficiente para armazenar o número máximo de itens no vetor.

Uma função de espalhamento $h : m \mapsto \{0, 1, \ldots, m-1\}$ mapeia o conjunto de chaves em índices de um vetor ou uma tabela de comprimento $m$. No caso geral, $|K| > m$, tal que chaves distintas poderão ser associadas ao mesmo índice do vetor. Quando $h(k_i) = h(k_j)$, para $k_i \neq k_j$, tem-se uma colisão. A Figura 19.1 ilustra o mapeamento de chaves em uma tabela por meio de uma função de espalhamento. As chaves podem representar, por exemplo, códigos de produtos, números de matrícula de alunos ou identificadores de funcionários.

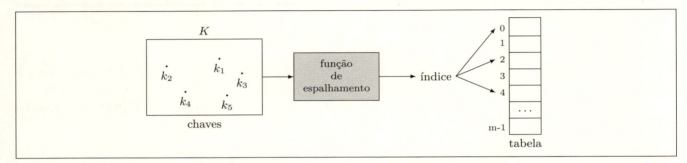

Figura 19.1: Função de espalhamento de chaves em uma tabela.

Algumas funções de espalhamento para transformar uma chave em um número inteiro e mapear um índice do vetor são descritas a seguir. Para simplificar a discussão, assume-se que as chaves são valores inteiros e que o valor da função de espalhamento está entre 0 e $m-1$. A função de espalhamento $h(k_i)$ deveria mapear as chaves $k_i \in K$ com mesma probabilidade $P(i) = 1/m$, para qualquer posição $i \in \{0, 1, \ldots, m-1\}$ da tabela.

### 19.3.1 Método da divisão

O *método da divisão* é uma forma simples e rápida de efetuar o espalhamento de um inteiro $k$ em índices de uma tabela com $m$ posições. O método divide $k$ por $m$ e utiliza o resto da divisão inteira:

$$h(k) = k \,\%\, m.$$

Para melhorar a distribuição dos elementos, evitando a formação de agrupamentos em posições do vetor, o valor de $m$ deve ser preferencialmente um número primo o mais distante possível de uma potência de dois. Por exemplo, supondo um número de chaves $n = 2000$ e uma média de três colisões por posição do vetor, então o valor $m = 769$ poderia ser escolhido, que é um número primo, maior do que $2000/3$ e o mais distante possível de $2^9$ e $2^{10}$.

Dada a chave $k = 10028$ a ser mapeada para uma tabela de tamanho $m = 5013$, tem-se que:

$$h(10028) = 10028 \,\%\, 5013 = 2.$$

O Código 19.1 implementa a função de espalhamento pelo método da divisão para chaves inteiras.

**Código 19.1.** Função de espalhamento pelo método da divisão para chaves inteiras.

```
int espalhamento(int k, int m) {
  return (k % m);
}
```

Caso a chave seja uma cadeia de caracteres (palavra), ela pode ser convertida para um número correspondente. Considerando cada caractere como um número entre 0 e 255, uma cadeia de caracteres pode ser representada como um número na base 256. Dada uma cadeia de caracteres s de tamanho 4, o número correspondente é s[2]*$256^2$ + s[1]*$256^1$ + s[0]*$256^0$.

O método da divisão para chaves que são cadeias de caracteres é implementado no Código 19.2.

**Código 19.2.** Função de espalhamento pelo método da divisão para cadeias de caracteres.

```
int espalhamento(char k[], int m) {
  int h = 0, i = 0;

  while (k[i] != '\0') {
    h = h + int(k[i]);
    i++;
  }
  return (h % m);
}
```

Outra forma de converter chaves formadas por cadeias de caracteres em números inteiros é utilizar um polinômio, que pode ser calculado pela regra de Horner, da forma:

$$p(x) = \sum_{i=0}^{n} a_i x^i = a_0 + a_1 x + a_2 x^2 + \ldots + a_n x^n,$$

para um valor fixo de $x$.

O Código 19.3 implementa o método da divisão para chaves que são cadeias de caracteres, utilizando a regra de Horner.

**Código 19.3.** Função de espalhamento pelo método da divisão para cadeias de caracteres pela regra de Horner.

```
int espalhamento(char k[], int m) {
  int h = 0, a = 127, i = 0;

  while (k[i] != '\0') {
    h = h * a + int(k[i]);
    i++;
  }
  return (h % m);
}
```

### 19.3.2 Meio do quadrado

A função de espalhamento pelo *meio do quadrado* eleva ao quadrado o valor da chave e, em seguida, considera os $r$ bits do meio do resultado, fornecendo um valor no intervalo de 0 a $2^r - 1$. O número de bits $r$ é escolhido de forma que as chaves possam ser suficientemente indexadas no vetor. Para encontrar o índice de uma chave, os bits das extremidades esquerda e direita da palavra de bits resultante são descartados.

Por exemplo, seja o conjunto de chaves como números de 4 dígitos na base 10, em que o mapeamento dessas chaves deve ser realizado para uma tabela de tamanho 100, ou seja, no intervalo de 0 a 99. Esse intervalo é equivalente a dois dígitos na base, resultando $r = 2$. Se a chave for igual a 4769, o quadrado da chave resulta no número 22743361, de oito dígitos. Os dois dígitos do meio são 43. Portanto, $h(4769) = 43$.

Outro exemplo é o mapeamento da chave binária 1100 em uma tabela com tamanho de 16 posições. A seleção dos 4 bits centrais do quadrado da chave, que é 10010000, resulta em $0100_{(2)} = 4_{(10)}$. Portanto, $h(1100) = 4$.

### 19.3.3 Método da multiplicação

O *método da multiplicação* inicialmente calcula o produto entre a chave $k$ e uma constante $A$, no intervalo de 0 a 1. Em seguida, a parte fracionária do valor resultante é multiplicada por $m$. Assim,

$$h(k) = \lfloor m((k \cdot A) \,\%\, 1) \rfloor.$$

A escolha do valor de $A$ é dependente das características dos elementos sendo mapeados. Donald Knuth (1998) recomenda o conjugado da razão áurea, definido como $A = (\sqrt{5} - 1)/2 \approx 0{,}61803$. Para exemplificar o método da multiplicação, seja a chave $k = 123456$ a ser mapeada em um tabela de tamanho $m = 1024$. Assumindo a constante $A = 0{,}61803$, tem-se que:

$$h(k) = \lfloor 1024 \cdot ((123456 \cdot 0{,}61803) \% 1) \rfloor = \lfloor 1024 \cdot 0{,}51168 \rfloor = 523.$$

### 19.3.4 Particionamento

Uma variante da função de espalhamento pelo método da divisão é particionar cada chave em porções com o mesmo número de dígitos, as quais são somadas. O valor resultante é então dividido pelo tamanho da tabela, e o resto da divisão inteira é considerado o índice para o mapeamento da chave.

Por exemplo, supondo a chave $k = 1364825$ e uma tabela de tamanho 11, se cada partição for formada por números de 1 dígito, então a soma das partições resulta em $1 + 3 + 6 + 4 + 8 + 2 + 5 = 29$. Tomando-se o resto da divisão por 11, a chave seria mapeada para o índice 7. Caso a tabela tenha tamanho maior, por exemplo, igual a 983, a chave poderia ser particionada em grupos com maior número de dígitos. Considerando grupos de 3 dígitos, a soma das partições resulta em $001 + 364 + 825 = 1190$. Tomando-se o resto da divisão inteira por 983, a chave seria mapeada para o índice 107.

## 19.4 Tratamento de colisões

Conforme mencionado anteriormente, uma colisão ocorre quando mais de uma chave é mapeada em uma mesma posição da tabela pela função de espalhamento $h$, ou seja

$$h(k_i) = h(k_j), \quad \forall i \neq j \in \{0, 1, \ldots, n-1\},$$

em que $n$ é o número de chaves.

Quando uma colisão ocorre, deve-se aplicar uma técnica de *tratamento de colisões* para buscar outra posição que possa armazenar o item que causou a colisão. Embora muitas funções de espalhamento possam distribuir as chaves de maneira uniforme entre as posições da tabela, há uma alta probabilidade de haver colisões.

Um problema que ilustra a ocorrência de colisões é o *paradoxo do aniversário*, em que se calcula a probabilidade, em um grupo de pessoas escolhidas aleatoriamente, de que pelo menos duas delas façam aniversário no mesmo dia. Assumindo que haja um grupo de $n$ pessoas e que todos os 365 dias possíveis sejam igualmente prováveis[1] para uma pessoa ter seu aniversário, há uma chance maior do que 50% de que duas ou mais pessoas façam aniversário no mesmo dia em um grupo de 23 ou mais pessoas. Analogamente, caso uma função de espalhamento uniforme fosse aplicada para distribuir 23 ou mais chaves aleatórias em uma tabela de tamanho 365, a probabilidade seria maior do que 50% de haver colisão.

A probabilidade $\overline{p}(n)$ de que todos os $n$ aniversários sejam diferentes pode ser calculada como:

$$\overline{p}(n) = \frac{m-1}{m} \cdot \frac{m-2}{m} \cdot \frac{m-3}{m} \cdot \ldots \cdot \frac{m-n+1}{m} = \prod_{i=1}^{n} \frac{m-i+1}{m} = \frac{m!}{(m-n)!\, m^n},$$

em que o primeiro fator do produtório é a probabilidade de que duas pessoas não tenham o mesmo aniversário no mesmo dia. O segundo fator é a probabilidade de que uma terceira pessoa não tenha um aniversário em comum com qualquer uma das duas primeiras. O último fator é a probabilidade de que a $n$-ésima pessoa não tenha um aniversário em comum com qualquer uma das outras $n - 1$ pessoas.

O evento de que pelo menos duas pessoas em um grupo de $n$ pessoas façam aniversário no mesmo dia é complementar ao evento de que todos os $n$ aniversários sejam diferentes. Portanto, sua probabilidade é $p(n) = 1 - \overline{p}(n)$. Valendo-se do paradoxo do aniversário, a probabilidade de inserir consecutivamente $n$ chaves sem colisão em uma tabela de espalhamento de tamanho $m$ é dada por $\overline{p}(n)$. A Tabela 19.1 apresenta alguns valores de $p$ e $n$, considerando $m = 365$. A probabilidade ultrapassa 50% para $n = 23$.

Duas estratégias para tratamento de colisões são o endereçamento aberto e o endereçamento fechado (também conhecido como encadeamento separado). No endereçamento aberto, todos os elementos são armazenados na própria tabela. No endereçamento fechado, os elementos são armazenados em uma lista ligada. Ambas as estratégias de

---

[1] Algumas variações na distribuição não são levadas em conta, como anos bissextos ou pessoas gêmeas.

Tabela 19.1: Valores de probabilidade $p(n)$ de que, em um grupo de $n$ pessoas, no mínimo duas delas tenham o aniversário no mesmo dia. Caso uma função de espalhamento uniforme seja empregada para endereçar 23 chaves aleatórias em uma tabela de tamanho 365, a probabilidade de que haja colisões é maior do que 50%.

| $n$ | $p(n)$ |
|---|---|
| 10 | 0,117 |
| 20 | 0,411 |
| 23 | 0,507 |
| 30 | 0,706 |
| 50 | 0,970 |

resolução de colisões são descritas em mais detalhes a seguir.

### 19.4.1 Endereçamento aberto

A abordagem para tratamento de colisões, chamada *endereçamento aberto*, escolhe uma nova posição da tabela para armazenar uma chave, caso ocorra uma colisão. Espaços vazios da tabela são aproveitados, evitando-se consumo de memória extra, por exemplo, com ponteiros em uma lista ligada. Assume-se que o tamanho da tabela seja suficiente para armazenar as chaves, ou seja, $m \geq n$.

Uma estratégia é iniciar pela posição do valor calculado pela função de espalhamento original e mover sequencialmente pelas posições da tabela até encontrar a primeira que esteja vazia. Eventualmente, a busca precisará retornar (de forma circular) à primeira posição para que toda a tabela seja visitada.

A técnica de endereçamento aberto denominada *sondagem linear*, quando a função de espalhamento causar uma colisão ao mapear uma nova chave para um índice da tabela já ocupado por outra chave, busca a próxima posição livre na tabela, visitando sistematicamente uma posição por vez.

Dada uma função de espalhamento $h$ para mapear chaves em inteiros no intervalo de 0 a $m-1$, a sequência de posições examinadas na sondagem linear para uma chave $k$ é expressa como:

$$h_i(k) = (h(k) + i) \% m,$$

em que $i = 0, 1, 2, \ldots, m-1$ e $h_i$ é uma função de espalhamento.

O Código 19.4 declara uma tabela composta de uma chave k e um campo que indica se a posição da tabela está livre (valor igual a 0), se a posição da tabela está ocupada (valor igual a 1) ou se o elemento foi removido (valor igual a 2). Todas as posições são inicializadas como livres na construção da tabela.

**Código 19.4.** Declaração de tabela de espalhamento.

```
#define m 7

struct item {
  int k;
  int existe;
} tabela[m];
```

A função de espalhamento utilizada para gerar o índice da tabela é o resto da divisão inteira entre a chave e o tamanho da tabela, conforme implementação apresentada no Código 19.5.

**Código 19.5.** Função de espalhamento para geração do índice da tabela.

```
int espalhamento(int k) {
  return (k % m);
}
```

O Código 19.6 insere um elemento na tabela por meio da técnica de sondagem linear. A chave é inserida em uma posição livre ou em uma posição marcada para remoção. A função de espalhamento é utilizada para encontrar uma posição na tabela. Em caso de colisão, posições consecutivas são examinadas. Uma mensagem é exibida se a tabela estiver cheia.

**Código 19.6.** Inserção de elemento pela técnica de sondagem linear.

```c
void inserir(int chave) {
  int i, j, h = espalhamento(chave);

  for (i = 0; i < m; i++) {
    j = (h + i) % m;
    if ((tabela[j].k == chave) && (tabela[j].existe == 1)) {
      printf("chave já existe na tabela\n");
      return;
    }
    if (tabela[j].existe != 1) {
      tabela[j].existe = 1;
      tabela[j].k = chave;
      printf("chave %d inserida\n", chave);
      return;
    }
  }
  if (i == m)
    printf("tabela cheia\n");
}
```

A operação de remoção (Código 19.7) marca a posição do elemento a ser eliminado da tabela, caso ele exista. A chave não é efetivamente removida para evitar que uma operação subsequente de busca de chaves falhe.

**Código 19.7.** Remoção de elemento pela técnica de sondagem linear.

```c
void remover(int chave) {
  int i, j, h = espalhamento(chave);

  for (i = 0; i < m; i++) {
    j = (h + i) % m;
    if (tabela[j].existe == 1 && tabela[j].k == chave) {
      tabela[j].existe = 2;
      printf("chave %d removida\n", chave);
      return;
    }
  }
  printf("chave não existe\n");
}
```

As posições da tabela são visitadas de acordo com a função de espalhamento para identificar se uma chave está ou não presente. Caso a chave tenha sido previamente marcada para remoção, considera-se que ela não está presente na tabela. O Código 19.8 implementa a operação de busca de chaves em uma tabela de espalhamento.

**Código 19.8.** Busca de elementos pela técnica de sondagem linear.

```c
void buscar(int chave) {
  int i, j, h = espalhamento(chave);

  for (i = 0; i < m; i++) {
    j = (h + i) % m;
    if ((tabela[j].k == chave) && (tabela[j].existe == 1)) {
      printf("chave encontrada na posição %d\n", j);
      break;
    }
  }
}
```

```
11   if (i == m)
12     printf("chave não encontrada\n");
13 }
```

A Figura 19.2 ilustra a inserção da sequência de chaves 50, 70, 76, 85, 32 e 25 (nessa ordem) em uma tabela por meio da função de espalhamento $h(k) = k \% 7$. Ao tentar inserir o elemento 85 na posição 1, uma colisão ocorre. Com a sondagem linear, a próxima posição livre é encontrada, que é a posição 2. Outra colisão ocorre ao tentar inserir o elemento 25 na posição já ocupada 4, sendo adicionado à posição 5.

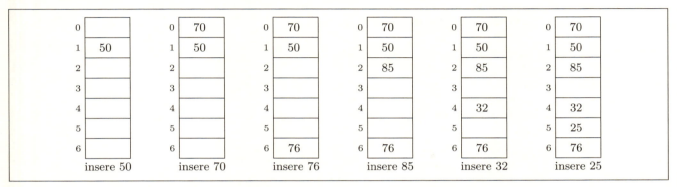

Figura 19.2: Tratamento de colisões com sondagem linear.

Uma desvantagem da sondagem linear é a tendência de formação de agrupamentos primários, ou seja, os elementos tendem a se aglutinar em porções da tabela. Com isso, caso muitas colisões ocorram devido a um mesmo valor de espalhamento, as posições próximas ficarão ocupadas, aumentando o tempo de busca de chaves na tabela.

A técnica de *sondagem quadrática* distribui as chaves por meio de uma equação de segundo grau, com o intuito de evitar a formação de agrupamentos primários decorrentes de colisões. Dessa forma, as posições da tabela são deslocadas em passos determinados por uma equação quadrática.

A sequência de posições examinadas na sondagem quadrática para uma chave $k$ é expressa como:

$$h_i(k) = (h(k) + i^2) \% m,$$

em que $i = 0, 1, 2, \ldots, m - 1$ e $h_i$ é uma função de espalhamento.

O Código 19.9 insere um elemento na tabela por meio da técnica de sondagem quadrática. A chave é inserida em uma posição livre ou em uma posição marcada para remoção. Caso a tabela esteja cheia, uma mensagem é exibida.

**Código 19.9.** Inserção de elemento pela técnica de sondagem quadrática.

```
1  void inserir(int chave) {
2    int i, j, h = espalhamento(chave);
3
4    for (i = 0; i < m; i++) {
5      j = (h + i*i) % m;
6      if ((tabela[j].k == chave) && (tabela[j].existe == 1)) {
7        printf("chave já existe na tabela\n");
8        return;
9      }
10     if (tabela[j].existe != 1) {
11       tabela[j].existe = 1;
12       tabela[j].k = chave;
13       printf("chave %d inserida\n", chave);
14       return;
15     }
16   }
17   if (i == m)
```

```
            printf("tabela cheia\n");
       }
```

A operação de remoção (Código 19.10) marca a posição do elemento a ser eliminado da tabela, caso ele exista. Para evitar que uma operação subsequente de busca falhe, a chave a ser eliminada não é efetivamente removida da tabela, mas marcada para posterior remoção.

**Código 19.10.** Remoção de elemento pela técnica de sondagem quadrática.

```c
void remover(int chave) {
  int i, j, h = espalhamento(chave);

  for (i = 0; i < m; i++) {
    j = (h + i*i) % m;
    if (tabela[j].existe == 1 && tabela[j].k == chave) {
      tabela[j].existe = 2;
      printf("chave %d removida\n", chave);
      return;
    }
  }
  printf("chave não existe\n");
}
```

A busca de uma chave é realizada por meio da função de espalhamento para identificar se ela está ou não presente na tabela. Caso a chave tenha sido previamente marcada para remoção, considera-se que ela não está presente na tabela. O Código 19.11 implementa a operação de busca de chaves em uma tabela de espalhamento.

**Código 19.11.** Busca de elementos pela técnica de sondagem quadrática.

```c
void buscar(int chave) {
  int i, j, h = espalhamento(chave);

  for (i = 0; i < m; i++) {
    j = (h + i*i) % m;
    if ((tabela[j].k == chave) && (tabela[j].existe == 1)) {
      printf("chave encontrada na posição %d\n", j);
      break;
    }
  }
  if (i == m)
    printf("chave não encontrada\n");
}
```

A Figura 19.3 ilustra a inserção da sequência de chaves 36, 55, 21, 43, 29 e 70 (nessa ordem) em uma tabela por meio da função de espalhamento $h(k) = k \% 7$. Colisões são causadas ao se tentar inserir as chaves 43, 29 e 70, as quais são tratadas por meio da sondagem quadrática.

Embora a técnica de sondagem quadrática evite a formação de agrupamentos primários em comparação com a sondagem linear, ela pode gerar agrupamentos secundários, ou seja, chaves que se acumulam em grupos mais distantes entre si devido ao deslocamento proporcionado pela função quadrática.

Outra estratégia para realizar a distribuição de chaves quando colisões ocorrem é a técnica de *sondagem dupla*, que utiliza duas funções diferentes de espalhamento para mapear chaves na tabela. A primeira função é utilizada para determinar a posição inicial do elemento, enquanto a segunda função é utilizada, no caso de uma colisão, para calcular os deslocamentos em relação à posição inicial. Essa técnica procura evitar agrupamentos primários e secundários.

A sequência de posições examinadas na técnica de sondagem dupla para uma chave $k$ é expressa como:

$$h_i(k) = (h(k) + ih'(k)) \% m,$$

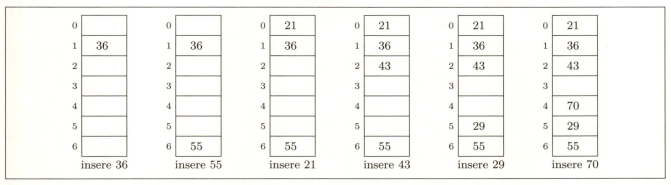

Figura 19.3: Tratamento de colisões com sondagem quadrática.

em que $h_i$ é uma função de espalhamento e $h'$ é uma segunda função de espalhamento, sendo $i = 0, 1, 2, \ldots, m - 1$. Dessa forma, a função de espalhamento $h_i$ depende tanto da chave de entrada quanto do índice a ser mapeado.

O valor $h'(k)$ é calculado apenas uma vez para cada chave a ser mapeada, ou seja, ele não é recalculado a cada espalhamento. A escolha da função de espalhamento $h'(k)$ deve minimizar a ocorrência de agrupamentos. Uma função de espalhamento $h'$ frequentemente utilizada é:

$$h'(k) = r - (k \% r),$$

em que $r$ é um número primo menor do que o tamanho $m$ da tabela. Dessa forma, a função de espalhamento completa é $h_i(k) = (h(k) + i(r - (k \% r))) \% m$, em que $i = 0, 1, \ldots, m - 1$.

A operação de inserção de elementos na tabela por meio da sondagem dupla é implementada no Código 19.12. O tamanho original da tabela é igual a $m = 7$. A segunda função de espalhamento utiliza valor $r = 5$. A chave é inserida em uma posição livre ou em uma posição marcada para remoção. Uma mensagem é exibida se a tabela estiver cheia.

**Código 19.12.** Inserção de elementos pela técnica de sondagem dupla.

```
void inserir(int chave) {
  int i, j, r = 5, h1 = espalhamento(chave), h2 = r - (chave % r);

  for (i = 0; i < m; i++) {
    j = (h1 + i*h2) % m;
    if ((tabela[j].k == chave) && (tabela[j].existe == 1)) {
      printf("chave já existe na tabela\n");
      return;
    }

    if (tabela[j].existe != 1) {
      tabela[j].existe = 1;
      tabela[j].k = chave;
      printf("chave %d inserida\n", chave);
      return;
    }
  }
  if (i == m)
    printf("tabela cheia\n");
}
```

A operação de remoção (Código 19.13) marca a posição do elemento a ser eliminado da tabela, caso ele esteja presente. Para evitar que uma nova operação de busca falhe, a chave a ser eliminada não é efetivamente removida da tabela, mas marcada para posterior remoção.

**Código 19.13.** Remoção de elementos pela técnica de sondagem dupla.

```c
void remover(int chave) {
  int i, j, r = 5, h1 = espalhamento(chave), h2 = r - (chave % r);

  for (i = 0; i < m; i++) {
    j = (h1 + i*h2) % m;
    if (tabela[j].existe == 1 && tabela[j].k == chave) {
      tabela[j].existe = 2;
      printf("chave %d removida\n", chave);
      return;
    }
  }
  printf("chave não existe\n");
}
```

A busca de uma chave é efetuada de acordo com as duas funções de espalhamento. Caso a chave tenha sido previamente marcada para remoção, considera-se que ela não está presente na tabela. O Código 19.14 implementa a operação de busca de chaves em uma tabela de espalhamento.

**Código 19.14.** Busca de elementos pela técnica de sondagem dupla.

```c
void buscar(int chave) {
  int i, j, r = 5, h1 = espalhamento(chave), h2 = r - (chave % r);

  for (i = 0; i < m; i++) {
    j = (h1 + i*h2) % m;
    if ((tabela[j].k == chave) && (tabela[j].existe == 1)) {
      printf("chave encontrada na posição %d\n", j);
      break;
    }
  }
  if (i == m)
    printf("chave não encontrada\n");
}
```

A Figura 19.3 ilustra a inserção da sequência de chaves 13, 25, 39, 68, 44 e 49 (nessa ordem) em uma tabela por meio das funções de espalhamento $h(k) = k \% 7$ e $h'(k) = 5 - (k \% 5)$. Colisões são causadas ao se tentar inserir as chaves 39, 68 e 49, as quais são tratadas por meio da sondagem dupla.

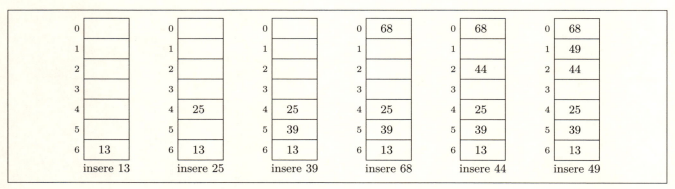

Figura 19.4: Tratamento de colisões com sondagem dupla.

### 19.4.2 Endereçamento fechado

A abordagem para tratamento de colisões, chamada *endereçamento fechado*, utiliza listas ligadas para armazenar as chaves. Dessa forma, o número de inserções não é limitado ao tamanho $m$ da tabela, como ocorre no endereçamento aberto. A tabela de espalhamento é declarada como um vetor de listas ligadas, tal que cada entrada $i$ da tabela é um ponteiro para uma lista ligada, que é um encadeamento de elementos cuja função de espalhamento mapeou para a posição $i$.

A Figura 19.5 ilustra a abordagem de tratamento de colisões com endereçamento fechado. As chaves 12, 16, 24, 29, 30, 33, 36, 51 e 61 (nessa ordem) são inseridas por meio da função de espalhamento $h(k) = k \,\%\, 7$. Dependendo da implementação, as chaves armazenadas em cada lista ligada podem ser mantidas em ordem crescente à medida que são inseridas.

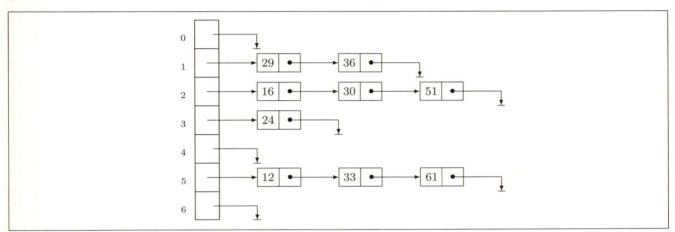

Figura 19.5: Tratamento de colisões com endereçamento fechado.

Diferentemente do endereçamento aberto, em que a operação de remoção marca uma chave para posterior eliminação de forma a evitar que uma operação de busca seja interrompida precocemente, a chave pode ser efetivamente removida da lista ligada no endereçamento fechado. Entretanto, algumas desvantagens podem ser destacadas. Há um consumo extra de memória com o uso das listas ligadas. O custo da operação de inserção pode ser realizada em tempo $O(1)$, caso a chave seja adicionada ao início da lista. Entretanto, as operações de busca e remoção demandarão tempo $O(n)$ no pior caso (quando todas as chaves são mapeadas para uma mesma posição da tabela).

### 19.4.3 Redistribuição de chaves

O *fator de carga* ou *taxa de ocupação* da tabela é definido como a razão entre o número de elementos $n$ e o tamanho $m$ da tabela:

$$\lambda = \frac{n}{m}.$$

Idealmente, o fator de carga na abordagem de endereçamento aberto deveria ser muito inferior a 1. Quando o fator de carga torna-se muito alto, o tamanho da tabela pode ser aumentado e os dados podem ser copiados para a nova tabela. Após o redimensionamento da tabela, o mapeamento de todas as chaves deve ser realizado novamente, o que requer tempo $O(n)$.

Uma heurística simples é redimensionar a tabela por aproximadamente o dobro de seu tamanho original. A Figura 19.6 ilustra o redimensionamento de uma tabela de espalhamento de tamanho 5 para 11. As chaves são mapeadas novamente por meio da função de espalhamento baseada no resto da divisão inteira.

### 19.4.4 Espalhamento perfeito

Dado um conjunto de chaves $k_1, k_2, \ldots, k_n$, o espalhamento é *perfeito* se a função de mapeamento $h$ distribuir cada chave para uma posição única da tabela, ou seja, $h(k_i) \neq h(k_j)$ para $i$ e $j$ distintos. Dessa forma, o tempo de acesso aos dados é $O(1)$ no pior caso.

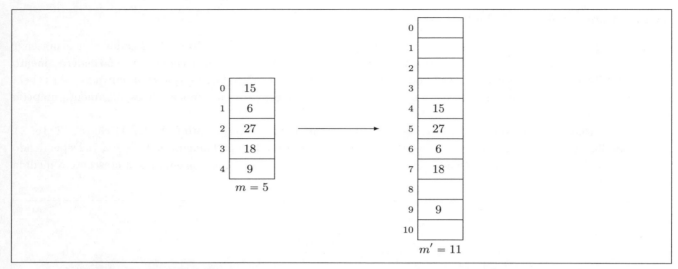

Figura 19.6: Redimensionamento de tabela de espalhamento e redistribuição de suas chaves.

Encontrar uma função de espalhamento que evite colisões entre chaves é uma tarefa difícil. Entretanto, quando o conjunto de chaves é estático (fixo) e pesquisado com muita frequência, o custo computacional requerido para calcular a função pode ser vantajoso para a aplicação. Exemplos incluem a identificação de palavras reservadas de uma linguagem de programação presentes em um programa por um compilador e a identificação de nomes de comandos em um sistema operacional.

Algoritmos de espalhamento mínimo perfeito possibilitam o mapeamento de chaves em uma tabela, cujo tamanho é igual ao número de chaves, ou seja, requerendo uso mínimo de espaço de memória. Uma função de espalhamento permite a *preservação de ordem* se as chaves são inseridas na tabela em uma determinada ordem.

O espalhamento perfeito por *redução de quociente*, proposto por Renzo Sprugnoli (1977), é gerado por uma função da forma

$$h(k) = \begin{cases} \lfloor (k+a)/b \rfloor, & \text{se } k \leqslant d \\ \lfloor (k+a+c)/b \rfloor, & \text{se } k > d, \end{cases}$$

em que os valores $a$, $b$, $c$ e $d$ são gerados a partir de um conjunto de chaves formadas por números inteiros não negativos.

Dado o conjunto formado pelas chaves 17, 138, 173, 294, 306, 472, 540, 551 e 618, o algoritmo encontra os valores $a = -7$, $b = 72$, $c = -35$ e $d = 306$. Dessa forma, a função de espalhamento

$$h(k) = \begin{cases} \lfloor (k-7)/72 \rfloor, & \text{se } k \leqslant 306 \\ \lfloor (k-42)/72 \rfloor, & \text{se } k > 306 \end{cases}$$

gera os valores 0, 1, 2, 3, 4, 5, 6, 7 e 8, respectivamente, para as chaves do exemplo.

O espalhamento perfeito por *redução de resto*, proposto por Renzo Sprugnoli (1977), é gerado pela função

$$h(k) = \lfloor ((a + b \cdot k) \% c)/d \rfloor,$$

em que os valores $a$, $b$, $c$ e $d$ são gerados a partir de um conjunto de chaves formadas por números inteiros não negativos.

O espalhamento mínimo perfeito *recíproco*, proposto por Gerhard Jaeschke (1981), é gerado pela função

$$h(k) = \lfloor a/(b \cdot k + c) \rfloor \% m,$$

em que os valores $a$, $b$ e $c$ são gerados a partir de um conjunto de chaves. O tamanho da tabela possui $m$ posições. Como o custo do algoritmo é exponencial, ele é normalmente aplicado apenas a conjuntos pequenos de chaves.

## 19.5 Exercícios

1. Dada uma tabela de espalhamento de tamanho $m = 17$, com a função de espalhamento $h(k) = k \% 17$, mostre o resultado da inserção das chaves 53, 25, 87, 91, 17, 76, 21, 34, 28 e 31 (nessa ordem). As colisões devem ser tratadas por meio de duas estratégias diferentes, pela sondagem linear e pela sondagem quadrática.

2. Apresente algumas situações em que a função de espalhamento pelo meio do quadrado não é uma escolha adequada.

3. Dado um conjunto de $n$ chaves, formado pelos $n$ primeiros múltiplos do número 7, mostre quantas colisões seriam obtidas mediante a aplicação das seguintes funções de espalhamento $h$ sobre uma chave qualquer $k$:

    (a) $h(k) = k \% 7$.

    (b) $h(k) = k \% 14$.

    (c) $h(k) = k \% 5$.

    Observações:

    (i) considere o tamanho da tabela suficientemente grande para armazenar todas as chaves.

    (ii) considere o método de encadeamento separado para tratamento de colisões.

4. Descreva o conceito de espalhamento perfeito.

5. Cite três características desejáveis ao definir uma função de espalhamento.

6. Descreva os principais métodos de tratamento de colisões em tabelas de espalhamento.

7. Após a inserção de seis chaves inteiras em uma tabela de espalhamento de tamanho 10, por meio da função $h(k) = k \% 10$, o resultado é mostrado na Figura 19.7, em que $k$ é uma chave qualquer. As colisões são tratadas por meio da estratégia de sondagem linear.

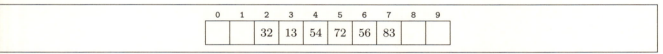

Figura 19.7: Tabela de espalhamento de tamanho 10.

Quais das sequências a seguir são válidas para gerar o resultado apresentado?

   (a) 32, 56, 83, 13, 54, 72.

   (b) 56, 32, 54, 72, 13, 83.

   (c) 32, 13, 54, 72, 56, 83.

   (d) 56, 54, 32, 13, 72, 83.

   (e) 54, 32, 13, 72, 83, 56.

8. Descreva duas desvantagens da sondagem linear para tratamento de colisões.

9. Dada uma tabela de espalhamento com capacidade para 10 elementos e a função de espalhamento $h(k) = k \% 10$, mostre o resultado da inserção das chaves 12, 25, 35, 14, 17, 8 (nessa ordem). Considere o tratamento de colisões por endereçamento fechado. Remova as chaves 14 e 8.

10. Dada uma tabela de espalhamento de tamanho $m = 19$ e as funções de espalhamento $h_1(k) = k \% 19$ e $h_2 = 7 - (k \% 7)$, insira os elementos 10, 28, 5, 33 e 15. Em seguida, remova os elementos 28 e 15 utilizando a técnica de sondagem dupla para resolver colisões.

11. Mostre o resultado da inserção das chaves 14, 17, 29, 35, 41, 37, 23, 19 e 21 (nessa ordem) em uma tabela de tamanho 9, em que as colisões são resolvidas por meio de endereçamento fechado e com função de espalhamento $h(k) = k \% 9$, em que $k$ é uma chave qualquer.

12. Dada uma tabela de espalhamento de tamanho 17, mostre o resultado da inserção das chaves 13, 31, 42, 17, 76, 47, 9, 53, 91, 73 e 57 (nessa ordem) por meio da técnica de sondagem dupla com as funções $h_1(k) = k \% 17$ e $h_2(k) = 1 + k \% 13$, em que $k$ é uma chave qualquer.

13. Supondo uma tabela de espalhamento com tamanho $m = 100$, em que 70 chaves já foram inseridas na tabela,

qual é o fator de carga atual? Se o fator de carga atingir 0,75, como uma redistribuição de chaves poderia ser realizada para garantir um desempenho adequado?

14. Caso a função de espalhamento não satisfaça a suposição de distribuição uniforme das chaves, analise como isso pode afetar as operações de inserção, remoção e busca em uma tabela de espalhamento.

15. Explique as principais diferenças entre endereçamento aberto e endereçamento fechado em tabelas de espalhamento, destacando como cada abordagem lida com colisões.

**Leituras recomendadas**

AJTAI, M.; FREDMAN, M. & KOMLÓS, J. Hash Functions for Priority Queues. *Information and Control*, vol. 63, n. 3, pp. 217–225, 1984.

AMBLE, O. & KNUTH, D. E. Ordered Hash Tables. *The Computer Journal*, vol. 17, n. 2, pp. 135–142, 1974.

BATAGELJ, V. The Quadratic Hash Method when the Table Size is not a Prime Number. *Communications of the ACM*, vol. 18, n. 4, pp. 216–217, 1975.

BAYS, C. The Reallocation of Hash-Coded Tables. *Communications of the ACM*, vol. 16, n. 1, pp. 11–14, 1973.

BELL, J. R. & KAMAN, C. H. The Linear Quotient Hash Code. *Communications of the ACM*, vol. 13, n. 11, pp. 675–676, 1970.

CARTER, J. L. & WEGMAN, M. N. Universal Classes of Hash Functions. *Journal of Computer and System Sciences*, vol. 18, n. 2, pp. 143–154, 1979.

CICHELLI, R. J. Minimal Perfect Hash Functions Made Simple. *Communications of the ACM*, vol. 23, n. 1, pp. 17–19, 1980.

CZECH, Z. J.; HAVAS, G. & MAJEWSKI, B. S. Fundamental Study Perfect Hashing. *Theoretical Computer Science*, 182, pp. 1–143, 1997.

CZECH, Z. J. & MAJEWSKI, B. S. A Linear Time Algorithm for Finding Minimal Perfect Hash Functions. *The Computer Journal*, vol. 36, n. 6, pp. 579–587, 1993.

ENBODY, R. J. & DU, H.-C. Dynamic Hashing Schemes. *ACM Computing Surveys*, vol. 20, n. 2, pp. 850–113, 1988.

FOX, E.; CHEN, Q.; DAOUD, A. & HEATH, L. Order Preserving Minimal Perfect Hash Functions and Information Retrieval. *ACM Transactions on Information Systems*, vol. 9, n. 2, pp. 281–308, 1991.

FOX, E. A.; HEATH, L. S.; CHEN, Q. F. & DAOUD, A. M. Practical Minimal Perfect Hash Functions for Large Databases. *Communications of the ACM*, vol. 35, n. 1, pp. 105–121, 1992.

GONNET, G. H. & BAEZA-YATES, R. *Handbook of Algorithms and Data Structures: in Pascal and C*. Addison-Wesley Longman Publishing Co., Inc., 1991.

GONNET, G. H. & MUNRO, J. I. Efficient Ordering of Hash Tables. *SIAM Journal on Computing*, vol. 8, n. 3, pp. 463–478, 1979.

GUIBAS, L. J. The Analysis of Hashing Techniques that Exhibit $k$-ary Clustering. *Journal of the ACM*, vol. 25, n. 4, pp. 544–555, 1978.

GUIBAS, L. J. & SZEMEREDI, E. The Analysis of Double Hashing. *Journal of Computer and System Sciences*, vol. 16, n. 2, pp. 226–274, 1978.

HAGGARD, G. & KARPLUS, K. Finding Minimal Perfect Hash Functions. *ACM SIGCSE Bulletin*, 18, pp. 191–193, 1986.

JAESCHKE, G. Reciprocal Hashing: A Method for Generating Minimal Perfect Hashing Functions. *Communications of the ACM*, vol. 24, n. 12, pp. 829–833, 1981.

KNOTT, G. D. Hashing Functions. *The Computer Journal*, vol. 18, n. 3, pp. 265–278, 1975.

KONHEIM, A. G. *Hashing in Computer Science.* John Wiley & Sons, 2010.

KRUSE, R. L. & RYBA, A. J. *Data Structures and Program Design in C++.* Prentice Hall, Inc., 2000.

LARSON, P.-Å. Dynamic Hashing. *BIT Numerical Mathematics*, vol. 18, n. 2, pp. 184–201, 1978.

LARSON, P.-Å. Dynamic Hash Tables. *Communications of the ACM*, vol. 31, n. 4, pp. 446–457, 1988.

LEWIS, T. G. & COOK, C. R. Hashing for Dynamic and Static Internal Tables. *Computer*, vol. 21, n. 10, pp. 45–56, 1988.

MAURER, W. D. & LEWIS, T. G. Hash Table Methods. *ACM Computing Surveys*, vol. 7, n. 1, pp. 5–19, 1975.

PAGLI, L. Self-Adjusting Hash Tables. *Information Processing Letters*, vol. 21, n. 1, pp. 23–25, 1985.

RADKE, C. E. The Use of Quadratic Residue Research. *Communications of the ACM*, vol. 13, n. 2, pp. 103–105, 1970.

RIVEST, R. L. Optimal Arrangement of Keys in a Hash Table. *Journal of the ACM*, vol. 25, n. 2, pp. 200–209, 1978.

SAGER, T. J. A Polynomial Time Generator for Minimal Perfect Hash Functions. *Communications of the ACM*, vol. 28, n. 5, pp. 523–532, 1985.

SPRUGNOLI, R. Perfect Hashing Functions: A Single Probe Retrieving Method for Static Sets. *Communications of the ACM*, vol. 20, n. 11, pp. 841–850, 1977.

# 20
# ÁRVORES

Árvores são estruturas que permitem a organização de dados de forma hierárquica. Devido à flexibilidade e à eficiência desse tipo de representação, vários problemas podem ser modelados por meio de árvores. Definições básicas, operações comuns e diferentes representações de árvores são introduzidas e discutidas neste capítulo.

## 20.1 Fundamentos

Uma *árvore* é uma estrutura hierárquica formada por um conjunto de $n$ nós. Se $n = 0$, a árvore é *vazia*. Caso contrário, (i) há um nó especial denominado *raiz* e (ii) os demais nós são organizados em estruturas de árvores disjuntas, denominadas *subárvores*. Nessa definição recursiva, cada nó de uma árvore é a raiz de alguma subárvore.

A Figura 20.1 ilustra algumas formas equivalentes de representar uma árvore, em que a estrutura hierárquica é apresentada como (a) um conjunto de nós e arestas, (b) um diagrama de inclusão e (c) listas aninhadas. Além do armazenamento mais compacto que certas representações podem proporcionar, sua escolha também pode afetar a eficiência das operações aplicadas às árvores.

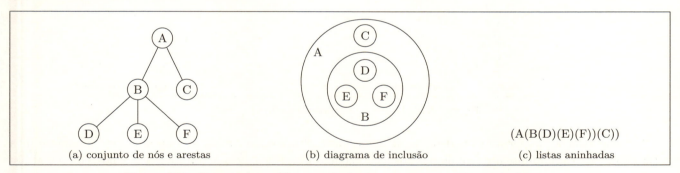

Figura 20.1: Estruturas gráficas equivalentes para representar uma árvore.

Seja $T$ uma árvore com raiz $r$ e subárvores $T_1, T_2, \ldots, T_k$, respectivamente. O nó $r$ é o *pai* dos nós $T_1, T_2, \ldots, T_k$, que são seus *filhos*. A raiz $r$ é o único nó de $T$ que não tem pai. O número de filhos de um nó é denominado *grau*. Um nó de grau 0 é denominado *folha* ou *terminal*. Um nó com grau diferente de 0 é um nó *interno*. O grau da árvore $T$ é definido como o valor máximo entre os graus de seus nós. Na árvore mostrada na Figura 20.1, o nó raiz A tem grau 2, o nó B tem grau 3 e os demais nós têm grau 0. O grau da árvore é 3.

Um *caminho* em uma árvore é qualquer sequência $x_0, x_1, \ldots, x_k$ de nós da árvore, tal que $x_{i+1}$ é filho de $x_i$, para $i = 0, 1, \ldots, k-1$. O nível de um nó $x$ é o comprimento do caminho entre a raiz e $x$. A raiz de uma árvore está no nível 1. Os filhos de um nó no nível $n$ estão no nível $n+1$. A *altura* de uma árvore corresponde ao valor máximo dos níveis de seus nós, ou seja, o número de nós do caminho mais longo do nó raiz ao nó folha mais profundo. A altura de uma árvore vazia é 0, enquanto uma árvore com um único nó tem altura 1. Na Figura 20.1, a árvore de raiz A tem altura 3, a subárvore de raiz B tem altura 2 e as demais subárvores têm altura 1.

Muitos problemas podem ser modelados por meio de árvores para representar informações organizadas de maneira hierárquica, como a estrutura de diretórios em um sistema operacional, uma árvore genealógica que apresenta graus de parentesco entre membros de uma família, a taxonomia para organizar o estudo de seres vivos, a indexação de informações em sistemas de bancos de dados, a manutenção de códigos em técnicas de compressão de dados e a avaliação de expressões matemáticas formadas por operandos e operadores.

## 20.2 Árvores binárias

Uma *árvore binária* é uma árvore de grau 2, ou seja, cada nó tem zero, um ou dois filhos. De maneira recursiva, uma árvore binária é (i) uma árvore vazia ou (ii) um nó raiz que tem duas subárvores, identificadas como subárvore *esquerda* e subárvore *direita*. A Figura 20.2 mostra duas árvores binárias diferentes.

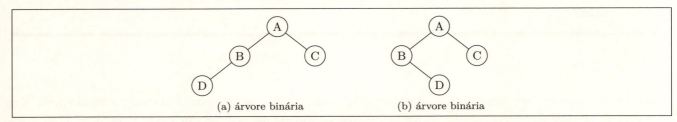

Figura 20.2: Duas árvores binárias distintas.

Em uma árvore *estritamente binária*, cada nó possui 0 ou 2 filhos. De forma equivalente, todo nó que não é folha possui subárvores esquerda e direita não vazias. Em uma árvore binária *semicompleta*, a diferença de altura entre as subárvores de qualquer nó é no máximo 1. Dessa forma, se a altura da árvore é $h$, cada nó folha está no nível $h$ (último nível) ou $h-1$ (penúltimo nível da árvore). Em uma árvore binária *completa*, todos os nós folhas estão no mesmo nível. A Figura 20.3 ilustra exemplos de uma árvore estritamente binária, uma árvore binária semicompleta e uma árvore binária completa.

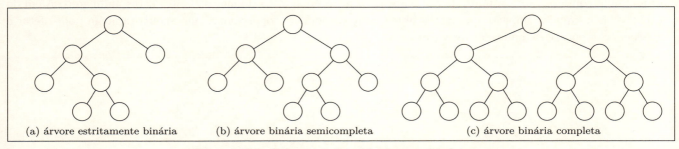

Figura 20.3: Diferentes tipos de árvores binárias.

Algumas relações importantes podem ser definidas entre altura e número de nós em uma árvore binária. Se a altura é $h$, então a árvore tem no mínimo $h$ nós e no máximo $2^h - 1$ nós. Se a árvore tem $n \geq 1$ nós, então a altura é no mínimo $\lceil \log_2(n+1) \rceil$ quando a árvore é completa, e a altura é no máximo $n$ quando cada nó não terminal tem apenas um filho. Uma árvore completa possui $2^h$ nós folhas e $2^h - 1$ nós internos, ou seja, um total de $2^{h+1} - 1$ nós.

### 20.2.1 Operações básicas em árvores binárias

As árvores binárias podem ser implementadas com o uso de alocação dinâmica. Cada nó contém campos para armazenar a informação desejada e dois ponteiros, um que aponta para o filho esquerdo e outro que aponta para o filho direito. Para simplificar a explicação das operações nos exemplos a seguir, a informação a ser armazenada nos nós da árvore é do tipo caractere. A declaração de um nó é implementada no Código 20.1. Uma representação gráfica do nó é mostrada à direita do código.

**Código 20.1.** Declaração de nó de árvore binária.

```
typedef struct No {
    char info;
    struct No *esq, *dir;
} No;
```

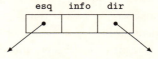

# Algoritmos e estruturas de dados: conceitos e aplicações

Uma árvore é vazia se não contiver nenhum nó, ou seja, se sua raiz for nula. Nesse caso, a raiz da árvore é um ponteiro que possui valor NULL. Uma função para testar se uma árvore binária é vazia ou não é mostrada no Código 20.2.

**Código 20.2.** Teste de árvore binária vazia.

```
int arvore_vazia(No *raiz) {
  if (raiz == NULL)
    return 1;
  else
    return 0;
}
```

De forma análoga às listas ligadas, a estrutura da árvore é representada por um ponteiro para o nó raiz. A partir desse ponteiro, pode-se ter acesso aos demais nós da árvore. Para construir uma árvore binária, a função no Código 20.3 aloca um nó raiz com o campo de informação e os ponteiros para as duas subárvores. O retorno da função é o endereço do nó raiz criado.

**Código 20.3.** Criação de árvore binária.

```
No *criar_arvore(No *esq, No *dir, char c) {
  No *no = (No*) malloc(sizeof(No));

  if (no == NULL)
    return NULL;
  no->info = c;
  no->esq = esq;
  no->dir = dir;
  return no;
}
```

A árvore ilustrada na Figura 20.2(a) pode ser criada pela sequência de comandos mostrada no Código 20.4.

**Código 20.4.** Construção de árvore binária com quatro nós.

```
No* t = criar_arvore('A', criar_arvore('B', criar_arvore('D', NULL, NULL), NULL),
                     criar_arvore('C', NULL, NULL));
```

Uma função para verificar a ocorrência de um determinado elemento em um dos nós da árvore é mostrada no Código 20.5. A função retorna 1 para indicar a presença do caractere na árvore e 0 caso contrário.

**Código 20.5.** Busca de elemento em árvore binária.

```
int buscar_elemento(No *raiz, int x) {
  if (raiz == NULL)
    return 0;
  else
    return raiz->info == x ||
           buscar_elemento(raiz->esq, x) || buscar_elemento(raiz->dir, x);
}
```

Uma função para calcular o número total de nós da árvore é mostrada no Código 20.6. Se a raiz da árvore for nula, a função retorna 0. Caso contrário, uma chamada recursiva é realizada para as subárvores esquerda e direita, adicionando 1 ao resultado obtido.

**Código 20.6.** Cálculo de número total de nós de árvore binária.

```
int contar_nos(No *raiz) {
  if (raiz == NULL)
    return 0;
  return 1 + contar_nos(raiz->esq) + contar_nos(raiz->dir);
```

Uma função recursiva para calcular o número de nós folhas da árvore é mostrada no Código 20.7. Se a raiz da árvore for nula, a função retorna 0. Se os filhos esquerdo e direito forem nulos, a função retorna 1. Caso contrário, uma chamada recursiva é realizada para as subárvores esquerda e direita.

**Código 20.7.** Cálculo de número de nós folhas de árvore binária.

```
int contar_folhas(No *raiz) {
  if (raiz == NULL)
    return 0;
  else
    if (raiz->esq == NULL && raiz->dir == NULL)
      return 1;
    else
      return contar_folhas(raiz->esq) + contar_folhas(raiz->dir);
}
```

Uma função recursiva para calcular o número de nós internos da árvore é mostrada no Código 20.8. Se a raiz for nula ou o filho à esquerda e à direita da raiz forem nulos, a função retorna 0. Caso contrário, uma chamada recursiva é realizada para as subárvores esquerda e direita, adicionando 1 ao resultado obtido.

**Código 20.8.** Cálculo de número de nós internos de árvore binária.

```
int contar_internos(No *raiz) {
  if (raiz == NULL)
    return 0;
  else
    if (raiz->esq != NULL || raiz->dir != NULL)
      return 1 + contar_internos(raiz->esq) + contar_internos(raiz->dir);
    else
      return 0;
}
```

A função para liberar o espaço alocado pela árvore binária visita e desaloca cada nó da árvore (Código 20.9). Antes de liberar o nó pai, seus filhos esquerdo e direito devem ser desalocados. No final do processo, o valor NULL é atribuído ao nó raiz.

**Código 20.9.** Liberação de nós de árvore binária.

```
No *liberar_arvore(No *raiz) {
  if (raiz != NULL) {
    raiz->esq = liberar_arvore(raiz->esq);
    raiz->dir = liberar_arvore(raiz->dir);
    free(raiz);
  }
  return NULL;
}
```

A altura da árvore pode ser calculada por uma função recursiva, como mostrada no Código 20.10. Se a árvore for vazia, sua altura será igual a 0. Caso contrário, sua altura será dada pela maior altura das subárvores incrementada de 1.

**Código 20.10.** Cálculo de altura de árvore binária.

```
int altura(No *raiz) {
  int h_esq, h_dir;

  if (raiz == NULL)
    return 0;
```

```
 6    else {
 7      h_esq = 1 + altura(raiz->esq);
 8      h_dir = 1 + altura(raiz->dir);
 9      if (h_esq > h_dir)
10        return h_esq;
11      else
12        return h_dir;
13    }
14  }
```

Uma forma mais compacta de calcular a altura de uma árvore binária é apresentada no Código 20.11.

**Código 20.11.** Cálculo de altura de árvore binária.

```
 1  int altura(No *raiz) {
 2    int h_esq, h_dir;
 3
 4    if (raiz == NULL)
 5      return 0;
 6    else {
 7      h_esq = altura(raiz->esq);
 8      h_dir = altura(raiz->dir);
 9      return 1 + (h_esq > h_dir ? h_esq : h_dir);
10    }
11  }
```

A função no Código 20.12 imprime, da esquerda para direita, os elementos pertencentes aos nós em um determinado nível da árvore binária.

**Código 20.12.** Impressão de elementos de um determinado nível de árvore binária.

```
 1  void imprimir_nivel(No *raiz, int nivel) {
 2    if (raiz != NULL) {
 3      if (nivel == 1)
 4        printf("%d ", raiz->info);
 5      else if (nivel > 1) {
 6          imprimir_nivel(raiz->esq, nivel-1);
 7          imprimir_nivel(raiz->dir, nivel-1);
 8        }
 9    }
10  }
```

Duas árvores binárias são iguais se possuem a mesma forma e armazenam os mesmos itens em nós correspondentes. A função no Código 20.13 retorna 1 se as árvores são iguais e 0 caso contrário. Duas árvores binárias diferentes são mostradas na Figura 20.2, embora armazenem o mesmo conjunto de caracteres.

**Código 20.13.** Verificação se duas árvores binárias são iguais.

```
 1  int arvores_iguais(No *raiz1, No *raiz2) {
 2    if (raiz1 == NULL && raiz2 == NULL)
 3      return 1;
 4    if (raiz1 == NULL || raiz2 == NULL)
 5      return 0;
 6    if (raiz1->info == raiz2->info)
 7      return arvores_iguais(raiz1->esq, raiz2->esq) &&
 8             arvores_iguais(raiz1->dir, raiz2->dir);
 9    else
10      return 0;
11  }
```

Dada uma árvore binária, a função recursiva no Código 20.14 retorna uma cópia da árvore. O percurso pré-ordem é utilizado para visitar e copiar cada nó. Se a árvore é vazia, a função retorna NULL. Caso contrário, espaço de memória é alocado para o nó e o campo de informação é copiado no novo nó. As subárvores esquerda e direita do nó são recursivamente visitadas e seus nós copiados.

**Código 20.14.** Cópia recursiva de árvore.

```
No *copiar_arvore(No *raiz) {
  if (raiz == NULL)
    return NULL;
  No *p = (No*) malloc(sizeof(No));
  p->info = raiz->info;
  p->esq = copiar_arvore(raiz->esq);
  p->dir = copiar_arvore(raiz->dir);
  return p;
}
```

A função recursiva no Código 20.15 cria uma versão refletida de uma árvore binária, ou seja, os filhos à esquerda tornam-se os filhos à direita, e vice-versa. A Figura 20.4 mostra o reflexo de uma árvore binária.

**Código 20.15.** Criação de versão refletida de árvore binária.

```
No *reflexo(No *raiz) {
  if (raiz == NULL)
    return NULL;
  No *p = (No*) malloc(sizeof(No));
  p->info = raiz->info;
  p->esq = reflexo(raiz->dir);
  p->dir = reflexo(raiz->esq);
  return p;
}
```

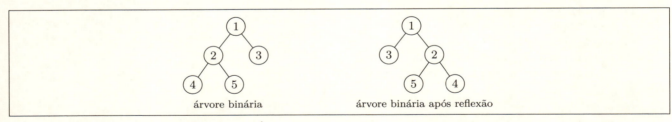

Figura 20.4: Árvore binária após operação de reflexão.

A inserção de um elemento em uma árvore binária vazia é trivial. Como o custo computacional para alcançar um nó da árvore é proporcional à altura da árvore, uma opção é inserir o elemento em um nó folha na subárvore com menor altura. A inserção de um elemento em uma árvore binária é mostrada no Código 20.16.

**Código 20.16.** Inserção de elemento em árvore binária.

```
No *inserir_elemento(No *raiz, char c) {
  if (raiz == NULL) {
    No *no = (No*) malloc(sizeof(No));
    if (no == NULL)
      exit(1);
    no->info = c;
    no->esq = NULL;
    no->dir = NULL;
    return no;
  }
  if (altura(raiz->esq) < altura(raiz->dir))
```

```
12        raiz->esq = inserir_elemento(raiz->esq, c);
13     else
14        raiz->dir = inserir_elemento(raiz->dir, c);
15     return raiz;
16  }
```

### 20.2.2 Percursos em árvores binárias

Um *percurso* é uma forma sistemática de examinar, uma única vez, cada nó de uma árvore binária. Uma árvore pode ser percorrida em *profundidade* ou em *largura*. No percurso em profundidade, a busca inicia no nó raiz e visita tanto quanto possível cada um dos seus ramos, antes de retroceder. No percurso em largura, a busca inicia no nó raiz, visita todos os seus nós vizinhos e, para cada um desses nós mais próximos, seus nós vizinhos ainda não examinados são visitados e assim por diante.

Há três tipos básicos de percursos em profundidade, os quais diferem na ordem em que as operações são realizadas:

- pré-ordem: visita o nó, percorre a subárvore esquerda e percorre a subárvore direita.
- em-ordem: percorre a subárvore esquerda, visita o nó e percorre a subárvore direita.
- pós-ordem: percorre a subárvore esquerda, percorre a subárvore direita e visita o nó.

A Figura 20.5 ilustra exemplos de árvores binárias e os resultados de cada um dos percursos em profundidade. No percurso em-ordem, por exemplo, o primeiro nó a ter seu campo de informação visitado (impresso) é o nó que se localiza na subárvore mais à esquerda. Caso a raiz não tenha filho esquerdo, o campo de informação da raiz é impresso nesse percurso.

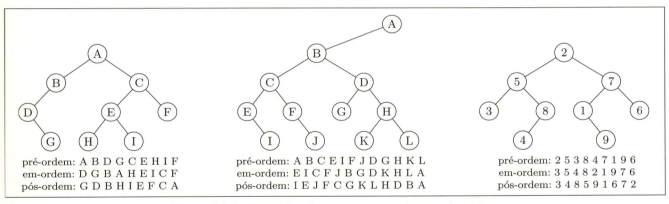

Figura 20.5: Exemplos de percursos em árvores binárias.

A função no Código 20.17 implementa o percurso em profundidade pré-ordem de uma árvore binária.

**Código 20.17.** Impressão de elementos em pré-ordem.

```
1  void pre_ordem(No *raiz) {
2    if (raiz != NULL) {
3      printf("%d ", raiz->info);
4      pre_ordem(raiz->esq);
5      pre_ordem(raiz->dir);
6    }
7  }
```

A função no Código 20.18 implementa o percurso em profundidade em-ordem de uma árvore binária.

**Código 20.18.** Impressão de elementos em em-ordem.

```
1  void em_ordem(No *raiz) {
2    if (raiz != NULL) {
```

```
3    em_ordem(raiz->esq);
4    printf("%d ", raiz->info);
5    em_ordem(raiz->dir);
6  }
7 }
```

A função no Código 20.19 implementa o percurso em profundidade pós-ordem de uma árvore binária.

**Código 20.19.** Impressão de elementos em pós-ordem.

```
1 void pos_ordem(No *raiz) {
2   if (raiz != NULL) {
3     pos_ordem(raiz->esq);
4     pos_ordem(raiz->dir);
5     printf("%d ", raiz->info);
6   }
7 }
```

Uma árvore estritamente binária pode ser empregada para representar uma expressão matemática. A expressão é formada por operandos e operadores binários. Um nó folha representa um operando, enquanto um nó que representa um operador possui duas subárvores, esquerda e direita, cada uma para um operando. O comando `union`, descrito na Seção 11.4, pode ser usado para representar o campo de informação do nó. Algumas expressões matemáticas representadas por árvores binárias são ilustradas na Figura 20.6.

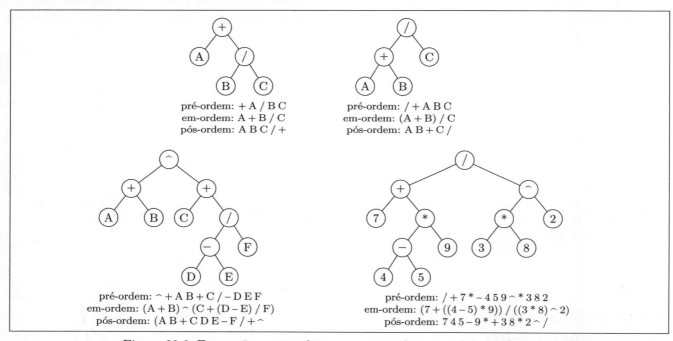

Figura 20.6: Expressões matemáticas representadas como árvores binárias.

A declaração de um nó de árvore binária para representar expressões matemáticas é mostrada no Código 20.20. Esse nó armazena informações, como operadores ou operandos, utilizando um tipo para distinguir entre caracteres (operadores) e números em ponto flutuante (operandos), além de ponteiros para os filhos esquerdo e direito.

**Código 20.20.** Declaração de nó de árvore binária para representar uma expressão matemática.

```
1 typedef enum {tipo_char, tipo_float} tipo_No;
2 typedef struct No {
3   union {
4     char operador;
5     float operando;
```

```
6       } info;
7       tipo_No tipo;
8       struct No *esq, *dir;
9   } No;
```

As formas prefixa, infixa e posfixa podem ser obtidas a partir dos percursos em pré-ordem, em-ordem e pós-ordem, respectivamente. A notação infixa requer o uso de parênteses para preservar a prioridade das operações de acordo com a representação definida na árvore.

Os percursos em profundidade podem ser utilizados para reconstruir a árvore binária. Entretanto, apenas um tipo de percurso em geral não é suficiente para reconstruir unicamente a árvore, de modo que dois percursos devem ser utilizados em conjunto.

Os percursos pré-ordem, em-ordem e pós-ordem, individualmente, não permitem a reconstrução da árvore, sem ambiguidade, conforme mostrado nas Figuras 20.7(a), (b) e (c), em que duas árvores diferentes possuem o mesmo percurso A B. Os percursos pré-ordem e pós-ordem, em conjunto, não permitem a reconstrução única da árvore binária, conforme mostrado na Figura 20.7(d), a não ser que se trate de uma árvore binária completa. Os percursos pré-ordem e em-ordem combinados são suficientes para reconstruir a árvore binária, como ilustrado na Figura 20.7(e), assim como a combinação dos percursos em-ordem e pós-ordem.

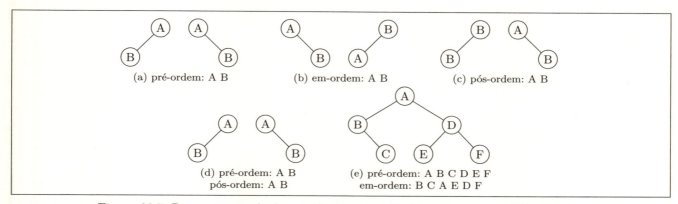

Figura 20.7: Reconstrução de árvore binária a partir de percursos em profundidade.

O percurso em profundidade pré-ordem pode ser implementado por meio de uma pilha, descrita no Capítulo 16, como estrutura de dados auxiliar. A pilha é inicializada como vazia. A raiz é então empilhada. Até a pilha se tornar vazia, o seguinte procedimento é repetido: (i) o topo da pilha é desempilhado, (ii) o filho direito (caso exista) é empilhado e (iii) o filho esquerdo (caso exista) do nó desempilhado é empilhado. A Figura 20.8 ilustra as operações realizadas sobre a pilha para a realização do percurso em profundidade na árvore binária, cuja sequência de nós visitados é 1 2 3 4 5 6 7.

O percurso em profundidade pré-ordem de uma árvore binária, mostrado na função do Código 20.21, é implementado por meio de uma pilha. A função empilha os nós, explorando inicialmente os filhos direitos e, em seguida, os filhos esquerdos, imprimindo as informações dos nós visitados.

**Código 20.21.** Impressão de elementos em pré-ordem por meio de uma pilha.

```
1  void pre_ordem(No *raiz) {
2    Pilha *p = criar_pilha();
3
4    empilhar(p, raiz);
5    while (!pilha_vazia(p)) {
6      raiz = desempilhar(p);
7      if (raiz != NULL) {
8        empilhar(p, raiz->dir);
9        empilhar(p, raiz->esq);
10       printf("%d ", raiz->info);
11     }
```

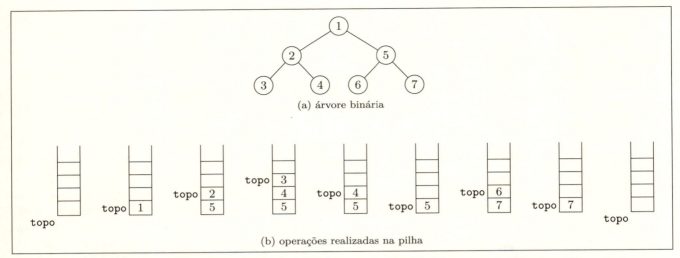

Figura 20.8: Percurso em profundidade de uma árvore binária por meio de uma pilha.

```
12  }
13    liberar_pilha(p);
14  }
```

No percurso em largura da árvore, os nós são visitados por níveis, da esquerda para a direita. Uma fila, estrutura de dados descrita no Capítulo 17, pode ser utilizada para implementar a busca em largura. A fila é inicializada como vazia. Em seguida, a raiz é inserida na fila. Até a fila se tornar vazia, o seguinte procedimento é repetido: (i) o primeiro elemento da fila é removido, (ii) o filho esquerdo (caso exista) é inserido na fila e (iii) o filho direito (caso exista) do nó removido é inserido na fila. A Figura 20.9 ilustra as operações realizadas sobre a fila para a realização do percurso em largura na árvore binária, cuja sequência de nós visitados é 1 2 3 4 5 6 7.

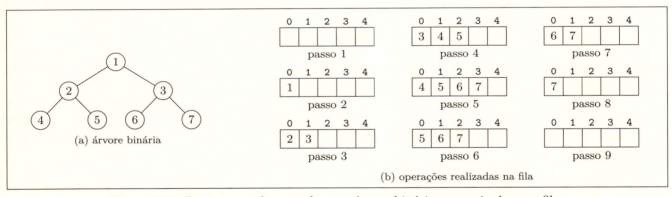

Figura 20.9: Percurso em largura de uma árvore binária por meio de uma fila.

O percurso em largura utilizando uma fila é implementado no Código 20.22. A função enfileira os nós, explorando-os nível por nível, e imprime as informações dos nós visitados.

**Código 20.22.** Impressão de elementos em largura por meio de uma fila.

```
1  void percurso_largura(No *raiz) {
2    Fila *f = criar_fila();
3
4    enfileirar(f, raiz);
5    while (!fila_vazia(f)) {
6      raiz = desenfileirar(f);
7      if (raiz != NULL) {
8        enfileirar(f, raiz->esq);
```

```
9          enfileirar(f, raiz->dir);
10         printf("%d ", raiz->info);
11     }
12   }
13   liberar_fila(f);
14 }
```

### 20.2.3 Conversão de árvore geral em árvore binária

Em uma árvore geral, um nó pode ter um número arbitrário de filhos. Dessa forma, para representar esse tipo de árvore, o pior caso deve ser considerado, ou seja, o nó com o maior número de filhos. Como consequência, muitos ponteiros normalmente precisarão ser alocados para cada nó.

Uma estratégia para evitar o alto consumo de memória, mantendo-se um número reduzido de ponteiros por nó, é converter a árvore geral em uma árvore binária. Uma desvantagem dessa conversão é que as árvores binárias resultantes apresentarão maior profundidade, reduzindo a eficiência de algumas operações realizadas.

O processo de conversão é composto de dois passos principais. No primeiro passo, os filhos de cada nó são ligados da esquerda para a direita. No segundo passo, as ligações do pai com todos os seus filhos são removidas, exceto a ligação com o primeiro filho (mais à esquerda). Nessa conversão, a raiz da árvore binária é a própria raiz da árvore geral. Além disso, a árvore binária não terá uma subárvore direita. A conversão é única, ou seja, uma árvore geral sempre gera a mesma árvore binária, a qual pode ser convertida novamente na árvore original. A Figura 20.10 ilustra dois exemplos de conversão de árvores gerais em árvores binárias.

### 20.2.4 Conversão de floresta em árvore binária

A conversão de uma árvore geral em uma árvore binária pode ser estendida para uma *floresta*, ou seja, um conjunto de árvores pode ser transformado em uma árvore binária. Para converter uma floresta em uma única árvore binária, as raízes das árvores podem ser consideradas como nós irmãos. Em seguida, a estratégia descrita na Subseção 20.2.3 é aplicada para converter a árvore geral em uma árvore binária.

A Figura 20.11 ilustra dois exemplos de conversão de florestas em árvores binárias. Como vantagens, a transformação permite a redução no consumo de memória devido ao menor uso de ponteiros em cada nó e a implementação de operações mais simples, já que uma árvore binária é mais fácil de manipular do que árvores gerais.

## 20.3 Árvore binária de busca

Uma *árvore binária de busca* é uma árvore binária em que todos os nós da subárvore esquerda possuem chaves menores do que a chave de seu nó pai e todos os nós da subárvore direita possuem chaves maiores do que a chave de seu nó pai. Assumindo que as chaves não sejam repetidas, todos os nós da subárvore esquerda $T_e$ possuem valor de chave menor do que a chave do nó raiz r e todos os nós da subárvore direita $T_d$ possuem valor maior do que a chave do nó raiz. A chave do nó raiz r tem valor x. A Figura 20.12 mostra uma representação geral de uma árvore binária de busca.

Uma consequência importante da propriedade de busca binária é que o percurso em-ordem da árvore produz uma sequência ordenada de todas as chaves armazenadas nos nós. A Figura 20.13 mostra três árvores binárias de busca diferentes construídas a partir do conjunto de chaves $\{1, 2, 3, 4, 5, 6, 7\}$.

O processo para verificar se um elemento pertence a uma árvore binária de busca é semelhante à ideia da busca binária, descrita na Seção 18.2. O valor procurado está na raiz da árvore, é menor do que o valor da raiz (se estiver na árvore, está na subárvore esquerda) ou é maior do que o valor da raiz (se estiver na árvore, está na subárvore direita).

O tempo requerido para a operação de busca é proporcional à altura da árvore e, portanto, depende da forma da árvore. No pior caso, o tempo de busca é $O(n)$, em que os elementos formam uma árvore degenerada, os quais são dispostos de maneira similar a uma lista ligada (Figura 20.13(c)). No caso médio e no melhor caso, o tempo de busca é $O(\log_2 n)$.

A função recursiva no Código 20.23 busca um elemento em uma árvore binária de busca. A busca se inicia na raiz da árvore. Caso a raiz não seja vazia ou o elemento não esteja na raiz, a subárvore esquerda é pesquisada se

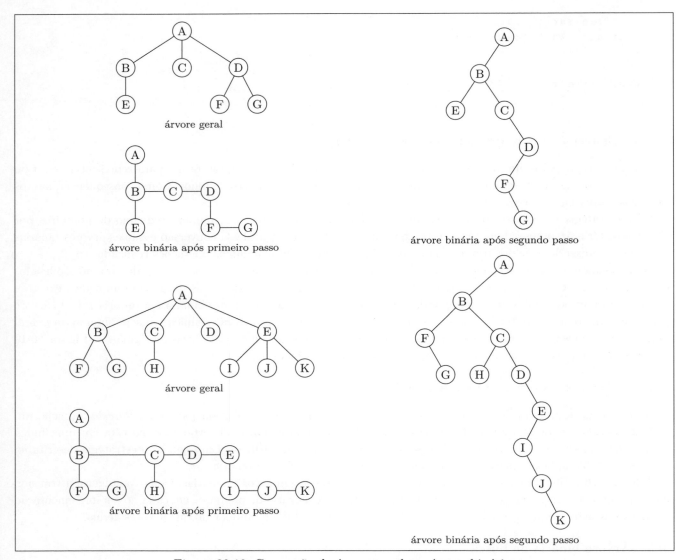

Figura 20.10: Conversão de árvore geral em árvore binária.

o elemento for menor do que a chave da raiz ou, caso contrário, a subárvore direita é pesquisada. Se o elemento buscado for encontrado, o nó é retornado pela função.

**Código 20.23.** Busca recursiva de elemento em árvore binária de busca.

```
No *buscar(No *raiz, int v) {
  if (raiz == NULL)
    return NULL;
  else if (raiz->info == v)
      return raiz;
    else if (raiz->info > v)
        return buscar(raiz->esq, v);
      else
        return buscar(raiz->dir, v);
}
```

A função iterativa no Código 20.24 busca um elemento em uma árvore binária de busca. Analogamente à função de busca recursiva anterior, se a raiz não for nula ou o elemento não estiver na raiz, a subárvore esquerda é pesquisada se o elemento for menor do que a chave da raiz ou, caso contrário, a subárvore direita é pesquisada.

# Algoritmos e estruturas de dados: conceitos e aplicações

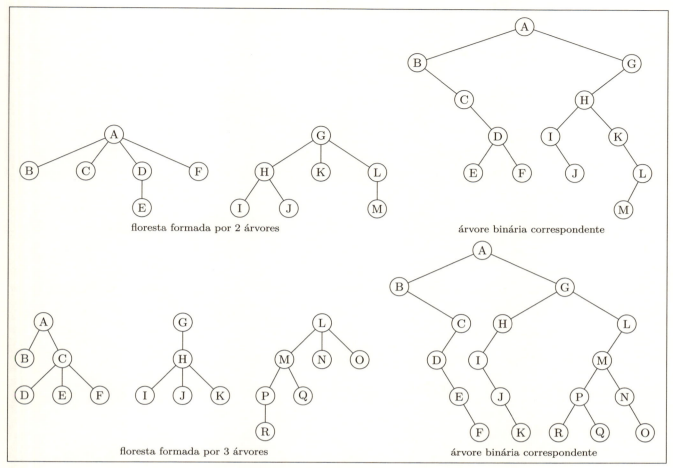

Figura 20.11: Conversão de floresta em uma árvore binária.

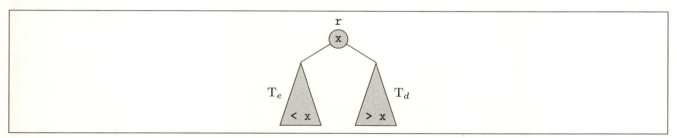

Figura 20.12: Representação de uma árvore binária de busca.

Um laço de repetição é utilizado no percurso da árvore.

**Código 20.24.** Busca iterativa de elemento em árvore binária de busca.

```
No *buscar_iterativa(No *raiz, int v) {
  while (raiz != NULL && raiz->info != v)
    if (raiz->info > v)
      raiz = raiz->esq;
    else
      raiz = raiz->dir;
  return raiz;
}
```

Para inserir um elemento em uma árvore binária de busca, a posição correta é localizada e o elemento é adicionado

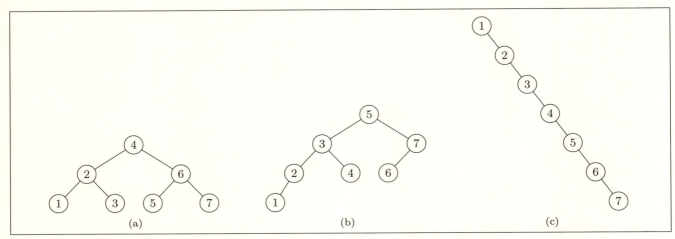

Figura 20.13: Exemplos de árvores binárias de busca.

à arvore como um nó folha. A Figura 20.14 ilustra a inserção do valor 11 em uma árvore binária de busca. A função recursiva no Código 20.25 insere o elemento na árvore e retorna um ponteiro para a raiz da árvore.

**Código 20.25.** Inserção de elemento em árvore binária de busca.

```
No *inserir(No *raiz, int v) {
  if (raiz == NULL) {
    raiz = (No*) malloc(sizeof(No));
    if (raiz != NULL) {
      raiz->info = v;
      raiz->esq = NULL;
      raiz->dir = NULL;
    }
    else exit(1);
  }
  else
    if (raiz->info > v)
      raiz->esq = inserir(raiz->esq, v);
    else if (raiz->info < v)
        raiz->dir = inserir(raiz->dir, v);
      else {
        printf("chave já existe\n");
        exit(1);
      }
  return raiz;
}
```

O valor mínimo presente em uma árvore binária de busca está localizado na subárvore esquerda. Se a árvore tiver apenas subárvore direita, o menor valor é a própria raiz. Uma função recursiva para encontrar o valor mínimo em uma árvore binária de busca é apresentada no Código 20.26.

**Código 20.26.** Busca recursiva de menor elemento de árvore binária de busca.

```
No *minimo(No *raiz) {
  if (raiz == NULL)
    return NULL;
  if (raiz->esq == NULL)
    return raiz;
  return minimo(raiz->esq);
}
```

# Algoritmos e estruturas de dados: conceitos e aplicações

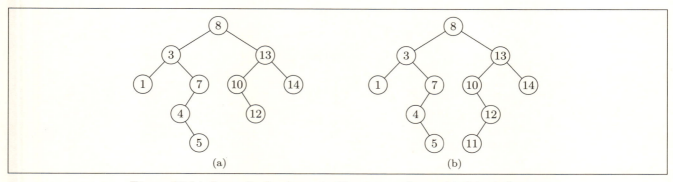

Figura 20.14: Inserção do elemento 11 em uma árvore binária de busca.

Uma função iterativa é mostrada no Código 20.27 para encontrar o valor mínimo em uma árvore binária de busca.

**Código 20.27.** Busca iterativa de menor elemento de árvore binária de busca.

```
No *minimo(No *raiz) {
  if (raiz != NULL)
    while (raiz->esq != NULL)
      raiz = raiz->esq;
  return raiz;
}
```

O valor máximo presente em uma árvore binária de busca está localizado na subárvore direita. Se a árvore tiver apenas subárvore esquerda, o maior valor é a própria raiz. Uma função recursiva para encontrar o valor máximo em uma árvore binária de busca é apresentada no Código 20.28.

**Código 20.28.** Busca recursiva de maior elemento de árvore binária de busca.

```
No *maximo(No *raiz) {
  if (raiz == NULL)
    return NULL;
  if (raiz->dir == NULL)
    return raiz;
  return maximo(raiz->dir);
}
```

Uma função iterativa é mostrada no Código 20.29 para encontrar o valor máximo em uma árvore binária de busca.

**Código 20.29.** Busca iterativa de maior elemento de árvore binária de busca.

```
No *maximo(No *raiz) {
  if (raiz != NULL)
    while (raiz->dir != NULL)
      raiz = raiz->dir;
  return raiz;
}
```

A função no Código 20.30 verifica se uma árvore binária é de busca. Um cuidado a ser tomado é que não é suficiente verificar, para cada nó, se seu elemento é maior do que o do nó esquerdo e menor do que o do nó direito. A Figura 20.15 mostra um exemplo dessa situação.

**Código 20.30.** Verificação se árvore binária é de busca.

```
int arvore_binaria_busca(No *raiz) {
  if (raiz == NULL)
```

```
3      return 1;
4    if (raiz->esq != NULL && maximo(raiz->esq) > raiz->info)
5      return 0;
6    if (raiz->dir != NULL && minimo(raiz->dir) < raiz->info)
7      return 0;
8    if (!arvore_binaria_busca(raiz->esq) || !arvore_binaria_busca(raiz->dir))
9      return 0;
10   return 1;
11 }
```

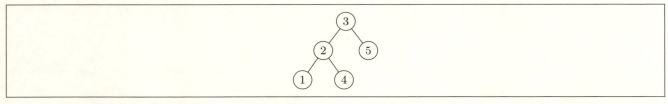

Figura 20.15: Árvore binária não é de busca, pois o valor 4 está na subárvore esquerda de 3.

Dado um nó da árvore, o seu sucessor é o próximo nó na ordenação. Por exemplo, o sucessor do elemento 3 na Figura 20.16 é o mínimo da subárvore direita de 3. O sucessor de 7 é o primeiro ancestral à direita. O nó 14 não tem sucessor.

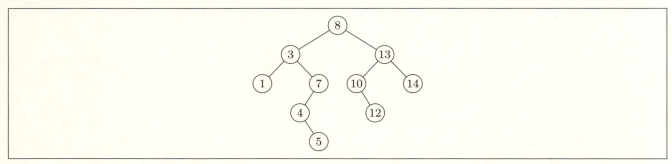

Figura 20.16: Sucessor de um nó em uma árvore binária de busca.

A função no Código 20.31 retorna o sucessor, no percurso em-ordem, de um nó em uma árvore binária de busca. A implementação da função para encontrar o nó antecessor na árvore é análoga àquela para encontrar o nó sucessor.

**Código 20.31.** Retorno de sucessor de nó em árvore binária de busca.

```
1  No *sucessor_inordem(No *raiz, No *p) {
2    if (p->dir != NULL )
3      return minimo(p->dir);
4
5    No *sucessor = NULL;
6    while (raiz != NULL) {
7      if (p->info < raiz->info) {
8        sucessor = raiz;
9        raiz = raiz->esq;
10     }
11     else if (p->info > raiz->info)
12           raiz = raiz->dir;
13         else
14           break;
15   }
16   return sucessor;
17 }
```

A operação de remoção de um nó de uma árvore binária de busca envolve três situações diferentes, para que a propriedade de busca seja preservada. Se o nó a ser removido não tiver filhos (nó folha), ele poderá ser eliminado trivialmente. Se o nó a ser removido tiver somente uma subárvore, esquerda ou direita, seu único filho poderá ser movido para cima para ocupar a posição do nó removido. Se o nó a ser removido tiver duas subárvores, seu sucessor no percurso em-ordem ocupará seu lugar. O sucessor no percurso em-ordem nunca tem um filho esquerdo, uma vez que um descendente esquerdo seria seu sucessor. A Figura 20.17 ilustra a remoção dos nós 14, 10 e 3, nessa ordem, da árvore binária de busca mostrada na Figura 20.16.

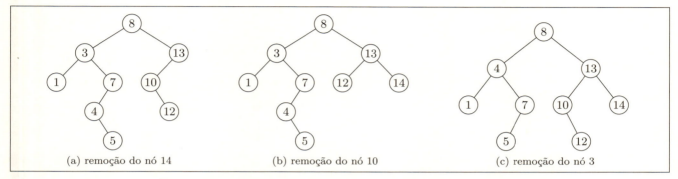

Figura 20.17: Remoção de nó de uma árvore binária de busca.

A função no Código 20.32 remove um nó de uma árvore binária de busca.

**Código 20.32.** Remoção de nó de árvore binária de busca.

```
No *remover(No *raiz, int v) {
  No *t, *f;

  if (raiz == NULL)
    return NULL;
  else if (raiz->info > v)
        raiz->esq = remover(raiz->esq, v);
      else if (raiz->info < v)
             raiz->dir = remover(raiz->dir, v);
          else {
            if (raiz->esq == NULL && raiz->dir == NULL) { /* nó não tem filhos */
              free(raiz);
              raiz = NULL;
            }
            else
              if (raiz->esq == NULL) { /* nó tem apenas filho direito */
                t = raiz;
                raiz = raiz->dir;
                free(t);
              }
              else
                if (raiz->dir == NULL) { /* nó tem apenas filho esquerdo */
                  t = raiz;
                  raiz = raiz->esq;
                  free(t);
                }
                else {  /* nó tem filhos esquerdo e direito */
                  f = raiz->esq;
                  while (f->dir != NULL)
                    f = f->dir;
                  raiz->info = f->info; /* troca as informações */
```

```
                    f->info = v;
                    raiz->esq = remover(raiz->esq,v);
                }
            }
            return raiz;
}
```

## 20.4 Árvore de busca AVL

Conforme descrito na Seção 20.3, o tempo requerido pelas operações de busca, inserção e remoção em árvores binárias de busca depende da altura da árvore. Quanto maior a altura de uma árvore, mais demorado será o processo de pesquisa de um elemento. O pior caso ocorre quando as chaves são inseridas em ordem crescente ou decrescente. Quando as alturas das subárvores estão balanceadas, o custo das operações tem ordem logarítmica em função do número de nós presentes na árvore.

### 20.4.1 Fundamentos

Uma árvore binária de busca é denominada árvore AVL se, para qualquer nó, as alturas de suas duas subárvores, esquerda e direita, diferem em, no máximo, uma unidade. Portanto, todos os nós de uma árvore AVL devem satisfazer a seguinte propriedade:

$$|h_d(u) - h_e(u)| \leq 1,$$

em que $h_e(u)$ e $h_d(u)$ são a altura das subárvores esquerda e direita, respectivamente, do nó $u$.

A diferença entre a altura da subárvore direita e a altura da subárvore esquerda de um nó é denominada *fator de balanceamento*. Quando um nó possui fator de balanceamento igual a $-1$, $0$ ou $1$, diz-se que o nó é balanceado. Todos os nós de uma árvore AVL são balanceados.

A árvore AVL foi criada por Adelson-Velskii e Landis em 1962, tornando possível aplicar operações de busca, inserção e remoção de elementos em tempo $O(\log_2 n)$, em que $n$ é o número de elementos na árvore. Essa estrutura foi a primeira árvore binária balanceada de busca criada. A Figura 20.18 ilustra exemplos de árvores binárias que satisfazem ou não a propriedade de árvore AVL. O fator de balanceamento é mostrado para cada nó da árvore.

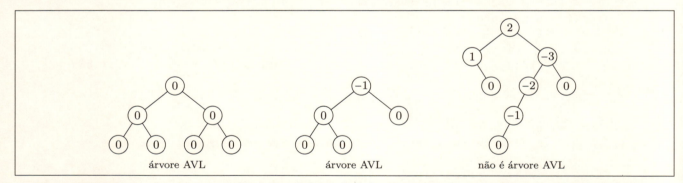

Figura 20.18: Exemplos de árvores binárias. O fator de balanceamento é mostrado para cada nó da árvore.

Seja $T_h$ uma árvore AVL com altura $h$ e com número mínimo de nós. Para construir $T_h$, os seguintes casos podem ser considerados: (i) se $h = 0$, então $T_h$ é uma árvore vazia, (ii) se $h = 1$, então $T_h$ consiste em um único nó e (iii) quando $h > 1$, um nó $r$ é escolhido como raiz e, em seguida, $T_{h-1}$ e $T_{h-2}$ são escolhidas para formar as subárvores esquerda e direita de $r$, respectivamente. As subárvores esquerda e direita de $r$ podem ser intercambiadas sem comprometer o balanceamento dos nós da árvore. A Figura 20.19 ilustra a representação de uma árvore AVL.

Dada uma árvore AVL $T_h$, o número mínimo de nós $|T_h|$ para que a propriedade de balanceamento seja preservada pode ser expresso como

$$\begin{cases} |T_h| = 0, & \text{para } h = 0 \\ |T_h| = 1, & \text{para } h = 1 \\ |T_h| = 1 + |T_{h-1}| + |T_{h-2}|, & \text{para } h > 1. \end{cases}$$

# Algoritmos e estruturas de dados: conceitos e aplicações

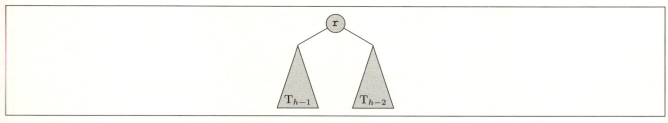

Figura 20.19: Representação de uma árvore AVL.

Devido à analogia com a sequência de Fibonacci, uma árvore AVL com número mínimo de nós $|T_h|$ é denominada árvore de Fibonacci. Alguns exemplos de estruturas de árvores de Fibonacci para diferentes alturas são ilustrados na Figura 20.20.

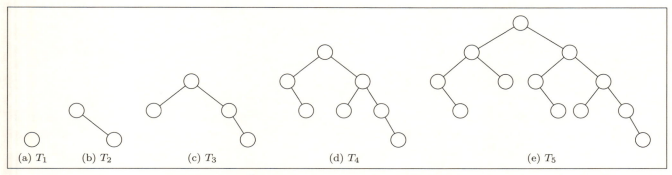

Figura 20.20: Árvores de Fibonacci para diferentes alturas.

### 20.4.2 Operações básicas

Além do campo de informação e dos ponteiros para os filhos esquerdo e direito, cada nó da árvore AVL armazena sua altura para facilitar as operações que dependem do fator de balanceamento. A declaração de uma árvore AVL é mostrada no Código 20.33.

**Código 20.33.** Declaração de árvore AVL.

```
typedef struct No {
  int info, altura;
  struct No *esq, *dir;
} No;
```

A criação de um nó de árvore AVL é implementada no Código 20.34, que recebe o valor a ser armazenado e atribui valores iniciais para o campo de informação, o valor de altura e os ponteiros para as subárvores do nó. O retorno da função é o endereço do nó raiz criado.

**Código 20.34.** Criação de nó de árvore AVL.

```
No *criar_no_AVL(int x) {
  No* no = (No*) malloc(sizeof(No));
  if (no == NULL)
    return NULL;
  no->info = x;
  no->altura = 1;
  no->esq = NULL;
  no->dir = NULL;
  return no;
}
```

A função no Código 20.35 retorna a altura de uma árvore AVL. Se a árvore for nula, a função retorna 0. Caso contrário, a função retorna o campo que armazena a altura da árvore.

**Código 20.35.** Retorno de altura de árvore AVL.

```
int altura(No *raiz) {
  if (raiz == NULL)
    return 0;
  return raiz->altura;
}
```

O fator de balanceamento de cada nó da árvore AVL, definido pela diferença entre as alturas das subárvores direita e esquerda, é calculado pela função no Código 20.36. A altura das subárvores é calculada pela função mostrada anteriormente no Código 20.35.

**Código 20.36.** Cálculo de fator de balanceamento de cada nó de árvore AVL.

```
int fator_balanceamento(No *raiz) {
  if (raiz == NULL)
    return 0;
  return altura(raiz->esq) - altura(raiz->dir);
}
```

A função no Código 20.37 verifica se uma árvore binária satisfaz a propriedade de balanceamento de uma árvore AVL. Se a árvore for nula, ela é considerada balanceada. Caso contrário, a diferença entre as alturas das subárvores direita e esquerda (fator de balanceamento) é verificada.

**Código 20.37.** Verificação se árvore binária é AVL.

```
int balanceada(No *raiz) {
  int he, hd;

  if (raiz == NULL)
    return 1;
  he = altura(raiz->esq);
  hd = altura(raiz->dir);
  if (abs(he - hd) <= 1 && balanceada(raiz->esq) && balanceada(raiz->dir))
    return 1;
  return 0;
}
```

As operações de inserção e remoção não garantem que a árvore permaneça balanceada. Transformações adequadas de rotação devem ser aplicadas para que a árvore satisfaça o fator de balanceamento em cada nó da árvore AVL. Dessa forma, após cada inserção ou remoção, deve-se verificar se algum nó ficou desbalanceado e, em caso afirmativo, aplicar uma operação de rebalanceamento. A operação de rotação preserva o percurso em-ordem das chaves na árvore transformada.

A inserção de um novo nó em uma árvore AVL é realizada pela busca da chave para encontrar o local correto, que será em uma subárvore vazia de um nó folha da árvore. Após a inserção do nó, a altura do nó pai e de todos os nós acima dele deve ser atualizada. Em seguida, deve-se verificar a necessidade de rebalancear a árvore.

Na Figura 20.21, os nós 9 e 11 podem ser inseridos diretamente na árvore, como nós folhas. Por outro lado, a inserção do nó 3, 5 ou 7 requer que a árvore seja rebalanceada. As operações de rebalanceamento da árvore são baseadas em rotações de nós.

Seja $p$ o pai do nó que se tornou desbalanceado na árvore. Além disso, sejam $h_E(p)$ e $h_D(p)$ as alturas das subárvores esquerda e direita de $p$, respectivamente. Quatro situações possíveis devem ser analisadas quando um novo nó é inserido em uma árvore AVL, descritas a seguir.

**Caso 1:** $h_E(p) > h_D(p)$. Neste caso, como pode haver um desbalanceamento no filho esquerdo da subárvore esquerda ou na subárvore direita do nó $p$, dois subcasos são considerados, descritos a seguir.

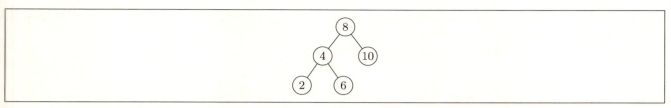

Figura 20.21: Operações de inserção e remoção de elementos em uma árvore AVL.

**Caso 1.1:** $h_E(u) > h_D(u)$. Uma rotação à direita é realizada para restabelecer o balanceamento da árvore (Figura 20.22).

Figura 20.22: Rotação à direita.

**Caso 1.2:** $h_E(u) < h_D(u)$. Uma rotação dupla, primeiro à esquerda e depois à direita, deve ser realizada para restabelecer o balanceamento da árvore (Figura 20.23).

Figura 20.23: Rotação à esquerda seguida de rotação à direita.

**Caso 2:** $h_E(p) < h_D(p)$. Neste caso, como pode haver um desbalanceamento no filho direito da subárvore esquerda ou na subárvore direita do nó $p$, dois subcasos são considerados, descritos a seguir.

**Caso 2.1:** $h_E(u) < h_D(u)$. Uma rotação à esquerda é realizada para restabelecer o balanceamento da árvore (Figura 20.24).

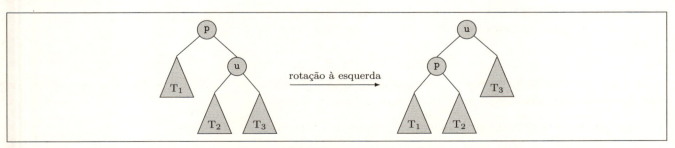

Figura 20.24: Rotação à esquerda.

**Caso 2.2:** $h_E(u) > h_D(u)$. Uma rotação dupla, primeiro à direita e depois à esquerda, deve ser realizada para restabelecer o balanceamento da árvore (Figura 20.25).

Figura 20.25: Rotação à direita seguida de rotação à esquerda.

A Figura 20.26 ilustra exemplos de aplicação da operação de rotação para preservação da propriedade de uma árvore AVL. A restauração do balanceamento das árvores é obtida por meio de rotações simples ou duplas, conforme configuração das subárvores esquerda e direita.

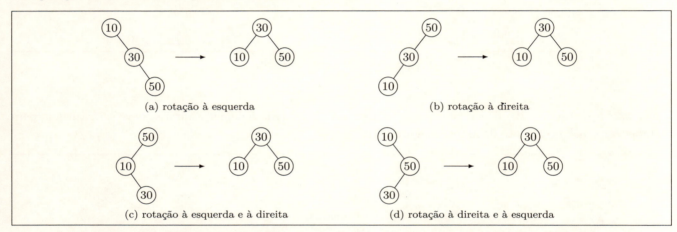

Figura 20.26: Exemplos de rotações para preservar a propriedade de uma árvore AVL.

A função no Código 20.38 aplica a operação de rotação à esquerda em um nó da árvore AVL e retorna o novo nó raiz. As alturas das subárvores esquerda e direita são atualizadas.

**Código 20.38.** Aplicação de rotação à esquerda em nó de árvore AVL.

```
No *rotacao_esquerda(No *x) {
    No *y = x->dir;
    No *T2 = y->esq;

    y->esq = x;
    x->dir = T2;

    x->altura = max(altura(x->esq), altura(x->dir)) + 1;
    y->altura = max(altura(y->esq), altura(y->dir)) + 1;
    return y;
}
```

A função no Código 20.39 aplica a operação de rotação à direita em um nó da árvore AVL e retorna o novo nó raiz. As alturas das subárvores esquerda e direita são atualizadas.

**Código 20.39.** Aplicação de rotação à direita em nó de árvore AVL.

```
No *rotacao_direita(No *y) {
    No *x = y->esq;
```

```c
  No *T2 = x->dir;

  x->dir = y;
  y->esq = T2;

  y->altura = max(altura(y->esq), altura(y->dir)) + 1;
  x->altura = max(altura(x->esq), altura(x->dir)) + 1;
  return x;
}
```

A operação de inserção de um nó em uma árvore binária de busca AVL é implementada na função no Código 20.40. O novo elemento é inserido em um nó folha da árvore. Quando a inserção do nó causa um desbalanceamento da árvore, a operação de rotação correspondente é aplicada para restabelecer a propriedade de balanceamento.

**Código 20.40.** Inserção de nó em árvore binária de busca AVL.

```c
No *inserir(No *raiz, int val) {
  int balanceamento;

  /* inserção normal em uma árvore binária de busca */
  if (raiz == NULL)
    return criar_no_AVL(val);

  if (val < raiz->info)
    raiz->esq = inserir(raiz->esq, val);
  else if (val > raiz->info)
      raiz->dir = inserir(raiz->dir, val);
    else
      return raiz;

  /* atualização da altura do nó */
  raiz->altura = 1 + max(altura(raiz->esq), altura(raiz->dir));

  /* cálculo do fator de balanceamento do nó */
  balanceamento = fator_balanceamento(raiz);

  /* caso 1.1: rotação simples (direita) */
  if (balanceamento > 1 && val < raiz->esq->info)
    return rotacao_direita(raiz);

  /* caso 2.1: rotação simples (esquerda) */
  if (balanceamento < -1 && val> raiz->dir->info)
    return rotacao_esquerda(raiz);

  /* caso 1.2: rotação dupla (esquerda e direita) */
  if (balanceamento > 1 && val > raiz->esq->info) {
    raiz->esq = rotacao_esquerda(raiz->esq);
    return rotacao_direita(raiz);
  }

  /* caso 2.2: rotação dupla (direita e esquerda) */
  if (balanceamento < -1 && val < raiz->dir->info) {
    raiz->dir = rotacao_direita(raiz->dir);
    return rotacao_esquerda(raiz);
  }
  return raiz;
}
```

A função recursiva no Código 20.41 remove um nó de uma árvore AVL. O caso trivial ocorre quando o nó a ser removido tem grau 0, ou seja, é um nó folha. Se o nó tem grau 1, a sua única subárvore é constituída por um nó folha e o valor é copiado para o nó pai. Se o nó tem grau 2, o seu valor é substituído pelo maior valor de sua subárvore esquerda (ou o menor valor contido na sua subárvore direita). De forma semelhante à operação de inserção, a propriedade de balanceamento é restaurada, caso a remoção de um elemento torne a árvore desbalanceada.

**Código 20.41.** Remoção de nó de árvore binária de busca AVL.

```c
No *remover(No *raiz, int val) {
  int balanceamento;

  /* remoção normal em uma árvore binária de busca */
  if (raiz == NULL)
    return raiz;

  /* chave na subárvore esquerda */
  if (val < raiz->info)
    raiz->esq = remover(raiz->esq, val);
  /* chave na subárvore direita */
  else if (val > raiz->info)
      raiz->dir = remover(raiz->dir, val);
      /* chave no nó raiz */
    else {
      /* nó com apenas um filho ou sem filhos */
      if ((raiz->esq == NULL) || (raiz->dir == NULL) ) {
        No *temp = raiz->esq ? raiz->esq : raiz->dir;

        /* sem filhos */
        if (temp == NULL) {
          temp = raiz;
          raiz = NULL;
        }
        else /* um filho */
          *raiz = *temp;
        free(temp);
      }
      else {
        /* nó com dois filhos: obtém o sucessor no percurso em-ordem */
        /* (menor na subárvore direita) */
        No *temp = menor_valor(raiz->dir);
        raiz->info = temp->info;

        /* remove sucessor no percurso em-ordem */
        raiz->dir = remover(raiz->dir, temp->info);
      }
  }

  /* árvore com apenas um nó */
  if (raiz == NULL)
    return raiz;

  /* atualiza altura do nó corrente */
  raiz->altura = 1 + max(altura(raiz->esq), altura(raiz->dir));

  /* fator de balanceamento do nó */
  balanceamento = fator_balanceamento(raiz);
```

```c
    /* caso 1.1: rotação simples (direita) */
    if (balanceamento > 1 && fator_balanceamento(raiz->esq) >= 0)
      return rotacao_direita(raiz);

    /* caso 1.2: rotação dupla (esquerda e direita) */
    if (balanceamento > 1 && fator_balanceamento(raiz->esq) < 0) {
      raiz->esq = rotacao_esquerda(raiz->esq);
      return rotacao_direita(raiz);
    }

    /* caso 2.1: rotação simples (esquerda) */
    if (balanceamento < -1 && fator_balanceamento(raiz->dir) <= 0)
      return rotacao_esquerda(raiz);

    /* caso 2.2: rotação dupla (direita e esquerda) */
    if (balanceamento < -1 && fator_balanceamento(raiz->dir) > 0) {
      raiz->dir = rotacao_direita(raiz->dir);
      return rotacao_esquerda(raiz);
    }
    return raiz;
}
```

Quando o nó a ser removido possui dois filhos, o sucessor no percurso em-ordem é obtido, ou seja, o menor valor na subárvore à direita. Essa operação é realizada pela função no Código 20.42.

**Código 20.42.** Menor elemento de árvore binária AVL.

```c
No *menor_valor(No *no) {
  No* p = no;

  while (p->esq != NULL)
    p = p->esq;
  return p;
}
```

A função no Código 20.43 aplica operações de inserção e remoção de nós em uma árvore AVL vazia. Após a inserção dos elementos 50, 40, 30, 60, 45, 55 e 10, nessa ordem, a chave 55 é removida. Essas operações são mostradas na Figura 20.27. O resultado do percurso pré-ordem é impresso antes e depois da aplicação da operação de remoção.

**Código 20.43.** Uso de árvore binária AVL.

```c
int main() {
  No *raiz = NULL;

  raiz = inserir(raiz, 50);
  raiz = inserir(raiz, 40);
  raiz = inserir(raiz, 30);
  raiz = inserir(raiz, 60);
  raiz = inserir(raiz, 45);
  raiz = inserir(raiz, 55);
  raiz = inserir(raiz, 10);

  printf("Percurso pré-ordem: \n");
  pre_ordem(raiz);

  raiz = remover(raiz, 55);

```

```
17    printf("\n");
18    printf("Percurso pré-ordem: \n");
19    pre_ordem(raiz);
20    return 0;
21 }
```

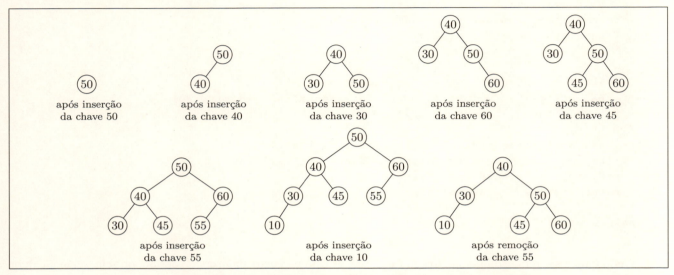

Figura 20.27: Operações de inserção e remoção em uma árvore AVL.

## 20.5  Árvore de busca rubro-negra

Uma *árvore rubro-negra* é uma árvore binária de busca balanceada em que cada nó possui um campo extra de cor, que pode ser *preta* ou *vermelha*. Essa estrutura de dados foi criada por Rudolf Bayer em 1972, e o seu tempo de execução no pior caso é $O(\log_2 n)$ para as operações de busca, inserção e remoção, em que $n$ é o número total de nós da árvore.

### 20.5.1  Fundamentos

Além dos requisitos básicos de uma árvore binária de busca, em que, para cada nó, as chaves menores estão na subárvore esquerda e as chaves maiores estão na subárvore direita, uma árvore rubro-negra deve satisfazer as seguintes propriedades:

i) um nó é preto ou vermelho.

ii) a raiz é preta.

iii) um nó vermelho tem 0 ou 2 filhos pretos.

iv) todo caminho de um nó até qualquer de seus nós folhas descendentes contém o mesmo número de nós pretos.

As Figuras 20.28 (a) e (c) ilustram exemplos de árvores rubro-negras. A árvore mostrada na Figura 20.28 (b) não satisfaz a propriedade (iii). Embora as árvores rubro-negras não necessariamente tenham altura mínima, as propriedades asseguram que a árvore é aproximadamente balanceada.

Pela propriedade (iii), nenhum caminho pode ter dois nós vermelhos sucessivos. Além disso, o número de nós pretos em uma árvore rubro-negra é no mínimo $\lfloor n/2 \rfloor$. Uma consequência da propriedade (iv) é que nenhum caminho é duas vezes mais longo do que qualquer outro, de modo que a árvore é aproximadamente balanceada. O caminho mais curto possível possui apenas nós pretos, enquanto o caminho mais longo alterna entre nós pretos e vermelhos.

A altura $h$ de uma árvore corresponde ao número de nós do caminho mais longo entre o nó raiz e um nó folha. Pela propriedade (iv), cada caminho da raiz a uma folha deve conter o mesmo número de nós pretos. Como $n \leqslant 2^h - 1$ em uma árvore binária completa, isso implica que o número máximo de nós pretos em um caminho do nó raiz até uma folha é igual a $\log_2(n+1)$.

**Algoritmos e estruturas de dados: conceitos e aplicações** 325

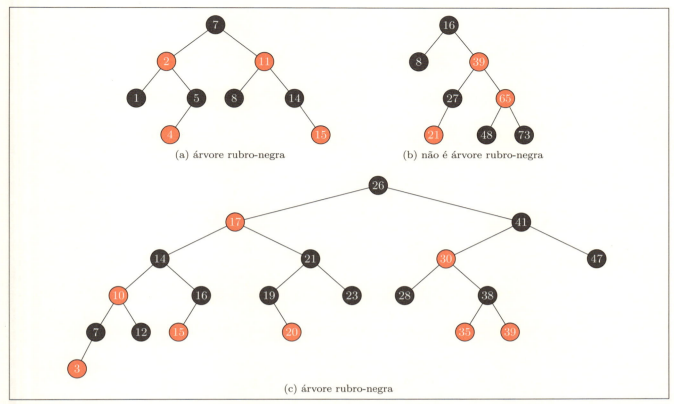

Figura 20.28: Exemplos de árvores binárias de busca. As árvores (a) e (c) são rubro-negras, enquanto a árvore (b) não satisfaz a propriedade (iii).

Em uma árvore rubro-negra, o comprimento do caminho mais longo da raiz até uma folha (altura da árvore) contém o número máximo $\log_2(n+1)$ de nós pretos e o número máximo $\log_2(n+1)$ de nós vermelhos, cuja soma é $2 \cdot \log_2(n+1)$. Portanto, a altura de uma árvore rubro-negra é $O(\log_2 n)$.

### 20.5.2 Operações básicas

As operações de busca, inserção e remoção de nós em uma árvore rubro-negra podem ser realizadas em tempo $O(\log_2 n)$, em que $n$ é o número total de nós da árvore. A operação de busca funciona de maneira similar ao que ocorre em qualquer árvore binária de busca, ou seja, a chave a ser localizada é comparada com o valor armazenado no nó correntemente apontado, desde a raiz até uma folha, percorrendo-se a subárvore esquerda ou direita, de acordo com o valor da chave. As operações de inserção e remoção podem violar as propriedades da árvore rubro-negra. Rotações e modificações de cores devem ser aplicadas até que as propriedades da árvore rubro-negra sejam restauradas.

Na operação de inserção, a posição do novo nó é inicialmente localizada, buscando-se o valor nas subárvores esquerda ou direita, como na operação de busca, até se alcançar a folha em que será inserido o novo valor. A cor de NULL é considerada preta. Seja $x$ o nó a ser inserido na árvore rubro-negra. O nó $x$ é colorido com a cor vermelha. Dependendo da configuração da árvore após a inserção do novo nó, quatro casos devem ser considerados, descritos a seguir.

**Caso 1:** A árvore é vazia. O nó $x$ torna-se a raiz da árvore e sua cor é alterada para preta, para satisfazer a propriedade (ii). A propriedade (iv) permanece satisfeita. A Figura 20.29 ilustra o caso 1 de inserção de um novo nó.

**Caso 2:** A cor do pai de $x$ é preta. A inserção de $x$ não altera a propriedade (iii). Como o novo nó é vermelho, a propriedade (iv) permanece satisfeita, de forma que nenhuma alteração é necessária. O caso 2 é ilustrado na

Figura 20.29: Caso 1 para inserção de nó em árvore rubro-negra. O novo nó $x$ é raiz.

Figura 20.30.

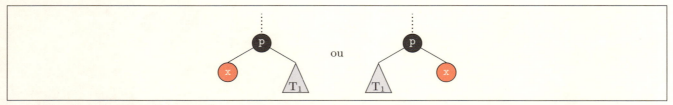

Figura 20.30: Caso 2 para inserção de nó em árvore rubro-negra. O pai do novo nó $x$ é preto.

**Caso 3:** A cor do pai de $x$ é vermelha. A propriedade (iv) é preservada, entretanto, como $x$ também tem cor vermelha, a propriedade (iii) será violada, a qual estabelece que ambos os filhos de um nó vermelho devem ser pretos. Dois casos devem ser considerados, descritos a seguir, de acordo com a cor do tio do nó $x$ a ser inserido. Os nós $p$, $t$ e $a$ correspondem ao pai, tio e avô, respectivamente, do nó $x$ a ser inserido.

**Caso 3(a):** O pai e o tio de $x$ são vermelhos. Três passos devem ser seguidos: (a) modificar a cor do pai $p$ e do tio $t$ de $x$ para preta e (b) modificar a cor do avô de $x$ para vermelha. Dessa forma, as cores de $p$, $t$ e $a$ são alteradas. Caso necessário, os passos (a) e (b) devem ser recursivamente repetidos para o avô de $x$, para, assim, evitar que a propriedade (iii) seja violada. O caso 3(a) é ilustrado na Figura 20.31. O nó $x$ pode ser filho esquerdo ou direito de $p$.

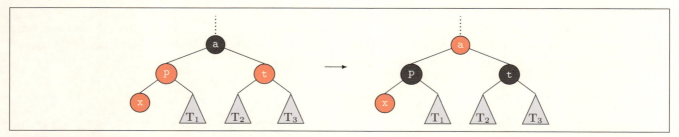

Figura 20.31: Caso 3(a) para inserção de nó em árvore rubro-negra. O pai e o tio do novo nó $x$ são vermelhos.

**Caso 3(b):** O pai e o tio de $x$ são vermelho e preto, respectivamente. Quatro configurações diferentes podem ocorrer pela reestruturação dos nós $x$ (novo nó), $p$ (pai de $x$) e $a$ (avô de $x$). Na primeira configuração, $p$ é filho esquerdo de $a$ e $x$ é filho esquerdo de $p$. O restabelecimento das propriedades da árvore rubro-negra envolve uma rotação à direita seguida de alterações de cores dos nós. Na segunda configuração, $p$ é filho esquerdo de $a$ e $x$ é filho direito de $p$. Uma rotação dupla, à esquerda e à direita, é requerida para restabelecer as propriedades da árvore, seguida de alterações de cores dos nós. A terceira configuração é simétrica à primeira, em que $p$ é filho direito de $a$ e $x$ é filho direito de $p$. Uma rotação à esquerda deve ser aplicada para restabelecer as propriedades, seguida de alterações de cores dos nós. A quarta configuração é simétrica à segunda, em que $p$ é filho direito de $a$ e $x$ é filho esquerdo de $p$. O restabelecimento das propriedades é obtido pela aplicação de uma rotação dupla, à direita e à esquerda, seguida de alterações de cores dos nós. A Figura 20.32 ilustra o caso 3(b) de inserção de novo nó.

A Figura 20.33 ilustra a inserção de uma sequência de nós em uma árvore rubro-negra. A inserção do nó 12 requer a aplicação de uma rotação à esquerda e da alteração de cores (terceira configuração do caso 3(b)) para restaurar a propriedade (iii), ou seja, evitar que um nó pai vermelho tenha um nó filho também vermelho. A inserção do nó 15 requer uma troca de cores (caso 3(a)). A inserção do nó 14 requer a aplicação de uma rotação à direita e à esquerda (quarta configuração do caso 3(b)) para restaurar a propriedade (iii). A inserção do nó 18 requer uma

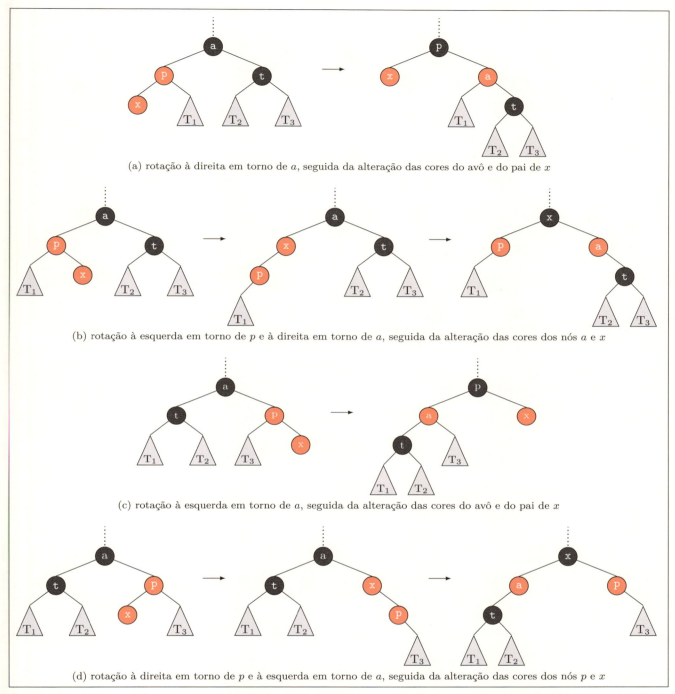

(a) rotação à direita em torno de $a$, seguida da alteração das cores do avô e do pai de $x$

(b) rotação à esquerda em torno de $p$ e à direita em torno de $a$, seguida da alteração das cores dos nós $a$ e $x$

(c) rotação à esquerda em torno de $a$, seguida da alteração das cores do avô e do pai de $x$

(d) rotação à direita em torno de $p$ e à esquerda em torno de $a$, seguida da alteração das cores dos nós $p$ e $x$

Figura 20.32: Caso 3(b) para inserção de nó em árvore rubro-negra. O pai e o tio do novo nó $x$ são vermelho e preto, respectivamente.

troca de cores (caso 3(a)). A inserção do nó 16 requer a aplicação de uma rotação à direita e à esquerda (quarta configuração do caso 3(b)) para restaurar a propriedade (iii). Finalmente, a inserção do nó 17 requer inicialmente uma troca de cores (caso 3(a)). Após a alteração das cores, a propriedade (iii) é novamente violada e uma rotação à esquerda (terceira configuração do caso 3(b)) é aplicada.

A estrutura de um nó de árvore rubro-negra armazena a chave, a cor do nó e os ponteiros para o nó pai e para os filhos esquerdo e direito. A declaração de um nó de árvore rubro-negra é mostrada no Código 20.44.

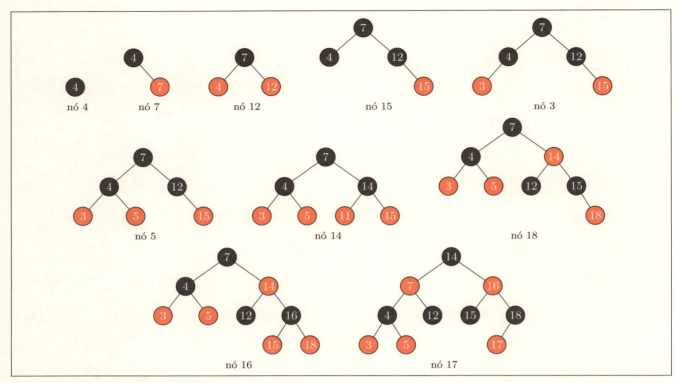

Figura 20.33: Inserção da sequência de chaves 4, 7, 12, 15, 3, 5, 14, 18, 16 e 17, nessa ordem.

**Código 20.44.** Declaração de nó de árvore rubro-negra.

```
typedef enum {vermelho, preto} tipo_cor;

typedef struct No {
  int info;
  tipo_cor cor;
  struct No *esq, *dir, *pai;
} No;
```

A função no Código 20.45 cria um nó da árvore rubro-negra durante o processo de inserção. A cor do nó é inicialmente atribuída como vermelha.

**Código 20.45.** Criação de nó de árvore rubro-negra.

```
No *criar_no(int val) {
  No* p;

  if ((p = (No*) malloc(sizeof(No))) == NULL)
    return NULL;
  p->info = val;
  p->cor = vermelho;
  p->esq = p->dir = p->pai = NULL;
  return p;
}
```

A função no Código 20.46 retorna um ponteiro para o tio do nó. Caso o nó não tenha pai ou avô, o valor NULL é retornado. O tio do nó pode estar localizado à esquerda ou à direita do nó.

**Código 20.46.** Retorno de ponteiro para tio de nó de árvore rubro-negra.

```
No *tio(No *x) {
  if (x->pai == NULL || x->pai->pai == NULL)
    return NULL;

  if (x->pai == x->pai->pai->esq)
    return x->pai->pai->dir;
  else
    return x->pai->pai->esq;
}
```

A função no Código 20.47 retorna um ponteiro para o irmão do nó, caso exista.

**Código 20.47.** Retorno de ponteiro para irmão de nó de árvore rubro-negra.

```
No *irmao(No *x) {
  if (x->pai == NULL)
    return NULL;

  if (x == x->pai->esq)
    return x->pai->dir;
  return x->pai->esq;
}
```

A função no Código 20.48 move um nó para baixo, até seu local correto.

**Código 20.48.** Movimenta nó para baixo em árvore rubro-negra.

```
void mover_para_baixo(No *x, No *novo_pai) {
  if (x->pai != NULL) {
    if (x == x->pai->esq)
      x->pai->esq = novo_pai;
    else
      x->pai->dir = novo_pai;
  }
  novo_pai->pai = x->pai;
  x->pai = novo_pai;
}
```

A função no Código 20.49 aplica uma rotação à esquerda em nó de árvore rubro-negra.

**Código 20.49.** Aplicação de rotação à esquerda em nó de árvore rubro-negra.

```
No *rotacao_esquerda(No *raiz, No *x) {
  No *novo_pai = x->dir; /* novo pai será o filho direito do nó x */

  if (x == raiz) /* atualiza raiz */
    raiz = novo_pai;

  mover_para_baixo(x, novo_pai);

  x->dir = novo_pai->esq;
  if (novo_pai->esq != NULL) /* nó esquerdo do novo pai é conectado ao nó x */
    novo_pai->esq->pai = x;

  novo_pai->esq = x; /* novo pai é conectado ao nó x */
  return raiz;
}
```

A função no Código 20.50 aplica uma rotação à direita em nó de árvore rubro-negra.

**Código 20.50.** Aplicação de rotação à direita em nó de árvore rubro-negra.

```
No *rotacao_direita(No *raiz, No *x) {
  No *novo_pai = x->esq; /* novo pai será o filho esquerdo do nó x */

  if (x == raiz) /* atualiza raiz */
    raiz = novo_pai;

  mover_para_baixo(x, novo_pai);

  x->esq = novo_pai->dir;
  if (novo_pai->dir != NULL) /* nó direito do novo pai é conectado ao nó x */
    novo_pai->dir->pai = x;

  novo_pai->dir = x; /* novo pai é conectado ao nó x */
  return raiz;
}
```

A função no Código 20.51 troca as cores de dois nós de árvore rubro-negra.

**Código 20.51.** Troca de cores de nós de árvore rubro-negra.

```
void trocar_cores(No *x1, No *x2) {
  tipo_cor aux;

  aux = x1->cor;
  x1->cor = x2->cor;
  x2->cor = aux;
}
```

A função no Código 20.52 troca as chaves de dois nós de árvore rubro-negra.

**Código 20.52.** Troca de chaves de nós de árvore rubro-negra.

```
void trocar_chaves(No *u, No *v) {
  int aux;

  aux = u->info;
  u->info = v->info;
  v->info = aux;
}
```

A função no Código 20.53 encontra o sucessor de nó em uma árvore rubro-negra, ou seja, o nó que não tem um filho esquerdo na subárvore de um determinado nó.

**Código 20.53.** Busca de sucessor de nó em árvore rubro-negra.

```
No *sucessor(No *x) {
  No *aux = x;

  while (aux->esq != NULL)
    aux = aux->esq;
  return aux;
}
```

A função no Código 20.54 encontra o nó que substitui um nó excluído da árvore rubro-negra. Se um nó tem dois filhos, o substituto é o sucessor na subárvore direita. Se um nó é uma folha, não tem substituto, então retorna NULL. Se um nó tem apenas um filho, o substituto é o único filho.

**Código 20.54.** Substituição de nó removido de árvore rubro-negra.

```
No *substituir(No *x) {
  if (x->esq != NULL && x->dir != NULL) /* nó tem 2 filhos */
    return sucessor(x->dir);

  if (x->esq == NULL && x->dir == NULL) /* nó é folha */
    return NULL;

  if (x->esq != NULL) /* nó tem 1 filho */
    return x->esq;
  else
    return x->dir;
}
```

A função no Código 20.55 busca uma determinada chave na árvore rubro-negra. Caso ela seja encontrada, a função retorna o nó (usado na operação de remoção). Caso contrário, a função retorna o último nó do percurso (usado na operação de inserção).

**Código 20.55.** Busca de uma chave em árvore rubro-negra.

```
No *buscar(No *raiz, int k) {
  No *aux = raiz;

  while (aux != NULL) {
    if (k < aux->info) {
      if (aux->esq == NULL)
        break;
      else
        aux = aux->esq;
    }
    else
      if (k == aux->info)
        break;
      else
        if (aux->dir == NULL)
          break;
        else
          aux = aux->dir;
  }
  return aux;
}
```

A função no Código 20.56 recebe a raiz da árvore e uma chave a ser inserida na árvore rubro-negra. Quando a árvore é vazia, a chave é inserida no novo nó, que se torna a raiz da árvore. Se a chave já existir na árvore rubro-negra, ela não é novamente inserida na árvore. As propriedades da árvore rubro-negra são verificadas e ajustadas após a inserção do nó.

**Código 20.56.** Inserção de nó em árvore rubro-negra.

```
No *inserir(No *raiz, int k) {
  No *aux, *novo_no = criar_no(k);
  if (raiz == NULL) { /* árvore é vazia */
    novo_no->cor = preto;
    raiz = novo_no;
  }
  else {
    aux = buscar(raiz, k);
```

```c
      if (aux->info == k) /* chave já existente */
        return raiz;

      novo_no->pai = aux; /* novo nó é conectado ao nó correto */

      if (k < aux->info)
        aux->esq = novo_no;
      else
        aux->dir = novo_no;

      raiz = ajustar_insercao(raiz, novo_no); /* ajusta inserção */
    }
    return raiz;
}
```

Após a inserção de um nó, a árvore deve ser ajustada para restaurar suas propriedades. A função no Código 20.57 recebe a raiz da árvore rubro-negra e o nó em que a chave foi inserida. Os casos descritos anteriormente para ajustar a inserção do novo nó são identificados e executados.

**Código 20.57.** Ajuste de árvore rubro-negra após inserção de nó.

```c
No *ajustar_insercao(No *raiz, No *x) {
  No *p, *t, *a; /* pai, tio, avo */
    if (x == raiz) { /* se o nó é raiz, atribui cor preta */
      x->cor = preto;
      return raiz;
    }
    p = x->pai, a = p->pai, t = tio(x);
    if (p->cor != preto) { /* Caso 3 */
      if (t != NULL && t->cor == vermelho) { /* Caso 3(a) */
        p->cor = preto;
        t->cor = preto;
        a->cor = vermelho;
        raiz = ajustar_insercao(raiz, a);
      }
      else { /* Caso 3(b) */
        if (p == p->pai->esq) {
          if (x == x->pai->esq)
            trocar_cores(p, a); /* Caso 3(b): segunda configuração */
          else {
            raiz = rotacao_esquerda(raiz, p);
            trocar_cores(x, a);
          }
          raiz = rotacao_direita(raiz, a); /* Caso 3(b): primeira configuração */
        }
        else {
          if (x == x->pai->esq) { /* Caso 3(b): quarta configuração */
            raiz = rotacao_direita(raiz, p);
            trocar_cores(x, a);
          }
          else
            trocar_cores(p, a);
          raiz = rotacao_esquerda(raiz, a); /* Caso 3(b): terceira configuração */
        }
      }
    }
    return raiz;
```

A operação de remoção, assim como a inserção de nós, requer a aplicação de operações de rotação e recoloração para preservar as propriedades das árvores rubro-negras. Na operação de inserção, conforme discutido anteriormente, a cor do *tio* do nó a ser inserido foi levada em consideração. Por outro lado, a cor do *irmão* do nó a ser removido será utilizada na decisão de qual caso aplicar na operação de remoção.

Enquanto na operação de inserção a propriedade (iii) pode ser violada devido ao surgimento de dois nós vermelhos consecutivos, a operação de remoção pode violar a propriedade (iv), pois a eliminação de um nó preto pode fazer com que um caminho, da raiz até uma folha, não tenha o mesmo número de nós pretos dos demais caminhos.

Conforme discutido na Seção 20.3, a operação de remoção em uma árvore binária de busca inicia-se com a busca do nó que contém a chave a ser eliminada. Se a chave estiver em um nó folha, o nó será simplesmente removido. Se o nó tiver um único filho, este será movido para cima para ocupar o lugar do nó sendo removido. Finalmente, se o nó tiver dois filhos, o elemento que sucede (ou precede) o nó no percurso em-ordem será copiado como o valor do nó a ser removido.

Assim como na operação de inserção, diferentes casos serão considerados para tratar uma violação de propriedade causada pela operação de remoção em uma árvore rubro-negra. Para facilitar a operação de remoção, o conceito de nó *preto duplo* é introduzido. Quando um nó preto é removido e substituído por um filho preto, o filho é marcado como preto duplo.[1] O nó preto duplo deve ser convertido em um nó preto simples no processo de ajuste de cores. Nos casos a serem descritos a seguir, o nó a ser removido é denotado por $x$ e o nó filho que substitui $x$ é denotado por $y$. Quando o nó $x$ é uma folha, $y$ é NULL, cuja cor é considerada preta.

**Caso 1:** Se o nó $x$ ou nó $y$ for vermelho, o nó filho $y$ que substitui o nó removido $x$ é colorido com a cor preta. Os nós $x$ e $y$ não podem ser ambos vermelhos, pois $x$ é pai de $y$, o que violaria a propriedade (iii). Esse caso é ilustrado na Figura 20.34.

Figura 20.34: Caso 1 para remoção de nó em árvore rubro-negra. O nó $x$ a ser removido ou seu sucessor $y$ é vermelho.

**Caso 2:** Quando os nós $x$ e $y$ forem pretos, três situações devem ser consideradas, as quais são descritas a seguir.

**Caso 2.1:** Se $x$ for um nó folha, então $y$ é NULL, cuja cor é considerada preta. Portanto, a remoção de um nó folha preto causa a ocorrência de um nó preto duplo. Esse caso é ilustrado na Figura 20.35.

Figura 20.35: Caso 2.1 para remoção de nó em árvore rubro-negra. Após a remoção do nó folha $x$, o preto duplo deve ser ainda resolvido.

**Caso 2.2:** Os seguintes passos devem ser executados enquanto o nó atual $y$ for preto duplo e não for a raiz. Seja $u$ o irmão do nó.

---

[1] Um nó preto duplo é ilustrado com um anel ao redor do nó preto.

(a) Se o irmão $u$ for preto e pelo menos um dos filhos do irmão for vermelho, pelo menos uma rotação deverá ser aplicada. Seja $v$ o filho vermelho de $u$. Esse caso pode ser dividido em quatro subcasos (ilustrados na Figura 20.36), dependendo das posições de $u$ e $v$:

(i) $u$ é o filho esquerdo de seu pai e $v$ é o filho esquerdo de $u$ ou ambos os filhos de $u$ são vermelhos.

(ii) $u$ é o filho esquerdo de seu pai e $v$ é o filho direito.

(iii) $u$ é o filho direito de seu pai e $v$ é o filho direito de $u$ ou ambos os filhos de $u$ são vermelhos.

(iv) $u$ é o filho direito de seu pai e $v$ é o filho esquerdo de $u$.

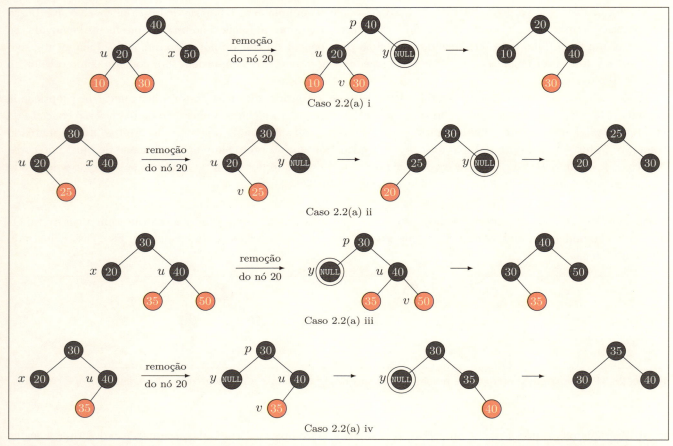

Figura 20.36: Caso 2.2(a) para remoção de nó em árvore rubro-negra. O nó irmão $u$ é preto e pelo menos um dos filhos do irmão é vermelho. Uma operação de rotação simples ou dupla é aplicada para ajustar a árvore.

(b) Se o nó irmão $u$ for preto e seus dois filhos forem pretos, a coloração é aplicada e o processo é repetido para o pai, caso o pai seja preto. Se o pai for vermelho, o processo não precisará ser repetido para o pai, bastando colorir o nó como preto. Esse caso é ilustrado na Figura 20.37.

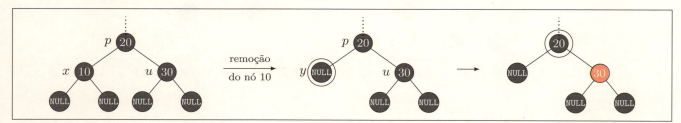

Figura 20.37: Caso 2.2(b) para remoção de nó em árvore rubro-negra. O nó irmão $u$ é preto e seus dois filhos são também pretos. Após recoloração, o processo de ajuste é propagado no nó 20 para remover o preto duplo.

(c) Se o nó irmão $u$ for vermelho, uma rotação é aplicada para mover o irmão mais velho para cima. O irmão mais velho e os pais são recoloridos. O novo irmão é sempre preto. O problema é reduzido ao caso (a) ou (b) de irmão preto. Esse caso pode ser dividido em dois subcasos (ilustrados na Figura 20.38):

(i) $u$ é o filho esquerdo de seu pai. Uma rotação à direita é aplicada no nó pai $p$.

(ii) $u$ é o filho direito de seu pai. Uma rotação à esquerda é aplicada no nó pai $p$.

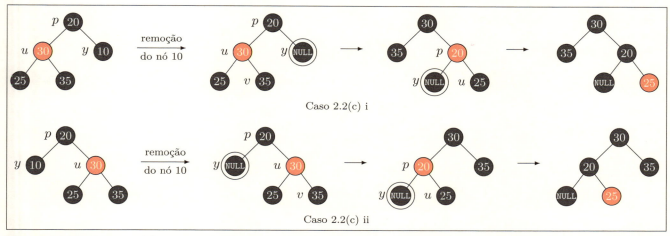

Figura 20.38: Caso 2.2(c) para remoção de nó em árvore rubro-negra. O nó irmão $u$ é vermelho. Operações de coloração e rotação são aplicadas para ajustar a árvore rubro-negra.

**Caso 2.3:** Se o nó preto duplo chegar à raiz, o nó é colorido como preto simples. Dessa forma, o número de nós nos caminhos da árvore é reduzido em 1.

A função no Código 20.58 recebe a raiz da árvore e uma chave a ser removida. Se a árvore for vazia ou a chave não existir na árvore, nenhuma alteração é realizada na árvore rubro-negra. Caso contrário, o nó a ser removido é localizado.

**Código 20.58.** Busca de chave a ser removida de árvore rubro-negra.

```
No *remover(No *raiz, int k) {
  if (raiz == NULL)
    return raiz;

  No *x = busca(raiz, k);
  if (x->info != k) {
    printf("Chave não existente\n");
    return raiz;
  }
  raiz = excluir_no(raiz, x);
  return raiz;
}
```

A função no Código 20.59 recebe a raiz da árvore e o nó a ser removido da árvore rubro-negra. Após a localização do nó e a aplicação de alguns ajustes na árvore, o espaço de memória correspondente é liberado.

**Código 20.59.** Remoção de chave de árvore rubro-negra.

```
No *excluir_no(No *raiz, No *x) {
  No *p = x->pai, *y = substituir(x);

  if (y == NULL) { /* se y é NULL, então x é folha */
    if (x == raiz) /* se x é raiz, a raiz torna-se NULL */
      raiz = NULL;
    else {
```

```c
        if ((y == NULL || y->cor == preto) && (x->cor == preto)) /* Caso 2.1 */
            raiz = ajustar_remocao(raiz, x); /* remoção deve ser ajustada em x */
        else { /* x ou y é vermelho */
            if (irmao(x) != NULL) /* se o irmão não é nulo, sua cor torna-se vermelha */
                tio(x)->cor = vermelho;
        }
        /* remove x da árvore */
        if (x == x->pai->esq)
            p->esq = NULL;
        else
            p->dir = NULL;
    }
    free(x);
    return raiz;
}

if (x->esq == NULL || x->dir == NULL) { /* x tem 1 filho */
    if (x == raiz) {
        x->info = y->info; /* chave de y é atribuída a x */
        x->esq = x->dir = NULL;
        free(y); /* remove y da árvore */
    }
    else { /* move y para cima */
        if (x == x->pai->esq)
            p->esq = y;
        else
            p->dir = y;
        y->pai = p;
        free(x); /* remove x da árvore */
        if ((y == NULL || y->cor == preto) && (x->cor == preto)) /* Caso 2.1 */
            raiz = ajustar_remocao(raiz, y); /* remoção deve ser ajustada em y */
        else { /* Caso 1: se x ou y é vermelho, a cor de y torna-se preta */
            y->cor = preto;
            return raiz;
        }
    }
}
/* x tem 2 filhos */
trocar_chaves(y, x); /* chaves de x e seu sucessor y são trocadas */
raiz = excluir_no(raiz, y); /* processo é repetido */
}
```

Após a remoção de um nó, a árvore deve ser ajustada para restaurar suas propriedades. A função no Código 20.60 recebe a raiz da árvore rubro-negra e o nó a ser ajustado. Diferentes situações para ajustar a remoção do nó são identificadas, e ações apropriadas são executadas.

**Código 20.60.** Ajuste de árvore rubro-negra após remoção de nó.

```c
No *ajustar_remocao(No *raiz, No *x) {
    No *u, *p; /* irmão e pai */

    if (x == raiz)
        return raiz;

    u = irmao(x);
    p = x->pai;
```

```c
10    if (u == NULL) /* se o nó não tiver irmão, remoção deve ser ajustada */
11      raiz = ajustar_remocao(raiz, p);
12    else {
13      if (u->cor == vermelho) { /* Caso 2.2(c) */
14        p->cor = vermelho;
15        u->cor = preto;
16        if (u == u->pai->esq) /* Caso 2.2(c)(i) */
17          raiz = rotacao_direita(raiz, p);
18        else /* Caso 2.2(c)(ii) */
19          raiz = rotacao_esquerda(raiz, p);
20        raiz = ajustar_remocao(raiz, x);
21      } else { /* Caso 2.2(a) ou Caso 2.2(b) */
22        if ((u->esq != NULL && u->esq->cor == vermelho) ||
23             (u->dir != NULL && u->dir->cor == vermelho)) {
24          if (u->esq != NULL && u->esq->cor == vermelho) { /* Caso 2.2(a) */
25            if (u == u->pai->esq) { /* Caso 2.2(a)(i) */
26              u->esq->cor = u->cor;
27              u->cor = p->cor;
28              raiz = rotacao_direita(raiz, p);
29            } else { /* Caso 2.2(a)(iv) */
30              u->esq->cor = p->cor;
31              raiz = rotacao_direita(raiz, u);
32              raiz = rotacao_esquerda(raiz, p);
33            }
34          } else {
35            if (u == u->pai->esq) { /* Caso 2.2(a)(ii) */
36              u->dir->cor = p->cor;
37              raiz = rotacao_esquerda(raiz, u);
38              raiz = rotacao_direita(raiz, p);
39            } else { /* Caso 2.2(a)(iii) */
40              u->dir->cor = u->cor;
41              u->cor = p->cor;
42              raiz = rotacao_esquerda(raiz, p);
43            }
44          }
45          p->cor = preto;
46        } else { /* Caso 2.2(b) */
47          u->cor = vermelho;
48          if (p->cor == preto)
49            raiz = ajustar_remocao(raiz, p);
50          else
51            p->cor = preto;
52        }
53      }
54    }
55    return raiz;
56  }
```

## 20.6 Árvore de difusão

Uma *árvore de difusão* (*splay tree*) é uma árvore binária de busca para permitir acesso rápido a elementos que são mais recentemente acessados. A estrutura de dados foi criada por Daniel Sleator e Robert Tarjan em 1985. O item mais recentemente acessado é movido à raiz da árvore por meio de sucessivas operações de rotação.

### 20.6.1 Fundamentos

Em uma árvore de difusão, assim como nas demais árvores binárias de busca, as chaves menores estão na subárvore esquerda e as chaves maiores estão na subárvore direita de cada nó. Diferentemente das árvores AVL ou rubro-negras, uma árvore de difusão não requer que cada nó armazene informação adicional ou que a estrutura seja balanceada.

Aplicações baseadas no princípio da localidade de referência, como a implementação de políticas de cache, são beneficiadas com o uso de árvores de difusão, em que o item mais recentemente pesquisado é acessível em $O(1)$ caso seja acessado novamente.

### 20.6.2 Operações básicas

As operações de busca, inserção e remoção de elementos em uma árvore de difusão são executadas em tempo $O(\log_2 n)$, no caso médio, em que $n$ é o número de entradas na árvore. A altura de uma árvore de difusão, no pior caso, é $O(n)$, quando a árvore é desbalanceada.

Quando um nó $x$ é consultado, uma operação de difusão é executada para movê-lo para a raiz. Uma sequência de rotações é aplicada, com cada operação levando o nó de interesse para mais próximo à raiz. Os casos a seguir devem ser considerados ao acessar o nó $x$.

**Caso 1: O nó é raiz.** A raiz é retornada, pois o nó $x$ já é a raiz.

**Caso 2: O nó é filho da raiz.** O nó $x$ não tem avô. Dois subcasos podem ocorrer, descritos a seguir.

**Caso 2(a): Zig.** O nó $x$ é filho esquerdo da raiz. Uma operação de rotação à direita em $p$ deve ser aplicada, conforme ilustrado na Figura 20.39.

Figura 20.39: Zig: rotação à direita.

**Caso 2(b): Zag.** O nó $x$ é filho direito da raiz. Uma operação de rotação à esquerda em $p$ deve ser aplicada, conforme ilustrado na Figura 20.40.

Figura 20.40: Zag: rotação à esquerda.

**Caso 3: Nó tem tanto pai quanto avô.** Dois subcasos podem ocorrer, descritos a seguir.

**Caso 3(a): Zig-Zig.** O nó $x$ é filho esquerdo do pai $p$ e o pai também é filho esquerdo do avô $a$ de $x$. Uma rotação à direita em $a$ e uma rotação à direita em $p$ devem ser aplicadas, conforme ilustrado na Figura 20.41.

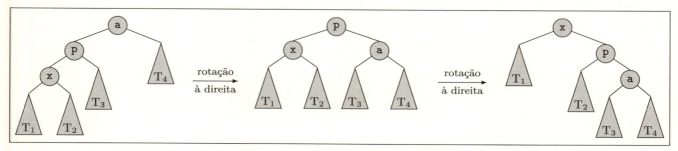

Figura 20.41: Zig-Zig: duas rotações à direita.

**Caso 3(b): Zag-Zag.** O nó $x$ é filho direito do pai $p$ e o pai também é filho direito do avô $a$ de $x$. Uma rotação à esquerda em $a$ e uma rotação à esquerda em $p$ devem ser aplicadas, conforme ilustrado na Figura 20.42.

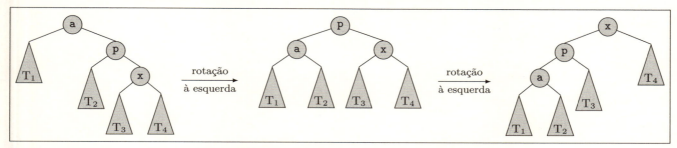

Figura 20.42: Zag-Zag: duas rotações à esquerda.

**Caso 3(c): Zig-Zag.** O nó $x$ é filho esquerdo do pai $p$ e o pai é filho direito do avô $a$ de $x$. Uma rotação à direita em $p$ e uma rotação à esquerda em $a$ devem ser aplicadas, conforme ilustrado na Figura 20.43.

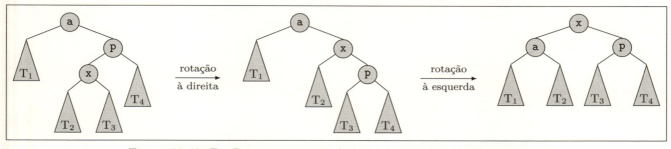

Figura 20.43: Zig-Zag: uma rotação à direita e uma rotação à esquerda.

**Caso 3(d) Zag-Zig.** O nó $x$ é filho esquerdo do pai $p$ e o pai é filho direito do avô $a$ de $x$. Uma rotação à esquerda em $p$ e uma rotação à direita em $a$ devem ser aplicadas, conforme ilustrado na Figura 20.44.

Um exemplo de aplicação da operação de difusão no nó 22 é mostrado na Figura 20.45. O nó é movido para a raiz por meio de duas rotações duplas, a primeira que consiste em uma rotação à direita e uma rotação à esquerda e a segunda que consiste em duas rotações à direita.

A estrutura de um nó de árvore de difusão é mostrada na função no Código 20.61.

**Código 20.61.** Declaração de nó de árvore de difusão.

```
typedef struct No {
  int info;
  struct No *esq, *dir;
```

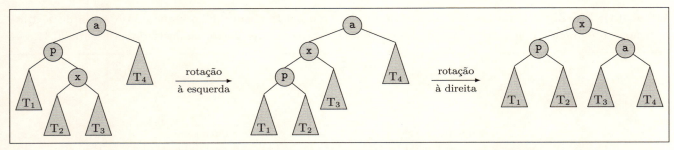

Figura 20.44: Zag-Zig: uma rotação à esquerda e uma rotação à direita.

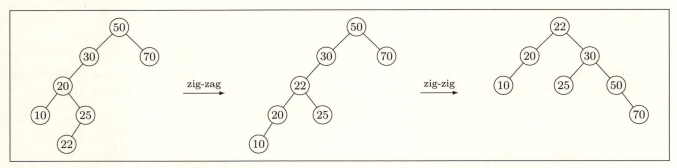

Figura 20.45: Exemplo de aplicação da operação de difusão no nó 22.

```
4  } No;
```

A criação de um novo nó em uma árvore de difusão é implementada na função no Código 20.62, que recebe o valor a ser armazenado e atribui valores iniciais para o campo de informação e os ponteiros para as subárvores do nó.

**Código 20.62.** Criação de nó em árvore de difusão.

```
1  No *criar_no(int x) {
2    No *no = (No*) malloc(sizeof(No));
3    if (no == NULL)
4      return NULL;
5    no->info = x;
6    no->esq = NULL;
7    no->dir = NULL;
8    return no;
9  }
```

A operação de rotação à esquerda em torno de um nó x é mostrada no Código 20.63.

**Código 20.63.** Aplicação de rotação à esquerda de nó em árvore de difusão.

```
1  No *rotacao_esquerda(No *x) {
2    No *y = x->dir;
3  
4    x->dir = y->esq;
5    y->esq = x;
6    return y;
7  }
```

A operação de rotação à direita em torno de um nó x é mostrada no Código 20.64.

**Código 20.64.** Aplicação de rotação à direita de nó em árvore de difusão.

```
1  No *rotacao_direita(No *x) {
```

```
2    No *y = x->esq;
3
4    x->esq = y->dir;
5    y->dir = x;
6    return y;
7  }
```

A função no Código 20.65 busca um elemento x e aplica a operação de difusão.

**Código 20.65.** Busca de elemento em árvore de difusão.

```
1  No *buscar(No *raiz, int x) {
2    return difusao(raiz, x);
3  }
```

A operação de difusão é aplicada no nó consultado, movendo-o para a raiz, caso esteja presente na árvore. A função no Código 20.66 identifica o caso correspondente e aplica a sequência de rotações para realizar a difusão.

**Código 20.66.** Aplicação de operação de difusão.

```
1  No *difusao(No *raiz, int x) {
2    /* raiz é nula ou chave está na raiz */
3    if (raiz == NULL || raiz->info == x)
4      return raiz;
5
6    /* procura chave na subárvore esquerda */
7    if (raiz->info > x) {
8      /* chave não está na árvore */
9      if (raiz->esq == NULL)
10       return raiz;
11
12     /* caso zig-zig */
13     if (raiz->esq->info > x) {
14       /* aplica difusão para mover chave como raiz de esq->esq */
15       raiz->esq->esq = difusao(raiz->esq->esq, x);
16       /* aplica primeira rotação na raiz e segunda rotação em seguida */
17       raiz = rotacao_direita(raiz);
18     }
19     else if (raiz->esq->info < x) { /* caso zig-zag */
20         /* aplica difusão para mover chave como raiz de esq->dir */
21         raiz->esq->dir = difusao(raiz->esq->dir, x);
22         /* aplica primeira rotação em raiz-esq */
23         if (raiz->esq->dir != NULL)
24           raiz->esq = rotacao_esquerda(raiz->esq->dir);
25       }
26     /* aplica segunda rotação na raiz */
27     return (raiz->esq == NULL) ? raiz : rotacao_direita(raiz);
28   }
29   else { /* procura chave na subárvore direita */
30     /* chave não está na árvore */
31     if (raiz->dir == NULL)
32       return raiz;
33     /* caso zag-zig */
34     if (raiz->dir->info > x) {
35       /* move a chave como raiz de dir->esq */
36       raiz->dir->esq = difusao(raiz->dir->esq, x);
37       /* aplica primeira rotação em raiz->dir */
38       if (raiz->dir->esq != NULL)
```

```
39            raiz->dir = rotacao_direita(raiz->dir);
40        }
41        else if (raiz->dir->info < x) { /* zag-zag */
42            /* move chave como raiz de dir->dir e aplica primeira rotação */
43            raiz->dir->dir = difusao(raiz->dir->dir, x);
44            raiz = rotacao_esquerda(raiz);
45        }
46        /* aplica segunda rotação na raiz */
47        return (raiz->dir == NULL) ? raiz : rotacao_esquerda(raiz);
48    }
49 }
```

O programa principal (Código 20.67) constrói a árvore de difusão mostrada na Figura 20.46. Após a inserção das chaves 80, 50, 90, 40, 30 e 20, nessa ordem, na árvore, uma operação de difusão é aplicada no nó com chave igual a 20.

**Código 20.67.** Uso de árvore de difusão.

```
1  int main() {
2    No *raiz = criar_no(80);
3    raiz->esq = criar_no(50);
4    raiz->dir = criar_no(90);
5    raiz->esq->esq = criar_no(40);
6    raiz->esq->esq->esq = criar_no(30);
7    raiz->esq->esq->esq->esq = criar_no(20);
8
9    raiz = buscar(raiz, 20);
10   printf("Percurso pré-ordem na árvore: \n");
11   pre_ordem(raiz);
12   return 0;
13 }
```

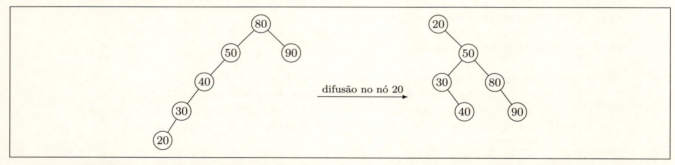

Figura 20.46: Exemplo de construção de árvore de difusão e aplicação da operação de difusão no nó 20.

A operação de inserção em uma árvore de difusão é similar ao processo de inserção de nós em uma árvore binária de busca (Seção 20.3), entretanto, a nova chave deve se tornar a raiz da árvore. Os principais passos da operação de inserção de uma chave $x$ são: (i) se a raiz é nula, o novo nó é alocado e retornado como a raiz da árvore; (ii) se a chave $x$ já estiver presente na árvore, ela torna-se a nova raiz; caso contrário, o último nó folha acessado torna-se a nova raiz; (iii) se a nova chave da raiz for igual a $x$, o processo é finalizado; caso contrário, memória é alocada para o novo nó e a chave da raiz é comparada com $x$. Se $x$ for menor do que a chave da raiz, uma raiz é criada como filho direito do novo nó, o filho esquerdo da raiz é copiado como filho esquerdo do novo nó e o filho esquerdo da raiz torna-se NULL. Por outro lado, se $x$ for maior do que a chave da raiz, uma raiz é criada como filho esquerdo do novo nó, o filho direito da raiz é copiado como filho direito do novo nó e o filho direito da raiz torna-se NULL. O novo nó é retornado como nova raiz da árvore. A Figura 20.47 ilustra a inserção do nó 25 em uma árvore de difusão.

A operação de inserção de um novo nó em uma árvore de difusão é implementada na função mostrada no Código 20.68.

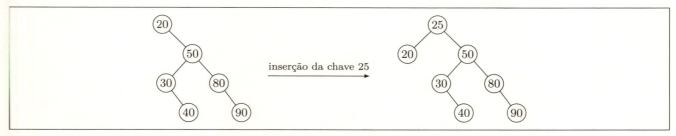

Figura 20.47: Exemplo de inserção de um nó em uma árvore de difusão.

**Código 20.68.** Inserção de elemento em árvore de difusão.

```c
No *inserir(No *raiz, int k) {
  if (raiz == NULL)    /* árvore é vazia */
    return criar_no(k);

  /* move o nó folha mais próximo para a raiz */
  raiz = difusao(raiz, k);

  if (raiz->info == k) /* se a chave estiver presente, retorna a raiz */
    return raiz;

  /* aloca memória para o novo nó */
  No *no  = criar_no(k);

  /* se chave da raiz é maior, raiz torna-se o filho direito do
     novo nó e copia o filho esquerdo da raiz para o novo nó */
  if (raiz->info > k) {
    no->dir = raiz;
    no->esq = raiz->esq;
    raiz->esq = NULL;
  }
  /* se chave da raiz é menor, raiz torna-se o filho esquerdo do
     novo nó e copia o filho direito da raiz para o novo nó */
  else {
    no->esq = raiz;
    no->dir = raiz->dir;
    raiz->dir = NULL;
  }
  return no; /* novo nó torna-se a raiz */
}
```

A operação de remoção de uma chave $x$ em uma árvore de difusão envolve os seguintes passos: (i) se a raiz for NULL, ela é retornada; (ii) caso contrário, a chave $x$ é difundida. Se $x$ estiver presente, então ela torna-se a nova raiz; caso contrário, o último nó folha acessado torna-se a nova raiz; (iii) se a chave da nova raiz não for igual a $x$, então a raiz é retornada se $x$ não estiver presente; (iv) se a chave $x$ estiver presente, a árvore é dividida em duas subárvores ($t_1$ é a subárvore esquerda da raiz e $t_2$ é a subárvore direita da raiz) e o nó raiz é excluído. Denotando $r_1$ e $r_2$ as raízes das subárvores $t_1$ e $t_2$, respectivamente, se $r_1$ for NULL, $r_2$ é retornado; caso contrário, o nó com maior valor de $t_1$ é difundido. Após a difusão, $r_2$ torna-se o filho direito de $r_1$ e então $r_1$ é retornado.

A Figura 20.48 ilustra a remoção do nó 4 em uma árvore de difusão. Inicialmente, o nó é localizado e difundido até a raiz da árvore. Após a remoção do nó, duas subárvores são geradas. O maior elemento da subárvore esquerda é encontrado e difundido até a raiz. Finalmente, a subárvore direita é unida como filho direito da subárvore esquerda.

A operação de remoção de um nó com chave específica em uma árvore de difusão é implementada na função mostrada no Código 20.69. A função aplica a difusão na chave, reestruturando a árvore conforme necessário e

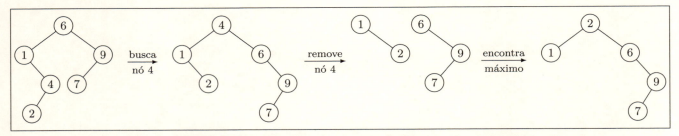

Figura 20.48: Exemplo de remoção de um nó em uma árvore de difusão.

retornando a raiz atualizada da árvore resultante.

**Código 20.69.** Remoção de elemento de árvore de difusão.

```
No *remover(No *raiz, int k) {
  No *aux;

  if (!raiz)
    return NULL;
  /* aplica a difusão na chave */
  raiz = difusao(raiz, k);
  /* se chave não estiver presente, retorna a raiz */
  if (k != raiz->info)
    return raiz;

  /* se filho esquerdo da raiz não existe, raiz->dir torna-se raiz */
  if (!raiz->esq) {
    aux = raiz;
    raiz = raiz->dir;
  }
  else { /* filho esquerdo existe */
    aux = raiz;
    /* nova raiz gerada pela difusão no maior nó na subárvore esquerda */
    raiz = difusao(raiz->esq, k);
    /* filho direito da raiz anterior torna-se o novo filho direito da raiz */
    raiz->dir = aux->dir;
  }
  /* desaloca nó que contém a chave */
  free(aux);
  /* retorna raiz */
  return raiz;
}
```

## 20.7 Árvore B

Uma árvore B é uma árvore de busca balanceada para permitir pesquisa, inserção e remoção de elementos em tempo logarítmico. A estrutura de dados foi criada em 1971 por Rudolf Bayer e Edward Meyers McCreight, tendo sido projetada para operar especialmente em memória secundária.

### 20.7.1 Fundamentos

A árvore B é uma generalização de uma árvore binária de busca, em que um nó pode ter mais do que dois filhos. Diferentemente das árvores binárias de busca descritas anteriormente, a árvore B é adaptada para gerenciar informações em memória secundária, em que grandes blocos de dados podem ser eficientemente armazenados e recuperados.

Uma árvore AVL, por exemplo, tem desempenho proporcional à altura da árvore, ou seja, $O(\log_2 n)$, para realizar operações de busca, inserção e remoção, em que $n$ é o número de nós da árvore. Supondo que o número de registros armazenados em um disco seja $n = 10^6$, seriam necessários aproximadamente 20 ($\approx \log_2 10^6$) acessos para recuperar um dado por meio de uma árvore binária de busca balanceada AVL. Para reduzir esse número de acessos a disco, uma solução é aumentar o número de elementos armazenados em cada nó da árvore, reduzindo também a altura da árvore. A Figura 20.49 ilustra a estrutura de uma árvore de busca estreita e profunda e a estrutura de uma árvore de busca larga e rasa.

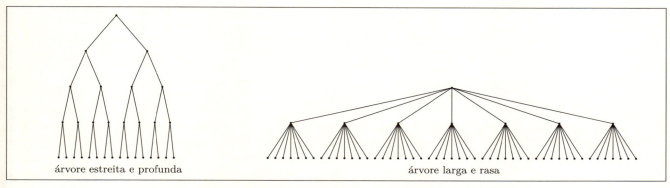

Figura 20.49: Diferentes tipos de árvores balanceadas de busca.

Em uma árvore B, cada nó da estrutura pode corresponder a uma página de dados, ou seja, uma porção de blocos que facilita a manipulação de blocos de registros que são transferidos da memória principal para a memória secundária, ou vice-versa. Para o exemplo em questão, em que $n$ é igual a um milhão de registros, supondo que cada página fosse composta de 128 registros, o número de acessos a disco seria aproximadamente 3 ($\approx \log_{128} 10^6$).

A árvore B é uma estrutura de dados que reduz o número de acessos a disco e o tempo consumido nas operações de busca, inserção e remoção de elementos. A estrutura generaliza a árvore binária de busca, em que cada nó de uma árvore B é formado por uma sequência ordenada de chaves e ponteiros. As chaves são usadas para separar as chaves dos nós filhos em intervalos de valores. As chaves são armazenadas em cada nó em ordem crescente. Para cada chave, há dois ponteiros para nós filhos, em que o ponteiro à esquerda aponta para chaves menores e o ponteiro à direita aponta para chaves maiores do que a chave em questão.

A *ordem* de uma árvore B é definida[2] como o número máximo de filhos que um nó pode ter, ou seja, o número de ponteiros do nó. Desse modo, o número máximo de chaves em uma árvore B de ordem $m$ é igual a $m - 1$. A Figura 20.50 ilustra um exemplo de árvore B de ordem 5 com 2 níveis de profundidade.

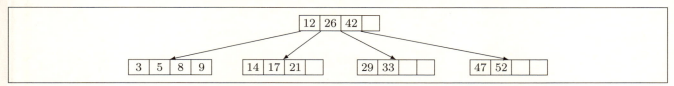

Figura 20.50: Exemplo de árvore B de ordem 5.

Uma árvore B de ordem $m$ possui as seguintes propriedades:

(i) se a árvore não for vazia, a raiz possui pelo menos uma chave (ou, equivalentemente, dois filhos).

(ii) cada nó, exceto a raiz, possui um mínimo de $\lceil m/2 \rceil$ filhos (ou $\lceil m/2 \rceil - 1$ chaves).

(iii) todo nó pode ter no máximo $m$ filhos (ou $m - 1$ chaves).

(iv) todas as folhas se encontram na mesma profundidade, correspondente à altura $h$ da árvore.

Um tipo particular de árvore B é conhecido como árvore 2-3-4. Os números 2, 3 e 4 referem-se à quantidade de filhos que um nó da árvore pode ter. Uma característica da árvore 2-3-4 é que um nó deverá ter no mínimo 2 filhos, a não ser que seja uma folha. A Figura 20.51 ilustra exemplos de árvores 2-3-4.

---

[2] A definição de ordem de uma árvore B pode variar na literatura. Alguns autores, por exemplo, consideram a ordem da árvore como o número mínimo de chaves que um nó pode comportar.

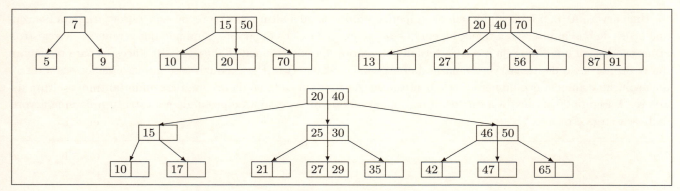

Figura 20.51: Exemplos de árvores 2-3-4.

O número de acessos a disco requeridos por muitas operações em uma árvore B é proporcional à altura da árvore. Seja uma árvore B com altura $h$, de ordem $m$ e com $n$ chaves no total. O pior caso da operação de busca (ou seja, a árvore tem altura máxima) ocorre quando cada nó possui um número mínimo de filhos. De acordo com a propriedade (ii) descrita anteriormente, todo nó, exceto a raiz, deve possuir um número mínimo igual a $t$ filhos ou $t-1$ chaves, sendo $t = \lceil m/2 \rceil$. Nesse caso, há 1 nó (raiz) na profundidade 1, 2 nós na profundidade 2, $2t$ nós na profundidade 3, $2t^2$ nós na profundidade 4 e assim por diante, até a profundidade $h$, em que há $2t^{h-2}$ nós. A Tabela 20.1 resume o número mínimo de nós e de chaves em uma árvore B. Assim, o número $n$ de chaves satisfaz a expressão

$$n \geqslant 1 + (t-1)\sum_{i=1}^{h-1} 2t^{i-1} = 1 + 2(t-1)\frac{(1-t^{h-1})}{(1-t)} = 2t^{h-1} - 1. \tag{20.1}$$

Portanto,

$$h \leqslant 1 + \left\lfloor \log_t \frac{(n+1)}{2} \right\rfloor. \tag{20.2}$$

Por outro lado, o melhor caso da operação de busca (ou seja, a árvore tem altura mínima) ocorre quando todos os nós estão completamente preenchidos, ou seja, devem ter $m-1$ chaves. Nesse caso, há 1 nó (raiz) na profundidade 1, $m$ nós na profundidade 2, $m^2$ nós na profundidade 3, $m^3$ nós na profundidade 4, e assim por diante, até a profundidade $h$, em que há $m^{h-1}$ nós. A Tabela 20.1 resume o número máximo de nós e de chaves em uma árvore B. Assim, o número $n$ de chaves satisfaz a expressão

$$n \leqslant (m-1)\sum_{i=1}^{h} m^{i-1} = (m-1)\frac{(1-m^h)}{(1-m)} = m^h - 1. \tag{20.3}$$

Portanto,

$$h \geqslant \lceil \log_m(n+1) \rceil. \tag{20.4}$$

Tabela 20.1: Número mínimo e máximo de nós e de chaves em uma árvore B.

| Nível da árvore | Número mínimo de nós | Número mínimo de chaves | Número máximo de nós | Número máximo de chaves |
|---|---|---|---|---|
| 1 | 1 | 1 | 1 | $m-1$ |
| 2 | 2 | $2(t-1)$ | $m$ | $m(m-1)$ |
| 3 | $2t$ | $2t(t-1)$ | $m^2$ | $m^2(m-1)$ |
| 4 | $2t^2$ | $2t^2(t-1)$ | $m^3$ | $m^3(m-1)$ |
| ⋮ | ⋮ | ⋮ | ⋮ | ⋮ |
| $h$ | $2t^{h-2}$ | $2t^{h-2}(t-1)$ | $m^{h-1}$ | $m^{h-1}(m-1)$ |

O tempo necessário para localizar uma chave na árvore é proporcional à altura da árvore. Por exemplo, uma árvore B de ordem 512 com 1 milhão de chaves tem altura máxima $h = 1 + \left\lfloor \log_{512/2} \frac{(1000000+1)}{2} \right\rfloor \approx 1 + \lfloor 2,37 \rfloor = 3$.

# Algoritmos e estruturas de dados: conceitos e aplicações

Dessa forma, três acessos, no máximo, serão necessários para localizar uma chave na árvore.

### 20.7.2 Operações básicas

A busca de uma chave em uma árvore B é similar à busca em uma árvore binária de busca. Inicia-se da raiz e percorre-se recursivamente a árvore em direção às folhas. Como as chaves em cada nó estão ordenadas, uma busca binária pode ser realizada nas chaves do nó em questão. Se o nó possuir a chave procurada, ele é retornado. Caso contrário, percorre-se a árvore por meio da subárvore apropriada, ou seja, pelo ponteiro do filho cuja chave se encontra no intervalo do valor buscado. Se um nó folha for alcançado e a chave não for encontrada nele, o valor NULL é retornado. O custo para realizar a busca de uma chave em uma árvore B de ordem $m$ com $n$ elementos é $O(\log_m n)$.

A Figura 20.52 ilustra a busca da chave 120 em uma árvore B de ordem 4. A pesquisa inicia-se no nó raiz. O intervalo no qual a chave se encontra é verificado, e a busca continua pela subárvore à direita do nó raiz. A busca procede até que o nó com o intervalo que possa conter a chave seja localizado.

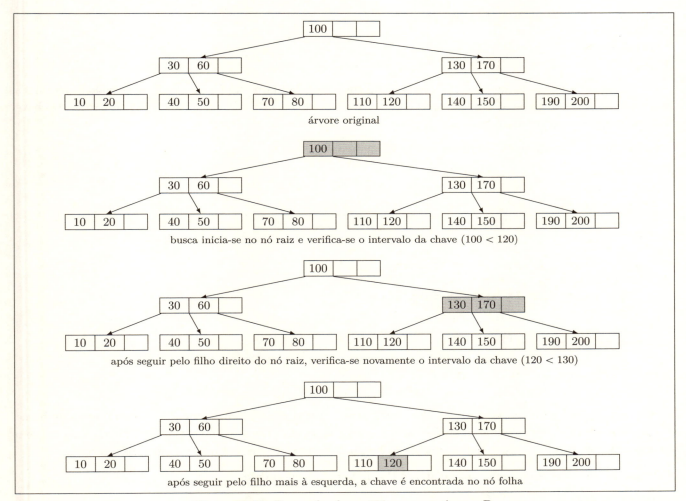

Figura 20.52: Busca da chave 120 em uma árvore B.

A estrutura de um nó de uma árvore B é declarada no Código 20.70. Uma representação gráfica do nó é mostrada à direita do código. Cada nó pode ter $m$ filhos e $m-1$ chaves. O campo num é o número de chaves efetivamente armazenado no nó. As chaves são armazenadas em ordem crescente. Assim, se $c_i$ é uma chave qualquer armazenada no nó, então $c_1 \leqslant \ldots \leqslant c_i \leqslant \ldots \leqslant c_{m-1}$. Uma chave $c_i$ delimita os intervalos de valores das chaves armazenadas nas subárvores adjacentes.

**Código 20.70.** Estrutura de nó de árvore B.

```
#define m 5

typedef struct No {
  int num;
  int chaves[m-1];
  struct No *filhos[m];
} No;
```

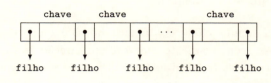

A função no Código 20.71 localiza a posição de uma chave no interior de um nó. O índice retornado é utilizado nas operações de busca, inserção e remoção de chaves em uma árvore B.

**Código 20.71.** Localização de posição de chave em árvore B.

```
int buscar_posicao(int k, int *key_arr, int n) {
  int pos = 0;

  while (pos < n && k > key_arr[pos])
    pos++;
  return pos;
}
```

A operação de busca de um nó na árvore B é implementada na função no Código 20.72. Iniciando-se na raiz, a busca prossegue em direção às folhas, percorrendo-se a árvore pela subárvore adequada, conforme valor da chave. Uma mensagem é exibida para indicar se a chave está presente ou não na árvore B.

**Código 20.72.** Busca de elemento em árvore B.

```
void buscar(No *raiz, int v) {
  int n, pos;
  No *r = raiz;

  while (r) {
    n = r->num;
    pos = buscar_posicao(v, r->chaves, n);
    if (pos < n && v == r->chaves[pos]) {
      printf("chave %d encontrada\n", v);
      return;
    }
    r = r->filhos[pos];
  }
  printf("chave %d não encontrada\n", v);
}
```

O percurso em-ordem em uma árvore B é semelhante a esse tipo de percurso em uma árvore binária de busca (Código 20.73). Inicia-se pelo filho mais à esquerda, visita-se recursivamente o filho mais à esquerda e repete-se o mesmo processo para os filhos e chaves restantes. No final, visita-se recursivamente o filho mais à direita.

**Código 20.73.** Visita de elementos de árvore B com percurso em-ordem.

```
void em_ordem(No *raiz) {
  int i;

  if (raiz != NULL) {
    for (i = 0; i < raiz->num; i++) {
      em_ordem(raiz->filhos[i]);
      printf(" %d", raiz->chaves[i]);
    }
```

```
 9      em_ordem(raiz->filhos[i]);
10    }
11 }
```

A função recursiva no Código 20.74 imprime as chaves presentes em uma árvore B. Cada nó é impresso em uma linha diferente. Espaços em branco são utilizados para apresentar a árvore em uma estrutura hierárquica, com seus níveis dispostos em colunas diferentes.

**Código 20.74.** Impressão de elementos de árvore B.

```
 1 void imprimir(No *raiz, int espacos) {
 2    int i;
 3
 4    if (raiz) {
 5      for (i = 0; i < espacos; i++)
 6        printf(" ");
 7      for (i = 0; i < raiz->num; i++)
 8        printf("%d ", raiz->chaves[i]);
 9      printf("\n");
10      for (i = 0; i <= raiz->num; i++)
11        imprimir(raiz->filhos[i], espacos+5);
12    }
13 }
```

A operação de inserção de uma nova chave em uma árvore B de ordem $m$ inicia-se com a localização do nó folha onde o elemento deve ser inserido. Se houver espaço no nó (ou seja, ele possui menos de $m-1$ chaves), então a chave é inserida na posição adequada do nó e a operação está completa. Se o nó estiver cheio (ou seja, ele possui $m-1$ chaves), uma operação de particionamento do nó é aplicada, a qual consiste em transferir o elemento da mediana do nó em questão para seu nó pai e dividir o nó em dois novos nós para acomodar as chaves que estão ao redor da chave mediana. O novo elemento é inserido em uma das duas metades. Se o nó pai também estiver cheio, repete-se recursivamente a subdivisão para o pai do nó. No pior caso, a altura da árvore B aumentará em um nível (uma nova raiz será criada) para comportar o novo elemento.

A Figura 20.53 ilustra três exemplos da operação de inserção de elementos em uma árvore B de ordem 5. Partindo-se de uma árvore inicialmente vazia, um conjunto de chaves sequencialmente inseridas na árvore é utilizado para ilustrar cada um dos exemplos.

A função no Código 20.75 insere uma chave em uma árvore B, caso ela já não esteja presente na estrutura de dados. O código faz uso de uma função recursiva para adicionar a chave na posição correta no nó.

**Código 20.75.** Inserção de elemento em árvore B.

```
 1 No *inserir(No *raiz, int v) {
 2    int chave_pai, valor;
 3    No *novo, *pai = raiz;
 4
 5    valor = adicionar(raiz, v, &chave_pai, &novo);
 6    if (valor == -1)
 7      printf("chave já existe\n");
 8    else
 9      if (valor == 1) {
10        raiz = (No*) malloc(sizeof(No));
11        raiz->num = 1;
12        raiz->chaves[0] = chave_pai;
13        raiz->filhos[0] = pai;
14        raiz->filhos[1] = novo;
15      }
16    return raiz;
17 }
```

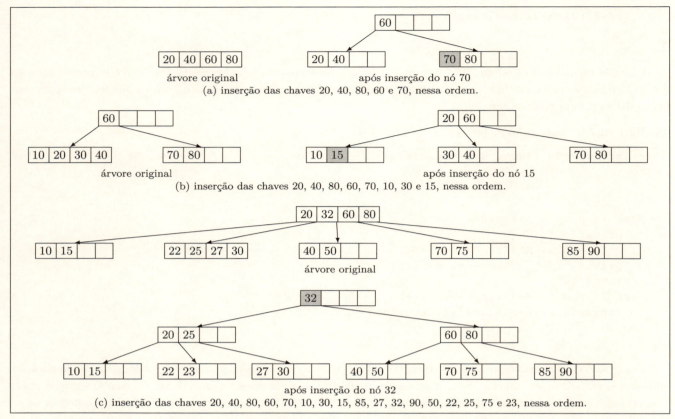

Figura 20.53: Inserção de nós em uma árvore B de ordem 5.

O Código 20.76 inicialmente localiza o nó que receberá a chave. Caso a árvore esteja inicialmente vazia, um novo nó é criado, a chave é inserida e o valor 1 é retornado. Caso a chave já esteja presente na árvore, o valor −1 é retornado. Se o nó em que a chave será inserida não estiver cheio, a chave é inserida na posição correta no nó e o valor 0 é retornado. Se o nó estiver cheio, há um particionamento dele, a chave é inserida na posição correta e o valor 1 é retornado.

**Código 20.76.** Inserção de nó em árvore B.

```
int adicionar(No *p, int v, int *chave_pai, No **novo) {
  int i, n, pos, mediana, valor, nova_chave, ultima_chave;
  No *novo_ponteiro, *ultimo_ponteiro;

  if (p == NULL) {
    *novo = NULL;
    *chave_pai = v;
    return 1;
  }
  n = p->num;
  pos = buscar_posicao(v, p->chaves, n);
  if (pos < n && v == p->chaves[pos]) /* chave duplicada */
    return -1;
  valor = adicionar(p->filhos[pos], v, &nova_chave, &novo_ponteiro);
  if (valor != 1)
    return valor;
  if (n < m-1) { /* nó não está cheio */
    pos = buscar_posicao(nova_chave, p->chaves, n);
    for (i = n; i > pos; i--) { /* encontra posição para inserir nova chave */
```

```c
      p->chaves[i] = p->chaves[i-1];
      p->filhos[i+1] = p->filhos[i];
    }
    /* insere nova chave */
    p->chaves[pos] = nova_chave;
    p->filhos[pos+1] = novo_ponteiro;
    p->num++;
    return 0;
  }
  if (pos == m-1) { /* posição é a última do nó */
    ultima_chave = nova_chave;
    ultimo_ponteiro = novo_ponteiro;
  }
  else { /* posição não é a última do nó */
    ultima_chave = p->chaves[m-2];
    ultimo_ponteiro = p->filhos[m-1];
    for (i = m-2; i > pos; i--) {
      p->chaves[i] = p->chaves[i-1];
      p->filhos[i+1] = p->filhos[i];
    }
    p->chaves[pos] = nova_chave;
    p->filhos[pos+1] = novo_ponteiro;
  }
  mediana = (m - 1) / 2;
  (*chave_pai) = p->chaves[mediana];

  (*novo) = (No*) malloc(sizeof(No)); /* nó direito após partição */
  p->num = mediana; /* número de chaves do nó esquerdo após partição */
  (*novo)->num = m - 1 - mediana; /* número de chaves do nó direito após partição */
  for (i = 0; i < (*novo)->num; i++) {
    (*novo)->filhos[i] = p->filhos[i + mediana + 1];
    if (i < (*novo)->num - 1)
      (*novo)->chaves[i] = p->chaves[i + mediana + 1];
    else
      (*novo)->chaves[i] = ultima_chave;
  }
  (*novo)->filhos[(*novo)->num] = ultimo_ponteiro;
  return 1;
}
```

A operação de remoção de uma chave de uma árvore B deve preservar as propriedades da árvore. Uma chave pode ser removida de um nó interno ou de um nó folha. Um problema pode ocorrer quando o número de chaves em um nó ficar abaixo do número mínimo permitido, conforme propriedade (ii) descrita anteriormente. Quatro casos devem ser considerados ao remover uma chave de uma árvore B.

O primeiro caso considera a remoção de uma chave em um nó folha, sem violar a taxa de ocupação mínima de chaves do nó. Nessa situação, a chave é simplesmente eliminada do nó, e as chaves remanescentes no interior do nó são rearranjadas para ocupar o espaço que foi eventualmente liberado. A Figura 20.54 ilustra a remoção da chave 48 em uma árvore B de ordem 5. Como o nó que contém a chave a ser eliminada preserva a taxa de ocupação mínima, o processo de remoção é finalizado.

O segundo caso envolve a remoção de uma chave em um nó interno. A chave a ser removida deve ser substituída pela sua chave sucessora no percurso em-ordem, que está em um nó folha. A chave deve ser então removida do nó folha. A Figura 20.55 ilustra a remoção da chave 55 na árvore B. A chave 55 é inicialmente trocada com a chave 60, que é sua sucessora. A chave 55 é então eliminada do nó, o que garante a taxa de ocupação mínima de chaves.

O terceiro caso considera a remoção de uma chave em um nó que viola a taxa de ocupação mínima de chaves do nó. Um nó irmão adjacente (à esquerda ou à direita), que possua mais chaves do que o número mínimo, é procurado.

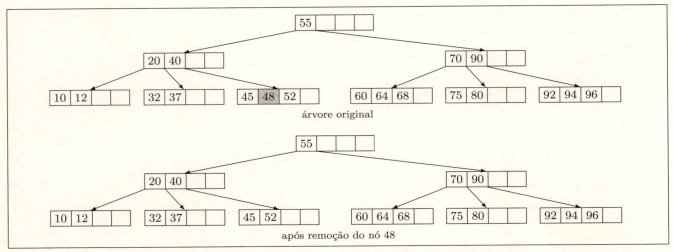

Figura 20.54: Remoção da chave 48 em uma árvore B de ordem 5.

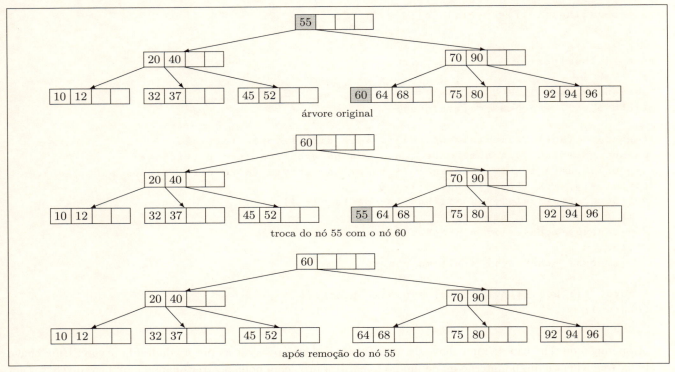

Figura 20.55: Remoção da chave 55 em uma árvore B de ordem 5.

Caso seja encontrado, as chaves são redistribuídas entre os nós. A chave do pai que separa os irmãos pode ser incluída no nó da chave a ser removida. A primeira chave (se for o nó irmão à direita) ou a última chave (se for o nó irmão à esquerda) pode ser inserida no nó pai no lugar da chave transferida. A Figura 20.56 ilustra a remoção da chave 75, a qual demanda o empréstimo de chaves de um nó irmão e do nó pai para manter a taxa de ocupação mínima do nó em que se encontra a chave 75.

O quarto caso envolve a remoção de uma chave em um nó que viola a taxa de ocupação mínima de chaves do nó, entretanto, a redistribuição descrita no terceiro caso não pode ser aplicada, pois nenhum irmão pode emprestar uma chave. Um novo nó é formado pela fusão das chaves do nó que ficou com a taxa de ocupação abaixo do mínimo, das chaves de um nó irmão adjacente e da chave separadora do nó pai. A fusão causa a redução do número de nós da árvore. Caso a taxa de ocupação do nó pai também fique abaixo do mínimo, o processo de concatenação deve ser propagado em direção ao nó raiz. A Figura 20.57 ilustra a remoção do nó 10, que causa inicialmente a fusão do

# Algoritmos e estruturas de dados: conceitos e aplicações

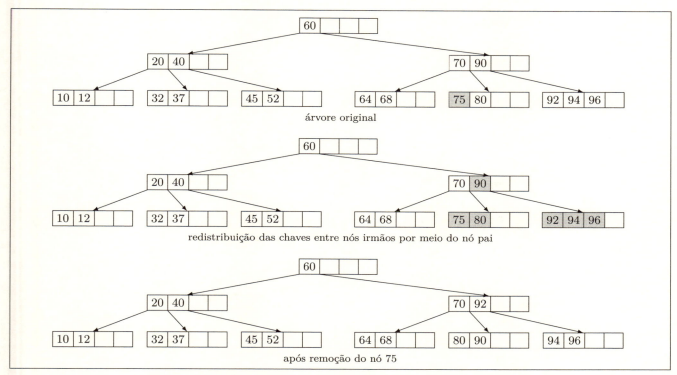

Figura 20.56: Remoção da chave 75 em uma árvore B de ordem 5.

nó em que se encontra a chave a ser removida e seu nó irmão. Em seguida, o nó pai que emprestou a chave fica com ocupação abaixo do mínimo, causando uma nova fusão no nó raiz. A operação de remoção, portanto, reduz o número de nós e a altura da árvore B.

A função no Código 20.77 remove uma chave de uma árvore B, caso ela exista na estrutura de dados. O código faz uso de uma função recursiva para eliminar a chave, após encontrar a sua posição no nó.

**Código 20.77.** Remoção de elemento de árvore B.

```
No *remover(No *raiz, int v) {
  int valor;
  No *pai;

  valor = eliminar(raiz, raiz, v);
  if (valor == -1)
    printf("chave %d não encontrada\n", v);
  else
    if (valor == 1) {
      pai = raiz;
      raiz = raiz->filhos[0];
      free(pai);
    }
  return raiz;
}
```

A função no Código 20.78 remove uma chave após localização do nó em que se encontra. A chave pode ser removida de um nó interno ou de um nó folha. Se o número de chaves no nó ficar abaixo do número mínimo, uma operação de concatenação é aplicada para preservar a propriedade da árvore B e o valor 1 é retornado. Quando a remoção da chave não viola a taxa de ocupação mínima do nó, a chave é eliminada e o valor 0 é retornado. Se a chave não estiver presente na árvore, a função retorna −1.

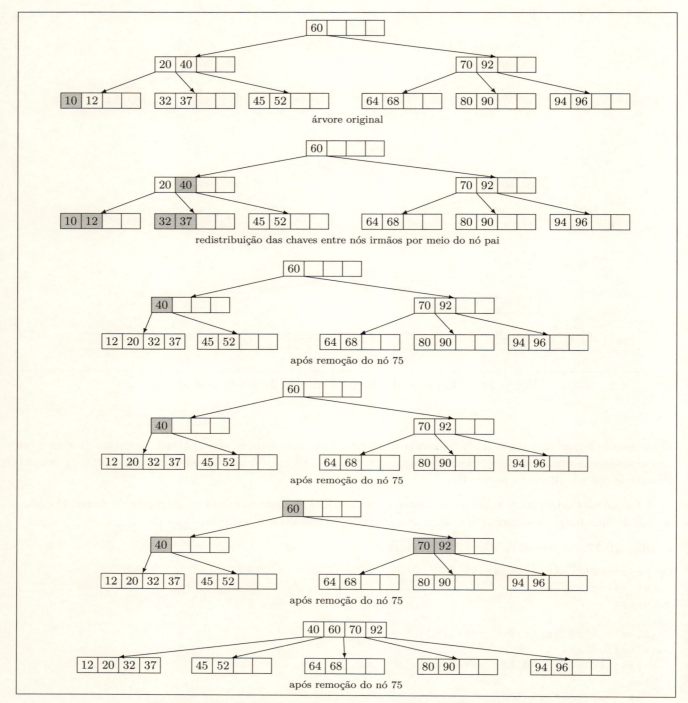

Figura 20.57: Remoção da chave 75 em uma árvore B de ordem 5.

**Código 20.78.** Eliminação de nó de árvore B.

```
int eliminar(No *raiz, No *p, int v) {
  int i, pos, pivo, n, min, valor, *vetor_chaves, num;
  No *p_esq, *p_dir, *q1, *q2, **q;

  if (p == NULL)
    return -1;

```

```c
    /* informações sobre o nó */
    n = p->num;
    vetor_chaves = p->chaves;
    q = p->filhos;

    min = (m - 1) / 2; /* número mínimo de chaves */

    pos = busca_posicao(v, vetor_chaves, n);
    if (q[0] == NULL) {
      if (pos == n || v < vetor_chaves[pos])
        return -1;
      /* desloca chaves e ponteiros para esquerda */
      for (i = pos+1; i < n; i++) {
        vetor_chaves[i-1] = vetor_chaves[i];
        q[i] = q[i+1];
      }
      return --p->num >= (p == raiz ? 1 : min) ? 0 : 1;
    }

    if (pos < n && v == vetor_chaves[pos]) {
      q1 = q[pos];
      while (1) {
        num = q1->num;
        q2 = q1->filhos[num];
        if (q2 == NULL)
          break;
        q1 = q2;
      }
      vetor_chaves[pos] = q1->chaves[num-1];
      q1->chaves[num-1] = v;
    }
    valor = eliminar(raiz, q[pos], v);
    if (valor != 1)
      return valor;

    if (pos > 0 && q[pos-1]->num > min) {
      pivo = pos - 1;
      p_esq = q[pivo];
      p_dir = q[pos];
      /* atribui valores para nó direito */
      p_dir->filhos[p_dir->num+1] = p_dir->filhos[p_dir->num];
      for (i = p_dir->num; i > 0; i--) {
        p_dir->chaves[i] = p_dir->chaves[i-1];
        p_dir->filhos[i] = p_dir->filhos[i-1];
      }
      p_dir->num++;
      p_dir->chaves[0] = vetor_chaves[pivo];
      p_dir->filhos[0] = p_esq->filhos[p_esq->num];
      vetor_chaves[pivo] = p_esq->chaves[--p_esq->num];
      return 0;
    }

    if (pos < n && q[pos+1]->num > min) {
      pivo = pos;
      p_esq = q[pivo];
```

```
63      p_dir = q[pivo+1];
64      /* atribui valores para nó esquerdo */
65      p_esq->chaves[p_esq->num] = vetor_chaves[pivo];
66      p_esq->filhos[p_esq->num+1] = p_dir->filhos[0];
67      vetor_chaves[pivo] = p_dir->chaves[0];
68      p_esq->num++;
69      p_dir->num--;
70      for (i = 0; i < p_dir->num; i++) {
71        p_dir->chaves[i] = p_dir->chaves[i+1];
72        p_dir->filhos[i] = p_dir->filhos[i+1];
73      }
74      p_dir->filhos[p_dir->num] = p_dir->filhos[p_dir->num+1];
75      return 0;
76    }
77
78    if (pos == n)
79      pivo = pos - 1;
80    else
81      pivo = pos;
82
83    p_esq = q[pivo];
84    p_dir = q[pivo+1];
85    /* concatena nós esquerdo e direito */
86    p_esq->chaves[p_esq->num] = vetor_chaves[pivo];
87    p_esq->filhos[p_esq->num+1] = p_dir->filhos[0];
88    for (i = 0; i < p_dir->num; i++) {
89      p_esq->chaves[p_esq->num+i+1] = p_dir->chaves[i];
90      p_esq->filhos[p_esq->num+i+2] = p_dir->filhos[i+1];
91    }
92    p_esq->num = p_esq->num + p_dir->num + 1;
93    free(p_dir); /* libera nó direito */
94    for (i = pos+1; i < n; i++) {
95      vetor_chaves[i-1] = vetor_chaves[i];
96      q[i] = q[i+1];
97    }
98    return --p->num >= (p == raiz ? 1 : min) ? 0 : 1;
99  }
```

O programa principal para criar uma árvore e aplicar operações de busca, inserção e remoção de chaves é mostrado no Código 20.79. O resultado das inserções das chaves em uma árvore B de ordem 5, inicialmente vazia, é mostrado na Figura 20.53(c).

**Código 20.79.** Uso de árvore B.

```
1  int main() {
2    No *raiz = NULL;
3
4    raiz = inserir(raiz, 20); raiz = inserir(raiz, 40);
5    raiz = inserir(raiz, 80); raiz = inserir(raiz, 60);
6    raiz = inserir(raiz, 70); raiz = inserir(raiz, 10);
7    raiz = inserir(raiz, 30); raiz = inserir(raiz, 15);
8    raiz = inserir(raiz, 85); raiz = inserir(raiz, 27);
9    raiz = inserir(raiz, 32); raiz = inserir(raiz, 90);
10   raiz = inserir(raiz, 50); raiz = inserir(raiz, 22);
11   raiz = inserir(raiz, 25); raiz = inserir(raiz, 75);
12   raiz = inserir(raiz, 23);
13   imprimir(raiz, 0);
```

```
14    buscar(raiz, 27);
15    raiz = remover(raiz, 25);
16    em_ordem(raiz);
17    return 0;
18  }
```

## 20.8 Árvore B*

Uma árvore B* é uma estrutura de dados, proposta por Donald Knuth em 1973, que apresenta mecanismos de busca, inserção e remoção de chaves semelhantes aos realizados em árvores B. Uma diferença é que a redistribuição de chaves também é empregada nas operações de inserção, cujo objetivo é melhorar o armazenamento de chaves nos nós da árvore.

A árvore B* exige que cada nó, exceto o nó raiz, esteja pelo menos 2/3 completo, em vez de pelo menos metade do número máximo de chaves que ele pode armazenar, como no caso de uma árvore B. Portanto, em uma árvore B* de ordem $m$, cada nó (exceto a raiz) deve ter, no mínimo, $\lfloor (2m-1)/3 \rfloor$ chaves. Isso permite que mais chaves possam ser armazenadas sem grande aumento do número de nós. Em consequência, os nós são geralmente mais cheios e as árvores mais rasas, resultando em buscas mais rápidas. Assim como nas árvores B, todos os nós folhas estão na mesma profundidade e o número máximo de chaves em cada nó é igual a $m-1$ em uma árvore B*.

Em árvores B com um número muito alto de nós, a taxa de ocupação média é de aproximadamente 69%. Por outro lado, com a redistribuição de chaves durante a operação de inserção em árvores B* com muitos nós, a taxa de ocupação média é de aproximadamente 86%. O particionamento de um nó na operação de inserção é adiado até que dois nós irmãos estejam completamente cheios. O conteúdo desses nós irmãos é redistribuído entre três nós, um novo que é criado e os dois nós irmãos anteriormente cheios.

A Figura 20.58 ilustra a inserção das chaves 30 e 25 em uma árvore B* de ordem 5. A redistribuição das chaves permite uma melhor ocupação dos nós e o particionamento do nó ocorre apenas após os nós irmãos ficarem completos.

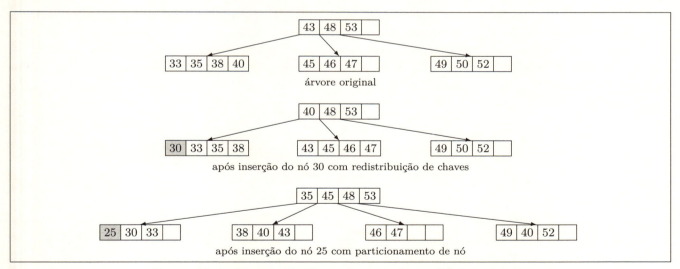

Figura 20.58: Inserção de chaves em uma árvore B* de ordem 5.

## 20.9 Árvore B$^+$

Uma árvore B$^+$ é uma estrutura de dados similar a uma árvore B, entretanto, ela apresenta duas diferenças principais. Todas as chaves são mantidas nos nós folhas, enquanto algumas chaves são repetidas em nós internos para guiar os caminhos ao localizar blocos (registros) individuais de chaves. A estrutura da árvore B$^+$ preserva a propriedade de acesso aleatório de uma árvore B e ainda permite acesso sequencial. A estrutura é utilizada em sistemas de bancos de dados para agilizar a recuperação de dados armazenados em discos.

Os nós folhas de uma árvore B$^+$ são chamados de *conjunto de sequências* e os nós internos são chamados de *conjunto de índices*. A Figura 20.59 ilustra a estrutura de uma árvore B$^+$. No conjunto de sequências, os registros são ordenados pelas chaves e organizados em blocos. Um bloco antecessor aponta para um bloco sucessor, permitindo o acesso sequencial ao arquivo. No conjunto de índices, as chaves são usadas para direcionar a busca até a folha apropriada.

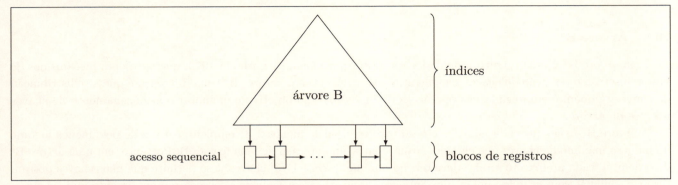

Figura 20.59: Estrutura de uma árvore B$^+$ formada por índices e blocos de registros.

As operações de busca, inserção e remoção de chaves são semelhantes às da árvore B. A busca deve sempre terminar em um nó folha, mesmo que a chave procurada seja encontrada em um nó índice. Após localizar o nó folha, o algoritmo deve buscar a chave e retornar se ela se encontra ou não no nó.

A inserção de uma nova chave requer inicialmente a localização do nó folha em que ela será adicionada. Dois casos podem ocorrer. Caso o nó folha não esteja cheio, a chave é inserida de maneira a manter a ordenação das chaves. Caso o nó folha esteja completo, o nó é dividido em dois, de modo que uma cópia da chave mediana é promovida para o nó pai no nível anterior, semelhante ao processo de inserção em árvores B, ou seja, as chaves são distribuídas de forma que o novo nó contenha a chave mediana e as chaves maiores do que ela, enquanto o nó anterior contenha as chaves menores do que a chave mediana.

A Figura 20.60 ilustra a inserção de chaves em uma árvore B$^+$ de ordem 5. A chave 70 deveria ser inserida no nó contendo as chaves 50, 55, 60 e 65. Como esse nó está cheio, a chave 60 (mediana) é colocada no nó entre 50 e 70. A chave 95 deveria ser inserida no nó contendo as chaves 75, 80, 85 e 90. Como esse nó está cheio, ele é dividido em dois e a chave 85 (mediana) deveria ser colocada no nó pai. Entretanto, como o nó pai também está cheio, um novo particionamento ocorre, o que causa um aumento na altura da árvore.

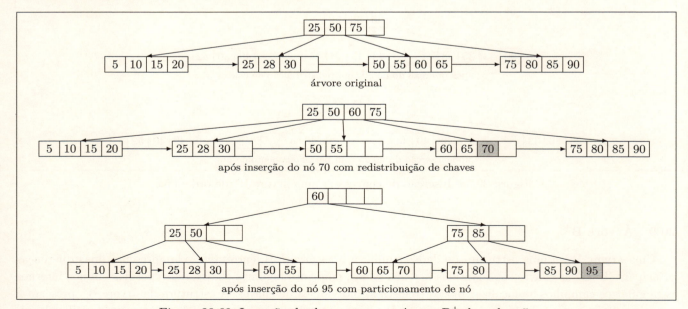

Figura 20.60: Inserção de chaves em uma árvore B$^+$ de ordem 5.

A remoção de uma chave pode fazer com que a taxa de ocupação do nó folha fique abaixo do mínimo, requerendo a redistribuição de chaves nos nós folhas ou a concatenação de nós adjacentes. Em cada situação, os nós do conjunto de índices devem ser alterados de maneira a manter a árvore organizada adequadamente. Quando a redistribuição das chaves puder ocorrer entre os nós irmãos, o valor da chave separadora desses nós adjacentes deve ser alterado para o menor valor do nó à direita resultante. Isso é possível apenas porque o nó em que foi removida a chave possui um nó irmão com taxa de ocupação acima do mínimo permitido. Quando a redistribuição das chaves não for possível, torna-se necessário concatenar os dois nós folhas adjacentes. Essa operação de fusão pode ser propagada nos nós do conjunto de índices para manter as propriedades da árvore, semelhante ao que ocorre na operação de remoção em uma árvore B.

A Figura 20.61 ilustra a remoção de chaves em uma árvore B$^+$ de ordem 5. A chave 25 é localizada no nó folha que contém as chaves 25, 28 e 30. Como ela também aparece no conjunto de índices, a chave 25 deve ser trocada com a chave 28. A chave 60 é localizada no nó folha que contém as chaves 60 e 65. Com a remoção da chave, o nó ficará com a taxa de ocupação abaixo do mínimo e uma fusão deve ocorrer nos nós folhas. Com a combinação dos nós, o nó de índices será reduzido de uma chave, o que reduz a taxa de ocupação abaixo do mínimo. Dessa forma, uma fusão ocorre nos nós de índices. A chave 60 é a única presente no nó raiz, o que causa uma nova fusão e a redução na altura da árvore B$^+$.

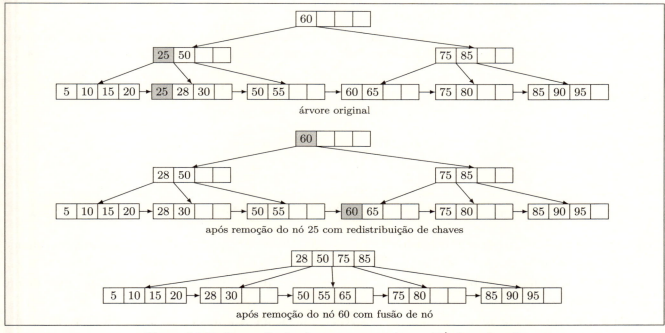

Figura 20.61: Remoção de chaves em uma árvore B$^+$ de ordem 5.

## 20.10 Exercícios

1. Implemente uma função recursiva para remover todas as folhas de uma árvore binária que tenham a chave igual a um valor dado.
2. Escreva uma função para calcular o nível de um nó em uma árvore binária.
3. Escreva uma função para verificar se uma árvore é estritamente binária.
4. Qual é o número mínimo de níveis que uma árvore binária com 38 nós pode ter?
5. Apresente as árvores binárias equivalentes às seguintes expressões matemáticas dadas por seus percursos em-ordem:
    - A + B / C.
    - (A + B) / C.
    - A − (B + C) / D.

- (A + B) ^ (C + (D − E) / F).
- (A − B * C) ^ (( D + E) / F).

6. Mostre que uma árvore binária completa possui $2^{k+1} - 1$ nós e $2^k$ folhas, em que $k$ é o maior nível da árvore.

7. Mostre que uma árvore estritamente binária com $n$ folhas possui $2n - 1$ nós.

8. Mostre que o número de subárvores esquerdas e direitas vazias em uma árvore binária com $n > 0$ nós é $n + 1$.

9. Desenhe uma árvore cujo percurso pré-ordem é A B C D E e cujo percurso em-ordem é B A D C E.

10. Escreva uma função para imprimir as chaves de uma árvore binária de busca em ordem crescente.

11. Escreva uma função para construir uma árvore binária a partir dos percursos em-ordem e pós-ordem, armazenados em vetores de tamanho $n$.

12. A partir dos percursos pré-ordem A B C E I F J D G H K L e em-ordem E I C F J B G D K H L A, determine a árvore binária correspondente.

13. Dê exemplos de árvores binárias cujos percursos pré-ordem e em-ordem geram a mesma sequência.

14. Construa uma árvore binária de busca a partir da inserção das chaves 15, 5, 3, 12, 10, 13, 6, 7, 16, 20, 18 e 23, nessa ordem, em uma árvore inicialmente vazia. Remova o nó 13 da árvore original. Remova o nó 16 da árvore original. Remova o nó 5 da árvore original.

15. A árvore binária de busca mostrada na Figura 20.62 foi criada a partir de uma árvore nula. Em que ordem os dados foram inseridos na árvore? Se houver mais de uma sequência possível, identifique as alternativas.

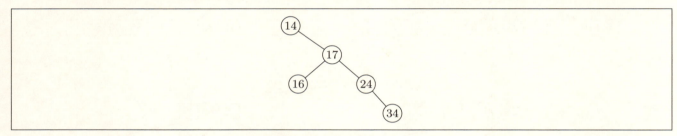

Figura 20.62: Árvore binária de busca.

16. Construa uma árvore de difusão a partir da inserção das chaves 29, 9, 14, 4, 19 e 24, nessa ordem, em uma árvore inicialmente vazia. A operação de difusão deve ser aplicada a cada nó inserido.

17. Construa uma árvore rubro-negra pela inserção das chaves 10, 20, 30 e 15, nessa ordem, em uma árvore inicialmente vazia.

18. Dada a árvore de difusão mostrada na Figura 20.63, aplique a operação de difusão no nó 27, tornando-o a raiz da árvore.

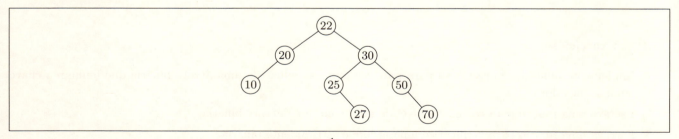

Figura 20.63: Árvore de difusão.

19. Dado um conjunto com 1 milhão de chaves ($n = 10^6$), mostre as alturas máximas para uma (i) árvore AVL, (ii) árvore rubro-negra e (iii) árvore B de ordem 100.

20. Construa uma árvore B de ordem 5 a partir da inserção das chaves 20, 40, 10, 30, 15, 35, 7, 26, 18, 22, 5, 42, 13, 46, 27, 8, 32, 38, 24, 45 e 25, nessa ordem, em uma árvore inicialmente vazia. Remova os nós 25, 38 e 10 da árvore.

21. Compare as árvores AVL e rubro-negras em relação às operações de busca e inserção de chaves.

22. A partir dos percursos pós-ordem C A K L Z J M F Y D E W N B e em-ordem A C K M L J Z B F N D Y W E, reconstrua (desenhe) a árvore binária correspondente e mostre o percurso pré-ordem para a árvore resultante.

23. Escreva uma função para receber um ponteiro para a raiz de uma árvore binária e retornar o menor e o maior valor da árvore.

24. Os números de Catalan, em homenagem ao matemático belga Eugène Charles Catalan, formam uma sequência de números naturais com aplicações em vários problemas de contagem. Para $n \geqslant 0$, o $n$-ésimo número de Catalan é definido como:
$$C_n = \frac{(2n)!}{(n+1)!\,n!}.$$
Mostre que o número de árvores binárias de busca distintas com $n$ chaves é igual ao $n$-ésimo número de Catalan.

25. Escreva uma função recursiva para verificar se todos os nós internos de uma árvore binária possuem exatamente uma subárvore vazia.

26. Construa uma árvore binária de busca após a inserção das chaves 7, 4, 10, 8, 5, 6, 2, 1 e 11, nessa ordem. Apresente os percursos em-ordem, pré-ordem e pós-ordem da árvore. Mostre a árvore após a inserção do nó 3. Mostre a árvore após a remoção do nó 7.

27. Represente, por meio de uma árvore binária, a expressão matemática [(A+B)·(C+D)/E]-[(F+G)/(H-I)]. Escreva os percursos pré-ordem e pós-ordem da árvore resultante.

28. Escreva uma função para determinar se uma dada árvore binária é AVL.

29. Converta a floresta mostrada na Figura 20.64 em uma árvore binária.

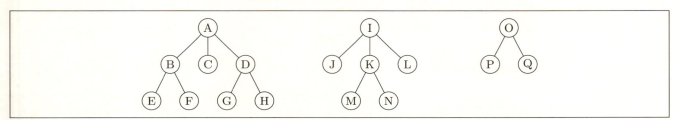

Figura 20.64: Floresta.

**Leituras recomendadas**

ALLEN, B. & MUNRO, I. Self-Organizing Binary Search Trees. *Journal of the ACM*, vol. 25, n. 4, pp. 526–535, 1978.

BAER, J.-L. & SCHWAB, B. A Comparison of Tree-Balancing Algorithms. *Communications of the ACM*, vol. 20, n. 5, pp. 322–330, 1977.

BAYER, R. Binary B-Trees for Virtual Memory. *In: ACM SIGFIDET Workshop on Data Description, Access and Control*, ACM, pp. 219–235, 1971.

BAYER, R. Symmetric Binary B-Trees: Data Structure and Maintenance Algorithms. *Acta Informatica*, vol. 1, n. 4, pp. 290–306, 1972.

BAYER, R. & UNTERAUER, K. Prefix B-Trees. *ACM Transactions on Database Systems*, vol. 2, n. 1, pp. 11–26, 1977.

BEN-OR, M. Lower Bounds for Algebraic Computation Trees. *In: Fifteenth Annual ACM Symposium on Theory of Computing*, ACM New York, NY, Estados Unidos, pp. 80–86, 1983.

BENDER, E. A.; PRAEGER, C. E. & WORMALD, N. C. Optimal Worst Case Trees. *Acta Informatica*, vol. 24, n. 4, pp. 475–489, 1987.

BENT, S. W.; SLEATOR, D. D. & TARJAN, R. E. Biased Search Trees. *SIAM Journal on Computing*, vol. 14, n. 3, pp. 545–568, 1985.

BENTLEY, J. L. Multidimensional Binary Search Trees used for Associative Searching. *Communications of the ACM*, vol. 18, n. 9, pp. 509–517, 1975.

BOWMAN, C. F. *Algorithms and Data Structures: An Approach in C*. Oxford University Press, 1994.

BURKHARD, W. A. Nonrecursive Tree Traversal Algorithms. *Computer Journal*, 18, pp. 327–330, 1975.

CHANG, H. & IYENGAR, S. S. Efficient Algorithms to Globally Balance a Binary Search Tree. *Communications of the ACM*, vol. 27, n. 7, pp. 695–702, 1984.

CHEN, L. & SCHOTT, R. Optimal Operations on Red-Black Trees. *International Journal of Foundations of Computer Science*, vol. 7, n. 3, pp. 227–239, 1996.

CLAMPETT JR., H. A. Randomized Binary Searching with Tree Structures. *Communications of the ACM*, vol. 7, n. 3, pp. 163–165, 1964.

COMER, D. Ubiquitous B-Tree. *ACM Computing Surveys*, vol. 11, n. 2, pp. 121–137, 1979.

DAY, A. C. Balancing a Binary Tree. *The Computer Journal*, vol. 19, n. 4, pp. 360–361, 1976.

DEVROYE, L. A Note on the Height of Binary Search Trees. *Journal of the ACM*, vol. 33, n. 3, pp. 489–498, 1986.

DOBERKAT, E. E. An Average Case Analysis of Floyd's Algorithm to Construct Heaps. *Information and Control*, vol. 61, n. 2, pp. 114–131, 1984.

EPPINGER, J. L. An Empirical Study of Insertion and Deletion in Binary Search Trees. *Communications of the ACM*, vol. 26, n. 9, pp. 663–669, 1983.

ER, M. Efficient Generation of Binary Trees from Inorder-Postorder Sequences. *Information Sciences*, vol. 40, n. 2, pp. 175–181, 1986.

FOSTER, C. C. A Generalization of AVL Trees. *Communications of the ACM*, vol. 16, n. 8, pp. 513–517, 1973.

FREDERICKSON, G. N. Data Structures for On-Line Updating of Minimum Spanning Trees. *In: Fifteenth Annual ACM Symposium on Theory of Computing*, Boston, MA, Estados Unidos, ACM New York, NY, Estados Unidos, pp. 252–257, 1983.

FREDMAN, M. L. & TARJAN, R. E. Fibonacci Heaps and their Uses in Improved Network Optimization Algorithms. *Journal of the ACM (JACM)*, vol. 34, n. 3, pp. 596–615, 1987.

GABOW, H. N. Two Algorithms for Generating Weighted Spanning Trees in Order. *SIAM Journal on Computing*, vol. 6, n. 1, pp. 139–150, 1977.

GUIBAS, L. J. & SEDGEWICK, R. A Dichromatic Framework for Balanced Trees. *In: 19th Annual Symposium on Foundations of Computer Science*, IEEE, pp. 8–21, 1978.

JONES, D. W. Application of Splay Trees to Data Compression. *Communications of the ACM*, vol. 31, n. 8, pp. 996–1007, 1988.

KARLTON, P. L.; FULLER, S. H.; SCROGGS, R. & KAEHLER, E. Performance of height-balanced trees. *Communications of the ACM*, vol. 19, n. 1, pp. 23–28, 1976.

KNUTH, D. E. Optimum Binary Search Trees. *Acta Informatica*, 1, pp. 14–25, 1971.

KRUSE, R. L. & RYBA, A. J. *Data Structures and Program Design in C++*. Prentice Hall, Inc., 2000.

MARTIN, W. A. & NESS, D. N. Optimizing Binary Trees Grown with a Sorting Algorithm. *Communications of the ACM*, vol. 15, n. 2, pp. 88–93, 1972.

MCCREIGHT, E. M. Pagination of B*-Trees with Variable-Length Records. *Communications of the ACM*, vol. 20, n. 9, pp. 670–674, 1977.

MCCREIGHT, E. M. Priority Search Trees. *SIAM Journal on Computing*, vol. 14, n. 2, pp. 257–276, 1985.

NIEVERGELT, J. Binary Search Trees and File Organization. *ACM Computing Surveys*, vol. 6, n. 3, pp. 195–207, 1974.

NIEVERGELT, J. & REINGOLD, E. M. Binary Search Trees of Bounded Balance. *In: Fourth Annual ACM Symposium on Theory of Computing*, ACM New York, NY, Estados Unidos, pp. 137–142, 1972.

PORT, G. & MOFFAT, A. A Fast Algorithm for Melding Splay Trees. *In: Algorithms and Data Structures: Workshop in Algorithms and Data Structures, Lecture Notes in Computer Science 382*, Ottawa, Canada, Springer-Verlag, pp. 450–459, 1989.

ROSENBERG, A. L. & SNYDER, L. Time-and Space-Optimality in B-Trees. *ACM Transactions on Database Systems*, vol. 6, n. 1, pp. 174–193, 1981.

SEIDEL, R. & ARAGON, C. R. Randomized Search Trees. *Algorithmica*, vol. 16, n. 4-5, pp. 464–497, 1996.

SLEATOR, D. D. & TARJAN, R. E. A Data Structure for Dynamic Trees. *Journal of Computer and System Sciences*, vol. 26, n. 3, pp. 362–391, 1983.

SLEATOR, D. D. & TARJAN, R. E. Self-Adjusting Binary Search Trees. *Journal of the ACM*, vol. 32, n. 3, pp. 652–686, 1985.

STEPHENSON, C. J. A Method for Constructing Binary Search Trees by Making Insertions at the Root. *International Journal of Computer & Information Sciences*, 9, pp. 15–29, 1980.

STOUT, Q. F. & WARREN, B. L. Tree Rebalancing in Optimal Time and Space. *Communications of the ACM*, vol. 29, n. 9, pp. 902–908, 1986.

WRIGHT, W. E. Some Average Performance Measures for the B-Tree. *Acta Informatica*, 21, pp. 541–557, 1985.

ZAKI, A. S. A Comparative Study of 2-3 Trees and AVL Trees. *International Journal of Computer & Information Sciences*, 12, pp. 13–33, 1983.

# 21
# GRAFOS

Os grafos são estruturas de dados utilizadas para relacionar elementos de um determinado conjunto e que permitem a modelagem de problemas em diversos domínios de conhecimento, por exemplo, matemática, computação, biologia, engenharia, química, economia, entre outros. Neste capítulo, os fundamentos de grafos são introduzidos e as principais operações associadas a essas estruturas de dados são descritas e implementadas por meio de diferentes representações.

## 21.1 Fundamentos

Um *grafo* $G = (V, A)$ é definido pelo par formado pelo conjunto $V$ de *vértices* ou *nós* e pelo conjunto $A$ de *arestas* ou *arcos*. Cada aresta $a = (v, w)$ é definida por um par de vértices $v$ e $w$ do grafo, em que $v$ e $w$ pertencem a $V$. A relação de adjacência entre pares de vértices pode ser ordenada ou não ordenada.

Em um grafo *orientado*, *direcionado* ou *dirigido*, também chamado *digrafo*, cada aresta é um par ordenado de vértices, ou seja, uma aresta $(v, w)$ é diferente de uma aresta $(w, v)$. Em um grafo *não orientado* ou *não dirigido*, a relação de adjacência é simétrica, ou seja, uma aresta é um par não ordenado de vértices.

A Figura 21.1 mostra dois exemplos de grafos dirigidos. O grafo (a) é formado pelos vértices $V = \{1, 2, 3, 4, 5, 6\}$ e pelas arestas $A = \{(1,2), (1,3), (2,3), (3,4), (4,1), (4,5), (5,4), (4,6), (1,1)\}$. Um *laço* é uma aresta que conecta um vértice a ele mesmo. O grafo (a) possui um laço no vértice 1. O grafo (b) é formado pelos vértices $V = \{$Carla, João, José, Maria, Paulo$\}$ e pelas arestas $A = \{($Paulo, João$), ($Maria, João$), ($Maria, Carla$), ($José, Carla$)\}$. A Figura 21.2 mostra dois exemplos de grafos não dirigidos. O grafo (a) é formado pelos vértices $V = \{1, 2, 3, 4\}$ e pelas arestas $A = \{(1,2), (1,3), (2,3), (3,4)\}$. O grafo (b) é formado pelos vértices $V = \{$João, José, Maria, Paulo$\}$ e pelas arestas $A = \{($Maria, Paulo$), ($Maria, José$), ($Paulo, José$), ($João, José$)\}$.

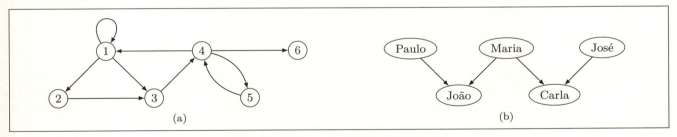

Figura 21.1: Exemplos de grafos dirigidos.

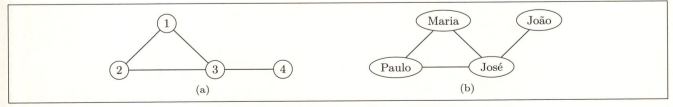

Figura 21.2: Exemplos de grafos não dirigidos.

Em um grafo dirigido, se existe uma aresta $(v, w)$, o vértice $v$ é *adjacente* ao vértice $w$. O vértice *origem* é $v$ e o vértice *destino* é $w$. Uma aresta é *incidente* a um vértice $w$ se ela chega ao vértice $w$. A existência de $(v, w)$

não implica a existência de $(w, v)$, ou seja, o vértice $v$ não é adjacente ao vértice $w$. No grafo (a) da Figura 21.1, o vértice 3 é adjacente ao vértice 1, entretanto, o vértice 1 não é adjacente ao vértice 3.

Em um grafo não dirigido, dois vértices $v$ e $w$ são adjacentes quando eles forem os extremos de uma mesma aresta $(v, w)$. No grafo (a) da Figura 21.2, o vértice 1 é adjacente ao vértice 3, entretanto, o vértice 1 não é adjacente ao vértice 4.

A *ordem* de um grafo $G = (V, A)$ é dada pelo número de vértices do grafo, ou seja, a cardinalidade do conjunto de vértices, denotada por $|V|$. A ordem do grafo (a) na Figura 21.1 é 6, enquanto a ordem do grafo (a) na Figura 21.2 é 4. O *tamanho*[1] de um grafo $G = (V, A)$ é dado pelo número de arestas do grafo, ou seja, a cardinalidade do conjunto de arestas, denotada por $|A|$. O tamanho do grafo (a) na Figura 21.1 é 9, enquanto o tamanho do grafo (a) na Figura 21.2 é 4.

O *grau* ou a *valência* de um vértice em um grafo não dirigido corresponde ao número de arestas que incidem no vértice. Por exemplo, o grau do vértice 3 no grafo (a) da Figura 21.2 é igual a 3, enquanto o grau do vértice 4 é igual a 1. Um vértice isolado e desconectado do grafo tem grau 0. Em um grafo dirigido, o grau de um vértice é dado pela soma do número de arestas que chegam ao vértice (denominado *grau de entrada*) e que saem dele (denominado *grau de saída*). Por exemplo, o grau do vértice 1 no grafo (a) da Figura 21.1 é igual a 5.

Pode-se provar que a soma dos graus dos vértices é sempre o dobro do número de arestas do grafo. Por exemplo, a soma dos graus dos vértices do grafo (a) da Figura 21.2 é igual a 8, ou seja, o dobro do número de arestas do grafo. Isso decorre do fato de que, ao somar os graus dos vértices, cada aresta é contada duas vezes. Além disso, o número de vértices de grau ímpar de qualquer grafo é par, como consequência de que a soma dos graus dos vértices é um número par.

Um grafo é *simples* se ele não tiver nem laços e nem arestas múltiplas. Arestas múltiplas são duas ou mais arestas com o mesmo par de vértices como extremidade. Um *multigrafo* é um grafo que permite a ligação de dois vértices por arestas múltiplas. Um grafo que possui laços, com arestas múltiplas ou não, é denominado *pseudografo*. A Figura 21.3 mostra um exemplo de grafo simples, multigrafo e pseudografo.

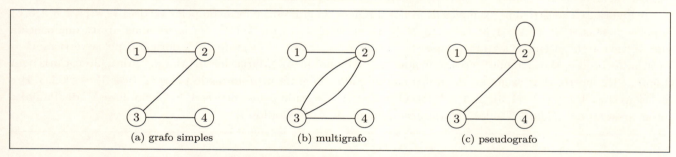

Figura 21.3: Exemplos de grafo simples, multigrafo e pseudografo.

Um grafo simples é *completo* quando há uma aresta entre cada par de seus vértices, ou seja, todos os pares de vértices do grafo são adjacentes. Exemplos de grafos completos são ilustrados na Figura 21.4. Um grafo completo com $n$ vértices, denotado por $K_n$, possui $n \cdot (n-1)/2$ arestas. Os grafos (a), (b), (c) e (d) possuem 3, 6, 6 e 15 arestas, respectivamente.

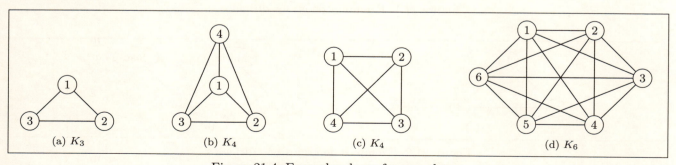

Figura 21.4: Exemplos de grafos completos.

---

[1] Em alguns contextos, o tamanho do grafo é definido como $|V| + |A|$.

Um grafo é *regular* se todos os vértices possuem o mesmo grau. Todo grafo completo é regular, como os grafos mostrados na Figura 21.4. Exemplos de grafos regulares, que não são completos, são ilustrados na Figura 21.5. Os vértices dos grafos (a), (b) e (c) possuem grau 2, 3 e 4, respectivamente.

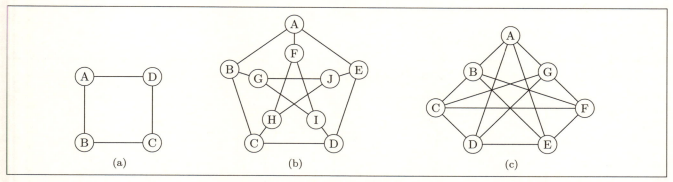

Figura 21.5: Exemplos de grafos regulares.

Um *caminho* em um grafo dirigido é uma sequência de vértices $(v_0, v_1, v_2, \ldots, v_k)$, em que existe uma aresta conectando cada vértice ao vértice seguinte. O *comprimento* de um caminho é definido pelo número de arestas que o compõem. Dessa forma, o caminho $(v_0, v_1, v_2, \ldots, v_k)$ possui comprimento $k$, formado pelas arestas $(v_0, v_1)$, $(v_1, v_2)$, ..., $(v_{k-1}, v_k)$. Um caminho que não passa duas vezes pelo mesmo vértice é denominado *caminho simples*.

Em um grafo dirigido, um caminho $(v_0, v_1, v_2, \ldots, v_k)$ forma um *circuito* ou *ciclo* se $v_0 = v_k$, ou seja, o caminho é fechado, e o caminho contém pelo menos uma aresta. O caminho $(1, 3, 4, 1)$ é um exemplo de ciclo no grafo (a) da Figura 21.1. O ciclo $(1, 1)$ tem comprimento 1. Em um grafo não dirigido, um caminho $(v_0, v_1, v_2, \ldots, v_k)$ forma um ciclo se $v_0 = v_k$ e o caminho contém pelo menos três arestas. O caminho $(1, 2, 3, 1)$ é um exemplo de ciclo no grafo (a) da Figura 21.2. Um grafo *cíclico* possui pelo menos um ciclo, enquanto um grafo sem ciclos é chamado de grafo *acíclico*.

Um caminho que passa por todos os vértices de um grafo exatamente uma vez é denominado *caminho hamiltoniano*. De modo similar, um circuito que passa por todos os vértices de um grafo exatamente uma vez é chamado de *circuito hamiltoniano*. Um grafo é hamiltoniano se contiver um circuito hamiltoniano. A Figura 21.6 mostra um exemplo de grafo hamiltoniano que contém o circuito $(1, 2, 3, 4, 5, 1)$.

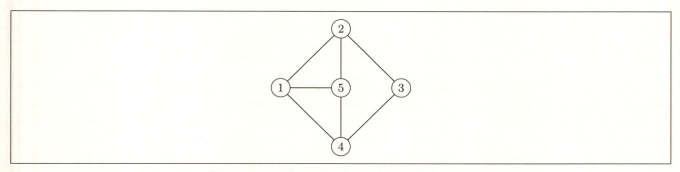

Figura 21.6: Exemplo de grafo hamiltoniano.

Um caminho que passa por todas as arestas de um grafo exatamente uma vez é denominado *caminho euleriano*. De modo similar, um circuito que passa por todas as arestas de um grafo exatamente uma vez é chamado de *circuito euleriano*. Um grafo é euleriano se contiver um circuito euleriano. A Figura 21.7 mostra um exemplo de grafo euleriano, que contém o circuito $(1, 2, 3, 4, 2, 5, 1)$. Uma condição necessária para a existência de um grafo euleriano é de que todos os vértices tenham grau par.

Dois grafos $G_1 = (V_1, A_1)$ e $G_2 = (V_2, A_2)$ são *isomorfos* se existir uma função unívoca $f : V_1 \to V_2$ tal que $(v, w) \in A_1$ se, e somente se, $(f(v), f(w)) \in A_2$. Em outras palavras, há uma correspondência entre os vértices dos grafos $G_1$ e $G_2$ de tal forma que a relação de incidência seja preservada. A Figura 21.8 mostra um exemplo de grafos isomorfos. O isomorfismo pode ser verificado pela função $f(A) = 1$, $f(B) = 2$, $f(C) = 3$, $f(D) = 4$, $f(E) = 5$, $f(F) = 6$, $f(G) = 7$ e $f(H) = 8$.

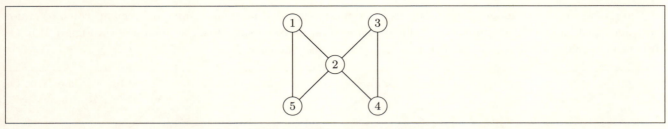

Figura 21.7: Exemplo de grafo euleriano.

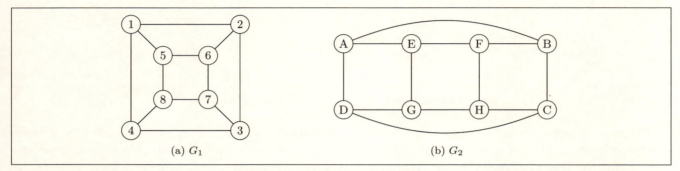

Figura 21.8: Grafos isomorfos.

Um *subgrafo* é um subconjunto dos vértices e das arestas que formam um grafo. Portanto, $G' = (V', A')$ é um subgrafo de $G = (V, A)$ se $V' \subseteq V$ e $A' \subseteq A$. Um *clique* é um subgrafo completo do grafo. A Figura 21.9 ilustra um subgrafo e um clique de um grafo.

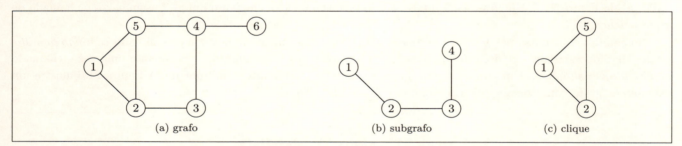

Figura 21.9: Subgrafo e clique de um grafo.

Um grafo é *conexo* se existe um caminho entre qualquer par de vértices no grafo. Um *componente conexo* é um subgrafo conexo. Portanto, um grafo é conexo se, e somente se, ele tiver exatamente um componente conexo. A Figura 21.10 ilustra exemplos de grafos conexo e não conexo. O grafo (a) possui um componente conexo, formado pelos vértices $\{1, 2, 3, 4, 5\}$. O grafo (b) possui dois componentes conexos, formados pelos vértices $\{1, 2, 3\}$ e $\{4, 5\}$.

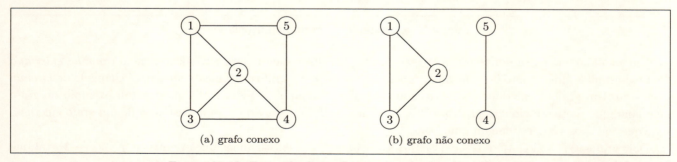

Figura 21.10: Exemplo de grafo conexo e grafo não conexo.

Um grafo $\overline{G}$ é *complementar* do grafo $G$ se possui o mesmo conjunto de vértices de $G$ e dois vértices distintos são adjacentes em $\overline{G}$ se, e somente se, não forem adjacentes em $G$. A Figura 21.11 ilustra um grafo e seu complementar

$\overline{G}$. As arestas de $\overline{G}$ não estão presentes em $G$, e vice-versa.

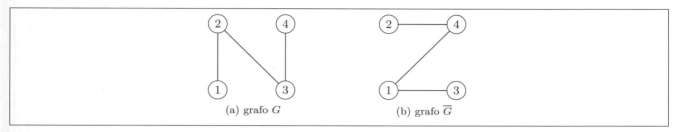

Figura 21.11: Grafo complementar.

Em um grafo *ponderado* ou *valorado*, pesos são associados às arestas. O significado dos pesos depende do problema em questão e eles podem representar, por exemplo, custos, altitudes, tempos ou distâncias. A Figura 21.12 ilustra um grafo ponderado.

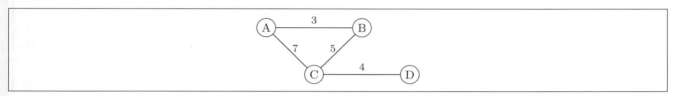

Figura 21.12: Grafo ponderado.

Um grafo *bipartido* é um grafo cujos vértices podem ser divididos em dois conjuntos disjuntos, nos quais não há arestas entre vértices de um mesmo conjunto. A Figura 21.13 ilustra dois grafos bipartidos. Relações de correspondência entre entidades podem ser modeladas com grafos bipartidos. Por exemplo, dado um conjunto de professores $P$ e um conjunto de disciplinas $D$, uma aresta entre um elemento de $P$ e um elemento de $D$ equivale à atribuição de um professor a uma disciplina.

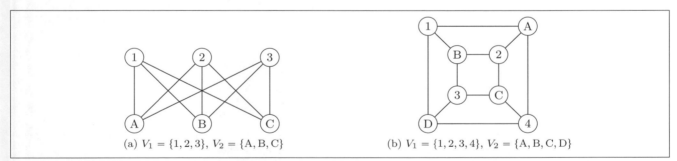

Figura 21.13: Grafos bipartidos.

Um *grafo bipartido completo* $G = (V_1 \cup V_2, A)$ é um grafo bipartido se, para quaisquer dois vértices $v_1 \in V_1$ e $v_2 \in V_2$, a aresta $v_1 v_2$ pertence ao conjunto de arestas $A$ do grafo. O grafo bipartido completo com partições de cardinalidades $n_1$ e $n_2$ para os conjuntos de vértices $V_1$ e $V_2$, respectivamente, é denotado por $K_{n_1,n_2}$. O número de arestas de um grafo bipartido completo é $n_1 n_2$. A Figura 21.14 ilustra um grafo bipartido completo.

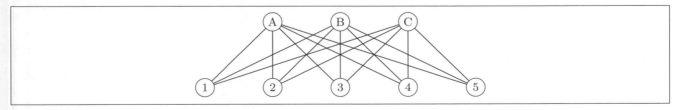

Figura 21.14: Grafo bipartido completo $K_{3,5}$.

Um grafo *estrela* $S_n$ de $n$ vértices é um grafo conexo que tem 1 vértice com grau $n-1$ e os demais $n-1$ vértices com grau 1. O grafo estrela $S_n$ é um grafo bipartido completo $K_{1,n-1}$. Além disso, um grafo estrela $S_n$ é uma árvore com 1 nó interno e $n-1$ folhas. A Figura 21.15 ilustra três grafos estrelas.

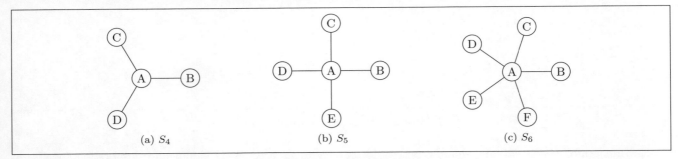

Figura 21.15: Grafos estrelas.

Uma *árvore*, estrutura de dados descrita no Capítulo 20, é um grafo conexo acíclico. Toda árvore de $n$ vértices tem $n-1$ arestas. Uma árvore *enraizada* é uma árvore em que um vértice é designado como *raiz*. Uma *floresta* é um grafo cujos componentes conexos são árvores. Uma *arborescência* é um grafo conexo dirigido com uma raiz (ou seja, com grau de entrada igual a 0) e com todos os demais vértices com grau de entrada igual a 1. A Figura 21.16 ilustra exemplos de árvore, floresta e arborescência.

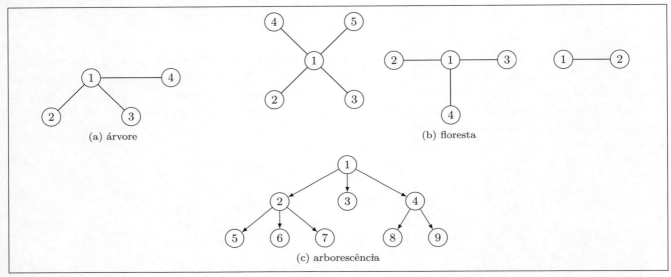

Figura 21.16: Árvore, floresta e arborescência.

Uma *árvore geradora* de um grafo conexo é um subgrafo que contém todos os vértices do grafo e forma uma árvore. Todo grafo conexo não dirigido possui pelo menos uma árvore geradora. Toda árvore geradora de um grafo não dirigido com $n$ vértices tem exatamente $n-1$ arestas. A Figura 21.17 ilustra um grafo e uma árvore geradora.

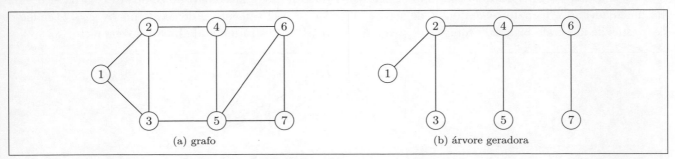

Figura 21.17: Grafo conexo e árvore geradora.

Um grafo é *planar* se ele puder ser imerso ou projetado no plano de tal maneira que suas arestas não se cruzem.

Caso contrário, o grafo é denominado *não planar*. A Figura 21.18 apresenta um exemplo de grafo planar e um de não planar.

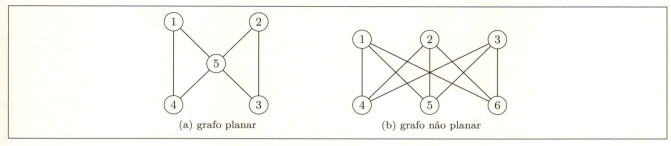

Figura 21.18: Grafo planar e não planar.

## 21.2 Problema das pontes de Königsberg

Em 1736, Leonhard Euler utilizou a estrutura de grafos para resolver o problema das pontes de Königsberg, cidade na antiga Prússia. Sete pontes conectavam duas ilhas entre si e as ilhas com as margens. Uma questão de interesse era determinar se uma pessoa poderia cruzar as pontes sem passar duas vezes por qualquer uma delas e retornar ao mesmo ponto de partida. Um diagrama do conjunto de pontes que ligam as ilhas e as margens é mostrado na Figura 21.19(a).

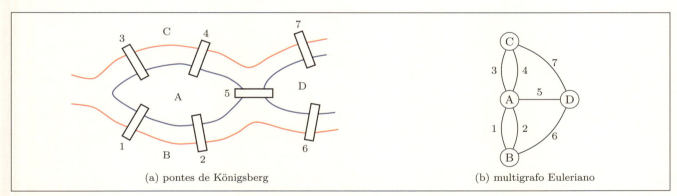

Figura 21.19: Problema das pontes de Königsberg.

O problema pode ser representado por um multigrafo $G = (V, A)$, conforme ilustrado na Figura 21.19(b), em que $V = \{A, B, C, D\}$ é o conjunto formado pelas ilhas e margens, enquanto $A = \{1, 2, 3, 4, 5, 6, 7\}$ é o conjunto das pontes que unem ilhas ou margens. Nenhum vértice do grafo possui grau par. Portanto, como o grafo não é euleriano, não é possível haver um percurso que passe uma única vez por todas as pontes, retornando ao ponto de partida.

## 21.3 Problema da coloração de grafos

A *coloração* de um grafo refere-se à atribuição de rótulos a elementos (vértices ou arestas) do grafo, sujeita a certas restrições. Os rótulos são chamados de cores. Na *coloração de vértices*, dois vértices adjacentes não devem receber a mesma cor. Na *coloração de arestas*, a atribuição das cores é realizada de forma que duas arestas adjacentes (ou seja, compartilham um mesmo vértice) não recebam a mesma cor. Na *coloração de faces* de um grafo planar, uma cor é atribuída para cada face ou região de maneira que duas faces não compartilhem uma fronteira de mesma cor.

Um conjunto de regiões planares, mostrado na Figura 21.20, pode ser representado por um grafo *dual*, em que os vértices correspondem às regiões e há uma aresta entre dois vértices se, e somente se, as duas regiões têm fronteiras comuns. O problema de coloração das regiões é equivalente a colorir cada vértice do grafo, de modo que dois vértices adjacentes tenham cores diferentes.

Figura 21.20: Regiões planares e sua representação por um grafo dual.

Em 1852, Francis Guthrie postulou a conjectura das quatro cores, em que qualquer mapa (um grafo planar) pode ser colorido com, no máximo, quatro cores. Apenas em 1976 Kenneth Appel e Wolfgang Haken provaram que quatro cores são suficientes para colorir o mapa, de forma que as regiões de um grafo planar que partilham uma fronteira comum não recebam uma mesma cor.

O *número cromático*, denotado por $\chi(G)$, é o menor número de cores necessárias para colorir os vértices de um grafo $G$. Um grafo é $k$-cromático se $\chi(G) = k$. Uma $k$-coloração de um grafo $k$-cromático é uma coloração ótima. Todo grafo 2-cromático é bipartido. A Figura 21.21 ilustra dois exemplos de coloração de vértices.

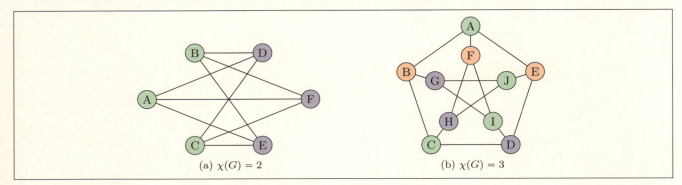

Figura 21.21: Coloração de vértices de grafos.

Analogamente, o *índice cromático*, denotado por $\chi'(G)$, é o menor número de cores necessárias para colorir arestas de um grafo $G$. A Figura 21.22 ilustra dois exemplos de coloração de arestas. Pode-se observar que o grau máximo $\Delta(G)$ de um grafo é um limite inferior para o índice cromático. Em 1964, Vadim Vizing mostrou que $\Delta(G) \leqslant \chi'(G) \leqslant \Delta(G) + 1$.

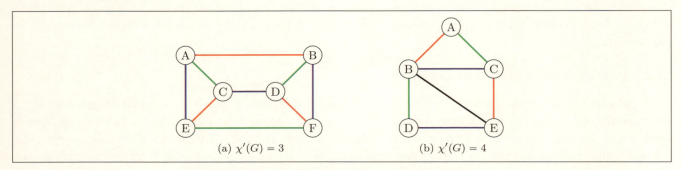

Figura 21.22: Coloração de arestas de grafos.

Várias aplicações podem ser beneficiadas com a resolução do problema de coloração de grafos. Alguns exemplos incluem: (i) a modelagem de um torneio esportivo em um número mínimo de etapas, de modo que cada par de competidores jogue entre si em uma das etapas, (ii) o agendamento de exames em uma universidade, de maneira que duas disciplinas com estudantes em comum não tenham seus exames agendados para o mesmo horário, (iii) a fabricação de objetos por um conjunto de tarefas de manufatura, em que cada tarefa é realizada em uma determinada máquina, evitando-se que qualquer outra tarefa que dependa da mesma máquina seja executada ao mesmo tempo, (iv) a atribuição de um número mínimo de frequências de rádio diferentes a torres de comunicação para evitar interferências resultantes de torres que usem a mesma frequência, (v) a alocação de registradores pelos compiladores, em que múltiplas variáveis devem ser atribuídas a um pequeno número de registradores durante a execução de um programa e (vi) a resolução do jogo *sudoku*, em que números devem ser inseridos em células vazias em uma grade de blocos, sem repetir números nas linhas, nas colunas ou nos blocos.

## 21.4 Representações de grafos

As duas representações mais utilizadas para descrever vértices e arestas de grafos dirigidos ou não dirigidos são as matrizes de adjacência e as listas de adjacência. A escolha da representação depende de quais operações serão realizadas e da densidade do grafo. Um grafo *denso* possui muitas arestas em relação ao número de vértices, enquanto um grafo *esparso* possui poucas arestas em comparação com o número de vértices.

### 21.4.1 Matriz de adjacências

A *matriz de adjacências* $M$ de um grafo $G = (V, A)$ que possui $n$ vértices é uma matriz quadrada contendo $n \times n$ elementos. Cada elemento $M_{i,j}$ indica como os vértices $v_i$ e $v_j$ estão relacionados, ou seja, apresenta informações sobre a adjacência entre $v_i$ e $v_j$.

Em grafos não dirigidos simples e sem pesos nas arestas, a entrada $M_{i,j}$ tem valor 1 se, e somente se, existe uma aresta do vértice $v_i$ para o vértice $v_j$ e, caso contrário, tem valor 0. As matrizes de adjacências para grafos não dirigidos são simétricas em relação à diagonal principal, isto é, a entrada $M_{i,j}$ é igual à entrada $M_{j,i}$. A Figura 21.23(a) apresenta a matriz de adjacências referente ao grafo (a) da Figura 21.17. Caso as arestas do grafo tenham pesos, a entrada $M_{i,j}$ contém o peso da aresta entre os vértices $v_i$ e $v_j$. A Figura 21.23(b) mostra a matriz de adjacências para o grafo (a) da Figura 21.12.

Em grafos dirigidos, a matriz de adjacências pode ser assimétrica. Uma entrada $M_{i,j}$ com valor diferente de 0 indica a existência de uma aresta do vértice $v_i$ para o vértice $v_j$ ou do vértice $v_j$ para o vértice $v_i$. A Figura 21.23(c) apresenta a matriz de adjacências referente ao grafo (a) da Figura 21.1.

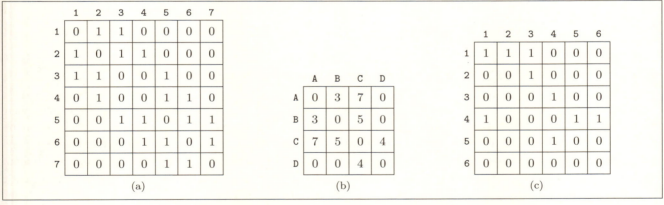

Figura 21.23: Matriz de adjacências para representar grafos.

A representação de grafos com matrizes de adjacências é eficiente para verificar se há uma aresta unindo dois vértices. Pode-se determinar se os vértices $v_i$ e $v_j$ são adjacentes em tempo $O(1)$, obtido por meio do acesso aos índices $i$ e $j$, respectivamente, e pela verificação do valor do elemento $M_{i,j}$. A inserção e a remoção de arestas demandam tempo $O(1)$. Uma desvantagem do uso de uma matriz de adjacências para representar grafos é que a estrutura requer espaço de armazenamento com custo $O(n^2)$ para um grafo com $n$ vértices.

### 21.4.2 Lista de adjacências

Uma *lista de adjacências* de um grafo $G = (V, A)$ que possui $n$ vértices consiste em um arranjo de $n$ listas ligadas, uma para cada vértice em $V$. Para cada $v \in V$, há uma lista de todos os vértices adjacentes ao vértice $v$.

Em um grafo não dirigido, cada entrada é um conjunto de dois vértices contendo as duas extremidades da aresta correspondente. Em um grafo dirigido, cada entrada é uma tupla de dois vértices, um que indica o vértice origem e o outro que denota o vértice destino da aresta correspondente. A Figura 21.24(a) apresenta a lista de adjacências referente ao grafo (a) da Figura 21.17. A Figura 21.24(b) apresenta a lista de adjacências referente ao grafo (a) da Figura 21.12, em que os pesos das arestas são armazenados nas listas. A Figura 21.24(c) apresenta a lista de adjacências referente ao grafo (a) da Figura 21.1.

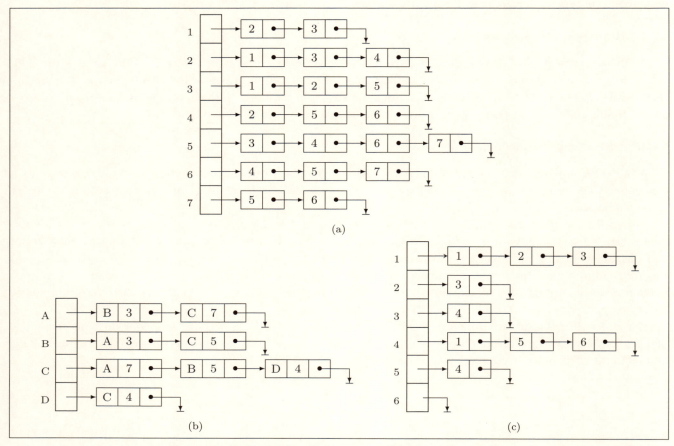

Figura 21.24: Lista de adjacências para representar grafos.

A representação de grafos com listas de adjacências possui custo $O(m + n)$, em termos de espaço de armazenamento, para um grafo com $n$ vértices e $m$ arestas. As listas de adjacências são mais indicadas para grafos esparsos, em que o número de arestas é bem menor do que o número de vértices, já que a representação não requer espaço para armazenar as arestas que não estão presentes no grafo. Uma desvantagem é que as listas de adjacência podem demandar tempo $O(n)$ para determinar se há uma aresta entre o vértice $u$ e o vértice $w$, uma vez que podem existir $O(n)$ vértices na lista de adjacentes do vértice $u$.

## 21.5 Percursos em grafos

Um *percurso em grafos* é um procedimento para examinar todos os vértices da estrutura de dados, percorrendo-a pelas arestas de vértice em vértice. Essa exploração dos elementos do grafo normalmente constitui uma etapa básica para a resolução de vários problemas relevantes. Os percursos em profundidade e em largura para grafos não dirigidos são descritos a seguir.

### 21.5.1 Busca em profundidade

A *busca em profundidade* é um algoritmo que examina todos os vértices de um grafo a partir de um nó arbitrário, denominado raiz, visitando cada vértice que está ao alcance do nó raiz que ainda não foi examinado. Todas as arestas adjacentes à raiz são exploradas e, durante o percurso, cada nó examinado é marcado como já visitado. Se houver vértices ainda não visitados no grafo, um deles é selecionado e a busca em profundidade é executada. Esse processo continua até que todos os vértices do grafo sejam visitados.

O algoritmo de busca em profundidade pode ser implementado recursiva ou explicitamente por meio de uma pilha (Capítulo 16). No caso de uma pilha, o nó (vértice) raiz é inicialmente inserido na pilha vazia e marcado como visitado. Enquanto a pilha não estiver vazia, todos os vértices adjacentes ao nó que se encontra no topo da pilha e que não tiverem sido ainda visitados são inseridos na pilha e marcados como visitados. Se não houver vértices adicionais a explorar a partir desse nó, ele é desempilhado. Dessa forma, a busca em profundidade visita sempre os vértices mais profundos primeiro.

A busca em profundidade é útil para resolver diversos problemas com grafos, como encontrar um caminho de um vértice a outro, determinar se um grafo é conexo ou não, encontrar uma árvore geradora de um grafo conexo e verificar se há um ciclo no grafo.

A Figura 21.25 ilustra as operações realizadas sobre a pilha para a execução do percurso em profundidade no grafo, cuja sequência de nós visitados é A B D E C F G H. A cada passo, o vértice não visitado é desempilhado e seus vizinhos não visitados são inseridos na pilha.

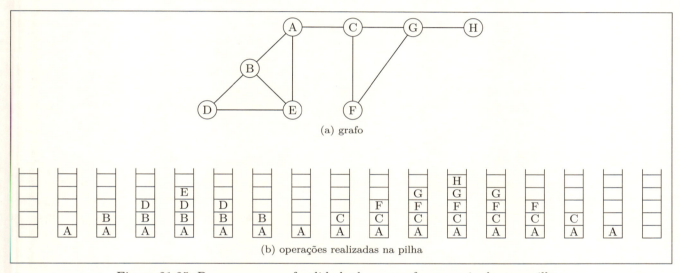

Figura 21.25: Percurso em profundidade de um grafo por meio de uma pilha.

Tipicamente, a busca em profundidade é utilizada para percorrer todo o grafo. Dado um grafo $G = (V, A)$ com $n$ vértices e $m$ arestas, a busca em profundidade pode ser realizada em tempo $O(n^2)$ com uma matriz de adjacências e em tempo $O(m + n)$ com uma lista de adjacências.

### 21.5.2 Busca em largura

A *busca em largura* é um algoritmo que examina todos os vértices de um grafo a partir de um nó arbitrário, denominado raiz, visitando todos os nós adjacentes (por níveis), antes de explorar os nós mais distantes. Esse processo continua até que todos os vértices do grafo sejam visitados.

O algoritmo de busca em largura pode ser implementado iterativamente por meio de uma fila (Capítulo 17). O nó (vértice) raiz é inicialmente inserido na fila vazia e marcado como visitado. Enquanto a fila não estiver vazia, o nó no início da fila é retirado e todos os seus nós adjacentes ainda não visitados são inseridos no final da fila e marcados como visitados. Dessa forma, a busca em largura visita sempre os vértices mais próximos primeiro.

A busca em largura é útil, por exemplo, para encontrar o caminho mínimo em um grafo, determinar se um grafo é bipartido, encontrar o fluxo máximo em um grafo, determinar se um vértice é alcançável a partir de outro e encontrar uma árvore geradora mínima.

A Figura 21.26 ilustra as operações realizadas sobre a fila para a execução do percurso em largura no grafo, cuja sequência de nós visitados é A B C E D F G H. Após inserir o nó raiz na fila vazia, o nó no início da fila é repetidamente desenfileirado e seus vértices adjacentes ainda não visitados são inseridos na fila, até que a fila se torne vazia.

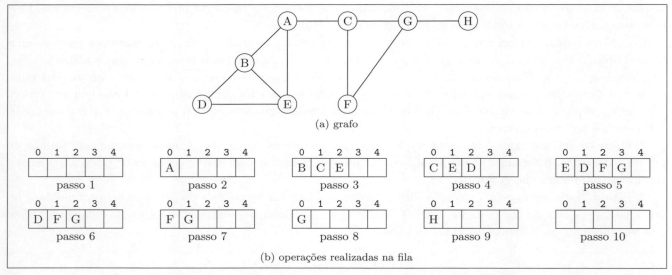

Figura 21.26: Percurso em largura de um grafo por meio de uma fila.

Dado um grafo $G = (V, A)$ com $n$ vértices e $m$ arestas, a busca em largura pode ser realizada em tempo $O(m+n)$ com uma lista de adjacências. Se $m \geqslant n$, situação que ocorre frequentemente em vários problemas, o custo da busca torna-se $O(m)$. Em um grafo representado com uma matriz de adjacências, o custo computacional da busca em largura é $O(n^2)$.

## 21.6 Ordenação topológica

A *ordenação topológica* de um grafo dirigido acíclico $G = (V, A)$ é uma ordenação linear de todos os vértices do grafo, de modo que, se houver uma aresta $(v, w)$ no grafo, então $v$ aparece antes de $w$ na sequência. Um grafo cíclico não admite uma ordenação topológica. A Figura 21.27 ilustra dois exemplos de ordenação topológica. Um grafo dirigido acíclico pode ter uma ou mais ordenações topológicas.

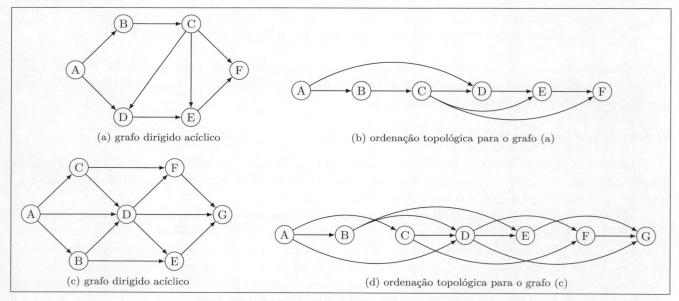

Figura 21.27: Exemplos de ordenação topológica.

A ordenação topológica pode ser aplicada em vários problemas em que há uma precedência na ocorrência de tarefas ou eventos, como representação de pré-requisitos entre disciplinas de um curso, escalonamento de tarefas de um projeto e determinação de dependências em compilação de arquivos.

Há algoritmos que encontram a ordenação topológica de um grafo em tempo $O(n+m)$, em que $n$ e $m$ correspondem ao número de vértices e arestas, respectivamente. Algoritmos de ordenação topológica podem ser implementados por meio de uma pilha ou uma fila.

Na estratégia que utiliza uma fila, os vértices com grau de entrada (incidência) igual a 0 são inicialmente encontrados e inseridos em uma fila. Como o grafo é acíclico, ao menos um nó com grau igual a 0 deve existir. Os vértices de grau zero são sucessivamente removidos da fila, e os graus de entrada de todos os nós adjacentes ao vértices removidos são atualizados. O processo é repetido até que todos os vértices do grafo tenham sido numerados, ou seja, inseridos na fila.

Na estratégia que utiliza uma pilha, uma busca em profundidade no grafo é executada, em que a ordem na qual cada vértice é visitado é registrada. Cada nó é inserido na pilha apenas após todos os seus descendentes terem sido visitados.

## 21.7 Árvore geradora mínima

Uma *árvore geradora* é formada pelo subconjunto de arestas que conecta todos os vértices de um grafo. O custo de uma árvore geradora é a soma dos custos associados a cada aresta da árvore. Assume-se que o grafo é conexo para que o problema tenha solução. Uma *árvore geradora mínima* é uma árvore geradora que possui o menor custo total de um grafo ponderado. Uma árvore geradora mínima não é necessariamente única para um grafo.

Várias aplicações práticas são baseadas no uso de árvores geradoras mínimas, como segmentação de imagens, análise de agrupamentos de dados, representação de atributos em visão computacional, projeto de redes de comunicação e análise genética.

Há vários algoritmos eficientes para encontrar uma árvore geradora mínima em grafos. Dois algoritmos gulosos, ou seja, que procuram resolver o problema a partir da melhor decisão local, são descritos a seguir para obter a árvore geradora mínima.

### 21.7.1 Algoritmo de Kruskal

O algoritmo proposto por Joseph Kruskal (1956) inicialmente cria uma floresta formada apenas pelos vértices do grafo, sem nenhuma aresta. As arestas do grafo são examinadas em ordem crescente de peso (custo). A cada passo do algoritmo, a aresta de menor peso que não forma um ciclo é adicionada à floresta. O algoritmo termina quando todos os vértices do grafo formarem um único componente conexo, que corresponde à árvore geradora mínima.

A Figura 21.28 ilustra um grafo não dirigido ponderado que contém 8 vértices. Portanto, a árvore geradora mínima deve ter 7 arestas. As arestas ordenadas por custo são: (C, E), (E, G), (A,B), (D, G), (D, E), (D, F), (A, C), (B, D), (F, H), (G, H), (B, C) e (F, G). As arestas (D,E), (B, D), (G, H), (B, C) e (F, G) não foram inseridas para evitar ciclos. A cada iteração do algoritmo de Kruskal, a aresta de menor peso e que não forma um ciclo é selecionada. Múltiplas árvores se unem para formar a árvore geradora mínima, cujo custo total é igual a 35.

O algoritmo de Kruskal pode ser implementado com complexidade de tempo igual a $O(m \log n)$, em que $m$ representa o número de arestas e $n$ o número de vértices do grafo. O algoritmo requer a ordenação das arestas em relação aos pesos das arestas. Dessa forma, o algoritmo de Kruskal é apropriado para ser aplicado em grafos esparsos.

### 21.7.2 Algoritmo de Prim

O algoritmo proposto por Robert Prim (1957) inicialmente adiciona um vértice, arbitrariamente escolhido do grafo, à árvore geradora. A cada passo, a aresta de peso mínimo que se conecta a um vértice que já faz parte da árvore geradora e não forma um ciclo com o subgrafo já construído é selecionada do grafo e adicionada à árvore geradora. Diferentemente do algoritmo de Kruskal, cada aresta adicionada é sempre conectada a um vértice que já pertence à árvore geradora. O processo é repetido até que a árvore geradora contenha todos os vértices do grafo.

A Figura 21.29 ilustra um grafo não dirigido ponderado que contém 8 vértices. O algoritmo de Prim inicia no vértice A. A aresta (A, B) é escolhida, pois possui menor peso do que a aresta (A, C). A árvore geradora mínima é construída incrementalmente pela adição de uma aresta de cada vez, cujo peso é mínimo, mantendo o subgrafo conexo. Embora o grafo original seja o mesmo mostrado na Figura 21.28, o algoritmo de Prim encontrou uma árvore geradora mínima diferente, cujo custo total também é igual a 35.

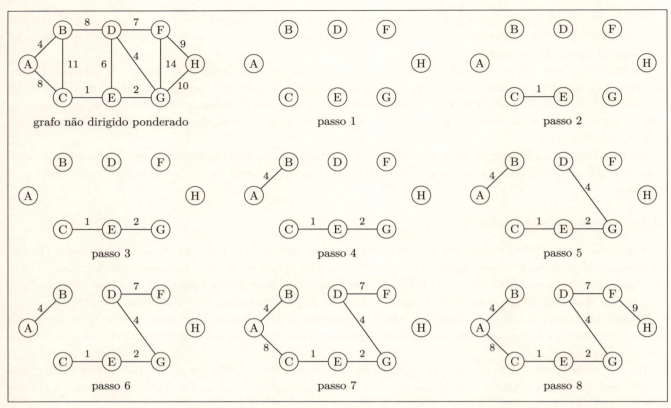

Figura 21.28: Árvore geradora mínima obtida pelo algoritmo de Kruskal.

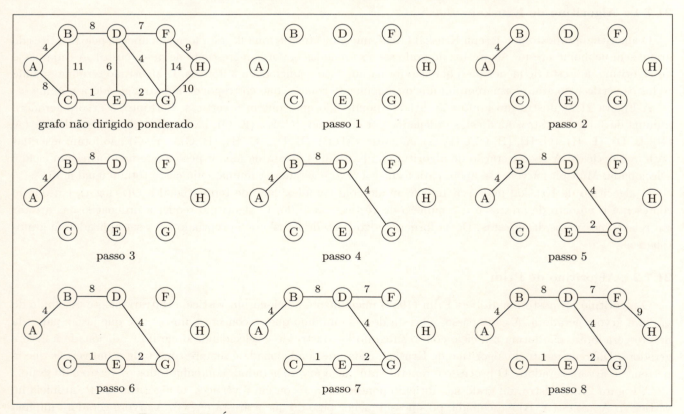

Figura 21.29: Árvore geradora mínima obtida pelo algoritmo de Prim.

**Algoritmos e estruturas de dados: conceitos e aplicações** 379

O algoritmo de Prim pode ser implementado com complexidade de tempo igual a $O(m \log n)$, em que $m$ é o número de arestas e $n$ é o número de vértices do grafo. Uma fila de prioridades baseada em um *heap* (Capítulo 17) auxilia a seleção de arestas com menor peso para conectar um vértice a outra árvore geradora. Entretanto, caso o grafo seja denso, o algoritmo apresentará custo $O(n^2)$.

## 21.8 Caminhos mínimos

O problema do *caminho mínimo* em um grafo ponderado $G = (V, A)$ consiste em encontrar o caminho de menor custo entre dois vértices, um origem e um destino. O custo ou peso de uma aresta $(v_{i-1}, v_i)$ é denotado por $peso(v_{i-1}, v_i)$. O custo ou peso $L(c)$ de um caminho $c = (v_0, v_1, ..., v_k)$ é o somatório de todos os custos das arestas do caminho

$$L(c) = \sum_{i=1}^{k} peso(v_{i-1}, v_i).$$

O custo do caminho mínimo de $v_i$ até $v_j$ é dado por

$$\delta(v_i, v_j) = \begin{cases} \min\{L(c)\}, & \text{se existir um caminho de } v_i \text{ a } v_j \\ \infty, & \text{caso contrário} \end{cases}$$

O caminho mínimo do vértice $v_i$ ao vértice $v_j$ é, portanto, definido como qualquer caminho $c$ com custo $L(c) = \delta(v_i, v_j)$. Caso não haja ciclo com pesos negativos, um subcaminho que faz parte de um caminho mínimo é também um caminho mínimo. Portanto, se um vértice $t$ faz parte do caminho mais curto do vértice $s$ ao vértice $u$, então o subcaminho entre $s$ e $t$ é o caminho mais curto entre esses dois vértices.

O custo associado a cada aresta pode representar, por exemplo, uma distância ou um comprimento. Em muitos casos, as arestas possuem apenas pesos positivos. Um caminho mais curto em um grafo não pode conter qualquer ciclo, pois a remoção do ciclo gera um caminho com os mesmos vértices origem e destino, entretanto, com menor custo.

A resolução do problema do caminho mínimo em grafos pode beneficiar uma variedade de aplicações, como sistemas de telecomunicações, planejamento de tráfego urbano, logística, projetos de circuitos, construção de rodovias e navegação robótica. Uma aplicação relacionada é o problema do caixeiro-viajante, que consiste em determinar o caminho mais curto que passa uma única vez por cada vértice e retorna ao vértice de partida.

Vários algoritmos procuram solucionar o problema do caminho mínimo em grafos. Alguns métodos consistem em determinar o menor caminho entre cada um dos vértices do grafo e um único vértice destino ou o menor caminho entre um único vértice origem e todos os demais vértices do grafo. Outros métodos determinam o menor caminho entre cada par de vértices presentes no grafo.

Os algoritmos de Dijkstra e de Bellman-Ford para resolver o problema do caminho mínimo a partir de um vértice fonte são descritos a seguir. As arestas devem ter peso maior ou igual a zero no primeiro método, enquanto o segundo é capaz de tratar o caso em que as arestas podem ter pesos negativos.

### 21.8.1 Algoritmo de Dijkstra

O algoritmo proposto por Edsger Dijkstra (1956) determina o menor caminho entre dois vértices de um grafo ponderado $G = (V, A)$, para o caso em que todas as arestas possuem pesos não negativos associados a elas, ou seja, $peso(s, t) \geq 0$ para qualquer aresta $(s, t) \in A$. O grafo pode ser dirigido ou não dirigido.

A partir do vértice origem $s$, o algoritmo de Dijkstra procede em direção ao vértice destino $t$ e mantém, em cada vértice, as suas distâncias ao vértice $s$ calculadas até aquele instante. A cada iteração do algoritmo, vértices podem ser marcados como temporários ou permanentes. Um vértice $v_i$ recebe uma marca permanente quando o valor calculado representa a menor distância do nó origem $s$ ao nó $v_i$.

Inicialmente, uma marca permanente igual a 0 é atribuída ao vértice $s$, enquanto uma marca temporária igual a $\infty$ é atribuída aos $n-1$ vértices restantes do grafo. A cada iteração, o algoritmo seleciona o nó $v_i$ com o menor custo marcado como temporário para torná-lo permanente e atualiza todos os vértices adjacentes a ele que não estejam marcados como permanentes, pois pode existir um caminho menor a partir de $s$ passando pelo nó corrente do que aquele anteriormente calculado. O processo termina quando todos os vértices forem marcados como permanentes.

O algoritmo de Dijkstra é apresentado no Código 21.1. A partir de um vértice $u$ marcado como permanente, todos os seus vértices adjacentes marcados como temporários são consultados para verificar se é possível reduzir o caminho mais curto obtido até o momento. A menor $distância[v]$ de $u$ a um vértice $v$ é calculada. O vértice adjacente (predecessor) a $v$ no caminho é mantido em $predecessor[v]$. Se houver um caminho mais curto do vértice origem $s$, passando pelo vértice corrente $u$, do que o caminho anterior, então $predecessor[v]$ deve também ser atualizado para indicar que $u$ é o vértice adjacente a $v$ pelo novo caminho mínimo. Esse processo de atualização do caminho mais curto $distância[v]$ e do nó predecessor de $v$ é mostrado nas linhas de 21 a 23 do pseudocódigo.

**Código 21.1.** Algoritmo de Dijkstra.

```
entrada: G(V,A): grafo com n vértices
         s: vértice origem do grafo
         peso(u,v): matriz que fornece o peso entre as arestas u e v
         F: fila de prioridades
         marca: vetor que indica se um vértice é temporário ou permanente
saída: distância: vetor de tamanho n
       predecessor: vetor de tamanho n

/* passo 1: inicialização do grafo */
para cada u ∈ V {
  distância[u] = ∞
  marca[u] = temporário
  predecessor[u] = null
}
distância[s] = 0

/* passo 2: atualização das distâncias, das marcas dos vértices e do caminho */
enquanto (F não estiver vazia) {
  u = extrai vértice com menor distância[u] da fila F
  para cada v adjacente a u {
    se (distância[u] + peso(u,v) < distância[v]) {
      distância[v] = distância[u] + peso(u,v)
      predecessor[v] = u
    }
  }
  marca[u] = permanente
}
```

O peso ou custo de uma aresta $(u, v)$ é denotado por $peso(u, v)$. Uma fila de prioridades armazena todos os vértices do grafo, em que cada chave associada ao vértice $u$ é ordenada por $distância[u]$. O vetor $predecessor$ define um caminho mínimo (no sentido inverso), em que $predecessor[v]$ indica o vértice permanente que deu origem à marca do vértice $v$.

A Figura 21.30 ilustra um exemplo de execução do algoritmo de Dijkstra em um grafo não dirigido ponderado com 6 vértices. O vértice origem $s$ no grafo da figura é A. O algoritmo calcula o custo mínimo entre esse vértice e todos os demais nós do grafo, progressivamente ajustando os valores de distância. Um vértice é considerado permanente quando um caminho de custo mínimo entre ele e o vértice $s$ tiver sido determinado.

Inicialmente, o valor 0 é atribuído à distância do vértice $s$ a ele próprio, enquanto o valor $\infty$ é atribuído às distâncias aos demais vértices do grafo. O algoritmo realiza 6 iterações para ajustar as distâncias e encontrar o caminho mínimo entre o vértice origem e cada vértice subsequente.

O custo computacional do algoritmo é dependente da estrutura de dados para armazenar e recalcular as distâncias a partir do vértice origem. O algoritmo de Dijkstra pode ser implementado com uma fila de prioridades baseada em um *heap* (Capítulo 17) em tempo $O((m + n) \log n)$ ou com uma fila de prioridades baseada em um *heap* de Fibonacci em tempo $O(m + n \log n)$, em que $m$ é o número de arestas e $n$ é o número de vértices do grafo. O algoritmo tem custo $O(n^2)$ quando implementado com um vetor.

# Algoritmos e estruturas de dados: conceitos e aplicações

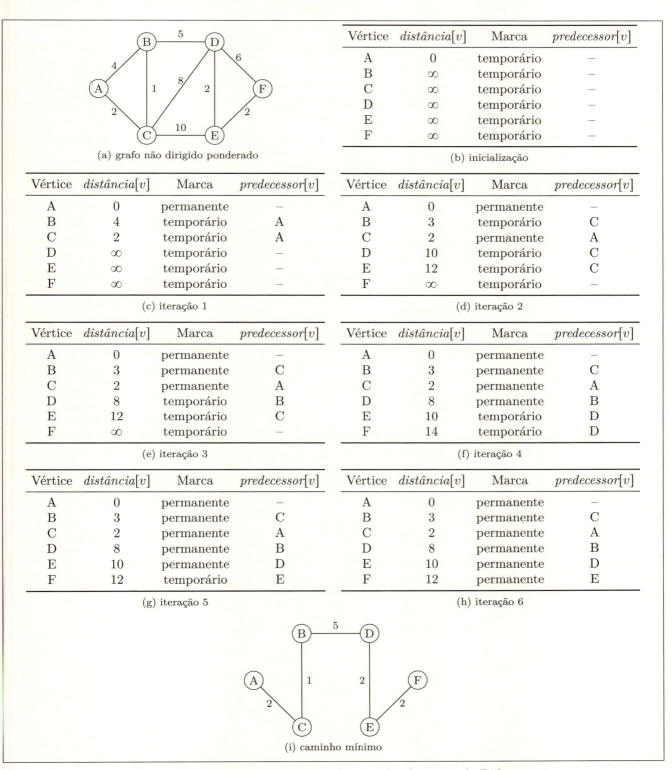

Figura 21.30: Caminho de custo mínimo pelo algoritmo de Dijkstra.

## 21.8.2 Algoritmo de Bellman-Ford

O algoritmo proposto por Richard Bellman (1958) e Lester Ford (1956) resolve o problema do caminho mais curto em um grafo ponderado a partir de um único vértice origem. Embora o algoritmo tenha custo computacional mais alto do que o algoritmo de Dijkstra, ele é capaz de lidar com grafos cujas arestas tenham pesos negativos. O grafo, entretanto, não pode ter ciclos com pesos negativos.

Há vários problemas que podem ser modelados em que os pesos das arestas representam grandezas negativas, como relações de ganho ou perda em aplicações financeiras, diferenças de altitudes entre dois locais, bem como indicações de lucro ou prejuízo de uma empresa em um determinado período.

No início do processo, de forma similar ao algoritmo de Dijkstra, a distância do vértice origem $s$ a ele próprio é igual a 0, enquanto a distância aos demais vértices do grafo é atribuída com $\infty$. A cada iteração $i$, o algoritmo de Bellman-Ford encontra todos os caminhos mais curtos de no máximo $i$ arestas. Como o caminho mínimo sem ciclos pode ter no máximo $n-1$ arestas, em que $n$ é o número de vértices do grafo, o problema será resolvido em, no máximo, $n-1$ iterações. Se houver um ciclo negativo alcançável a partir do vértice origem $s$, o algoritmo encontrará indefinidamente um caminho menor, não havendo uma convergência do algoritmo.

O algoritmo de Bellman-Ford é apresentado no Código 21.2. Primeiramente, as distâncias dos vértices são inicializadas. As distâncias são então atualizadas até que a solução seja obtida. Em vez de uma fila de prioridades, como utilizada no algoritmo de Dijkstra, para selecionar o vértice mais próximo ainda não processado, o algoritmo de Bellman-Ford atualiza as distâncias de todos os vértices a cada iteração. Esse processo é repetido $n-1$ vezes, em que $n$ é o número de vértices do grafo. Uma varredura final é realizada em todas as arestas do grafo e, caso alguma distância seja atualizada, um caminho com comprimento de $n$ arestas é encontrado, o que pode ocorrer apenas se houver um ciclo com pesos negativos no grafo.

**Código 21.2.** Algoritmo de Bellman-Ford.

```
entrada: G(V,A): grafo com n vértices
         s: vértice origem do grafo
         peso(u,v): matriz que fornece o peso entre as arestas u e v
saída: distância: vetor de tamanho n
       predecessor: vetor de tamanho n

/* passo 1: inicialização do grafo */
para cada u ∈ V {
  distância[u] = ∞
  predecessor[u] = null
}
distância[s] = 0

/* passo 2: atualização das distâncias e do caminho */
repetir n − 1 vezes {
  para cada aresta (u,v) ∈ A {
    se (distância[u] + peso(u,v) < distância[v]) {
      distância[v] = distância[u] + peso(u,v)
      predecessor[v] = u
    }
  }
}

/* passo 3: verificação de ciclos com pesos negativos */
para cada aresta (u,v) ∈ A {
  se (distância[u] + peso(u,v) < distância[v]) {
    imprime mensagem("grafo contém um ciclo com pesos negativos")
  }
}
```

A Figura 21.31 ilustra um exemplo de execução do algoritmo de Bellman-Ford em um grafo dirigido ponderado com 5 vértices. O vértice origem $s$ no grafo da figura é A. Após a inicialização das distâncias como $\infty$ para cada vértice, exceto o vértice origem, o algoritmo realiza 4 iterações e visita cada uma das arestas do grafo para ajustar as distâncias e sucessivamente encontrar o caminho mínimo entre o vértice origem e cada vértice.

O algoritmo de Bellman-Ford possui custo computacional $O(mn)$, em que $m$ é o número de arestas e $n$ é o

# Algoritmos e estruturas de dados: conceitos e aplicações

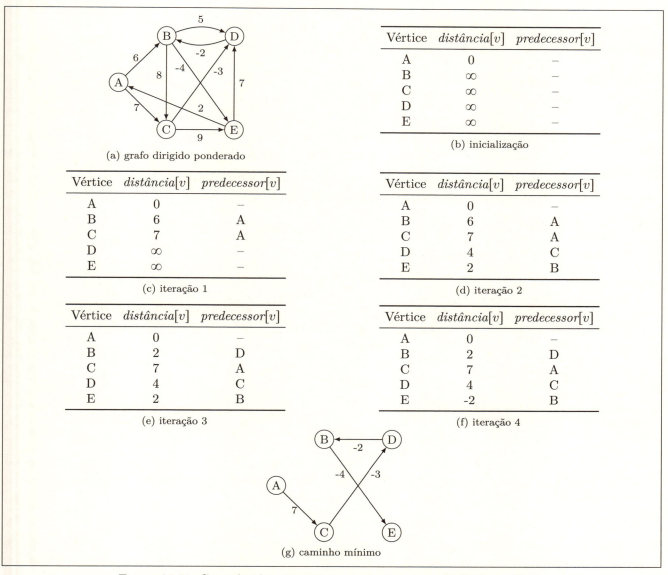

Figura 21.31: Caminho de custo mínimo pelo algoritmo de Bellman-Ford.

número de vértices do grafo. Embora esse custo seja superior ao do algoritmo de Dijkstra para encontrar o caminho mínimo de um vértice origem para todos os outros vértices do grafo, o algoritmo de Bellman-Ford é capaz de lidar com arestas com pesos negativos.

## 21.9 Implementação de grafos e suas operações

Os códigos a seguir implementam a representação de grafos e suas principais operações por meio de matrizes de adjacência (Subseção 21.4.1) ou de listas de adjacência (Subseção 21.4.2) alocadas dinamicamente.

### 21.9.1 Matriz de adjacências

Um grafo pode ser representado por uma estrutura que contém o número de vértices e a matriz de adjacência. O campo `visitado` é utilizado na busca em profundidade. Para um grafo não dirigido, a matriz é simétrica. O Código 21.3 mostra a representação de um grafo por meio de uma matriz de adjacências.

**Código 21.3.** Representação de grafo por meio de matriz de adjacências.

```c
typedef struct {
  int n;
  int **adjacencia;
  int *visitado;
} Grafo;
```

O grafo é criado por meio da alocação dinâmica de uma matriz com $n$ linhas e $n$ colunas. Inicialmente, o grafo não contém nenhuma aresta. O Código 21.4 implementa a criação de um grafo por meio de uma matriz de adjacências.

**Código 21.4.** Criação de grafo representado por matriz de adjacências.

```c
Grafo *criar_grafo(int n) {
  int i, j;
  Grafo *g = (Grafo*) malloc(sizeof(Grafo));

  g->n = n;
  g->adjacencia = (int**) malloc(n * sizeof(int *));
  for (i = 0; i < n; i++) {
    g->adjacencia[i] = (int*) malloc(n * sizeof(int));
    g->visitado = (int*) malloc(n * sizeof(int));
  }
  for (i = 0; i < n; i++)
    for (j = 0; j < n; j++)
      g->adjacencia[i][j] = 0;
  return g;
}
```

Uma aresta do vértice origem ao vértice destino é inserida no grafo por meio da função no Código 21.5. Em um grafo não dirigido, assume-se que uma aresta do vértice destino ao vértice origem também deverá ser inserida na matriz de adjacências.

**Código 21.5.** Inserção de aresta em grafo.

```c
void inserir_aresta(Grafo *g, int u, int v) {
  g->adjacencia[u][v] = 1;
}
```

A função no Código 21.6 remove uma aresta do vértice origem ao vértice destino. Em um grafo não dirigido, a aresta do vértice destino ao vértice origem também deverá ser removida da matriz de adjacências.

**Código 21.6.** Remoção de aresta de grafo.

```c
void remover_aresta(Grafo *g, int u, int v) {
  g->adjacencia[u][v] = 0;
}
```

A verificação da existência de uma aresta entre dois vértices é implementada no Código 21.7. A função retorna 1 se houver uma aresta entre dois vértices ou 0 caso contrário.

**Código 21.7.** Verificação de existência de aresta em grafo.

```c
int verificar_aresta(Grafo *g, int u, int v) {
  return g->adjacencia[u][v];
}
```

O grau de entrada corresponde ao número de arestas que entram em um vértice do grafo. O Código 21.8 retorna o grau de entrada de um vértice do grafo.

**Código 21.8.** Cálculo de grau de entrada de um vértice do grafo.

```c
int grau_entrada(Grafo *g, int v) {
  int u, grau = 0;

  for (u = 0; u < g->n; u++)
    if (g->adjacencia[u][v])
      grau++;
  return grau;
}
```

O grau de saída corresponde ao número de arestas que saem de um vértice do grafo. O Código 21.9 retorna o grau de saída de um vértice do grafo.

**Código 21.9.** Cálculo de grau de saída de um vértice do grafo.

```c
int grau_saida(Grafo *g, int u) {
  int v, grau = 0;

  for (v = 0; v < g->n; v++)
    if (g->adjacencia[u][v])
      grau++;
  return grau;
}
```

O vértice de maior grau de saída do grafo é retornado pela função no Código 21.10. O grau de saída de cada vértice do grafo é calculado pela função mostrada no Código 21.9.

**Código 21.10.** Retorno de vértice do grafo com maior grau de saída.

```c
int vertice_maior_grau(Grafo *g) {
  int u, max = 0, grau_max, grau_atual;

  grau_max = grau_saida(g, 0);
  for (u = 1; u < g->n; u++) {
    grau_atual = grau_saida(g, u);
    if (grau_atual > grau_max) {
      grau_max = grau_atual;
      max = u;
    }
  }
  return max;
}
```

A função no Código 21.11 recebe um grafo e exibe cada uma de suas arestas. Para um grafo não dirigido, a matriz de adjacências é simétrica em relação à diagonal principal.

**Código 21.11.** Impressão de arestas do grafo.

```c
void imprimir_arestas(Grafo *g) {
  int u, v;

  for (u = 0; u < g->n; u++)
    for (v = u+1; v < g->n; v++)
      if (g->adjacencia[u][v])
        printf("(%d, %d)\n", u, v);
}
```

O Código 21.12 imprime a representação de matriz de adjacências do grafo. Cada uma das linhas e colunas representa um vértice do grafo. O valor que é armazenado na célula na intersecção da linha $v_i$ com a coluna $v_j$ indica se existe uma aresta do vértice $v_i$ para o vértice $v_j$.

**Código 21.12.** Impressão de grafo representado por matriz de adjacências.

```c
void imprimir_grafo(Grafo *g) {
  int i, j;

  for (i = 0; i < g->n; i++) {
    for (j = 0; j < g->n; j++)
      printf("%d ", g->adjacencia[i][j]);
    printf("\n");
  }
}
```

A função no Código 21.13 determina se um grafo, dirigido ou não dirigido, possui um triângulo, ou seja, o grafo possui um ciclo de comprimento 3. Todas as arestas do grafo são testadas para determinar se três vértices adjacentes formam um triângulo. A função retorna 1 se houver um triângulo no grafo ou 0 caso contrário.

**Código 21.13.** Verificação se grafo possui um triângulo.

```c
int verificar_triangulo(Grafo *g) {
  int i, j, k;

  for (i = 0; i < g->n; i++)
    for (j = 0; j < g->n; j++)
      for (k = 0; k < g->n; k++)
        if (g->adjacencia[i][j] && g->adjacencia[j][k] && g->adjacencia[k][i])
          return 1;
  return 0;
}
```

A busca em profundidade é implementada por meio de uma função recursiva (Código 21.14). O vértice origem é o primeiro vértice a ser visitado. O grafo é então percorrido, o máximo possível, em cada direção, retrocedendo quando o último vértice desse caminho tiver sido visitado. Cada vértice visitado é marcado durante o processo de busca.

**Código 21.14.** Percurso de grafo em profundidade.

```c
void busca_profundidade(Grafo *g, int u) {
  int v;

  g->visitado[u] = 1;
  printf("%d ", u);
  for (v = 0; v < g->n; v++)
    if (g->adjacencia[u][v] == 1 && g->visitado[v] == 0)
      busca_profundidade(g, v);
}
```

A busca em largura recebe o vértice do grafo no qual o percurso é iniciado (Código 21.15). A implementação emprega uma fila. Depois que um vértice é visitado, seus filhos (se houver algum) são inseridos no final da fila e o vértice do início da fila é visitado. Dessa forma, os vértices de um determinado nível serão visitados apenas após todos os vértices do nível anterior terem sido visitados.

**Código 21.15.** Percurso de grafo em largura.

```c
void busca_largura(Grafo *g, int s) {
  int u, v;
  Fila *f = criar_fila();
```

```
4
5    for (v = 0; v < g->n; v++)
6      g->visitado[v] = 0;
7
8    enfileirar(f, s);
9    g->visitado[s] = 1;
10   while (!fila_vazia(f)) {
11     v = desenfileirar(f);
12     printf("%d ", v);
13     for (u = 0; u < g->n; u++)
14       if (g->adjacencia[v][u] && !g->visitado[u]) {
15         g->visitado[u] = 1;
16         enfileirar(f, u);
17       }
18   }
19   printf("\n");
20   liberar_fila(f);
21 }
```

Antes do término da execução do programa, o espaço alocado para a matriz de adjacências deve ser liberado. O Código 21.16 implementa uma função para liberação do espaço ocupado pela matriz de adjacências.

**Código 21.16.** Liberação de espaço alocado pelo grafo representado com matriz de adjacências.

```
1 void liberar_grafo(Grafo *g) {
2   int i;
3
4   for (i = 0; i < g->n; i++)
5     free(g->adjacencia[i]);
6   free(g->adjacencia);
7   free(g);
8 }
```

O programa principal (Código 21.17) cria o grafo não dirigido, ilustrado na Figura 21.32, representado com uma matriz de adjacências, e aplica um conjunto de operações sobre os elementos do grafo.

**Código 21.17.** Uso de grafo representado com matriz de adjacências.

```
1  int main() {
2    int u, v;
3    Grafo *g = criar_grafo(6);
4
5    inserir_aresta(g, 0, 1); inserir_aresta(g, 1, 0);
6    inserir_aresta(g, 0, 2); inserir_aresta(g, 2, 0);
7    inserir_aresta(g, 1, 3); inserir_aresta(g, 3, 1);
8    inserir_aresta(g, 1, 4); inserir_aresta(g, 4, 1);
9    inserir_aresta(g, 2, 4); inserir_aresta(g, 4, 2);
10   inserir_aresta(g, 3, 4); inserir_aresta(g, 4, 3);
11   inserir_aresta(g, 3, 5); inserir_aresta(g, 5, 3);
12   inserir_aresta(g, 4, 5); inserir_aresta(g, 5, 4);
13
14   remover_aresta(g, 1, 2); remover_aresta(g, 2, 1);
15
16   printf("Arestas:\n");
17   imprimir_arestas(g);
18
19   u = 3; v = 5;
20   printf("Testa aresta entre vértices (%d, %d): %d\n", u, v,
```

```
21            verificar_aresta(g, u, v));
22
23    printf("Grau de entrada do vértice %d: %d\n", u, grau_entrada(g, u));
24    printf("Grau de saída do vértice %d: %d\n", v, grau_saida(g, v));
25    printf("Vértice com maior grau de saída: %d\n", vertice_maior_grau(g));
26
27    printf("Verifica se grafo possui um triângulo: %d\n", verificar_triangulo(g));
28
29    printf("Matriz de adjacências:\n");
30    imprimir_grafo(g);
31
32    u = 0;
33    printf("Busca em profundidade:\n");
34    busca_profundidade(g, u);
35    printf("\n");
36    printf("Busca em largura:\n");
37    busca_largura(g, u);
38
39    liberar_grafo(g);
40    return 0;
41 }
```

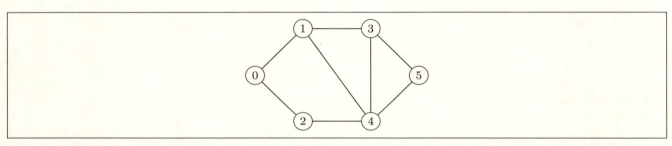

Figura 21.32: Grafo não dirigido com 6 vértices. O vértice 4 possui o maior grau. O grafo possui dois triângulos formados pelos vértices $(1, 3, 4)$ e $(3, 4, 5)$.

A ordenação topológica de um grafo dirigido acíclico é implementada por meio de uma fila no Código 21.18. Caso o grafo tenha ciclos, uma mensagem é exibida. O grau de entrada de todos os vértices do grafo é calculado e armazenado em uma lista. Todos os vértices com grau de entrada igual a 0 são inseridos em uma fila. O primeiro vértice é removido da fila e armazenado em uma lista que mantém a ordem topológica do grafo. O grau de entrada de seus vértices vizinhos é atualizado e, caso algum se torne 0, esse vértice é inserido na fila. O processo é repetido enquanto houver vértices na fila.

**Código 21.18.** Impressão de grafo após ordenação topológica.

```
1  void ordenacao(Grafo *g) {
2    int i, num = 0, u, v;
3    int *grau = (int*) malloc(g->n * sizeof(int));
4    int *ordenacao = (int*) malloc(g->n * sizeof(int));
5    Fila *fila = criar_fila();
6
7    for (v = 0; v < g->n; v++) {
8      grau[v] = grau_entrada(g, v);
9      if (grau[v] == 0)
10       enfileirar(fila, v);
11   }
12
13   while (!fila_vazia(fila) && num < g->n) {
```

```c
      u = desenfileirar(fila);
      ordenacao[num++] = u;
      for (v = 0; v < g->n; v++)
        if (g->adjacencia[u][v] == 1) {
          g->adjacencia[u][v] = 0;
          grau[v] = grau[v] - 1;
          if (grau[v] == 0)
            enfileirar(fila, v);
        }
    }
    liberar_fila(fila);

    if (num < g->n) {
      printf("Grafo contém ciclo: ordenação topológica não é possível\n");
      exit(1);
    }

    printf("Ordenação topológica:\n");
    for (i = 0; i < num; i++)
      printf("%d ", ordenacao[i]);
    printf("\n");
}
```

O grafo dirigido, ilustrado na Figura 21.33, é criado no programa principal mostrado no Código 21.19. Para cada aresta $(u, v)$, $u$ deve aparecer antes de $v$ na sequência. Uma ordenação topológica, não necessariamente única, para o grafo da figura é dada pela sequência $(4, 5, 0, 2, 3, 1)$.

**Código 21.19.** Uso de ordenação topológica.

```c
int main() {
  Grafo *g = criar_grafo(6);

  inserir_aresta(g, 5, 2);
  inserir_aresta(g, 5, 0);
  inserir_aresta(g, 4, 0);
  inserir_aresta(g, 4, 1);
  inserir_aresta(g, 2, 3);
  inserir_aresta(g, 3, 1);
  ordenacao(g);
  liberar_grafo(g);
  return 0;
}
```

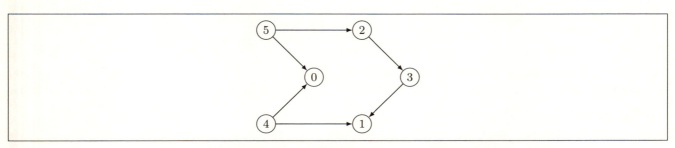

Figura 21.33: Grafo dirigido acíclico com 6 vértices.

### 21.9.2  Lista de adjacências

Um grafo pode ser representado por uma estrutura que contém o número de vértices e, para cada vértice, uma lista ligada com todos os seus vértices adjacentes. O Código 21.20 mostra a representação de um grafo por meio de uma lista de adjacências.

**Código 21.20.** Representação de grafo por meio de lista de adjacências.

```
typedef struct No {
  int v;
  struct No *prox;
} No;

typedef struct {
  int n;
  No **adjacencia;
  int *visitado;
} Grafo;
```

O grafo é criado por meio da alocação dinâmica da lista de adjacências. Inicialmente, o grafo não contém nenhuma aresta. O Código 21.21 implementa a criação de um grafo por meio de uma lista de adjacências.

**Código 21.21.** Criação de grafo representado por lista de adjacências.

```
Grafo *criar_grafo(int n) {
  int i;
  Grafo *g = (Grafo*) malloc(sizeof(Grafo));

  g->n = n;
  g->adjacencia = (No**) malloc(n * sizeof(No));
  g->visitado = (int*) malloc(n * sizeof(int));

  for (i = 0; i < n; i++)
    g->adjacencia[i] = NULL;
  return g;
}
```

A função no Código 21.22 aloca dinamicamente espaço de memória a um novo vértice do grafo e atualiza a lista ligada que mantém todos os vértices com os quais ele tem uma aresta.

**Código 21.22.** Alocação de espaço de memória para novo vértice do grafo.

```
No *inserir_lista(No *lista, int v) {
  No *novo = (No*) malloc(sizeof(No));

  novo->v = v;
  novo->prox = lista;
  return novo;
}
```

Uma aresta é adicionada ao grafo do vértice origem ao vértice destino (Código 21.23). Em um grafo não dirigido, assume-se que uma aresta do vértice destino ao vértice origem também deverá ser inserida na lista de adjacências.

**Código 21.23.** Inserção de aresta em grafo.

```
void inserir_aresta(Grafo *g, int u, int v) {
  g->adjacencia[v] = inserir_lista(g->adjacencia[v], u);
}
```

Para remover uma aresta do grafo (Código 21.24), a lista de adjacências do vértice origem é percorrida até que o vértice destino seja encontrado e removido da lista.

**Código 21.24.** Remoção de aresta de grafo.

```
No *remover_lista(No* lista, int v) {
  No *proximo;

  if (lista == NULL)
    return NULL;
  else if (lista->v == v) {
    proximo = lista->prox;
    free(lista);
    return proximo;
  } else {
    lista->prox = remover_lista(lista->prox, v);
    return lista;
  }
}
```

A função no Código 21.25 remove uma aresta do vértice origem ao vértice destino. Em um grafo não dirigido, a aresta do vértice destino ao vértice origem também deverá ser removida da lista de adjacências.

**Código 21.25.** Eliminação de aresta da lista de adjacências.

```
void remover_aresta(Grafo *g, int u, int v) {
  g->adjacencia[u] = remover_lista(g->adjacencia[u], v);
}
```

A verificação da existência ou não de uma aresta entre dois vértices requer a busca do vértice destino na lista de adjacências correspondente ao vértice origem. A função no Código 21.26 retorna 1 se houver uma aresta entre dois vértices ou 0 caso contrário.

**Código 21.26.** Verificação de existência de aresta em grafo.

```
int verificar_aresta(Grafo *g, int u, int v) {
  No *p;

  for (p = g->adjacencia[u]; p != NULL; p = p->prox)
    if (p->v == v)
      return 1;
  return 0;
}
```

A função no Código 21.27 recebe um grafo e exibe cada uma de suas arestas. Para cada vértice, a função itera sobre sua lista de adjacências, representando as arestas conectadas a esse vértice.

**Código 21.27.** Impressão de arestas do grafo.

```
void imprimir_arestas(Grafo *g) {
  int u;
  No *p;

  for (u = 0; u < g->n; u++)
    for (p = g->adjacencia[u]; p != NULL; p = p->prox)
      printf("(%d, %d)\n", u, p->v);
}
```

O grafo representado por meio de uma lista de adjacências é exibido percorrendo-se as listas correspondentes de cada vértice do grafo. Esse processo é apresentado no Código 21.28.

**Código 21.28.** Impressão de grafo representado por lista de adjacências.

```
void imprimir_grafo(Grafo *g) {
  int v;
  No *aux;

  for (v = 0; v < g->n; v++) {
    aux = g->adjacencia[v];
    printf("\nLista de adjacências do vértice %d\n ", v);
    while (aux) {
      printf("%d -> ", aux->v);
      aux = aux->prox;
    }
    printf("\n");
  }
}
```

A lista de adjacências de um determinado vértice do grafo é liberada por meio do Código 21.29.

**Código 21.29.** Liberação de espaço alocado para um vértice do grafo.

```
void liberar_lista(No *lista) {
  if (lista != NULL) {
    liberar_lista(lista->prox);
    free(lista);
  }
}
```

Antes do término da execução do programa, todo o espaço alocado para a lista de adjacências deve ser liberado. O Código 21.30 implementa uma função para liberação do espaço ocupado pela lista de adjacências.

**Código 21.30.** Liberação de espaço alocado pelo grafo representado com lista de adjacências.

```
void liberar_grafo(Grafo *g) {
  int i;

  for (i = 0; i < g->n; i++)
    liberar_lista(g->adjacencia[i]);
  free(g->adjacencia);
  free(g);
}
```

O programa principal mostrado no Código 21.31 cria o grafo não dirigido, ilustrado na Figura 21.34, com uma lista de adjacências. Após a remoção de uma aresta do grafo, as operações de busca em profundidade e busca em largura são realizadas no grafo.

**Código 21.31.** Uso de grafo representado por lista de adjacências.

```
int main() {
  int u, v;
  Grafo *g = criar_grafo(6);

  inserir_aresta(g, 0, 1); inserir_aresta(g, 1, 0);
  inserir_aresta(g, 0, 4); inserir_aresta(g, 4, 0);
  inserir_aresta(g, 1, 2); inserir_aresta(g, 2, 1);
  inserir_aresta(g, 1, 4); inserir_aresta(g, 4, 1);
  inserir_aresta(g, 2, 5); inserir_aresta(g, 5, 2);
  inserir_aresta(g, 2, 3); inserir_aresta(g, 3, 2);
  inserir_aresta(g, 3, 5); inserir_aresta(g, 5, 3);
```

```
12      inserir_aresta(g, 4, 5); inserir_aresta(g, 5, 4);
13
14      remover_aresta(g, 2, 3); remover_aresta(g, 3, 2);
15
16      printf("Arestas:\n");
17      imprimir_arestas(g);
18
19      u = 3; v = 5;
20      printf("Testa aresta entre vértices (%d, %d): %d\n", u, v,
21              verificar_aresta(g, u, v));
22
23      printf("Lista de adjacências:\n");
24      imprimir_grafo(g);
25
26      u = 0;
27      printf("Busca em profundidade:\n");
28      busca_profundidade(g, u);
29      printf("\n");
30      printf("Busca em largura:\n");
31      busca_largura(g, u);
32
33      liberar_grafo(g);
34      return 0;
35  }
```

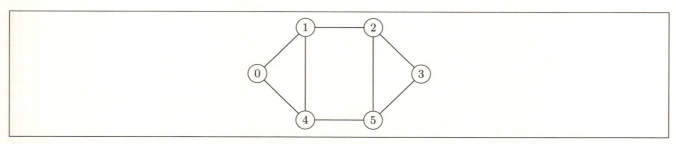

Figura 21.34: Grafo não dirigido com 6 vértices.

## 21.10  Exercícios

1. Descreva as vantagens e desvantagens no uso de matrizes de adjacências e listas de adjacências para representar um grafo dirigido.
2. Dado o grafo não dirigido da Figura 21.35, escreva os nós visitados pela busca em profundidade e pela busca em largura, iniciando com o vértice A.

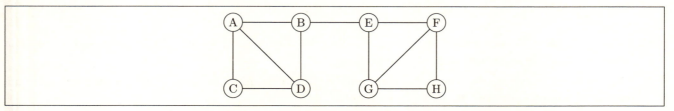

Figura 21.35: Buscas em profundidade e em largura.

3. Mostre que qualquer grafo com $n$ vértices que tem mais do que $n-1$ arestas possui algum ciclo.
4. Um grafo regular tem grau 5 e 15 arestas. Quantos vértices possui o grafo?
5. Dada a matriz de adjacências mostrada na Figura 21.36, desenhe o grafo correspondente.

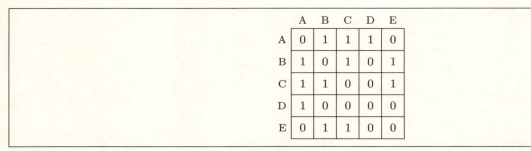

Figura 21.36: Matriz de adjacências.

6. Qual é o significado da soma das entradas de uma coluna em uma matriz de adjacências de um grafo não dirigido e de um grafo dirigido?

7. Dado um grafo simples não dirigido, escreva uma função para calcular o número de triângulos do grafo. O grafo mostrado na Figura 21.37 possui dois triângulos, um formado pelos vértices A, B e C, enquanto o segundo é formado pelos vértices B, C e D.

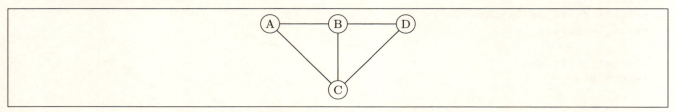

Figura 21.37: Grafo com dois triângulos.

8. Escreva uma função para verificar se um grafo possui um laço.
9. Qual é o número cromático dos grafos mostrados na Figura 21.38?

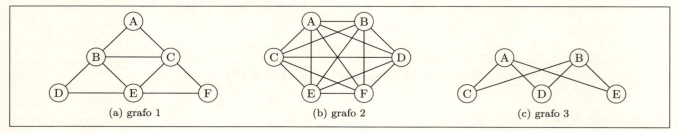

Figura 21.38: Exemplos de grafos.

10. Descreva o que são grafos hamiltonianos e grafos eulerianos.
11. Desenhe um grafo que seja hamiltoniano e euleriano.
12. Dado um grafo $G = (V, A)$, qual é a relação entre a soma dos graus de todos os vértices e o número de arestas do grafo?
13. Dado um grafo esparso, ou seja, que contém poucas arestas em relação ao número de vértices, descreva uma representação adequada para armazenar o grafo.
14. Implemente o algoritmo de Prim para encontrar uma árvore geradora mínima em grafos utilizando (i) uma matriz de adjacências e (ii) uma lista de adjacências.
15. Dado um grafo conexo simples com 6 vértices, os graus de 5 vértices são 1, 2, 3, 4 e 5, respectivamente. Qual é o grau do sexto vértice?
16. De quantas maneiras diferentes os vértices do grafo mostrado na Figura 21.39 podem ser coloridos? Assuma que há três cores diferentes disponíveis e dois vértices adjacentes não podem receber a mesma cor.
17. Encontre o grafo complementar do grafo mostrado na Figura 21.40.

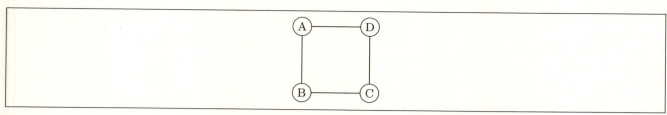

Figura 21.39: Grafo com quatro vértices.

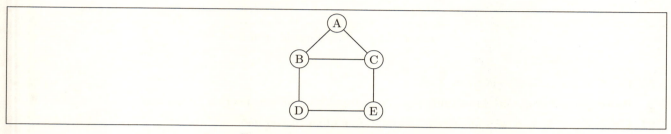

Figura 21.40: Grafo não dirigido.

18. Descreva como os percursos em profundidade e em largura podem ser utilizados para verificar se um grafo é conexo.

19. Verifique se existe um grafo simples em que os graus dos vértices são:

    (i) 1, 3, 3, 4, 5, 6, 6.

    (ii) 1, 1, 1, 2, 2, 2, 3, 3, 3.

    (iii) 1, 2, 2, 3, 4, 4, 5, 6, 6.

    (iv) 5, 5, 5, 6, 6, 6, 7, 7, 7.

20. Desenhe dois grafos diferentes, em que cada um contém 6 vértices, 7 arestas e graus 2, 2, 2, 2, 3 e 3.

21. Qual é o número de arestas de um grafo que possui 6 vértices com graus 1, 2, 2, 3, 3 e 5?

22. Encontre uma árvore geradora mínima pelo método de Kruskal para o grafo ilustrado na Figura 21.41.

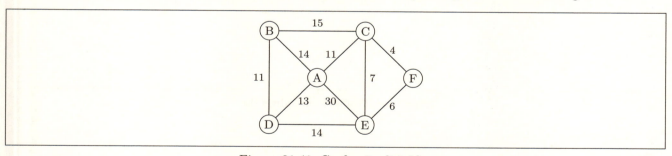

Figura 21.41: Grafo não dirigido.

23. Encontre o caminho de custo mínimo entre o vértice A e cada um dos demais vértices do grafo ilustrado na Figura 21.42 por meio do algoritmo de Dijkstra.

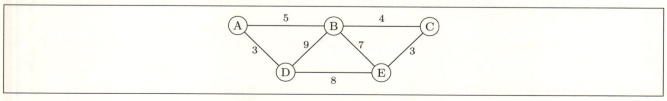

Figura 21.42: Grafo não dirigido.

24. Verifique se cada um dos grafos ilustrados na Figura 21.43 é bipartido.

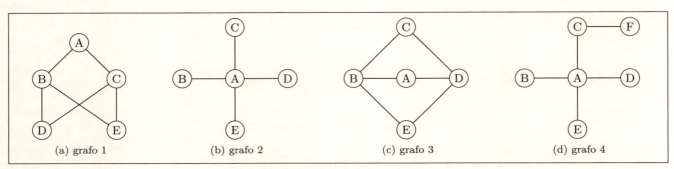

Figura 21.43: Exemplos de grafos.

25. Desenhe um grafo estrela $S_7$ de 7 vértices.
26. Prove que um grafo dirigido admite ordenação topológica se, e somente se, é acíclico.
27. Escreva uma função para identificar se um grafo é bipartido ou não.
28. Mostre uma possível ordem dos vértices gerada pela execução da ordenação topológica sobre o grafo dirigido acíclico mostrado na Figura 21.44.

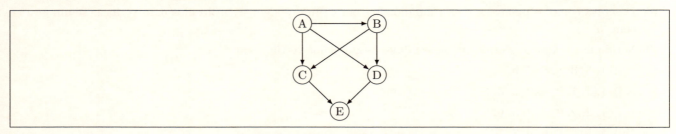

Figura 21.44: Grafo dirigido acíclico.

29. Desenhe todos os subgrafos do grafo mostrado na Figura 21.45.

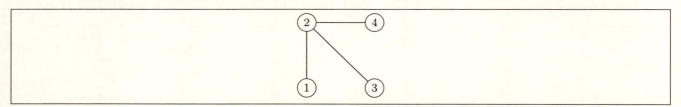

Figura 21.45: Grafo não dirigido.

## Leituras recomendadas

AHUJA, R. K.; MEHLHORN, K.; ORLIN, J. & TARJAN, R. E. Faster Algorithms for the Shortest Path Problem. *Journal of the ACM*, vol. 37, n. 2, pp. 213–223, 1990.

AHUJA, R. K. & ORLIN, J. B. Fast and Simple Algorithm for the Maximum Flow Problem. *Operations Research*, vol. 37, n. 5, pp. 748–759, 1989.

APPEL, K. I. & HAKEN, W. *Every Planar Map is Four Colorable*, volume 98. American Mathematical Society, 1989.

BERGE, C. *Hypergraphs: Combinatorics of Finite Sets*, volume 45. Elsevier, 1984.

BERGE, C. *The Theory of Graphs*. Dover Publications, 2001.

BOLLOBÁS, B. *Random Graphs*. Springer, 1998.

BONDY, J. A. & MURTY, U. S. R. *Graph Theory with Applications*, volume 290. Macmillan, London, United Kingdom, 1976.

BOWMAN, C. F. *Algorithms and Data Structures: An Approach in C*. Oxford University Press, 1994.

BRÉLAZ, D. New Methods to Color the Vertices of a Graph. *Communications of the ACM*, vol. 22, n. 4, pp. 251–256, 1979.

CHARTRAND, G. *Introductory Graph Theory*. Courier Corporation, 1977.

CHEN, W.-K. *Applied Graph Theory*, volume 13. Elsevier, 2012.

CHERITON, D. & TARJAN, R. E. Finding Minimum Spanning Trees. *SIAM Journal on Computing*, vol. 5, n. 4, pp. 724–742, 1976.

DEO, N. *Graph Theory with Applications to Engineering and Computer Science*. Courier Dover Publications, 2017.

DEO, N. & PANG, C.-Y. Shortest-Path Algorithms: Taxonomy and Annotation. *Networks*, vol. 14, n. 2, pp. 275–323, 1984.

DIJKSTRA, E. W. A Note on Two Problems in Connexion with Graphs. *Numerische Mathematik*, vol. 1, n. 1, pp. 269–271, 1959.

DIRAC, G. A. Some Theorems on Abstract Graphs. *Proceedings of the London Mathematical Society*, vol. 3, n. 1, pp. 69–81, 1952.

EVEN, S. *Graph Algorithms*. Cambridge University Press, 2011.

EVEN, S. & ITAI, A. Queues, Stacks and Graphs. *In*: Z. Kohavi & A. Paz (Editores).*Theory of Machines and Computations* pp. 71–86. Academic Press, 1971.

FEDERICKSON, G. N. Fast Algorithms for Shortest Paths in Planar Graphs, with Applications. *SIAM Journal on Computing*, vol. 16, n. 6, pp. 1004–1022, 1987.

FLOYD, R. W. Algorithm 97: Shortest Path. *Communications of the ACM*, vol. 5, n. 6, pp. 345, 1962.

FORD JR., L. R. Network Flow Theory. Relatório técnico, RAND Corporation, Santa Monica, CA, Estados Unidos, 1956.

FORD JR., L. R. & FULKERSON, D. R. *Flows in Networks*. Princeton University Press, 2015.

GALLO, G. & PALLOTTINO, S. Shortest Path Methods: A Unifying Approach. *Netflow at Pisa*, 26, pp. 38–64, 1986.

GIBBONS, A. *Algorithmic Graph Theory*. Cambridge University Press, 1985.

GOLDBERG, A. V. Scaling Algorithms for the Shortest Paths Problem. *SIAM Journal on Computing*, vol. 24, n. 3, pp. 494–504, 1995.

GOULD, R. *Graph Theory*. Courier Corporation, 2012.

GRAHAM, R. L. & HELL, P. On the History of the Minimum Spanning Tree Problem. *Annals of the History of Computing*, vol. 7, n. 1, pp. 43–57, 1985.

GROSS, J. L. & YELLEN, J. *Handbook of Graph Theory*. CRC Press, 2003.

HOPCROFT, J. E. & TARJAN, R. E. Efficient Algorithms for Graph Manipulation [H] (Algorithm 447). *Communications of the ACM*, vol. 16, n. 6, pp. 372–378, 1973.

JOHNSON, D. B. Priority Queues with Update and Finding Minimum Spanning Trees. *Information Processing Letters*, vol. 4, n. 3, pp. 53–57, 1975.

KRUSE, R. L. & RYBA, A. J. *Data Structures and Program Design in C++*. Prentice Hall, Inc., 2000.

KRUSKAL, J. B. On the Shortest Spanning Subtree of a Graph and the Traveling Salesman Problem. *Proceedings of the American Mathematical Society*, vol. 7, n. 1, pp. 48–50, 1956.

KUHN, H. W. The Hungarian Method for the Assignment Problem. *Naval Research Logistics Quarterly*, vol. 2, n. 1-2, pp. 83–97, 1955.

MOORE, E. F. The Shortest Path Through a Maze. *In: International Symposium on the Theory of Switching*, Harvard University Press, pp. 285–292, 1959.

ORE, O. & WILSON, R. J. *Graphs and their Uses*, volume 34. Cambridge University Press, 1990.

PAPE, U. Implementation and Efficiency of Moore-Algorithms for the Shortest Route Problem. *Mathematical Programming*, 7, pp. 212–222, 1974.

ROSEN, K. H. & KRITHIVASAN, K. *Discrete Mathematics and its Applications: With Combinatorics and Graph Theory*. McGraw-Hill Science, 2011.

TARJAN, R. E. Depth-First Search and Linear Graph Algorithms. *SIAM Journal on Computing*, vol. 1, n. 2, pp. 146–160, 1972.

THULASIRAMAN, K. & SWAMY, M. N. *Graphs: Theory and Algorithms*. John Wiley & Sons, 2011.

VIZING, V. G. The Chromatic Class of a Multigraph. *Cybernetics*, vol. 1, n. 3, pp. 32–41, 1965.

WELSH, D. J. & POWELL, M. B. An Upper Bound for the Chromatic Number of a Graph and its Application to Timetabling Problems. *The Computer Journal*, vol. 10, n. 1, pp. 85–86, 1967.

WEST, D. B. *Introduction to Graph Theory*, volume 2. Prentice Hall, Upper Saddle River, NJ, Estados Unidos, 2001.

# Parte III

# Informações suplementares

- ☐ Apêndice A:  Funções elementares
- ☐ Apêndice B:  Somatórios e produtórios
- ☐ Apêndice C:  Exponenciação e logaritmos
- ☐ Apêndice D:  Sistemas de numeração
- ☐ Apêndice E:  Representação de números
- ☐ Apêndice F:  Indução matemática
- ☐ Apêndice G:  Codificação de caracteres

# A

# FUNÇÕES ELEMENTARES

Alguns conceitos de funções matemáticas elementares empregadas na descrição e análise de algoritmos e estruturas de dados fornecidas neste livro são apresentados neste apêndice.

## A.1 Funções piso e teto

Há duas funções importantes para manipulação da parte inteira de um número real $x$. A função *piso*, denotada por $\lfloor x \rfloor$, recebe $x$ como entrada e retorna o maior número inteiro menor ou igual a $x$. Por outro lado, a função *teto*, denotada por $\lceil x \rceil$, recebe $x$ como entrada e retorna o menor número inteiro maior ou igual a $x$. Alguns exemplos de uso das funções piso e teto são apresentados a seguir.

**Exemplo A.1.** Exemplos de uso das funções piso e teto:

(i) $\lfloor 3{,}5 \rfloor = 3$.

(ii) $\lceil 3{,}5 \rceil = 4$.

(iii) $\lfloor 4{,}75 \rfloor = 4$.

(iv) $\lceil 4{,}75 \rceil = 5$.

(v) $\lfloor -1{,}8 \rfloor = -2$.

(vi) $\lceil -1{,}8 \rceil = -1$.

### A.1.1 Algumas propriedades da função piso

1. $\lfloor x \rfloor \leqslant x < \lfloor x \rfloor + 1$, em que a igualdade à esquerda ocorre se, e somente se, $x$ for inteiro.
2. $\lfloor -x \rfloor = -\lceil x \rceil$.
3. $x - 1 < \lfloor x \rfloor \leqslant x$.
4. $\lfloor x + y \rfloor \geqslant \lfloor x \rfloor + \lfloor y \rfloor$.
5. $\lfloor x + k \rfloor = \lfloor x \rfloor + k$, para qualquer número inteiro $k$ e real $x$.
6. A função de arredondamento de $x$ ao inteiro mais próximo expressa-se por $\lfloor x + 0{,}5 \rfloor$.

### A.1.2 Algumas propriedades da função teto

1. $x \leqslant \lceil x \rceil < x + 1$, em que a igualdade à esquerda ocorre se, e somente se, $x$ for inteiro.
2. $\lceil -x \rceil = -\lfloor x \rfloor$.
3. $\lceil x \rceil - 1 < x \leqslant \lceil x \rceil$.
4. $\lceil x + y \rceil \leqslant \lceil x \rceil + \lceil y \rceil$.
5. $\lceil x + k \rceil = \lceil x \rceil + k$, para qualquer número inteiro $k$ e real $x$.

## A.2 Monotonicidade de funções

Em conjuntos ordenados, a *ordem* refere-se à disposição dos elementos de acordo com uma relação específica. Uma *função monotônica* entre conjuntos ordenados é uma função que preserva ou inverte a relação de ordem. Quando a função preserva a ordem, ela é chamada de *função crescente*. Quando a função inverte a ordem, ela é chamada de *função decrescente*.

Uma função $f$ é *monotonicamente crescente* se para todo $x_1$ e $x_2$, tal que $x_1 < x_2$, então $f(x_1) \leqslant f(x_2)$. Dessa forma, a função preserva a ordem. De modo similar, uma função é *monotonicamente decrescente* se para todo $x_1$ e $x_2$, tal que $x_1 < x_2$, então $f(x_1) \geqslant f(x_2)$. Dessa forma, a função reverte a ordem.

Se a ordem $\leqslant$ ou $\geqslant$ na definição de monotonicidade for trocada pela ordem estrita $<$ ou $>$, respectivamente, obtém-se um requisito mais forte. Uma função é *estritamente crescente* se para todo $x_1$ e $x_2$, tal que $x_1 < x_2$, então $f(x_1) < f(x_2)$. Uma função é *estritamente decrescente* se para todo $x_1$ e $x_2$, tal que $x_1 > x_2$, então $f(x_1) > f(x_2)$.

**Exemplo A.2.** Exemplos de monotonicidade de funções:

(i) A função piso $\lfloor x \rfloor$ é monotonicamente crescente.

(ii) A função teto $\lceil x \rceil$ é monotonicamente crescente.

(iii) A função $f(x) = \log_{10} x$ é monotonicamente crescente.

(iv) A função $f(x) = -5^x$ é monotonicamente decrescente.

(v) A função $f(x) = e^{-x}$ é monotonicamente decrescente.

(vi) A função $f(x) = x - 1$ é estritamente crescente.

(vii) A função $f(x) = -x$ é estritamente decrescente.

## A.3 Funções pares e ímpares

Uma função $f$ é *par* se, para todo $x$ do domínio de $f$, satisfaz a igualdade $f(-x) = f(x)$. Dessa forma, valores simétricos devem possuir a mesma imagem[1] da função. Uma função $f$ é *ímpar* se, para todo $x$ do domínio de $f$, satisfaz a igualdade $f(-x) = -f(x)$. Dessa forma, valores simétricos possuem imagens simétricas da função.

**Exemplo A.3.** Exemplos de funções pares e ímpares:

(i) A função $f(x) = \cos(x)$ é par.

(ii) A função $f(x) = x^2$ é par.

(iii) A função $f(x) = \text{sen}(x)$ é ímpar.

(iv) A função $f(x) = x^3$ é ímpar.

---

[1] A imagem de função corresponde ao conjunto de valores que ela assume como saída.

# B

# SOMATÓRIOS E PRODUTÓRIOS

Somatórios e produtórios são operadores frequentemente empregados em expressões matemáticas provenientes da análise de algoritmos. Essas duas notações são definidas neste apêndice.

## B.1 Somatórios

Um *somatório* é o operador matemático que denota a adição dos termos de uma sequência, expresso como

$$\sum_{k=m}^{n} a_k = a_m + a_{m+1} + \ldots + a_n,$$

em que $\{a_n\}_{n\in\mathbb{N}}$ é uma sequência de $n$ termos, $k$ é chamado de índice do somatório, $m$ denota o limite inferior e $n$ denota o limite superior.

### B.1.1 Algumas propriedades de somatórios

Sejam $\{a_n\}_{n\in\mathbb{N}}$ e $\{b_n\}_{n\in\mathbb{N}}$ duas sequências de termos e $c$ um escalar. Algumas propriedades importantes de somatórios são:

1. Distributiva: $\displaystyle\sum_{k=m}^{n} ca_k = c \sum_{k=m}^{n} a_k$.

2. Associativa: $\displaystyle\sum_{k=m}^{n} (a_k + b_k) = \sum_{k=m}^{n} a_k + \sum_{k=m}^{n} b_k$.

3. Telescópica: $\displaystyle\sum_{k=m}^{n} (a_k - a_{k+1}) = (a_m - a_{m+1}) + (a_{m+1} - a_{m+2}) + \ldots + (a_n - a_{n+1}) = a_m - a_{n+1}$.

### B.1.2 Fórmulas explícitas para alguns somatórios

1. $\displaystyle\sum_{k=m}^{n} 1 = n - m + 1$   (soma de constante igual a 1).

2. $\displaystyle\sum_{k=1}^{n} c = nc$   (soma de uma constante).

3. $\displaystyle\sum_{k=1}^{n} k = 1 + 2 + 3 + \ldots + n = \frac{n(n+1)}{2}$   (soma dos termos de uma progressão aritmética).

4. $\displaystyle\sum_{k=1}^{n} k^2 = 1^2 + 2^2 + 3^2 + \ldots + n^2 = \frac{n(n+1)(2n+1)}{6}$   (número piramidal quadrado).

5. $\displaystyle\sum_{k=m}^{n} x^k = x^m + x^{m+1} + x^{m+2} + \ldots + x^n = \frac{x^{n+1} - x^m}{x - 1}$   (soma dos termos de uma progressão geométrica).
em que $x \neq 1$.

6. $\sum_{k=1}^{\infty} \dfrac{1}{k} = 1 + \dfrac{1}{2} + \dfrac{1}{3} + \dfrac{1}{4} + \ldots$ (série harmônica).

7. $\sum_{k=1}^{n} \dfrac{1}{k} = 1 + \dfrac{1}{2} + \dfrac{1}{3} + \ldots + \dfrac{1}{n} \leqslant \log_e n$ ($n$-ésimo número harmônico).

8. $\sum_{k=1}^{n} \log k = \log 1 + \log 2 + \log 3 + \ldots + \log n = \log(1 \cdot 2 \cdot 3 \cdot \ldots \cdot n) = \log n!$.

## B.2 Produtórios

Um *produtório* é o operador matemático que denota a multiplicação dos termos de uma sequência, expresso como

$$\prod_{k=m}^{n} a_k = a_m \cdot a_{m+1} \cdot \ldots \cdot a_n,$$

em que $\{a_n\}_{n \in \mathbb{N}}$ é uma sequência de $n$ termos, $k$ é chamado de índice do somatório, $m$ denota o limite inferior e $n$ denota o limite superior.

### B.2.1 Algumas propriedades de produtórios

Sejam $\{a_n\}_{n \in \mathbb{N}}$ e $\{b_n\}_{n \in \mathbb{N}}$ duas sequências de termos e $c$ um escalar. Algumas propriedades importantes de produtórios são:

1. $\prod_{k=1}^{n} k = 1 \cdot 2 \cdot 3 \cdot \ldots \cdot n = n!$.

2. $\prod_{k=1}^{n} c = \underbrace{c \cdot c \cdot c \cdot \ldots \cdot c}_{n} = c^n$.

3. $\prod_{k=1}^{n} c a_k = c a_1 \cdot c a_2 \cdot c a_3 \cdot \ldots \cdot c a_n = c^n \prod_{k=1}^{n} a_k$.

4. $\prod_{k=m}^{n} \dfrac{a_k}{a_{k+1}} = \dfrac{a_m}{a_{n+1}}$.

5. $\prod_{k=1}^{n} a_k b_k = a_1 b_1 \cdot a_2 b_2 \cdot a_3 b_3 \cdot \ldots \cdot a_n b_n = (a_1 a_2 a_3 \ldots a_n) \cdot (b_1 b_2 b_3 \ldots b_n) = \prod_{k=1}^{n} a_k \prod_{k=1}^{n} b_k$.

6. $\log \prod_{k=1}^{n} a_k = \log a_1 \cdot \log a_2 \cdot \log a_3 \cdot \ldots \cdot \log a_n = \sum_{k=1}^{n} \log a_k$.

# C

# EXPONENCIAÇÃO E LOGARITMOS

Exponenciação e logaritmos são funções frequentemente empregadas em expressões matemáticas provenientes da análise de algoritmos. Essas duas operações e algumas de suas propriedades são apresentadas neste apêndice.

## C.1 Exponenciação

A *exponenciação* ou *potenciação* é uma operação matemática definida como

$$b^c = a,$$

em que $b$, chamado de base da exponenciação, é um número real e $c$, chamado de expoente, é um número inteiro. Quando $c$ é um inteiro positivo, o resultado da exponenciação corresponde ao produto sucessivo de $c$ fatores iguais à base $b$, ou seja, $b^c = \underbrace{b \cdot b \cdot \ldots \cdot b}_{c \text{ vezes}}$.

Algumas propriedades da exponenciação são:

1. $x^0 = 1$.
2. $x^{-n} = \dfrac{1}{x^n}$.
3. $(x^m)^n = x^{mn}$.
4. $x^m x^n = x^{m+n}$.
5. $\dfrac{x^m}{x^n} = x^{m-n}$.
6. $(xy)^n = x^n y^n$.
7. $\left(\dfrac{x}{y}\right)^n = \dfrac{x^n}{y^n}$.
8. $x^{\frac{m}{n}} = \sqrt[n]{x^m} = (\sqrt[n]{x})^m$.

## C.2 Logaritmos

O *logaritmo* é uma operação matemática definida como

$$\log_b a = c \Leftrightarrow b^c = a,$$

em que $b$ é um número positivo ($b > 0$) e diferente de 1 ($b \neq 1$) chamado de base do logaritmo, $a$ é um número positivo ($a > 0$) chamado de logaritmando e $c$ é o logaritmo de $a$ na base $b$. A exponenciação, descrita na Seção C.1, é a operação inversa do logaritmo, de forma que $b^c = a$.

Algumas propriedades dos logaritmos são:

1. $\log_b 1 = 0$.
2. $\log_b(xy) = \log_b x + \log_b y$.
3. $\log_b \dfrac{x}{y} = \log_b x - \log_b y$.
4. $\log_b x^n = n \log_b x$.

5. $\log_b x = \dfrac{\log_y x}{\log_y b}$.

6. $\log_b x = \dfrac{1}{\log_x b}$.

7. $x^{\log_b y} = y^{\log_b x}$.

8. $b^{\log_b x} = x$.

9. $m \log_b x + n \log_b y = \log_b(x^m y^n)$.

10. $\log_b \sqrt[m]{x^n} = \log_b(x)^{\frac{n}{m}} = \dfrac{n}{m} \log_b x$.

11. $\log_b(x+y) = \log_b x + \log_b\left(1 + \dfrac{y}{x}\right)$.

12. $\log_b(x-y) = \log_b x + \log_b\left(1 - \dfrac{y}{x}\right)$.

13. $\dfrac{1}{\dfrac{1}{\log_m x} + \dfrac{1}{\log_n x}} = \log_{mn} x$.

# D

# SISTEMAS DE NUMERAÇÃO

Um sistema de numeração é um conjunto de símbolos e regras para representar números de forma consistente. Idealmente, um sistema de numeração deve representar diferentes tipos numéricos (por exemplo, números inteiros e números reais) e prover uma representação única a cada número.

A quantidade de símbolos ou algarismos diferentes disponíveis para representar um número qualquer entre os possíveis no sistema de numeração é definida pela base utilizada na representação. Enquanto o sistema de numeração decimal, ou seja, que utiliza a base 10, é o mais empregado pelos seres humanos[1] na representação de dados numéricos, os sistemas de numeração binário (base 2), octal (base 8) e hexadecimal (base 16) são mais comuns na computação.

Diversos sistemas de numeração foram criados no passado para representar números. Duas categorias principais são os sistemas posicionais e não posicionais. Sistemas de numeração posicionais e conversões entre esses sistemas são apresentados neste apêndice. Nos sistemas não posicionais, tal como os numerais romanos, a posição que cada símbolo ocupa no número normalmente não tem relação com seu valor.

## D.1 Notação posicional

Em um *sistema de numeração posicional*, a posição ocupada por um símbolo possui um peso associado, que altera o número de acordo com um valor de potência da base. O valor do número corresponde à soma de cada símbolo que o compõe, levando-se em conta sua posição. Um número $x$ pode ser representado em um sistema de numeração por meio do polinômio

$$x_b = \underbrace{d_{n-1}b^{n-1} + d_{n-2}b^{n-2} + \ldots + d_1 b^1 + d_0 b^0}_{\text{parte inteira}} + \underbrace{d_{-1}b^{-1} + d_{-2}b^{-2} + \ldots + d_{-m}b^{-m}}_{\text{parte fracionária}} = \sum_{i=-m}^{n-1} d_i \cdot b^i, \quad (D.1)$$

em que $b$ representa a base do sistema de numeração ($b \geq 2$), $n$ é a quantidade de algarismos inteiros, $m$ é a quantidade de algarismos fracionários, enquanto o intervalo de $-m$ a $n-1$ representa o número de posições utilizadas. Os algarismos $d_i$ têm valores que variam entre 0 e $b-1$.

Em um sistema de numeração posicional, o número $x$ é representado na base $b$ pela concatenação dos algarismos $d_i$, ou seja

$$x_b = d_{n-1}d_{n-2}\ldots d_1 d_0, d_{-1}d_{-2}\ldots d_{-m}. \quad (D.2)$$

A vírgula é utilizada como separador das posições com expoentes negativos dos positivos. O algarismo mais à direita, chamado de menos significativo, tem peso $b^0 = 1$, o imediatamente à esquerda tem peso $b^1$, o seguinte tem peso $b^2$, e assim sucessivamente. O algarismo mais à esquerda é chamado de mais significativo. O valor de cada algarismo de um número é determinado multiplicando-se o algarismo pelo peso de sua posição. O valor de um número é determinado pela soma dos valores de cada algarismo. O maior valor que pode ser expresso com os $n$ algarismos inteiros é $b^n - 1$, enquanto o maior valor expresso com os $m$ algarismos fracionários é $1 - b^{-m}$. O maior valor que pode ser expresso com $n$ algarismos inteiros e $m$ algarismos fracionários é $b^n - b^{-m}$.

---

[1] A base 60 (sistema sexagesimal), por exemplo, é usada na medição de tempo e de ângulos.

A Tabela D.1 resume informações de quatro sistemas de numeração que utilizam notação posicional. Esses sistemas de numeração são descritos a seguir em mais detalhes. O processo de conversão entre bases também é apresentado e exemplificado.

Tabela D.1: Resumo de quatro sistemas de numeração posicionais.

| Sistema | Base | Símbolos |
|---|---|---|
| Binário | 2 | 0, 1 |
| Octal | 8 | 0, 1, 2, 3, 4, 5, 6, 7 |
| Decimal | 10 | 0, 1, 2, 3, 4, 5, 6, 7, 8, 9 |
| Hexadecimal | 16 | 0, 1, 2, 3, 4, 5, 6, 7, 8, 9, A, B, C, D, E, F |

### D.1.1 Sistema decimal

O *sistema decimal* é um sistema de numeração posicional que utiliza a base 10, formado pelos algarismos 0, 1, 2, 3, 4, 5, 6, 7, 8 e 9. Exemplos de números no sistema decimal utilizando valores posicionais são:

$438_{10} = 4 \cdot 10^2 + 3 \cdot 10^1 + 8 \cdot 10^0 = 400 + 30 + 8$.

$73{,}52_{10} = 7 \cdot 10^1 + 3 \cdot 10^0 + 5 \cdot 10^{-1} + 2 \cdot 10^{-2} = 70 + 3 + 0{,}5 + 0{,}02$.

### D.1.2 Sistema binário

O *sistema binário* é um sistema de numeração posicional que utiliza a base 2, formado pelos algarismos 0 e 1. Esses dígitos binários também são conhecidos como *bits*. Exemplos de números no sistema binário utilizando valores posicionais são:

$101_2 = 1 \cdot 2^2 + 0 \cdot 2^1 + 1 \cdot 2^0$.

$10{,}11_2 = 1 \cdot 2^1 + 0 \cdot 2^0 + 1 \cdot 2^{-1} + 1 \cdot 2^{-2}$.

### D.1.3 Sistema octal

O *sistema octal* é um sistema de numeração posicional que utiliza a base 8, formado pelos algarismos 0, 1, 2, 3, 4, 5, 6 e 7. Exemplos de números no sistema octal utilizando valores posicionais são:

$157_8 = 1 \cdot 8^2 + 5 \cdot 8^1 + 7 \cdot 8^0$.

$23{,}6_8 = 2 \cdot 8^1 + 3 \cdot 8^0 + 6 \cdot 8^{-1}$.

O sistema octal é mais compacto do que o sistema binário, em que um algarismo na base 8 corresponde a três dígitos na base 2.

### D.1.4 Sistema hexadecimal

O *sistema hexadecimal* é um sistema de numeração posicional que utiliza a base 16, formado pelos símbolos 0, 1, 2, 3, 4, 5, 6, 7, 8, 9, A, B, C, D, E e F. Exemplos de números no sistema hexadecimal utilizando valores posicionais são:

$E2A7_{16} = E \cdot 16^3 + 2 \cdot 16^2 + A \cdot 16^1 + 7 \cdot 16^0$.

$B52{,}AC3_{16} = B \cdot 16^2 + 5 \cdot 16^1 + 2 \cdot 16^0 + A \cdot 16^{-1} + C \cdot 16^{-2} + 3 \cdot 16^{-3}$.

Assim como o sistema octal, o sistema hexadecimal é uma alternativa mais compacta em relação ao sistema binário, cujos números costumam ter sequências muito longas de símbolos. Um algarismo na base 16 corresponde a quatro dígitos na base 2.

## D.2 Conversão entre bases numéricas

Conversão entre bases numéricas refere-se à troca de representação de um número de uma base para outra, de modo a se adequar à nova base. A Tabela D.2 apresenta relações de equivalência entre algarismos dos sistemas hexadecimal, decimal, octal e binário, descritos na Seção D.1.

Tabela D.2: Relações entre os algarismos dos sistemas hexadecimal, decimal, octal e binário.

| Hexadecimal | Decimal | Octal | Binário |
|---|---|---|---|
| 0 | 0 | 0 | 0 |
| 1 | 1 | 1 | 1 |
| 2 | 2 | 2 | 10 |
| 3 | 3 | 3 | 11 |
| 4 | 4 | 4 | 100 |
| 5 | 5 | 5 | 101 |
| 6 | 6 | 6 | 110 |
| 7 | 7 | 7 | 111 |
| 8 | 8 | 10 | 1000 |
| 9 | 9 | 11 | 1001 |
| A | 10 | 12 | 1010 |
| B | 11 | 13 | 1011 |
| C | 12 | 14 | 1100 |
| D | 13 | 15 | 1101 |
| E | 14 | 16 | 1110 |
| F | 15 | 17 | 1111 |

Como o sistema decimal é mais frequentemente empregado pelos seres humanos do que os demais sistemas, a conversão de uma base qualquer para decimal, e vice-versa, é apresentada. Em seguida, conversões do sistema binário para os sistemas octal e hexadecimal são descritas.

### D.2.1 Conversão de base qualquer para decimal

A conversão de um número em um sistema de base qualquer para o sistema decimal é realizada multiplicando-se cada algarismo pelo seu valor posicional no sistema original e somando-se os valores parciais para obter o número no sistema decimal. Alguns exemplos são apresentados a seguir.

**Exemplo D.1.** Conversão do número binário $110{,}11_2$ para decimal:
$1 \cdot 2^2 + 1 \cdot 2^1 + 0 \cdot 2^0 + 1 \cdot 2^{-1} + 1 \cdot 2^{-2} = 6{,}75$.

**Exemplo D.2.** Conversão do número hexadecimal $1A{,}23_{16}$ para decimal:
$1 \cdot 16^1 + 10 \cdot 16^0 + 2 \cdot 16^0 + 3 \cdot 16^{-1} \approx 26{,}137$.

**Exemplo D.3.** Conversão do número octal $23{,}17_8$ para decimal:
$2 \cdot 8^1 + 3 \cdot 8^0 + 0 \cdot 8^0 + 1 \cdot 8^{-1} + 7 \cdot 8^{-2} \approx 19{,}234$.

**Exemplo D.4.** Conversão do número binário 110,11 para decimal:
$1 \cdot 2^2 + 1 \cdot 2^1 + 0 \cdot 2^0 + 1 \cdot 2^{-1} + 1 \cdot 2^{-2} = 6{,}75$.

### D.2.2 Conversão de decimal para base qualquer

Um número no sistema decimal pode ser convertido para seu equivalente em outra base por meio de dois procedimentos, um para a parte inteira do número e outro para a parte fracionária.

A parte inteira do número pode ser convertida por meio da divisão inteira do quociente pela base, sucessivamente, até que o resto seja menor do que a base. A parte fracionária pode ser convertida por meio da multiplicação sucessiva pela base até que a parte fracionária do resultado seja zero ou atinja uma quantidade desejada de dígitos. Alguns exemplos de conversão de números no sistema decimal para outras bases são mostrados a seguir.

**Exemplo D.5.** Conversão do número decimal 478 para base 7.

$$478_{10} = 1252_7$$

**Exemplo D.6.** Conversão do número decimal 1362 para base 5.

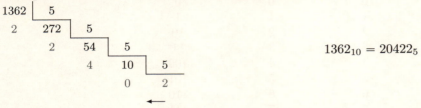

$$1362_{10} = 20422_5$$

**Exemplo D.7.** Conversão do número decimal 637 para base 2.

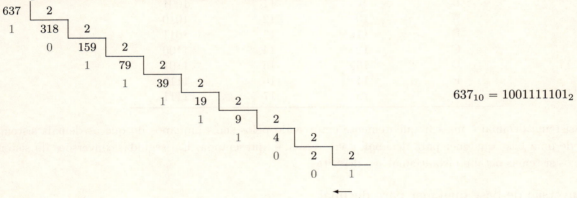

$$637_{10} = 1001111101_2$$

**Exemplo D.8.** Conversão do número decimal 8,375 para a base 2.

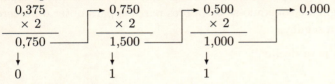

A conversão da parte inteira é $8_{10} = 1000_2$ e da parte fracionária é $0{,}375_{10} = 0{,}011_2$. Portanto, $8{,}375_{10} = 1000{,}011_2$.

**Exemplo D.9.** Conversão do número decimal 7,015625 para a base 8.

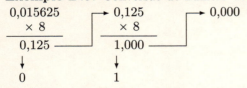

A conversão da parte inteira é $7_{10} = 7_8$ e da parte fracionária é $0{,}15625_{10} = 0{,}01_8$. Portanto, $7{,}015625_{10} = 7{,}01_8$.

**Exemplo D.10.** Conversão do número decimal 245,00390625 para a base 16.

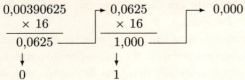

A conversão da parte inteira é $245_{10} = F5_{16}$ e da parte fracionária é $0{,}15625_{10} = 0{,}01_{16}$. Portanto, $245{,}015625_{10} = F5{,}01_{16}$.

### D.2.3 Conversão entre sistemas binário e octal

Um número binário pode ser facilmente convertido para octal, e vice-versa, uma vez que três bits equivalem a um dígito octal. Dessa forma, cada grupo de três bits é convertido para um dígito octal. Os exemplos a seguir mostram a conversão de número binário para octal, e vice-versa.

**Exemplo D.11.** Conversão do número binário $101110010_2$ para octal.

$\underbrace{101}_{5} \underbrace{110}_{6} \underbrace{010}_{2} = 562_8$.

**Exemplo D.12.** Conversão do número octal $24_8$ para binário.

$\underbrace{2}_{010} \underbrace{4}_{100} = 010100_2$.

### D.2.4 Conversão entre sistemas binário e hexadecimal

Um número binário pode ser facilmente convertido para hexadecimal, e vice-versa, uma vez que quatro bits equivalem a um dígito hexadecimal. Dessa forma, cada grupo de quatro bits é convertido para um dígito hexadecimal. Os exemplos a seguir mostram a conversão de número binário para hexadecimal, e vice-versa.

**Exemplo D.13.** Conversão do número binário $10011100010_2$ para hexadecimal.

$\underbrace{0100}_{4} \underbrace{1110}_{E} \underbrace{0010}_{2} = 4E2_{16}$.

**Exemplo D.14.** Conversão do número hexadecimal $24C_{16}$ para binário.

$\underbrace{2}_{0001} \underbrace{4}_{0010} \underbrace{C}_{1100} = 001001001100_2$.

# E
# REPRESENTAÇÃO DE NÚMEROS

Como computadores devem lidar com números inteiros e reais, positivos ou negativos, torna-se necessário ter representações de números com sinal no sistema binário. Inicialmente, uma representação binária de números inteiros será apresentada e, em seguida, uma de números reais.

## E.1 Representação de números inteiros

Conforme discutido no Apêndice D, um número de $n$ bits pode ser representado no sistema binário como

$$x_b = d_{n-1}d_{n-2}\ldots d_2d_1d_0, \tag{E.1}$$

em que $b = 2$ e $d_i$ são os bits concatenados para formar o número.

Um número binário sem sinal (tipo **unsigned**) com $n$ bits pode representar $2^n$ valores distintos, no intervalo de 0 a $2^n - 1$. Por exemplo, o intervalo de números binários sem sinal de 16 bits varia de 0 a 65.535 em decimal e de 0000 a FFFF em hexadecimal. Por outro lado, números com sinal (tipo **signed**) requerem o uso de um bit, o mais significativo, para representar o sinal do número. Três estratégias para representar números com sinal são apresentadas a seguir.

### E.1.1 Sinal-magnitude

Na representação sinal-magnitude, o bit mais significativo, denominado bit de sinal, é utilizado para indicar o sinal do número. Se o bit de sinal for 0, o número é não negativo (positivo ou zero). Se o bit de sinal for 1, o número é negativo. Os bits remanescentes representam a magnitude do número, ou seja, seu valor absoluto. Por exemplo, se $n = 8$, os números binários de 00000000 a 01111111 representam os números decimais de 0 a 127, enquanto os números binários de 10000001 a 11111111 representam os números decimais de $-1$ a $-127$. Na representação sinal-magnitude, o sistema binário pode representar números inteiros de $n$ bits no intervalo de $-(2^{n-1} - 1)$ a $2^{n-1} - 1$.

Alguns computadores antigos, como o IBM 7090, utilizaram essa representação numérica. Dois problemas principais surgem na representação sinal-magnitude. Uma primeira desvantagem é o aumento na complexidade das operações aritméticas de subtração e adição, que devem ser realizadas em circuitos separados. Outro problema é a existência de duas representações diferentes (00000000 e 10000000) para o número 0.

### E.1.2 Complemento de 1

A representação complemento de 1 é outra estratégia para representar números negativos no sistema binário de numeração. Números positivos são representados em complemento de 1 da mesma forma que na representação sinal-magnitude. Entretanto, números negativos são representados tomando-se a inversão dos bits do número positivo, ou seja, o bit 0 se torna 1, e vice-versa. Por exemplo, o valor negativo de 00000011 (equivalente ao número decimal $-3$) é 11111100. Na representação complemento de 1, o sistema binário pode representar números inteiros de $n$ bits no intervalo de $-(2^{n-1} - 1)$ a $2^{n-1} - 1$.

A representação de complemento de 1 foi utilizada nos primeiros computadores produzidos comercialmente, como CDC 6600, LINC, PDP-1 e UNIVAC 1107. Apesar de facilitar algumas operações aritméticas, essa representação ainda manteve o problema de dupla representação para o número 0, ou seja, 00000000 e 11111111.

### E.1.3 Complemento de 2

Para evitar a representação dupla do número 0, John von Neumann propôs uma representação conhecida como complemento de 2. Para representar um número negativo, primeiramente os bits são invertidos e então o valor 1 é adicionado ao resultado. Por exemplo, o negativo de 00000011 (equivalente ao número decimal −3) é 11111101. Na representação complemento de 2, o sistema binário pode representar números inteiros de $n$ bits no intervalo de $-2^{n-1}$ a $2^{n-1} - 1$.

Essa representação foi implementada pela primeira vez no computador PDP-8 em 1965. Devido às vantagens da representação complemento de 2, ela é a forma mais utilizada nos computadores atuais para a representação numérica de base binária.

### E.1.4 Excesso-$N$

A representação de excesso-$N$ utiliza um determinado valor $N$ para realizar um deslocamento binário nos números. O menor número negativo é representado por todos os bits iguais a 0, e o maior número positivo é representado por todos os bits iguais a 1.

Embora não exista um padrão para o valor de deslocamento, normalmente $N = 2^{n-1}$ para um número binário de $n$ bits. Como consequência, o número 0 é representado por $N$ (ou seja, pelo bit mais significativo igual a 1 e todos os demais bits iguais a 0) e o número $-N$ é representado por todos os bits iguais a zero. Além disso, quando o deslocamento é $N = 2^{n-1}$, a representação em excesso-$N$ pode ser convertida para a representação complemento de 2 simplesmente se invertendo o bit mais significativo.

Na atualidade, a representação de excesso-$N$ é utilizada principalmente em números de ponto flutuante, descritos na Seção E.2 . No padrão IEEE 754, o expoente de um número de 32 bits de precisão simples é definido como um campo de 8 bits na representação de excesso-127, o expoente de um número de 64 bits de precisão dupla é um campo de 11 bits na representação de excesso-1023, enquanto o expoente de um número de 128 bits de precisão quádrupla é um campo de 15 bits na representação de excesso-16383.

### E.1.5 Comparação entre representações

A Tabela E.1 apresenta uma comparação entre as diferentes estratégias de representação binária de números inteiros com sinal de 4 bits. Cada uma dessas representações, descritas anteriormente, exibe características específicas que impactam a codificação de dados em sistemas computacionais.

## E.2 Representação de números em ponto flutuante

A representação de um número em ponto flutuante não é única. Por exemplo, o número decimal 55,66 pode ser representado como $5{,}566 \cdot 10^1$, $0{,}5566 \cdot 10^2$, $0{,}05566 \cdot 10^3$, e assim sucessivamente. A parte fracionária pode ser normalizada, de forma a existir apenas um dígito diferente de zero antes da vírgula. Por exemplo, o número decimal 123,4567 pode ser normalizado como $1{,}234567 \cdot 10^2$, enquanto o número binário 1010,1011 pode ser normalizado como $1{,}0101011 \cdot 2^3$.

### E.2.1 Padrão IEEE 754

Embora muitas representações de ponto flutuante tenham sido propostas, o padrão IEEE 754, criado em 1985 e revisado em 2008, é atualmente o mais empregado em computadores para representação e aritmética em ponto flutuante. Um número em ponto flutuante no padrão IEEE 754 é representado conforme a notação

$$(-1)^s M \, 2^E,$$

em que o bit de sinal $s$ determina se o número é negativo ou positivo, a mantissa $M$ corresponde à parte fracionária e $E$ é o expoente do número.

Como a quantidade de bits é limitada para representar tanto a mantissa quanto o expoente, há consequências em se destinar maior ou menor grandeza para cada um desses dois campos. O intervalo de valores representáveis depende do expoente $E$, enquanto a precisão depende do número de bits alocados para a mantissa $M$.

Tabela E.1: Comparação entre diferentes representações de números inteiros de 4 bits. Na representação excesso-$N$, $N = 8$.

| Decimal | Sem sinal | Sinal-magnitude | Complemento de 1 | Complemento de 2 | Excesso-8 |
|---|---|---|---|---|---|
| 8  | 1000 | –    | –    | –    | –    |
| 7  | 0111 | 0111 | 0111 | 0111 | 1111 |
| 6  | 0110 | 0110 | 0110 | 0110 | 1110 |
| 5  | 0101 | 0101 | 0101 | 0101 | 1101 |
| 4  | 0100 | 0100 | 0100 | 0100 | 1100 |
| 3  | 0011 | 0011 | 0011 | 0011 | 1011 |
| 2  | 0010 | 0010 | 0010 | 0010 | 1010 |
| 1  | 0001 | 0001 | 0001 | 0001 | 1001 |
| 0  | 0000 | 0000 | 0000 | 0000 | 1000 |
| −0 | –    | 1000 | 1111 | –    | –    |
| −1 | –    | 1001 | 1110 | 1111 | 0111 |
| −2 | –    | 1010 | 1101 | 1110 | 0110 |
| −3 | –    | 1011 | 1100 | 1101 | 0101 |
| −4 | –    | 1100 | 1011 | 1100 | 0100 |
| −5 | –    | 1101 | 1010 | 1011 | 0011 |
| −6 | –    | 1110 | 1001 | 1010 | 0010 |
| −7 | –    | 1111 | 1000 | 1001 | 0001 |
| −8 | –    | –    | –    | 1000 | 0000 |

Assim como as representações de números inteiros, representações em ponto flutuante podem sofrer *estouro* ao tentar representar valores fora do intervalo suportado. Essa situação ocorre, por exemplo, em decorrência de determinadas operações matemáticas. Dois tipos de estouros são o *overflow*, quando a magnitude do número é excessivamente grande, e o *underflow*, quando a magnitude do número é excessivamente pequena.

Um valor normalizado tem sempre um dígito diferente de zero à esquerda da vírgula. No sistema de numeração binário, o único dígito possível é então o bit 1. Dessa forma, na representação binária normalizada, torna-se um desperdício de memória representá-lo fisicamente. Ele é apenas necessário para efetuar operações aritméticas, permanecendo escondido durante a sua representação. Portanto, ganha-se um bit para melhorar a precisão.

O padrão IEEE 754 define três precisões diferentes para representar números em ponto flutuante:

- precisão simples (tipo `float`): especifica um total de 32 bits, sendo $E = 8$ bits, $M = 23$ bits e $s = 1$ bit. A precisão é de 24 bits. Os 8 bits de expoente são definidos na representação de excesso-127. Com os 8 bits do expoente, 256 números inteiros podem ser representados, no entanto, os valores 00000000 e 11111111 são reservados, respectivamente, para zero e infinito. Assim, os valores do expoente variam de −126 a 127. Logo, o menor número (em módulo) representável é $2^{-126}$ e o maior número é $2 \cdot 2^{127}$. O intervalo de valores varia de $2^{-126}$ a $2^{127}$.

- precisão dupla (tipo `double`): especifica um total de 64 bits, sendo $E = 11$ bits, $M = 52$ bits e $s = 1$ bit. A precisão é de 64 bits. Os 11 bits de expoente são definidos na representação de excesso-1023. Com os 11 bits do expoente, 2048 números inteiros podem ser representados, no entanto, os valores 00000000000 e 11111111111 são reservados para zero e infinito, respectivamente. Assim, os valores do expoente variam entre −1022 e 1023. Logo, o menor número (em módulo) representável é $1 \cdot 2^{-1022}$ e o maior número é $2 \cdot 2^{1023}$. O intervalo de valores varia de $2^{-1022}$ a $2^{1023}$.

- precisão quádrupla: especifica um total de 128 bits, sendo $E = 15$ bits, $M = 112$ bits e $s = 1$ bit. A precisão é de 113 bits. Os 15 bits de expoente são definidos na representação de excesso-16383. Com os 15 bits do expoente, 32768 números inteiros podem ser representados, no entanto, os valores 000000000000000 e 111111111111111 são reservados, respectivamente, para zero e infinito. Assim, os valores do expoente variam de −126 a 127. Logo, o menor número (em módulo) representável é $2^{-16382}$ e o maior número é $2 \cdot 2^{16383}$. O intervalo de valores varia de $2^{-16382}$ a $2^{16383}$.

**Exemplo E.1.** Converter o número decimal 12,375 em binário, considerando o padrão IEEE 754 com precisão simples (32 bits).

Em notação científica, $12{,}375_{10} = 1100{,}011_2 = 1{,}100011 \cdot 2^3$. As três partes da representação são:

(i) sinal (1 bit): 0.

(ii) expoente (8 bits): $3_{10} + 127_{10} = 130_{10} = 10000010_2$.

(iii) mantissa (23 bits): $10001100000000000000000_2$.

Portanto, o número após a conversão é $01000001010001100000000000000000_2$.

**Exemplo E.2.** Converter o número decimal −7,25 em binário, considerando o padrão IEEE 754 com precisão dupla (64 bits).

Em notação científica, $-7{,}25_{10} = 111{,}01_2 = 1{,}1101 \cdot 2^2$. As três partes da representação são:

(i) sinal (1 bit): 1.

(ii) expoente (11 bits): $2_{10} + 1023_{10} = 1025_{10} = 10000000001_2$.

(iii) mantissa (52 bits): $1101000000000000000000000000000000000000000000000000_2$.

Portanto, o número após a conversão é $1100000000011101000000000000000000000000000000000000000000000000_2$.

**Exemplo E.3.** Converter o número binário $11000001101000000000000000000000_2$, codificado no padrão IEEE 754 com precisão simples (32 bits), em decimal.

As três partes da representação são:

(i) sinal (1 bit): 1.

(ii) expoente (8 bits): $10000011_2 - 127_{10} = 131_{10} - 127_{10} = 4_{10}$.

(iii) mantissa (23 bits): $10100000000000000000000_2$.

Portanto, o número é $1{,}101_2 \cdot 2^4 = 11010_2 = -26_{10}$.

# F
# INDUÇÃO MATEMÁTICA

A indução matemática é uma técnica que busca demonstrar a validade de um teorema ou uma propriedade sobre o conjunto dos números naturais. Na análise de complexidade de algoritmos, o princípio da indução matemática se relaciona com a construção de algoritmos recursivos. O princípio da indução matemática é apresentado e exemplificado neste apêndice.

## F.1 Princípio da indução matemática

A *indução matemática* é uma técnica utilizada para demonstrar se uma propriedade $P(n)$ é válida para todos os números naturais $n$. Ela consiste em três etapas principais:

1. Base de indução: estabelece-se que a propriedade é valida para um valor inicial de $n$.
2. Hipótese de indução: a propriedade é válida para $n = k$.
3. Passo de indução: deve-se mostrar que, se a hipótese de indução é válida, então a propriedade vale para $n = k + 1$.

O princípio da indução matemática estabelece que, se a propriedade é verdadeira para um valor inicial de $n$, então se prova que ela também é válida para os próximos valores até $n = k$. Em seguida, mostra-se que o passo de indução é verdadeiro para $n > k$.

## F.2 Exemplos

Os exemplos apresentados a seguir ilustram o uso do princípio da indução matemática para demonstrar alguns resultados. Em cada exemplo, as três etapas descritas anteriormente são aplicadas para verificar a validade de uma proposição.

**Exemplo F.1.** Mostrar que $S(n) = 1 + 2 + \ldots + n = \dfrac{n(n+1)}{2}$.

1. base de indução: para $n = 1$, $S(1) = \dfrac{1(1+1)}{2} = 1$.
2. hipótese de indução: assumir que, para um $k$ qualquer, $1 + 2 + \ldots + k = \dfrac{k(k+1)}{2}$ é válido.
3. passo de indução: para o sucessor de $k$, ou seja, $k+1$, deseja-se provar que $1 + 2 + \ldots + k + (k+1) = \dfrac{(k+1)[(k+1)+1]}{2}$.

Assim, $1 + 2 + \ldots + k + (k+1) = \dfrac{k(k+1)}{2} + (k+1) = \dfrac{(k+1)(k+2)}{2} = \dfrac{(k+1)[(k+1)+1]}{2}$.

**Exemplo F.2.** Provar que a soma dos $n$ primeiros números ímpares é igual a $n^2$.

1. base de indução: para $n = 1$, $1 = 1^2$.
2. hipótese de indução: $n = k$, então $1 + 3 + \ldots + (2k-1) = k^2$.
3. passo de indução: para o sucessor de $2k-1$, ou seja, $2k+1$, deseja-se provar que $1+3+5+\ldots+(2k-1)+(2k+1)$.

Assim, $1 + 3 + 5 + \ldots + (2k-1) + (2k+1) = k^2 + (2k+1) = (k+1)^2$.

**Exemplo F.3.** Provar que a soma dos $n$ primeiros cubos sucessivos é o quadrado da soma dos $n$ primeiros números naturais, ou seja, $\sum_{i=1}^{n} i^3 = \left[\sum_{i=1}^{n} i\right]^2$.

1. base de indução: para $n = 1$, $1^3 = 1 = 1^2$.
2. hipótese de indução: $n = k$, então $1^3 + 2^3 + \ldots + k^3 = (1 + 2 + \ldots + k)^2$.
3. passo de indução: para $n = k+1$, provar que $1^3 + 2^3 + \ldots + k^3 + (k+1)^3 = [1 + 2 + \ldots + k + (k+1)]^2$.
Assim, $1^3 + 2^3 + \ldots + k^3 + (k+1)^3 = (1+2+\ldots+k)^2 + (k+1)^3 = \left[\dfrac{k(k+1)}{2}\right]^2 + (k+1)^3 = \dfrac{k^2(k+1)^2}{2^2} + (k+1)^3 = \dfrac{(k+1)^2}{2^2}(k^2 + 2^2 k + 2^2) = \dfrac{(k+1)^2}{2^2}(k+2)^2 = \left[\dfrac{(k+1)((k+1)+1)}{2}\right]^2 = [1 + 2 + 3 + \ldots + k + (k+1)]^2$.

**Exemplo F.4.** Seja a sequência de Fibonacci: $F(1) = 1$, $F(2) = 2$ e $F(n) = F(n-1) + F(n-2)$ para $n > 2$. Mostrar que $F(n) < 2^n$.

1. base de indução: para $n \leqslant 2$, $F(1) = 1 < 2^1$ e $F(2) = 2 < 2^2$.
2. hipótese de indução: para $n = k$, $F(k) = k < 2^k$, para $k > 2$.
3. passo de indução: para $n = k+1$, deseja-se provar que: $F(k+1) = F(k) + F(k-1) < 2^{k+1}$.
Assim, $F(k+1) = F(k) + F(k-1) < 2^k + 2^{k-1} < 2^k + 2^k = 2 \cdot 2^k = 2^{k+1}$.

**Exemplo F.5.** Provar que $n^2 > 2n$, $\forall n \geqslant 3$.

Para provar a desigualdade, o lema que diz que a soma de $2n-1$ números ímpares é igual a $n^2$ será utilizado, ou seja, $1 + 3 + 5 + \ldots + (2n-1) = n^2$. Inicialmente, esse lema será provado por indução.

1. base de indução: para $n = 1$, $1 = 1^2$.
2. hipótese de indução: $1 + 3 + 5 + \ldots + (2k-1) = k^2$.
3. passo de indução: deseja-se provar que: $1 + 3 + 5 + \ldots + (2k-1) + [2(k+1) - 1] = (k+1)^2$.
Assim, $1 + 3 + 5 + \ldots + (2k-1) + [2(k+1) - 1] = k^2 + 2(k+1) - 1 = k^2 + 2k + 1 = (k+1)^2$.

Pode-se agora provar a desigualdade $n^2 > 2n$, $\forall n \geqslant 3$.

1. base de indução: para $n = 3$, $3^2 > 6$.
2. hipótese de indução: $n = k$, então $k^2 > 2k$.
3. passo de indução: para o sucessor de $k$, ou seja, $k+1$, deseja-se provar que $(k+1)^2 > 2(k+1)$.
Assim, $(k+1)^2 = k^2 + 2k + 1 = 1 + 3 + 5 + \ldots + (2k-1) + (2k+1) = (2k+2) + 3 + 5 + \ldots + (2k-1) > 2k + 2 = 2(k+1)$.

**Exemplo F.6.** Para todo $n \geqslant 0$, $\sum_{i=1}^{n} i^2 = \dfrac{n(n+1)(2n+1)}{6}$.

1. base de indução: para $n = 0$, então $\sum_{i=1}^{0} i^2 = 0$.
2. hipótese de indução: $n = k$, então $\sum_{i=1}^{k} i^2 = \dfrac{k(k+1)(2k+1)}{6}$.
3. passo de indução: deseja-se provar que $\sum_{i=1}^{k+1} i^2 = \dfrac{(k+1)(k+2)(2k+3)}{6}$.
Assim, $\sum_{i=1}^{k+1} i^2 = \sum_{i=1}^{k} i^2 + (k+1)^2 = \dfrac{k(k+1)(2k+1)}{6} + (k+1)^2 = \dfrac{2k^3 + k^2 + 2k^2 + k}{6} + (k+1)^2 = \dfrac{2k^3 + 9k^2 + 13k + 6}{6} = \dfrac{(k+1)(k+2)(2k+3)}{6}$.

**Exemplo F.7.** Provar que $2^n \geqslant n^2$, para $n \geqslant 4$.

1. base de indução: $n = 4$, então $2^4 = 4^2 = 16$. Portanto, $2^4 \geqslant 4^2$.
2. hipótese de indução: $n = k$, então $2^k \geqslant k^2$.
3. passo de indução: deseja-se provar que $2^{k+1} \geqslant (k+1)^2$.
   Uma maneira é provar que $2k^2 \geqslant (k+1)^2$ e depois usar a transitividade do operador $\geqslant$ para mostrar que $2^{k+1} \geqslant 2k^2 \geqslant (k+1)^2$. Para mostrar que $2k^2 \geqslant (k+1)^2$, pode-se usar a suposição de que $k \geqslant 4$. Então, $2k^2 \geqslant k^2 + 2k + 1 \Rightarrow k^2 \geqslant 2k + 1 \Rightarrow k \geqslant 2 + \dfrac{1}{k}$. O termo à esquerda é pelo menos 4, enquanto o lado direito é no máximo 2,25. Assim, $k \geqslant 2 + 1/k$. Logo, $2k^2 \geqslant (k+1)^2$. Assim, $2^{k+1} = 2 \cdot 2^k \geqslant 2k^2 \geqslant (k+1)^2$.

# G

# CODIFICAÇÃO DE CARACTERES

A codificação de caracteres permite o armazenamento de dados pelos computadores e a comunicação entre computadores. Os sistemas de codificação ASCII e Unicode são descritos neste apêndice.

## G.1 ASCII

A codificação ASCII (American Standard Code for Information Interchange), introduzida no Capítulo 2, especifica um sistema de representação de letras, dígitos, sinais de pontuação, sinais matemáticos e caracteres de controle por meio de códigos binários.

Uma limitação da codificação ASCII é que ela não contempla caracteres acentuados. Essa codificação, desenvolvida na década de 1960, representa um conjunto de 128 caracteres, sendo 95 caracteres passíveis de impressão e 33 caracteres especiais para controle de comunicação utilizados em computadores e outros dispositivos.

A Tabela G.1 mostra os 33 caracteres especiais para controle de comunicação. A Tabela G.2 apresenta os 95 caracteres passíveis de impressão. Por exemplo, a letra 'a' é representada pelo número decimal 97, o símbolo '@' é representado pelo número 64 e o código equivalente ao número decimal 7 emite um sinal sonoro no computador. Cada sequência de códigos corresponde a um caractere representado com 7 bits, uma vez que o bit menos significativo do byte serve como um bit de paridade e é utilizado para detecção de algum tipo de erro.

## G.2 EBCDIC

EBCDIC (Extended Binary Coded Decimal Interchange Code) é uma codificação de caracteres de 8 bits criada pela empresa IBM (International Business Machines Corporation) no início dos anos 1960, sendo utilizada principalmente em seus computadores.

Os códigos representam dígitos numéricos, letras minúsculas e maiúsculas, sinais de pontuação, letras acentuadas e caracteres não alfabéticos. A codificação divide os 8 bits para cada caractere em duas zonas de 4 bits, em que uma zona indica o tipo de caractere e a outra indica o seu valor.

A codificação EBCDIC foi uma das primeiras tentativas de padronização, ocorrendo simultaneamente com a codificação ASCII. Devido às várias diferenças entre as codificações ASCII e EBCDIC, torna-se difícil a escrita de programas que funcionam em ambos os sistemas.

## G.3 Unicode

Unicode é um sistema de codificação que permite aos computadores representar e manipular caracteres presentes nos mais diversos idiomas, incluindo letras, dígitos, sinais de pontuação e acentuação, símbolos matemáticos e ideogramas.

Desde a sua introdução no início dos anos 1990, diferentes versões da codificação Unicode foram desenvolvidas, buscando-se unificar conjuntos de caracteres e permitir um uso abrangente. Ao longo desse processo de aprimoramento, a codificação Unicode tem sido implementada em uma variedade de tecnologias, facilitando a comunicação digital e promovendo a interoperabilidade de caracteres.

Para contornar as dificuldades existentes nos sistemas de codificação ASCII e EBCDIC, os quais não possuem bits suficientes para a representação de um grande conjunto de símbolos, cada caractere no Unicode é definido por um

Tabela G.1: Caracteres especiais da codificação ASCII.

| Binário | Octal | Decimal | Hexadecimal | Símbolo | Nome |
| --- | --- | --- | --- | --- | --- |
| 00000000 | 000 | 0 | 00 | NULL | Caractere nulo |
| 00000001 | 001 | 1 | 01 | SOH | Início de cabeçalho (*Start of Header*) |
| 00000010 | 002 | 2 | 02 | STX | Início de texto (*Start of Text*) |
| 00000011 | 003 | 3 | 03 | ETX | Fim de texto (*End of Text*) |
| 00000100 | 004 | 4 | 04 | EOT | Fim de transmissão (*End of Transmission*) |
| 00000101 | 005 | 5 | 05 | ENQ | Consulta ou solicitação de informação (*Enquiry*) |
| 00000110 | 006 | 6 | 06 | ACK | Confirmação (*Acknowledge*) |
| 00000111 | 007 | 7 | 07 | BEL | Sinal sonoro (*Bell*) |
| 00001000 | 010 | 8 | 08 | BS | Caractere de retrocesso (*Back-space*) |
| 00001001 | 011 | 9 | 09 | HT | Tabulação horizontal (*Horizontal Tabulation*) |
| 00001010 | 012 | 10 | 0A | LF | Alimentação de linha (*Line Feed*) |
| 00001011 | 013 | 11 | 0B | VT | Tabulação vertical (*Vertical Tabulation*) |
| 00001100 | 014 | 12 | 0C | FF | Alimentação de página (*Form Feed*) |
| 00001101 | 015 | 13 | 0D | CR | Retorno ao início da linha (*Carriage Return*) |
| 00001110 | 016 | 14 | 0E | SO | Deslocamento para fora (*Shift Out*) |
| 00001111 | 017 | 15 | 0F | SI | Deslocamento para dentro (*Shift In*) |
| 00010000 | 020 | 16 | 10 | DLE | Escape de conexão (*Data-Link Escape*) |
| 00010001 | 021 | 17 | 11 | DC1 | Controle de dispositivo 1 (*Device Control 1*) |
| 00010010 | 022 | 18 | 12 | DC2 | Controle de dispositivo 2 (*Device Control 2*) |
| 00010011 | 023 | 19 | 13 | DC3 | Controle de dispositivo 3 (*Device Control 3*) |
| 00010100 | 024 | 20 | 14 | DC4 | Controle de dispositivo 4 (*Device Control 4*) |
| 00010101 | 025 | 21 | 15 | NAK | Confirmação negativa (*Negative-Acknowledge*) |
| 00010110 | 026 | 22 | 16 | SYN | Espera síncrona (*Synchronous Idle*) |
| 00010111 | 027 | 23 | 17 | ETB | Fim de bloco de transmissão (*End of Transmission Block*) |
| 00011000 | 030 | 24 | 18 | CAN | Cancelar (*Cancel*) |
| 00011001 | 031 | 25 | 19 | EM | Fim de meio de transmissão (*End of Medium*) |
| 00011010 | 032 | 26 | 1A | SUB | Substituir (*Substitute*) |
| 00011011 | 033 | 27 | 1B | ESC | Caractere de escape (*Escape*) |
| 00011100 | 034 | 28 | 1C | FS | Separador de arquivo (*File Separator*) |
| 00011101 | 035 | 29 | 1D | GS | Separador de grupo (*Group Separator*) |
| 00011110 | 036 | 30 | 1E | RS | Separador de registro (*Record Separator*) |
| 00011111 | 037 | 31 | 1F | US | Separador de unidade (*Unit Separator*) |
| 01111111 | 177 | 127 | 7F | DEL | Apagar (*Delete*) |

código de 32 bits. Dessa forma, a codificação é capaz de representar até $2^{32}$ (4.294.967.296) caracteres. A definição utiliza o sistema de numeração hexadecimal no formato U+XXXXXXXX, em que cada X é um dígito hexadecimal.

Tabela G.2: Caracteres que representam letras, algarismos, sinais de pontuação e símbolos matemáticos da codificação ASCII.

| Binário | Octal | Decimal | Hexadecimal | Símbolo | Binário | Octal | Decimal | Hexadecimal | Símbolo |
|---|---|---|---|---|---|---|---|---|---|
| 00100000 | 040 | 32 | 20 | (espaço) | 01010000 | 120 | 80 | 50 | P |
| 00100001 | 041 | 33 | 21 | ! | 01010001 | 121 | 81 | 51 | Q |
| 00100010 | 042 | 34 | 22 | " | 01010010 | 122 | 82 | 52 | R |
| 00100011 | 043 | 35 | 23 | # | 01010011 | 123 | 83 | 53 | S |
| 00100100 | 044 | 36 | 24 | $ | 01010100 | 124 | 84 | 54 | T |
| 00100101 | 045 | 37 | 25 | % | 01010101 | 125 | 85 | 55 | U |
| 00100110 | 046 | 38 | 26 | & | 01010110 | 126 | 86 | 56 | V |
| 00100111 | 047 | 39 | 27 | ' | 01010111 | 127 | 87 | 57 | W |
| 00101000 | 050 | 40 | 28 | ( | 01011000 | 130 | 88 | 58 | X |
| 00101001 | 051 | 41 | 29 | ) | 01011001 | 131 | 89 | 59 | Y |
| 00101010 | 052 | 42 | 2A | * | 01011010 | 132 | 90 | 5A | Z |
| 00101011 | 053 | 43 | 2B | + | 01011011 | 133 | 91 | 5B | [ |
| 00101100 | 054 | 44 | 2C | , | 01011100 | 134 | 92 | 5C | \ |
| 00101101 | 055 | 45 | 2D | - | 01011101 | 135 | 93 | 5D | ] |
| 00101110 | 056 | 46 | 2E | . | 01011110 | 136 | 94 | 5E | ^ |
| 00101111 | 057 | 47 | 2F | / | 01011111 | 137 | 95 | 5F | _ |
| 00110000 | 060 | 48 | 30 | 0 | 01100000 | 140 | 96 | 60 | ` |
| 00110001 | 061 | 49 | 31 | 1 | 01100001 | 141 | 97 | 61 | a |
| 00110010 | 062 | 50 | 32 | 2 | 01100010 | 142 | 98 | 62 | b |
| 00110011 | 063 | 51 | 33 | 3 | 01100011 | 143 | 99 | 63 | c |
| 00110100 | 064 | 52 | 34 | 4 | 01100100 | 144 | 100 | 64 | d |
| 00110101 | 065 | 53 | 35 | 5 | 01100101 | 145 | 101 | 65 | e |
| 00110110 | 066 | 54 | 36 | 6 | 01100110 | 146 | 102 | 66 | f |
| 00110111 | 067 | 55 | 37 | 7 | 01100111 | 147 | 103 | 67 | g |
| 00111000 | 070 | 56 | 38 | 8 | 01101000 | 150 | 104 | 68 | h |
| 00111001 | 071 | 57 | 39 | 9 | 01101001 | 151 | 105 | 69 | i |
| 00111010 | 072 | 58 | 3A | : | 01101010 | 152 | 106 | 6A | j |
| 00111011 | 073 | 59 | 3B | ; | 01101011 | 153 | 107 | 6B | k |
| 00111100 | 074 | 60 | 3C | < | 01101100 | 154 | 108 | 6C | l |
| 00111101 | 075 | 61 | 3D | = | 01101101 | 155 | 109 | 6D | m |
| 00111110 | 076 | 62 | 3E | > | 01101110 | 156 | 110 | 6E | n |
| 00111111 | 077 | 63 | 3F | ? | 01101111 | 157 | 111 | 6F | o |
| 01000000 | 100 | 64 | 40 | @ | 01110000 | 160 | 112 | 70 | p |
| 01000001 | 101 | 65 | 41 | A | 01110001 | 161 | 113 | 71 | q |
| 01000010 | 102 | 66 | 42 | B | 01110010 | 162 | 114 | 72 | r |
| 01000011 | 103 | 67 | 43 | C | 01110011 | 163 | 115 | 73 | s |
| 01000100 | 104 | 68 | 44 | D | 01110100 | 164 | 116 | 74 | t |
| 01000101 | 105 | 69 | 45 | E | 01110101 | 165 | 117 | 75 | u |
| 01000110 | 106 | 70 | 46 | F | 01110110 | 166 | 118 | 76 | v |
| 01000111 | 107 | 71 | 47 | G | 01110111 | 167 | 119 | 77 | w |
| 01001000 | 110 | 72 | 48 | H | 01111000 | 170 | 120 | 78 | x |
| 01001001 | 111 | 73 | 49 | I | 01111001 | 171 | 121 | 79 | y |
| 01001010 | 112 | 74 | 4A | J | 01111010 | 172 | 122 | 7A | z |
| 01001011 | 113 | 75 | 4B | K | 01111011 | 173 | 123 | 7B | { |
| 01001100 | 114 | 76 | 4C | L | 01111100 | 174 | 124 | 7C | | |
| 01001101 | 115 | 77 | 4D | M | 01111101 | 175 | 125 | 7D | } |
| 01001110 | 116 | 78 | 4E | N | 01111110 | 176 | 126 | 7E | ~ |
| 01001111 | 117 | 79 | 4F | O | | | | | |

# Referências bibliográficas

ADAMS, J.; LEESTMA, S. & NYHOFF, L. *C++ An Introduction to Computing*. Prentice Hall, Inc., 1997.

ADELSON-VELSKII, G. & LANDIS, E. An Algorithm for the Organization of Information. *Doklady Akademii Nauk SSSR*, vol. 146, n. 2, pp. 263–266, 1962.

AGGARWAL, A. & VITTER, J. S. The Input/Output Complexity of Sorting and Related Problems. *Communications of the ACM*, vol. 31, n. 9, pp. 1116–1127, 1988.

AHO, A. V. *Data Structures and Algorithms*. Addison-Wesley, Reading-MA, Estados Unidos, 1983.

AHO, A. V.; HOPCROFT, J. E. & ULLMAN, J. D. *The Design and Analysis of Computer Algorithms*. Addison-Wesley Professional, 1974.

AHO, A. V.; SETHI, R. & ULLMAN, J. D. *Compilers: Principles, Techniques, and Tools*. Addison-Wesley, Reading, MA, Estados Unidos, 1986.

AHUJA, R. K.; MEHLHORN, K.; ORLIN, J. & TARJAN, R. E. Faster Algorithms for the Shortest Path Problem. *Journal of the ACM*, vol. 37, n. 2, pp. 213–223, 1990.

AHUJA, R. K. & ORLIN, J. B. Fast and Simple Algorithm for the Maximum Flow Problem. *Operations Research*, vol. 37, n. 5, pp. 748–759, 1989.

AIGNER, M. *Combinatorial Search*. John Wiley & Sons, Inc., 1988.

AJTAI, M.; FREDMAN, M. & KOMLÓS, J. Hash Functions for Priority Queues. *Information and Control*, vol. 63, n. 3, pp. 217–225, 1984.

AJTAI, M.; KOMLÓS, J. & SZEMERÉDI, E. An $O(n \log n)$ Sorting Network. *In: Fifteenth Annual ACM Symposium on Theory of Computing*, ACM New York, NY, Estados Unidos, pp. 1–9, 1983.

ALAGIC, S. & ARBIB, M. A. *The Design of Well-Structured and Correct Programs*. Springer Science & Business Media, 2013.

ALLEN, B. & MUNRO, I. Self-Organizing Binary Search Trees. *Journal of the ACM*, vol. 25, n. 4, pp. 526–535, 1978.

AMBLE, O. & KNUTH, D. E. Ordered Hash Tables. *The Computer Journal*, vol. 17, n. 2, pp. 135–142, 1974.

AMSBURY, W. *Data Structures: From Arrays to Priority Queues*. Brooks/Cole, 1985.

APPEL, K. I. & HAKEN, W. *Every Planar Map is Four Colorable*, volume 98. American Mathematical Society, 1989.

ARORA, S. & BARAK, B. *Computational Complexity: A Modern Approach*. Cambridge University Press, 2009.

ARORA, S. & DENT, W. Randomized Binary Search Technique. *Communications of the ACM*, vol. 12, n. 2, pp. 77–80, 1969.

AUSLANDER, M. A. & STRONG, H. R. Systematic Recursion Removal. *Communications of the ACM*, vol. 21, n. 2, pp. 127–134, 1978.

BAASE, S. *Computer Algorithms: Introduction to Design and Analysis*. Pearson Education, India, 2009.

BAER, J.-L. & SCHWAB, B. A Comparison of Tree-Balancing Algorithms. *Communications of the ACM*, vol. 20, n. 5, pp. 322–330, 1977.

BARRON, D. W. *Recursive Techniques in Programming*. American Elsevier Publishing Company, 1968.

BATAGELJ, V. The Quadratic Hash Method when the Table Size is not a Prime Number. *Communications of the ACM*, vol. 18, n. 4, pp. 216–217, 1975.

BAYER, R. Binary B-Trees for Virtual Memory. *In: ACM SIGFIDET Workshop on Data Description, Access and Control*, ACM, pp. 219–235, 1971.

BAYER, R. Symmetric Binary B-Trees: Data Structure and Maintenance Algorithms. *Acta Informatica*, vol. 1, n. 4, pp. 290–306, 1972.

BAYER, R. & MCCREIGHT, E. Organization and Maintenance of Large Ordered Indexes. *Acta Informatica*, vol. 1, n. 3, pp. 173–189, 1972.

BAYER, R. & UNTERAUER, K. Prefix B-Trees. *ACM Transactions on Database Systems*, vol. 2, n. 1, pp. 11–26, 1977.

BAYS, C. The Reallocation of Hash-Coded Tables. *Communications of the ACM*, vol. 16, n. 1, pp. 11–14, 1973.

BELL, J. & STEVENS, B. A Survey of Known Results and Research Areas for $n$-Queens. *Discrete Mathematics*, vol. 309, n. 1, pp. 1–31, 2009.

BELL, J. R. & KAMAN, C. H. The Linear Quotient Hash Code. *Communications of the ACM*, vol. 13, n. 11, pp. 675–676, 1970.

BELLMAN, R. On a Routing Problem. *Quarterly of Applied Mathematics*, vol. 16, n. 1, pp. 87–90, 1958.

BELLMAN, R. E. & DREYFUS, S. E. *Applied Dynamic Programming*. Princeton University Press, 2015.

BEN-OR, M. Lower Bounds for Algebraic Computation Trees. *In: Fifteenth Annual ACM Symposium on Theory of Computing*, ACM New York, NY, Estados Unidos, pp. 80–86, 1983.

BENDER, E. A.; PRAEGER, C. E. & WORMALD, N. C. Optimal Worst Case Trees. *Acta Informatica*, vol. 24, n. 4, pp. 475–489, 1987.

BENT, S. W.; SLEATOR, D. D. & TARJAN, R. E. Biased Search Trees. *SIAM Journal on Computing*, vol. 14, n. 3, pp. 545–568, 1985.

BENTLEY, J. *Programming Pearls*. Addison-Wesley Professional, 2016.

BENTLEY, J. L. Multidimensional Binary Search Trees used for Associative Searching. *Communications of the ACM*, vol. 18, n. 9, pp. 509–517, 1975.

BENTLEY, J. L. Multidimensional Divide-and-Conquer. *Communications of the ACM*, vol. 23, n. 4, pp. 214–229, 1980.

BENTLEY, J. L. *Writing Efficient Programs*. Prentice Hall, Inc., 1982.

BENTLEY, J. L. & FRIEDMAN, J. H. Data Structures for Range Searching. *ACM Computing Surveys*, vol. 11, n. 4, pp. 397–409, 1979.

BENTLEY, J. L.; HAKEN, D. & SAXE, J. B. A General Method for Solving Divide-and-Conquer Recurrences. *ACM Special Interest Group on Algorithms and Computation Theory News*, vol. 12, n. 3, pp. 36–44, 1980.

BERGE, C. *Hypergraphs: Combinatorics of Finite Sets*, volume 45. Elsevier, 1984.

BERGE, C. *The Theory of Graphs*. Dover Publications, 2001.

BERLIOUX, P. & BIZARD, P. *Algorithms: the Construction, Proof, and Analysis of Programs*. John Wiley & Sons, Inc., 1986.

BERRY, R. & MEEKINGS, B. A Style Analysis of C Programs. *Communications of the ACM*, vol. 28, n. 1, pp. 80–88, 1985.

BERZTISS, A. T. *Data Structures: Theory and Practice*. Academic Press, 2014.

BIC, L. & SHAW, A. C. *Operating Systems Principles*. Prentice Hall, 2003.

BIERE, A.; HEULE, M. & VAN MAAREN, H. *Handbook of Satisfiability*, volume 185. IOS Press, 2009.

BING-CHAO, H. & KNUTH, D. E. A One-Way, Stackless Quicksort Algorithm. *BIT Numerical Mathematics*, vol. 26, n. 1, pp. 127–130, 1986.

BIRD, R. S. Notes on Recursion Elimination. *Communications of the ACM*, vol. 20, n. 6, pp. 434–439, 1977.

BLUM, M.; FLOYD, R. W.; PRATT, V. R.; RIVEST, R. L. & TARJAN, R. E. Time Bounds for Selection. *Journal of Computer and System Sciences*, vol. 7, n. 4, pp. 448–461, 1973.

BOLLOBÁS, B. *Random Graphs*. Springer, 1998.

BONDY, J. A. & MURTY, U. S. R. *Graph Theory with Applications*, volume 290. Macmillan, London, United Kingdom, 1976.

BOOTHROYD, J. Algorithm 201: Shellsort. *Communications of the ACM*, vol. 6, n. 8, pp. 445, 1963.

BOWMAN, C. F. *Algorithms and Data Structures: An Approach in C*. Oxford University Press, 1994.

BOYER, R. S. & MOORE, J. S. A Fast String Searching Algorithm. *Communications of the ACM*, vol. 20, n. 10, pp. 762–772, 1977.

BRASSARD, G. & BRATLEY, P. *Algorithmics: Theory & Practice*. Prentice Hall, Inc., 1988.

BRÉLAZ, D. New Methods to Color the Vertices of a Graph. *Communications of the ACM*, vol. 22, n. 4, pp. 251–256, 1979.

BURGE, W. H. *Recursive Programming Techniques*. Addison-Wesley, Reading, MA, Estados Unidos, 1975.

BURKHARD, W. A. Nonrecursive Tree Traversal Algorithms. *Computer Journal*, 18, pp. 327–330, 1975.

CARLSSON, S. Average-Case Results on Heapsort. *BIT Numerical Mathematics*, 27, pp. 2–17, 1987.

CARTER, J. L. & WEGMAN, M. N. Universal Classes of Hash Functions. *Journal of Computer and System Sciences*, vol. 18, n. 2, pp. 143–154, 1979.

CELES, W.; CERQUEIRA, R. & RANGEL, J. L. *Introdução a Estruturas de Dados*. Elsevier, 2004.

CHANG, H. & IYENGAR, S. S. Efficient Algorithms to Globally Balance a Binary Search Tree. *Communications of the ACM*, vol. 27, n. 7, pp. 695–702, 1984.

CHARTRAND, G. *Introductory Graph Theory*. Courier Corporation, 1977.

CHEN, L. & SCHOTT, R. Optimal Operations on Red-Black Trees. *International Journal of Foundations of Computer Science*, vol. 7, n. 3, pp. 227–239, 1996.

CHEN, W.-K. *Applied Graph Theory*, volume 13. Elsevier, 2012.

CHERITON, D. & TARJAN, R. E. Finding Minimum Spanning Trees. *SIAM Journal on Computing*, vol. 5, n. 4, pp. 724–742, 1976.

CHERKASSKY, B. V.; GOLDBERG, A. V. & SILVERSTEIN, C. Buckets, Heaps, Lists, and Monotone Priority Queues. *SIAM Journal on Computing*, vol. 28, n. 4, pp. 1326–1346, 1999.

CICHELLI, R. J. Minimal Perfect Hash Functions Made Simple. *Communications of the ACM*, vol. 23, n. 1, pp. 17–19, 1980.

CIVICIOGLU, P. Backtracking Search Optimization Algorithm for Numerical Optimization Problems. *Applied Mathematics and Computation*, vol. 219, n. 15, pp. 8121–8144, 2013.

CLAMPETT JR., H. A. Randomized Binary Searching with Tree Structures. *Communications of the ACM*, vol. 7, n. 3, pp. 163–165, 1964.

COLE, R. Parallel Merge Sort. *SIAM Journal on Computing*, vol. 17, n. 4, pp. 770–785, 1988.

COLEMAN, D. *A Structured Programming Approach to Data*. Macmillan International Higher Education, 1978.

COMER, D. Ubiquitous B-Tree. *ACM Computing Surveys*, vol. 11, n. 2, pp. 121–137, 1979.

COOK, C. R. & KIM, D. J. Best Sorting Algorithm for Nearly Sorted Lists. *Communications of the ACM*, vol. 23, n. 11, pp. 620–624, 1980.

COOPER, S. B.; SLAMAN, T. A. & WAINER, S. S. *Computability, Enumerability, Unsolvability: Directions in Recursion Theory*, volume 224. Cambridge University Press, 1996.

CORMEN, T. H.; LEISERSON, C. E.; RIVEST, R. L. & STEIN, C. *Introduction to Algorithms*. MIT Press Cambridge, 2009.

CRAGON, H. G. *Computer Architecture and Implementation*. Cambridge University Press, 2000.

CUTLAND, N. *Computability: An Introduction to Recursive Function Theory*. Cambridge University Press, 1980.

CZECH, Z. J.; HAVAS, G. & MAJEWSKI, B. S. Fundamental Study Perfect Hashing. *Theoretical Computer Science*, 182, pp. 1–143, 1997.

CZECH, Z. J. & MAJEWSKI, B. S. A Linear Time Algorithm for Finding Minimal Perfect Hash Functions. *The Computer Journal*, vol. 36, n. 6, pp. 579–587, 1993.

DAHL, O.-J.; DIJKSTRA, E. W. & HOARE, C. A. R. *Structured Programming*. Academic Press Ltd., 1972.

DATE, C. J. *An Introduction to Database Systems*. Pearson Education, 1975.

DAY, A. C. Balancing a Binary Tree. *The Computer Journal*, vol. 19, n. 4, pp. 360–361, 1976.

DE BRUIJN, N. G. *Asymptotic Methods in Analysis*. North-Holland Publishing Company, 1970.

DECKER, R. *Data Structures*. Prentice Hall, Inc., 1989.

DEITEL, H. M. & DEITEL, P. J. *C: How to Program*. Pearson Education, Inc., 2004.

DENARDO, E. V. *Dynamic Programming: Models and Applications*. Courier Corporation, 2012.

DEO, N. *Graph Theory with Applications to Engineering and Computer Science*. Courier Dover Publications, 2017.

DEO, N. & PANG, C.-Y. Shortest-Path Algorithms: Taxonomy and Annotation. *Networks*, vol. 14, n. 2, pp. 275–323, 1984.

DEVROYE, L. A Note on the Height of Binary Search Trees. *Journal of the ACM*, vol. 33, n. 3, pp. 489–498, 1986.

DIJKSTRA, E. W. A Note on Two Problems in Connexion with Graphs. *Numerische Mathematik*, vol. 1, n. 1, pp. 269–271, 1959.

DIJKSTRA, E. W. Recursive Programming. *Numerische Mathematik*, 2, pp. 312–318, 1960.

DIJKSTRA, E. W. *A Discipline of Programming*. Prentice Hall, Englewood Cliffs, NJ, Estados Unidos, 1976.

DING, Y. & WEISS, M. A. Best Case Lower Bounds for Heapsort. *Computing*, vol. 49, n. 1, pp. 1–9, 1993.

DIRAC, G. A. Some Theorems on Abstract Graphs. *Proceedings of the London Mathematical Society*, vol. 3, n. 1, pp. 69–81, 1952.

DOBERKAT, E. E. An Average Case Analysis of Floyd's Algorithm to Construct Heaps. *Information and Control*, vol. 61, n. 2, pp. 114–131, 1984.

DROZDEK, A. *Data Structures and Algorithms in C++*. Cengage Learning, 2012.

DU, D.-Z. & KO, K.-I. *Theory of Computational Complexity*, volume 58. John Wiley & Sons, 2011.

EARLEY, J. Toward an Understanding of Data Structures. *Communications of the ACM*, vol. 14, n. 10, pp. 617–627, 1971.

ELSPAS, B.; LEVITT, K. N.; WALDINGER, R. J. & WAKSMAN, A. An Assessment of Techniques for Proving Program Correctness. *ACM Computing Surveys*, vol. 4, n. 2, pp. 97–147, 1972.

ENBODY, R. J. & DU, H.-C. Dynamic Hashing Schemes. *ACM Computing Surveys*, vol. 20, n. 2, pp. 850–113, 1988.

EPPINGER, J. L. An Empirical Study of Insertion and Deletion in Binary Search Trees. *Communications of the ACM*, vol. 26, n. 9, pp. 663–669, 1983.

ER, M. Efficient Generation of Binary Trees from Inorder-Postorder Sequences. *Information Sciences*, vol. 40, n. 2, pp. 175–181, 1986.

EVEN, S. *Graph Algorithms*. Cambridge University Press, 2011.

EVEN, S. & ITAI, A. Queues, Stacks and Graphs. *In:* Z. Kohavi & A. Paz (Editores). *Theory of Machines and Computations* pp. 71–86. Academic Press, 1971.

FEDERICKSON, G. N. Fast Algorithms for Shortest Paths in Planar Graphs, with Applications. *SIAM Journal on Computing*, vol. 16, n. 6, pp. 1004–1022, 1987.

FEOFILOFF, P. *Algoritmos em Linguagem C*. Elsevier Brasil, 2009.

FISCHER, M. J. & PATERSON, M. S. Fishspear: A Priority Queue Algorithm. *Journal of the ACM*, vol. 41, n. 1, pp. 3–30, 1994.

FLOYD, R. W. Algorithm 97: Shortest Path. *Communications of the ACM*, vol. 5, n. 6, pp. 345, 1962.

FORD JR., L. R. Network Flow Theory. Relatório técnico, RAND Corporation, Santa Monica, CA, Estados Unidos, 1956.

FORD JR., L. R. & FULKERSON, D. R. *Flows in Networks*. Princeton University Press, 2015.

FOROUZAN, B. & GILBERG, R. *Computer Science: A Structured Programming Approach Using C*. Cengage Learning, 2006.

FOROUZAN, B. A. & GILBERG, R. F. *Foundations of Computer Science: From Data Manipulation to Theory of Computation*. Brooks/Cole Publishing Co., 2002.

FOSTER, C. C. A Generalization of AVL Trees. *Communications of the ACM*, vol. 16, n. 8, pp. 513–517, 1973.

FOX, E.; CHEN, Q.; DAOUD, A. & HEATH, L. Order Preserving Minimal Perfect Hash Functions and Information Retrieval. *ACM Transactions on Information Systems*, vol. 9, n. 2, pp. 281–308, 1991.

FOX, E. A.; HEATH, L. S.; CHEN, Q. F. & DAOUD, A. M. Practical Minimal Perfect Hash Functions for Large Databases. *Communications of the ACM*, vol. 35, n. 1, pp. 105–121, 1992.

FREDERICKSON, G. N. Data Structures for On-Line Updating of Minimum Spanning Trees. *In: Fifteenth Annual ACM Symposium on Theory of Computing*, Boston, MA, Estados Unidos, ACM New York, NY, Estados Unidos, pp. 252–257, 1983.

FREDMAN, M. L. & TARJAN, R. E. Fibonacci Heaps and their Uses in Improved Network Optimization Algorithms. *Journal of the ACM (JACM)*, vol. 34, n. 3, pp. 596–615, 1987.

GABOW, H. N. Two Algorithms for Generating Weighted Spanning Trees in Order. *SIAM Journal on Computing*, vol. 6, n. 1, pp. 139–150, 1977.

GALE, D. & KARP, R. M. A Phenomenon in the Theory of Sorting. *In: 11th Annual Symposium on Switching and Automata Theory*, IEEE Computer Society, pp. 51–59, 1970.

GALLO, G. & PALLOTTINO, S. Shortest Path Methods: A Unifying Approach. *Netflow at Pisa*, 26, pp. 38–64, 1986.

GAREY, M. R. & JOHNSON, D. S. *Computers and Intractability*, volume 174. W.H. Freeman, San Francisco, CA, Estados Unidos, 1979.

GARNIER, R. & TAYLOR, J. *Discrete Mathematics: Proofs, Structures and Applications*. CRC Press, 2009.

GIBBONS, A. *Algorithmic Graph Theory*. Cambridge University Press, 1985.

GILBERG, R. & FOROUZAN, B. *Data Structures: A Pseudocode Approach with C*. Cengage Learning, 2004.

GOLDBERG, A. V. Scaling Algorithms for the Shortest Paths Problem. *SIAM Journal on Computing*, vol. 24, n. 3, pp. 494–504, 1995.

GOLOMB, S. W. & BAUMERT, L. D. Backtrack Programming. *Journal of the ACM*, vol. 12, n. 4, pp. 516–524, 1965.

GONNET, G. H. & BAEZA-YATES, R. *Handbook of Algorithms and Data Structures: in Pascal and C*. Addison-Wesley Longman Publishing Co., Inc., 1991.

GONNET, G. H. & MUNRO, J. I. Efficient Ordering of Hash Tables. *SIAM Journal on Computing*, vol. 8, n. 3, pp. 463–478, 1979.

GOODMAN, S. E. & HEDETNIEMI, S. T. *Introduction to the Design and Analysis of Algorithms*. McGraw-Hill, Inc., 1977.

GOODRICH, M. T. & TAMASSIA, R. *Algorithm Design and Applications*. Wiley Hoboken, 2015.

GOULD, R. *Graph Theory*. Courier Corporation, 2012.

GRAEFE, G. Implementing Sorting in Database Systems. *ACM Computing Surveys*, vol. 38, n. 3, pp. 1–37, 2006.

GRAHAM, R. L. & HELL, P. On the History of the Minimum Spanning Tree Problem. *Annals of the History of Computing*, vol. 7, n. 1, pp. 43–57, 1985.

GRAHAM, R. L.; KNUTH, D. E. & PATASHNIK, O. *Concrete Mathematics*. Addison-Wesley, Upper Saddle River, NJ, Estados Unidos, 1994.

GREENE, D. H. & KNUTH, D. E. *Mathematics for the Analysis of Algorithms*, volume 504. Springer, 1990.

GRIES, D. *The Science of Programming*. Springer Science & Business Media, 2012.

GROSS, J. L. & YELLEN, J. *Handbook of Graph Theory*. CRC Press, 2003.

GUIBAS, L. J. The Analysis of Hashing Techniques that Exhibit $k$-ary Clustering. *Journal of the ACM*, vol. 25, n. 4, pp. 544–555, 1978.

GUIBAS, L. J. & SEDGEWICK, R. A Dichromatic Framework for Balanced Trees. *In: 19th Annual Symposium on Foundations of Computer Science*, IEEE, pp. 8–21, 1978.

GUIBAS, L. J. & SZEMEREDI, E. The Analysis of Double Hashing. *Journal of Computer and System Sciences*, vol. 16, n. 2, pp. 226–274, 1978.

HAGGARD, G. & KARPLUS, K. Finding Minimal Perfect Hash Functions. *ACM SIGCSE Bulletin*, 18, pp. 191–193, 1986.

HAMACHER, V. C.; VRANESIC, Z. G.; ZAKY, S. G.; VRANSIC, Z. & ZAKAY, S. *Computer Organization*. McGraw-Hill, Inc., 1996.

HARTMANIS, J. & STEARNS, R. E. On the Computational Complexity of Algorithms. *Transactions of the American Mathematical Society*, 117, pp. 285–306, 1965.

HEADINGTON, M. R. & RILEY, D. D. *Data Abstraction and Structures Using C++*. Jones & Bartlett Learning, 1994.

HENNIE, F. C. *Introduction to Computability*. Addison-Wesley Longman Publishing Co., Inc., 1977.

HINZ, A. M.; KLAVŽAR, S.; MILUTINOVIĆ, U. & PETR, C. *The Tower of Hanoi-Myths and Maths*. Springer, 2013.

HOARE, C. A. Quicksort. *The Computer Journal*, vol. 5, n. 1, pp. 10–16, 1962.

HOFRI, M. *Analysis of Algorithms: Computational Methods and Mathematical Tools*. Oxford University Press, Inc., 1995.

HOPCROFT, J. E.; MOTWANI, R. & ULLMAN, J. D. Introduction to Automata Theory, Languages, and Computation. *ACM Sigact News*, vol. 32, n. 1, pp. 60–65, 2001.

HOPCROFT, J. E. & TARJAN, R. E. Efficient Algorithms for Graph Manipulation [H] (Algorithm 447). *Communications of the ACM*, vol. 16, n. 6, pp. 372–378, 1973.

HOROWITZ, E.; SAHNI, S. & ANDERSON-FREED, S. *Fundamentals of Data Structures in C*. W.H. Freeman & Co., 1992.

HUANG, B.-C. & LANGSTON, M. A. Practical In-Place Merging. *Communications of the ACM*, vol. 31, n. 3, pp. 348–352, 1988.

HUFFMAN, D. A. A Method for the Construction of Minimum-Redundancy Codes. *Proceedings of the IRE*, vol. 40, n. 9, pp. 1098–1101, 1952.

INCERPI, J. & SEDGEWICK, R. Practical Variations of Shellsort. *Information Processing Letters*, vol. 26, n. 1, pp. 37–43, 1987.

JACOB, R.; LARSEN, K. G. & NIELSEN, J. B. Lower Bounds for Oblivious Data Structures. *In: Annual ACM-SIAM Symposium on Discrete Algorithms*, San Diego, CA, Estados Unidos, SIAM, pp. 2439–2447, 2019.

JAESCHKE, G. Reciprocal Hashing: A Method for Generating Minimal Perfect Hashing Functions. *Communications of the ACM*, vol. 24, n. 12, pp. 829–833, 1981.

JOHNSON, D. B. Priority Queues with Update and Finding Minimum Spanning Trees. *Information Processing Letters*, vol. 4, n. 3, pp. 53–57, 1975.

JONES, D. W. Application of Splay Trees to Data Compression. *Communications of the ACM*, vol. 31, n. 8, pp. 996–1007, 1988.

JOSEPHUS, F. *The Works of Flavius Josephus*. Richard Sare, London Holborn, 1709.

KARLTON, P. L.; FULLER, S. H.; SCROGGS, R. & KAEHLER, E. Performance of height-balanced trees. *Communications of the ACM*, vol. 19, n. 1, pp. 23–28, 1976.

KELLY, A. & POHL, I. *A Book on C: Programming in C*. Addison-Wesley, 1998.

KERNIGHAN, B. W. & PLAUGER, P. J. *Elements of Programming Style*. McGraw-Hill, Inc., 1974.

KERNIGHAN, B. W. & RITCHIE, D. M. *The C Programming Language*. Prentice Hall, Englewood Cliffs, NJ, Estados Unidos, 2006.

KING, K. N. *C Programming: A Modern Approach*. W.W. Norton & Company, 2008.

KLEINBERG, J. & TARDOS, E. *Algorithm Design*. Pearson Education India, 2006.

KNOTT, G. D. Hashing Functions. *The Computer Journal*, vol. 18, n. 3, pp. 265–278, 1975.

KNUTH, D. E. *The Art of Computer Programming, Volume 1: Fundamental Algorithms*. Addison-Wesley, Reading, MA, Estados Unidos, 1968.

KNUTH, D. E. Optimum Binary Search Trees. *Acta Informatica*, 1, pp. 14–25, 1971.

KNUTH, D. E. Structured Programming with go to Statements. *ACM Computing Surveys*, vol. 6, n. 4, pp. 261–301, 1974.

KNUTH, D. E. *The Art of Computer Programming, Volume 2: Seminumerical Algorithms*. Addison-Wesley Professional, 1997.

KNUTH, D. E. *The Art of Computer Programming: Volume 3: Sorting and Searching*. Addison-Wesley Professional, 1998.

KOCHAN, S. G. *Programming in C*. Pearson Education, 2014.

KONHEIM, A. G. *Hashing in Computer Science*. John Wiley & Sons, 2010.

KOREN, I. *Computer Arithmetic Algorithms*. AK Peters/CRC Press, 2018.

KOZEN, D. C. *The Design and Analysis of Algorithms*. Springer Science & Business Media, 1992.

KRONSJÖ, L. *Algorithms: Their Complexity and Efficiency*. John Wiley & Sons, Inc., 1987.

KRUSE, R. & TONDO, C. *Data Structures and Program Design in C*. Pearson Education, India, 2007.

KRUSE, R. L. & RYBA, A. J. *Data Structures and Program Design in C++*. Prentice Hall, Inc., 2000.

KRUSKAL, J. B. On the Shortest Spanning Subtree of a Graph and the Traveling Salesman Problem. *Proceedings of the American Mathematical Society*, vol. 7, n. 1, pp. 48–50, 1956.

KUHN, H. W. The Hungarian Method for the Assignment Problem. *Naval Research Logistics Quarterly*, vol. 2, n. 1-2, pp. 83–97, 1955.

LANGSAM, Y.; AUGENSTEIN, M. J. & TENENBAUM, A. M. *Data Structures using C and C++*. Prentice Hall, India, 2000.

LARSON, P.-Å. Dynamic Hashing. *BIT Numerical Mathematics*, vol. 18, n. 2, pp. 184–201, 1978.

LARSON, P.-Å. Dynamic Hash Tables. *Communications of the ACM*, vol. 31, n. 4, pp. 446–457, 1988.

LEVITIN, A. *Introduction to Design and Analysis of Algorithms*. Pearson Education, 2008.

LEWIS, H. R. & DENENBERG, L. *Data Structures and their Algorithms*. Addison-Wesley Longman Publishing Co., Inc., 1997.

LEWIS, T. G. & COOK, C. R. Hashing for Dynamic and Static Internal Tables. *Computer*, vol. 21, n. 10, pp. 45–56, 1988.

LOBUR, J. & NULL, L. *The Essentials of Computer Organization and Architecture*. Jones and Bartlett Learning, 2003.

LORENTZ, R. *Recursive Algorithms*. Intellect Books, 1994.

LORIN, H. A Guided Bibliography to Sorting. *IBM Systems Journal*, vol. 10, n. 3, pp. 244–254, 1971.

LORIN, H. *Sorting and Sort Systems*. Addison-Wesley Longman Publishing Co., Inc., 1975.

MAHMOUD, H. M. *Sorting: A Distribution Theory*, volume 54. John Wiley & Sons, 2000.

MANBER, U. *Introduction to Algorithms: A Creative Approach*. Addison-Wesley Longman Publishing Co., Inc., 1989.

MANBER, U. & MYERS, G. Suffix Arrays: A New Method for On-Line String Searches. *SIAM Journal on Computing*, vol. 22, n. 5, pp. 935–948, 1993.

MANNA, Z. & SHAMIR, A. The Optimal Approach to Recursive Programs. *Communications of the ACM*, vol. 20, n. 11, pp. 824–831, 1977.

MANO, M. M. *Computer Systems Architecture*. Prentice Hall, 2006.

MARTIN, J. J. *Data Types and Data Structures*. Prentice Hall International Ltd., 1986.

MARTIN, W. A. Sorting. *ACM Computing Surveys*, vol. 3, n. 4, pp. 147–174, 1971.

MARTIN, W. A. & NESS, D. N. Optimizing Binary Trees Grown with a Sorting Algorithm. *Communications of the ACM*, vol. 15, n. 2, pp. 88–93, 1972.

MAURER, W. D. & LEWIS, T. G. Hash Table Methods. *ACM Computing Surveys*, vol. 7, n. 1, pp. 5–19, 1975.

MCCREIGHT, E. M. Pagination of B*-Trees with Variable-Length Records. *Communications of the ACM*, vol. 20, n. 9, pp. 670–674, 1977.

MCCREIGHT, E. M. Priority Search Trees. *SIAM Journal on Computing*, vol. 14, n. 2, pp. 257–276, 1985.

MCHOES, A. & FLYNN, I. M. *Understanding Operating Systems*. Cengage Learning, 2013.

MEHLHORN, K. Dynamic Binary Search. *SIAM Journal on Computing*, vol. 8, n. 2, pp. 175–198, 1979.

MEHLHORN, K. *Data Structures and Algorithms 1: Sorting and Searching*, volume 1. Springer Science & Business Media, 2013.

MEHTA, D. P. & SAHNI, S. *Handbook of Data Structures and Applications*. Chapman and Hall/CRC, 2004.

MERRITT, S. M. An Inverted Taxonomy of Sorting Algorithms. *Communications of the ACM*, vol. 28, n. 1, pp. 96–99, 1985.

MOORE, E. F. The Shortest Path Through a Maze. *In: International Symposium on the Theory of Switching*, Harvard University Press, pp. 285–292, 1959.

MORET, B. M. Decision Trees and Diagrams. *ACM Computing Surveys*, vol. 14, n. 4, pp. 593–623, 1982.

MOTWANI, R. & RAGHAVAN, P. *Randomized Algorithms*. Cambridge University Press, 1995.

NIELSON, F.; NIELSON, H. R. & HANKIN, C. *Principles of Program Analysis*. Springer, 2015.

NIEVERGELT, J. Binary Search Trees and File Organization. *ACM Computing Surveys*, vol. 6, n. 3, pp. 195–207, 1974.

NIEVERGELT, J. & REINGOLD, E. M. Binary Search Trees of Bounded Balance. *In: Fourth Annual ACM Symposium on Theory of Computing*, ACM New York, NY, Estados Unidos, pp. 137–142, 1972.

NIVEN, I.; ZUCKERMAN, H. S. & MONTGOMERY, H. L. *An Introduction to the Theory of Numbers*. John Wiley & Sons, 1991.

ORE, O. & WILSON, R. J. *Graphs and their Uses*, volume 34. Cambridge University Press, 1990.

OVERMARS, M. H. *The Design of Dynamic Data Structures*. Springer Science & Business Media, 1987.

PAGLI, L. Self-Adjusting Hash Tables. *Information Processing Letters*, vol. 21, n. 1, pp. 23–25, 1985.

PAPE, U. Implementation and Efficiency of Moore-Algorithms for the Shortest Route Problem. *Mathematical Programming*, 7, pp. 212–222, 1974.

PETERSON, J. L. & SILBERSCHATZ, A. *Operating System Concepts*. Addison-Wesley Longman Publishing Co., Inc., 1985.

PFALTZ, J. L. *Computer Data Structures*. McGraw-Hill, Inc., 1977.

POHL, I. A Sorting Problem and its Complexity. *Communications of the ACM*, vol. 15, n. 6, pp. 462–464, 1972.

POOCH, U. W. & NIEDER, A. A Survey of Indexing Techniques for Sparse Matrices. *ACM Computing Surveys*, vol. 5, n. 2, pp. 109–133, 1973.

POONEN, B. The Worst Case in Shellsort and Related Algorithms. *Journal of Algorithms*, vol. 15, n. 1, pp. 101–124, 1993.

PORT, G. & MOFFAT, A. A Fast Algorithm for Melding Splay Trees. *In: Algorithms and Data Structures: Workshop in Algorithms and Data Structures, Lecture Notes in Computer Science 382*, Ottawa, Canada, Springer-Verlag, pp. 450–459, 1989.

POTHERING, G. J. & NAPS, T. L. *Introduction to Data Structures and Algorithm Analysis with C++*. West Publishing Company, 1995.

PRATT, T. W.; ZELKOWITZ, M. V. & GOPAL, T. V. *Programming Languages: Design and Implementation*. Prentice Hall Englewood Cliffs, NJ, 1984.

PRATT, V. R. *Shellsort and Sorting Networks*. Garland, New York, NY, Estados Unidos, 1979.

PREISS, B. R. *Data Structures and Algorithms*. John Wiley & Sons, Inc., 1999.

PRICE, C. Table Lookup Techniques. *ACM Computing Surveys*, vol. 3, n. 2, pp. 49–64, 1971.

PRIM, R. C. Shortest Connection Networks and Some Generalizations. *The Bell System Technical Journal*, vol. 36, n. 6, pp. 1389–1401, 1957.

PURDOM JR., P. W. & BROWN, C. A. *The Analysis of Algorithms*. Holt, Rinehart & Winston, 1985.

RADKE, C. E. The Use of Quadratic Residue Research. *Communications of the ACM*, vol. 13, n. 2, pp. 103–105, 1970.

RAHMAN, N. & RAMAN, R. Adapting Radix Sort to the Memory Hierarchy. *Journal of Experimental Algorithmics*, 6, pp. 1–30, 2001.

RIVEST, R. L. On Self-Organizing Sequential Search Heuristics. *Communications of the ACM*, vol. 19, n. 2, pp. 63–67, 1976.

RIVEST, R. L. Optimal Arrangement of Keys in a Hash Table. *Journal of the ACM*, vol. 25, n. 2, pp. 200–209, 1978.

ROBERTS, E. & ROBERTS, E. *Thinking Recursively*. John Wiley & Sons, 1986.

ROGERS JR., H. *Theory of Recursive Functions and Effective Computability*. MIT Press, 1987.

ROSEN, K. H. & KRITHIVASAN, K. *Discrete Mathematics and its Applications: With Combinatorics and Graph Theory*. McGraw-Hill Science, 2011.

ROSENBERG, A. L. & SNYDER, L. Time-and Space-Optimality in B-Trees. *ACM Transactions on Database Systems*, vol. 6, n. 1, pp. 174–193, 1981.

ROWE, G. W. *Introduction to Data Structures and Algorithms with C++*. Prentice Hall, Inc., 1997.

RUBIO-SÁNCHEZ, M. *Introduction to Recursive Programming*. CRC Press, 2017.

SAGER, T. J. A Polynomial Time Generator for Minimal Perfect Hash Functions. *Communications of the ACM*, vol. 28, n. 5, pp. 523–532, 1985.

SAMET, H. *The Design and Analysis of Spatial Data Structures*, volume 85. Addison-Wesley, Reading, MA, Estados Unidos, 1990.

SAMET, H. *Foundations of Multidimensional and Metric Data Structures*. Morgan Kaufmann, 2006.

SAVAGE, J. E. *The Complexity of Computing*. Krieger Publishing Co., Inc., 1987.

SCHNEIDER, G. M. & GERSTING, J. *Invitation to Computer Science*. Cengage Learning, 2012.

SEBESTA, R. W. *Concepts of Programming Languages*. Addison-Wesley, Boston, MA, Estados Unidos, 2009.

SEDGEWICK, R. Implementing Quicksort Programs. *Communications of the ACM*, vol. 21, n. 10, pp. 847–857, 1978.

SEDGEWICK, R. & FLAJOLET, P. *An Introduction to the Analysis of Algorithms*. Addison-Wesley, 1996.

SEDGEWICK, R. & WAYNE, K. *Algorithms*. Addison-Wesley Professional, 2011.

SEIDEL, R. & ARAGON, C. R. Randomized Search Trees. *Algorithmica*, vol. 16, n. 4-5, pp. 464–497, 1996.

SHAFFER, C. A. *A Practical Introduction to Data Structures and Algorithm Analysis*. Prentice Hall Upper Saddle River, NJ, Estados Unidos, 1997.

SHELL, D. L. A High-Speed Sorting Procedure. *Communications of the ACM*, vol. 2, n. 7, pp. 30–32, 1959.

SHNEIDERMAN, B. & SCHEUERMANN, P. Structured Data Structures. *Communications of the ACM*, vol. 17, n. 10, pp. 566–574, 1974.

SIMON, H. A. The Functional Equivalence of Problem Solving Skills. *Cognitive Psychology*, vol. 7, n. 2, pp. 268–288, 1975.

SINGLETON, R. C. An Efficient Algorithm for Sorting with Minimal Storage: Algorithm 347. *Communications of the ACM*, vol. 12, n. 3, pp. 185–187, 1969.

SIPSER, M. *Introduction to the Theory of Computation*. Course Technology Inc., 2005.

SLEATOR, D. D. & TARJAN, R. E. A Data Structure for Dynamic Trees. *Journal of Computer and System Sciences*, vol. 26, n. 3, pp. 362–391, 1983.

SLEATOR, D. D. & TARJAN, R. E. Self-Adjusting Binary Search Trees. *Journal of the ACM*, vol. 32, n. 3, pp. 652–686, 1985.

SMITH, H. F. *Data Structures: Form and Function*. Harcourt Brace & Co., 1987.

SOARE, R. I. Computability and Recursion. *Bulletin of Symbolic Logic*, vol. 2, n. 3, pp. 284–321, 1996.

SPITZNAGEL, E. L. *Selected Topics in Mathematics*. Holt McDougal, 1971.

SPRUGNOLI, R. Perfect Hashing Functions: A Single Probe Retrieving Method for Static Sets. *Communications of the ACM*, vol. 20, n. 11, pp. 841–850, 1977.

STALLINGS, W. *Computer Organization and Architecture*. Prentice Hall, Upper Saddle River, NJ, Estados Unidos, 2002.

STANDISH, T. A. *Data Structure Techniques*. Addison-Wesley Longman Publishing Co., Inc., 1980.

STEPHEN, G. A. *String Searching Algorithms*. World Scientific, 1994.

STEPHENSON, C. J. A Method for Constructing Binary Search Trees by Making Insertions at the Root. *International Journal of Computer & Information Sciences*, 9, pp. 15–29, 1980.

STOUT, Q. F. & WARREN, B. L. Tree Rebalancing in Optimal Time and Space. *Communications of the ACM*, vol. 29, n. 9, pp. 902–908, 1986.

STROUSTRUP, B. *The C++ Programming Language*. Addison-Wesley Professional, 2013.

SZWARCFITER, J. L. & MARKENZON, L. *Estruturas de Dados e seus Algoritmos*. Livros Técnicos e Científicos, 1994.

TARJAN, R. E. Depth-First Search and Linear Graph Algorithms. *SIAM Journal on Computing*, vol. 1, n. 2, pp. 146–160, 1972.

TARJAN, R. E. *Data Structures and Network Algorithms*. SIAM, 1983.

TARJAN, R. E. Amortized Computational Complexity. *SIAM Journal on Algebraic Discrete Methods*, vol. 6, n. 2, pp. 306–318, 1985.

TENENBAUM, A. M. *Data Structures Using C*. Pearson Education, India, 1990.

THULASIRAMAN, K. & SWAMY, M. N. *Graphs: Theory and Algorithms*. John Wiley & Sons, 2011.

TRAISTER, R. J. *Mastering C Pointers: Tools for Programming Power*. Academic Press, 2014.

TREMBLAY, J.-P. & SORENSON, P. G. *An Introduction to Data Structures with Applications*. McGraw-Hill, Inc., 1984.

VAN EMDEN, M. H. Increasing the Efficiency of Quicksort. *Communications of the ACM*, vol. 13, n. 9, pp. 563–567, 1970.

VITTER, J. S. External Memory Algorithms and Data Structures: Dealing with Massive Data. *ACM Computing Surveys*, vol. 33, n. 2, pp. 209–271, 2001.

VIZING, V. G. On an Estimate of the Chromatic Class of a *p*-Graph. *Diskret Analiz*, 3, pp. 25–30, 1964.

VIZING, V. G. The Chromatic Class of a Multigraph. *Cybernetics*, vol. 1, n. 3, pp. 32–41, 1965.

WAINWRIGHT, R. L. A Class of Sorting Algorithms based on Quicksort. *Communications of the ACM*, vol. 28, n. 4, pp. 396–402, 1985.

WARFORD, J. S. *Computer Systems.* Jones & Bartlett Publishers, 2009.

WATKINS, J. J. & BENJAMIN, A. T. Across the Board: The Mathematics of Chessboard Problems. *The Mathematical Intelligencer*, vol. 27, n. 3, pp. 76–77, 2005.

WEGNER, P. *Programming Languages, Information Structures, and Machine Organization.* McGraw Hill Text, 1968.

WEISS, M. A. *Data Structures and Algorithm Analysis in C.* Pearson, Lebanon, IN, Estados Unidos, 1996.

WELSH, D. J. & POWELL, M. B. An Upper Bound for the Chromatic Number of a Graph and its Application to Timetabling Problems. *The Computer Journal*, vol. 10, n. 1, pp. 85–86, 1967.

WEST, D. B. *Introduction to Graph Theory*, volume 2. Prentice Hall, Upper Saddle River, NJ, Estados Unidos, 2001.

WILF, H. S. *Algorithms and Complexity.* AK Peters/CRC Press, 2002.

WILLIAMS, J. W. J. Algorithm 232: Heapsort. *Communications of the ACM*, 7, pp. 347–348, 1964.

WIRTH, N. Program Development by Stepwise Refinement. *Communications of the ACM*, vol. 26, n. 1, pp. 70–74, 1983.

WIRTH, N. *Algorithms and Data Structures.* Prentice Hall, 1986.

WRIGHT, W. E. Some Average Performance Measures for the B-Tree. *Acta Informatica*, 21, pp. 541–557, 1985.

WULF, W. A.; FLON, L.; SHAW, M. & HILFINGER, P. *Fundamental Structures of Computer Science.* Addison-Wesley Longman Publishing Co., Inc., 1981.

YEN, J. Y. An Algorithm for Finding Shortest Routes from All Source Nodes to a Given Destination in General Networks. *Quarterly of Applied Mathematics*, vol. 27, n. 4, pp. 526–530, 1970.

YOURDON, E. *Techniques of Program Structure and Design.* Prentice Hall PTR, 1986.

ZAKI, A. S. A Comparative Study of 2-3 Trees and AVL Trees. *International Journal of Computer & Information Sciences*, 12, pp. 13–33, 1983.

ZIVIANI, N. *Projeto de Algoritmos.* Pioneira Thomson Learning Ltda, 2004.

# Índice remissivo

**A**
algoritmo, 17, 160, 183
    de Bellman-Ford, 381
    de busca, 277, 375
    de Dijkstra, 379
    de Kruskal, 377
    de ordenação, 259
    de Prim, 377
    iterativo, 189
    recursivo, 159, 190
alocação de memória, 121
    biblioteca `stdlib.h`, 121
    dinâmica, 121
    estática, 121
    `malloc`, 121
    `realloc`, 121
altura de árvore, 299
análise
    assintótica, 185
    caso médio, 184
    de algoritmos iterativos, 190
    de algoritmos recursivos, 193
    de complexidade, 183
    empírica, 183
    léxica, 20
    melhor caso, 184
    pior caso, 184
    semântica, 20
    sintática, 20
`argc`, 114
argumentos
    de função, 22, 112, 114
`argv`, 114
aritmética de ponteiros, 114
arquivo, 143
    abertura, 144, 149
    binário, 148
    declaração, 143, 148
    escrita, 144, 149
    fechamento, 145
    leitura, 144, 149
    remoção, 154
    reposicionamento de cursor, 145
    texto, 143
árvore, 299, 370
    altura, 299
    arborescência, 370
    AVL, 316
    B, 344
    $B^+$, 357
    B*, 357
    binária, 300
    binária de busca, 309
    completa, 300
    de difusão, 337
    estritamente binária, 300
    fator de balanceamento, 316
    floresta, 309, 370
    geradora, 370, 377
    geradora mínima, 377
    geral, 309
    percurso em largura, 308
    percurso em profundidade, 305
    rubro-negra, 324
    semicompleta, 300
ASCII, 26, 421
atribuição
    operador, 39
    simplificada, 43
`auto`, 98

**B**
*backtracking*, 171
balanceamento
    fator, 316
    parênteses e colchetes, 235
barramento, 18
base
    binário, 408
    decimal, 408
    hexadecimal, 408
    octal, 408
biblioteca
    funções, 21
    `math.h`, 48
    `stdio.h`, 112
    `stdlib.h`, 112, 121
    `string.h`, 86
bit, 18
    de sinal, 413
    mais significativo, 407, 413
    menos significativo, 407
bloco de comandos, 22, 53, 61, 97
`break`, 56, 66
busca, 277
    binária, 277
    em largura, 375
    em profundidade, 374
    sequencial, 277
byte, 18

**C**
cabeça de lista, 210, 217
cadeia de caracteres, 85
    biblioteca `string.h`, 89
    declaração, 85
    inicialização, 85
caminhos mínimos, 379
    algoritmo de Bellman-Ford, 381
    algoritmo de Dijkstra, 379
canal de comunicação, 18
carregador, 21
`case`, 56
`char`, 25
ciência da computação, 17
    algoritmo, 17
    programa, 17
    pseudocódigo, 17

codificação
    análise léxica, 20
    análise semântica, 20
    análise sintática, 20
    ASCII, 26, 421
    código-fonte, 19
    carregador, 21
    compilador, 20
    de caracteres, 421
    EBCDIC, 421
    ligador, 21
    montador, 20
    pré-processador, 20
    Unicode, 421
código
    executável, 20
    fonte, 19
    objeto, 20
colisão, 286
comando condicional, 53
    break, 56
    if, 53
    if-else, 54
    switch, 56
comando de repetição, 61
    break, 66
    continue, 66
    do while, 62
    exit, 66
    for, 63
    goto, 67
    laços aninhados, 68
    while, 61
comentário, 22
compilador, 20
complemento
    de 1, 413
    de 2, 46, 414
computador, 17
    barramento, 18
    canal de comunicação, 18
    componentes básicos, 17
    dispositivos de entrada e saída, 18
    endereço, 18
    memória cache, 18
    memória primária, 18
    memória secundária, 18
    organização básica, 17
    registradores, 18
    sistema operacional, 19
    unidade de processamento, 18
    unidades de armazenamento, 18
const, 28
constante, 28
continue, 66
conversão
    de árvore geral em binária, 309
    de floresta em árvore binária, 309
    de valores, 40
    entre bases numéricas, 409
    explícita, 40
    implícita, 40

## D
dados
    entrada, 33
    escrita, 31
    leitura, 33
    saída, 31
decremento, 42, 114
default, 57

#define, 28
dispositivos de entrada e saída, 18
do-while, 62
double, 25

## E
EBCDIC, 421
else, 55
endereçamento
    aberto, 287
    fechado, 293
endereço, 18
entrada de dados, 33
enum, 131
enumeração exaustiva, 170
EOF, 144, 145
escrita
    de variáveis, 31
    em arquivo, 149
espaço de endereçamento, 18
estrutura, 132
    acesso aos campos, 133
    aninhamento, 136
    declaração, 133
exit, 66
exponenciação, 405
extern, 99

## F
fclose, 145
fflush, 36
fgets, 146
FIFO, 243
fila, 243
    aplicações, 243
    de prioridades, 249
    implementação com lista ligada, 246
    implementação com vetor, 243
    operações, 243
FILE, 143
float, 25
fopen, 143, 149
for, 63
fprintf, 145
fread, 149
fscanf, 144
fseek, 150
função, 93
    ímpar, 402
    comportamento assintótico, 185
    crescente, 402
    declaração, 93
    decrescente, 402
    escopo de variáveis, 96
    espalhamento, 283
    matriz, 102
    monotônica, 402
    par, 402
    passagem por referência, 112
    passagem por valor, 112
    piso, 401
    protótipo, 96
    recursiva, 159
    retorno, 95
    teto, 401
    vetor, 101
fwrite, 149

## G
getchar, 35
gets, 86

goto, 67
grafo, 365
    árvore geradora, 370, 377
    índice cromático, 372
    bipartido, 369
    busca em largura, 375
    busca em profundidade, 374
    caminho, 367
    caminho euleriano, 367
    caminho hamiltoniano, 367
    caminho mínimo, 379
    ciclo, 367
    circuito, 367
    circuito euleriano, 367
    circuito hamiltoniano, 367
    clique, 368
    coloração, 371
    complementar, 368
    completo, 366
    conexo, 368
    dirigido, 365
    dual, 371
    estrela, 369
    lista de adjacências, 373, 390
    matriz de adjacências, 373, 383
    multigrafo, 366
    número cromático, 372
    não dirigido, 365
    não planar, 371
    ordem, 366
    ordenação topológica, 376
    planar, 370
    ponderado, 369
    pontes de Königsberg, 371
    pseudografo, 366
    regular, 367
    simples, 366
    subgrafo, 368

# H
*heap*, 249, 269

# I
`if`, 53
`if-else`, 54
`#include`, 22
incremento, 42, 114
indentação, 22
indução matemática, 193, 417
`int`, 25
intercalação, 147, 207, 265

# L
laços
    aninhados, 68
    de repetição, 61
leitura
    de variáveis, 33
    em arquivo, 144
LIFO, 231
ligador, 21
linguagem de programação, 19
    alto nível, 19
    baixo nível, 19
    biblioteca matemática, 48
    C, 19, 21
lista
    circular duplamente ligada, 223
    duplamente ligada, 220
    generalizada, 223
    ligada, 199
    ligada simples, 199
    ligada simples circular, 213
    ligada simples circular com cabeça, 217
    ligada simples com cabeça, 210
logaritmo, 405
`long`, 25

# M
macro, 104
`main`, 94
matriz, 75
    declaração, 75
    esparsa, 218
    função, 103
    inicialização, 78
    representação vetorial, 79
memória
    alocação dinâmica, 121
    alocação estática, 121
    cache, 18
    endereço, 18
    lógica, 18
    primária, 18
    secundária, 18
    unidades, 18
modificador
    `auto`, 98
    `extern`, 99
    `register`, 99
    `static`, 100
    `volatile`, 100
    de armazenamento, 98
    de variáveis, 25
    `long`, 25
    `short`, 25
    `signed`, 25
    `unsigned`, 25
montador, 20

# N
notação
    $\Omega$, 186
    $\Theta$, 187
    $\omega$, 188
    $o$, 188
    infixa, 238
    O, 185
    posfixa, 238
    posicional, 407
`NULL`, 112, 144, 149

# O
operação de inserção
    em árvore B, 349
    em árvore binária de busca, 311
    em árvore de busca AVL, 321
    em árvore de busca rubro-negra, 325
    em árvore de difusão, 342
    em fila, 245
    em fila de prioridades, 253
    em pilha, 233
operação de remoção
    em árvore B, 351
    em árvore binária de busca, 315
    em árvore de busca AVL, 322
    em árvore de busca rubro-negra, 333
    em árvore de difusão, 343
    em fila, 245
    em fila de prioridades, 253
    em pilha, 233
operador

aritmético, 40
atribuição, 39, 43
bit-a-bit, 46
decremento, 42
incremento, 42
lógico, 45
precedência, 48
relacional, 44
tabela verdade, 45, 46
ternário, 47
ordenação, 259
    *bucketsort*, 272
    *heapsort*, 269
    *mergesort*, 264
    *quicksort*, 266
    *radixsort*, 275
    *shellsort*, 263
    estável, 259
    externa, 259
    inserção, 262
    interna, 259
    por contagem, 271
    por seleção, 261
    por trocas, 259

## P

palavras reservadas, 27
passagem
    por referência, 112
    por valor, 112
pilha, 231
    aplicações, 235
    implementação com lista ligada, 234
    implementação com vetor, 232
    operações, 231
polinômio, 209, 227
    coeficientes, 209
    expoente, 209
ponteiro, 48, 109
    alocação de memória, 121
    aritmética, 114
    de ponteiro, 123
    declaração, 109
    para cadeias de caracteres, 118
    para estrutura, 135
    para funções, 120
    para vetores, 115
potenciação, 405
pré-processador, 20
precedência de operadores, 48, 104, 238
`printf`, 31
problema
    da soma de subconjuntos, 178
    da Torre de Hanói, 169
    das damas, 171
    de Josephus, 215
    do caminho em um labirinto, 176
    do passeio do cavalo, 173
produtório, 404
programa, 17, 19
    comentário, 22
    constante, 28
    indentação, 22
    variável, 25
pseudocódigo, 17
`putchar`, 33

## R

recursividade, 159
    análise de algoritmos recursivos, 193
    relação de recorrência, 193

`register`, 28, 99
relação de recorrência, 193
`remove`, 154
representação de números, 413
    complemento de 1, 413
    complemento de 2, 414
    excesso-$N$, 414
    padrão IEEE 754, 414
    precisão dupla, 415
    precisão quádrupla, 415
    precisão simples, 415
    sinal-magnitude, 413
`return`, 93
`rewind`, 145, 150

## S

saída de dados, 31
`scanf`, 33
`short`, 25
`signed`, 25
sistema de numeração, 407
    binário, 408
    conversão entre bases, 409
    decimal, 408
    hexadecimal, 408
    octal, 408
    posicional, 407
sistema operacional, 19
`sizeof`, 25, 121
somatório, 403
`static`, 100
stdlib.h, 121
`struct`, 133
`switch`, 56

## T

tabela ASCII, 26, 421
tabela de espalhamento, 283
    colisão, 283, 286
    endereçamento aberto, 287
    endereçamento fechado, 293
    fator de carga, 293
    função de espalhamento, 283
    função de espalhamento perfeito, 283, 293
    método da multiplicação, 285
    método de divisão, 284
    meio do quadrado, 285
    paradoxo do aniversário, 286
    redistribuição de chaves, 293
    sondagem dupla, 290
    sondagem linear, 287
    sondagem quadrática, 289
    taxa de ocupação, 293
    tratamento de colisões, 286
tabela verdade, 45, 46
técnica de retrocesso, 171
tipo enumerado, 131
tipo estruturado, 131
tipos básicos de dados, 25
    `char`, 25
    `double`, 25
    `float`, 25
    `int`, 25
    redefinição, 132
`typedef`, 132

## U

união, 137
    acesso aos campos, 138
    declaração, 137
Unicode, 421

unidade
    de armazenamento, 18
    de controle, 18
    de processamento, 18
    lógica e aritmética, 18
unidade de informação, 18
    bit, 18
    byte, 18
    palavra, 18
**union**, 137
**unsigned**, 25

# V
variável, 25
    escopo, 96
    global, 97
    local, 97
    modificadores, 25
    nome, 25, 27
    registradores, 18
    tipo, 25, 27
vetor, 73
    de estruturas, 134
    de ponteiros, 120
    declaração, 73
    função, 101
    inicialização, 78
**void**, 95
**volatile**, 100

# W
**while**, 61

| | |
|---:|:---|
| Título | Algoritmos e estrutura de dados: conceitos e aplicações |
| Autor | Hélio Pedrini |
| Coordenador editorial | Ricardo Lima |
| Secretário gráfico | Ednilson Tristão |
| Preparação dos originais | Laís Souza Toledo Pereira |
| Revisão | Luciana Moreira |
| Editoração eletrônica | Hélio Pedrini |
| Design de capa original | Ana Basaglia |
| Adaptação da capa para esta edição | Editora da Unicamp |
| Formato | 21 x 28 cm |
| Tipologia | URW Palladio L |
| Papel | Avena 80 g/m² – miolo |
| | Cartão supremo 250 g/m² – capa |
| Número de páginas | 448 |

ESTA OBRA FOI IMPRESSA NA GRÁFICA AS
PARA A EDITORA DA UNICAMP EM DEZEMBRO DE 2024.